로마서 주해

철학 박사 김수홍 지음

도서
출판 언약

Exposition

of

Romans

by

Rev. Soo Heung Kim, S.T.M., Ph.D.

Published by
Eonyak Publishing Company
Suwon, Korea
2024

"성경의 원어를 읽든지 혹은 우리 번역문을 읽든지,
성경을 읽는 것은 성부 하나님, 성자 예수님, 성령 하나님을 읽는 것이고,
본문을 아는 것이 하나님을 아는 것이며,
성경 본문을 붙잡는 것이 하나님을 붙잡는 것이고,
성경본문을 연구하는 것이 하나님을 연구하는 것(신학)이다".

■ 머리말

　　성경주해(exposition of the Bible)에 관심을 기울인지 어언 43년째다. 신학교에 입학하기 전에도 성경주해에 특이하게 관심을 두었고 또 사당동 소재 총회신학교를 졸업하고 미국으로 건너가 세 곳의 신학교에서 공부할 때도 주경신학을 중심하여 연구하였다. 그리고 이민의 땅에서 30년 동안 목회하면서도 성경 주해를 출판할 것을 준비하며 정열을 쏟았다. 이제 하나님 께서 필자에게 수원 소재 합동신학대학원에서 주경신학을 강의할 수 있는 기회를 주셔서 학우들에게 강의하면서 동시에 주해를 집필하여 세상에 내놓 게 되었다. 이 모든 것으로 인해 하나님께 한없는 영광과 감사를 드린다.

　　필자는 성경을 해석하면서 문법적 해석, 역사적 해석, 그리고 정경적(신학 적) 해석을 시도했다. 그러면서 동시에 주님께 성경을 풀어주시기를 간절히 기도했다. 그 이상 더 좋은 주해는 없으리라고 확신한 것이다. 주님은 세상에 계실 때 제자들에게 성경을 풀어주셨다. 사두개인들이 부활을 부인하면서 주님을 시험했을 때 주님은 출애굽기 3:6의 말씀을 들어 부활의 확실함을 논증하셨다. "나는 아브라함의 하나님이요 이삭의 하나님이요 야곱의 하나님 이로라"는 말씀을 가지고 놀랍게도 부활을 논증하신 것이다(마 22:23-33; 막 12:18-27; 눅 20:27-38). 예수님은 또 부활하시던 날 엠마오를 향하여 가던 두 제자들에게 성경을 풀어주셨다. 그때 그들의 마음은 뜨거워졌다(눅 24:32). 지금도 예수님께서 성경을 풀어주실 때 우리의 마음이 뜨거워지리라 고 확신한다. 세상에 여러 해석법이 있지만, 필자는 예수님께서 풀어주시는 것 이상의 좋은 주해가 없다는 생각으로 주님께 기도하면서 성경을 풀어왔고 또 풀어나갈 것이다. 그리고 다른 학자들의 건전한 깨달음을 인용한다. 다른 학자들의 건전한 깨달음도 그리스도께서 풀어주신 것이니 말이다. 또한 필자는 과거 1970년대에 한국에서의 5년간의 목회 경험과 그 후 미국에서의 30년간의 이민교회 목회 경험을 살려 주해의 적용면을 살릴 것이다.

지금은 참으로 위태한 때이다. 신학사상이 혼탁하고 민족의 윤리가 땅에 떨어졌다. 너무 어두워졌고 너무 음란해졌다. 안상무신(眼上無神), 안하무인의 시대가 되었고 서로 간에 너무 살벌해져서 소름 끼치는 시대를 만났다. 한 치 앞을 분간하기 힘든 때를 만난 것이다. 이때를 당하여 필자는 하루도 쉴 사이 없이 이 땅의 교회들과 민족을 생각하며 성경주해를 써서 내 놓는다. 이 성경주해가 세상에 나가서 세상을 밝혔으면 하는 일념(一念)뿐이다. 주님이시여, 이 나라의 교계와 민족을 살려주옵소서!

2008년 9월
수원 원천동 우거에서
저자 김수홍

1. 성경을 성경으로 해석해야 한다는 원리를 따랐다. 따라서 외경이나 위경에서는 인용하지 않았다.

2. 본 주해를 집필함에 있어 문법적 해석, 역사적 해석, 정경적 해석의 원리를 따랐다. 성경을 많이 읽는 중에 문단의 양식과 구조와 배경을 파악해냈다.

3. 문맥을 살펴 주해하는 일에 심혈을 기울였다.

4. 매절마다 빼놓지 않고 주해하였다. 난해 구절도 모두 해결하느라 노력했다.

5. 매절을 주해하면서도 군더더기 글이 되지 않도록 노력했다. 군더더기 글은 오히려 성경을 더 복잡하게 만들어 놓기 때문이다.

6. 절이 바뀔 때마다 독자의 편의를 위하여 한 줄씩 떼어놓아 눈의 피로를 덜도록 했다.

7. 본 주해를 집필하는 데 취한 순서는 먼저 개요를 쓰고, 다음 한절 한절을 주해했다. 그리고 실생활을 위하여 적용을 시도했다.

8. 매절(every verse)을 주해할 때 히브리어 원어의 어순을 따르지 않고 한글 개역개정판 성경의 어순(語順)을 따랐다. 이유는 우리의 독자들을 위해야 했기 때문이다.

9. 구약 원어 히브리어는 주해에 필요한 때에만 인용했다.

10. 소위 자유주의자의 주석이나 주해 또는 강해는 개혁주의 입장에 맞는 것만 참고했다.

11. 주해의 흐름을 거스르는 말은 각주(footnote)로 처리했다.

12. 본 주해는 성경학자들과 목회자를 위하여 집필했지만 일반 성도들도 얼마든지 이해할 수 있도록 평이하게 집필했다. 특히 남북통일이 되는 날 북한 주민들도 읽고 이해할 수 있도록 가능한 쉽게 집필했다.

13. 영어 번역이 필요할 경우는 English Standard Version(ESV)을 인용했다. 그러나 때로는 RSV(1946-52년의 개정표준역)나 NIV(new international version)나 다른 번역판들(NASB 등)을 인용하기도 했다.

14. 틀린 듯이 보이는 다른 학자의 주석을 반박할 때는 "혹자는"이라고 말했고 그 학자의 이름은 기재하지 않았다. 그러나 단지 필자와 다른 견해를 제시하는 학자의 이름은 기재했다.

15. 성경 본문에서 벗어난 해석들이나 주장들을 반박할 때는 간단히 했다. 너무 많은 지면을 쓰는 것은 바람직하지 않고 독자들을 피곤하게 만들기 때문이다.

16. 성경 장절(Bible references)을 빨리 알아볼 수 있도록 매절마다 장절을 표기했다(예: 창 1:1; 출 1:1; 레 1:1; 민 1:1 등).

17. 가능한 한 성경 장절을 많이 넣어 주해 사용자들의 편의를 도모했다.

18. 필자가 주해하고 있는 성경 책명 약자는 기재하지 않았다(예: 1:1; 출 1:1; 막 1:1; 눅 1:1; 요 1:1; 롬 1:1 등). 제일 앞의 1:1은 욥기 1장 1절이란 뜻이다.

19. 신구약 성경을 지칭할 때는 '성서'라는 낱말을 사용하지 않고 줄곧 '성경'이라는 용어를 사용했다. '성서'라는 용어는 다른 경건 서적에도 붙일 수 있는 용어이므로 반드시 '성경'이라는 용어를 사용했다.

20. 목회자들의 성경공부 준비와 설교 작성을 염두에 두고 집필했다.

21. QT에도 적절하게 사용할 수 있도록 주해했다.

22. 가정 예배의 교재로 사용할 수 있도록 쉽게 집필했다.

23. 오늘날 믿음을 잃은 수많은 젊은이들이 주님 앞으로 돌아오기를 바라면서 주해를 집필하고 있다.

로마서 주해

Exposition of Romans

로마서의 저자는 누구인가

본서의 저자가 바울이라는 데는 역사적으로 별 이의가 없다.

1.본서의 초두에서 저자는 자신이 바울임을 밝히고 있다(1:1).

2.초대교부들의 증언도 가세하고 있다. 4세기의 유명한 교회 역사가였던 유세비우스(Eusebius)는 '바울의 14서신'을 언급하며 그 들 중의 하나인 로마서를 들고 있다. 오리겐(Origen), 터툴리안(Tertullian), 그리고 알렉산드리아의 클레멘트(Clement of Alexandria)는 로마서를 바울 저작이라고 주장한다. 무라토리 단편도(The Muratorian Fragment, 180-200년경)도 역시 로마서를 바울의 저작으로 말하고 있다. 또 이레니우스(Irenaeus)는 롬 5:17을 자유롭게 인용하며 로마서가 바울 저작이라고 인정하고 있다. 그리고 말시온(Marcion) 이단자도 로마서를 바울 서신으로 인정하였다(말시온의 정경은 바울 서신 10권과 누가복음으로 이루어졌다). 1세기 말 로마의 감독이었던 클레멘트 (Clement)는 바울 숭배자였는데 고린도 교회에 보내는 그의 서신에서 로마서를 바울의 저작으로 인정했다.

3.본서에 사용된 문체나 내용 및 성격 등이 다른 바울 서신들과 유사하다(롬 3:20-24; 4:3; 갈 2:16; 3:6, 11; 딛 3:5-7과 롬 12:5; 고전 10:17; 12:12-14, 27; 엡 1:22-23; 골 2:19, 또 롬 12:6-8; 고전 12:15-26, 28-31; 엡 4:11-16, 또 롬 15:15-28; 고후 8-9장 등).

바울은 언제 본서를 기록했는가?

바울이 본서를 언제 기록했느냐는 것을 알기란 쉽지 않다.

1.바울 사도가 제 3차전도 여행(A.D 53/54-57년)을 거의 끝마치고 예루살렘으로 돌아오던 중 어느 한곳에서 기록한 것으로 보인다(15:19).

2.행 20장의 기사와 또 그 내용을 기록하고 있는 롬 15:22-29를 비교하면 바울이 본서를 제 5차 예루살렘 방문(A.D. 58년) 직전에 기록한 것으로 보인다. 다시 말해 바울은 3차 전도여행의 마지막 방문지인 고린도에 이르러 이곳에서 겨울을 맞이했는데 항해가 다시 시작되는 다음해 봄까지 3개월을 기다려야 했는데 이 3개월 기간에 본서를 기록한 것으로 보인다. 그런고로 바울이 본서를 A.D. 57년 늦은 시기나 A.D. 58년 일찍이 기록했을 것으로 보인다.

바울은 본서를 어디서 기록했는가?

바울은 본서를 고린도에서 기록했다.

1.바울이 고린도에서 전도할 때 본서를 기록했다. 바울은 롬 16:23에 "나(바울)와 온 교회를 돌보아 주는 가이오도 너희에게 문안하고 이 성(城)의 재무관 에라스도(딤후 4:20)와 형제 구아도도 너희에게 문안하느니라"는 말을 고찰할 때 본서를 고린도에서 쓴 것으로 확인할 수가 있다.

2.롬 16:1-2에 바울이 고린도 동편에 위치한 항구도시인 겐그레아 교회의 일꾼인 뵈뵈가 본서를 로마에 전하는 것으로 말한 것을 보면 본서의 저작 장소가 고린도인 것을 짐작할 수가 있다.

바울이 본서를 집필하게 된 동기는 무엇인가?

바울이 로마서를 집필하게 된 동기는 세 가지로 볼 수 있다.

1.믿음으로 구원을 받는다는 것을 말하기 위해 로마서를 썼다. 바울은 로마에 가기를 바랐지만(롬 15:23) 예루살렘을 방문해야 하는 시급한 문제가 생겨(고전 16:4) 이 사실을 로마 교회에 알리면서 로마를 방문하기 전에 먼저 믿음으로 의롭다함을 받는다는 것을 말하기를 원했다. 우리의 구원은 선행(善行)으로나 혹은 율법을 지킴으로 되는 것이 아니라 예수님을 믿음으로 된다는

것을 말하기를 원했다.

2.로마 교회 안에 생겨난 유대인 신자들과 이방인 신자들 간의 화목을 시도하기 위하여 본서를 썼다. 이방인은 유대인을 경멸하며 무시하려 했고(2:1이하) 유대인은 이방인(11:8)을 경멸하며 무시하려 했다. 로마 교회 안에는 믿음이 강한 자와 믿음이 약한 자간에 불화가 있었는데(14장) 이 갈등을 해소하고 화목하게 하는 것이 필요했다. 유대인 성도들은 율법적으로 흐르는 경향이 있었던 반면 이방인 성도들은 기독교인의 자유를 남용하여 방종으로 흐르는 경향을 보이고 있었다. 이를 해결하지 않으면 교회 안에 계속적인 갈등과 불화를 면할 수 없어서 바울은 본서를 썼다.

3.당시 로마 교회 안에서는 대(對)국가관을 어떻게 가져야 하는지를 두고 혼선을 빚고 있어 성도들은 마땅히 국가의 사자들(심부름꾼)에게도 순종해야 할 것을 가르칠 필요가 있었다.

로마서의 특징은 무엇인가?

1.인간은 어떻게 구원을 받을 수 있느냐 하는 것을 직접적으로 그리고 포괄적으로 제시한 책이다.

2.믿음이 강한 자와 약한 자, 그리고 유대인 신자와 이방인 신자간의 갈등을 해결하기 위해 그 어떤 서신보다도 논리적으로 체계적으로 해법을 제시하는 책이다.

3.본서는 구원을 얻는 방법을 진술할 뿐 아니라 성도가 어떻게 살아야 하는지를 가르치는 실천적인 책이다.

4.하나님의 구원 역사가 과거 구약 이스라엘로부터 시작하여 세계 만민에게로 확장된 사실을 보여주는 책이다.

5.이신득의교리(합 2:4; 롬 1:17), 복음의 보편성(시 19:4; 롬 10:18) 등 주요 교리를 다루기 위하여 구약을 많이 인용한 책이다.

로마 교회는 누가 세웠으며 구성원은 누구였는가?

로마 교회는 누가 세웠는가? 성경에는 사도가 세웠다는 기록은 없다. 특히 베드로가 로마 교회를 세웠다는 주장도 할 수가 없다. 이유는 바울이 로마서의 마지막 부분에서 인사를 하고 있는데 베드로의 이름이 없는 것이 증명한다(롬 16:3-15). 만약 베드로가 로마 교회를 세워서 목자로서 수고하는 중이라면 바울은 엄청난 실례를 한 것이 된다. 그러나 베드로가 로마에서 주의 일을 한 것은 역사적으로 부인할 수가 없다. 거기서 교회 일을 보고 있을 때 마가는 베드로의 통역자였다는 사실을 인정해야 한다.

그러면 로마 교회는 누가 설립했겠는가? 그것은 오순절에 예루살렘에 왔다가 복음을 듣고 간 유대인이나 이방인이 세운 것을 의심해서는 안 될 것이다. 오순절 성령 강림은 그만큼 엄청난 사건이다. 로마에서 온 나그네가 베드로의 설교를 들은 3,000명 가운데 있었을 것으로 보아야 할 것이다(행 2:41). 그리고 A.D. 44년 이전에 복음이 안디옥에 전파되었을 때 많은 사람들이 개종하여 예수님을 고백하게 되었는데 그들 중 몇 사람이 또 로마에 가서 교회를 세웠을 수도 있을 것이다.

그러나 이 교회가 유대인으로 구성되어 있었느냐, 아니면 이방인으로 구성되어 있었느냐 하는 것은 단언적으로 말하기는 쉽지 않다. 주로 유대인들로 구성된 것처럼 말하는 구절도 있고(31, 2, 9; 7:1; 9:4; 10:1 등), 주로 이방인들로 구성된 것처럼 말하는 구절도 있다(1:5-6, 13; 11:13; 15:15-16; 15:9-18; 16:7, 11-12 등). 그러나 주로 유대인들로 구성되어 있었던 것처럼 말하는 구절들은 달리 해석할 수도 있어서, 주로 이방인들로 구성되어 있었던 것처럼 말하는 구절들이 더 명확하게 당시의 상황을 보여주고 있다고 하겠다(윌럼 헨드릭슨). 그러나 전적으로 이방인으로 구성된 것이 아니라 유대인들도 상당수 섞여있었던 것이 사실이다. 아무튼 로마 교회는 유대인과 이방인이 섞여 있었던 것은 사실이다. 10:11-13에 보면 "성경에 이르되 누구든지 그를 믿는 자는 부끄러움을 당하지 아니하리라 하니 유대인이나 헬라인이나 차별이 없음이라 한 분이신 주께서 모든 사람의 주가 되사 그를 부르는 모든 사람에게 부요하시도다. 누구든지 주의 이름을 부르는 자는 구원을 받으리라"고 했다.

로마서의 주제는 무엇인가?

로마서의 주제는 이신칭의(以信稱義)이다. 1:16-17에서 바울은 "내가 복음을 부끄러워하지 아니하노니 이 복음은 모든 믿는 자에게 구원을 주시는 하나님의 능력이 됨이라 먼저는 유대인에게요 그리고 헬라인에게로다. 복음에는 하나님의 의가 나타나서 믿음으로 믿음에 이르게 하나니 기록된바 오직 의인은 믿음으로 말미암아 살리라 함과 같으니라"고 말씀하고 있으며 3:21-24에 그리고 3:28에서 더욱 분명하게 믿음으로 구원을 얻는다는 것을 말씀하고 있다. 그리고 5:1에서 바울은 " 우리가 믿음으로 의롭다 하심을 받았으니 우리 주 예수 그리스도로 말미암아 하나님과 화평을 누리자"고 말한다. 그리고 또 8:30-34; 9:30-32; 11:23-26; 16:26에서도 역시 일관되게 믿음으로 의(義)에 이른다고 말하고 있다. 믿음으로 의에 이른다는 말씀은 또한 갈라디아서의 주제이기도 하다. 이 두 서신은 똑같이 창 15:6을 인용하고 있다(롬 4:3, 9, 22; 갈 3:6).

아무튼 바울은 그 어떤 인간적인 선행도 또는 율법으로 말미암은 구원도 배격하고 오직 그리스도를 믿음으로 구원을 얻는다는 사실을 그의 서신 전체를 통하여 줄기차게 강조하고 있다. 그는 그리고 믿음으로 구원에 이른 사람들은 마땅히 의롭게 살아야 한다고 강조하고 있다.

로마서 16장은 로마서의 일부인가 아닌가

로마서 16장은 로마서의 일부가 아니라는 주장이 제기되어 많은 논란을 거듭해 왔다. 그 이유로는 1) 14장 끝에 16:25-27의 송영이 붙어있는 사본이 있으니(LAP 등) 15장과 16장은 로마서의 일부가 아니라고 주장한다. 2) 15:33에 축도가 나오는 것을 보면 로마서는 15장으로 마감했고 16장은 로마서의 일부가 아니라고 주장한다. 3) 2세기의 말시온(Marcion) 성경에 15장과 16장이 없으니 이 두 장은 로마서에 속하지 않았다. 오리겐에 의하면 14:23이하의 모든 부분을 삭제한 사람은 말시온(Marcion)이라고 한다(Cranfield). 4) 16장에는 바울이 26명의 사람들에게 문안인사를 하고 있는데 로마에 가 본 적도 없는 바울이 어떻게 이 많은 친지들을 알 수 있겠느냐 하는 문제가 제기되어 있다(이상근). 5) 16:17-20에 기록된 엄한 경계는 문안 인사를 분위기에 부합하지 않다는 것이다.

이런 이유로 15장과 15장은 바울이 쓴 것이 아니라는 주장도 하고 또 혹자는 바울이 15장과 16장을 쓴 것은 맞으나 다른 서신에 속한 것이라고 주장하며 또 혹자는 로마서는 15장으로 끝나고 16장은 다른 지역에 보낸 서신이라고 주장한다(이상근). 다시 말해 16장은 에베소로 보내진 서신인데 그 사본이 로마에 남아 있다가 로마서 끝에 합쳐진 것이라고 주장한다. 이렇게 16장이 에베소로 보내졌다고 주장하는 이유는 1) 뵈뵈가 에베소로 갔고 또 바울이 문안한 사람들이 에베소 사람들이라는 것이다. 2) 에베소로 보낸 것이라고 주장하는 또 하나의 근거는 문안 자 명단에 "에배네도"라는 사람이 있는데 그 사람은 "아시아에서 처음 익은 열매"인고로 에베소에 있을 것이 분명하다고 한다. 3) 문안 부분(16:3-15)에 열거된 명단은 로마의 성도들의 명단이 아니라 에베소 교회의 성도들의 명단이라고 하는 것이다. 또 혹자는 15장과 16장은 바울이 쓴 것은 맞으나 16:17-20절의 엄한 경계는 바울이 썼다고 말하기가 어렵다고 주장한다.

위와 같이 많은 사람이 의심하고 있음에도 불구하고 15장과 16장 모두가 바울의 저작이라고 보는 학자들도 많이 있다(Alford, Meyer, Zahn, Bengel, F. F. Bruce, C. H. Dodd, J. B. Lightfoot, C.E.B. Cranfield, William Hendriksen). 이 학자들 중에 도드(C. H. Dodd)는 말하기를 골로새서도 알지 못하는 곳으로 보낸 편지인데 많은 사람들에게 문안한 것을 보면 로마서의 경우도 많은 사람들에게 문안한 것이 하등 이상할 것이 없다고 주장한다. 도드(Dodd)는 또 말하기를 바울 당시 로마와 다른 곳과의 교통은 빈번하여 여러 곳에서 알고 지낸 사람들이 로마에 갔을 수도 있고 또 글라우디오 황제의 유대인

추방 명령으로 많은 유대인들이 추방되었다가 황제가 죽자(로마서가 전달되기 4-5년 전에) 많은 유대인들이 다시 로마로 들어갔을 수가 있었다는 것이다. 그 때에 아굴라 부부도 로마로 다시 들어갔을 것이라고 말한다.

　　그리고 초대의 교부들 중에도 이 두 장을 인용한 증거도 분명하다(Origen, Clement of Alexander). 그리고 말시온의 주장을 신빙할 수 없는 것은 그는 성경 다른 문제에 있어서도 그의 독특한 견해를 발표하여 혼선을 빚었다. 그리고 에베소로 보낸 편지라고 주장하는 것은 사리에 맞지 않는 말이다. 바울이 에베소에서 오랫동안 목회를 했는데 아는 사람이 26명만 되겠는가?(F. F. Bruce). 그런고로 15장과 16장에 관한 한 현존하는 사본을 따라 현 체제를 유지하는 것이 옳을 것으로 보인다. 로마서 16장이 로마서의 끝에 붙어있는 것은 16장이 분명히 로마서의 일부임을 보여주는 것이다.

■ 내용분해

I. 머리말   1:1-17
    A. 저자 소개   1:1
    B. 복음은 예수 그리스도시다   1:2-5
    C. 로마 교인들을 위한 기원   1:6-7
    D. 로마에 대한 바울의 지대한 관심   1:8-15
    E. 복음을 요약해서 말함   1:16-17
II. 의(義)는 인간이 하나님과 통하는 열쇠이다   1:18-8:39
    A. 의(義)는 인간이 하나님 앞에서 필요한 신분이다   1:18-5:21
        1. 인간은 의를 얻는데 실패했다   1:18-3:20
            a.이방인의 죄   1:18-32
            b.남을 판단하는 사람(유대인)의 죄   2:1-16
            c.유대인의 죄   2:17-29
            d.인간의 부패에 대한 바울의 가르침에 대한 반론들   3:1-8
            e.온 인류의 죄(罪)   3:9-20
        2. 하나님의 의(義)가 나타났음   3:21-31
        3. 하나님의 칭의(稱義)는 구약이 확증해준다   4:1-25
            a.아브라함의 칭의(稱義)는 행위에 있지 않았다   4:1-8
            b.아브라함의 칭의(稱義)는 할례에도 있지 않았다   4:9-12
            c.아브라함의 칭의(稱義)는 율법준수에도 있지 않았다
4:13-17a
            d.아브라함의 칭의(稱義)는 오직 믿음에 있었다   4:17b-23
        4. 이신칭의의 열매들 및 옛 연합과 새 연합   5:1-21

■ 참고도서

1.김선운. *로마서* I(1998), II(2001), III(1996), IV(1998), V(1998). 성경주석. 서울: 성광문화사, .

2.던, 제임스. *로마서 1-8* 38(상) (WBC), 서울: 솔로몬, 1988.

3.로이드-존스, D. M. *로마서강해*(II), 서문강역. 서울:기독교문서선교회, 1994.

4.루터, 말틴. *루터의 로마서주석*, 세계기독교고전, 박문재옮김. 경기도 고양시: 크리스챤 다이제스트, 2005.

5.머리, 존. *로마서* (상), 10, 성경주석 뉴인터내셔널, 권혁봉역. 서울: 생명의말씀사, 1976.

6.몽고메리, 제임스. *로마서 1-4장*, 김덕천 옮김. 서울: 도서출판 줄과추, 1997.

7.반스, 알버트. *로마서*, 크리스챤서적. 서울: 크리스챤서적, 1987.

8.박윤선. *로마서*, 성경주석. 서울: 영음사, 2003.

9.브루스, F. F. *로마서주석*, 권성수역. 서울: 문서선교회, 1979.

10.스토트, 존. *로마서 강해*, 정옥배옮김. 서울: 한국기독학생회출판부(IVP), 1996.

11.에머튼, J. A. and 크랜필드, C.E.B. *로마서 1, 2*, ICC, 문전섭, 이영재 옮김. 서울: 로고스출판사, 2,000.

12.위스트, K. S. *로마서원문주석*, 김선기옮김. 서울: 요단출판사, 1993.

13.위트머. 존. *로마서*, 두란노강해시리즈 24, 허미순옮김. 서울:

두란노서원, 1989.

14.윌럼 헨드릭슨. *로마서 (상)*, 송종국옮김. 서울: 아가페출판사, 1983.

15.이상근. *로마서*, 신약주해. 서울: 대한예수교장로회 총회교육부, 1983.

16.이순한. *로마서강해*. 서울: 한국기독교교육연구원, 1984.

17.Barclay, William. *The Letters to the Romans*, The Daily Study Bible Series. Philadelphia: The Westminster Press, 1957.

18.Barrett, C. K. *The Epistle to the Romans*, Harper's New Testament Commntaries. Peabody, Ma., Hendrikson Publishers, 1957.

19.Barth, Karl. *로마서 강해*, Der Romerbrief, 조남홍역. 서울: 도서출판한들, 1997.

20.Bengel, J. A. *Romans: Bengel's New Testament Commentary, vol.* II., Grand Rapids: Eerdmans, 1970.

21.Black, Matthew. *Romans*, The New Century Bible Commentary. Grand Rapids: Wm. B. Eerdmans Publishing Co., 1973.

22.Brown, John. *The Epistle of Paul the Apostle to the Romans.* Grand Rapids: Baker Book House, 1981.

23.Calvin, J. *The Epistle of Paul the Apostle to the Romans and to the Thessalonians: Calvin's Commentaries*, vol VIII., Grand Rapids: Eerdmans, 1973.

24.Denney, James. *St. Paul's Epistle to the Romans*, in *the Expositor's Greek Testament*, vol. II. Hodder and Stoughton, 1901; Rerdmans, 1970.

25.Cranfield, C. E. B. *Romans*(A Shorter Commentary). Grand Rapids: William B. Eerdmans Publishing Company, 1985.

26.Dodd, C. H. *The Epistle to the Romans.* New York: Harper and Row, 1932.

27.Gifford, E. H. *The Epistle of St. Paul to the Romans.* London: John Murray, 1986.

28.Godet, F. L. *Commentary on the Epistle to the Romans.* Grand Rapids: Kregel, 1978.

29.Gore, Charles, St. Paul's Epistle to the Romans, vol. II. London: John Murray, Albemarle Street, 1907.

30.Haldane, Robert. *The Epistle to the Romans.* London: The Banner of Truth Trust, 1966.

31.Henry, Matthew. *A Commentary on the Holy Bible*, Marshall Bros., n.d.

32.Hodge, Charles. *Romans*(The Crossway Classic Commentaries). Wheaton, Ill.: A Division of Good News Publishers, 1994.

33.Kasemann, Ernst. *Commentary on Romans. 로마서.* 기독교문서선교회 역간. ET, SCM and Eerdmans, 1980.

34.Knox, John and Cragg, Gerald R. *The Epistle to the Romans,* The Interpreter's Bible, vol. ix. Nashville: Abingdon Press, 1984.

35.Kroll, Woodrow Michael. "Romans," in *King James Bible Commentary.* Nashville: Thomas Nelson Publishers, 1975.

36.Lenski, R. C. H. *The Interpretation of the St. Paul's Epistle to the Romans*, Minneapolis: Ausburg Publishing House, 1931.

37.Meyer, H. A. W. *The Epistle to the Romans*, Winna Lake: Alpha Publications, 1979.

38.Mickelsen, A. Berkeley. "Romans," in *The Wycliffe Bible Commentary,* ed., Everett F. Harrison. Chicago: Moody Press, 1981.

39.Moo, Douglas. *Romans 1-8*, The Wycliffe Exegetical Commentary. Chicago: Moody Press, 1991.

40.Morris, Leon. *The Epistle to the Romans,* Grand Rapids: Wm. B. Eerdmans, Inter-Varsity Press, 1988.

41.Moulton & Milligan. *The Vocabulary of th Greek Testament.* Grand Rapids: Wm. B. Eerdmans Publishing Co., 1982.

42.Nygren, A. *Commentary on Romans.* Philadelphia: Fortress Press, 1980.

43.Olyott, Stuart. *The Gospel as it Really is: Paul's Epistle to the Romans simply explained.* England Evangelical Press, 1979.

44.Plumer, WM. S. *Commentary on Romans*, Grand Rapids: Kregel Publications, 1971.

45.Robertson, A. T. *The Word Pictures in the New Testament.* London: SCM, 1957.

46.Sandy, William & Headlam, Arthur C. *Critical and Exegetical Commentary on the Epistle to the Romans,* I.C.C. Edinburg: T & T. Clark, 1975.

47.Schreibner, Thomas R. *Romans.* Grand Rapids: Baker Books, 1998.

48.Shedd, William G. T. *Commentary on Romans,* Thornapple Commentaries. Grand Rapids: Baker Book House, 1980.

49.Thomas, W. H. Griffith, *St. Paul's Epistle to the Romans.* Grand Rapids: Wm. B. Eerdmans Publishing Co., 1978.

50.Vincent, Marvin R. *Word Studies in the New Testament*, Vol. I. Grand Rapids: Wm. B. Eerdmans Pub., 1946.

51.Wiersbe, Warren W. *Be Right.* Wheaton: Victor Books, 1984.

제 1 장
바울이 로마 교인들에게 인사한 다음 이방인의 죄악상을 말하다

I. 머리말   1:1-17

바울은 로마서를 쓰면서 첫머리에 몇 마디 말씀을 쓴다. 첫째 자신이 누구인가를 소개하며(1절), 또 복음을 위해서 택함을 받은 자신이 전하는 복음은 다름 아닌 예수 그리스도라고 언급하고(2-5절), 로마 교인들을 위하여 기원하고는(6-7절) 로마 교회에 대한 지대한 관심을 표명한다(8-15절). 그리고 바울은 이제 앞으로 쓰려는 복음을 요약해서 먼저 기록한다(16-17절).

A. 저자 소개   1:1

롬 1:1. 예수 그리스도의 종 바울은 사도로 부르심을 받아 하나님의 복음을 위하여 택정함을 입었으니.

바울은 본 절에서 자신이 누구인가를 소개한다. 그는 자신이 "예수 그리스도의 종"이라고 말한다. 여기 "예수 그리스도"란 말은 "예수"는 "그리스도"라는 뜻이다. "예수" 곧 '나사렛 예수'는 "그리스도" 즉 '기름부음 받은 자'란 뜻이다. "예수"란 말도 '구원하신다'(마 1:21)는 뜻인데, 거기에 공적인 이름인 "그리스도" 곧 '기름 부음 받은 자'란 말이 붙여져 "예수 그리스도"가 되었다. 예수님은 우리를 모든 면에서 구원하시는 분이시다. 바울은 자신이 '예수 그리스도께서 마음대로 부리시는 종'이라고 말한다. 그는 또 다른 교회에 편지를 쓸 때도 "종"(δοῦλος)이라고 자신을 소개한다(빌 1:1). 그리고 바울만 아니라 다른 저작자들, 곧 야고보(약 1:1), 유다(유 1:1), 베드로(벧후 1:1)도

자신을 종이라고 소개한다. 그런데 복음을 전하는 종들만 그리스도의 종이
아니라 일반 신자들도 모두 그리스도의 종들이라고 성경은 말씀한다(고전
3:23; 6:19b-20). 우리는 복음 전도자나 혹은 일반 성도들이나 다 같이 그리스
도의 대속의 죽음으로 구원을 받았으니 기쁜 마음으로 그리스도의 종으로
살아야 한다.

바울은 동시에 "사도로 부르심을 받았다"고 말한다(행 22:21; 고전 1:1;
갈 1:1; 딤전 1:11; 2:7; 딤후 1:11). "사도"란 '보냄을 받은 자,' '파송 받은
자,' '대사'(ambassador)란 뜻으로 복음을 위하여 심부름꾼이 되었다는 뜻이
다. 바울은 다메섹 도상에서 주님으로부터 사도로 부르심을 받았다(행
9:15-16). 사도란 말은 성경에서 열두 사도와 바울을 지칭하나, 넓은 의미로는
'복음을 전하도록 보냄을 받은 자,' 혹은 '영적인 임무를 맡고 파견된 자'란
뜻이다. 넓은 의미의 사도는 바나바(행 14:14), 에바브로디도(빌 2:25), 아볼로
(고전 4:6, 9), 실루아노(살전 1:1과 2:6), 디모데(살전 1:1과 2:6)등이 있다.
우리는 직접 그리스도로부터 사도로 부름을 받지 않았다고 할지라도 복음을
받았다는 점에서 사도, 곧 심부름꾼이 되었다. 우리는 복음을 운반해주는
넓은 의미의 사도로 살아야 한다.

바울은 자신을 소개할 때 "하나님의 복음을 위하여 택정함을 입었다"
고 말한다(행 9:15; 13:2; 갈 1:15). 여기 "하나님의 복음"이란 '하나님께로
부터 오는 복된 메시지,' 혹은 '하나님께서 주시는 구원의 소식'이란 뜻한
다. 그런데 하나님께서 주시는 구원의 소식을 전하는데 있어서 바울은
만세전에 심부름꾼으로 택함 받았다고 말한다. 갈 1:15-16에서 바울은
"내 어머니의 태로부터 나를 택정하시고 그의 은혜로 나를 부르신 이가
그의 아들을 이방에 전하기 위하여 그를 내 속에 나타내시기를 기뻐하셨
다"고 말씀한다. "내 어머니의 태로부터 나를 택정하셨다"는 말은 '만세
전에 바울을 사도로 택하셨다'는 뜻이다. 우리도 만세전에 구원을 받도록
택함을 받았으며(엡 1:4) 또 복음을 받은 자로서 모든 사람에게 전파하도록
위임받은 사도들이 되었다.

B. 복음은 예수 그리스도시다   1:2-5

사도는 1절에서 말한 복음에 대해 다시 설명한다. 본 절에서 사도는 복음은 갑자기 나타난 것이 아니라 구약 시대에 하나님께서 선지자들을 통하여 약속하신 것이고 또 3-4절에서는 복음이신 예수님은 다윗의 혈통을 통해서 나셨지만 하나님이시라고 주장한다.

롬 1:2. 이 복음은 하나님이 선지자들을 통하여 그의 아들에 관하여 성경에 미리 약속하신 것이라.

바울은 하나님께서 선지자들을 통하여 예수님을 보내주실 것을 미리 약속하신 사실을 말한다. 초두에 나오는 "이 복음"이란 말은 1절에 나온 "복음"에 대해 설명하는 말이다. "이 복음"이신 예수님은 "하나님이 선지자들을 통하여 그의 아들에 관하여 성경에 미리 약속하신 것이다"(행 26:6; 딛 1:2). 여기 "선지자들"은 구약의 모세, 사무엘, 다윗, 이사야, 예레미야, 미가, 말라기 등 많은 선지자들을 지칭하는 말이다(3:21; 16:26; 갈 3:8). 하나님은 그들을 사용하셔서 복음이 이 땅에 나실 것을 미리 약속하시고 그것을 성경에 기록해 주셨다. 구약 성경은 복음을 약속한 책이고 신약 성경은 복음이 와서 일한 것을 써놓은 책이다. 지금 우리 손에 들려있는 성경책은 복음이신 그리스도께서 오셔서 일하신 것을 기록해 놓은 책이다.

롬 1:3. 그의 아들에 관하여 말하면 육신으로는 다윗의 혈통에서 나셨고,

바울은 본 절과 다음 절(4절)에서 예수님이 어떤 분이신가를 말씀한다. 바울은 예수님의 육신(σάρκα)에 대하여 거론하면서 "다윗의 혈통"에서 나신 분이라고 말한다(9:5; 삼하 7:12-13, 16; 시 89:3-4, 19, 24; 132:7; 사 11:1-5; 10; 렘 23:5-6; 30:9; 33:14-16; 겔 34:23-24; 37:24; 마 1:1; 눅 1:27, 32-33, 69; 3:23-31; 요 7:42; 행 2:30; 딤후 2:8; 계 5:5; 22:16). 마 9:27에 두 소경이 따라오며 예수님을 "다윗의 자손 예수여"라고 부를 때 예수님은 그 이름 자체를 잘 못 된 것이라고 거부하지 않으셨고, 가나안 여인이 예수님을

"주 다윗 자손이여"라고 부를 때 역시 잘 못되었다고 하지 않으셨다(마
15:22). 예수님은 사람의 몸을 입고 이 땅에 오셔서 우리가 받아야 할 죄
값을 당하셨다.

**롬 1:4. 성결의 영으로는 죽은 자들 가운데서 부활하사 능력으로 하나님의
아들로 선포되셨으니 곧 우리 주 예수 그리스도시니라.**

본 절도 역시 앞 절(3절)과 마찬가지로 예수님이 어떤 분임을 설명하는 구절인
데 앞 절이 예수님께서 육체를 입고 오신 것을 설명하는 구절이라면 본 절은
예수님께서 영원히 하나님이시라는 것을 설명한다.

본 절 초두의 "성결의 영으로는"이란 말은 앞 절의 "육신으로는"이란
말과 대구가 되는 말이다. 여기 "성결의 영"이란 말에 대하여는 많은 논쟁이
있어 왔는데 아직도 완전히 해결되지 않은 상태에 있다. 1) 많은 수의 학자들은
여기 "성결의 영"을 예수님의 신성(神性)이라고 해석한다. 가장 큰 이유로는
"성결의 영"이라는 말이 성령을 뜻한다는 구절은 성경 어디에도 없기 때문이
라는 것이다. 하나님께서 영이신 것처럼 그리스도의 신성은 영이시며 그
특유한 특징은 거룩이라는 것이다.[1] 2) 또 어떤 학자들은 여기 "성결의 영"이

---

1) 알버트 반즈(Albert Barnes)는 여기 "성결의 영"이 '성령'을 지칭하는 것이 아니라 예수님의
신성을 지칭한다고 주장하기 위하여 일곱 가지 이유를 말하고 있다. 1) 여기에서 말하고 있는
것은 삼위 가운데 제 삼위를 말하고 있는 것이 아니다. 제 삼위를 가리킬 때는 항상 다른
형식을 사용하고 있다. 2) 그것은 육신과 대조를 이루는 말이다. "육신으로는 다윗의 혈통에서
나셨고 성결의 영으로는...하나님의 아들로 인정되셨으니"(3, 4절) 의심할 바 없이 전자는 주님의
인성을 가리키는 말이므로 후자는 하나님의 아들이라는 칭호를 통하여 나타내고 있는 신성을
가리키는 말이다. 3) 이 표현은 전적으로 주 예수 그리스도에게만 해당되는 독특한 것이다.
성경이나 다른 어느 저술들 속에서도 이와 같은 표현을 찾아볼 수가 없다. 그것이 단순한
인간에 대한 말이라고 한다면 무엇을 의미하는 것이겠는가? 4) 그 말은 제 삼위이신 성령이
죽은 자 가운데서 주님을 일으키심으로 예수님이 하나님의 아들이심을 보여준 것을 의미할
수 없다. 그것은 그 행위가 성령의 행위라고 묘사된 곳이 하나도 없기 때문이다...주님의 부활을
성령의 사역으로 돌리는 예를 찾아볼 수 없다. 5) 그 말은 어떤 인간의 존엄이나 영광보다도
훨씬 더 높은 상태를 가리키는 것이다. 주님의 육신적인 혈통으로 말하자면 왕족의 후손이며
성결의 영으로 말하자면 그보다 훨씬 높은 하나님의 아들이시다. 6) 영이라는 말은 종종 우상숭
배의 모든 물질적인 형태와 구별하여 거룩하신 하나님을 나타내는 말로 사용되고 있다(요
4:24). 7) 영이라는 말은 그의 신성이나 보다 높아지신 상태의 메시야에게 적용되는 말로도
사용되고 있다... "성결의 영으로는"이라는 표현 속에 숨어있는 참된 의미는 명백히 주님의

란 말을 '그리스도의 영'이라고 주장한다. 우리에게 영이 있는 것처럼 그리스
도의 영이 바로 본문에서 말하는 "성결의 영"이라고 말한다. 그리스도의
영은 우리의 영보다는 훨씬 월등하다고 말한다. 3) 또 혹자는 신성이라고
해석하는 것은 말도 되지 않는 것이라고 하면서 "성결의 영"은 '그리스도의
거룩한 순종'이라고 주장한다. 이 순종은 그가 비록 성부 하나님의 위치에서이
기는 하지만 종의 형태를 취한 후에 그의 인성을 입고서 순종한 것이라고
주장한다(빌 2:6-11).2) 4) 또 많은 수의 학자들은 "성결의 영"이란 말을 '거룩
의 영'(πνεῦμα ἁγιωσύνης), 곧 '성령'을 뜻하는 말로 예수님을 부활시키신
성령이라고 주장한다(Luther, Murray, Bruce, Cranfield, Kroll, Hendriksen,
박윤선, 김선운). 그들은 대부분 롬 8:11의 "예수를 죽은 자 가운데서 살리신
이의 영이 너희 안에 거하시면 그리스도 예수를 죽은 자 가운데서 살리신
이가 너희 안에 거하시는 그의 영으로 말미암아 너희 죽을 몸도 살리시리라'라
는 성구를 지지 성구로 들고 있다. 사실은 그 지지 성구를 들지 않아도 "성결의
영"이란 말 자체만으로도 성령을 지칭하는 말임에 틀림없다. 이유는 "성결의
영"이란 말이 성령을 가리키는 히브리의 정상적 표현방식이기 때문이다
(Bruce). 여러 학설 중에서 마지막 학설이 가장 설득력 있는 학설로 보이고
문맥에도 맞는 것으로 보인다.

그리고 본문에 "성결의 영으로"(κατὰ πνεῦμα ἁγιωσύνης)란 말은 "성령에
의하여"라는 뜻이다(히 9:14). 예수님은 성령에 의하여 "죽은 자들 가운데서
부활하사 능력으로 하나님의 아들로 선포되셨다." 그는 성령에 의하여 "죽은
자들 가운데서 부활하셔서" 높아지기 시작하셨다. 그는 부활하셔서 승천하시
고 하나님 우편에 앉으시며 성령을 보내셨다.

신성을 주장하는 수많은 성경구절들로부터 나타나고 있다(요 1:1 참조). *로마서*, 크리스챤서적,
서울: 크리스챤서적, 1987, 56-57. 본 저자는 본 저자가 동의하지 않는 학자의 이름을 기록하지
않기로 하였지만 불가피하게 밝힐 수밖에 없어서 학자의 이름을 밝히게 되어 양해를 구한다.
불가피하다는 말은 이 논쟁이 워낙 심각한 고로 쓰지 않을 수 없다는 뜻이다.
  2) 렌스키(Lenski), *로마서*, 성경주석, 김진홍역, 서울: 백합출판사, 1979. p. 38. 불가피하게
학자의 이름을 기록한다.

예수님은 "능력으로 하나님의 아들로 선포되셨다"(행 13:33). 여기 "능력
으로"란 말은 '능력을 옷 입어'라는 뜻으로 예수님께서 성령에 의하여 부활하
신 후 능력을 옷 입으셨다는 뜻이다. 예수님은 지상에서 사역하실 때에도
능력을 힘입어 사역하셨지만 그러나 그가 지상에서 비하(卑下)의 신분으로
계실 때는 그의 능력이 가려져 있었고(윌럼 헨드릭슨) 능력을 자제하셨는데
그가 성령에 의하여 부활하신 다음에는 성령에 의하여 능력이 더욱 강화되어
하나님의 아들로 선포되셨다는 뜻이다. 그가 원래도 하나님의 아들이시었지
만 그가 능력을 입어 승천하시고 또 하나님 우편에 앉으시며 성령을 보내주시
는 분이 되신 다음에는 그는 만천하에 하나님의 아들로 선포되셨다. 그래서
예수님 앞에 모든 무릎이 꿇게 되었다(빌 2:9-11). 그는 부활 승천하신 후
하나님 우편에 앉으시고 성령을 부으시며 모든 원수를 그의 발아래 정복하고
계신다. 오늘 우리도 그리스도와 연합되어 있는 중에 그의 능력을 힘입어
복음을 전하며 모든 원수를 우리의 발아래 두어야 한다.

바울은 3절에서 그리스도의 비하를 설명하고, 4절에서는 그리스도의 높아
지심을 설명한 다음 바로 그 분이 "곧 우리 주 예수 그리스도"라고 결론짓는다.
예수님은 "우리 주님"이시다. 그는 '우리의 주인이시고 머리이시며 공급자'이
시다. 그리고 그 분은 "예수 그리스도"이시다. 그분은 '우리의 구원주이시고
하나님을 보여주시는 선지자이시고 또한 우리를 다스려주시는 왕'이시다.
할렐루야!

**롬 1:5. 그로 말미암아 우리가 은혜와 사도의 직분을 받아 그의 이름을 위하여
모든 이방인 중에서 믿어 순종하게 하나니.**

예수님을 통하여 바울 사도는 "은혜와 사도의 직분을 받아 그의 이름을 위하여
모든 이방인 중에서 믿어 순종하게" 만들었다고 말한다. 바울은 먼저 예수님
으로 말미암아 "은혜"를 받았다고 말한다. 여기 "은혜"란 '사도가 되기에
필요한 은혜'를 지칭하는 것으로 보인다(12:3, 6; 15:15-16; 고전 15:10; 갈
1:15; 2:9; 엡 3:8). 이유는 "사도의 직분"이란 말과 함께 쓰였기 때문이다.

바울은 사도가 되기에 필요한 은혜, 곧 다메섹 도상에서 사도가 되기에 필요한 은사들을 받았다(행 9:1-19; 롬 15:15-16). 그는 예수님으로부터 직접 말씀을 받았고 사도의 사명을 받았으며 동시에 사도로 일할 수 있는 능력을 받았다. 교역자도 교역자로 사역하기에 필요한 능력을 받지 않으면 감당하지 못한다. 받지 않고 사역하면 자신도 힘들고 교회도 힘이 든다. 받지 못한 채 사역하는 사람이 있다면 늦게라도 많이 기도하여 능력을 받아 사역해야 한다.

　바울은 은혜와 사도의 직분을 받은 것이 자기를 위한 것이 아니라 "그의 이름을 위하여" 받았다고 말한다(행 9:15). 곧 '예수님을 위하여' 받았다는 말이다. 바울은 사도의 직분을 감당하여 그리스도를 이방에 선포하고 그리스도의 이름을 높이며 그리스도께 영광 돌리기 위하여 사도의 직분을 받았다는 것이다. 오늘 우리는 그리스도를 위하여 사는 사람들이 되어야 한다. 세례 요한이나 사도들이 예수 그리스도를 높이기 위하여 살았듯이 우리 역시 예수님만 높이는 삶을 살아야 한다.

　바울 사도가 은혜를 받아 사도가 된 목적은 "모든 이방인 중에서 믿어 순종하게 하는 것이라"고 말한다(16:26; 행 6:7). 곧 '모든 이방인들로 하여금 예수님을 믿게 해서 순종하게 만드는 것이라'는 뜻이다. 믿음이 없이는 순종하지 못하는 고로(15:18; 16:26) 먼저 이방인들로 하여금 예수님을 믿게 해야 하고 그 믿음을 근거해서 이방인들로 하여금 예수님께 순종하게 만드는 것이 사도가 된 목적이라는 것이다. 여기 바울 사도가 사도된 목적이 두 가지로 보인다. 하나는 "그의 이름을 위하는 것"이고 또 다른 하나는 "모든 이방인 중에서 믿어 순종하게 하는 것"이다. 그러나 이 둘은 결국 똑 같은 것을 가리키는 말이다. 모든 이방인들이 예수님을 믿어 순종하면 그것이 바로 예수님을 위하는 것이다. 그러니까 예수님을 위한다는 말은 좀 더 넓은 의미의 말이고 모든 이방인들로 하여금 믿어 순종하게 만드는 것은 좁은 의미이면서 좀 더 구체적인 말이다. 우리는 넓은 의미로 그리스도를 위하여 우리의 직분을 잘 감당해야 한다. 우리는 또 사람들로 하여금 예수님을 믿어 순종하게 하여야 한다.

C. 로마 교인들을 위한 기원   1:6-7

바울은 앞 절(5절)에서 자신이 사도가 된 목적이 이방인들로 하여금 믿어 순종하게 하는 일이라고 했는데 여기 로마 교인들도 이방인들 중에서 그리스도의 것으로 부르심을 받은 자들이라고 말하며 바울은 그들을 위하여 기도한다.

롬 1:6. 너희도 그들 중에서 예수 그리스도의 것으로 부르심을 받은 자니라. 바울은 로마 교인들이 예수님과 어떤 관계에 있는지를 설명한다. 곧 로마 교인들은 "그들 중에서 예수 그리스도의 것으로 부르심을 받았다"고 말한다. 여기 "그들 중에서"란 말은 로마 교인들의 많은 사람들이 과거에 이방인이었음을 보여주고 있다. 그리고 "예수 그리스도의 것으로 부르심을 받았다"는 말은 '하나님에 의해(8:28, 30; 11:29; 고전 1:9; 딤후 1:9) 그리스도와 교제하도록 부르심을 받았다'는 뜻이다(John Murray). 그들은 이제 예수 그리스도의 소유가 되었다(요 10:27-28; 17:6, 9, 24; 벧전 2:9). 우리도 역시 지금 예수 그리스도의 양, 그의 소유, 그의 백성이 되었다. 우리는 지금 푸른 초장에서 살고 있으며 쉴만한 물가에서 물을 마시고 살고 있다.

롬 1:7. 로마에서 하나님의 사랑하심을 받고 성도로 부르심을 받은 모든 자에게 하나님 우리 아버지와 주 예수 그리스도로부터 은혜와 평강이 있기를 원하노라. 바울은 로마 교인들이 어떤 사람들인 것을 밝히고 축도를 한다. 로마 교인들은 "하나님의 사랑하심을 받고 성도로 부르심을 받은 자"들이다 (9:24; 고전 1:2; 살전 4:7). 그 교인들은 우리나 마찬가지로 하나님의 영원하신 사랑을 받는 자들이다. 그들은 하나님으로부터 영원 전에 택함을 받은 사람이었으며(엡 1:4) 앞으로도 영원히 사랑을 받을 자들이다(롬 5:5-11; 8:29-30). 그리고 그들은 하나님의 택함을 받은 자들이었기에 "성도로 부르심을 입은 자들"이다. "성도로 부르심을 입은 자들"(κλητοῖς ἁγίοις-called to be saints)이란 말은 '성도가 되도록 부르심을 입은 자들'이란 뜻이다. 그들은 하나님의 사랑을 받고 부르심을 받았기에 성도가 될 수 있었다. 결코 성도가 되었기에 부르심을 입은 것은 아니었다. 그들은 하나님의 유효(有效)한 부르심을 받았기에 거룩한 무리들 속에 들어가게 되었으며 따라서 성령께서 그들 속에 내주하시는 중에 그리스도와 교제하면서 하나님의 영광을 위하여 살게 되었다. 성도(거룩한 무리)가 되었다고 아주 완전한 것은 아니다(고전 3:1-3). 다만 완전을 목표하고 하루하루 달라져 가는 것이다.

바울은 로마 교인들에게 "하나님 우리 아버지와 주 예수 그리스도로부터 은혜와 평강이 있기를 원하노라"고 인사한다(고전 1:3; 고후 1:2; 갈 1:3). 바울은 헬라식 인사법("은혜가 있기를")과 유대식 인사법("평강이 있기를")을 합해서 사용하고 있다. 어느 교회에든지 유대인이 있고 이방인이 있기 때문이다. "은혜"란 '하나님께서 거저 주시는 모든 호의(好意)'를 지칭하고, "평강"이란 '은혜를 받은 자가 가지는 마음의 안정 상태'를 지칭한다. 성도는 은혜를 더욱 체험할수록 더욱 평강을 누리게 된다. 은혜와 평강뿐만 아니라 모든 좋은 것은 빛들을 지으신 아버지로부터(약 1:17) 그리고 그리스도로부터 온다.

D. 로마교회에 대한 바울의 지대한 관심 1:8-15

바울은 자기 소개를 하고(1절) 또 예수님이 누구이신가를 간략히 소개하며(2-5절), 로마 교인들을 위하여 기원을 한(6-7절) 다음 이제는 로마서를 쓰게 된 동기를 밝힌다(8-15절). 바울은 로마 교인들의 믿음이 널리 퍼진다는 소식을 듣고 하나님께 감사하고(8절), 그들을 위해 하나님께 기도한다(9절). 그리고 그는 로마를 방문하고자 열망하면서 계속해서 기도해 온 것을 말한다(10절). 그가 로마에 가기를 소원하는 이유는 신령한 은사를 나누어주어 피차 위로를 받기를 소원하기 때문이라고 말한다(11-12절). 바울은 여러 번 로마에 가기를 소원했다는 것을 그들에게 알린다(13-15절). 그는 복음을 전하지 않으면 견딜 수 없었다. 그는 로마에서도 복음 전하기를 원한다고 그들에게 말한다.

롬 1:8. 먼저 내가 예수 그리스도로 말미암아 너희 모든 사람에 관하여 내 하나님께 감사함은 너희 믿음이 온 세상에 전파됨이로다.

바울은 인사를 끝내고(1-7절) 제일 먼저 본 절에서 하나님께 감사한다. 이렇게 감사로 연결하는 것이 바울의 관례(慣例)이다(고전 1:4-9; 엡 1:15-16; 빌 1:3-8; 골 1:3-4; 살전 1:2-10; 살후 1:3-10; 딤전 1:12-17; 딤후 1:3-5; 몬 1:4-5). 그는 하나님께 직접 감사하지 않고 "예수 그리스도로 말미암아," 곧 '예수 그리스도를 통하여' 하나님께 감사한다. 인간은 너무 더러워서 그리스도의 피를 통하지 않으면(요일 1:7-10) 감사조차도 하나님께 직접 올리지 못한다. 우리는 하나님으로부터 은혜를 받는 것도 예수 그리스도를 통하여 받고(5절) 기도나 감사를 올리는 것도 역시 예수 그리스도를 통하여야 한다.

바울 사도는 "너희 모든 사람(로마교인들)에 관하여" 하나님께 감사한다고 말한다. 다시 말해 '로마교인들 때문에 하나님께 감사한다'는 것이다. 바울은 로마 교인들을 생각하면서 감사할 조건을 찾았다. 곧 "너희 믿음이 온 세상에 전파되고 있기" 때문이었다(16:19; 골 1:6; 살전 1:8 참조). 로마 교인들이 예수님을 영접하고 믿는다는 것, 그리고 그들의 믿음이 널리 퍼지고 있다는 것을 생각하고 하나님께 감사한다. 로마는 당시에 큰 도시였던 고로 그곳에서 믿음의 소문이 퍼지면 더욱 그리스도가 멀리 퍼질 수 있었다. 우리는 지금 남들을 생각하면서 무슨 감사를 하고 있는가? 혹시 남들을 생각하면서 비난할 조건만 찾지는 않는가? 감사할 조건을 찾아야 한다.

롬 1:9. 내가 그의 아들의 복음 안에서 내 심령으로 섬기는 하나님이 나의 증인이 되시거니와 항상 내 기도에 쉬지 않고 너희를 말하며.

바울은 로마 교회 성도들 때문에 하나님께 감사한다는 것을 말하고는(앞 절) 이제 본 절에서는 로마 교인들을 위하여 쉬지 않고 기도하고 있음을 알린다. 그는 그가 실제로 로마 교인들을 위하여 기도하고 있음을 하나님께서 알고 계신다고 말한다. 다시 말해 하나님이 자신의 기도의 증인이시라고 말한다. 곧 "내가 그의 아들의 복음 안에서 내 심령으로 섬기는 하나님이

나의 중인이 되신다"고 말한다(9:1; 고후 1:23; 빌 1:8; 살전 2:5). "그의 아들의 복음 안에서 내 심령으로 섬기는 하나님"이란 말은 '하나님의 아들 예수 그리스도의 복음과 연합된 중에서 마음으로 섬기는 하나님'이란 뜻이다. 바울은 자신이 하나님의 아들 예수 그리스도의 복음과 연합되어 있음을 밝히고 있다. 그는 예수님과만 연합된 것이 아니라 예수님의 복음과도 연합되어 있다는 것이다. 예수님의 복음은 그의 심중 깊은 곳에 자리 잡고 있었다. 복음과 그는 떼려야 뗄 수 없게 되었다. 그는 복음을 위하여 죽음을 각오하고 살았다(행 20:24). 그는 복음과 연합되어 "심령으로" 하나님을 섬기고 있었다(행 27:23; 딤후 1:3). '마음으로' 하나님을 섬기고 있었다는 말이다. 그는 어떤 의식(儀式)을 통하여 하나님을 섬기고 있는 것이 아니고 혹은 율법을 지킴으로 하나님을 섬기고 있는 것이 아니라 마음으로 하나님을 섬기고 있었다.

그는 그가 마음으로 섬기는 하나님이 자신의 증인이 되신다고 말하면서 "항상 내 기도에 쉬지 않고 너희를 말한다"고 전한다(엡 1:16; 빌 1:3-4; 골 1:3; 살전 1:2; 3:10; 딤후 1:3; 몬 1:4). 그는 하나님이 증인이 되신다고 말하면서 그는 로마 교회를 위하여 기도를 쉬지 않는다고 담대히 말한다. 그는 진정 기도에 쉼이 없이 로마 교인들을 생각하고 있었다. 우리도 기도를 쉬지 않아야 한다(살전 5:17).

롬 1:10. 어떻게 하든지 이제 하나님의 뜻 안에서 너희에게로 나아갈 좋은 길 얻기를 구하노라.

바울은 로마 교인들만을 위하여 기도(앞 절)하는 것이 아니라 자신의 로마로 가는 길이 열리기를 위하여 기도한다. 그는 어떻게 하든지 "이제 하나님의 뜻 안에서 너희에게로 나아갈 좋은 길 얻기를 구한다"고 말한다(15:23, 32). 바울은 하나님의 뜻을 거스르면서 로마에 가기를 원하지는 않았다. 그는 하나님의 뜻 안에서(행 18:21; 롬 15:32; 고전 1:1; 4:19; 16:7) 그들에게로 가기를 구하였다. 다시 말해 하나님께서 기뻐하시면 그들을 방문하기를 원한다는 것이다. 전도자는 한발 한발 앞으로 나아가는 것도 하나님께 맡기고 기도해야 한다. 성도는 항상 성령의 인도를 구해야 한다(행 16:6-10). 여기 "좋은 길"이란 '하나님께서 열어주시는 길'을 지칭한다. 바울은 자신의 뜻대로 로마로 가는 길을 추진하는 것이 아니라 하나님께서 그를 로마로 가게 해주시는 섭리를 바라고 있었다. 우리는 무슨 일을 하든지 하나님께 좋은 길을 구해서 이루어야 한다(약 4:15). 우리는 지금 하나님께서 열어주시는 길을 구하고 있는가. 아니면 우리들의 뜻이 이루어지기를 구하고 있는가.

롬 1:11. 내가 너희 보기를 간절히 원하는 것은 어떤 신령한 은사를 너희에게 나누어 주어 너희를 견고하게 하려 함이니.

바울 사도가 로마에 가서 로마 교인들을 "보기를 간절히 원하는 것은 어떤 신령한 은사를 너희에게 나누어 주어 너희를 견고하게 하려 함이라"고 말한다(15:29). 그는 무엇을 얻으러 가는 것이 아니라 먼저 "어떤 신령한 은사"를 로마 교인들에게 나누어 주기 위해서 간다고 말한다(주기 위해서 가기만 한 것이 아니라 다음 절에 보면 얻으러 간다고 말한다). 여기 "신령한 은사"란 말은 '신령한 선물'이란 뜻인데 성령께서 주시는 선물을 지칭한다. 구체적으로 어떤 은사를 지칭하는지 확인할 수는 없으나 성령께서 주시는 은사이다. 바울은 은사의 전달자가 되기를 소원했다. 바울은 로마 교인들에게 신령한 은사를 나누어주어 그들의 믿음이 튼튼해지기를 소원한다. 우리는 사람들에게 신령한 은사를 나누어 줄 수 있는 성도가 되어야 할 것이다. 사람은 성령님께서 주시는 은혜를 받아야 튼튼해진다. 세상 것을 아무리 받아도 신령해지지 않고 튼튼해지지 않는다. 오히려 마음만 혼란하고 복잡해질 수가 있다. 우리는 이웃을 위하여 기도해주고 말씀을 전해주어 이웃을 신령하게 만들어야 하고 튼튼하게 만들어야 한다(골 1:28).

롬 1:12. 이는 곧 내가 너희 가운데서 너희와 나의 믿음으로 말미암아 피차 안위함을 얻으려 함이라.

본 절은 사도가 로마 교인들에게 신령한 은사를 나누어주어 믿음을 견고하게 하려는(앞 절) 목적을 말한다. 그 목적은 "너희와 나의 믿음으로 말미암아 피차 안위함을 얻으려 한다"는 것이다(딛 1:4; 벧후 1:1). 다시 말해 '너희(로마 교인들)와 바울의 견고한 믿음으로 말미암아 서로 간에 위로를 받기 위해서라'고 한다. 튼튼한 믿음, 큰 믿음(마 15:21-28)은 상대방에게 위로를 준다. 내 믿음이 견고할 때 상대방에게 위로를 주고 상대방의 큰 믿음은 나에게 큰 위로가 된다. 믿음이 견고하면 흔들리지 않게 되고 또 상대방에게 밝음을 주고 확신을 주게 되니 위로가 된다.

　여기 바울의 놀라운 겸손이 보인다. 그는 로마의 일반 신자들의 믿음을 통하여 안위함을 받기를 갈망하고 있다. 그는 그들을 위하여 기도해주고 또 말씀을 전해서 신령한 은사가 전달되어 그들의 믿음이 든든해져서 그들의 믿음으로 말미암아 바울이 위로를 받기를 소원한다. 복음 전도자는 일방적으로 주는 사람만이 아니라 일반 성도들을 통하여 은혜를 받고 위로를 받기를 소원해야 한다.

롬 1:13. 형제들아 내가 여러 번 너희에게 가고자 한 것을 너희가 모르기를 원하지 아니하노니 이는 너희 중에서도 다른 이방인 중에서와 같이 열매를 맺게 하려 함이로되 지금까지 길이 막혔도다.

바울이 로마에 가려고 하는 이유는 교인들의 믿음을 견고하게 하려는 것(앞 절)만이 아니라 신령한 "열매"(성령의 아홉 가지 열매)를 맺게 하려는 점도 있다고 말한다.

　바울은 먼저 로마 교인들을 부르는데 있어 "형제들아"라고 애칭(愛稱)으로 부른다. 이렇게 애칭으로 부르는 이유는 진지한 말씀을 하려는 의도에서이다. 사도는 이 애칭을 100번 이상 사용했고 로마서에서만도 14회 사용하고 있다(윌럼 헨드릭슨).

　바울은 로마 교인들로 하여금 열매를 맺게 하려고 "내가 여러 번 너희에게 가고자 한 것을 너희가 모르기를 원하지 아니한다"고 말한다(15:23). 바울은 여러 차례 로마에 가려고 하였다. 그러나 길이 막혔다. 길이 막힌 이유는 아마도 15:22이 밝혀주고 있는 듯하다. 바울 사도가 현재 사역하고 있는 지역의 복음화가 완성되지 않았기 때문으로 보인다.

바울은 그의 특유의 어법, 곧 "너희가 모르기를 원하지 아니하노니"라는 말을 사용한다(11:25; 고전 10:1; 12:1; 고후 1:8; 살전 4:13). 이 말은 '너희가 알기를 바란다'는 뜻이다. 바울은 그들에게 자기가 로마에 가기를 소원했던 사실을 알아주기를 간절히 소원하고 있다.

바울이 로마에 가기를 원한 목적은 "너희(로마) 중에서도 다른 이방인 중에서와 같이 열매를 맺게 하려 함이라"고 말한다(빌 4:17). 바울이 로마에 가기를 간절히 소원한 목적은 로마 교인들도 다른 이방교인들과 마찬가지로 성령의 열매(갈 5:22-23)를 맺게 하려는 것이었다. 그는 로마 교인들에게 신령한 은사를 나누어주어(11절) 그들의 믿음이 든든해져서(12절) 결국은 성령의 여러 가지 열매를 맺게 하려고 했다는 것이다(요 4:35; 15:1-7). 그러나 바울은 "지금까지 길이 막혔다"고 말한다(행 16:7; 살전 2:18 참조). 몇 번이나 막혔는지는 모르나 편지를 쓰는 그 시점까지 계속해서 막혔다는 것이다 (15:22). 우리의 길도 막힌다. 그러나 주님의 뜻이라면 계속해서 두드려야 한다.

롬 1:14. 헬라인이나 야만인이나 지혜 있는 자나 어리석은 자에게 다 내가 빚진 자라.

바울이 그렇게 로마에 가려고 했던(앞 절) 이유는 세상 모든 사람들에게 빚진 자이기 때문이라고 한다. 그는 "헬라인," 곧 '문명인'이나, "야만인," 곧 '미개인'에게 빚진 자였기 때문에 가려고 했다. 다시 말해 "지혜 있는 자(헬라인)나 어리석은 자(야만인)에게 다" 빚진 자로 알고 있었기 때문이었 다(고전 9:16). 바울은 자신이 세상 모든 사람들에게 복음을 반드시 전해야 할 사람이라고 알고 있었다. 바울은 하나님으로부터 너무 큰 은혜를 받았기에 그가 알지도 못하고 본적도 없는 사람들에게 마치 빚진 자처럼 모든 사람들에게 그리스도의 복음을 전하려고 했다. 바울은 여기서 직접적으로 로마인을 언급하지 않고 있으나 로마인도 역시 헬라인의 범주 곧 지혜 있는 자의 범주에 속하는 것은 사실이었다. 감리교의 창설자 요한 웨슬리는 세계가 자기의 교구라고 말했다. 우리는 세상 사람들을 가슴에 품고 그리스도를 전해야 한다.

롬 1:15. 그러므로 나는 할 수 있는 대로 로마에 있는 너희에게도 복음 전하기를 원하노라.

앞 절의 결론으로 바울은 본 절을 쓰고 있다. "그러므로 나는 할 수 있는 대로 로마에 있는 너희에게도 복음 전하기를 원한다"고 말한다. "복음"이란 '예수 그리스도께서 우리를 대신하여 죽으셨다가 삼일 만에 부활하신 소식'을 지칭한다. 우리 역시 할 수 있는 대로 세상 모든 사람들에게 복음 전하기를 원해야 한다. 오늘 우리나라는 영어를 배우려는 열기가 대단하다. 하나님의 섭리인 것 같다. 우리는 세계를 가슴에 품고 기도하여 복음을 전해야 한다.

   E. 복음을 요약해서 말함   1:16-17
   바울은 로마 교인들을 위하여 기도하고 또 로마에 가려는 열망이 대단했다는 것을 말하고는(8-15절) 이제는 그들에게 복음이 무엇인가를 요약해서 말한다. 바울은 이 부분에서 두 가지 큰 사상을 말한다. 하나는 복음은 구원하는 능력이라는 것(16절)과 또 복음에는 하나님의 의(義)가 나타나 있다는 점(17절)을 밝힌다.

롬 1:16. 내가 복음을 부끄러워하지 아니하노니 이 복음은 모든 믿는 자에게 구원을 주시는 하나님의 능력이 됨이라 먼저는 유대인에게요 그리고 헬라인에게로다.

바울이 로마 교인들에게 복음 전하기를 원한 이유는 "복음을 부끄러워하지 않기" 때문이었다(시 40:9-10; 막 8:38; 딤후 1:8). "복음을 부끄러워하지 않는

다"는 말은 예수님께서 우리를 대신하여 십자가에서 죽으셨다는 사실과 그가
죽은 자 가운데서 부활하셨다는 소식을 전하기를 부끄럽게 생각하지 않는다
는 뜻이다. 로마에 아무리 지식이 많고 또 지혜가 많은 사람들이 있다고
할지라도 복음을 전하기를 부끄러워하지 않는다고 말한다. 우리 역시 21세기
의 고도의 지식 사회에서도 복음 전하기를 부끄럽게 생각하지 않아야 한다.

사도가 이렇게 복음 전파를 부끄럽게 생각하지 않는 이유는 복음이 바로
사람을 구원하시는 하나님의 능력이 되기 때문이라고 한다. 곧 "이 복음은
모든 믿는 자에게 구원을 주시는 하나님의 능력이 되기" 때문이라고 한다(고
전 1:18; 15:2). 여기 "이 복음은 모든 믿는 자에게 구원을 주시는 하나님의
능력이 된다"는 말은 '그리스도의 복음은 하나님의 구원의 능력이라'는 뜻이
다. 그리스도의 십자가 복음은 우리를 각종 죄와 각종 불행으로부터 우리를
구원하시는 구원의 능력이다.3) 우리는 복음을 통해서만 구원을 받는다. 다시
말해 예수님의 십자가 죽음과 부활을 통해 구원을 받는다. 예수님의 죽음(피)
을 통하지 않으면 우리는 하나님의 구원을 체험하지 못한다. 복음, 즉 예수는
그 어떤 세상의 능력보다도 우리를 구원하시는 능력이시다. 그는 로마의
법보다도 그리고 로마의 힘보다도 더 우리를 구원하시는 힘이 되신다.

바울은 복음이 믿는 자에게는 누구에게나 마찬가지로 능력이라고 말한다.
곧 "먼저는 유대인에게요 그리고 헬라인에게"라고 말한다(2:9; 눅 2:30-32;
24:47; 행 13:26, 46). 여기 "먼저는....그리고"란 말은 유대인이 우월하고 헬라
인(이방인)이 열등하다는 뜻이 아니라 복음이 전해진 순서를 말할 뿐이다.
여기 유대인과 헬라인을 거론한 것은 세계 만민을 뜻하는 말이다. 유대인에게
나 이방인에게나 차별 없이 복음은 구원을 주시는 하나님의 능력이시다(사

---

3) 사람들은 구원이라고 하면 예수님을 믿어 천국에 가는 것만을 염두에 두고 있다. 그러나
구원이란 구한다는 동사에서 왔으므로 각종 죄들과 각종 불행으로부터 구하는 것을 뜻한다.
죄에 빠진 사람을 의롭게 만들고 타락한 사람을 건져서 거룩한 사람으로 만들며 부자유한
사람을 자유로운 사람으로 만들어주고 환난당한 사람을 환난으로부터 건져내주며 가난한 사람
을 가난으로부터 건져서 부요하게 만들어주는 것이 구원이다. 구원은 전방위(全方位) 구원이다.
복음은 우리를 전 방위적으로 구원하신다.

45:22; 요 4:42; 딤전 1:15). 복음은 세계 만민을 위한 것이다. 복음은 이제 세계 만민 중의 믿는 자들에게 구원을 주시는 하나님의 능력이 되었다. 우리는 세상 사람들을 차별해서는 안 된다. 복음이 세상 사람들을 차별하지 않았으니 말이다.

롬 1:17. 복음에는 하나님의 의가 나타나서 믿음으로 믿음에 이르게 하나니 기록된바 오직 의인은 믿음으로 말미암아 살리라 함과 같으니라.
본 절 초두에는 "왜냐하면"이라는 뜻을 가진 이유접속사(ga:r)가 있다. 그런고로 본 절은 "복음이 모든 믿는 자에게 구원을 주시는 하나님의 능력"(앞절)이 되는 이유를 설명한다. 복음이 구원의 능력이 되는 이유는 복음을 통하여 "하나님의 의가 나타나기 때문이다"(3:21). 뒤집어 말하면 복음에 하나님의 의가 나타나니까 구원의 능력이 된다는 것이다.

그러면 "하나님의 의(義)"란 도대체 무엇인가. 혹자는 본문에서 말하는 하나님의 의(義)란 하나님의 옳으신 성품이라고 주장한다. 그러나 본문에서 말하는 "하나님의 의(義)"란 그것이 복음에 "나타나서" 우리로 하여금 "믿음으로 믿음에 이르게 하는" 의(義)라는 차원에서 고찰할 때 '하나님으로부터 오는 의'(3:21-22; 10:3), '하나님으로부터 난 의'(빌 3:9), '예수 그리스도를 믿는 모든 사람들에게 값없이 주시는 의로움,' '하나님 앞에 설 수 있는 의'라는 뜻이다. 다시 말해 '하나님의 의란 우리로 하여금 칭의에 이르게 하는 의'이다. 하나님의 의는 우리 믿는 자들에게 주어지고(3:22) 우리가 가지거나 누릴 수 있는 선물이다(5:17). 그러니까 본문에서 말하는 하나님의 의란 하나님의 성품 중의 하나인 의(義)를 뜻하는 것이 아니다. 하나님은 사랑이시고 능력이시며 지혜이시고 거룩이시며 의(義)이시다. 그러나 하나님의 속성으로서의 의는 이미 율법에도 나와 있는 것으로서 본문의 복음에 나타난 의(義)와는 구별되어야 한다는 것을 알 수 있다. 고후 5:21은 말하기를 '우리가 그리스도 안에서 하나님의 의가 되었다'고 말한다. 하나님은 불의한 자를 위해 죽으신 예수 그리스도를 통해 자신의 의(義)를 나타내셨다.

그런데 본문에 보면 "복음에는 하나님의 의가 나타난다"고 말하고 있다. 여기 "나타난다"(ἀποκαλύπτεται)는 말은 3인칭 단수 현재 수동태이다. 그러니까 '복음에는 하나님의 의가 계속해서 나타나고 있다'는 뜻이다. 다시 말해 그리스도의 복음에는 하나님께서 믿는 자들에게 의를 주시는 일이 계속된다는 뜻이다. 하나님은 지금도 그리스도를 믿는 사람들에게 계속해서 의롭다고 선언하신다. 하나님께서 어느 한 때의 사람들에게만 의를 선언하시고 중단하신 것이 아니라 지금도 그리스도를 믿는 사람들에게 무한한 자비하심으로 의롭다고 선언하신다. 하나님은 하나님을 믿은 아브라함을 의롭다고 선언하셨는데 지금도 여전히 그리스도를 신앙하는 사람들을 의롭다고 선언하신다. 할렐루야!

이렇게 그리스도를 믿는 자들에게 주시는 의는 "믿음으로 믿음에 이르게 한다"고 바울은 말한다. 그러면 "믿음으로 믿음에 이르게"(ἐκ πιστεως εἰς πιστιν) 한다는 말은 무슨 뜻인가. 많은 해석이 시도되었다. 아래에 기록한 첫 번째부터 다섯 번째의 학설까지는 받기가 어려운 것으로 보인다. 1) "그 제안을 하신 하나님의 믿음으로부터 그것을 받는 인간의 믿음으로" 곧 '하나님의 믿음(신실하심)으로부터 우리의 믿음으로'라고 주장하는 학설. 2) 구약의 믿음(불완전한 믿음)으로부터 신약의 믿음(완전하고 분명한 믿음)으로 전진하는 것으로 보는 학설. 3) 한 신자 안에서 믿음이 성장할 것을 염두에 두었다는 학설, 즉 '얕은 믿음에서부터 깊은 믿음으로' 믿음이 성장할 것을 마음에 두었다는 것이다. 4) 복음을 믿는 믿음으로부터 하나님의 의를 소유하는 믿음으로 이전하는 것으로 보는 학설. 5) 고백하는 믿음으로부터 하나님께 복종하는 믿음으로 바뀌는 것으로 보는 학설. 6) '한 신자에게서 다른 신자에게로' 믿음이 전파되는 것을 염두에 두고 이렇게 표현했다는 학설. 이 해석은 존 머리(John Murray)[4)]가 주창했고 브루스(F. F. Bruce)가 인정하는 해석이다.

---

4) 머리(Murray)는 주장하기를 "해석의 실마리는 바울 자신이 가장 근사한 병행 점을 제시한 구절에 있다고 본다. 그것은 로마서 3:22이다(참고. 갈 3:22). 거기서 사도는 '예수 그리스도를 믿음으로 말미암아 모든 믿는 자에게 미치는 하나님의'에 관해 말하고 있다. 이 때 '모든 믿는 자에게'라는 표현은 필요 없이 덧붙인 것으로 보일지 모른다. 왜냐하면 그런 표현이 말하는

머리(Murray)의 주장을 한 마디로 표현하면 한 사람이 예수 그리스도를 믿어 의에 이르면 그 믿음은 모든 다른 믿는 사람들에게 구원을 준다는 것이다. 머리(Murray)의 주장은 로마서 안에서 병행 구절(3:22)이 있다는 점에서 강점이 있으나 바울이 인용한 구약 하박국의 메시지(합 2:4)가 뒷받침해 주지 않는다는 약점이 있는 듯하다. 하박국 2:4은 성도 개인의 '철저한 신뢰가 필요하다'는 것을 강조하는 구절이지 다른 수많은 사람들의 믿음에까지 영향을 주어야 우리가 산다는 말씀은 아니다. 그러나 이 학설은 일고(一考)를 요하는 학설로 보인다. 7) 첫 번째 "의"는 '그리스도를 믿을 때 받아지는 의'이고, 두 번째 "의"는 '신실한 삶에서 나타나는 의로움'이라고 보는 학설. 첫 번째의 "믿음"은 그리스도를 믿음으로 얻는 의를 가리키고 두 번째의 "믿음"은 '신실한 삶'을 지칭하는 것으로 보는 학설이다. 우드로우 크롤 (Woodrow Michael Kroll)은 "의는 그리스도 예수를 믿음으로 얻는다. 그리고 또 신실한 삶에서 드러난다"고 주장한다.5) 8) "믿음으로 믿음에 이르게(ἐκ πιστεως εἰς πιστιν) 한다"는 말은 '철두철미 믿음에 이르게 한다,' '온전히 믿음에 이르게 한다'는 뜻이라고 주장하는 학설. 이 학설은 일곱 번째의 학설과 비슷한 학설로서 본문을 가장 잘 드러내는 것으로 보인다. 토마스(W. H. Griffith Thomas)는 "'믿음으로 믿음에 이르게' 한다는 말은 한 덩어리로 받아야 하고 결코 두 부분으로 나누어서 고찰되어서는 안 된다. 비슷한 표현이 도처에서 발견되어 이의미를 밝혀준다(시 84:7: 고후 2:16; 3:18)....우리는 믿음으로 의롭다 함을 받고, 또 믿음으로 성화되어 간다. 우리는 매 순간마다 믿음으로 산다"고 주장한다.6) 우리는 처음부터 끝까지 믿음에 의해 의롭다

모든 사실이 그 앞에 있는 '예수 그리스도를 믿음으로 말미암아'라는 표현 속에 이미 언급되어 있기 때문이다. 그러나 우리가 보기에는 같은 말의 되풀이 같지만 거기엔 어떤 목적이 있었음이 분명하다. 그 목적은 하나님의 의는 믿음으로 말미암아 우리에게 구원을 주며 또한 믿는 모든 사람에게 구원을 준다는 사실을 강조하자는 것이다. 그런즉 위의 두 사상을 강조한다는 것은 필요 없이 덧붙인 것이 아니다"라고 말한다. *로마서* (상), 10, 성경주석 뉴인터내셔널, 권혁봉역 (서울: 생명의 말씀사, 1976), p. 69.

5) Woodrow Michael Kroll, "Romans," in *King James Bible Commentary* (Nashville: Thomas Nelson Publishers, 1975), p. 1398.

6) W. H. Griffith Thomas, *St. Paul's Epistle to the Romans* (Grand Rapids: Wm. B. Eerdmans

함을 받는다. 다시 말해 전적인 믿음으로 의롭다 함을 받는다.

바울 사도는 신약만이 이렇게 믿음으로 살아야 할 것을 권하는 것이 아니라 구약에 이미 "기록된" 말씀이 있다고 말한다. 구약 하박국 2:4에 "오직 의인은 믿음으로 말미암아 살리라"(요 3:36; 갈 3:11; 빌 3:9; 히 10:38)는 말씀이 있다고 말한다.7) 이 말씀의 뜻은 '오직 의인은 믿음으로 구원을 받는다'는 뜻이다(요 3:16; 5:24). 하박국 선지자가 이 말씀을 하나님으로부터 받게 된 동기는 그가 당대의 험한 사회를 보면서 마음에 갈등하고 하나님께 질문했을 때 하나님은 하박국에게 "오직 의인은 믿음으로 말미암아 살리라"는 계시를 주셨다. 세상이 아무리 험하고 복잡해도 의인은 믿음으로 살아야 한다는 것이다. 그런데 바울 사도시대는 율법주의에 대항하여 의인은 오직 믿음으로 살아야 한다고 주장했다. 그리고 말틴 루터(Martin Luther) 시대에는 캐도릭(Cathoric)의 교권과 전통에 맞서 "오직 믿음"을 주장했다. 오늘 우리는 이 사회의 혼돈과 종교다원주의에 맞서 "오직 믿음"으로 살 것을 주장해야 할 것이다.

II. 의(義)는 인간이 하나님과 통하는 열쇠이다   1:18-8:39

바울은 로마 교인들에게 로마서를 쓰게 된 동기(8-15절)와 또 복음이 무엇이냐를 간략히 설명한(16-17절) 다음 이제 의(義)는 인간이 하나님과 통하는 열쇠임을 말한다(1:18-8:39). 바울은 먼저 의(義)라고 하는 것이 인간이 하나님 앞에서 필요한 신분임을 역설하고(1:18-5:21) 의(義)라고 하는 것은 크리스천이 하나님 앞에서 사는 방식이라고 말한다(6:1-8:39).

A. 의(義)는 인간이 하나님 앞에서 필요한 신분이다   1:18-5:21

바울은 의(義)라고 하는 것은 인간이 하나님 앞에서 필요한 신분이라고

Publishing Co., 1978) p. 63.

7) 이 말씀은 하박국 2:4에서 인용한 말씀인데 하박국에서는 이 말씀이 '꾸준성,' '성실성' 등을 뜻하고 있다. 그리고 히 10:38에서는 '낙심하지 말고 계속해서 전진해야 할 것을 격려하는 차원에서 인용되었다.

말한다. 다시 말해 의가 없으면 하나님 앞에 설 수 없다고 말한다. 바울은 먼저 인간이 의를 얻기에 실패했다고 말하고(1:18-3:20) 의는 믿음으로 얻는 것이며 결코 율법을 행함으로 얻는 것이 아니라고 말한다(3:21-31). 바울은 믿음으로 의를 얻을 수 있다는 것을 아브라함의 생애에서 증명한다(4:1-25). 그리고 바울은 믿음으로 의를 얻는 것이 개인들의 삶에서와 역사 속에서 가장 중심 위치를 차지한다고 말한다(5:1-21).

1.인간은 의를 얻지 못했다   1:18-3:20

바울은 인간에게 의가 있어야 하나님 앞에 설 수 있는데 인간은 의를 얻는데 실패했다고 말한다. 바울은 먼저 이방인이 의를 얻지 못했다고 말한다(18-32절). 그리고 바울은 남을 판단하는 사람이 의를 얻지 못했다고 말하고(2:1-16) 유대인이 의를 얻지 못했음을 말한다(2:17-29). 그리고 바울은 인간이 의를 얻지 못했음에 대하여 역설하는 자신의 교훈에 대하여 반론이 있음을 말하고(3:1-8) 모든 인간이 하나님 앞에 의롭지 못함에 대하여 말한다(3:9-20).

a.이방인의 죄 1:18-32

이방인이 하나님을 바로 깨닫지 못하니(18-25절) 여러 가지 다른 죄들을 가져왔다(26-32절). 이런 순서는 지금도 그대로 지켜지고 있다. 하나님을 바로 깨닫지 못하면 결국 사람관계에서 많은 죄들을 짓게 마련이다.

롬 1:18. 하나님의 진노가 불의로 진리를 막는 사람들의 모든 경건하지 않음과 불의에 대하여 하늘로부터 나타나나니.

본 절 초두에는 이유를 나타내는 접속사 "왜냐하면"(γὰρ)이라는 말이 있다. 그런고로 본 절은 앞 절의 이유를 설명하고 있다. 바울은 앞 절에서 믿음으로 말미암아 복음을 받는 것 이외에는 구원이 없다고 했는데(앞 절) 그 이유는 사람은 하나님 앞에서 경건하지 않고 의롭지 않아서 하나님의 진노 아래 있기 때문이라고 말한다.

"하나님의 진노'[8]란 '인간들의 악과 반역에 대한 하나님의 거룩하신 반응'(F. F. Bruce), '하나님의 확실한 의분'(윌럼 헨드릭슨), '하나님의 존재 자체의 거룩한 분노'(John Murray)란 뜻이다. 바울은 하나님의 진노는 두 종류의 죄에 임한다고 말한다. 즉 하나님께 대하여 경건하지 않은 행위에 임하고 또 이간 상대의 불의(不義) 위에 임한다고 말한다(행 17:30; 엡 5:6; 골 3:6). 다시 말해 하나님의 진노는 하나님을 경외하지 않는 죄 위에 임하고 인간관계에서도 옳게 행하지 않는 죄 위에 임한다고 말한다.

바울은 하나님의 진노가 "불의로 진리를 막는 사람들의 모든 경건하지 않음과 불의에 대하여 하늘로부터 나타난다"고 말한다. 여기 "불의로 진리를 막는 사람들"이라는 말은 바로 뒤에 나오는 두 가지 죄와 관련을 짓고 있다. 즉 "모든 경건하지 않음과 불의"와 관련을 짓는다. 그러니까 "경건하지 않음과 불의"는 결국 불의로 진리를 막는 사람들이 짓는 죄들이다. 불의로 진리를 막는 사람들은 하나님을 경외하지 않는 죄를 짓고 인간관계에 있어서 불의를 행하게 된다는 것이다.

불의한 자들(곧 악한 자들)은 세상 어디에서나 진리를 질식시키고 있다. 그들은 진리가 나타나지 못하도록 가로 막고 있고 진리가 사람들에게 보이지 않도록 저지하고 있다. 그들은 "하나님은 없다"고 선전한다(시 10:4; 14:1; 53:1; 73:11). 불의한 사람들은 특별계시를 접하고도 그 특별계시를 거부하려고 덤빈다(막 6:20, 26-27). 불의한 자들은 하나님을 경외하기를 거부할 뿐 아니라 인간관계에 있어서도 마음 놓고 옳지 않는 일을 서슴지 않는다(롬 3:10).

바울은 하나님의 진노가 "하늘로부터 나타난다"고 말한다. 이 말은 하나님의 거룩한 분노가 하나님의 보좌로부터 내려온다는 뜻이다. 하나님은 죄인들을 향하여 보좌에서 불쾌감을 표시하신다. 이스라엘 민족은 언약을 배반하여

---

8) 본문의 "하나님의 진노"란 말은 17절의 "하나님의 의"라는 말과 대조를 이루고 있다. 이렇게 대조를 이루는 것을 보면 "하나님의 의"(17절)는 공의의 속성이 아니라 구체적으로 드러날 하나님의 진노를 대비하기 위해 복음 안에 마련된 의라는 것을 알 수 있다(John Murray).

하나님의 진노를 받았고(레 10:1-2; 민 16:33), 이방인들은 이스라엘을 억압했을 때 진노를 받았다(렘 1:11-17; 겔 36:5). 신약 성경은 하나님께서 종말의 때에 인류의 죄악에 대하여 진노하실 것이라고 말한다(마 3:7; 살전 1:10; 계 6:16). 때로는 종말이 되기 전에 역사상에서 하나님께서 심판하신다고 말한다(살전 2:16). 우리는 그리스도께서 우리 대신 하나님의 진노를 받으신 것을 믿어야 한다.

롬 1:19. 이는 하나님을 알 만한 것이 그들 속에 보임이라 하나님께서 이를 그들에게 보이셨느니라.
문장 초두의 "이는"("왜냐하면")이란 말은 "하나님의 진노가 불의로 진리를 막는 사람들의 모든 경건하지 않음과 불의에 대하여 하늘로부터 나타나는"(앞 절) 이유를 설명하는 말이다. 그 이유는 "하나님을 알 만한 것이 그들 속에 보이기"(본 절) 때문이다(행 14:17). 다시 말해 "하나님의 진노가 불의로 진리를 막는 사람들"의 행동에 임할 수밖에 없는 이유는 "하나님을 알만한 것이 그들 속에 보이기" 때문이다. 바꾸어 말해 하나님을 알만한 것이 이방인들의 마음속에 보이는데도 그들이 불의로 진리를 막기 때문이라는 것이다. 하나님을 알만한 자연계시가 이방인들의 마음속에 분명히 보이는데도 이방인들은 그들이 행하는 불의한 행동으로 진리를 막고 있는 것이다.

　　여기 "하나님을 알 만한 것"(that which may be known of God-K.J.V.; that which can be known-R.S.V.)이란 말은 '하나님께 대하여 알려질 수 있는 것'이란 뜻으로 '하나님께 대하여 알려질 수 있는 일반계시'를 지칭한다. 일반계시 속에는 하나님의 능력과 신성(다음 절)이 보이니 일반계시는 하나님을 알게 해주고 또 보여주고 있다. 예를 들어 하나님께서는 그 만드신 만물에 하나님의 영원하신 능력과 신성이 보이도록 하셔서(다음 절) 이방인들도 하나님을 알게 해주셨다. 그런데도 이방인들은 불의로 진리를 막고 경건치 않게 그리고 불의하게 행동한다.

　　그리고 하나님을 알 만한 것이 "그들 속에 보임이라"는 말은 '그들의 심령 속에 분명히 보여주셨다'는 뜻이다(요 1:9). 하나님께서 자신을 보여주시는 일반계시(자연 만물, 인간, 역사 등)가 이방인들의 심령 속에 분명히 나타나게 하셨다는 것이다. 바울은 "하나님께서 이를 그들에게 보이셨다"고 말한다. 하나님께서 이방인들의 심령 속에 보여주셨다는 것이다. 그런고로 이방인들은 불의한 행동으로 진리를 막아서는 안 된다고 바울은 말한다(앞 절).

롬 1:20. 창세로부터 그의 보이지 아니하는 것들 곧 그의 영원하신 능력과 신성이 그가 만드신 만물에 분명히 보여 알려졌나니 그러므로 그들이 핑계하지 못할지니라.

문장 초두에 이유를 말하는 접속사 "왜냐하면"(γὰρ)이란 말은(한글 성경에는 없음) 이방인들이 불의한 행동으로 진리를 막아서는 안 되는 이유를 설명하고 있다. 왜냐하면 "창세로부터 그의 보이지 아니하는 것들 곧 그의 영원하신 능력과 신성이 그가 만드신 만물에 분명히 보여 알려졌기" 때문이다(시 19:1; 행 14:17; 17:27). 하나님께서 우주를 창조하실 때부터 사람들로서는 전혀 볼 수 없는 하나님의 "영원하신 능력과 신성"이 하나님께서 만드신 만물에 분명히 보여서 이방인들에게도 알려졌다는 것이다.

여기 "영원하신 능력"이란 말은 하나님의 능력이 나타나서 없어진 것이 아니라 '영원히 존재하고 있다'는 뜻이다. 예를 들면 하늘의 해와 달과 별들에 나타나 있는 하나님의 무한한 능력은 지금도 그것들을 유지하고 있기 때문에 영원하신 능력이라고 불리고 또 땅의 만물 가운데 나타난 하나님의 능력도 역시 여전하다. 사람의 신체구조나 동물들의 신체구조나 물고기들의 구조를 보아도 역시 하나님의 창조의 능력이 지금도 작용하고 있다. 하나님의 영원하신 능력은 예수님 재림 때까지 계속할 것이다. 사람들이 그 능력을 볼 때에 영원하신 하나님을 생각하게 된다. 그리고 "신성"(神性)이란 말은 사람들의 인상 속에 남겨진 하나님의 속성들을 뜻하는 말로 '하나님의 사랑, 하나님의 지혜, 하나님의 선하심, 하나님의 능력 등'을 지칭한다. 하나님의 신성은 만물 가운데 분명히 박혀있어서 이방인들도 알게 되어 있다(시 19:1-6; 사

40:21-22, 26).

바울은 하나님의 보이지 아니하는 것들 곧 그 영원하신 능력과 신성이 "그가 만드신 만물에 분명히 보여 알려졌다"고 말한다. 곧 하나님의 보이지 아니하는 능력과 하나님의 속성들이 '하나님께서 만드신 만물들에 분명히 보이고 또 분명하게 알려졌다'는 것이다. 다시 말해 보이지 아니하는 하나님의 속성들이 우리의 눈으로 보이는 만물들 속에 분명히 보이고 또 알려졌다는 것이다. 그런고로 결국 바울은 이방인들이 하나님을 모른다고 "핑계하지 못한다"고 말한다. 하나님은 이방인들로 하여금 하나님을 모른다고 핑계하지 못하도록 만물 가운데 하나님의 영원하신 능력과 하나님의 속성들을 명명백백하게 보이게 하셨다. 오늘 천문학자들도 핑계하지 못한다. 그들은 천체를 연구하다가 하나님의 무한 광대하심과 하나님의 질서 등을 알아보고 하나님의 존재를 믿는다. 천문학자들만 아니라 누구든지 만물을 바로 볼 줄 아는 사람들은 하나님이 안 계신다고 말할 수 없다. 하늘 아래 살고 있는 사람은 누구라도 하나님이 존재하지 않으신다고 핑계할 수가 없다. 반드시 하나님이 계시다고 고백해야 하며 또 하나님을 영화롭게 해야 한다.

롬 1:21. 하나님을 알되 하나님을 영화롭게도 아니하며 감사하지도 아니하고 오히려 그 생각이 허망하여지며 미련한 마음이 어두워졌나니.
본 절 초두의 이유접속사(διότι)는 이방인들이 "핑계하지 못하게 하는"(앞절) 이유를 설명한다. 이유는 그들이 "하나님을 알기" 때문이다. 그들은 일반계시를 통하여 하나님의 영원하신 능력과 신성을 통해 하나님의 존재를 알았기에 핑계하지 못하게 되었다. 그러나 그들은 하나님을 알되 "하나님을 영화롭게도 아니하며 감사하지도 아니하고 오히려 그 생각이 허망하여지며 미련한 마음이 어두워지고" 말았다. 이방인들은 첫째, "하나님을 영화롭게도 아니했다." "하나님을 영화롭게 하지 않았다"는 말은 '하나님을 자기들의 하나님으로 알지 아니하고 영광과 찬양을 드리지 않았다'는 뜻이다. 그리고 둘째, 그들은 하나님께 "감사하지도 아니했다." 그들은 세상에 살면서 하나님께서 베푸시는 일반 은총을 받으면서도(마 5:45; 눅 6:35; 행 14:17) 감사하지 않는다. 성도들은 하나님께 범사에 감사해야 한다(살전 5:18). 그리고 셋째, 그들은 "오히려 그 생각이 허망하여졌다(왕상 17:15; 렘 2:5; 엡 4:17-18). "그 생각이 허망하여졌다"는 말은 '그들의 모든 생각들이 쓸모없는 생각들이 되었고 악하여졌다'는 뜻이다. 하나님께서 노아 시대에 홍수를 내리신 이유는 '그들의 생각이 항상 악할 뿐임'을 보셨기 때문이었다(창 6:5; 8:21; 잠 6:18; 마 15:19). 그리고 넷째, 그들의 "미련한 마음이 어두워졌다." 사람들의 마음은 본래 미련했는데 그 마음이 성령으로 말미암아 밝아져야 하는데 하나님을 영화롭게 하지 아니하고 감사하지도 아니한 고로 아주 어두워졌다는 것이다. 그들은 정신적으로 우둔해졌고 영적으로 부패해졌으며 감정적인 방면에서는 절망과 좌절을 경험하면서 살게 된다.

롬 1:22. 스스로 지혜 있다 하나 어리석게 되어.
그리고 이방인들은 다섯째, "스스로 지혜 있다 하나 어리석게 되었다"(렘 10:14). '그들 스스로는 지혜 있다고 말해도 실제로는 어리석기 한량없다'(창 11:4; 출 32:24; 왕상 20:28; 사 46:6-7). 이방인들의 "어리석음"은 '지식의 결핍보다는 도덕적 둔감을 암시하는 말이다'(F. F. Bruce).

롬 1:23. 썩어지지 아니하는 하나님의 영광을 썩어질 사람과 새와 짐승과 기어 다니는 동물 모양의 우상으로 바꾸었느니라.
이방인들은 여섯째, "썩어지니 아니하는 하나님의 영광"을 썩어질 사람 모양의 우상, 새 모양의 우상, 짐승 모양의 우상, 기어 다니는 동물 모양의 우상으로 바꾸었다(신 4:16; 시 106:20; 사 40:18, 26; 렘 2:11; 겔 8:10; 행 17:29). 여기 "썩어지지 아니하는 하나님"이란 말은 '부패하거나 망하지 아니하는 하나님'(the uncorruptible God)이란 뜻으로 하나님의 영원불변하시는 속성을 지칭한다. 하나님은 부패하거나 망하지 않으시는 분으로서 쇠하고 썩는 우상들과 대조가 되신다. 이방인들은 영원불변하신 "하나님의 영광" 곧 '하나님의 절대적인 완전하심, 탁월하심'을 사람들의 우상과 동물들의 형상으로 교체시켜 버렸다. 그들은 자기들에게 은총 주신 하나님에게 돌려야 할 영광을 각종 우상에게 돌리고 말았다. 이방인들은 인류역사 시초부터 사람에게 경배를 드려왔으며 사람의 형상 앞에 무릎을 꿇어왔다. 지금도 인간들은 그 어떤 인간이 은총을 주시는 것으로 알고 있으며 또 그렇게 말하고 숭배하고 있다. 그리고 인간의 모양을 만들어놓고 거기에 절을 하고 있다. 그리고 이방인들은 새와 짐승과 기어 다니는 동물 모양의 우상을 만들어놓고 그것들을 섬기고 있다(출 32장; 왕상 12:28 이하; 시 106:20; 렘 2:11). 오늘 우리는 절대적인 완전하심, 탁월하심을 하나님께만 돌려야 한다. 피조물은 우리에게 복을 주지 못하고 완전하지 못하며 탁월하지 못하다. 오직 하나님께만 경배하고 찬양을 돌려야 할 것이다.

롬 1:24. 그러므로 하나님께서 그들을 마음의 정욕대로 더러움에 내버려 두사 그들의 몸을 서로 욕되게 하셨으니.

이방인들이 우상숭배를 하기에(23절) 하나님은 "그들을 마음의 정욕대로 더러움에 내버려 두사 그들의 몸을 서로 욕되게 하셨다"(시 81:12; 행 7:42; 엡 4:18-19; 살후 2:11-12). 곧 부도덕하게 살도록 허용하셨다. 우상숭배는 부도덕의 결과를 낳았다. 본문에 "마음의 정욕대로 더러움에 내버려 두셨다"는 말씀은 '우상숭배 하려는 욕심대로 더러움에 내버려 두셨다'는 뜻이다(행 7:42). 그리고 하나님께서 허락하신 것이 하나가 더 있으니 그것은 "그들의 몸을 서로 욕되게 하셨다"는 것이다(고전 6:18; 살전 4:4; 벧전 4:3). 다시 말해 그들을 성적(性的)으로 서로 욕되게 하셨다는 말이다. 바울은 고린도에서 이런 현상을 목격하고 성령의 인도로 기록하였을 것이다. 고린도에 있는 신전에는 욕정을 불러일으키는 여(女) 사제들이 천 명이 넘게 있었다고 한다(윌럼 헨드릭슨).

하나님은 지금도 하나님보다 다른 것을 더 생각하고 섬기는 사람들에게 경고하신다. 지금 우리 주위에는 수 많은 사람들이 물질을 더 추구하고 경배하며 산다(物神崇拜). 그들은 하나님을 섬기려는 마음이 점점 약해지고 있다. 그래서 하나님은 자주 그들을 어려움에 내버려 두신다. 때로는 자연재해를 만나게 하시고 때로는 질병을 만나게 하시며 때로는 경제적인 공황을 만나게 하신다. 그러다가 계속해서 그들이 돌아오지 않으면 부도덕한 삶으로 떨어지게 하신다. 방탕하게 하시고 성적으로 타락하게 하신다. 그 단계에서도 회개하지 않으면 전쟁을 허락하시고 기근을 허락하시며 죽음에 넘기신다. 우리는 정신을 차리고 근신하여 기도하여 하나님께로 돌아가야 한다.

롬 1:25. 이는 그들이 하나님의 진리를 거짓 것으로 바꾸어 피조물을 조물주보다 더 경배하고 섬김이라 주는 곧 영원히 찬송할 이시로다. 아멘.
본 절은 바로 앞 절(24절)을 수식할 뿐 아니라 앞 절 말씀에 대한 이유를 말하기도 한다. 본 절에는 성경에서 가끔 사용되는 교차 대구법(對句法)이 나와 있다. "진리"는 "조물주"와 대구(對句)가 되어 있고, "거짓 것"은 "피조물"과 대구(對句)가 되어 있다. 그러니까 "조물주"이신 하나님은 "진리"라는 뜻이고 "피조물"은 "거짓 것"이란 뜻이다.

하나님께서 버리신 그들(이방사람들)은 첫째, "하나님의 진리를 거짓 것으로 바꾸었다"(사 44:20; 렘 10:14; 13:25; 암 2:4). 여기 "진리"란 말은 '하나님'을 지칭하는 말이고 "거짓 것"이란 말은 '피조물'을 지칭하는 말이다. 이방 사람들은 하나님께 드려야 할 영광과 찬양을 피조물에게 돌렸다는 뜻이다. 그리고 둘째, 그들은 "피조물을 조물주보다 더 경배하고 섬겼다." 지금도 불신자들은 하나님에 대해서는 생각하지도 않고 피조물에 자기들의 생명이 달려 있는 줄 알고 더 경배하고 섬긴다. 피조물을 하나님보다 더 섬긴다는 것은 어리석음 중에 어리석음이다.

바울은 하나님께 송영을 돌린다. "주는 곧 영원히 찬송할 이시로다. 아멘" 바울은 그리스도를 통하여 자신을 구원하시고 또 계속해서 은혜를 베푸시는 하나님, 또한 자기를 사도로 불러주신 하나님을 생각할 때 감격하여 송영을 드린다. 특히 그런 하나님께 돌려야 영광과 찬양을 지저분한 우상 앞에 사람들이 드린다는 것을 생각할 때 너무 기가 막혀 하나님께 마음으로 큰 소리로 송영을 드리는 것이다(롬 9:5; 고후 1:3; 11:31; 엡 1:3). 그리고 바울은 문장 끝에 "아멘"이라고 말한다. 그가 하나님께 드린 송영은 참이라는 뜻이다. 우리도 하나님께는 항상 "아멘"으로 화답해야 할 것이다.

롬 1:26-27. 이 때문에 하나님께서 그들을 부끄러운 욕심에 내버려 두셨으니 곧 그들의 여자들도 순리대로 쓸 것을 바꾸어 역리로 쓰며 그와 같이 남자들도 순리대로 여자 쓰기를 버리고 서로 향하여 음욕이 불 일듯 하매 남자가 남자와 더불어 부끄러운 일을 행하여 그들의 그릇됨에 상당한 보응을 그들 자신이 받았느니라.

바울 사도는 24절에서 말한 것을 다시 여기서 자세하게 설명한다. 그는 24절에서도 "내버려 두셨다"는 말씀을 했는데 여기 26절에서 또 "내버려 두셨다"는 말씀을 하고 있다. 하나님은 참으시다가 결국 돌아오지 않으면 버리신다. 혹자들은 자신들이 하나님보다 더 자비한 듯이 말하는 사람들이 있다. 그들은 하나님께서 인생을 버리시는 행위에 대해 이해하지 못한다. 그러나 성경을 자세히 살펴보라. 하나님보다 자신들이 더 자비한가를! 자기들이 독생자를 내주었는가? 그리고 독생자를 십자가에 못을 박았는가? 그들이 하나님의 자비를 문제 삼는 것은 자신들을 미화하기 위한 수단에 불과하다.

　　"이 때문에" 곧 '25절의 행위(피조물을 하나님보다 더 경배하고 섬기는 행위) 때문에' 첫째, "하나님께서 그들을 부끄러운 욕심에 내버려 두셨으니 곧 그들의 여자들도 순리대로 쓸 것을 바꾸어 역리로 쓰게 하셨다"(레 18:22-23; 엡 5:12; 유 1:10). 즉 '하나님께서 그들을 부끄러운 성적인 욕심을 행하도록 내버려 두셔서 여자들끼리 동성애를 하게 하셨다'는 것이다. 이 말씀대로 당시 헬라 사회에서는 여성들끼리 동성애를 행했다. 둘째, "그와 같이 남자들도 순리대로 여자 쓰기를 버리고 서로 향하여 음욕이 불 일듯 하매 남자가 남자와 더불어 부끄러운 일을 행하여 그들의 그릇됨에 상당한 보응을 그들 자신이 받게" 하셨다. 여자들 뿐 아니라 남자들도 여자 쓰기를 버리고 남자가 남자로 더불어 성적(性的)으로 부끄러운 일을 행하여 그들의 그릇된 행위에 따라 합당한 보응을 받았다는 것이다. 여기서 말하는 "상당한 보응"이란 말은 '심한 죄책감, 불면, 정서적인 중압감, 절망감 등 정신적인 형벌(윌렴 헨드릭슨) 뿐 아니라 나아가 육체적인 벌'까지를 지칭한다. 육체적인 벌은 없을 것이라고 말하는 수도 있으나 정신적으로 병들면 육체의 병은 당연히 따라온다는 것이 성경의 증언이다(애 4:6). 아무튼 동성애는 큰 죄이다 (창 19:4-9; 레 18:22; 20:13; 왕상 14:24; 15:12; 22:46; 왕하 고전 6:9-10; 유 1:7). 26절의 여성끼리의 동성애나 27절의 남성끼리의 동성애는 하나님께서 제도화하신 결혼 관계를 파괴하는 행위이다(창 2:24).

롬 1:28. 또한 그들이 마음에 하나님 두기를 싫어하매 하나님께서 그들을 그 상실한 마음대로 내버려 두사 합당하지 못한 일을 하게 하셨으니.
바울은 본 절 상 반절에서 다시 한 번 이방인의 죄를 설명한다. 이방인의 죄는 한마디로 "마음에 하나님 두기를 싫어한 것"이다. 다시 말해 '마음에 하나님 품기를 싫어한 것'이다. 그 결과 그들은 하나님으로부터 버림을 당한다. 하나님께서 이방인의 수많은 죄를 따라 버리신 것을 한 마디로 정의한다면 "하나님께서 그들을 그 상실한(버림당한-reprobate) 마음대로 내버려 두신" 것이다. 하나님께서 이방인들을 유기(遺棄)하신다는 뜻이다. 하나님께서 버리시니 그들은 하나님 앞에 "합당하지 못한 일을 하게 하셨다"(엡 5:4). 여기서 우리는 무서운 공식을 보는 듯하다. 인간의 하나님 배척은 하나님의 인간 유기(遺棄)라는 공식이다. 이방인들이 행한 "합당하지 못한 일"은 29절부터 32절까지 무수하게 열거된다.

롬 1:29. 곧 모든 불의, 추악, 탐욕, 악의가 가득한 자요 시기, 살인, 분쟁, 사기, 악독이 가득한 자요 수군수군하는 자요 비방하는 자요 하나님께서 미워하시는 자요 능욕하는 자요 교만한 자요 자랑하는 자요 악을 도모하는 자요 부모를 거역하는 자요 우매한 자요 배약하는 자요 무정한 자요 무자

비한 자라.

29절부터 31절까지 기록된 21가지 죄들은 "세 부류로 재편성"(Cranfield, John Murray, William Hendriksen) 될 수 있다. 헬라어 원어에 의하면 첫 번 "가득한 자요"라는 말로 시작하여 4가지 죄들이 열거되고, 또 다음 두 번째 "가득한 자요"라는 말로 시작하여 5 가지 죄가 열거되며, 다음은 "수군수군 하는 자요"라는 말로 시작하여 12가지 죄가 열거된다.

불의(不義)란 인간관계에 있어서 옳지 못하게 행하는 죄이다. 불의는 다음에 열거되는 모든 죄를 총괄한 죄이다.

추악(醜惡)이란 낱말 그대로 옳지 못한 일을 하는 것을 기뻐하는 것을 지칭한다.

탐욕(貪慾)은 많이 가지려는 욕심을 말한다(엡 5:3). 때로는 성적으로 자기의 부인 이외에 다른 여자를 탐하는 것까지를 포함하는 말이다.

악의(惡意)는 악한 생각을 지칭한다. 사람은 본래 악의(惡意)를 가지고 태어 났다.

시기(猜忌)는 남이 좀 나은 듯한 느낌을 가질 때 남을 미워하는 것을 지칭한다.

살인(殺人)은 남을 시기하고 나아가 죽이는 것을 지칭한다(창 4:1-8; 37:4, 18).

분쟁(紛爭)은 싸우기 좋아하여 서로 다투는 것을 말한다.

사기(詐欺)는 교활함과 속임을 말한다.

악독(惡毒)은 이웃을 해하고자 하는 악심(惡心)을 뜻한다.

수군수군하는 자는 공개적으로는 차마 못하고 남의 귀에 대고 제 3자에 대해 수군거리는 것을 말한다.

비방(誹謗)하는 자는 공개적으로 남을 나쁘게 말하는 사람을 지칭한다.

하나님께서 미워하시는 자는 하나님께서 미워하시는 자라는 뜻이라기보다는 오히려 하나님을 미워하는 자들을 뜻한다. 이 부분의 문맥에서는 사람의 죄를 다루는 곳이기 때문에 사람이 하나님을 미워하는 것을 지칭한다고 보는 것이 바른 해석이다.

능욕(凌辱)하는 자란 말은 남을 경멸하는 자들을 지칭한다.

교만(驕慢)한 자란 말은 마음이 높은 자들을 뜻한다.

자랑하는 자라는 말은 자기의 장점에 대하여 끊임없이 말하는 사람들을 가리
킨다.

악을 도모하는 자란 말은 어떻게 하면 사람을 해할까하고 악을 꾸며내는
사람을 가리킨다.

부모를 거역하는 자는 부모에게 순종하지 않고 반항하는 자들을 가리킨다.

우매(愚昧)한 자란 말은 하나님의 말씀에 귀를 기울이지 않기 때문에 이해력
이 부족하여 남의 사정을 몰라준다(마 15:16; 롬 10:19).

배약(背約)하는 자란 말은 약속을 이행하지 않아서 남에게 피해를 주는 사람
들을 뜻한다.

무정(無情)한 자란 말은 하나님의 사랑을 모르니 애정이 없는 자들을 가리킨
다. 오늘날은 사람이 아닌 듯이 보이는 사람들이 많다.

무자비(無慈悲)한 자란 말은 잔인한 사람들을 지칭한다. 자기 자식도 몰라보
고 죽이는 사람들, 부모를 몰라보고 고려장하는 사람들이 있다. 오늘날
세상은 무서울 정도로 무자비한 사람들이 되어가고 있다.

**롬 1:32. 그들이 이 같은 일을 행하는 자는 사형에 해당한다고 하나님께서
정하심을 알고도 자기들만 행할 뿐 아니라 또한 그런 일을 행하는 자들을
옳다 하느니라.**

이방인들이 저지르는 21가지 죄(29-31절)에 대해 언급한 바울은 이제 그들이
그런 죄들의 위험성을 몰라서 그런 짓을 행하는 것이 아니라 뻔히 "사형에
해당한다고 하나님께서 정하심을 알고도 자기들만 행할 뿐 아니라 또한 그런
일을 행하는 자들을 옳다 하고 있다"고 말한다(2:2; 6:21). 이방인들은 죄를
지으면 사형에 해당한다는 사실을 알고 있다고 바울은 말한다. 그들은 하나님
께서 주신 일반 계시(20절)를 통하여 그리고 하나님께서 주신 양심(2:14-15)을
통하여 사람이 죄를 지으면 사형을 받아야 한다는 사실을 잘 알고 있다는

것이다. 그런데도 그들은 죄를 계속해서 짓고 있을 뿐 아니라 다른 사람들이 죄를 짓는 것을 보고 옳다고 박수를 쳐준다(시 50:18; 호 7:3). 인간은 악하기 그지없다. 자기만 악을 행하는 것이 아니라 다른 사람들이 악을 행할 때 잘한다고 부추기는 지경에까지 이르렀다. 도저히 구제할 수 없을 정도가 된 것이다. 그래서 예수님께서 오셔서 인간을 구원하셨다.

제 2 장
유대인의 죄

b.남을 판단하는 사람의 죄 2:1-16

이방인의 죄와 그 타락상을 말한(1:18-32) 바울은 이제 유대인의 죄에 대해 언급한다(2:1-3:8). 바울은 유대인의 죄를 언급하면서 1-16절에서는 유대인들이 이방인들을 판단하는 죄에 대해 언급한다. 자기들이 율법을 가지고 지키니 의로운 줄 알고 이방인들을 판단하며 살아가고 있었다. 남을 판단한다는 것은 하나님의 심판을 받을 일이다.

롬 2:1. 그러므로 남을 판단하는 사람아, 누구를 막론하고 네가 핑계하지 못할 것은 남을 판단하는 것으로 네가 너를 정죄함이니 판단하는 네가 같은 일을 행함이니라.

"그러므로" 곧 '이방인들이 많은 악을 행하여 사형을 피할 수 없으므로'(1:18-32) "남을 판단하는" 유대인들도 역시 사형을 피하지 못할 것이라고 바울은 말한다. 여기 "남을 판단하는 사람아"라는 말은 유대인을 지칭하는 말이다. 유대인들은 일반계시뿐 아니라 하나님의 특별계시인 율법을 가지고 있으면서 이방인들을 판단하고 있으니 죄를 짓고 있다는 뜻이다.

바울은 이방인뿐 아니라 유대인도 죄를 지으면 망하는 점에 있어서는 동일하다고 말한다. 바울은 "누구를 막론하고 네가 핑계하지 못할 것은 남을 판단하는 것으로 네가 너를 정죄함이니 판단하는 네가 같은 일을 행함이라"고 말한다(1:20; 삼하 12:5-7; 마 7:1-2). 이방인들은 우상숭배를 하고 또 각종 죄를 지어 사형에 해당하는 죄를 지었지만 유대인들은 이방인들을 판단하는 것으로 자신들을 정죄하고 말았다. 이유는 남을 판단하는 유대인이 "같은 일을 행하고" 있기 때문이다. 남을 판단하는 사람들이 똑 같은 일을 행하는 것은 하나님의 벌이다. 유대인들은 이방인들이 죄를 짓고 있다고 말했지만 결국은 자기들도 그런 죄를 짓고 있었다는 것이다. 오늘도 교회에서 남이 잘 못되었다고 많은 비난을 퍼붓는 사람들은 결국 똑같은 구덩이에 빠지는 것을 볼 수 있다. 남을 판단하는 것은 무서운 일이다. 특별히 은혜를 받은 민족이나 개인들은 더욱 겸손하지 않으면 은혜를 덜 받은 사람이나 마찬가지로 망할 수밖에 없다.

롬 2:2. 이런 일을 행하는 자에게 하나님의 심판이 진리대로 되는 줄 우리가 아노라.

"이런 일을 행하는 자" 곧 '남을 판단하면서 같은 일을 행하는 자'에게 "하나님의 심판이 진리대로 된다"는 것이다. '하나님의 심판이 공정하게, 올바르게 시행된다'는 뜻이다. 하나님의 심판이 굽은 때는 인류역사에 없었다. 바울 사도는 그 사실을 "우리가 아노라"고 말한다. 자신만 아니라 로마서의 수신자들도 다 알고 있다는 뜻이다. 이것이야 말로 누구나 아는 진리이다.

롬 2:3. 이런 일을 행하는 자를 판단하고도 같은 일을 행하는 사람아, 네가 하나님의 심판을 피할 줄로 생각하느냐.

바울은 유대인들을 이렇게 묘사한다. 즉 "이런 일을 행하는 자를 판단하고도 같은 일을 행하는 사람"이라고 표현한다. '우상숭배를 하고 부도덕한 죄를 짓는 이방인들을 판단하고도 똑 같은 일을 행하는 사람'이라고 묘사한다. 그리고 바울은 유대인들에게 "네가 하나님의 심판을 피할 줄로 생각하느냐"고 질문한다. 절대로 하나님의 심판을 피할 수 없다는 말이다. 사람이 남을 판단하면 결국 같은 일을 행하게 되고 또 똑 같은 죄를 짓게 되니 하나님의 심판을 피할 수 없게 된다.

롬 2:4. 혹 네가 하나님의 인자하심이 너를 인도하여 회개하게 하심을 알지 못하여 그의 인자하심과 용납하심과 길이 참으심이 풍성함을 멸시하느냐.

유대인들은 하나님으로부터 율법을 받고 이방인들을 판단했을 뿐 아니라(1-3절) "하나님의 인자하심이 너(유대인들)를 인도하여 회개하게 하심을 알지 못하였다"(사 30:18; 벧후 3:9, 15). 다시 말해 하나님께서 독생자를 보내시고 또 독생자로 하여금 십자가에서 대속의 희생을 당하게 하시고 유대인들을 회개하도록 권고하셨건만 그들은 끝까지 회개하지 않았다. 여기 "회개"(μετάνοιάν)란 말은 무엇을 조금 고친다는 뜻 보다는 그리스도를 향하여 회전함을 뜻한다. 그들은 결국 하나님의 "인자하심"(사랑, 9:23; 엡 1:7; 2:4, 7)과 "용납하심"(이스라엘에게 내리신 하나님의 진노를 억제하신 일, 3:25)과 "길이 참으심"(하나님께서 이스라엘을 오래 참아주신 일, 창 18:22-33; 출 34:6; 민 14:18; 시 86:15)의 풍성함을 멸시하고 그리스도에게로 돌아서지 않았다. 유대인들은 그들 스스로 의롭다고 믿고 이방인들을 판단하는 일에는 빨랐으나 그리스도에게로 회전하지 못했다. 인간의 의(義)를 주장한다는 것은 천번 만번 위험한 일이다. 우리는 우리의 의(義)가 되신 그리스도에게로 돌아서야 한다(고전 1:30).

롬 2:5. 다만 네 고집과 회개하지 아니한 마음을 따라 진노의 날 곧 하나님의 의로우신 심판이 나타나는 그 날에 임할 진노를 네게 쌓는도다.

바울은 유대인이야 말로 회개하는데 실패한 민족이었고(앞 절) 또 "고집과 회개하지 아니한 마음을 따라 진노의 날 곧 하나님의 의로우신 심판이 나타나는 그 날에 임할 진노를 네(유대인들)게 쌓는" 중에 있다고 말한다(신 32:34; 약 5:3). 그들은 율법으로부터 의(義)를 얻으려고 고집해서 결국은 그리스도에게로 돌아가는 회개에 실패하여 하나님의 진노의 날 곧 하나님의 공의로우신 판단이 나타나는 그 날에 나타날 진노를 쌓고 있다는 것이다. 아직은 나타나지 않았으나 유대인들을 위하여 하나님의 분노하심(1:18)이 축적되고 있다는 뜻이다. 자신들에게 임할 진노를 쌓는 사람들은 바울 시대에만 있었던 것이 아니라 오늘날도 많다.

롬 2:6. 하나님께서 각 사람에게 그 행한 대로 보응하시되.

바울은 하나님께서 유대인을 심판하실 것이라고 말하고는(앞 절) 이제 그것을
증명하기 위하여 "하나님께서 각 사람에게 그 행한 대로 보응하신다"고 말한
다(욥 34:11; 시 62:12; 잠 24:12; 렘 17:10; 32:19; 마 16:27; 고전 3:8; 고후
5:10; 계 2:23; 20:12; 22:12). 하나님은 "각 사람에게" 곧 '누구에게나' 심판하
시되 기준은 "그 행한 대로"라고 말한다.

　성경 해석 가들은 하나님께서 각 사람에게 "그 행한 대로" 보응하신다는
말씀을 해석하기에 어려움을 느낀다. 다시 말해 하나님께서 각 사람의 행위를
보시고 심판하신다는 말씀을 해석하는데 어려움을 느낀다. 이유는 기독교에
서는 하나님께서 은혜로 구원하신다고 가르치고 있는데 "행한 대로" 보응하
신다고 말씀하니 해석하기가 어렵다는 것이다. 그러나 본문에 "그 행한 대로"
란 말은 "참고 선(善)을 행하여 영광과 존귀와 썩지 아니함을 구하는 대로"(7
절) 보응하신다는 뜻이며 또 "오직 당을 지어 진리를 따르지 아니하고 불의를
따르는 대로" 보응하신다는 뜻이다. "참고 선을 행한다"(by patient con-
tinuance in well-doing)는 말은 '선을 행하는 중에 참는 것'을 뜻하는데 '믿음에
서 나오는 선을 행하는 중에 참는 것'을 뜻한다. 성경은 사람이 그리스도를
믿는 믿음에서 선을 행할 수 있다고 가르친다(요1 2:29; 3:6, 9; 요삼 1:11).
그러니까 다음 절(7절)에 "선을 행한다"는 말은 '믿음을 실행한다'는 뜻이다.
성경은 믿음을 실행하라고 권한다(약 2:14-26). 유대인들은 그리스도를 믿는
믿음이 없어 선을 행하지 못하여 결국 심판을 받게 된다고 바울은 말한다.

**롬 2:7. 참고 선을 행하여 영광과 존귀와 썩지 아니함을 구하는 자에게는
영생으로 하시고.**

앞 절에서 해설한 바와 같이 그리스도를 믿는 믿음을 가지고 선을 행하는
중에 인내하고 "영광과 존귀와 썩지 아니함을 구하는 자에게는" 하나님께서
영생으로 갚아주신다는 것이다. "영광과 존귀와 썩지 아니함을 구하는" 것은
그리스도를 믿는 믿음을 가진 자가 할 수 있는 일이다. 결코 믿음을 가지지

않은 사람은 "영광과 존귀와 썩지 아니함을 구할" 수가 없다. 사람이 믿음을 가지면 영광과 존귀와 썩지 아니함을 구할 수가 있다. 그러면 영광이란 무엇인가? 영광이 무엇이냐에 관하여 많은 해석이 주어졌다. 영광이란 말의 뜻에 대하여 존 스토트(John Stott)는 "하나님 자신께서 나타나 주시는 것"을 지칭한다고 하였고, 알버트 반스는 "영광이란 지고(至高)의 축복이나 행복"을 가리킨다고 하였으며 "그것은 비굴한 것이나 천박함, 그리고 모호한 것이 전혀 없는 상태"를 말한다고 설파했다(Albert Barnes). 그리고 보이스(James M. Voice)는 "영광은 신자가 하나님 아들의 형상으로 변하여 하나님의 영광이 그 사람 안에 반사되는 것을 뜻한다"고 했다(5:2; 8:18, 21, 30; 9:23; 고전 2:7; 15:43; 고후 4:17; 골 3:4). 그러니까 영광이란 하나님의 빛이 구하는 사람 안에 더욱 분명하게 나타나는 것을 지칭한다. 그리고 존귀란 무엇인가? 이에 대해서도 많은 해석이 주어졌다. 존귀가 무엇이냐에 대하여 존 스토트는 "하나님의 승인"이라 하였고, 알버트 반스는 "상급이나 공정한 보상"을 지칭한다고 주장한다(Albert Barnes). 그리고 보이스(James M. Voice)는 "존귀는 하나님이 신자들을 인정하는 것을 가리키며 세상이 그들을 멸시하고 심지어 조롱하는 것과 대조된다"고 해석한다(히 2:7; 벧전 1:7; 벧후 1:17; 계 4:9, 11; 5:13). 존귀란 하나님께서 인정하시는 것, 하나님께서 알아주시는 것, 하나님께서 높이 들어 쓰시는 것을 말한다. 그리고 "썩지 아니함"이란 무엇인가? "썩지 아니함"이란 '부활의 생명 곧 새 하늘과 새 땅의 생명'을 지칭하는 말이다(롬 8:23; 고전 15:42, 50-57; 벧전 1:4; 벧후 3:13; 계 21:1-22:5). 누구든지 선을 행하는 중에 참고 영광과 존귀와 썩지 아니함을 구하는 자들에게 하나님께서는 반드시 영생으로 갚아주신다. 영생이란 하나님께서 함께해 주시는 삶을 말하는데 하나님께서는 이미 성도들에게 영생을 주셨다.[9] 그리

---

9) 영생이 무엇인가를 두고 윌럼 헨드릭슨은 "성경에 따르면 그것은 그리스도 안에서의 하나님과의 교제이며(요 17:3), 모든 지각에 뛰어난 하나님의 평강을 소유하는 것이며(빌 4:7), 말할 수 없는 영광스러움과 즐거움으로 기뻐하는 것이며(벧전 1:8), 예수 그리스도의 얼굴에 있는 하나님의 영광을 아는 빛이며(고후 4:6), 또한 사람의 마음에 부은바 된 하나님의 사랑인데(롬 5:5) 이 모든 것은 영원히 계속된다"고 말하고 있다(로마서 - 상 p.129).

고 그들이 죽은 후에 영원히 복된 처소를 주신다(계 7:16-17).

롬 2:8. 오직 당을 지어 진리를 따르지 아니하고 불의를 따르는 자에게는 진노와 분노로 하시리라.

바울은 하늘 아래 또 한 부류의 사람들이 있음을 말한다. "오직 당을 지어 진리를 따르지 아니하고 불의를 따르는 자들"이 있음을 말하면서 하나님께서 그들에게는 "진노와 분노로" 보응하신다고 말한다(1:18; 욥 24:13; 살후 1:8). "오직 당을 짓는" 사람들이 있다. 오직 자기만을 위하여 사람들과 함께 당을 짓는 사람들이 있다. 개인적인 이기심도 문제지만 집단 이기주의도 큰 문제이다. 그들은 당을 지어 대처한다. 그들은 "진리를 따르지 아니하고 불의를 따른다." 그들은 오직 자기들의 유익만을 생각하고 움직인다. 그들은 진리를 따르지 않는다. 예수님을 따르지 아니하고 예수님의 말씀을 따르지 않는다. 그들은 불의를 따른다.

그런 사람들에게 하나님께서는 "진노(ὀργὴ)와 분노(θυμός)로" 보응하신다. 바울은 비슷한 뜻을 가진 두 낱말을 사용하여 하나님의 심판을 강조하고 있다. 참으로 자기만 아는 사람들, 다시 말해 이기적인 사람들, 그래서 계속해서 당을 지어 활동하는 사람들은 앞으로 비참한 최후와 내세를 맞게 된다(계 18:22-23).

롬 2:9. 악을 행하는 각 사람의 영에는 환난과 곤고가 있으리니 먼저는 유대인에게요 그리고 헬라인에게며.

바울 사도는 6-8절에서 하나님의 심판의 원칙을 말했고 이제 본 절과 다음 절(10절)에서는 하나님의 심판이 온 인류에게 적용될 것을 말한다. 본 절은 8절의 심판이 구체적으로 적용된다는 것을 지적한다. 바울은 "악을 행하는 각 사람의 영에는 환난과 곤고가 있으리니 먼저는 유대인에게요 그리고 헬라인에게"라고 말한다(암 3:2; 눅 12:47-48; 벧전 4:17). 본 절에 "악을 행하는 각 사람"이란 말은 8절에 의하면 "당을 지어 진리를 따르지 아니하고 불의를 따르는 자들"과 같은 사람들이다. 아무튼 그리스도를 믿지 않고 자신의 이기심만 만족시키며 사는 사람에게는 하나님께서 육신적으로 "환난"을 허락하시고 또 영적으로 "곤고"(困苦)를 허락하신다. 영육간의 고통을 허락하신다. 오늘도 이기적인 사람들, 다시 말해 욕심을 채우려고 혈안이 되어 남을 배려하지 않고 사는 사람들은 영 육간 고통을 당하고 있다. 그런데 하나님께서는 유대인이나 이방인이나 차별하지 않으시고 그런 사람들에게 공정하게 고통을 주신다.

롬 2:10. 선을 행하는 사람에게는 영광과 존귀와 평강이 있으리니 먼저는 유대인에게요 그리고 헬라인에게라.

바울은 7절의 말씀을 여기 반복한다. 그러면서 7절에 말한 하나님의 심판이 인류 누구에게나 적용된다고 말한다. 7절에 말한 "참고 선을 행하여 영광과 존귀와 썩지 아니함을 구하는 자"는 본 절에 와서 그저 간단하게 "선을 행하는 각 사람"이란 말로 압축되어 나온다(벧전 1:7). 그리고 7절에 말한 하나님의 보상이 "영생"이란 말로 되어 있는데 본 절에서는 "영광과 존귀와 평강"이란 말로 길게 설명되어 나온다. 그러니까 "영생"이란 "영광과 존귀와 평강"을 지칭한다. 아무튼 예수님을 믿는 중에 선을 실천하는 사람들은 하나님께서 더욱 빛을 비추어 주시고 존귀, 곧 하나님께서 알아주시며 평강(하나님께서 함께 하심으로 가지는 마음의 평안)을 주신다(영광과 존귀에 대해서는 7절을 참조하라). 누구든지 그리스도를 믿고 믿음을 실천하는 사람들은 유대인이든지 이방인이든지 그 누구든지 놀라운 영생을 받는다. 우리는 계속해서 예수님을 믿는 중에 선을 행하는 사람들이 되어야 한다.

롬 2:11. 이는 하나님께서 외모로 사람을 취하지 아니하심이라.

하나님은 예수님을 믿고 선을 행하는 사람에게 영생을 주시는 일이나 또 악을 행하는 사람들에게 진노하시는 일이나 민족을 차별하시지 않으시고 정확하게 그리고 공평하게 실시하신다. 하나님은 사람을 겉보기로 취급하시지 않으신다(신 10:17; 대하 19:7; 욥 34:19; 행 10:34; 갈 2:6; 엡 6:9; 골 3:25; 벧전 1:17).

롬 2:12a. 무릇 율법 없이 범죄 한 자는 또한 율법 없이 망하고.
바울은 남을 판단하는 유대인들의 죄에 대해 계속해서 언급하면서 이방인들의 죄도 말한다. 본 절부터 15절까지 바울은 이방인의 죄와 유대인의 죄를 말한다. 본 절 상반절과 14-15절에서는 이방인의 죄에 대해 언급하고, 본 절 하반절과 다음 절(13절)에서는 유대인의 죄에 대해 언급한다.

바울은 먼저 이방인의 죄에 대해 말한다. 즉 "무릇 율법 없이 범죄 한 자는 또한 율법 없이 망한다"고 말한다. 바울 당시 이방인들은 십계명이나 모세의 율법을 아직 받지 않아서 율법을 알지 못했지만 그들도 범죄 하는 경우 비록 그들이 율법을 알지 못했을지라도 망한다고 말한다. 이방인들이 비록 율법을 가지지 못하여 율법을 알지 못한다고 해도 그들은 그들의 죄로 인하여 망한다는 것이다.

롬 2:12b-13. 무릇 율법이 있고 범죄 한 자는 율법으로 말미암아 심판을 받으리라 하나님 앞에서는 율법을 듣는 자가 의인이 아니요 오직 율법을 행하는 자라야 의롭다 하심을 얻으리니.
유대인들은 율법을 전수받아 귀로 들었으며 묵상해서 얼마든지 실행할 수 있었는데도 실행하지 않고 범죄 했으니 율법에 기록된 대로 하나님의 심판을 받을 것이라고 바울은 말한다. 유대인들이 하나님의 심판을 받을 수밖에 없었던 이유는 "하나님 앞에서는 율법을 듣는 자가 의인이 아니요 오직 율법을 행하는 자라야 의롭다 하심을 얻을 것이기" 때문이다. 그들은 율법을 듣기만 하고 행하지 않았기 때문에 의롭다 하심을 얻지 못하여 결국 망할 것이라고 한다. "오직 율법을 행하는 자라야 의롭다 하심을 얻으리라"(10:5; 레 18:5; 마 7:21; 약 1:22-23, 25)고 한 말씀은 실제로 율법을 지켜 의롭다함을 얻을 사람이 있다는 뜻이 아니라 다만 원칙을 말한 것뿐이다. 율법을 지켜 의롭다함을 얻는다는 원리는 지금도 여전히 유효한 법칙이다. 그러나 율법을 지켜 구원을 얻을 사람이 없는 것은 사실이다. 사람은 영적으로 무능해서 율법을 온전히 지킬 수가 없다(롬 3:11). 우리는 율법을 온전히 지키신 예수님을 믿을 때에 우리도 율법을 온전히 지킨 사람들이 되어 구원에 이르는 것이다.

롬 2:14. (율법 없는 이방인이 본성으로 율법의 일을 행할 때에는 이 사람은 율법이 없어도 자기가 자기에게 율법이 되나니.

바울은 본 절에서 이방인에게 있어서는 양심이 심판의 기준이라고 말한다. 이방인들은 십계명과 모세의 율법을 받지 않았다고 하더라도 하나님께서 주신 양심이라는 것이 심판의 척도가 된다고 말한다(렘 31:33; 고후 3:3). 바울은 율법을 받지 아니한 이방인이 "본성으로" 곧 '양심으로'10) "율법의 일을 행할 때에는 이 사람은 율법이 없어도 자기가 자기에게 율법이 된다"고 말한다. 곧 양심이 율법의 일을 대행할 때에는 이방인은 율법이 없어도 "자기" 즉 '자기 양심'이 자기에게 율법이 된다는 것이다. 다시 말해 양심이 율법을 대행한다는 말이다.

롬 2:15. 이런 이들은 그 양심이 증거가 되어 그 생각들이 서로 혹은 고발하며 혹은 변명하여 그 마음에 새긴 율법의 행위를 나타내느니라).

본 절은 양심이 무엇을 하느냐 하는 것을 말하고 있다. 첫째, "이런 이들" 곧 '양심이 자기에게 율법이 되는 이방인들'(14절)에게는 "그 양심11)이 증거가 된다"고 말한다. "증거가 된다"(συμμαρτυρούσης)는 말은 '함께 증거하고

---

10) 여기 "본성으로"라는 말에 대하여 혹자는 '본능적으로'라는 뜻이라 했고, John Murray는 '천성적 본능이나 경향성, 자발적인 충동'이라고 해석했다. 그리고 그는 이 "본성으로" 사람은 합법적인 직업추구, 자녀 출산, 효도, 혈육의 애정, 가난한 자와 병자 보호, 기타 법이 요구하고 있는 여러 가지 다른 미덕을 행한다고 말한다(로마서 -상- p.118-119). 결국 "본성으로"라는 말은 다음 절에 나오는 양심을 지칭하는 말이다.
11) 윌렴 헨드릭슨은 양심을 정의하여 "사람과 함께 하는 지식이다. 그것은 옳고 그름에 대한 개인의 내적인 감각 즉, 과거, 현재, 생각 속에 속하는 자신의 사고, 태도, 말 그리고 행동에 대하여 판단하는 활동으로 나타나는 그의(어느 정도는 하나님에 의해 부여된) 도덕적 의식"이라고 말한다(로마서 -상- p. 136).

있다'는 뜻으로 '나도 증거하고 내 양심도 증거한다'는 뜻이다. 이방인들에게
는 율법이 없지만 양심이라는 것이 있어서 나와 함께 증거의 역할을 감당하고
있다. 이방인의 마음속에 담겨있는 양심은 하나님을 의식하게 하고(행
17:26-28; 롬 1:28, 32) 또한 하나님의 율법이 요구하는 특정한 일들을 감당하
게 만들어준다. 예를 들어 이방인도 자기 아내를 사랑하고 자기 자녀들을
돌볼 줄 알며 이웃과 잘 지내야 한다는 것을 알고 있다. 지금도 양심은 증거의
역할을 감당하고 있다.

　　둘째, 이방인의 마음속에 새겨진 양심이 증거가 되어[12] "그 생각들이
서로 혹은 고발하며 혹은 변명하여 그 마음에 새긴 율법의 행위를 나타낸다"고
바울은 말한다. 이방인의 생각(혹은 사상, 판단)들은 양심에 비추어 보아
틀린 것은 서로 고발하며 또 혹은 틀리지 않은 생각이나 판단에 대해서는
옳다고 변명해주어 "율법의 행위를 나타낸다." 캘빈(John Calvin)은 "합리적
인 행위에 대해서는 변호하며 악한 행실에 대해서는 고발하고 유죄 선고를
내리기도 한다"고 말한다. 이런 일은 주로 개인 안에서 되는 일이지만 "서로"
에게 하는 일이기에 이방인들끼리 하는 행동이라고도 할 수 있다. 이방인들의
개인들 마음속에서는 생각들이 갈등하여 옳은 생각과 판단들은 그른 생각과
사상들을 물리치고 또 올바른 생각에 대해서는 변명해줄 뿐 아니라 이웃끼
리 서로 고발하고 서로 변명하는 것이다. 이런 때에 양심은 "그 마음에 새긴
율법의 행위를 나타내고" 있다. '그 마음에 새겨진 율법의 일을 대행하고
있다'는 말이다.

**롬 2:16. 곧 나의 복음에 이른 바와 같이 하나님이 예수 그리스도로 말미암아
사람들의 은밀한 것을 심판하시는 그 날이라.**

---

12) 김선운은 여기 "양심이 증거가 되어"라는 말을 주석하면서 "이 말은 율법을 가지지
아니한 이방인들의 어두운 생활 양상을 말하고 있다 하겠다....아담의 범죄 이후의 양심과 본성은
죄로 인하여 이그러지고 파괴되었기 때문에 참으로 선과 악, 그리고 진리와 비 진리의 구별과
평가는 불가능한 것이요, 오히려 많은 경우에 있어서 그들의 평가와 판단은 그릇된 것이라
하겠다"고 말하고 있다(*로마서 1*, 성경주석, 서울: 성광문화사, 1998), p. 244.

바울은 지금까지 하나님의 심판에 대해 말하고는(1-15절) 이제 본 절에서는 하나님께서 사람들의 은밀한 것을 심판하시는 시기(時期)에 대해 언급한다. 바울은 "나의 복음에 이른 바와 같이" 하나님께서 심판하실 것이라고 말한다(16:25; 딤전 1:11; 딤후 2:8). 곧 '바울이 전하는 복음에 말한 바와 같이' 하나님께서 사람들의 은밀한 것을 심판하실 것이라고 말한다. 바울이 말한 복음은 구원만 말하는 것이 아니라 심판도 말한다는 것이다. 바울은 복음을 전하면서 예수님의 재림에 대해 많이 말한다. 그날은 성도의 구원이 완성되는 날이기도 하지만 동시에 끝까지 믿지 않던 자들이 심판 받는 날이기도 하다(롬 8:18-23; 빌 3:20-21; 살전 1:10; 2:19-20; 3:13; 4:13-18; 5:1-11, 23-24; 살후 1:5-10; 딛 2:11-14). 그래서 바울은 "나의 복음에 이른바와 같이....심판하시는 그 날이라"고 말한다(3:6; 전 12:14; 마 25:31-36; 요 12:48; 고전 4:5; 계 20:12).

그리고 바울은 "하나님이 예수 그리스도로 말미암아" 사람들을 심판하신 다고 말한다(요 5:22; 행 10:42; 17:31; 딤후 4:1, 8; 벧전 4:5). 하나님은 예수님 으로 말미암아 사람들을 구원하기도 하시지만 또 심판하시기도 한다. 하나님 은 예수님의 십자가 희생 때문에 심판을 예수님께 맡기셨다(요 5:27). 성경은 여러 곳에서 하나님께서 예수 그리스도를 통하여 심판하신다고 가르친다(마 25:31-36; 요 5:22; 행 17:31; 고후 5:10).

하나님은 인류의 끝 날에 "사람들의 은밀한 것을 심판하실 것"이다. "은밀 한 것"이란 말은 숨어 있던 것들을 지칭한다. 사람들의 생각, 말, 행동 등 일체를 심판하실 것이다. 12절에 기록된 대로 "무릇 율법 없이 범죄 한 자는 또한 율법 없이 망하고 무릇 율법이 있고 범죄 한 자는 율법으로 말미암아 심판을 받을 것이다."

c.유대인의 죄 2:17-29

바울은 남을 판단하는 사람이 받을 심판에 대하여 말하고는(12-16절) 유대인의 죄에 대해 계속해서 언급한다(17-29절). 바울은 먼저 유대인의 자고

(自高)함에 대해 말하고(17-20절), 유대인이 이방인을 비난할 수 없다고 말한다(21-23절). 그리고 바울은 유대인을 향하여 근엄하게 책망하며(24절), 진짜 유대인과 명목상의 유대인을 말하고, 동시에 마음의 할례와 의문의 할례를 대조 묘사한다(25-29절).

롬 2:17. 유대인이라 불리는 네가 율법을 의지하며 하나님을 자랑하며.
바울은 본 절부터 20절까지 유대인이 스스로를 높이고 있다고 말한다. 먼저 한 가지 말할 것은 헬라어에는 본 절 초두에 조건을 나타내는 말 "만일"(eij de-but if)이라는 말이 있다. 그러니까 17절부터 20절까지는 조건 절이다. 이 조건 절에 대한 귀결 절은 21절(oὖν)에 나온다.

바울은 "유대인이라 불리는 네가" 스스로를 높이고 있다고 말한다(9:6-7; 마 3:9; 요 8:33; 고후 11:22). 곧 유대인이 '유대인이라고 하는 명예로운 이름을 가지고 있으면서' 자고(自高)한다는 뜻이다. 그들이 자고하는 내용을 열거해 보면 첫째, 그들은 "율법을 의지했다"(9:4). 유대인은 율법을 가지고 있다는 것만으로, 그리고 율법을 읽고 있다는 것만으로, 또 율법을 다른 사람들에 가르치고 있다는 것만으로 다른 민족보다 낫다고 안도했고 그 율법으로 구원을 받을 줄로 믿었다. 그들은 율법이 그리스도에게로 인도받는 가정교사인 줄 몰랐다(갈 3:24). 우리는 율법을 읽고 묵상해서 우리 자신의 부족을 깨닫고 더욱 그리스도를 의지해야 할 것이다.

둘째, 그들은 "하나님을 자랑했다"(사 45:25; 48:2; 요 8:41). 유대인들은 자기들만 하나님을 알고 자기들만 하나님을 믿고 있다고 자랑했다. 그들은 이방민족들은 할례 없는 민족으로 매도하고 자기들만 하나님과 교제하고 있다고 자랑했다. 이것은 잘 못된 자랑이었다. 하나님을 자랑하는 것은 좋은 일이지만(갈 6:14; 고후 10:17; 빌 3:3) 유대인들 식으로 자랑하는 것은 하나님을 욕되게 하는 것이다.

롬 2:18. 율법의 교훈을 받아 하나님의 뜻을 알고 지극히 선한 것을 분간하며.

셋째, 그들은 "율법의 교훈을 받아 하나님의 뜻을 알고 지극히 선한 것을 분간했다"(신 4:8; 시 147:19-20; 빌 1:10). 유대인들은 율법의 교훈을 일찍부터 (6세부터) 받아 하나님의 뜻을 알 수 있었으며 또한 지극히 선한 것, 곧 뛰어난 것을 분간할 수 있었다. 유대인들은 가정에서도 율법의 교훈을 받았지만 각 마을에 있는 회당에서 율법 공부를 하여 율법을 받았다. 그 결과 그들은 하나님의 뜻을 분별할 수 있었으며 선한 것과 악한 것을 분별할 수 있었다. 그럼에도 불구하고 율법이 지시하고 있는 그리스도를 알지 못하는 어리석음에 빠지고 말았다. 알맹이 빠진 교육을 받은 셈이다.

롬 2:19. 맹인의 길을 인도하는 자요 어둠에 있는 자의 빛이요.
넷째, 그들은 자신들이야 말로 "맹인의 길을 인도하는 자요 어둠에 있는 자의 빛"인 줄 알았다(마 15:14; 23:16-17, 19, 24; 눅 6:39; 요 9:34, 40-41). 본 절 상반 절과 하반 절의 뜻은 동의어로 볼 수 있다. 유대인들은 자신들이 영적인 맹인을 인도하는 자라고 믿었고 또 영적으로 어둠에 있는 자의 빛, 곧 선생이라(히 12:9)고 믿으면서 그들은 자신들을 교육하지 못했고 결국 망하게 되었다. 그들은 배운다는 것은 생각하지도 않았고 항상 가르치는 스승이라고만 생각했다.

롬 2:20. 율법에 있는 지식과 진리의 모본을 가진 자로서 어리석은 자의 교사요 어린 아이의 선생이라고 스스로 믿으니.
다섯째, 그들은 자신들이 율법에 정통한 자들이라고 생각하면서 "어리석은 자의 교사요 어린 아이의 선생이라고 스스로 믿으면서" 자기들 자신을 가르치지 않았다. 본문 상반절의 "율법에 있는 지식과 진리의 모본을 가진 자"(6:17; 딤후 3:5)라는 말은 '율법에 있는 지식의 모본을 가진 자와 율법에 있는 진리의 모본을 가진 자'라는 뜻이다. 유대인들은 율법에 있는 지식과 진리가 잘 정립되고 구체화 된 상태로 가지고 있는 자들로서 율법을 모르는 어리석은 사람들을 가르칠 수 있고 또 이방인들과 같은 어린 아이를 가르칠 수 있다고 믿으면서 자신들을 위해서는 교육하지 않고 있었다는 것이다. 우리는 남을 가르치기 위해 성경을 읽고 묵상하고 연구하지만 정작 자신의 영혼을 위해서는 하나도 그 지식과 진리들을 적용하지 않는 수가 있지 않은가. 우리는 먼저 자신을 위해 배워야 할 것이다.

롬 2:21. 그러면 다른 사람을 가르치는 네가 네 자신은 가르치지 아니하느냐 도둑질하지 말라 선포하는 네가 도둑질하느냐.

본 절 초두의 "그러면"(οὖν)이란 말은 17절에서 시작한 "만일"(εἰ δε-βυτ ιφ)이란 말에 대한 귀결 절을 인도한다. 바울은 이제 본 절부터 23절까지 유대인들로 하여금 자기를 반성하도록 촉구한다. 바울은 본 절부터 질문체로 반성을 촉구한다. 첫째, "다른 사람을 가르치는 네가 네 자신은 가르치지 아니하느냐"고 말한다(시 50:16; 마 23:3). 앞(20절)에서 말한 바와 같이 유대인들은 다른 사람을 가르치고 있었지만 자신을 가르치지 않고 있었다. 오늘도 다른 사람들에게 설교 식으로 가르치는 사람들은 많지만 자기는 전혀 가르침 받지 않아서 행하지 않는 사람들이 많이 있지 않은가. 둘째, 바울은 "도둑질하지 말라 선포하는 네가 도둑질하느냐"고 말한다. 다른 사람들을 향해서는 도둑질하지 말라고 광포하지만 정작 자기는 도둑질 하고 있다고 질책한다. 유대인들은 개인적인 거래에 있어서 부당하게 도둑질 했고 무역에 있어서 부적당한 수입을 취했다. 우리는 현찰이나 부동산을 취급하는데 있어서 한 점 의혹이 없어야 한다. 바울은 "차라리 불의를 당하는 것이 낫지 아니하며 차라리 속는 것이 낫지 아니하냐"고 말한다(고전 6:7). 우리가 차라리 불이익을 당하고 속으면 하나님께서 갚아주신다.

롬 2:22. 간음하지 말라 말하는 네가 간음하느냐 우상을 가증히 여기는 네가 신전 물건을 도둑질하느냐.

셋째, 바울은 "간음하지 말라 말하는 네가 간음하느냐"고 질타한다. 바리새인들이나 서기관들 혹은 유대인 교사들은 다른 사람을 향해서는 간음하지 말라고 가르치지만 정작 자기들은 여자들을 보고 간음도 하고 마음에 음욕을 품는다고 질책한다. 유대인 탈문(Talmud)은 당시 가장 유명했던 랍비들이 간음했다고 비난하고 있다. 오늘 간음은 세계적인 현상이 되고 말았다. 우리 자신들이 이 죄를 떠날 수 있어야 한다. 이유는 이 간음죄를 떠나지 아니하면 성령님께서 근심하셔서(엡 4:30) 은혜를 주시지 않는다(살전 5:19). 넷째, 바울은 "우상을 가증히 여기는 네가 신전 물건을 도둑질하느냐"고 말한다(말 3:8). 유대민족이야 말로 우상을 가증하게 여기는 민족이었는데 신전 물건을 도둑질 하는 사건이 터졌다는 것이다. 유대인 사회에서 실제로 신사물건을 도둑질한 일이 있었기에 에베소의 서기장이 소요하고 있는 무리를 진정시키면서 "신전의 물건을 도둑질하지도 아니한 이 사람들(바울 일행)을 너희가 붙잡아 왔다"고 말했다. 브루스(F. F. Bruce)는 "바울이 염두에 둔 사건이 무엇인지 말하기는 어렵다. 아마 그는 요세푸스가 기록한 바와 같이 (Antiquities xviii. 18 이하) A.D. 19년에 일어난 추한 사건을 언급하고 있는지도 모르겠다. 그 사건은 로마에 있는 4명의 유대인들이 이방인들에게 유대적 신앙을 전문적으로 가르치는 어떤 사람의 사주를 받아 유대주의에 귀의한 로마의 한 귀부인으로 하여금 예루살렘 성전에 풍성한 헌금을 하게 한 뒤 그 돈을 횡령한 사건이다. 이 사건이 백일하에 드러나게 되자 티베리우스 황제는 모든 유대인들을 로마로부터 추방하였다. 이러한 사건 때문에 '유대인'이라고 하는 명예로운 이름이 이방인 가운데서 수치스럽게 되었다"고 말한다. 오늘도 교회의 물질을 함부로 쓰고 함부로 취급하는 직분 자들은 없는지.

롬 2:23. 율법을 자랑하는 네가 율법을 범함으로 하나님을 욕되게 하느냐.
다섯째, 바울은 "율법을 자랑하는 네가 율법을 범함으로 하나님을 욕되게 하느냐"고 질타한다. 유대인들은 자기들만 율법을 받고 율법을 읽으며 묵상하고 율법을 지키는 민족이라고 자랑했지만 앞에서 본 것처럼 이런 일 저런 일로 율법을 범해서 하나님을 욕되게 했다. 지금도 하나님의 말씀을 받은 사람들이 하나님의 말씀을 범하는 사례가 얼마나 많은가. 대표적인 예로 매주 교회 강단에서 대표 기도하는 기도 자들은 지난 한 주간의 생활을 돌아보면서 "죄 중에 살다가 왔다"고 고백한다. 이 일이 어찌 그분들만의 일이겠는가. 우리 모두의 고백이 아니겠는가.

롬 2:24. 기록된 바와 같이 하나님의 이름이 너희 때문에 이방인 중에서 모독을 받는도다.

바울은 앞에서 유대인을 질타한(21-23절) 다음 본 절에서는 유대인을 향하여 근엄하게 책망한다. 바울은 700년 전에 기록한 이사야의 말씀을 가지고 "하나님의 이름이 너희 때문에 이방인 중에서 모독을 받는다"라고 말한다(사 52:5). 유대인들이 이방에 잡혀가서 살 때에 이방인들은 유대인들의 하나님이 능력이 없어서 유대인들을 버리셨다고 말했는데(겔 36:20), 바울 시대의 유대인들은 하나님의 뜻대로 살지 않아서 이방인들이 하나님을 멸시한다는 것이다. 어느 시대든지 성도들이 바로 살지 않으면 이방인들이 하나님의 이름을 모독하게 되어 있다. 우리는 하나님의 이름이 모독을 받지 않도록 조심하며 살아야 한다.

롬 2:25. 네가 율법을 행하면 할례가 유익하나 만일 율법을 범하면 네 할례는 무(無) 할례가 되느니라.

바울은 본 절부터 29절까지 율법을 지키는 유대인과 율법을 지키지 아니하는 유대인을 대조하고, 동시에 마음의 할례와 의문의 할례를 대조 묘사한다. 본 절은 율법을 지키는 것과 율법을 지키지 않는 것의 차이를 말한다. 율법을 지키면 "할례가 유익하다"고 말한다(갈 5:3). "할례가 유익하다"는 말은 육체에 할례를 받아서 구원을 받는다는 뜻이 아니라 율법을 지키는 사람이 할례를 받으면 진짜 할례를 받은 사람으로 여겨진다는 뜻이다.

그러나 만일 반대로 유대인이 율법을 범하는 경우 그들이 육체에 받은 할례는 "무(無) 할례가 된다"고 말한다. "무(無) 할례가 된다"는 말은 할례를 안 받은 것과 같이 여겨진다는 뜻이다. 그러니까 율법을 지키는 것이 중요한 것이지 할례를 받는 것이 중요한 것이 아니라는 말이다. 할례를 받고 자랑하고 큰 소리를 치는 것이 중요한 것이 아니라 하나님의 율법을 지키는 것이 중요한 것이다. 오늘도 세례를 받는 것이 중요한 것이 아니라 하나님의 말씀을 지켜서 성도답게 사는 것이 중요하다.

롬 2:26. 그런즉 무 할례자가 율법의 규례를 지키면 그 무 할례를 할례와 같이 여길 것이 아니냐.
본 절은 바로 앞 절의 내용을 뒤집어 말한 것이다. 할례를 받지 아니한 "무 할례자," 곧 '이방인'이 율법을 지키는 경우 그가 할례를 받지 아니했다고 하더라도 그는 하나님 보시기에 할례 받은 자와 같이 여겨질 것이라는 말이다 (행 10:34-35). 오늘도 세례를 받지 않은 자가 하나님의 말씀을 받아서 하나님을 믿으며 그 말씀을 순종하면 하나님 보시기에 세례 받은 자와 똑 같이 여겨진다.

롬 2:27. 또한 본래 무 할례자가 율법을 온전히 지키면 율법 조문과 할례를 가지고 율법을 범하는 너를 정죄하지 아니하겠느냐.
바울은 앞 절(26절)에서 할례를 받지 아니한 이방인이라도 율법을 순종하면 하나님께서 그 사람을 할례 받은 자로 여겨주신다고 했는데 이제 본 절에서는 그런 사람은 율법 조문에 통달하고 또 할례를 받고도 율법을 지키지 못하는 유대인을 정죄하지 않겠느냐고 말한다. 이 말은 실제로 정죄한다는 뜻이 아니라 정죄하는 효과를 발휘하리라는 뜻이다(마 12:41-42; 눅 11:31-32). 문제는 유대인이냐 이방인이냐가 아니라 하나님의 법을 지키는 것이 중요하다는 것이다. 오늘날도 문제는 주님을 믿고 따르는 것이 세례를 받고 성찬 예식에 참여하는 것보다 더 중요하다.

롬 2:28-29. 무릇 표면적 유대인이 유대인이 아니요 표면적 육신의 할례가

할례가 아니니라 오직 이면적 유대인이 유대인이며 할례는 마음에 할지니 영에 있고 율법 조문에 있지 아니한 것이라 그 칭찬이 사람에게서가 아니요 다만 하나님에게서니라.

바울은 외형, 곧 껍데기가 중요한 것이 아니라고 말한다. 유대인이라는 사실이 중요한 것이 아니며 육체에 할례를 받은 자체가 중요한 것이 아니라고 말한다 (9:6-7; 마 3:9; 요 8:39; 갈 6:15; 계 2:9). 중요한 것은 참으로 유대인이라는 것이 중요하고(벧전 3:4) 할례는 육체에 할 것이 아니라 "마음에 할지니 영에 있고 율법 조문에 있지 아니하다"고 말한다. 여기 "마음에 할지니"란 말은 '마음의 굳은 부분을 베어야 한다'는 뜻이다(레 26:41; 신 10:16; 30:6; 렘 4:4; 9:26; 겔 44:7; 빌 3:3; 골 2:11). '마음속의 악한 생각을 제거해야 한다'는 뜻이다. 그리고 "영에 있고"란 말은 마음의 할례는 성령님께서 하시는 일이라는 뜻이다(7:6; 고후 3:6, 18; 갈 5:16-23, Denney, Hendriksen, Hodge, John Murray, Meyer, Philippi). 그리고 "율법 조문에 있지 아니한 것이라"는 말은 진정한 할례는 율법 조문을 따라 남자의 양피를 베는 것(창 17:10-13; 레 12:3)이 아니라는 뜻이다. 다시 말해 진정한 할례는 성령에 의하여 마음속에 행해지는 할례이다.

바울은 남자의 양피를 베는 할례와 마음에 행하는 성령님의 할례를 대조한 다음 "그 칭찬이 사람에게서가 아니요 다만 하나님에게서니라"라는 말을 덧붙인다(고전 4:5; 고후 10:18; 살전 2:4). 다시 말해 사람의 칭찬이 중요한 것이 아니라 하나님의 칭찬, 하나님의 인정이 중요하다는 뜻이다. 육체적인 할례를 받고 유대인끼리 서로 인정하고 알아주는 것이 중요한 것이 아니라 할례를 받지 않았다고 할지라도 진정으로 성령에 의하여 마음에 할례를 받으면 하나님께서 칭찬해주시고 인정해주시니 그것이 더 중요하다는 것이다. 우리는 우리의 마음에 할례를 받아서 하나님께서 인정해주시는 것으로 만족해야 한다.

제 3 장

온 인류가 전적으로 부패했으나 그리스도를 믿으면 의를 얻는다

       d. 인간의 부패에 대한 바울의 교훈을 두고 던진 가상적인 질문들 3:1-8
바울이 유대인에게 죄가 있음을 거론한데(2:1-29) 대해 유대인 측에서
분명히 가상적인 질문이 있을 것을 예상하여 바울 자신이 가상 질문을 만들고
또 바울 자신이 답변하는 형식으로 그의 논지에 완벽을 기한다(1-8절). 가상
질문과 답은 세 가지로 되어 있다. 첫 번째 가상 질문: '유대인들이 이방인처럼
심판을 받는다면 유대인이 낫다고 할 것이 무엇이 있겠느냐?' 답: '많이 있다.
하나님의 말씀을 받은 것 등'이다(1-2절). 두 번째 가상 질문: '유대인들 중에
어떤 자들이 믿지 아니하였으면 하나님의 미쁘심(신실 성)을 폐하는 것이냐?'
답: '오히려 하나님의 신실하심을 나타낸다'(3-4절). 세 번째 가상 질문: '만일
유대인의 불의가 하나님의 의(義)를 나타낸다면 하나님이 인간의 불의를
심판하실 까닭이 무엇이냐?' 답: 하나님은 인간의 불의를 심판하신다(5-8절).

롬 3:1. 그런즉 유대인의 나음이 무엇이며 할례의 유익이 무엇이냐.
바울은 앞에서 유대인으로서 육신에 할례를 받는 것은 별로 유익한 것이
없고 차라리 성령에 의해 마음에 할례를 받는 것이 옳다고 강력하게 설파했는
데(2:25-29) 이에 대해 유대인 중에서 누군가가 "그런즉 유대인의 나음이
무엇이며 할례의 유익이 무엇이냐"고 가상 질문을 할 것을 예상했다. 가상
질문은 다름 아니라 '그렇다면 유대인의 나음이 무엇이며 할례 받는 것의
유익이 무엇인가'라는 질문이다. 그 동안에는 유대인들이 이방인보다는 훨씬
우월하다고 생각하고 살았는데 바울이 그렇게 유대인을 별 것 아닌 것으로

제3장 온 인류가 전적으로 부패했으나 그리스도를 믿으면 의를 얻는다 77

말하고 육신의 할례는 아무 것도 아니고 오히려 이방인이 마음에 성령의 할례를 받는 것이 옳다고 말한다면 도대체 유대인 된 유익이 무엇이고 할례를 받은 유익이 무엇이냐고 강하게 질문할 것을 바울은 예상했다. 바울이 만든 가상 질문이지만 유대인의 마음을 꿰뚫은 질문이었다.

롬 3:2. 범사에 많으니 우선은 그들이 하나님의 말씀을 맡았음이니라.

바울은 유대인에게 아무 유익이 없다고 하여 '아무 것도 없느니라'고 대답할 것 같은데 "범사에 많으니 우선은 그들이 하나님의 말씀을 맡았다"고 답변한다(2:18; 신 4:7-8; 시 147:19-20). '범사에 많다'고 한다. 바울은 유대인 된 유익이 많다고 말한다(9:4-5; 참조-시 147:20; 사 5:5-6; 암 3:2-3; 눅 13:6; 14:16-17, 24). 바울은 그 많은 유익을 다 말하지 않고 여기서 한 가지를 말한다. "하나님의 말씀을 맡은 것" 한 가지를 말한다. 유대인은 모세를 통하여 율법을 받았고 또 많은 선지자들을 통하여 하나님의 언약을 받았다. 하나님의 말씀을 받아서 읽고 묵상하고 연구한다는 것은 큰 유익이 아닐 수 없다. 그러나 그들은 그 말씀을 믿고 또 세계 만민에게 전했어야 했는데 믿지도 못했고 전하지도 못했다. 결국 실패한 민족이 되고 말았다.

롬 3:3. 어떤 자들이 믿지 아니하였으면 어찌하리요 그 믿지 아니함이 하나님의 미쁘심을 폐하겠느냐.

바울은 유대인들의 두 번째 가상 질문을 내놓는다. 헬라어 본문 초두에는 "그러면 무엇?"(τί γάρ)이란 말이 나와서 본 절이 앞 절과 관계가 있음을 보여주고 있다. 즉 유대인들이 다른 민족과는 달리 하나님의 말씀을 받아서 가지고 있다고 했는데 그렇게 말씀을 맡았지만 "어떤 자들이 믿지 아니하였으면 어찌하리요 그 믿지 아니함이 하나님의 미쁘심을 폐하겠느냐"는 가상 질문이다. 다시 말해 유대인들 중에서 어떤 사람들이 하나님의 약속의 말씀을 믿지 아니했다면(10:16; 11:2; 히 4:2) 그들의 믿지 아니함이 하나님의 미쁘심, 곧 하나님의 언약(메시야 언약)을 아무 것도 아닌 것으로 만들고 폐지해버릴 것이냐는 질문이다(9:6; 11:29; 민 23:19; 딤후 2:13). 쉽게 말해 유대인들이 하나님의 약속을 받았지만 그들이 그 약속을 믿지 않았으니 그들의 약속 불신 때문에 하나님께서 약속하신 것까지도 무효화시킬 것이냐는 질문이다. 바울은 다음 구절에서 절대로 그런 일은 없을 것이라고 말한다.

롬 3:4. 그럴 수 없느니라 사람은 다 거짓되되 오직 하나님은 참되시다 할지어다 기록된 바 주께서 주의 말씀에 의롭다 함을 얻으시고 판단 받으실 때에 이기려 하심이라 함과 같으니라.

바울은 앞 절(3절)에서 유대인의 가상 질문을 내놓고 이제 본 절에서는 유대인의 그 가상 질문을 강하게 "그럴 수 없느니라"(μὴ γένοιτο)고 부정한다(욥 40:8). '분명히 아니라'는 뜻이다(R.E.B.). 바울은 앞 절을 강하게 부정하면서 "사람은 다 거짓되되 오직 하나님은 참되시다 할지어다"라고 말한다(시 62:9; 116:11; 요 3:33). '하나님은 참되시게 하라. 그러나 사람은 거짓되게 하라'(Let God be true, but every man a liar)는 말이다. '모든 인간이 거짓말쟁이라 할지라도 하나님은 여전히 참되시다'는 뜻이다. 유대인들이 하나님의 약속을 믿지 않았지만 그 믿지 아니함이 하나님의 신실함을 폐하지 못했을 뿐 아니라 더욱 하나님의 신실함을 돋보이게 했다는 것이다. 하나님은 자신이 약속하신 모든 것을 이루셨고 또 약속하신 메시야를 보내주셨다.

그리고 바울은 하나님의 신실하심을 드러내기 위하여 구약 성경을 인용한다. "기록된 바 주께서 주의 말씀에 의롭다 함을 얻으시고 판단 받으실 때에 이기려 하심이라 함과 같으니라"고 말한다. 바울은 이 말씀을 그 유명한 시 51:4에서 인용하고 있다. 다윗은 밧세바와 간음죄를 지었고 밧세바가 임신한 사실을 알고 밧세바의 남편을 전쟁터에서 적에게 맞아죽게 만들었다. 하나님은 나단선지를 보내어 다윗을 책망하셨다. 다윗은 자신의 죄를 고백하며 시 51:4 상반 절 말씀을 한다. 곧 "내가 주께만 범죄 하여 주의 목전에 악을 행하였사오니"라고 고백하며 하반 절을 첨가하고 있다. 즉 "주께서 말씀하실 때에 의로우시다 하고 주께서 심판하실 때에 순전하시다 하리이다"

라는 말을 덧붙이고 있다. 여기 "주께서 말씀하실 때에"란 말이나 "주께서 심판하실 때에"라는 말은 똑같은 뜻인데 하나님께서 다윗의 죄를 책망하시고 심판하실 때에 다윗은 하나님을 "의로우시다"고 말하며 그리고 "순전하시다"고 고백하겠다는 말이다. 다윗은 하나님은 신실하신 분이며 자신은 철저히 죄인임을 고백했다. 바울은 다윗의 이 사건을 인용하면서 인간은 그릇되었지만 하나님은 신실하신 분임을 말하고 있다.

한 가지 말씀할 것은 문장 끝에 있는 말, 곧 "판단 받으실 때에"라는 말에서 "판단 받으신다"(κρίνεσθαι)는 말씀은 수동태로 취급하기 보다는 중간태(F. F. Bruce, Beza, Meyer, Godet)로 취급해야 한다. 이유는 하나님께서 다윗을 "판단하실 때에"라는 뜻이니 그렇다. 만약 수동태로 취하면 하나님께서 누구에 의해서 판단 받으시는 것으로 되니 문제가 된다.

롬 3:5. 그러나 우리 불의가 하나님의 의를 드러나게 하면 무슨 말 하리요 [내가 사람의 말하는 대로 말하노니] 진노를 내리시는 하나님이 불의하시냐. 바울은 유대인들의 세 번째의 가상 질문을 여기 내놓는다. 만약 유대인이 하나님의 약속의 말씀을 믿지 못한 것이 하나님의 신실하심을 나타낸 것이라면, 결국 인간의 불의함이 하나님의 의를 백일하에 드러낸 셈이니, 유대인의 불의는 오히려 하나님으로부터 상 받을 일인데 하나님께서 진노를 내리신다면 하나님께서 불의하신 것이 아니냐 하는 가상적인 질문이다.

3-4절에서는 유대인이 하나님의 약속의 말씀을 믿지 아니함이 하나님의 신실하심을 폐할 수 없다고 한다면 역시 우리 인간의 불의함이 하나님의 의를 드러나게 하는 것이 되는데 그렇다면 진노를 내리시는 것이 불의하시다는 것이다. 이런 가상적인 질문이야 말로 악랄한 질문임에 틀림없다. 그래서 바울은 다음 절에서 강하게 부정하고 있다.

본문 중에 [내가 사람의 말하는 대로 말하노니]란 말은 '사람 차원에서 말해 본다'는 뜻이다(6:19; 고전 9:8; 고후 11:17; 갈 3:15). 바울은 자기의 질문을 내놓은 것이 아니라 유대인들의 가상적인 질문을 해본 것인데 하나님 앞에서 감히 "하나님이 불의하시냐?"는 말을 말할 수 없어서 그저 사람 차원에서 말하는 대로 말을 해본다고 양해를 구한다. 우리는 기독교인들로서 할 수 없는 말이 많이 있다. 그래서 '사람의 말하는 대로 말한다,' '통속적인 말로 한번 말해본다'고 말해야 할 때가 있다.

롬 3:6. 결코 그렇지 아니하니라 만일 그러하면 하나님께서 어찌 세상을 심판하시리요.

하나님이 진노를 내리시는 것이 불의하시다는 가상적인 질문(앞 절)이야말로 악랄한 질문임에 틀림없으므로 바울은 "결코 그렇지 아니하니라"고 강하게 부정한다. 하나님이 불의하시다는 말은 경건한 사람으로서는 감히 입에 담을 수 없는 말이다. 바울은 말하기를 "만일 그러하면 하나님께서 어찌 세상을 심판하시리요"라고 말한다(창 18:25; 욥 8:3; 34:17). 곧 '만일 하나님께서 불의하시다면 어떻게 하나님을 떠난 불신앙의 세상(요 7:7; 15:19; 17:14; 약 4:4; 요일 2:15)을 심판하실 수 있겠느냐'고 받아친다. 온 세상의 심판주가 세상을 심판하시지 않으실 것인가. 반드시 심판하실 것이다(창 18:25; 욥 8:3; 34:17; 시 58:11; 94:2).

롬 3:7. 그러나 나의 거짓말로 하나님의 참되심이 더 풍성하여 그의 영광이 되었다면 어찌 내가 죄인처럼 심판을 받으리요.

본 절과 다음 절(8절)은 5-6절과 같은 내용임으로 이 부분을 네 번째의 가상적인 질문이라고 말하기 보다는 세 번째의 가상질문(5-6절) 속에 포함하는 것이 좋을 것이다. 5절의 "우리 불의가 하나님의 의를 드러나게 하면 무슨 말 하리요"와 본 절의 "나의 거짓말로 하나님의 참되심이 더 풍성하여"를 비교하면 내용이 동일함을 알 수 있다. 다시 말해 5절의 "우리 불의"와 본 절의 "나의 거짓말"이란 말의 내용이 동일하고, 5절의 "하나님의 의"(義)와 본 절의 "하나님의 참되심"이 동일한 내용이다.

바울은 5절과 마찬가지로 본 절에서도 역시 바울을 반대하여 유대인이

던지는 가상적인 악랄한 질문을 내놓는다. 곧 "나의 거짓말로 하나님의 참되심이 더 풍성하여 그의 영광이 되었다면 어찌 내가 죄인처럼 심판을 받으리요"라고 유대인의 가상적인 질문을 써본다. 유대인이 거짓말을 한 것이 하나님의 참 되심을 더 드러내고 결과적으로 하나님께 영광이 되었다면 거짓말한 것이 잘 한 일인데 어찌하여 죄인처럼 유대인이 심판을 받을 것인가라고 유대인이 질문할 것을 써 본다. 유대인의 가상적인 질문은 일종의 궤변일 뿐이다.

롬 3:8. 또는 그러면 선을 이루기 위하여 악을 행하자 하지 않겠느냐 어떤 이들이 이렇게 비방하여 우리가 이런 말을 한다고 하니 그들은 정죄 받는 것이 마땅하니라.

바울은 유대인의 또 하나의 가상적인 질문을 내놓는다. 곧 "그러면 선을 이루기 위하여 악을 행하자 하지 않겠느냐"고 마치 바울이 주장하는 것처럼 말을 꾸며서 유대인들이 가상적으로 질문할 것으로 내다보았다(5:20; 6:15).

바울은 "어떤 이들이 이렇게 비방하여 우리가 이런 말을 한다"고 하면서 유대인들의 가상적인 질문을 내놓는다. 이 말을 좀 더 풀어쓰면 '우리가 그런 말을 한다고 유대인들로부터 비방을 듣는 것처럼, 그리고 어떤 사람들이 우리가 마치 그런 말이나 한 듯이 확언하는 것처럼'이란 말로 풀어쓸 수 있다. 좀 더 쉽게 써보면 '우리가 그런 말("선을 이루기 위하여 악을 행하자"는 말)을 해서 비방이나 받는 것처럼, 그리고 우리가 그런 말을 한 듯이 유대인들이 확언하는 것처럼' 해서 그들은 "그러면 선을 이루기 위하여 악을 행하자 하지 않겠느냐"고 질문할 것을 바울이 예상 한 것이다. 사실은 바울은 그런 말을 한 적이 없는데 마치 바울이 그런 말이나 한 것처럼 그들이 꾸며서 가상적으로 질문할 것으로 바울이 내다보았다. 바울은 참으로 깊숙하게 이 문제를 다루고 있다. 바울은 그런 식으로 말하는 유대인은 "정죄 받는 것이 마땅하다"고 말한다. '정죄를 받는 것이 아주 당연하다'는 말이다. 그런 사람들이 정죄 받지 않으면 누가 정죄 받을 것인가.

e.온 인류의 죄(罪) 3:9-20

바울은 2:1-29까지 유대인의 죄가 무엇인지를 말하고, 3:1-8절까지에 걸쳐 유대인이 바울의 말에 대하여 반발할 것을 염두에 두고 바울이 가상적인 질문을 하고 바울이 반박했는데, 이제 본 절부터 20절까지는 온 인류가 죄의 주장 아래에 있다는 것을 말한다. 바울은 먼저 구약 성경을 인용하며 온 인류가 죄 아래에 있다고 말하고(9-18절), 다음으로 율법으로 말미암아 온 인류는 죄인이 되었다고 주장한다(19-20절).

롬 3:9. 그러면 어떠하냐 우리는 나으냐 결코 아니라 유대인이나 헬라인이나 다 죄 아래에 있다고 우리가 이미 선언하였느니라.

"그러면"(οὖν), 곧 '유대인이 선민으로서 특권을 가지고 있다면'(1-8절) "어떠하냐?" "우리13)(유대인)는 나으냐?' 즉 '유대인이 특권을 가지고 있으니 이방인보다 우월하냐'는 물음이다. 이에 대해 바울은 "결코 아니라 유대인이나 헬라인이나 다 죄 아래에 있다고 우리가 이미 선언 하였느니라"고 말한다(23절; 갈 3:22). 다시 말해 '결코 아니다. 천만에 말씀이다. 유대인이나 헬라인 곧 이방인이나 다 죄의 주장 아래에 있다고 우리(바울 자신)가 이미 선언했다'고 말한다. 바울은 이방인의 죄에 대해서 1:18-32에 말했고 유대인의 죄에 대해서는 2:1-3:8에 선언했다. 유대인이 나을 것도 없고 이방인이 나을 것도 없다는 것이다. 온 인류는 모두 죄를 지은 죄인들이고 모두 죄 아래 살고 있는 사람들일 뿐이다.

---

13) 혹자는 여기 "우리는 나으냐"는 말을 '바울과 로마 교인들은 나으냐'는 뜻으로 보기도 하나 유대인으로 보는 것이 문맥에 더 적합한 듯이 보인다. "우리"를 '바울과 로마교인들 혹은 바울과 그리스도인들'로 보는 학자는 바울이 유대인을 3인칭으로 지칭하여 왔고(1:16; 2:9; 3:1) 또 앞으로 계속해서 3인칭으로 지칭할 것이니(9:4; 10:1; 11:2) "우리"란 말은 '유대인'을 가리키지 않는다는 주장이다. 뿐 아니라 바로 앞 절(8절)에서 "우리"는 '바울과 신자들'을 지칭하는 고로 여기 9절에서도 역시 '바울과 그리스도인들'을 지칭한다고 말한다. 그러나 9절에서 "우리는 나으냐"는 말 다음에 "유대인이나 헬라인이나 다 죄 아래 있다고 우리가 이이 선언 하였느니라"는 말이 뒤 따라 오는 고로 "우리"를 두 민족 중에 한 민족으로 보는 것이 더 자연스럽게 보인다. 그런고로 앞에서부터 내려온 문맥을 살필 때 여기 "우리"는 '유대인'으로 보는 것이 더 자연스러워 보인다.

롬 3:10. 기록된바 의인은 없나니 하나도 없으며.

바울은 본 절부터 12절까지 온 인류의 보편적인 범죄 상태를 언급한다. 바울은 먼저 "기록된바" 구약을 인용하여 "의인은 없나니 하나도 없다"고 말한다(시 14:1-3; 53:1). 시 14:1-3이나 사 53:1-3에 기록된 것처럼 의인은 단 한 사람도 없다는 뜻이다. 창 18:16-33에 소돔과 고모라에 의인이 한 사람도 없어서 망했고, 렘 5:1에는 예루살렘 거리에 의인이 한 사람도 없었다고 말한다. 오늘도 역시 하나님의 율법을 지켜서 의인이라고 불릴 사람은 한 사람도 없다.

롬 3:11. 깨닫는 자도 없고 하나님을 찾는 자도 없고.

바울은 "깨닫는 자도 없다"고 말한다(시 14:2). 진리를 참되게 깊이 깨닫는 자가 없다는 뜻이다. 다시 말해 진리의 근본이신 하나님을 이해하려는 사람이 없다는 뜻이다. 그리고 바울은 "하나님을 찾는 자도 없다"고 한다(시 53:3). 하나님을 참으로 간절히 찾는 사람이 없다는 말이다. "하나님에 관련해서 볼 때에, 모든 사람들이 다 지적으로는 장님이며 하나님을 향하는 열망에 있어서는 모든 사람이 다 죽은 것이다"(John Murray).

롬 3:12. 다 치우쳐 함께 무익하게 되고 선을 행하는 자는 없나니 하나도 없도다.

바울은 사람들이 "다 치우치게 되었다"(they are all gone out of the way)고 말한다. 하나님을 찾지 않은(11b) 결과로 모두 정도에서 미끄러지게 되었다는 뜻이다. 그들은 하나님으로부터 미끄러지게 되었고 하나님의 율법으로부터 미끄러지게 되었다. 그래서 바울은 그들이 "함께 무익하게 되었다"고 말한다. 하나님 앞에 쓸모없는 인간이 되었고 사람에게 쓸모없는 인간이 되고 말았다.

그리고 바울은 "선을 행하는 자는 없나니 하나도 없도다"라고 말한다. 그들이 하나님을 찾지 않은(11b) 결과 선을 행할 힘을 잃어 선을 행할 수 없는 사람들이 되었다는 뜻이다. 하나님을 떠난 인생은 자기만 생각하는 이기주의자가 되어 이웃을 향한 진정한 선을 행할 수 없게 되었다는 말이다. 하나님을 찾지 않는 인생은 겉으로 보기에는 선을 행하는 듯이 보이지만 내심 자기만을 생각한다.

롬 3:13. 그들의 목구멍은 열린 무덤이요 그 혀로는 속임을 일삼으며 그 입술에는 독사의 독이 있고.

바울은 10절로부터 12절까지 인류의 보편적인 죄의 상태를 말한 다음 이제 본 절과 다음 절(14절)에서는 다른 죄들보다도 입이 범하는 죄들을 열거한다. 바울은 목구멍부터 시작하여 입술에까지 올라온다. 바울은 먼저 목구멍부터 시작한다. 바울은 "그들의 목구멍은 열린 무덤이요"라고 말한다(시 5:9; 렘 5:16). 열린 무덤은 계속해서 냄새를 풍기는데 사람도 계속해서 죄의 냄새를 풍긴다는 뜻이다. 모든 사람은 이 점에 있어서 예외인 사람이 없다(시 39:1; 잠 10:19; 17:27; 마 5:22, 37; 딛 3:2; 약 1:19, 26; 3:1-12; 벧전 3:10). 예수님은 사람의 속에서는 계속해서 죄악이 올라온다고 말씀하신다(막 7:20-23). 그리고 바울은 "그 혀로는 속임을 일삼는다"고 말한다(시 5:9). 사람은 혀로써 사람을 속인다(시 4:2; 62:4). 사람은 세 치의 혀를 가지고 온갖 죄를 저지른다. 그리고 바울은 "그 입술에는 독사의 독이 있다"고 말한다(시 140:3). "독사의 독"은 사람을 죽인다. 그처럼 입술도 사람을 죽인다. 사람의 입술에서 흘러나온 악으로 죽은 사람들이 얼마나 많은가. 우리의 험담과 저주는 성령의 지배(곧 성령 충만)가 없이는 통제되지 않는다.

롬 3:14. 그 입에는 저주와 악독이 가득하고.

바울은 앞에서 목구멍이 짓는 죄부터 시작하여 입술이 짓는 죄(실상은 목구멍이 짓는 죄와 입술이 짓는 죄가 똑 같은 죄이다)까지 열거했는데 이제 본 절에서는 종합적으로 입이 짓는 죄를 말한다. 바울은 "그 입에는 저주와 악독이 가득하다"고 말한다(시 10:7). "저주"란 남이 잘 못되기를 비는 것이고 "악독"(πικρία)은 마음에나 언어에 나타나는 '독'(bitterness)을 지칭한다. 뱀의 독이 사람을 죽이듯이 사람의 입의 독도 사람을 죽인다. 우리의 입으로는 하나님을 찬양하고(약 5:13) 사람에게 덕을 말해야 한다(엡 4:29).

롬 3:15. 그 발은 피 흘리는데 빠른지라.
바울은 앞에서 입으로 짓는 죄를 열거했고(13-14절) 이제 본 절부터 17절까지는 사람이 움직이는 중에 짓는 죄를 열거한다. 바울은 인류의 "발은 피 흘리는데 빠르다"고 말한다(잠 1:16; 사 59:7-8). 여기 "발"은 행동을 상징하는 지체이다(잠 6:13; 겔 25:6). 사람의 입에서 나온 저주(앞 절)는 그냥 사그라지지 않고 발을 움직여 무수한 사람으로 하여금 피 흘리게 한다. 사람간의 싸움, 종족간의 싸움, 민족 간의 전쟁, 세계 대전 등 수많은 피가 아직도 흐르고 있다. 그런데 본 절에서 발은 느리지 않고 빠르다고 묘사한다. 가만히 있지 않는다는 말이다.

롬 3:16. 파멸과 고생이 그 길에 있어.
바울은 피 흘리는데 빠른 발(앞 절)이 가는 길에 필연적으로 "파멸과 고생"이 생길 것을 언급한다. 남에게 손해를 끼치러 돌아다니는 사람의 길에는 철저하게 파멸이 있고 또 고생이 기다리고 있다. 여기 "파멸"(σύντριμμα)이란 말은 '파괴' 혹은 '멸망'이란 뜻이고 "고생"(ταλαιπωρία)이란 말은 '어려움' 혹은 '비참'이란 뜻이다. 피를 흘리기에 빠른 사람들은 가는 곳마다 사람들과 사회를 멸망하게 하고 또 사람들과 사회를 고생하게 만든다. 인간의 죄가 얼마나 세상을 망하게 하는지를 보여주는 말이다.

롬 3:17. 평강의 길을 알지 못하였고.
피 흘리는데 빠른 사람들은 다른 사람들에게 평화의 분위기를 주지 못하고 사회에나 국가에게나 평강을 주지 못한다. 그들 자신의 마음에는 말할 것도 없이 평화가 없다. 자신들의 마음에 평화가 없고 남에게 해를 끼치는 일에 재빠른 사람들은 남에게도 평강을 주지 못한다.

롬 3:18. 그들의 눈앞에 하나님을 두려워함이 없느니라.

지금까지 말한 모든 죄악(10절부터 17절에 이르기까지의 모든 죄)의 원인
은 "그들의 눈앞에 하나님을 두려워함이 없기" 때문이다(시 36:1). 하나님
을 두려워하는 마음이 없으면 별별 죄를 다 짓게 마련이다. 말의 죄,
행동의 죄 등 수많은 죄를 짓게 된다. 하나님을 두려워하지 않는다는
말은 경건하지 않음을 의미하는데 하나님을 두려워하지 않을 때 교만하게
되고 죄를 무서운 줄 모르게 되며 기회가 되는 때마다 죄를 짓게 된다.
그리고 하나님을 두려워할 때 하나님을 의지하게 되고 겸손하게 되고
악을 멀리하게 된다.

**롬 3:19. 우리가 알거니와 무릇 율법이 말하는 바는 율법 아래에 있는 자들에게
말하는 것이니 이는 모든 입을 막고 온 세상으로 하나님의 심판 아래에 있게
하려 함이라.**

바울은 지금까지 인용한 "율법"(10절; 시 14:1-3; 사 53:1-3; 11절-시 14:2;
시 53:3; 13절-시 5:9; 140:3; 14절-시 10:7; 15절-사 59:7-8; 18절-시 36:1)이
말하는 상대는 "율법 아래에 있는 자들"(온 세상 사람들)이라고 말하면서
온 세상 사람들에게 율법이 말하는 목적은 "모든 입을 막고 온 세상으로
하나님의 심판 아래에 있게 하려 하려는 것이라"고 말한다. 한 마디로 본
절은 율법의 효능을 말하고 있다.

　　바울은 지금까지 인용한 율법이 시편의 말씀이었는데도 그 시편의 말씀을
"율법"이라고 말한다. 그러니까 바울은 구약 성경 전체를 율법이라고 말하는
셈이다. 바울만 아니라 다른 신약저자들도 역시 그러하다(요 10:34; 15:25).

　　그런데 바울은 구약 성경은 "율법 아래에 있는 자들에게 말하고 있다"고
한다. 여기 "율법 아래에 있는 자들"이 누구를 지칭하느냐 하는 데는 여러
학설이 있으나 문맥으로 보아 바로 다음에 뒤따라 나오는 "온 세상"으로
보는 것이 옳을 것이다. 다시 말해 "율법 아래에 있는 자들"이란 말은 바로
뒤 따라오는 "온 세상"이란 말이 설명해주고 있음으로 '온 세상'(온 세상사람)

으로 보는 것이 타당하다.

율법은 유대인만 아니라 온 세상 사람들을 상대하여 말하는 말씀인데 그 효능은 첫째, "모든 입을 막는" 일을 한다(2:1; 욥 5:16; 시 107:42; 겔 16:63). 율법이 사람들에게 임할 때 모든 사람들의 입을 막는다. 다만 '나는 죄인이로소이다'라는 말밖에 할 말이 없게 된다. 나를 자랑하고 나를 드러낼 수 없게 된다.

그리고 둘째, "온 세상으로 하나님의 심판 아래에 있게 하는" 효능을 가지고 있다(9절, 23절; 2:2). 율법이 모든 사람에게 제시될 때 모든 사람들은 하나님 앞에 죄인이 되고 심판받아 형벌을 기다리게 된다. 율법 앞에서 심판을 면제받을 사람이 있는가. 또 형벌을 면제받을 사람이 있는가. 모두 죄인일 뿐이다.

롬 3:20. 그러므로 율법의 행위로 그의 앞에 의롭다 하심을 얻을 육체가 없나니 율법으로는 죄를 깨달음이니라.

본 절 초두에는 "그 이유는"이라는 접속사(διότι)가 있다("그러므로"라는 번역은 적절한 번역이 아님). 율법이 "모든 입을 막고 온 세상으로 하나님의 심판 아래에 있게 하는"(앞 절) 이유는 "율법의 행위로 그의 앞에 의롭다 하심을 얻을 육체가 없기" 때문이다(시 143:2; 행 13:39; 갈 2:16; 3:11; 엡 2:8-9; 딛 3:5). '율법을 지켜서 하나님의 눈앞에서 의롭다 하심을 얻을 사람은 세상에 없다.' '의인은 없나니 하나도 없다'(10절). 시 14:2-3에 "여호와께서 하늘에서 인생을 굽어 살피사 지각이 있어 하나님을 찾는 자가 있는가 보려 하신즉 다 치우쳐 함께 더러운 자가 되고 선을 행하는 자가 없으니 하나도 없다"고 말씀하신다(시 53:1).

이유는 "율법으로는 죄를 깨닫게" 하기 때문이다(7:7). 율법을 지켜서 의롭다 하심을 얻기를 원하면 원할수록 더욱 죄를 깨닫게 되는 것이다. 율법은 사람을 의롭게 하는 기능을 가진 것이 아니라 죄를 깨닫게 하는 기능을 가지고 있다.

2. 하나님의 의(義)가 나타났음   3:21-31

바울은 그 동안 길게 이방인이 죄를 지었다는 것(1:18-32)과 유대인이
죄를 지었다는 것(2:1-3:8), 그리고 온 인류가 죄(3:9-20)를 지었다는 사실을
말해왔는데 이제는 하나님의 의(義)가 나타났음을 말한다. 바울은 먼저 하나
님의 의가 나타났음을 말하고(21-26절) 그 의를 얻는 믿음의 길을 말한다
(27-31절).

**롬 3:21. 이제는 율법 외에 하나님의 한 의가 나타났으니 율법과 선지자들에게
증거를 받은 것이라.**

"이제는"(νυνι-now) 곧 '율법(νόμου)을 지킴으로 구원을 얻지 못할 뿐 아니라
오히려 비참과 좌절을 경험하게 된 인류에게 이제는' "율법14) 외에 하나님의
한 의가 나타났다"고 바울은 말한다(1:17; 행 15:11; 빌 3:9; 히 11:4). '율법이
먼저 모세를 통하여 그리고 선지자들을 통하여 이 땅에 나타났었으나 구원을
이룩하지 못하여 율법 이외에 하나님의 한 의(義)가 나타났다'는 뜻이다.
율법은 인간의 연약(부패성) 때문에 인간의 구원을 이룩하지 못하여 이제
새로운 하나님의 한 의(義)가 나타난 것이다.

여기 "하나님의 의"(義)란 칭의(稱義)의 길을 말한다. 다시 말해 율법을
지켜서 하나님으로부터 인정을 받는 방법이 아니라 하나님으로부터 인정받는
전혀 다른 새로운 방법을 지칭한다. 그것은 바로 예수님을 믿는 믿음의 길을
말한다. 이 길이야 말로 유대인이나 이방인이나 차별 없이 그를 믿는 자에게
열려진 새로운 길이다. 유대인이나 이방인이나 이 길을 통하여 하나님과
올바른 관계를 얻을 수 있고 또 사죄를 받을 수 있으며 하나님으로부터 인정받
았다는 확신에 이를 수 있다(롬 3:28; 4:6-8; 갈 2:16, 21; 3:10-13; 엡 2:9;
빌 3:9; 딤후 1:9; 딛 3:5). 브루스(F. F. Bruce)는 "하나님은 그리스도를 사죄의
수단, 칭의의 보증인, 즉 문제 해결자로 내세우신 것이다. 따라서 죄인이

---

14) "율법"이란 낱말에 관사가 없음으로 이는 이방인에게 주셨던 양심의 법까지를 포함하는
말이다.

해야 하는 것은 하나님께서 은혜로 제공하신 것을 믿음으로 받아들이는 것뿐이다. 그러나 믿음의 원리 때문에 하나님의 율법이 백지화되는 것이 아니냐고 반문할 수도 있을 것이다. 여기에 대해 바울은 결코 그렇지 않다고 말한다. 믿음의 원리에 의하여 율법은 보존되고 죄는 정죄되고 의는 변호된다. 즉 구약 성경이 성취되는 것이다. 바울은 이 점을 보여주는 것이다"고 말한다.15)

새로운 길 즉 예수님을 믿음으로 하나님의 의에 이르는 길은 우리들이 고안해 낸 것이 아니라 이미 구약, 즉 "율법과 선지자들"을 통하여 충분히 증거를 받은 것이다. 그리스도로 말미암아 불의한 자를 의롭게 하시는 하나님의 의는 구약에서 벌써 예언되고 증명되었다(1:2; 창 15:6; 시 32:1-2; 합 2:4; 요 5:46; 행 26:22; 롬 1:17; 4:3, 7-8; 벧전 1:10).

롬 3:22. 곧 예수 그리스도를 믿음으로 말미암아 모든 믿는 자에게 미치는 하나님의 의니 차별이 없느니라.

바울 사도는 17절과 앞 절(21절)에서 "하나님의 의"에 대해 언급했는데 본 절에서는 하나님의 의가 누구에게 임하는지를 말하고 있다. 바울은 하나님의 의는 "예수 그리스도를 믿음으로 말미암아 모든 믿는 자에게" 미친다고 말한다(4절 이하). 하나님의 의는 "예수 그리스도를 믿음으로"(διὰ πίστεως Ἰησοῦ Χριστοῦ) 임한다고 말한다. 혹자는 여기 "믿음으로"(διὰ πίστεως)라는 소유격을 주격으로 취급하여 '예수님께서 하나님을 믿음으로 말미암아'라고 해석하기도 하나 문맥에 맞지 않는 해석이다. 그리고 또 혹자는 '그리스도의 우리에 대한 신실성으로 말미암아'라고 해석하나 역시 문맥에 맞지 않는다. 이런 해석들이 문맥에 맞지 않는다고 주장할 수 있는 이유는 바로 뒤따라오는 "모든 믿는 자에게"라는 말을 보면 '우리 측에서 그리스도를 믿음으로 말미암아'라는 뜻으로 보아야 한다. 그러니까 하나님의 의는 예수 그리스도를 믿음으로 말미암아 모든 믿는 신자들에게 임한다고 말해야 한다. 하나님은 그리스도

15) F. F. Bruce, 로마서(The Epistles of Paul to the Romans), 권성수역 (서울: 기독교문서선교회, 1979), p. 109.

를 믿는 자를 의롭다 선언하실 뿐 아니라 또 의(義)를 주신다.

하나님께서 주시는 의는 "차별이 없다"고 바울은 말한다(10:12; 갈 3:28; 골 3:11). 하나님은 아무도 차별하시지 않고 예수님을 믿는 것만 보시고 의(義)를 주신다. 유대인이나 이방인이나 차별 없이 죄를 지었는데 예수님을 믿는 자들에게 주시는 은혜도 차별이 없으시다. 믿는 것만 보시고 차별 없이 구원해 주신다. 인간 사회에는 차별이 심하다. 빈부의 격차가 심하고 학력의 차이가 심하며 또한 계급의 차이가 심하다. 아무튼 양극화 현상은 세계적인 현상이다. 그러나 예수님을 믿을 때 하나님은 차별하시지 않으시고 은혜를 부어주시고 구원해주신다. 그리스도의 이름을 부르는 모든 자에게 하나님은 부요하시다(10:12).

롬 3:23. 모든 사람이 죄를 범하였으매 하나님의 영광에 이르지 못하더니. 본 절 초두에는 이유 접속사(γὰρ)가 있다. 본 절은 전절의 이유를 설명한다. 즉 "모든 믿는 자에게 미치는 하나님의 의가 차별이 없는"(전 절) 이유는 "모든 사람이 죄를 범하였으매 하나님의 영광에 이르지 못하였기" 때문이다(9절; 11:32; 갈 3:22). 여기 "죄를 범하였으매"(ἥμαρτον)라는 말은 부정(단순)과 거 시제로 우리가 확실하게 죄를 범한 것을 지칭하는 말이다. 이것은 사람이 아담 안에서 죄를 범한 것은 말할 것도 없지만 우리 각자가 확실하게 결정적으로 죄를 범한 사실을 말한다. 부정과거 시제는 과거에 단번에 발생한 일을 뜻하기도 하지만 많은 경우 그 동사 자체의 뜻을 강조하는 시제이다. 그런고로 여기 "죄를 범하였으매"라는 말은 아담 안에서 우리가 범죄한 것을 말할뿐 아니라(5:12), 우리 모든 사람이 극명하게 죄를 범한 사실을 지칭하는 것으로 보아야 한다.

우리 모든 사람이 죄를 범하였기에 "하나님의 영광에 이르지 못한다"는 것이다. 여기 "이르지 못한다"는 말은 현재시제로 현재 계속해서 이르지 못한다는 뜻이다. 현재 계속해서 '결여되어 있다,' '부족하다,' '결핍되어 있다,' '도달하지 못하다'는 뜻이다. 모든 사람이 죄를 지은 것은 과거의 일이고 하나님의 영광에 이르지 못하는 것은 현재에 계속되는 일이다.

그러면 "하나님의 영광에 이르지 못하고 있다"는 말은 무슨 뜻인가. 이에 대한 해설은 여러 가지가 있다. 1)하나님께 영광을 돌리지 못하고 있는 것, 2)하나님의 영광을 반영하지 못하는 것, 3)그리스도의 재림 시에 그리스도인들에게 나누어주실 완성된 영광을 지니지 못하게 된다는 것, 4)하나님 안에서 영광스러운 행동, 5)성도가 현재에 지닌 하나님의 모양, 6)하나님께서 주시는 영광, 존귀, 또는 칭찬 등을 받지 못하는 것 등의 해석이 있다. 이 모든 해석 중에 어느 해석이 가장 적합하냐 하는 것은 아마도 우리가 죄를 범했기 때문에 생겨진 현재의 현상을 고려할 때 해결될 것으로 보인다. 하나님의 영광이란 미래의 영광을 뜻하기 보다는 현재에 우리가 결핍되어 있는 것을 지칭하는 것으로 보아야 한다. 그런고로 위의 학설 중에 마지막 설(6번)이 가장 합당할 것으로 보인다. 우리는 죄를 범하였으매 하나님의 온전하신 복, 하나님의 인정하심(윌럼 헨드릭슨), 하나님의 영광스러움을 온전히 경험하지 못하고 있다고 볼 수 있다.

롬 3:24. 그리스도 예수 안에 있는 속량으로 말미암아 하나님의 은혜로 값없이 의롭다 하심을 얻은 자 되었느니라.
바울은 앞 절에서 "모든 사람이 죄를 범하였으매 하나님의 영광에 이르지 못하고 있다"고 말했는데 이제 본 절에서는 "그리스도 예수 안에 있는 속량으로 말미암아 하나님의 은혜로 값없이 의롭다 하심을 얻는 자 되었다"고 말한다. 다시 말해 각 사람이 죄를 범하여 하나님의 영광에 이르지 못하는 형편에 있었는데 그리스도의 속량으로 은혜로 값없이 의롭다 하심을 받는 형편에 이르렀다고 말한다.

"그리스도 예수 안에 있는 속량으로 말미암아"란 말은 '그리스도의 피로써 그리스도를 믿는 자들을 죄, 형벌, 그리고 죄의 권세 가운데서 빼내옴으로 말미암아'란 뜻이다. 구약 시대에 하나님은 이스라엘 민족을 애굽의 속박으로부터 빼내오셨고(출 15:13; 시 77:15; 78:35), 바벨론 포로로부터 구속하셨다

(사 41:14; 43:1). 예수님은 십자가에서 피를 흘리셔서 우리 믿는 사람들을 죄로부터 속량하셨다(마 20:28; 눅 21:28; 롬 8:23; 고전 1:30; 엡 1:7, 14; 4:30; 골 1:14; 딤전 2:6; 히 9:12, 15; 11:35; 벧전 1:18-19).

바울은 그리스도의 구속으로 말미암아 모든 믿는 사람이 "하나님의 은혜로 값없이 의롭다 하심을 얻은 자 되었다"고 말한다(4:16; 엡 2:8; 딛 3:5,7). 하나님은 그의 "은혜로" 곧 '사랑으로' "값없이"(딤전 1:9; 딛 3:4) 즉 '인간의 공로 없이 온전한 선물로' "의롭다"고 선언하셨다. 의롭다 하심을 주신다는 말은 의를 전가하신다는 뜻이다. 하나님은 그리스도를 통하여 믿는 자들에게 의를 전가하신다. 의를 전가 받은 그리스도인들은 성화에 힘써야 하는 것이다.

롬 3:25. 이 예수를 하나님이 그의 피로써 믿음으로 말미암는 화목제물로 세우셨으니 이는 하나님께서 길이 참으시는 중에 전에 지은 죄를 간과하심으로 자기의 의로우심을 나타내려 하심이니.

본 절과 다음 절(26절)은 예수를 믿는 자들을 의롭다고 하시기 위해서 하나님께서 예수님을 화목제물로 세우신 것을 언급한다. 하나님이 "이 예수를....화목제물로 세우셨다"는 말은 만세 전에 작정하신 것을 지칭한다(레 16:15; 요일 2:2; 4:10). 하나님은 그의 영원하신 작정 중에 예수님을 구속을 이루실 분으로 세우신 것을 말한다(엡 1:4, 7, 10, 11).

"그의 피로써 믿음으로 말미암는"(διὰ πίστεως ἐν τῷ αὐτοῦ αἵματι)이란 표현은 '그의 피를 믿음으로 말미암은'이란 뜻이다(골 1:20). "그의 피"란 '그리스도의 십자가 죽음'을 지칭하는 말이다(사 53:10-12; 마 20:28). 예수님은 십자가에서 우리를 대신하여 죽으셔서 우리가 받아야 할 진노(롬 1:18; 2:5, 8; 3:5; 5:9; 9:22; 엡 2:3; 5:6; 골 3:6; 살전 1:10; 2:16; 5:9; 계 6:16-17)를 대신 받으셨다. 이제 우리에게 내려져야 할 하나님의 진노는 다 없어진 것이다. 예수님은 하나님의 진노를 없이하는 제물이 되셔서 우리를 하나님과 화목하게 만들어주셨다는 뜻에서 화목제물이시다. 우리는 예수님께서 하나님의 진노를 없애주시는 제물이 되셨음을 믿어야 한다(1:8, 16-17; 3:22, 26,

28, 30; 4:3). 믿지 않으면 예수님은 우리가 당해야 할 진노를 없애주시지 않으신다. 예수님의 십자가의 대속의 죽음을 믿지 않는 자에게는 예수님께서 화목제물 역할을 하시지 않으신다는 말이다. 아무튼 예수님의 십자가 대속의 죽음을 믿지 않으면 예수님은 아무 역할도 하시지 않고 복도 내리시지 않는다. 영원 전에 하나님께서 예수님을 우리의 화목제물로 세워주신 사실을 인하여 우리는 영원히 하나님을 찬양하고 그 사실을 만방에 공포해야 할 것이다.

"화목제물"(ἱλαστήριον)이란 말은 70인 역(구약 성경을 헬라어로 번역한 것)에서는 '피를 뿌린 언약궤의 덮개'라는 뜻이었다. "화목제물"(ἱλαστήριον)이라는 헬라어를 영국 흠정역에서는 "mercy seat"(출 25:17-18; 레 16:2, 14-15)로 번역했고, 신국제역(N.I.V.)에서는 "atonement cover"로 번역했다(출 25:17-18; 레 16:2, 14-15). 한국어 번역판에는 "시은소"(출 25:17-18; 레 16:2, 14-15)로 번역했고 또 각주에는 "시은좌"로 번역해놓기도 했다. 그런데 한국판에서는 본 절을 "시은소"로 번역하지 않고 "화목제물"로 번역해 놓았다. 그리고 영국 흠정역은 그냥 "화해"(propitiation)라는 말로 번역해 놓았다. 아마도 예수님을 "시은소"로 번역한다는 것이 껄끄러워서 그랬을 것으로 보인다. 아무튼 화목제물이란 '하나님의 진노를 없애주시는 제물'이시다(요일 2:2; 4:10). 우리는 '하나님의 진노를 없애주는 제물'이신 그리스도의 십자가 죽음을 믿어야 한다. 다른 방법으로는 구원받을 길이 없다. 세상에서 아무리 열심히 살았고 또 종교 생활을 했다고 해도 아무 소용이 없다.

하나님께서 예수님을 "화목제물"로 세우신 목적이 무엇인가. 그것은 "하나님께서 길이 참으시는 중에 전에 지은 죄를 간과하심으로 자기의 의로우심을 나타내시기를" 원하셨다. 하나님은 예수님을 십자가에서 죽게 하시기까지 오래 참으셨다(8:3). 구약 시대에 오랜 기간 참으셨다. 그리고 신약 시대에도 예수님께서 십자가에 죽으시기까지 오래 참아주셨다. 그렇게 오래 참으시면서 "전에 지은 죄" 곧 '구약 시대에 지은 죄, 신약시대에 예수님께서 십자가에서 대속의 죽음을 죽으시기 이전까지 사람들이 지은 죄'를 간과해주셨다(행 17:30; 히 9:15). 여기 "죄를 간과하셨다"는 말은 죄를 사해주셨다는 말이 아니라 '죄를 지나치신' 혹은 '죄를 벌하시지 않으신'이란 뜻으로 구약 시대에 하나님께서 죄를 벌하시지 않으시고 그냥 지나치신 것을 지칭한다(행 13:38-39; 딤전 1:15). "이스라엘이 성전의 속죄소에서 불완전한 제사를 바치고 있는 동안, 하나님은 그 상태에서 참으시면서 때가 되어 완전한 속죄에서 완전한 속죄물을 바칠 그리스도가 오실 때까지 기다리신 것이다"(이상근).

하나님은 과거의 죄를 징벌하시지 않은 채 영원히 남아 있는 것을 원하지 않으시고 그 죄과를 그리스도에게 지우서서 "자기의 의로우심"을 나타내셨다. 하나님은 의로우신 분이시고 또 의로운 행위를 보여주셨다. 우리는 의로우신 하나님을 영원히 찬양한다. 오늘도 내일도 영원히!

롬 3:26. 곧 이 때에 자기의 의로우심을 나타내사 자기도 의로우시며 또한 예수를 믿는 자를 의롭다 하려 하심이라.

바울은 본 절에서 앞 절을 반복하고 있으나 한 가지를 덧붙인다. 곧 "또한 예수를 믿는 자를 의롭다 하려 하심이라"는 말을 덧붙인다.

"이 때에"란 말은 '하나님께서 예수님을 화목제물로 삼으신 때에'란 뜻이다. 하나님은 예수님을 십자가에서 대속의 죽음을 죽게 하신 때에 "자기의 의로우심을 나타내사 자기도 의로우시며 또한 예수를 믿는 자를 의롭다 하려 하셨다." 하나님은 자기의 의로우심을 그리스도 십자가에서 나타내서서 자기도 의로우시며 또 예수를 믿는 사람들을 의롭다고 하시기를 원하셨다. 만약 하나님께서 예수 십자가에서 의로움을 나타내시지 않으셨더라면 그의 의(義)는 묻힐 뻔 했다. 하나님께서는 원래 의로우셔서 우주를 선하게 만드시고 또 선하게 운행하셨는데 인간의 타락으로 세상에 죄악과 불행이 인류를 주장하게 된 고로 하나님께서 이 문제를 해결해주시지 않았다면 하나님의 의로우심이 사장(死藏)될 뻔했다. 그러나 하나님께서 대속자를 보내서서 죄의 징벌을 대신 받게 하시며 또한 믿는 자들을 구원해주셨다. 그래서 하나님의 의는 너무 환하게 나타나서 하나님이 의로우심이 만천하에 드러났다.

하나님은 자신이 의로우신 고로 "또한 예수를 믿는 자를 의롭다 하려

하신다." 하나님께서 의로우신 고로 예수님을 믿는 자들을 의롭다 하신다. 하나님은 자신이 의로우신 고로 예수 믿는 자들을 반드시 의롭다고 하신다. 본 절에서 언급한 "예수"는 '사람의 몸을 입고 나사렛에서 탄생하신 예수님'을 지칭한다. 그리고 "예수를 믿는 자"(τὸν ἐκ πίστεως Ἰησοῦ)란 말이 복수가 아니라 단수로 표현된 것은 예수님을 믿는 사람들은 한 사람 한 사람 다 믿기만 하면 의롭다 하심을 받는 다는 것을 보여준다.

롬 3:27. 그런즉 자랑할 데가 어디냐 있을 수가 없느니라 무슨 법으로냐 행위로냐 아니라 오직 믿음의 법으로니라.

이제 본 절부터 31절까지는 의를 얻는 방법을 천명하고 있다. 의를 얻는 방법은 오직 믿음으로 얻는다는 것이다. 바울은 "그런즉" 곧 '하나님께서 의로우셔서 화목제물을 세우셨은즉'(앞 절) 우리들 측으로서는 "자랑할 데가 어디냐 있을 수가 없느니라 무슨 법으로냐 행위로냐 아니라"고 말한다. '인간 편에서 자랑할 데가 있는가? 있을 수가 없다'는 것이다(2:17, 23; 4:2; 미 3:11; 마 3:9; 고전 1:29, 31; 엡 2:9; 빌 3:3). 우리는 자랑할 것이 없다. 오직 하나님께 감사할 것밖에 없다. 본문에 "있을 수가 없느니라"(ἐξεκλείσθη)는 말은 부정(단순)과거로 되어 있어 '여지가 전혀 없음' 혹은 '절대로 있을 수 없음'을 강조하는 말이다. 자랑할 수 없는 이유는 '무슨 율법을 지켜서 의를 얻을 수도 없는 일이고 혹은 무슨 행실로 의를 얻을 것도 아니기' 때문이다. 의를 얻을 수 있는 길은 "오직 믿음의 법으로니라"고 말한다. 인간 측에서는 그리스도의 십자가 대속을 믿는 것 밖에 없다는 뜻이다. 우리는 더 잘 믿기 위하여 그리스도의 말씀에 더욱 귀를 기울여야 한다(롬 10:17).

롬3:28 그러므로 사람이 의롭다 하심을 얻는 것은 율법의 행위에 있지 않고 믿음으로 되는 줄 우리가 인정하노라.

본 절 초두의 "그러므로"(οὖν)라는 말은 BCDKL,17라는 사본들의 읽기를 따른 것으로 차라리 "왜냐하면"(γάρ)이라고 기록된 사본들(aADEFG)을 택하여 번역하는 것이 더 문맥에 맞았을 것이다(R.S.V., N.A.S.B., N.I.V.도 그렇게 번역했다). 본 절은 앞 절에 말한 내용의 이유를 설명하는 것으로 보아야 한다. 사람이 "자랑할 데가 어디냐 있을 수가 없느니라 무슨 법으로냐 행위로냐 아니라 오직 믿음의 법으로니라"(앞 절)고 말할 수 있는 이유는 "사람이 의롭다 하심을 얻는 것은 율법의 행위에 있지 않고 믿음으로 되는 줄 우리가 인정하기" 때문이다(20-22절; 8:3; 행 13:38-39; 갈 2:16). 여기 "우리가 인정하노라"(λογιζόμεθα)라는 말(2:3)은 '우리가 결론을 짓노라'는 뜻으로 사람이 의롭다 하심을 받는 것은 믿음에 있다는 것을 바울이 결론을 내리는 것이라는 말이다. 바울은 믿음으로 의롭다 하심을 받는다고 아주 확신하고 있다. 말틴 루터도 "오직 믿음으로"라고 강하게 주장했다. 그는 성경에 기록되지 않은 말을 그의 번역판에 넣었다고 해서 비난을 들었으나 그는 성경에 그런 말("오로지")은 없지만 내용상으로는 충분히 넣을 수 있다고 강변했다.

롬 3:29-30. **하나님은 다만 유대인의 하나님이시냐 또한 이방인의 하나님은 아니시냐 진실로 이방인의 하나님도 되시느니라 할례자도 믿음으로 말미암아 또한 무할례자도 믿음으로 말미암아 의롭다 하실 하나님은 한 분이시니라.** 바울은 유대인뿐 아니라 이방인도 믿음으로 말미암아 의롭다 하심을 받는다고 주장한다. 그리고 할례를 받은 사람이나 할례를 받지 않은 사람이나 믿음으로 의롭다 하실 하나님은 한 분이시라고 말한다(10:12-13; 신 6:4; 사 45:5; 갈 3:8, 20, 28). 그러니까 모든 민족이 믿음으로 의롭다 하심을 받으며 또한 할례 유무에 관계없이 믿음으로 말미암아 의롭다 하심을 받으며 또 민족을 초월하여 할례유무를 초월하여 의롭다 하실 하나님은 똑 같은 한분이라고 말한다. 바울은 민족마다 하나님이 다른 것이 아니고 또 할례의 유무에 따라 하나님이 다른 것이 아니라 한분 하나님께서 사람을 구원하신다고 말한다. 바울은 엡 4:4-6에서 "몸이 하나이요 성령도 한 분이시니 이와 같이 너희가 부르심의 한 소망 안에서 부르심을 받았느니라. 주도 한 분이시요 믿음도 하나이요 세례도 하나이요. 하나님도 한 분이시니 곧 만유의 아버지시라"고 말한다.

롬 3:31. 그런즉 우리가 믿음으로 말미암아 율법을 파기하느냐 그럴 수 없느니라 도리어 율법을 굳게 세우느니라.

"그런즉" 곧 '믿음으로 의롭다 하심을 얻는다고 계속해서 주장해왔은즉'(27-30절) "우리가 믿음으로 말미암아 율법을 파기하느냐"는 것이다. '믿음으로 의롭다 하심을 얻는다면 율법을 폐기하느냐'는 것이다. 율법을 무의미한 것으로 알며 아주 버릴 것이냐 하는 말이다. 바울은 "그럴 수 없느니라 도리어 율법을 굳게 세우느니라"고 말한다. 절대로 그래서는 안 되고 도리어 믿음은 율법을 이루게 되는 것이라고 말한다(마 5:17). 오늘도 혹자들은 믿음만이면 구원을 얻는 것이니 율법은 지킬 필요가 없다고 주장한다. 그런 사람들은 본 절을 잠시만 읽어보아도 그런 말을 하지 않을 것이다. 믿음만 있으면 되고 율법은 없어도 되는 것은 아니다. 믿음으로는 구원을 얻지만 구원을 얻은 다음에는 믿음을 가지고 율법을 지켜야 한다. 성도는 그리스도께서 새로 해석하신대로의 사랑의 법을 지켜야 하는데 믿음이 없이는 사랑의 법을 지키지 못한다. 성도가 율법(사랑의 법)을 하나하나 지켜나갈 때 더욱 죄의식을 가지게 되고 자신의 부족함을 절감하게 된다. 그렇게 죄의식을 가지게 될 때 성도는 더욱 그리스도의 십자가 공로를 의지하게 마련이다. 이렇게 성도는 율법 때문에 더욱 자신의 부족을 알게 되고 그리스도를 더욱 의지하게 되니 이런 과정을 통과하는 중에 더욱 율법을 이루어가게 된다. 우리가 믿음으로 구원을 받았는가? 그리스도를 믿는 중에 더욱 사랑의 법을 지켜 사랑의 법을 이루어야 할 것이다. 믿음이 없는 사람들은 율법을 지키지 못한다. 이웃을 사랑하지 못하고 용서하지 못한다.

제 4 장

칭의(稱義) 교리는 구약이 말해준다

3. 칭의(稱義)는 구약이 확증해준다   4:1-25

바울은 하나님의 의(義)가 율법과 선지자에 의하여 증거 받았다는 사실을 말한 바 있다(3:21). 바울은 이제 아브라함의 실례를 들어 설명한다(1-25절). 그러면서 바울은 다윗의 경험도 잠시 언급한다. 구약의 인물 중에 아브라함을 능가할 사람은 없었는데(창 26:5; 사 41:8) 아브라함도 역시 믿음으로 구원을 받았다(창 15:6-"아브람이 여호와를 믿으니 여호와께서 이를 그의 공의로 여기셨다"). 그리고 바울은 다윗의 실례도 간단하게 들고 있다. 바울은 시 32:1-2를 인용한다. "허물의 사함을 받고 자신의 죄가 가려진 자는 복이 있도다. 마음에 간사함이 없고 여호와께 정죄를 당하지 아니하는 자는 복이 있도다." '허물이 있어도 자신의 죄가 가려진 사람은 복이 있으며 하나님께 정죄를 당하지 않는 자는 복이 있다'는 것이다. 이 사람은 죄가 있었지만 하나님의 긍휼을 바라보았기에 사함을 얻었다는 뜻이다.

아브라함이 받은 칭의는 할례와는 전혀 관련이 없다고 바울은 말한다. 아브라함이 하나님으로부터 의롭다 하심을 받은 때는 무 할례 때라고 말한다. 그런고로 의롭다고 칭함을 받는 것과 할례 받는 것은 전혀 관련이 없다. 아브라함이 하나님으로부터 의롭다 하심을 받은 때와 아브라함이 할례를 받은 때는 적어도 14년의 차이가 있었다. 아브라함이 할례를 받은 것은 그가 의롭다 하심을 받았다는 것을 인치는 행위에 불과했다. 이방인들의 소망이 바로 여기에 있다. 할례를 받지 않아도 얼마든지 믿음으로 의롭다 하심을 받을 수 있다는 것이다. 따라서 의롭다 하심을 받는 것은 율법 준수와 아무런 관련이 없다(갈 3:17). 아브라함은 믿음으로 의롭다 하심을 받았다. 그의 신앙은 놀라운 신앙이었다. 그는 죽은 자를 살리시는 하나님을 믿었다. 그는 하나님의 약속을 철저하게 믿었다. 아브라함은 모든 어려운 여건에서도 하나님의 약속이 이루어질 줄을 믿었다. 우리도 역시 아브라함처럼 하나님을 신앙해야 한다.

바울은 아브라함의 칭의는 행함에 있지 않고(1-8절), 할례 받는 일과 관계가 없으며(9-12절), 율법 지키는 일도 관계가 없고(13-17a), 오직 믿음에 있다고 말한다(17b-25절).

a.아브라함의 칭의(稱義)는 행위에 있지 않았다 4:1-8

롬 4:1. 그런즉 육신으로 우리 조상인 아브라함이 무엇을 얻었다 하리요. 바울은 "그런즉" 곧 '믿음으로만 의롭다 하심을 얻는 것인즉'(3:21-31) "육신으로 우리 조상인 아브라함이 무엇을 얻었다 할 것이냐'고 질문한다(사 51:2; 마 3:9; 요 8:33, 39; 고후 11:22). 그런데 "육신으로"(κατὰ σάρκα)란 말이 어느 말과 관련을 짓는 것이냐 하는 것으로 의미가 달라진다. "아브라함"과 관련지어 읽는 경우 아브라함이 유대인의 조상이 되고, 또 "무엇을 얻었다 하리요"와 관련지으면 '인간 생래적으로' 혹은 '인간적인 방법이나 노력으로'라는 뜻이 된다. 앞에서부터 흘러오는 문맥으로 보아 "육신으로"란 말은 '육신적인 방법이나 노력으로'라는 뜻으로 보는 것이 타당할 것이다. 바울은 '유대인들이 그토록 존경하는 아브라함이 그의 육신적인 노력으로 얻은 것이 무엇이냐'고 질문한다. 유대인들은 아브라함이 하나님에게서 인정을 받은 것은 그의 훌륭한 행위로 얻었다고 생각하는 경향이 심했기에 바울은 사람들을 향하여 아브라함이 육신적인 행위나 노력으로 얻은 것이 무어냐고 질문한 것이다. 답은 아무 것도 없다는 대답이었다. 바울은 아브라함이 믿음으로 의롭다 함을 얻었다는 것을 강조하기 위하여 자문자답해본 것이다.

롬 4:2a. 만일 아브라함이 행위로써 의롭다 하심을 받았으면 자랑할 것이

있으려니와.

'만일 아브라함이 유대인들이 생각하는 것처럼 행함으로써(공로를 쌓음으로 써) 하나님으로부터 인정을 받았다면 자랑할 만한 것은 사실이라'는 뜻이다 (20-22절, 27-28). 유대인들은 랍비들과 그의 후계자들의 가르침에 의하여 아브라함은 행위가 온전하였고 또 그의 인간적인 공로에 의하여 하나님 앞에 서 인정을 받았으며 유대인의 조상으로 선택되었다고 믿게 되었다. 만약에 아브라함이 유대인의 고정관렴과 같이 그렇다면 자랑할 만하다는 것이다. 그러나 실제는 그렇지 않다고 바울은 하반 절에서 통박한다.

롬 4:2b. 하나님 앞에서는 없느니라. 아브라함은 인간적인 어떤 공로에 의하여 의(義)를 얻은 것이 아니라 믿음으로 얻었기(3:20-22, 27-28) 때문에 하나님 앞에서 자랑할 것이 없다는 것이다. 하나님께서 의(義)를 주셨는데 자랑할 수가 없고 오직 감사 일관해야 한다. 우리는 하나님 앞에서 아무런 자랑 거리가 없다. 모두 다 하나님께서 주신 것뿐이다.

롬 4:3. 성경이 무엇을 말하느냐 아브라함이 하나님을 믿으매 그것이 그에게 의로 여겨진바 되었느니라.

본 절 초두에는 이유접속사 "왜냐하면"(γὰρ)이란 말이 있다. 아브라함이 하나 님 앞에서 자랑할 것이 없는(앞 절) 이유를 본 절이 말하고 있다. 아브라함이 자랑할 것이 없는 이유는 아브라함이 의롭다 하심을 받은 것은 전적으로 하나님에 의한 것이기 때문이라는 것이다.

바울은 아브라함이 자랑할 것이 없음을 변증하는데 있어 성경으로 돌아간 다. 바울은 "성경이 무엇을 말하느냐"고 질문한다. 유대인들이 성경을 근거하 여 아브라함이 인간적인 공력에 의하여 하나님으로부터 의롭다 함을 받았다 고 주장하는 고로 바울도 똑 같은 성경에 호소하고 있다. 바울은 창 15:6을 인용한다. 즉 "아브라함이 하나님을 믿으매 그것이 그에게 의로 여겨진바 되었느니라"는 말씀을 인용한다(창 15:6; 갈 3:6; 약 2:23). '아브라함이 하나님을 믿은 것을 하나님께서 아브라함의 의(義)로 여겨주셨다'는 뜻이다. 아브라함은 하나님께서 후사를 주시겠다고 약속하셨을 때 그는 그의 육체가 늙어 인간적으로는 전혀 가능성이 보이지 않았는데도 전적으로 하나님의 약속을 믿었다. 아브라함의 이 믿음을 하나님께서 의(義)로 여겨주셨다.

롬 4:4-5. 일하는 자에게는 그 삯이 은혜로 여겨지지 아니하고 보수로 여겨지거니와 일을 아니할지라도 경건하지 아니한 자를 의롭다 하시는 이를 믿는 자에게는 그의 믿음을 의로 여기시나니.

일하는 자가 받는 삯은 은혜가 아니라 보수(報酬)라는 말이다(11:6). 만일 아브라함이 행위로 구원을 받았다면 그 구원은 은혜가 아니라 아브라함이 마땅히 받아야 할 보수인 것이다. 아브라함은 일을 아니하는 사람(율법을 지키어 의롭다 함을 받지 못할 사람), 다시 말해 경건하지 않은 사람(아브라함의 자력으로는 도무지 의롭게 될 수 없는 사람)이었는데 그런 사람을 의롭다고 선언해주시는 하나님을 믿어 의(義)로 여김 받았다.

　아브라함은 일을 아니하는 사람이었다. 그는 율법을 지키지 못하는 사람이었다. 그는 율법을 지키어 의롭다 함을 받지 못할 사람이었다. 그리고 그는 자신의 경건으로는 도무지 의롭다 함을 받을 수 없는 사람이었다(수 24:2). 그러나 아브라함은 하나님을 믿음으로 하나님으로부터 의롭다 함을 얻었다.

　하나님은 아브라함의 "믿음을 의로 여기셨다." 여기 "여기시나니"(λογι-ζεται)란 말은 사람의 행위로나 됨됨이로 된 것이 아님에도 하나님께서 그 사람이 한 것으로 여겨주신다는 뜻이다(4:3). 하나님은 아브라함의 모든 불경건을 그리스도에게 전가(轉嫁)하시고 오직 아브라함의 믿음을 보시고 이것을 의로 여겨주신 것이다.

　눅 18:9-14에 보면 어떤 죄인이 바리새인보다 하나님으로부터 의롭다 함을 받고 집으로 돌아갔다. 그 죄인이 공적(功績)이 많아서가 아니라(세리는 인간적인 공로는 바리새인들보다 훨씬 적었다) 전적으로 하나님의 긍휼을 의지했기 때문이었다. 하나님을 믿는 자는 의(義)로 여기심을 받는다.

롬 4:6. 일한 것이 없이 하나님께 의로 여기심을 받는 사람의 복에 대하여 다윗이 말한 바.

바울은 지금까지(1-5절) 아브라함이 믿음으로 의(義)로 여김 받은 사실을 언급하였다. 이제 6-8절에서는 의롭다고 여김 받은 사람이 죄를 사함 받는 복에 대해 언급한다.

바울은 "일한 것이 없이 하나님께 의로 여기심을 받는 사람의 복에 대하여 다윗이 말한 바"를 인용한다. "일한 것이 없다"는 말은 세상일을 하지 않았다는 뜻이 아니라 '의롭다 하심을 받을 만큼 율법을 행하지 못했다'는 뜻이다. 세상에는 의롭다 하심을 받을 만큼 율법을 준수한 사람은 없다. 아브라함도 마찬가지이다. 누구든지 율법을 지키지 못했어도 하나님을 믿을 때 하나님께서 그 사람이 믿는 것을 보시고 의(義)로 여겨주신다. 그런 사람의 행복에 대하여 다윗은 다음 절과 같이(7-8절) 말했다. 오늘 우리는 하나님의 법을 지키지 못했다. 다시 말해 일을 하지 않은 사람들이다. 그러나 우리가 하나님을 믿을 때 의롭다고 선언하시고 또 의(義)를 주시니 얼마나 감사한 일인가. 시편 32:1-2에서 다윗은 그 진리를 드러냈다. 그 내용은 다음 7-8절에 있다.

롬 4:7-8. 불법이 사함을 받고 죄가 가리어짐을 받는 사람들은 복이 있고 주께서 그 죄를 인정하지 아니하실 사람은 복이 있도다.

다윗은 그가 쓴 시 32:1-2에서 참으로 놀라운 행복 자들이 누구인지를 언급하고 있다. "불법이 사함을 받고 죄가 가리어짐을 받는 사람들은 복이 있다"고 말했다. 다윗은 "불법"(법을 어기는 것)과 "죄"(하나님의 뜻을 어기는 것)를 동의어로 생각하고 "사함을 받는다"는 말과 "가리어짐을 받는다"는 말을 동의어로 여겼다. "사함을 받는다"는 말은 '깨끗이 씻어진다'는 뜻이고 "가리어짐을 받는다"는 말은 '하나님의 눈에 띄지 않게 해 준다'는 뜻이다. 다윗은 심각한 죄를 짓고 고민하는 중에 하나님의 사하심을 받은 경험을 피력했다. 다윗만 아니라 누구든지 불법을 사함 받고 죄를 가림 받는 사람들은 복이 있다.

다윗은 이런 복된 자들에 대해 다른 말로 또 표현한다. 곧 "주께서 그 죄를 인정하지 아니하실 사람은 복이 있다"고 말한다. '하나님께서 그 죄를 그리스도에게 전가(轉嫁)하시고 죄를 지은 사람의 죄로 인정하시지 않으실 사람은 복이 있다'는 뜻이다. 다윗의 죄는 인정되지를 않았고 그가 하나님을 믿은 것을 하나님께서 의로 인정해주셨다(4:3). 우리는 우리의 죄를 깊이 회개하고 하나님을 바라보아야 한다. 그러면 하나님은 우리의 죄를 그리스도에게 전가하시고 그리스도의 의를 우리에게 전가하여 주신다. 우리는 의로운 자들로 여겨지는 것이며 또한 사죄의 은총을 누리게 된다.

b.아브라함의 칭의(稱義)는 할례에도 있지 않았다 4:9-12

롬 4:9. 그런즉 이 복이 할례자에게냐 혹은 무할례자에게도냐 무릇 우리가 말하기를 아브라함에게는 그 믿음이 의로 여겨졌다 하노라.

"그런즉 이 복이" 곧 '1-8절까지 말한바 아브라함이나 다윗이 믿음으로 받은 복(의)이' "할례 자에게냐 혹은 무 할례 자에게냐"는 질문이다. 아브라함이나 다윗이 의롭다 함을 받고 죄를 사함 받는 복이 할례 자에게 임한 복이냐, 아니면 무 할례 자에게 임한 복이냐는 질문이다. 다시 말해 유대인을 위한 복이냐 혹은 이방인을 위한 복이냐는 질문이다. 답은 분명하다. 그 이유는 "무릇 우리가 말하기를 아브라함에게는 그 믿음이 의로 여겨졌다 하기" 때문이다. '바울이 벌써 말한바와 같이(3절) 아브라함에게는 그 믿음이 의로 여겨졌기 때문에 할례 자이든 혹은 무 할례 자이든 믿음만 있으면 의로 여겨진다'는 것이다. 할례를 받았느냐 아니냐가 중요한 것이 아니라 하나님을 아브라함처럼 믿느냐는 것이 중요하다는 뜻이다. 오늘도 중요한 것은 믿음이다. 의롭다 함을 받고 못 받고는 다른 조건에 매어있는 것이 아니라 믿음 여하에 달려 있다.

롬 4:10. 그런즉 그것이 어떻게 여겨졌느냐 할례시냐 무할례시냐 할례시가 아니요 무할례시니라.

바울은 바로 앞 절에서는 하나님으로부터 의롭다 함을 얻는 것은 할례를 받은 자에게냐 혹은 할례를 받지 않은 자에게냐고 질문했는데(9절) 본 절에서는 아브라함이 그런 복을 받은 때가 언제냐고 질문한다. 바울은 아브라함이 의롭다 함을 받은 것은 무 할례시라고 대답한다. 아브라함이 할례를 받은 것은 그의 나이 99세 때였고(창17:24) 그가 의롭다고 칭함을 받은 때(창 15:6)는 이스마엘이 아직 잉태되지 않은 때였다(창 16:4). 그런데 이스마엘이 태어나서 할례를 받은 때는 13살이었고(창 17:25) 아브라함의 나이 99세 때였다. 그러니까 아브라함이 하나님으로부터 의롭다 함을 받은 때는 할례를 받은 때보다는 최소한 14년 앞서는 때였다. 아브라함이 의롭다 함을 받은 것은 분명히 아브라함의 무 할례 때였다. 아브라함이 의롭다 함을 받은 일은 그의 할례와는 전혀 관련이 없는 사건이었다.

롬 4:11. 그가 할례의 표를 받은 것은 무할례시에 믿음으로 된 의를 인친 것이니 이는 무할례자로서 믿는 모든 자의 조상이 되어 그들도 의로 여기심을 얻게 하려 하심이라.

바울은 본 절에서 아브라함이 할례를 받은 의의(意義)를 설명한다. 아브라함이 "할례의 표를 받은 것은 무 할례 시에 믿음으로 된 의를 인친 것이라"고 말한다(창 17:10). 다시 말해 할례의 표를 받은 의미는 아브라함이 할례를 받지 않았을 때 믿음으로 얻어진 의를 인치는(sealed) 의미가 있다는 것이다. 마치 오늘날 신자들이 물세례를 받는 것은 그리스도를 믿는다는 것을 보여주는 하나의 표(sign)와 같은 것이듯 아브라함이 할례를 받은 것은 의(義)를 얻은 것을 표한다는 뜻이다. 표식(sign)은 중요하다(행 2:38-39; 고전 11:23). 그러나 너무 과장되어서는 안 된다. 표만 내세우고 내용을 소홀히 하면 안 된다.

바울은 아브라함이 할례의 표를 받은 목적을 서술한다. 목적은 두 가지다.

하나는 "무 할례자로서 믿는 모든 자의 조상이 되는 것"이다(12절, 16절; 눅 19:9; 갈 3:7). '할례를 받지 않은 많은 사람들의 조상이 되기 위해' 아브라함이 할례를 받았다는 말이다. 할례를 받지 않은 이방의 수많은 사람들은 염려하지 말아야 했다. 하나님을 믿으면 구원을 받는 것을 알고 믿기에 힘을 써야 한다. 또 하나의 목적은 "그들도 의로 여기심을 얻게 하기" 위해서라는 것이다. '무 할례 자들도 아브라함처럼 하나님을 믿어서 의가 전가되도록 하기 위해서' 아브라함이 할례를 받았다는 것이다. 할례를 받지 않은 사람들도 믿기만 하면 얼마든지 의를 전가 받을 수 있다는 것을 알고 믿는 일에 힘을 써야 한다. 아브라함은 무 할례 자들의 조상이 되었고 또 믿기만 하면 의를 전가 받을 수 있다는 것을 보여주었다.

롬 4:12. 또한 할례자의 조상이 되었나니 곧 할례 받을 자에게뿐 아니라 우리 조상 아브라함이 무 할례 시에 가졌던 믿음의 자취를 따르는 자들에게도 그러하니라.

바울은 앞 절(11절)에서 아브라함은 무 할례자의 조상이 된 것을 설파하고 본 절에서는 할례 받은 자 중에 믿는 자들의 조상이 된 것을 말한다. 본 절을 다시 번역하면 "그는 또한 할례자의 조상 곧 할례자의 조상일 뿐 아니라 우리 조상 아브라함이 무 할례 시에 가졌던 믿음의 자취를 따르는 자들의 조상이 되었다." 바울은 "또한 할례자의 조상이 되었다"고 말한다. '아브라함이 할례 자의 조상이 되었다'는 것이다. 그러면서 바울은 이 말을 다시 이렇게 설명한다. "곧 할례자의 조상일 뿐 아니라 우리 조상 아브라함이 무 할례 시에 가졌던 믿음의 자취를 따르는 자들에게도 그러하니라"고 말한다. 바울은 이 본문에서 두 종류의 사람을 말하는 것이 아니다. 바로 앞 절(11절)이 무 할례 자의 조상이 되었다는 것을 말하는 것처럼 이 본문에서는 할례자의 조상이 되었다는 것을 강조하고 있다. 즉 본 절은 한 종류의 사람들만을 가리킨다. 다시 말해 "할례를 받은 것에 더해서 우리 조상 아브라함의 무 할례 시에 가졌던 믿음의 자취를 좇는 자들"(존 스토트)을 지칭하는 것이다.

아브라함은 할례자 중에 믿는 자들의 조상이 되었다. 그러니까 아브라함은 무 할례자의 조상이 되었고(11절) 또한 할례자의 조상이 되었는데(12절) 양측은 믿음으로 의롭다 함을 얻은 점에서 동일하다. 결국 바울은 두 절에서 믿음이 중요한 것이지 할례의 유무가 중요한 것은 아니라는 것을 강조한다.

c.아브라함의 칭의(稱義)는 율법준수에도 있지 않았다   4:13-17a
롬 4:13. 아브라함이나 그 후손에게 세상의 상속자가 되리라고 하신 언약은 율법으로 말미암은 것이 아니요 오직 믿음의 의로 말미암은 것이니라.
이 본문을 좀 더 풀어쓰면 "아브라함과 또 그 후손이 세상의 상속자가 되리라고 하신 언약은 율법을 지켜서 되는 것이 아니요 오직 믿음을 통하여 얻은 의로 말미암은 것이니라"(창 17:4; 갈 3:29). 그러니까 아브라함도 그 후손도 세상의 상속자가 되리라고 하신 언약은 율법 준수를 통하여 이루어지는 것이 아니라 오직 그 약속을 믿음으로 말미암아 얻은 의로 말미암은 것이라는 말이다.

아브라함이나 그 후손은 세상의 상속자가 되리라는 언약을 받았다. 하나님은 이 언약을 여러 번 반복하셨다. 일차적으로는 하나님께서 아브라함의 후손에게 가나안 땅을 주시겠다고 약속하셨다(창 12:7; 13:14-15, 17; 15:18; 17:4-8). 거기에 더하여 특별히 약속된 후사를 주어(창 15:4; 17:16) 그를 통하여 아브라함의 후손이 하늘의 별과 바다의 모래처럼 많게 해주시겠다고 약속하셨다(창 13:16; 15:5; 22:17). 이스라엘 민족이 애굽에 있을 때 그 수가 많아졌고 또 여호수아서에 기록된 대로 가나안 땅이 아브라함 자손들의 소유가 된 것을 보여주고 있다. 더욱 중요한 것은 하나님은 아브라함의 후사로 인하여 천하 모든 족속이 복을 받을 것을 약속하셨다(창 12:2-3; 18:18; 22:18; 26:4). 이 말씀은 궁극적으로 메시야를 통해 이루어질 우주적인 아브라함 자손의 통치를 의미한다. 결국 아브라함과 그의 후손들은 메시야를 통하여 세상의 상속자가 되었다. 우리 역시 그리스도를 통하여 세상의 상속자가 된 것이다.

바울은 아브라함에게나 그 후손에게 세상의 상속자가 되리라고 하신 하나님의 약속은 "율법으로 말미암은 것이 아니요 오직 믿음의 의로 말미암은 것이라"고 말한다. 곧 '율법을 지켜서 그 약속이 이루어질 것이 아니라 믿음의 의로 말미암아 이루어진다'고 말한다. 율법으로 구원을 받고자 노력하면 백번 천 번 실패한다(행 22:3-4; 갈 1:13; 빌 3:4-7). 그러나 믿음을 가진 사람들은 그리스도를 통하여 세상의 상속자가 되고 또 세상을 통치할 수 있게 된다. 그리스도를 믿는 사람은 온 세상의 만물을 유익하게 사용(통치)하기도 한다(고전 3:21). 우리는 그리스도를 통하여 온 세상을 우리의 것으로 만들었다. 다시 말해 우리의 유익을 위해 존재하게 만들었다(롬 8:28).

롬 4:14. 만일 율법에 속한 자들이 상속자이면 믿음은 헛것이 되고 약속은 파기되었느니라.

바울은 앞 절과 전혀 반대의 상황을 말해본다. 앞 절에서는 하나님의 약속이 믿음으로 이루어진다고 했는데 본 절에서는 율법에 의해서 이루어지는 것으로 가정해 본다. 사실은 그럴 수가 없지만 한번 가정해 본 것이다. 그래서 바울은 "만일 율법에 속한 자들이 상속자"가 된다고 가정한다면 "믿음은 헛것이 되고 약속은 파기되었다"고 말한다(갈 3:18). '율법에 뿌리를 두고 율법을 열심히 지켜서 세상의 상속자가 된다면 믿음으로 된다고 말한 바울의 말은 전혀 헛것이 되고 말 것이다. 그리고 "하나님의 약속은 파기되었을 것이다." 하나님의 약속은 파기되었을 것이라는 말에 대하여 브루스(F. F. Bruce)는 "약속의 성취가 율법준수에 의존하는 것이라면 인간은 율법을 지킬 능력이 없기 때문에 사실상 그 약속은 결코 성취될 수 없는 것이다"라고 말한다. 다시 말해 약속은 무가치한 것으로 되어 버리고 만다는 것이다. 그러니까 율법을 준수하여 구원을 얻어 보려고 시도하는 것은 두 가지를 무효화하고 말게 된다. 믿음으로 구원이 이루어진다는 말도 헛된 말이 되고 또 하나님의 약속도 성취되지 않은 채 그냥 있게 된다는 것이다.

롬 4:15. 율법은 진노를 이루게 하나니 율법이 없는 곳에는 범법도 없느니라.
본 절 초두에는 이유를 말하는 접속사 "왜냐하면"(γὰρ)이란 말이 있다. 그런고
로 본 절은 전 절의 이유를 말하고 있다. 다시 말해 율법이 구원을 이루지
못하는(앞 절) 이유는 "율법은 진노를 이룰 뿐" 구원을 이루지 못하기 때문이
다(3:20; 5:13, 20; 7:8; 10:11; 고전 15:56; 고후 3:7, 9; 갈 3:10, 19; 요일
3:4). 바울은 "율법이 없는 곳에는 범법(犯法)도 없다"고 말한다. '율법이
기능을 발휘하지 않는 곳에서는 죄가 성립되지 않는다'는 말이다. 율법이
없을 때에도 죄가 있었지만 율법이 기능을 발휘하지 않으면 단죄(정죄)라는
것이 없다는 뜻이다.

**롬 4:16-17a. 그러므로 상속자가 되는 그것이 은혜에 속하기 위하여 믿음으로
되나니 이는 그 약속을 그 모든 후손에게 굳게 하려 하심이라 율법에 속한
자에게뿐만 아니라 아브라함의 믿음에 속한 자에게도 그러하니 아브라함은
우리 모든 사람의 조상이라 기록된바 내가 너를 많은 민족의 조상으로 세웠다
하심과 같으니.**
"그러므로" 본 절은 하나님께서 값없이 은혜로 주시는 것을 사람이 믿음을
통하여 자기의 것으로 삼을 수 있다고 결론적으로 말한다. 바울은 "상속자가
되는 그것이 은혜에 속하기 위하여 믿음으로 된다"고 말한다(3:24). 즉 '세상의
상속자가 되는 그것, 곧 구원 받는 그것이 은혜에 속하기 위하여 믿음으로
된다'고 말한다. 다시 말해 율법을 지켜서 되는 것이 아니라 믿음으로 이루어
진다고 말한다. 상속자가 되는 것이 믿음으로 되니 은혜로운 일이다.

　　그리고 바울은 상속자가 되는 것이 믿음으로 되는 목적은 "그 약속을
그 모든 후손에게 굳게 하려 하심이라"고 말한다(갈 3:22). 믿음으로 되기
때문에 '그 약속은 파기 되지 않고 모든 후손에게 여전히 확실하고, 유효하
며, 영원하며, 반석처럼 존재하고 있다'는 것이다. 만약에 율법을 지켜서
성도들이 세상의 상속자가 된다면 아무도 세상의 상속자가 될 사람이 없음
으로 믿음으로 되는 것이다. 믿음으로 구원을 얻는 것임으로 세상의 상속자

가 된다는 그 약속은 그 모든 후손에게 확실하게 존재하게 되어 있다. 우리가 세상의 상속자가 되는 것, 곧 구원을 받는 것이 율법을 지키서 이루어지지 않고 믿음으로 은혜롭게 이루어지는 것은 얼마나 감사한지 알 수 없는 일이다.

바울은 믿음으로 그 약속이 후손들에게 이루어진다고 했는데 그 후손의 범위는 "율법에 속한 자에게 뿐만 아니라 아브라함의 믿음에 속한 자"들이다. 즉 '양편'이라는 것이다. 다시 말해 '율법에 속한 자'와 '아브라함의 믿음에 속한 자'들이다. 그렇다면 문제가 생긴다. 어떻게 율법에 속한 자에게 세상의 상속자가 되리라고 하는 약속이 이루어지는가. 다른 말로 해서 율법에 속한 자가 아브라함의 후손이라고 할 수 있을 것인가. 그런고로 여기 "율법에 속한 자"라는 말을 '유대인으로서 그리스도를 믿을 후손'으로 보아야 한다. 믿음이 없는 "율법에 속한 자"는 아브라함의 후손으로 상상할 수 없기 때문이다. 바울이 말하는 아브라함의 후손은 믿음을 가질 유대인들의 후손과 또 믿음을 가질 이방인들의 후손들을 지칭하는 것으로 보아야 한다(갈 3:9, 29). 믿음이 공통분모가 되어 있는 사람들을 지칭하는 말로 보아야 한다. 그리고 바울은 "아브라함은 우리 모든 사람의 조상이라"고 덧붙인다(9:8; 사 51:2). '아브라함은 유대인이나 이방인들의 영적인 조상이라'는 말이다. 아브라함은 우리 믿는 자들의 조상(祖上)이다.

아브라함이 우리 조상이라고 하는 것은 이미 구약에 기록된 바라고 바울은 말한다. 바울이 혼자 주장하는 진리가 아니라 벌써 창 17:5에 기록되었다고 말한다. 즉 "기록된바 내가 너를 많은 민족의 조상으로 세웠다 하심과 같다"고 말한다(창 17:5). '창 17:5에 기록된 것처럼 하나님은 아브라함을 영적 이스라엘의 조상으로 세우셨다'고 말한다. 창 17:5은 하나님께서 아브라함을 후손들의 육신적인 조상으로 세웠다고 말하기 보다는 차라리 아브라함을 영적인 이스라엘의 조상으로 세웠다고 말하는 것으로 보아야 한다. 이유는 창 17:5에서 하나님은 "아브람"을 "아브라함"으로 바꾸셨기 때문에 아브라함을 영적인 이스라엘의 조상으로 세우신 것으로 보아야 할 것이다.

d.아브라함의 칭의(稱義)는 오직 믿음에 있었다   4:17b-25

아브라함의 칭의는 믿음에 있었다는 사실을 그 동안 여러 차례 말씀했으나 이제 이 부분에서는 아브라함의 믿음의 내용을 집중적으로 말한다. 즉 바울은 아브라함이 어떤 믿음을 가지고 있었는지를 조명한다. 그리고 아브라함과 같은 믿음이 우리에게도 요구되고 있다고 말한다.

롬 4:17b. 그가 믿은바 하나님은 죽은 자를 살리시며 없는 것을 있는 것으로 부르시는 이시니라.

바울은 아브라함이 가졌던 믿음의 내용을 말하고 있다. 즉 아브라함이 "믿은 바 하나님은 죽은 자를 살리시며 없는 것을 있는 것으로 부르시는 이시라"고 말한다. 귀신들의 믿음은 그저 하나님의 존재를 믿는 정도인데(약 2:19) 비해 아브라함은 첫째, "하나님은 죽은 자를 살리시는 분"으로 믿었다는 것이다 (8:11; 엡 2:1, 5). "죽은 자를 살리시는 분"이라는 말은 '생명을 만드시는 자'라는 뜻으로 이 말에 대해서는 몇 가지 해석이 붙여졌다. (1) 혹자는 아브라함이 독자 이삭을 모리아 산에 드렸을 때 아브라함은 '하나님이 능히 죽은 자 가운데서 살리시는 분'으로 믿은 것을 지칭한다고 하며, (2) 혹자는 "죽은 자를 산 자로 만드시는 하나님"이란 말은 유대교에서 사용하던 기도의 호칭이었다고 주장하기도 하고, (3)혹자는 "죽은 자를 살리시며 없는 것을 있는 것으로 부르시는 이"란 말은 그리스도의 부활을 지칭하는 말이라고 주장한다. 그러나 위의 해석보다는 아브라함은 하나님을 믿되 '하나님은 죽은 것 같이 되어버린 자신의 몸을 살리시고 또 부인 사라의 생산 불가능한 몸을 살리시는 분'으로 믿었다는 뜻이다(18-19절 참조). "바울은 아브라함의 육신과 사라의 자궁을 되살려서 잉태케 해주신 사건을 염두에 두고 있다. 가문의 대를 잇는다는 견지에서 볼 때 그들은 죽은 자들이나 마찬가지였던 것이다"(J. A. 에머튼, C. E. B. 크랜필드).16) 아브라함은 아주 출산에 소망이 없었던 자신들에게서

---

16) J. A. 에머튼, C. E. B. 크랜필드, *로마서 1*, 국제비평주석, 문전섭, 이영재 옮김, p. 373.

하나님께서 이삭이 탄생하게 하실 믿었다. 우리는 하나님을 믿되 바로 아브라함처럼 불가능을 가능케 하시는 하나님을 믿어야 한다.

그리고 둘째, 아브라함은 하나님을 믿되 "없는 것을 있는 것으로 부르시는 이"로 믿었다(9:26; 고전 1:28; 벧전 2:10). "없는 것을 있는 것으로 부르시는 이"란 말은 아브라함이 하나님을 믿되 '전혀 없었던 우주 만물을 하나님께서 6일간의 창조 시에 마치 모든 것이 존재했던 것을 부르시는 것처럼 하나하나 불러내시는 분'으로 믿었다는 뜻이다(사 40:26; 48:13). 다시 말해 없는 것을 창조하시는 하나님께서 아이가 없던 아브라함 집안에서 앞으로 후손을 줄줄이 생겨나게 하실 분이라고 믿었다는 뜻이다. 하나님은 위대하신 분이시다. 그런 하나님을 위대하지 않으신 작은 분으로 만들면 안 된다.

롬 4:18. 아브라함이 바랄 수 없는 중에 바라고 믿었으니 이는 네 후손이 이 같으리라 하신 말씀대로 많은 민족의 조상이 되게 하려 하심이라.
바울은 아브라함이 하나님을 "죽은 자를 살리시며 없는 것을 있는 것으로 부르시는 분"으로 믿었는데(앞 절) 이제 본 절부터 22절까지 아브라함의 믿음의 구체적인 내용을 설명한다. 첫째(둘째는 다음 절에 있음), 아브라함은 "바랄 수 없는 중에 바라고 믿었다." '자기의 몸이 자녀를 생산할 수없는 지경에 이르렀고 부인 사라의 경수도 끊어졌는데 하나님께서 자기 두 사람을 통하여 자식을 주실 것으로 믿었다.' 우리는 하나님을 믿되 불가능을 가능하게 만들어주시는 분으로 믿어야 한다. 그런데 우리는 하나님에게 얼마든지 가능하신 것인데도 불가능하실 것으로 생각하는 수가 있다. 불신앙은 큰 죄이다.

아브라함은 이렇게 믿었기에 결국 "네 후손이 이 같으리라 하신 말씀대로 많은 민족의 조상이 되었다." 하나님은 아브라함에게 "네 후손이 이 같으리라"고 하셨다(창 15:5). 창 15:5에 보면 "그를 이끌고 밖으로 나가 이르시되 하늘을 우러러 뭇별을 셀 수 있나 보라 또 그에게 이르시되 네 자손이 이와 같으리라"고 하셨다. 아브라함의 후손이 하늘의 별과 같이 많아지리라고 하셨는데 아브라함이 믿음으로 하나님의 약속이 이삭을 통하여 그대로 성취되었다는 것이다. 그래서 아브라함은 많은 민족의 조상이 되었다(17절). 믿음은 상상할 수 없는 위대한 결과를 낳는다.

롬 4:19. 그가 백세나 되어 자기 몸이 죽은 것 같고 사라의 태가 죽은 것 같음을 알고도 믿음이 약하여지지 아니하고.

둘째, 아브라함의 믿음의 특징은 "믿음이 약하여지지 아니했다"는 것이다. 그의 나이 백세가 되어 아이를 생산 할 수없는, 시체(屍體)나 다름없는 형편이 되었고 또 사라의 태도 죽은 것같이 된 사실을 알고도 믿음이 약해지지 아니했다(창 17:17; 18:11; 히 11:11-12). 하나님께서 약속하신 것은 반드시 성취하시리라는 믿음을 유지하고 있었다(창 15:5). 우리는 나 자신의 현재의 형편을 바라볼 것이 아니라 하나님의 약속을 바라보아야 한다.

롬 4:20. 믿음이 없어 하나님의 약속을 의심하지 않고 믿음으로 견고하여져서 하나님께 영광을 돌리며.

아브라함의 믿음의 특징 셋째, "하나님의 약속을 의심하지 않고 믿음으로 견고하여졌다"는 것이다. 아브라함은 그의 처지를 생각하면 믿음이 약해질 만했는데도 하나님의 약속하신 바를 전혀 의심하지 않았다. 동요함이 없었다는 뜻이다. 오히려 아브라함의 믿음이 흔들림 없이 튼튼하여졌다. 그래서 "하나님께 영광을 돌렸다"(창 17:23-26). 다시 말해 '하나님을 기쁘시게 했다.'

롬 4:21-22. 약속하신 그것을 또한 능히 이루실 줄을 확신하였으니 그러므로 그것이 그에게 의로 여겨졌느니라.

아브라함은 의심하지 않았고 믿음이 튼튼하여져서 하나님께 영광을 돌렸고 (앞 절) 아브라함은 하나님께서 "약속하신 그것을 또한 능히 이루실 줄을 확신하였다"(시 115:3; 눅 1:37, 45; 히 11:19). 하나님께서 약속하신 것은 하나님께서 반드시 이루실 것이라는 확신이 있었다. 하나님께서 성경에 약속하신 것은 반드시 이루시고 또 우리 각 개인에게 약속하신 것도 반드시 이루실 줄을 확신해야 한다. 그러므로 아브라함의 "믿음이 아브라함에게 의로 여겨졌다." 즉 '의로 간주되었다'는 말이다. 다시 말해 '의로 취급되어졌다'는 뜻이다. 우리 자신이 하나님 앞에서 의(義)로 간주되는 유일한 방법은 우리가 하나님을 아브라함처럼 믿는 것이다.

롬 4:23-24. 그에게 의로 여겨졌다 기록된 것은 아브라함만 위한 것이 아니요 의로 여기심을 받을 우리도 위함이니 곧 예수 우리 주를 죽은 자 가운데서 살리신 이를 믿는 자니라.

바울은 지금까지 아브라함의 믿음의 특징을 말해오다가 이제 이 부분에서 결론을 맺는다. 아브라함의 믿음이 그에게 의(義)로 여겨졌다고 기록된 것은 "아브라함만 위한 것이 아니요 의(義)로 여기심을 받을 우리도 위함"이라고 말한다(창 15:4; 고전 10:6, 11). '아브라함 한 사람만 위한 것이 아니고 의(義)로 여기심을 받아야 할 우리들도 위함이라'는 뜻이다(시 78:1-7; 롬 15:4; 고전 9:9-10; 10:11). 다시 말해 믿음이 의로 여겨지는 것은 원칙인고로 그 원칙은 모든 믿는 자들에게 적용되는 것이다.

　　바울은 신약 시대의 "의로 여기심을 받을 우리도 위함이니"라고 말하여 우리가 어떤 믿음을 가져야 옳은가를 밝힌다. "곧 예수 우리 주를 죽은 자 가운데서 살리신 이를 믿는 자라야" 한다고 말한다(행 2:24; 13:30). 구약 시대의 아브라함이 자신의 몸이 거의 자녀 생산이라는 면에 있어서는 시체나 다름이 없었고 또 부인의 몸도 아이를 잉태하고 생산하기에는 전혀 부적합한 형편에 있었지만 하나님께서 아들을 약속하신 사실을 분명하게 믿었음으로 하나님께서 그 믿음을 의로 여겨주신 것처럼 신약 시대를 사는 우리들의 경우 죽어서 땅에 묻히신 예수, 전혀 살 가망성이 없으신 예수님을 하나님께서 살리신 사실을 믿는 자가 된다면 역시 의로 여김을 받는다는 것이다. 그러니까 이삭의 탄생과 예수님의 부활은 서로 대조되는 이적이라는 뜻이다. 우리는 지금 예수님을 부활시키신 하나님을 분명히 믿어야 한다. 그러면 우리는 의(義)로 여김을 받는다.

롬 4:25. 예수는 우리가 범죄 한 것 때문에 내줌이 되고 또한 우리를 의롭다 하시기 위하여 살아나셨느니라.

본 절은 바로 앞 절에(24절) 나온 "죽은 자"를 다시 설명하는 말씀이다. 다시 말해 예수님께서 죽으시고 또 사신 것을 설명한다. 바울은 "예수는 우리가 범죄한 것 때문에 내줌이 되셨다"고 말한다(3:25; 5:6; 8:32; 사 53:4-6, 8, 11-12; 고후 5:21; 갈 1:4; 벧전 2:24; 3:18; 히 9:28). 다시 말해 '예수님은 우리의 죄를 대속하기 위해서 내어줌이 되셨다'는 말이다. "하나님은 세상에게(요 3:16), 가룟 유다는 제사장에게(마 26:15), 빌라도는 무리에게(눅 23:25), 그리고 무리는 십자가에(마 27:26) 각각 예수를 내주었다. 결국 그는 십자가에 내어줌이 되었다"(이상근).

바울은 예수님께서 "또한 우리를 의롭다 하시기 위하여 살아나셨다"고 말한다(행 2:24, 32; 3:15; 4:10; 5:30; 10:40; 13:30, 33-34, 37; 17:31; 고전 6:14; 15:15, 17; 고후 4:14; 갈 1:1; 엡 1:20; 골 2:12; 살전 1:10; 벧후 1:21). 곧 '예수님은 우리로 하여금 의롭다하심을 위해서 살리심을 받으셨다'는 말이다. 루터(Martin Luther)는 "그리스도의 죽음은 우리 죄가 사함 받았음을 알리는 데 그치는 것이 아니라 죄 사함을 가져왔다. 그리스도의 부활은 단지 우리를 의롭다 하시겠다는 서약이 아니라 우리의 의의 근거이다"라고 말한다.[17] "그리스도는 자기 백성의 죄를 속하기 위하여 내어줌이 되었고 그들의 칭의(稱義)를 보장하기 위하여 부활하셨다"(F. F. Bruce).

---

17) 말틴 루터, *루터의 로마서주석*, 세계기독교고전, 박문재옮김 (경기도 고양시: 크리스챤 다이제스트), p. 111.

제 5 장

이신칭의(以信稱義) 뒤에 따라오는 복들 및 옛 연합과 새 연합

4.이신칭의(以信稱義)의 열매들 및 옛 연합과 새 연합   5:1-21

　　a.이신칭의후에 따라오는 여러 가지 복(福)들   5:1-11

　　바울은 지금까지 사람이 믿음으로만 의롭다 함을 받는다는 것(3:21-31)을 말했고 또한 구약의 실례를 들어 믿음으로만 의롭다 함을 받는다는 교리를 정립했다(4:1-25). 이제 바울은 믿음으로 의롭다 함을 받은 자들에게 따라오는 복(福)들에 대해 언급한다(1-11절). 의롭다 함을 받은 자들에게 따라오는 제일 큰 복은 하나님과의 화평이다(1절). 하나님과의 화평은 우리가 이룬 것이 아니라 그리스도께서 이루어놓으신 열매이다. 그리스도께서는 우리와 하나님사이의 죄를 제거하셨고 화목한 관계를 이루어놓으셨다. 우리는 그 화목을 수납하고 즐거워할 것을 요청받고 있다.

　　그리고 믿음으로 의롭다 함을 받은 성도들에게 따라오는 또 하나의 복은 하나님의 영광을 소망하는 중에 즐거워하는 것이다(2-4절). 믿음으로 의롭다 함을 받은 성도들은 하나님의 영광(구원)을 소망하는 중에 즐거워하는 삶을 살뿐만 아니라 또한 환난 중에도 즐거워하게 된다. 이유는 환난은 인내를 이루고 인내는 연단을 이루며 연단은 소망을 이루기 때문이다.

　　그리고 믿음으로 의롭다 함을 받은 성도들에게 따라오는 또 하나의 복은 하나님을 소망하는 삶을 사는 중에 하나님의 사랑이 그들 마음에 놀랍게 부음 받는 것이다(5-8절). 여기서 말하는 하나님의 사랑이란 세상적인 사랑이 아니라 하나님께서 그 아들을 우리 죄인들을 위하여 희생시키신 사랑이다.

　　그리고 또 믿음으로 의롭다 함을 받은 성도들에게 따라오는 또 하나의 복은 진노하심에서 구원을 받는 것이다(9-10절). 믿음으로 의롭다 함을 받은 것 자체가 구원이지만 바울은 이신칭의(以信稱義) 뒤에 따라오는 복으로서 진노로부터의 확실한 구원, 최종적 구원을 말한다.

그리고 바울은 마지막으로 믿음으로 말미암아 의롭다 함을 받은 성도들은 하나님 안에서의 즐거움의 삶이라고 말한다(11절). 성도의 삶은 즐거움의 삶이다. 세상 사람들은 억지로 기쁨을 만들어 기뻐하고 있다. 그러나 인조(人造)의 기쁨은 결국 잠시뿐이며 그 기쁨이 지나면 다시 허전함이 밀려오고 비참과 좌절이 밀려오게 된다.

롬 5:1. 그러므로 우리가 믿음으로 의롭다 하심을 받았으니 우리 주 예수 그리스도로 말미암아 하나님과 화평을 누리자.

"그러므로"(οὖν) 즉 '지금까지 언급한(3:21-4:25) 이신칭의의 결과로서' 바울은 "우리가 믿음으로 의롭다 하심을 받았으니 우리 주 예수 그리스도로 말미암아 하나님과 화평을 누리자"고 말한다. 바울은 3:21-4:25에서 길게 성도가 의롭다 함을 받는 방법을 언급해왔다. 그 결과 이제 본 장 1절부터 8:39절까지 결과가 따라오는 것을 말하고 있다.

바울은 또 본 절에서 "우리가 믿음으로 의롭다 하심을 받았다"고 반복한다(3:28, 30; 사 32:17; 요 16:33). 우리는 모든 점에서 불의하고 불충(不忠)하나 하나님은 우리가 그리스도를 믿는 것 한 가지를 보시고 의로운 자라고 여겨주셨다. 우리는 그리스도께서 우리 대신 죽으시고 또 우리를 의롭다 하시기 위해서 살아나신 사실을 믿어야 한다.

바울은 우리가 의롭다 함을 받은 사람들인 고로 "예수 그리스도로 말미암아 하나님과 화평을 누리자"고 권고한다(엡 2:14; 골 1:20). 여기 "예수 그리스도로 말미암아"란 말은 우리가 하나님과 화평을 누리는 일에 있어서도 예수님께서 중보자시라는 뜻이다. 하나님의 은혜와 사랑도 그리스도를 통하여 우리에게 임하고 또 우리의 찬양과 감사도 그리스도를 통하여 하나님께 상달되는 것처럼 하나님과의 화평도 그리스도를 통해서 이루어지게 된다.

그런데 여기 "화평을 누리자"(εἰρήνην ἔχωμεν)라는 말은 "화평을 누리고"(εἰρήνην ἔχομεν)라고 번역할 수도 있다. 유력한 사본들은 "화평을 누리자"(εἰρήνην ἔχωμεν-가정법)라고 기록되어 있고, 약간의 사본들과 번역본들(A.V., A.R.V., N.A.S., Beck, R.S.V., N.I.V.)은 후자("화평을 누리고")를 지지하고 있다. 후자를 지지하는 학자들과 번역본들은 주로 문맥 때문이라고 말한다. 학자들은 바울이 처음 1절부터 "화평을 누리자"라고 권면 형을 썼다는 것이 좀 어색하다는 것이고, 또 다음에 따라오는 문장 곧 "우리가 믿음으로 서 있는 이 은혜에 들어감을 얻었으며"(2절), "우리가 환난 중에도 즐거워하나니"(3절)가 다 서술문이니 1절도 서술문으로 되어야 한다는 주장이다.

그러나 우리는 유력한 사본들 속에 "화평을 누리자"(εἰρήνην ἔχωμεν)라고 기록되어 있는 글을 그대로 받아서 읽는 것이 더 바른 것으로 여긴다. 바울은 3:21-4:25까지 길게 믿음으로 의롭다 함을 받는 방법을 언급한 후 "그러므로.... 화평을 누리자"라고 강권한 것으로 보면 좋을 것이다. 다시 말해 '우리가 하나님과 화평을 얻었으니 그것을 누리자'라고 말할 수 있을 것이다.

그러면 실제적으로 화평을 누린다는 것이 무엇인가. 화평을 누린다는 말은 하나님께서 주시는 모든 은혜를 받아드리는 것이며, 또 우리로서는 하나님께 대한 찬양과 감사를 드리는 것을 뜻한다. 우리는 하나님과 화평한 관계가 이루어졌으니 하나님께서 그리스도를 통하여 주시는 모든 은혜를 받아야 한다. 그리고 은혜를 받은 후에는 찬양과 감사를 한없이 올려드려야 한다. 이 모든 화평의 행위는 예수 그리스도로 말미암아 이루어지는 것은 말할 것도 없다.

롬 5:2. 또한 그로 말미암아 우리가 믿음으로 서 있는 이 은혜에 들어감을 얻었으며 하나님의 영광을 바라고 즐거워하느니라.
바울은 "또한"(καὶ)이란 말을 써서 이신칭의의 결과를 또 하나 언급하고 있다. 곧 믿음으로 의롭다 함을 받은 성도들은 "그로 말미암아 우리가 믿음으로 서 있는 이 은혜에 들어감을 얻었으며 하나님의 영광을 바라고 즐거워하느니라"고 말한다(요 10:9; 14:6; 엡 2:18; 3:12; 히 10:19). 바울은 '예수 그리스도로 말미암아 우리가 믿음으로 이 은혜(this grace), 곧 칭의 안으로 들어감을 얻었다'고 말한다. 그리고 바울은 이 은혜 안에 우리가 "서 있다"고 말한다(고전 15:1). "서 있다"(ἐν ᾗ ἑστήκαμεν)는 말은 현재완료 시제로 과거에 서 있게 된 것이 지금까지 계속함을 뜻하는 말로 지금도 여전히 칭의의 은총을 누리고 있다는 뜻이다. 다시 말해 칭의 안에 확고부동하게 서 있다고 말한다. 우리는 하나님의 칭의(稱義)를 잃을 염려가 없다.

바울은 우리가 하나님으로부터 의롭다 함을 얻은 다음 "하나님의 영광을 바라고 즐거워하느니라"고 말한다(히 3:6). 여기 "하나님의 영광"이 무엇이냐를 두고 여러 해석들이 시도되었다. 1)혹자는 하나님의 자녀의 영광이라고 말하고, 2)우리가 하나님과 대면하여 하나님과 같아지는 영광을 지칭한다고 말하며, 3)사람이 하나님의 어전에 들어갈 때에 그에게 분여될 영광을 지칭한다고 말하고, 4)하나님 자신의 영광의 현현(顯現)을 가리킨다고 말한다. 그러나 이 모든 설명보다도 그리스도께서 재림하실 때에 나타날 우리들의 구속의 완성을 뜻한다고 봄이 가장 분명한 해석일 것이다(롬 2:7; 8:18, 30; 고전 15:43; 고후 4:17; 골 1:27b; 3:4; 딤후 2:10). 오늘 우리가 앞으로 나타날 우리의 구속의 완성을 바라보면서 즐거워하고 있는가.

롬 5:3-4. 다만 이뿐 아니라 우리가 환난 중에도 즐거워하나니 이는 환난은 인내를, 인내는 연단을, 연단은 소망을 이루는 줄 앎이로다.

바울은 의롭다 함을 받은 성도들이 앞으로 나타날 우리의 구속의 완성을 바라보며 즐거워하게 되었다고 말하고는 이제 전혀 다른 차원에서의 즐거움을 권하고 있다. 곧 "환난 중에도 즐거워하라"고 말한다(마 5:11-12; 행 5:41; 고후 12:10; 빌 2:17; 약 1:2, 12; 벧전 3:14). 바울이 말하는 "환난"은 성도가 세상에서 죄 때문에 당하는 환난이 아니라 의롭게 사는 중에 당하는 환난, 특별히 그리스도를 전파하다가 당하는 환난을 뜻한다(롬 8:35-39; 고전 4:9-13; 고후 1:4-10; 11:23-30; 12:7-10; 갈 6:17; 골 1:24; 딤후 3:11-12).

성도가 환난을 당하는 중에 즐거워할 수 있는 이유는 "환난은 인내를 인내는 연단을, 연단은 소망을 이루는 줄 알기" 때문이다(약 1:3). 성도가 그리스도를 따르다가, 그리고 특별히 그리스도를 전하다가 환난을 당할 때 즐거워해야 할 이유는 그 환난을 당하는 중에 성령님의 역사로 말미암아 성도에게 인내심이 길러지기 때문이다. 성도는 인내심을 가지고 끝까지 그리스도에게 충성하게 되니 환난 중에 즐거워해야 한다(계 2:10).

그리고 성도의 "인내는 연단을 이루게" 된다(약 1:12). "연단을 이룬다"는 말은 '금과 은을 불 속에서 제련하는 것'을 뜻하는데 성도가 성령의 지배를 받는 중에 계속해서 참으면 연단된 인격이 된다는 말이다. 성도는 여러 가지 환난 중에 인내심을 기르게 되고 인내하는 중에 불결함을 떨쳐버리게 되어 연단된 인격이 된다.

그리고 성도의 "연단은 소망을 이룬다." 성도가 연단된 인격을 소유하면 결국 소망이 확실해진다. 다시 말해 더욱 하나님을 소망하게 되는 것이다. 이 소망은 성도가 믿음으로 의롭다 함을 받는 순간에 받았는데 그 소망이 많은 연단을 통해서 더욱 환해지게 된다. 우리는 지금 그리스도를 전하는 중에 당하는 환난을 만나 즐거워하고 있는가. 그 환난이 인내심을 기르고 또 인내하는 중에 연단된 인격이 되며 연단된 인격이 되어가는 중에 소망이 환하여지니 환난 중에 즐거워해야 하는 것은 당연하다.

롬 5:5. 소망이 우리를 부끄럽게 하지 아니함은 우리에게 주신 성령으로 말미암아 하나님의 사랑이 우리 마음에 부은바 됨이니.

바울은 성도가 믿음으로 의롭다 함을 받은 후에 받는 복을 한 가지 더 추가한다. 그것은 바로 소망이라는 복이다. 성도가 소망을 가지게 되면 부끄럽지 않게 된다고 말한다. 바울은 "소망이 우리를 부끄럽게 하지 아니함은 우리에게 주신 성령으로 말미암아 하나님의 사랑이 우리 마음에 부은바 된다"고 말한다(빌 1:20; 고후 1:22; 갈 4:6; 엡 1:13-14). 성도가 소망을 가지게 될 때 부끄럽게 되지 않는 이유는 하나님께서 우리에게 주신 성령님의 역사로

말미암아 하나님의 사랑이 우리에게 깨달아지고 부어지기 때문이라고 말한
다. 성도는 세상을 바라보지 않는다. 하나님을 바라보고 산다. 성도는 하나님
의 보좌를 바라보며 살기 때문에 부끄럽지 않다. 성도는 하나님과 예수 그리스
도를 끊임없이 소망한다. 거기에 전 신경을 쓴다. 성령님은 그런 성도들에게
하나님의 사랑을 부어주신다. 이 사랑이 어떤 사랑이냐에 대하여는 다음의
세절(3 verses)이 기록하고 있다. 하나님은 그런 사랑을 끊임없이 그리고
많이 부어주신다(마 14:20; 15:37; 눅 6:38; 요 1:16; 3:16; 행 2:16-18; 10:45;
17:25; 롬 5:20; 고전 2:9-10; 엡 1:8; 2:7; 약 1:5; 계 22:17). 성도여, 하나님만을
소망하라. 그러면 하나님의 사랑은 우리에게 아낌없이 부어질 것이다.

**롬 5:6. 우리가 아직 연약한 때에 기약대로 그리스도께서 경건하지 않은
자를 위하여 죽으셨도다.**

바울은 본 절부터 8절까지 앞 절에서 말한 하나님의 사랑을 설명하고 있다.
즉 하나님은 예수님을 이 땅에 보내서서 십자가에서 죽게 하셨다. 곧 예수님은
"우리가 아직 연약한 때에" 곧 '우리가 죄로 말미암아 아무런 선(善)도 행하지
못하고 스스로를 구원하지 못할 때에' "기약대로 그리스도께서 경건하지
않은 자를 위하여 죽으셨다"(8절; 4:25). '하나님께서 정하신 때에' 예수님은
"경건하지 않은 자" 즉 '우리 죄인들'(8절)을 대신하여 죽으셨다. 이런 사랑을
세상에서는 찾아볼 수 없는 일이라고 다음 두 절이 말하고 있다.

**롬 5:7. 의인을 위하여 죽는 자가 쉽지 않고 선인을 위하여 용감히 죽는
자가 혹 있거니와.**

세상에 의인(무죄한 사람)을 위하여 죽는 자는 거의 없고, 선인(존경받는
사람들, 훌륭한 사람들)을 위하여 용감하게 죽는 사람은 간혹 있는데, 악인(죄
인)을 위해서 죽는 사람은 전혀 없음을 암시한다. 그런데 예수님은 연약한(영
적으로 선한 일을 할 수 없고 스스로를 구원할 수 없는) 우리들, 경건하지
않은 우리 죄인들을 대신해서 죽으셨다.

롬 5:8. 우리가 아직 죄인 되었을 때에 그리스도께서 우리를 위하여 죽으심으로 하나님께서 우리에 대한 자기의 사랑을 확증하셨느니라.

그리스도는 우리가 아직 죄인 되었을 때 우리를 위하여 죽으셔서 하나님께서 우리에게 대한 자기의 사랑을 확실하게 증명해주셨다(사 1:18; 53:6; 57:15; 요 15:13; 벧전 3:18; 요일 3:16; 4:9-10). 바울 같은 성자도 자기 자신이 악한 자임을 말하면서 "오호라 나는 곤고한 사람이로다. 이 사망의 몸에서 누가 나를 구원하랴"고 부르짖었다(7:24). 우리는 모두 죄인의 괴수들이다(딤후 1:15). 죄인의 괴수는 하나여야 하지만 우리 모두는 각자가 괴수임을 느껴야 한다는 말이다. 예수님은 죄인의 괴수들을 위하여 대신 죽으셨다. 우리는 지금 무한한 사랑을 받으며 살고 있다.

롬 5:9. 그러면 이제 우리가 그의 피로 말미암아 의롭다 하심을 받았으니 더욱 그로 말미암아 진노하심에서 구원을 받을 것이니.

바울은 본 절과 다음 절(10절)에서 믿음으로 의롭다 함을 받은 성도가 받을 복을 또 하나 추가하고 있다. 곧 성도가 예수 그리스도의 중보사역으로 말미암아 하나님의 앞날의 진노하심에서 구원을 얻는다는 것이다. 바울은 "이제 우리가 그의 피로 말미암아 의롭다 하심을 받았다"고 말한다(3:24-25; 사 53:7, 10; 요 10:11, 15; 엡 2:13; 히 9:14; 벧전 2:21-24; 요일 1:7). 다시 말해 현세에서 구원을 받았다고 말한다. 성도는 지금 그리스도의 피로 말미암아 의롭다 함을 받았다.

현세에서 그리스도의 대속의 죽음으로 말미암아 의롭다 하심을 받았다고 하면 "더욱 그로 말미암아 진노하심에서 구원을 받을 것이라"고 말한다(1:18; 살전 1:10). 미래에 그리스도의 중보 사역으로 말미암아 하나님의 진노로부터 구원을 받을 것이란 말이다. 본문에 "더욱"(πολλῷ μᾶλλον)이란 말은 '더욱 많이'란 뜻으로(10, 15, 17절) 앞으로 하나님의 진노로부터 분명히 구원을 받는다는 것을 강조하는 말이다. 그러니까 현세에서 흉악한 죄인이 하나님으로부터 의롭다 함을 받았으니 최후의 그리스도의 심판 날에 하나님의 진노로부터 분명히 구원 받는 것은 너무 확실하다는 뜻이다(살전 1:10; 5:9; 살후 1:5-10). 우리가 그리스도의 중보사역으로 말미암아 하나님의 진노로부터 영원히 자유 함을 받았다면 그리스도의 대신 죽으심에 감사를 돌려야 할 것이다.

롬 5:10. 곧 우리가 원수 되었을 때에 그의 아들의 죽으심으로 말미암아 하나님과 화목하게 되었은즉 화목하게 된 자로서는 더욱 그의 살아나심으로 말미암아 구원을 받을 것이니라.

바울은 앞 절보다 더 자세히 본 절에서 성도의 현재의 구원과 미래의 구원을 상론한다. 바울은 먼저 우리가 받은 현재의 구원에 대해서 말한다. 곧 "우리가 원수 되었을 때에 그의 아들의 죽으심으로 말미암아 하나님과 화목하게 되었다"고 말한다(8:32; 고후 5:18-19; 엡 2:16; 골 1:20-21). 여기 "우리가 원수가 되었다"는 말은 우리의 죄로 인하여 하나님과 멀리멀리 떨어져서 하나님께서 우리들을 미워하시는 원수로 여기셨다는 뜻이다. 하나님께서 우리를 미워하시는 원수로 여기실 때 하나님의 "아들의 죽으심으로 말미암아 하나님과 화목하게 되었다"고 말씀한다. 하나님 아들 예수 그리스도의 대속의 죽으심으로 말미암아 하나님과 화목하게 되었다는 뜻이다(5:6, 8; 고후 5:18-19). 여기 "화목하게 되었다"(κατηλλάγημεν)는 말은 분사형으로 우리와 하나님과의 화목이 십자가에서 시작하여 지금까지 계속되고 있음을 뜻한다. 우리는 지금 하나님의 원수가 아니라 하나님과 화목한 자들이다.

바울은 또 우리의 미래의 구원을 말한다. 즉 "화목하게 된 자로서는 더욱 그의 살아나심으로 말미암아 구원을 받을 것이라"고 말한다(요 5:26; 14:19; 고후 4:10-11). 바울은 하나님과 화목하게 된 자들은 "더욱"(πολλῷ μᾶλλον-더욱 많이) 분명하게 예수 그리스도의 살아나심으로 말미암아 구원을 받을 것이라고 말한다. 큰 문제를 해결하신 하나님은 작은 문제쯤은 문제없이 해결해주신다. 다시 말해 원수를 화목 시키신 하나님은 종말에 가서 성도들을 부활시키시는 일은 오히려 작은 일이라는 것이다. 바울은 그리스도의 부활과 성도의 구원을 연계시킨다. 그리스도의 부활은 바로 성도의 부활이기 때문이다. 그리스도의 죽음은 바로 성도의 죽음이고 그리스도의 부활은 바로 성도의 부활이다(6:8; 갈 2:20).

롬 5:11. 그뿐 아니라 이제 우리로 화목하게 하신 우리 주 예수 그리스도로 말미암아 하나님 안에서 또한 즐거워하느니라.

바울은 믿음으로 의롭다 함을 받은 성도가 받을 또 하나의 복에 대해 언급한다. 그것은 우리가 현재 "하나님 안에서 또한 즐거워하는 것"이라고 말한다(2:17; 3:29-30; 갈 4:9). 바울은 성도가 미래에 얻을 구원의 완성(앞 절 하반 절) 뿐 아니라 "이제 우리로 화목하게 하신 우리 주 예수 그리스도로 말미암아 하나님 안에서 또한 즐거워하느니라"고 말한다. 성도는 미래에 온전한 구원을 받을 뿐(앞 절 하반 절) 아니라 현재 우리를 하나님과 화목하게 하신 우리 주 예수 그리스도로 말미암아 기쁨을 가지게 되었다. 우리는 그리스도 밖에서는 기쁨을 얻지 못한다. 오직 그리스도를 통해서만 즐거워할 수 있다. 우리는 그리스도를 통해서 하나님 안에서, 다시 말해 하나님의 소유가 되었으니 (Calvin) 즐거움의 삶을 살게 되었다(벧전 1:6, 8).

　　　b.두 대표를 비교하여 얻은 구원의 확실성과 풍요로움　5:12-21
　　혹자는 이 부분(12-21절)을 바로 앞선 부분(1-11절)과 사상적 연결이 없는 것으로 말하나 앞선 부분과 이 부분은 모두 믿음으로 의롭다 함을 받는다는 것을 다룬다는 점에서 사상적인 일관성이 있다.
　　이 부분은 그리스도로 말미암은 구원을 말함에 있어 바울은 아담을 가입시켜 그리스도의 구원을 더욱 돋보이게 만든다. 바울은 아담으로 말미암은 죄악의 보편성(11-14절)과 그리스도로 말미암은 구원의 보편성(15-21절)을 말하고 있는데 좀 더 자세히 말하면 바울은 아담 한 사람의 죄로 말미암아 전 인류가 타락하였고(12-14절) 반면에 그리스도 한 사람으로 말미암아 모든 사람이 구원에 참여할 수 있게 된 것을 다루고 있다(15-21절).

　　이 부분에서 특기할 점은 인류 가운데 죄가 들어온 경로를 말하고 있다는 점이다. 바울은 아담 한 사람으로 말미암아 죄가 세상에 들어왔다고 선포하고 있다(12절). 바울은 현대 신학자들이 창세기 3장을 신화라고 주장하는 학설을 여지없이 깨뜨려버리고 있다. 바울은 실제로 죄가 아담 한 사람을 통하여 세상에 들어왔다고 말한다. 바울은 성령의 감동에 의하여 성경을 집필할 때 죄가 아담 한 사람을 통하여 세상에 들어오고 또 죄 때문에 사망이 왕 노릇을 하고 있다는 것을 기록했다. 결코 창세기 3장의 아담의 타락 사건은 신화가 아니라 실제 역사라는 것을 증명하고 있다.

롬 5:12. 그러므로 한 사람으로 말미암아 죄가 세상에 들어오고 죄로 말미암아 사망이 들어왔나니 이와 같이 모든 사람이 죄를 지었으므로 사망이 모든 사람에게 이르렀느니라.

"그러므로"(διὰ τοῦτο), 즉 '1-11절에 기록된 대로 그리스도께서 우리를 하나님과 화목 시켜주셨고(1절), 하나님의 영광을 소망하는 중에 즐거워하는 삶을 살게 해주셨으며(2-4절), 또한 하나님의 사랑을 부음 받게 해주셨고(5-8절), 하나님의 진노로부터 구원받게 해주셨으며(9-10절), 하나님 안에서 즐거움의 삶을 살게 해주셨으므로(11절)' 바울은 이제는 아담 "한 사람으로 말미암아 죄가 세상에 들어오고 죄로 말미암아 사망이 들어왔다"고 죄의 기원과 사망의 원인을 말한다(창 3:6; 고전 15:21). 혹자는 여기 "그러므로"(διὰ τοῦτο)라는 말이 1:18이하를 받는 것으로 말하기도 하고, 혹은 3:21-5:11을 받는다고 주장하기도 하며, 혹은 바로 앞의 11절을 받는다고 주장하기도 하고, 혹은 별 의미 없이 사용되었다고 주장하기도 하나, 바울이 예수님의 사역으로 성도들에게 임한 은혜(1-11절)를 생각하며 "그러므로" 이제는 아담의 영향을 말하는 것으로 보는 것이 가장 타당할 것으로 보인다. 다시 말해 바울은 앞에서(1-11절) 그리스도의 사역을 말하고는 이제 이 부분(12-21절)을 시작하면서 아담이 인류에게 끼친 영향을 말하기 시작한다.

　　바울은 본 절에서 "한 사람(아담, 14절)으로 말미암아 죄가 세상에 들어오고 죄로 말미암아 사망이 왔다"고 말한다. 바울은 창세기 3:1-6의 아담 한 사람의 범죄와 또 그 범죄로 말미암아 사망이 왔다는 기사를 역사적인 사건으로 받아드린다. 그가 성령의 감동으로 성경을 쓰면서 창세기 3장의 아담의 타락을 역사적인 사실로 받아드린 것을 보면 오늘날 창세기 3장의 기사를 신화라고 주장하는 현대주의 신학자들의 주장은 성경을 거스르는 잘 못된 주장임을 알 수 있다. 바울은 아담 한 사람으로 말미암아 죄가 세상(인류에게) 에 들어왔다고 다른 곳에서도 주장한다. 그는 롬 5:15에서 "한 사람의 범죄를 인하여 많은 사람이 죽었다"고 말하고, 고전 15:22에서 "아담 안에서 모든 사람이 죽었다"고 말한다. 아담은 모든 인류의 대표로서 모든 사람은 그 대표인 아담 안에서 죽었다는 뜻이다.[18] 인류는 모래알처럼 낱 알갱이로 서로 떨어져 있는 것이 아니라 모두 아담 안에 있었으며 또 아담 안에서 함께 범죄 한 것이다. 오늘날 어떤 철학자들은 죄의 기원을 말할 때 소위 철학적 죄관(罪觀)을 말한다(예를 들면 조그마한 죄가 진화했다는 학설, 혹은 죄가 짐승으로부터 왔다는 학설 등). 그러나 죄란 아담을 통하여 세상에 들어왔다고 성경은 말한다. 소위 아담의 불순종이 죄이다.

그리고 바울은 "죄로 말미암아 사망이 들어왔다"고 말한다(6:23; 창 2:17; 고전 15:21). '아담의 죄로 말미암아 세상에 사망이 들어왔다'고 말한다. 아담의 최초의 범죄로 말미암아 육체적 죽음이 세상에 들어왔다는 것이다. 죄는 반드시 사망을 불러온다고 성경은 말한다(창 2:17; 3:17-19; 롬 1:32; 고전 15:22).

바울은 상반 절에서 아담 한 사람의 범죄와 그에 따른 결과로서의 사망을 말하고는 이제 후반 절에 와서 "이와 같이 모든 사람이 죄를 지었으므로 사망이 모든 사람에게 이르렀다"고 말한다. 여기 "이와 같이"(οὕτως)란 말은 '아담이 죄를 지은 것과 같이'란 뜻이다. 그러나 그렇다고 아담이 죄를 지은 것을 모방하여 그 후손이 죄를 지었다는 뜻은 아니다. 다시 말해 아담의

---

18) 박윤선목사는 "아담이 범죄하기 전에 자녀를 생산하지 않았으니 만큼, 그의 후손은 모두 다 범죄 한 조상에게 속한 것이다"라고 말한다(로마서주석, 173).

죄가 선례(先例)가 되어 그 후손이 아담의 죄와 같은 죄를 지었다는 뜻은 아니다. 이 부분 문맥(15-19절)을 살필 때 아담은 죄의 대표이고 그리스도는 의의 대표이시니 아담의 후손이 아담 안에서 죄를 지었다는 뜻이다. 우리는 모두 우리의 대표 아담 안에서 한 사람도 빠짐없이 죄를 범했다.

바울은 아담이 죄를 지은 것과 같이("아담이 죄를 지은 것과 같이") "모든 사람이 죄를 지었으므로 사망이 모든 사람에게 이르렀다"고 말한다. 혹자는 여기 "모든 사람이 죄를 지었으므로"란 말을 '모든 사람이 세상에 태어난 이후에 죄를 지었으므로 사망이 모든 사람에게 이르렀다'고 해석한다. 그러나 이런 해석은 실제적인 면에 있어서도 무리(유아들은 죄를 짓지 않았는데 죽으니 말이다)이고 또 이 부분의 문맥을 거스르는 해석이다. 문맥(15-19절)은 분명히 대표 설을 말한다. 다시 말해 아담은 죄의 대표이고 예수님은 의(義)의 대표인고로 아담 안에서 모든 사람이 죄를 지었고 또 모든 사람이 아담 안에서 사망했다는 것이다. 이 문제를 해결하기 위하여 많은 학자들은 "모든 사람이 죄를 지었으므로"(ἐφ' ᾧ πάντες ἥμαρτον)라는 말을 번역할 때 "아담 안에서 모든 사람이 죄를 지었다"(in whom all have sinned)고 번역한다. 이 번역은 교리적으로는 건전하지만 문법적으로는 거의 불가능한 번역이다. 이유는 남성 관계 대명사(whom)의 선행사로 "아담"이란 말을 앞에서 찾을 수가 없고 또 "한 사람"(ἑνὸς ἀνθρώπου)이란 낱말이 너무 떨어져 있어서 선행사라고 말할 수도 없다. 그렇다고 바로 앞에 있는 "죽음"(θάνα-τος)이란 단어를 선행사로 보면 뜻이 이상해진다. 그런고로 많은 영역판에 있는 것처럼 "모든 사람이 죄를 지었으므로"(because all sinned)라고 번역하는 수밖에 없다. 물론 뜻은 문맥을 따라서 아담 안에서 모든 사람이 죄를 지었다는 뜻이다.

그리고 본문에 나타난바 모든 사람이 "죄를 지었다"(ἥμαρτον)는 말이 부정(단순)과거라는 사실은 모든 사람이 '확실하게 죄를 지었다'는 뜻이다. 아담 안에서 한 사람도 빠짐 없이 모든 사람이 죄를 짓고 말았다는 뜻이다. 그 후손들은 그들의 대표 아담 안에서 모두 죄를 지은 것이다.

롬 5:13-14. 죄가 율법 있기 전에도 세상에 있었으나 율법이 없었을 때에는 죄를 죄로 여기지 아니하였느니라. 그러나 아담으로부터 모세까지 아담의 범죄와 같은 죄를 짓지 아니한 자들까지도 사망이 왕 노릇 하였나니 아담은 오실 자의 모형이라.

바울은 이 부분에서 앞 절의 아담이 인류의 대표(죄의 대표)가 된다는 것을 설명하고 있다. 다시 말해 아담은 오실 자 곧 예수 그리스도처럼 모든 사람들의 대표로서 그 후손들은 다 아담 안에서 죄를 지어 죽었다고 말한다.

바울은 "죄가 율법 있기 전에도 세상에 있었다"고 말한다. 하나님께서 모세에게 율법을 주시기 전에도 죄가 세상에 있었다는 것이다. 죄가 있었으니 당시에 사망이 왕 노릇했다. 그러나 "율법이 없었을 때에는 죄를 죄로 여기지 아니하였다"는 것이다(4:15; 요일 3:4). 즉 율법이 없었을 때에는 정죄할 수 없었다는 뜻이다.

바울은 "그러나 아담으로부터 모세까지 아담의 범죄와 같은 죄를 짓지 아니한 자들까지도 사망이 왕 노릇 하였다"고 말한다. '아담으로부터 모세에 이르기까지 아담이 지었던 죄를 짓지 아니한 사람들까지 다 죽었는데 그 이유는 모든 사람이 벌써 아담 안에서 죽었기 때문이라'는 것이다. 그런 점에서 아담은 죄의 대표이다. 이는 마치 예수님께서 의의 대표이신 것과 같다.

바울은 "아담은 오실 자의 모형이라"고 말한다(고전 15:21-22, 45). 곧 '아담이 죄를 지어 모든 사람으로 하여금 죄인이 되게 한 것처럼, 오실 자이신 예수님은 의로운 행동으로 모든 믿는 사람들을 의인 만드시는 점에서 유사하여 아담은 예수님의 모형(τύπος)이다(고전 15:45, 47). 요셉은 애굽에 팔렸다는 점에서 예수님의 모형이고, 모세는 하나님과 백성들 사이에서 중보자 역할을 했다는 점에서 중보자이신 예수님의 모형인 것처럼, 아담은 죄를 지어 모든 사람에게 죄와 사망을 전해주었고 예수님은 의를 선물했다는 점에서 아담은 예수님의 모형이다(구약 성경에서 예수님의 모형이라고 실제로 불리는 인물은 아담 한 사람밖에 없다).

롬 5:15. 그러나 이 은사는 그 범죄와 같지 아니하니 곧 한 사람의 범죄를 인하여 많은 사람이 죽었은즉 더욱 하나님의 은혜와 또한 한 사람 예수 그리스도의 은혜로 말미암은 선물은 많은 사람에게 넘쳤느니라.

바울은 본 절 초두에 "그러나"라는 말을 사용하여 지금까지(12-14절) 말해온 바 아담의 영향을 말하는 것으로부터 이제는 예수 그리스도 구원 중심으로 초점을 돌린다. 바울은 이 부분(15-17절)에서 아담과 그리스도를 예리하게 대조한다. 바울은 "이 은사는 그 범죄와 같지 아니하다"고 말한다. 곧 '이 은사, 즉 그리스도께서 주시는 구원은 아담의 범죄보다 더욱 큰 효력을 가지고 있다'고 말한다. 여기 "범죄"란 말은 '정로에서 탈선한, 아담의 타락'을 지칭한 말이다. 그리스도께서 주시는 구원은 아담의 범죄와 비교가 안 된다. 다시 말해 그 효력은 비교가 되지 않는다. "곧 한 사람의 범죄를 인하여 많은 사람이 죽었은즉 더욱 하나님의 은혜와 또한 한 사람 예수 그리스도의 은혜로 말미암은 선물은 많은 사람에게 넘쳤다"는 것이다. 즉 '한 사람 아담의 범죄 때문에 많은 사람이 죽었은즉 더욱 하나님의 은혜와 예수 그리스도의 은혜로 말미암은 구원은 많은 사람에게 넘쳤다'는 말이다. 앞에 나온 "많은 사람"은 '모든 사람'(12절)을 지칭하는 말이며(고전 15:22) 뒤에 나온 "많은 사람"은 '그리스도를 믿는 많은 사람'을 지칭하는 말이다(사 53:11; 마 20:28; 26:28). 하나님의 은혜와 그리스도의 은혜로 주시는 구원은 그를 믿는 많은 사람에게 넘쳐서 무죄(無罪) 상태로 회복시키는 것 이상으로 의롭게 하고(17절) 또 현세의 생명(18절)뿐 만 아니라 내세의 생명(21절)을 부여한다는 것이다. 누구든지 그리스도의 은혜를 의지할 때 의롭게 되고 또 현세에서 영적인 생명을 얻게 되며 내세에서 영육 간 완전한 생명을 얻게 된다.

롬 5:16. 또 이 선물은 범죄한 한 사람으로 말미암은 것과 같지 아니하니 심판은 한 사람으로 말미암아 정죄에 이르렀으나 은사는 많은 범죄로 말미암아 의롭다 하심에 이름이니라.

바울은 앞 절(15절)에서 아담의 범죄의 파괴력과 그리스도의 구원의 강력함을

비교하여 후자가 전자보다 비교도 할 수 없이 놀라울 정도로 효력이 있음을
말한 반면, 본 절은 아담의 범죄와 그리스도의 구원의 결과를 비교하고 있다.
곧 "이 선물은 범죄한 한 사람으로 말미암은 것과 같지 아니하다"는 것이다.
쉽게 말해 '예수님께서 주시는 구원의 선물은 범죄한 한 사람 아담의 범죄가
미친 결과와 같은 규모의 것이 아니라'는 뜻이다. 본문의 "범죄한 한 사
람"(ἑνὸς ἁμαρτήσαντος)이란 말은 부정(단순)과거 분사형으로 '분명히 과거
에 범죄하여 지금까지 영향을 미치고 있는 한 사람'이란 뜻이다. '예수님의
구원("선물")은 역사상에서 분명히 범죄하여 지금까지 양향을 미치고 있는
한 사람 아담으로 말미암은 것과 같지 아니하다'는 뜻이다. 다시 말해 "심판은
한 사람으로 말미암아 정죄에 이르렀으나 은사는 많은 범죄로 말미암아 의롭
다 하심에 이른다"는 것이다. 여기 "한 사람으로 말미암아"(ἐξ ἑνὸς)란 말은
'한 범죄로 말미암아'라고 번역하는 것이 더 나을 것으로 보인다. 이유는
대구(對句)를 이루고 있는 "많은 범죄로 말미암아"라는 말이 많은 사람의
범죄 자체를 지칭하고 있기 때문에 "한 사람"도 '한 범죄'라고 번역하는
것이 바를 것으로 보인다. '심판이란 다름 아니라 아담 한 사람의 한 범죄로
말미암아 정죄 받게 하는데 이른 것을 말하는데 반해, 예수님께서 값없이
주시는 선물은 많은 사람이 아담의 원죄를 받아 지은 죄를 속죄하여 주셔서
의로운 지위를 회복하게 해주시는 것을 말한다.'19) 오늘 우리가 비록 많은
범죄를 저질렀다고 해도 그리스도의 은혜는 그 죄들을 속죄하기에 충분하고
또 의롭다하기에 충분하다. 그리스도의 은사는 아담 한 사람의 원죄를 덮기에

---

19) 박윤선목사는 본 절을 주석하면서 아주 적절한 예를 들었다. 즉 "아담으로 말미암은
심판은 아담의 범죄 하나를 상대로 한 것이지만, 그리스도로 말미암은 은사는 많은 사람들의
많은 범죄들을 상대하고 주신 것이다. 비유컨대 심판은 큰 삼림(森林)에 화재를 일으킨 최초의
한 나무에 불붙임이고, 은사는 그 불붙는 많은 나무들의 많은 불꽃들을 넉넉히 끄는 소화기이다.
그러면 심판은 하나에서 퍼진 것이고 구원은 많은 사람들의 많은 죄악들을 상대하여 개별적으로
속죄하여 주신 것이다. 만일 구원을 주시는 방법이, 개인 개인 상대가 아니고 단체 상대의
것이라면, 그것은 사랑과 성의를 가지지 못한 것이다. 그리스도로 말미암은 구원의 방법은,
개인 개인 상대의 것이다. 한 나무에 붙은 불이 온 삼림에 순순히 번지는 것같이, 인류의 조상된
아담 한 사람이 받은 벌은 순순히 그 모든 후손들에게 미쳤다. 그러나 은사는 삼림의 모든
나무에 붙은 불을 일일이 끄는 것같이, 많은 사람들의 많은 범죄를 일일이 구속하는 힘 드는
일이다"라고 말한다(로마서주석, 176).

아주 충분하다. 죄가 아무리 커도 그리스도를 믿기만 하면 그 죄들은 눈 녹듯이 씻어지고 만다.

롬 5:17. 한 사람의 범죄로 말미암아 사망이 그 한 사람을 통하여 왕 노릇 하였은즉 더욱 은혜와 의의 선물을 넘치게 받는 자들은 한 분 예수 그리스도를 통하여 생명 안에서 왕 노릇 하리로다.

본 절은 15-16절을 반복하고 강조한다. 앞(15-16절)에서는 그리스도의 은혜의 풍성(15절)과 또 은혜로 의롭다 하심에 이르는 것(16절)을 말하고, 본 절에서는 "은혜와 의의 선물을 넘치게 받는 자들은 한 분 예수 그리스도를 통하여 생명 안에서 왕 노릇 한다"고 말씀한다. 그리스도의 은혜의 풍성과 또 은혜로 말미암아 의롭다 하심에 이르는 것 보다는 그리스도와 함께 생명 안에서 왕 노릇 한다는 말은 더욱 강조된 말이다.

바울은 "은혜와 의의 선물을 넘치게 받는 자들은 한 분 예수 그리스도를 통하여 생명 안에서 왕 노릇 한다"는 말씀을 하기 위하여 "아담 한 사람의 범죄로 말미암아 사망이 그 한 사람을 통하여 왕 노릇 하였다"는 것을 먼저 말씀한다. 아담 한 사람의 죄로 말미암아 죽음이라는 것이 왔는데(창 3:19) 그 죽음은 인류 가운데서 왕 노릇하게 되었다. 곧 죽음이 온 지구를 덮었다는 말이다. 그처럼 "은혜와 의의 선물을 넘치게 받는 자들은 한 분 예수 그리스도를 통하여 생명 안에서 왕 노릇 할 것이다." 여기 "은혜와 의의 선물을 넘치게 받는 자들"이란 말은 '주님의 은혜로 의롭다 하시는 선물을 계속해서 넘치게 받는 자들'이란 뜻이다. 주님의 은혜도 계속하고 또 그 은혜로 우리가 계속해서 의롭다 하심을 받는다는 것이다. 우리는 우리 스스로 의롭다 하심을 받지 못한다. 오직 주님의 은혜로 의롭다 하심을 계속해서 받고 있는 것이다. 그렇게 주님의 은혜(15절)로 계속해서 의롭다 하심(16절)을 받는 사람들은 앞으로 그리스도로 말미암아 생명을 받으며 왕 노릇하게 될 것이라는 뜻이다. 여기 "왕 노릇 할 것이라"(βασιλεύσουσιν)는 말이 미래 시제이지만 현재에서도 역시 그리스도를 통하여 세상을 주관하게 된다는 뜻이다. 성도들은 미래에 가서만 왕 노릇할 것으로 생각하나 현세에서도 그리스도 안에서 세상을 주관해야 한다. 기도 가운데서 주위의 모든 것을 주관하고 세상을 주관하고 살아야 한다.

롬 5:18. 그런즉 한 범죄로 많은 사람이 정죄에 이른 것 같이 한 의로운 행위로 말미암아 많은 사람이 의롭다 하심을 받아 생명에 이르렀느니라.
"그런즉"(οὖν), '12-17절에 말해오던 것을 결론하여 말하면' "한 범죄로 많은 사람이 정죄에 이른 것 같이 한 의로운 행위로 말미암아 많은 사람이 의롭다 하심을 받아 생명에 이르렀다"는 말이다. 바울은 본 절에서 아담 한 사람의 범죄로 많은 사람이 정죄에 이른 것과 예수님의 의로운 행위로 말미암아 많은 사람이 의롭다 하심을 받아 영생에 이른 사실을 대조하고 있다. 예수님은 그의 십자가의 의로운 죽음으로 많은 사람(믿는 사람들 전체)을 의롭다 하셨고 생명에 이르게 하셨다(요 12:32; 히 2:9). 예수님의 십자가의 의로운 행위 때문에 우리는 의롭다 함을 얻었고 생명에 이르게 된 것이다. 할렐루야!

롬 5:19. 한 사람이 순종하지 아니함으로 많은 사람이 죄인 된 것 같이 한 사람이 순종하심으로 많은 사람이 의인이 되리라.
바울은 바로 앞 절에 사용한 낱말을 다른 말로 바꾸어 아담과 그리스도를 대조한다. "한 범죄"(18절)를 "한 사람이 순종하지 아니함"(19절)이란 말로 바꾸었고, 또 "많은 사람이 정죄에 이른 것같이"(18절)라는 표현을 "많은 사람이 죄인 된 것같이"(19절)란 말로 바꾸었으며, 또 "한 의로운 행위로 말미암아"(18절)라는 표현을 "한 사람이 순종하심으로"(19절)이란 말로 바꾸었고, 또 "많은 사람이 의롭다 하심을 받아 생명에 이르렀느니라"(18절)는 표현을 "많은 사람이 의인이 되리라"(19절)는 말로 바꾸었다. 아담의 고의적인 불순종은 많은 사람을 죄인 만들었다(과거형). 그와 반면 그리스도의 순종은 많은 사람(믿는 사람)을 의인으로 만드셨고 또 만드실 것이다(미래형). 아담의 불순종은 이미 인류를 죄인 만들었고 그리스도의 순종으로 많은 사람

이 의인이 되고 있고 또 되어갈 것이다. 내가 순종할 수 없었는데 그리스도께서
순종하셔서 나를 의인 만드시다니 얼마나 감사한 일인가.

**롬 5:20. 율법이 들어온 것은 범죄를 더하게 하려 함이라 그러나 죄가 더한
곳에 은혜가 더욱 넘쳤나니.**
바울은 아담과 그리스도를 대조(15-19절)하다가 아담과 그리스도 사이에 들
어온 율법의 역할에 대해 말한다. 바울은 시내 산에서 "율법이 들어온 것은
범죄를 더하게 하려 함이라"고 말한다(3:20; 4:15; 7:8; 요 15:22; 갈 3:19,
23). "범죄를 더하게 하려 한다"는 말은 범죄의 숫자를 더 증가시킨다는
말이 아니라 죄가 무엇인지를 더욱 철저히 알게 한다는 뜻이다. 율법이 들어오
기 전에도 죄가 있었으나(13절) 그러나 율법이 없었을 때에는 죄를 죄로
여기지 않았을 뿐 아니라 또 죄라는 것을 세밀하게 잘 몰랐다. 다시 말해
죄의식이 별로 없었다. 그러나 하나님은 모세를 통하여 시내 산에서 율법을
주셨다. 그래서 사람들로 하여금 죄가 무엇인지 더 세밀하게 알게 되었다.
그러니까 율법이 확대경에 해당하는 것이다. 율법이라고 하는 확대경이 세상
에 들어오니 모든 죄의 가중함과 더러움을 절실하게 깨닫게 되었다(롬 3:20;
7:7, 13). 우리는 율법을 더 잘 공부하고 묵상하여 우리 자신들이 얼마나
심각한 죄인들인가를 알아야 한다.
　　바울은 율법이 인류 가운데 들어온 목적(상반 절)을 말한 다음 "그러나
죄가 더한 곳에 은혜가 더욱 넘쳤다"고 말한다(눅 7:47; 딤전 1:14). 다시
말해 죄를 더욱 의식한 사람에게 은혜가 더욱 넘치게 되었다고 말한다. 자신이
죄인임을 의식하면 할수록 은혜가 더욱 넘친다는 말이다. 율법을 알아서
죄의식을 가지면, 첫째, 겸손하여지고, 둘째, 더 이상 죄를 지을 마음을 가지지
않게 되며(딤전 1:9-11), 셋째, 인간의 무능력을 철저히 인식하고 그리스도를
의지하게 된다(갈 3:24). "죄가 더한 곳" 곧 '자신이 죄인이라고 더욱 의식하는
사람에게' 은혜가 넘치는 고로 우리는 자신의 죄를 철저히 의식해야 한다.
우리 모두는 하나같이 죄인의 괴수임을 고백해야 한다. 하나님은 죄인의

괴수에게 넘치는 은혜를 주신다.

롬 5:21. 이는 죄가 사망 안에서 왕 노릇 한 것 같이 은혜도 또한 의로 말미암아 왕 노릇 하여 우리 주 예수 그리스도로 말미암아 영생에 이르게 하려 함이라. 본 절은 헬라어에서 목적을 유도하는 접속사(ἵνα)가 제일 앞에 나온다. 즉 본 절은 앞 절의 목적을 말해주는 문장이다. 앞 절에 "죄가 더한 곳에 은혜가 더욱 넘쳤다"는 말이 나오는데 죄가 더한 곳에 은혜가 넘치는 목적은 성도들로 하여금 "우리 주 예수 그리스도로 말미암아 영생에 이르게 하기" 위한 것이라고 한다. 바꾸어 말하면 영생에 이르게 하기 위해서 죄가 더한 곳에 은혜가 넘친다는 것이다.

바울은 지금까지 죄와 은혜를 비교했는데 본 절에서도 역시 죄의 결과와 은혜의 결과를 비교하고 있다. 즉 "죄가 사망 안에서 왕 노릇 한 것 같이" "은혜도 또한 의로 말미암아 왕 노릇 하여 우리 주 예수 그리스도로 말미암아 영생에 이르게" 한다는 것이다. 그런데 여기 "죄가 사망 안에서 왕 노릇 한 것 같이"(ὥσπερ ἐβασίλευσεν ἡ ἁμαρτία ἐν τῷ θανάτῳ)라는 문장은 하반 절 문맥을 고려할 때 '죄가 왕 노릇하여 사망에 이르는 것 같이'라는 뜻으로 보아야 한다. 하반 절을 살피면 은혜가 왕 노릇하여 성도로 하여금 영생에 이르게 한다는 뜻이다. 그런고로 상반 절도 역시 죄가 왕 노릇하여 사람으로 하여금 사망에 이르게 한다는 뜻이다. 아담의 죄와 후손에게 전가된 죄는 왕처럼 인류를 주장하고 득세하여 후손으로 하여금 육적인 사망에 이르게 했다는 말씀이다(물론 영적인 사망도 가져왔다).

죄는 엄청난 위력을 가지고 인류를 주장해서 죽음에 이르게 한 것처럼 은혜도 엄청난 위력을 가지고 인류를 주장하고 통치하여 그리스도를 믿는 사람들로 하여금 영생에 이르게 했다는 말씀이다. 그런데 바울은 은혜는 "의로 말미암아" 왕 노릇했다고 말한다. 다시 말해 은혜는 예수 그리스도를 영접한 사람들에게 전가(轉嫁)된 예수님의 무궁하신 의를 통하여(1:17; 3:21-24; 5:17) 왕 노릇하게 되었다는 것이며, 은혜는 예수 그리스도의 십자가 희생을 통하여 성도들로 하여금 영생에 이르게 만들었다는 것이다. 한마디로 은혜는 성도 각자에게 전가된 예수님의 의를 통하여 성도들을 주장하게 되었고 또 예수 그리스도의 십자가 희생을 통하여 성도들로 하여금 영생에 이르게 했다.

제 6 장
크리스천은 하나님 앞에서 의롭게 살아야 한다

B. 크리스천은 하나님 앞에서 의롭게 살아야 한다   6:1-7:6

지금까지 그리스도를 믿음으로 의롭게 된다는 것을 말한 바울은 이제 그리스도인은 의롭게 살아야 한다고 역설한다(6:1-7:6). 의롭다고 칭함을 얻는 일은 순간적인 사건이지만 의롭게 살아야 하는 일은 계속되어야 하는 일이다. 바울은 먼저 은혜를 더하게 하려고 죄를 짓는 것은 잘 못이라고 말하고(6:1-14) 은혜 아래 있다는 이유로 죄를 짓는 것도 잘 못이라고 주장한다(6:15-7:6).

1.은혜를 더하게 하려고 죄를 짓는 것은 잘 못이다   6:1-14

은혜를 더하게 하려고 죄를 짓는 것은 불가하다고 바울은 말한다. 실제로 바울 당시에도 은혜를 더하게 하려고 죄를 짓는 사람들이 있었다(3:8). 그리고 역사상에 그런 사람들은 끊이지 않았다. "러시아의 수도사 라스푸틴(Rasputin)은 죄와 회개를 거듭하는 동안에 사람들에게 구원의 교리를 가르치고 증명했다. 그는 죄를 가장 많이 짓는 자가 사죄를 가장 많이 요구하고, 계속 범죄 하는 자는 회개할 때마다 보통 죄인보다 하나님의 사죄의 은총을 더 많이 체험한다고 주장했다. 영혼을 치유하는 많은 의사들이 쓴 사례집들을 보면 이러한 견해가 흔했다는 것을 알 수 있다"(F.F. Bruce). 바울은 은혜를 더하게 하려고 죄를 짓는 일은 도무지 있을 수 없는 일이라고 역설한다. 성결하게 살려는 사람이 제일 먼저 가져야 하는 자세는 죄에 대하여 죽은 성도가 어떻게 그 죄 가운데 더 살 수 있느냐 하는 마음가짐이다.

롬 6:1. 그런즉 우리가 무슨 말을 하리요 은혜를 더하게 하려고 죄에 거하겠느냐.

바울은 "그런즉," 곧 '그렇다면' "우리가 무슨 말을 하리요 은혜를 더하게 하려고 죄에 거하겠느냐"고 질타한다(15절; 3:8). 바울 사도가 "죄가 더한 곳에 은혜가 넘쳤다"(20절)고 말하고 또 "은혜도 또한 의로 말미암아 왕 노릇하여 우리 주 예수 그리스도로 말미암아 영생에 이르게 하려 한다"(21절)고 가르친 것을 두고 "은혜를 더하게 하려고 죄에 거하자"고 엉뚱하게 주장하는 사람들이 있을 것을 예상하고 바울은 "그런즉 우리가 무슨 말을 하리요 은혜를 더하게 하려고 죄에 거하겠느냐"고 쏘아댄다. 다시 말해 '그렇다면 우리가 은혜를 더 받기 위하여 죄 속에서 살겠느냐?'고 질타한다. 어처구니없게도 오늘날(2008년 3월) 독일의 어느 수도사가 음란영화 DVD를 파는 상점에서 동성연애자 4명이 출연하는 성인 영화 DVD를 훔치려다 경찰에 붙잡혔는데 그의 집을 수색한즉 음란영화 230여개를 찾아냈다는 것이다. "은혜를 더하게 하려고 죄에 거하겠느냐?" 그럴 수 없는 일이다(다음 절).

롬 6:2. 그럴 수 없느니라 죄에 대하여 죽은 우리가 어찌 그 가운데 더 살리요

바울은 은혜를 더하게 하려고 죄 속에 계속해서 거한다는 것은 있을 수 없는 주장이라고 강하게 말한다. 다시 말해 그럴 수는 없다, 말도 되지 않는다, 터무니없는 주장이라고 말한다(3:4 참조). 이유는 "죄에 대하여 죽은 우리가 어찌 그 가운데 더 살 것이냐"고 반박한다(11절; 7:4; 갈 2:19; 6:14). 우리 성도는 "죄에 대하여 죽었다"는 것이다. "죄에 대하여 죽었다"는 말은 '죄와의 관계가 끊어졌다,' '죄와의 인연이 끊어졌다,' '죄와 분리되었다'는 뜻이다. 여기 "죽은"(ἀπεθάνομεν)이란 말은 부정과거 시제로 '이미 완전히 죽어버린' 것을 뜻한다. 성도는 그리스도께서 십자가에 죽으실 때 함께 죽었기에 죄에 대해 죽은 자가 되었다. 다시 말해 성도가 죄와의 관계가 끊어진 이유는 그리스도와 연합되었기 때문이다(3-11절). 그리스도와 연합되었기 때문에 우리의 죄는 그에게 전가되고 그의 의가 우리에게 전가되었다(골 3:3).

롬 6:3. 무릇 그리스도 예수와 합하여 세례를 받은 우리는 그의 죽으심과 합하여 세례를 받은 줄을 알지 못하느냐.

바울은 헬라어 성경에서 "알지 못하느냐"(ἢ ἀγνοεῖτε)는 말을 문장 제일 앞에 두어 문장 전체를 강조하고 있다(요 3:10; 19:10). 바울은 그 당시 로마 교인들이 "그리스도 예수와 합하여 세례를 받은 우리는 그의 죽으심과 합하여 세례를 받은 줄을 알고 있다"는 것을 암시하고 있다. "그리스도 예수와 합하여 세례를 받은 우리는 그의 죽으심과 합하여 세례를 받았으니" 죄에 대하여 죽었다, 죄와 관계가 끊어졌다, 죄와 인연이 끊어졌다는 뜻이다. "예수와 합하여 세례를 받았다"(ἐβαπτίσθημεν εἰς Χριστὸν Ἰησοῦν)는 말은 '예수 속으로 들어가는 세례를 받았다'는 뜻이다(골 3:3; 벧전 2:24). 곧 물세례란 다름 아니라 믿는 자가 예수님과 연합했다는 것을 인증하는 예식이다. 믿는 자가 예수님을 믿을 때 성령께서 역사하여 믿는 자로 하여금 예수 안으로 들어가게 만드신다. 다시 말해 연합하게 만드신다.

이렇게 "그리스도 예수와 합하여 세례를 받은" 신자는 "그의 죽으심과 합하여 세례를 받은" 것이다(고전 15:29). 곧 그의 죽으심 속으로 깊이 들어간 것, 곧 예수님의 죽으심과 연합한 것이다. 예수님의 죽으심과 연합했으므로 성도의 죄는 깨끗이 해결되었다. 예수님께서 성도의 죄를 해결하시기 위해서 죽으셨을 때 성도의 죄는 다 해결된 것이다. 성도가 죄 속에서 계속해서 산다는 것은 있을 수 없는 일이다.

롬 6:4. 그러므로 우리가 그의 죽으심과 합하여 세례를 받음으로 그와 함께 장사되었나니 이는 아버지의 영광으로 말미암아 그리스도를 죽은 자 가운데서 살리심과 같이 우리로 또한 생명 가운데서 행하게 하려 함이라.

"그러므로" 곧 '우리가 그의 죽으심과 합하여 세례를 받았음으로'(앞 절) 우리가 "그(예수님)와 함께 장사되었다"는 것이다(골 2:12). 본 절 상반 절에 나오는 "우리가 그의 죽으심과 합하여 세례를 받음으로"라는 말은 앞 절(3절) 하반 절을 반복하는 말이다. 바울은 우리가 예수님과 연합하면(3절 상반

절) 그의 죽으심과도 연합하는 것이며(3절 하반 절) 또한 예수님과 함께 장사
된 것이라고 말한다(본 절). 그러니까 예수님과의 연합은 모든 점에서의 연합
을 의미한다.

　　바울은 우리가 예수님과 함께 장사된 목적은 "아버지의 영광으로 말미암
아 그리스도를 죽은 자 가운데서 살리심과 같이 우리로 또한 생명 가운데서
행하게 하기" 위한 것이라고 말한다(갈 6:15; 엡 4:22-24; 골 3:10). 쉽게 말해
"아버지의 영광"(요 2:11; 11:40; 엡 3:16; 골 1:11), 즉 '아버지의 능력'이
예수님을 죽은 자 가운데서 부활시키신 것 같이(8:11; 고전 6:14; 고후 13:4)
우리 성도들로 하여금 그리스도의 부활의 생명을 받아 살게 하신다는 뜻이다
(롬 13:13; 고전 3:3; 갈 5:16, 25; 엡 2:10). 그리스도의 부활의 생명을 받아
사는 성도들이 죄를 계속 짓는다는 것은 있을 수 없는 일이다.

**롬 6:5. 만일 우리가 그의 죽으심과 같은 모양으로 연합한 자가 되었으면
또한 그의 부활과 같은 모양으로 연합한 자도 되리라.**
본 절 초두에는 이유를 말하는 접속사(γὰρ)가 있다. 그런고로 본 절은 앞
절과 무관한 내용을 말하는 것이 아니라 바로 앞 절의 말씀 "우리로 또한
생명 가운데서 행하게" 하려 한다는 내용의 이유를 진술한다. 하나님께서
"우리로 새 생명 가운데서 행하게 하시는"(앞 절) 이유는 "우리가 그의 죽으심
과 같은 모양으로 연합한 자가 되었으면 또한 그의 부활과 같은 모양으로
연합한 자도 되게" 하시기 때문이다(빌 3:10-11). 다시 말해 '우리가 그리스도
의 죽으심과 같은 모양으로 연합한 자가 되었으니 확실히 우리는 그의 부활과
같은 모양으로 연합한 자가 될 것이기' 때문이다. 그리스도의 죽으심과 연합한
자가 되었으니(실제상황을 말하는 것임) 틀림없이 그의 부활과 연합한 자가
되어 영적인 부활 곧 새 생명 가운데서 행하게 될 것이기 때문이다.

　　본 절은 앞 절의 말씀을 더욱 확증하는 말씀이다. 그런고로 본 절 하반
절의 말씀은 미래의 부활을 지칭하는 말씀이 아니라 현세에서 영적으로 살아
나는 것, 새 생명가운데서 사는 것을 지칭한다. 현세에서 영적으로 새로운

삶을 사는 자가 죄 속에 계속해서 거할 수는 없다는 것을 말하고 있다(1-2절).

바울은 '우리가 그의 죽으심과 같은 모양으로 연합한 자가 되었으니 확실하게 그의 부활과 같은 모양으로 연합한 자도 되리라'는 말씀을 하는 중에 "같은 모양으로...같은 모양으로"라는 표현을 사용한다. 이 말씀의 뜻은 우리의 죽음이 그리스도의 죽음과 똑 같은 죽음이 아니고 또 우리의 부활도 그리스도의 부활과 똑 같은 부활이 아니라 유사한 죽음, 유사한 부활이라는 뜻이다. 우리의 죽음이 그리스도의 죽음과 똑같은 죽음도 아니고 또 우리의 부활이 그리스도의 부활과 똑같은 부활이 아니라 성령님께서 우리를 그리스도와 연합시킨 것이니 우리의 죽음은 그리스도의 죽음과 유사한 죽음이고 우리의 부활도 그리스도의 부활과 유사한 부활이라는 뜻이다. 성령님은 우리를 그리스도 안으로 들어가게 하셔서 우리의 죽음은 그리스도의 죽음과 연합되었고 우리는 또 그리스도의 부활과 연합된 부활을 가졌는데 똑 같은 것을 가지지는 않았고 그리스도의 죽음과 유사한 죽음을 가졌고 또 그리스도의 부활과 유사한 부활을 했다는 것이다. 물론 여기서 말하는 우리의 부활은 미래에 육체가 부활할 것을 지칭하는 것이 아니라 현세에서 그리스도의 부활과 유사한 부활, 곧 영적인 부활을 한 것을 지칭하는 말씀이다.

본문에서 말하는 "연합한"(σύμφυτοι)이란 말은 '접붙여진,' '접목된'(en-grafted)이란 뜻으로 이질적인 것이 접목된 것을 뜻한다. 우리는 성령의 역사로 말미암아 예수님과 연합되었고 또 예수님의 죽음과도 연합되었으며 또 부활과도 연합된 것을 지칭한다. 그런데 본문에서 말하는 우리의 부활은 영적 부활, 곧 새 생명 안에서의 행함을 뜻하는 말이다. 이렇게 성령님께서 우리로 하여금 예수님과 연합시켜서 새 생명 가운데서 행하게 하셨으니 죄 속에서 계속해서 살아서는 안 된다(1-2절).

롬 6:6. 우리가 알거니와 우리의 옛 사람이 예수와 함께 십자가에 못 박힌 것은 죄의 몸이 죽어 다시는 우리가 죄에게 종노릇 하지 아니하려 함이니. 바울은 우리 모두가 상식적으로 본 절의 내용을 잘 "안다"고 전제하며 말한다.

즉 "우리의 옛 사람이 예수와 함께 십자가에 못 박힌 것은 죄의 몸이 죽어 다시는 우리가 죄에게 종노릇 하지 않게 되었다"는 사실을 잘 알게 되었다고 말한다(갈 2:20; 5:24; 6:14; 엡 4:22; 골 3:5, 9). 곧 '우리의 옛 사람(엡 4:22; 골 3:9), 죄가 주장하던 옛 자아(自我)가 예수님과 함께 십자가에 못 박혀서 결과적으로 두 가지 일이 벌어졌다'는 것을 잘 알고 있다고 말한다. 예수님께서 십자가에 못 박혔을 때 우리도 함께 십자가에 못 박혔기 때문에 결과적으로 첫째 "죄의 몸이 죽었다"는 것(골 2:11), 둘째, "우리가 죄에게 종노릇 하지 아니하게 되었다"는 것이다. 여기 "죄의 몸이 죽었다"는 것은 '죄가 주장하던 우리의 옛 사람이 예수님과 연합될 때 죄가 예수님에게 전가되었다'는 뜻이고, "우리가 죄에게 종노릇 하지 아니하게 되었다"는 말은 죄의 몸이 죽은 결과로 일어난 현상을 말하는데, 우리가 혹시 죄를 어쩌다가 지을 수는 있으나 종노릇 하지는 않게 되었다는 뜻이다.

우리는 아담 안에서 범죄 하는 사람이었는데(5:12, 17, 19) 성령으로 말미암아 예수님과 연합된 후에는 우리의 죄가 예수님에게 전가되어 우리의 죄의 기질은 죽었고 따라서 죄에게 종노릇하지 않게 되었다. 이렇게 우리가 죄의 몸이 죽었고 또 죄에게 종노릇하지 않는 사람이 되었으니 어떻게 죄 가운데서 계속해서 살 수 있겠느냐는 것이다(1-2절).

롬 6:7. 이는 죽은 자가 죄에서 벗어나 의롭다 하심을 얻었음이라.
본 절은 앞 절의 이유를 제공한다. 즉 우리는 죄에게 종노릇 할 수 없게 되었는데(앞 절) 그 이유는 "죽은 자가 죄에서 벗어나 의롭다 하심을 얻었기" 때문이다(벧전 4:1). 그리스도께서 십자가에 달려계실 때 '우리의 죄, 다시 말해 우리의 옛 사람도 죽었으니 죄로부터 벗어나 의롭다하심을 얻은 자가 되었다'는 것이다. "죄에서 벗어나 의롭다 하심을 얻었음이라"(δεδικαίωται ἀπὸ τῆς ἁμαρτίας)는 말은 두 가지 사상을 말하고 있다. 하나는 '죄에서 벗어나게 되었다'는 것과 동시에 다른 하나는 '의롭다 하심을 받았다'는 사실을 말하고 있다. 어떻게 해서 이런 두 가지 일이 동시에 발생하는가. 그것은 성도가 세례(성령 세례, 3-4절)를 받을 때 성령님께서 성도로 하여금 그리스도와 연합되게 하시기 때문이다. 그리스도와 연합된 성도(본 절에서는 "죽은 자"라고 표현되었다)는 지금까지 그를 주장하고 있던 죄의 세력이 그리스도에게 전가되어 죄에서 벗어나게 되고 또한 그리스도와 연합되었기에 하나님께서 의롭다고 칭(稱)해주신다. 사람은 그리스도와 연합되는 순간, 다시 말해 그리스도를 믿는 순간 하나님으로부터 의롭다는 선언을 받는다. 바꾸어 말해 그리스도를 믿는 순간 그리스도와 연합되니 하나님으로부터 의롭다 하시는 선언을 받는다. 이렇게 그리스도를 믿는 자, 그리스도와 연합한 자, 죄의 세력이 "죽은 자가 죄에서 벗어나 의롭다 하심을 얻었는데" 감히 죄에게 종노릇할 수는 없다는 것이다(1-2절).

롬 6:8. 만일 우리가 그리스도와 함께 죽었으면 또한 그와 함께 살줄을 믿노니. 바울은 본 절과 다음 절(9절)에서 우리 성도가 그리스도와 연합하여 함께 죽었으니 분명히 영적으로 함께 살줄을 믿는다고 말한다(3절, 5절; 딤후 2:11). 여기 "죽었다"(ἀπεθάνομεν)는 말은 부정(단순)과거 시제로 그리스도와 성도가 함께 단번에 죽은 것을 지칭한다. 그리고 "살줄을"(συζήσομεν)이란 말은 미래 시제로 장래에 영적으로 살게 될 것을 말할 뿐 아니라 현세에서도 겪는 영적인 삶을 지칭하는 말이다. 많은 성경 해석 가들은 본 절 하반절의 "함께 살줄을"이란 말을 두고 미래의 육체적인 부활을 지칭하는 것으로 해석하나 이 부분 문맥이 "은혜를 더하게 하려고 죄에 거하겠느냐. 그럴 수 없느니라. 죄에 대하여 죽은 우리가 어찌 그 가운데 더 살리요"(1-2절)라는 말을 증명하기 위하여 기록한 내용이므로 현세에서의 영적인 부활을 말하는 것으로 보아야 한다. 바울은 믿는 자가 성령의 역사로 말미암아 그리스도와 연합되었다면 반드시 예수님과 함께 영적으로 살게 된다는 것을 "믿는다"(πιστεύομεν)고 말한다. 현재 확실하게 믿는다는 뜻이다.

롬 6:9. 이는 그리스도께서 죽은 자 가운데서 살아나셨으매 다시 죽지 아니하시고 사망이 다시 그를 주장하지 못할 줄을 앎이로라.

바울은 본 절에서 앞 절 하반 절에서 주장한 내용을 더 확실하게 말하고 있다. 바울은 앞 절 하반 절에서 "그(예수님)와 함께 살줄을 믿는다"고 말했는데 이제 본 절에서 분명히 우리가 그리스도와 함께 살게 된다는 것을 이중적(二重的)으로 확인하고 있다. 첫째, "그리스도께서 죽은 자 가운데서 살아나셨으매 다시 죽지 아니하신다"고 못 박는다(계 1:18). 부활하신 그리스도는 절대로 죽지 아니하신다는 것이다. 이 문장에 사용된 부정어(οὐκέτι)는 부정어 중에 가장 강한 부정어로서 '절대로 죽지 아니하신다'는 것을 강하게 부각시키는 말이다. 그리고 둘째, "사망이 다시 그를 주장하지 못할 줄" 안다고 말한다. 이 두 번째 문장의 "다시...아니하시고"(οὐκέτι)란 말도 앞엣것과 똑같이 '사망이 다시는 그를 절대로 주장하지 못할 줄' 안다는 것을 강하게 말하고 있다. 이제 이후로는 사망이 예수님을 절대로 주장하지 못할 줄 안다는 말이다. 여기 "안다"(εἰδότες)는 말은 바로 앞 절의 "믿는다"는 말과 같은 내용이다. 그러나 아는 것이 논리적으로 먼저고 믿는 것은 바로 뒤따라오는 행위이다. 안다는 말이나 믿는다는 말은 모두 확신을 표시하는 낱말이다.

롬 6:10. 그가 죽으심은 죄에 대하여 단번에 죽으심이요 그가 살아 계심은 하나님께 대하여 살아 계심이니.

본 절 초두에 이유접속사가(γάρ)가 있어 본 절이 앞 절 내용의 이유를 말해준다. 바울은 앞 절(9절)에서 예수님께서 영원히 죽지 아니하시고 살아계실 것을 말했는데 그 이유는 본 절에서 예수님은 단 한번만 죽으시고 하나님께 대하여 영원히 살아계신 분이기 때문이라고 한다.

예수님께서 "죽으심은 죄에 대하여 단번에 죽으심"이란 말은 그가 십자가에서 한번만 죽으셨고 그 후에 또 2차, 3차 죽으신 일이 없으시다는 뜻이다(히 9:27-28). 여기 "단번에"(ἐφάπαξ)란 말은 '한번으로 영원히' 혹은 '한번으로 끝냈는데 그 효과가 영원하다'는 뜻이다. 구약 시대의 제사는 해마다 반복되었으나 그리스도의 십자가에서의 속죄는 한번 죽으심으로 영원한 속죄를 이루셨다(히 7:27; 9:12, 28; 10:10).

그리고 "그가 살아 계심은 하나님께 대하여 살아 계시다"라는 말씀에 대해서 여러 해석이 시도되었다(눅 20:38). 1)혹자는 예수님께서 '하나님의 세계에서' 영원히 사시는 것을 지칭한다고 말하고, 2)또 혹자는 '하나님 안에서' 사시는 것을 지칭한다고 하며, 3)또 혹자는 예수님께서 '하나님으로 말미암아' 살아계심을 가리킨다고 말하기도 주장하나, 4) 예수님께서 하나님을 위하여 사시는 것을 지칭한다고 보는 것이 가장 옳은 것으로 보인다(박윤선, Barnes, Harrison, Hendriksen, Meyer, Murray, Witmer). "그러나 이 말씀은 그가 죽으시기 전에는 하나님을 위하시지 않으셨다는 암시를 포함하지 않는다. 그는 언제나 하나님을 위하신다"(박윤선). 예수님은 십자가에서 죽으신 것도 하나님을 위한 것이었고 그가 부활하신 것도 역시 하나님을 위한 것이었다(12-14절; 요 17:4).

롬 6:11. 이와 같이 너희도 너희 자신을 죄에 대하여는 죽은 자요 그리스도 예수 안에서 하나님께 대하여는 살아 있는 자로 여길지어다.

본 절은 "이와 같이"란 말이 보여주듯 그리스도께서 죄에 대하여 단번에 죽으시고 하나님의 영광을 위하여 살아계시는 것처럼, 신자들도 역시 자신의 죄에 대해서는 관계가 끊어지고 그리스도 안에서 하나님의 영광을 위하여 살 것을 권고하는 말씀이다. 바울은 "너희 자신을 죄에 대하여는 죽은 자"로 여기라고 말한다. "죄에 대하여는 죽은 자"로 여기라는 말은 "죄와의 관계가 끊어진 것,' '죄와의 인연이 끊어진 것,' '죄와 분리된 것'으로 여기라는 뜻이다(2절). 신자가 예수님과 연합되었기에 이제는 예수 안에서 죄와의 관계가 끊어졌고 분리된 것이라는 말이다.

그리고 바울은 성도가 "그리스도 예수 안에서 하나님께 대하여는 살아 있는 자로 여기라"고 부탁한다(갈 2:19). 그리스도 예수와 연합되었으니 하나님을 위하여 살아있는 자로 여기라는 말이다. 우리는 그리스도 예수 안에 있는 고로 지혜를 얻고 힘을 얻어 하나님의 영광을 위하여 살아갈 신자로 여겨야 한다. 우리는 결코 죄에게 종노릇할 수는 없다(1-2절).

롬 6:12. 그러므로 너희는 죄가 너희 죽을 몸을 지배하지 못하게 하여 몸의 사욕에 순종하지 말고.

바울은 앞 절에서 우리로 하여금 하나님의 영광을 위하여 살 자로 여기라고 권고하고는 이제 본 절과 다음 절(13절)에서 결론적으로 몇 마디를 권고한다. 본 절에서는 죄와 멀리할 것을 부탁한다. 첫째, "너희는 죄가 너희 죽을 몸을 지배하지 못하게 하라"고 명령한다(시 19:13; 119:133). '죄가 우리의 몸을 주장하지 못하게, 지배하지 못하게, 장악하지 못하게 하라'는 것이다. 성도가 영적으로는 예수님과 연합되었다고 해도 아직 육체는 엉뚱하게 행할 수 있는 고로 바울은 성도들로 하여금 실제적으로 죄와 거리를 둔 삶을 살라고 명령한다. 우리는 성령의 지배를 받는 삶을 살아야 할 것이다. 본문에 "죽을 몸"이란 말은 다음 절(13절)에 표현된 대로 우리의 "지체"를 지칭하는 말이다. 곧 '죄가 역사하는 기관으로서의 몸'을 지칭한다(윌럼 헨드릭슨).

둘째, "몸의 사욕에 순종하지 말라"고 권고한다. '몸의 욕심을 따르지 말라'는 말이다. 상반 절 문장과는 약간 달리 표현되었다. 상반 절은 죄가 우리의 몸을 주장하지 못하게 하라는 것이고, 이 문장은 죄를 따르지 말라는 것이다. 비록 신자는 원리적으로 예수님과 연합되어 있을지라도 죄가 기회를 타서 몸 안에서 요동하는 고로 욕심에 순종하지 않아야 한다. 신자는 그리스도로부터 지혜를 얻고 힘을 얻어 물리치면 얼마든지 죄를 물리칠 수 있음을 알아야 한다.

롬 6:13. 또한 너희 지체를 불의의 무기로 죄에게 내주지 말고 오직 너희 자신을 죽은 자 가운데서 다시 살아난 자 같이 하나님께 드리며 너희 지체를 의의 무기로 하나님께 드리라.

바울은 바로 앞 절(12절)에서는 소극적으로 죄에게 순종하지 말라고 명령했는데 본 절에서는 적극적으로 우리의 몸을 하나님께 드리라고 부탁한다.

바울은 먼저 "너희 지체를 불의의 무기로 죄에게 내주지 말라"고 부탁한다 (7:5; 골 3:5; 약 4:1). '성도의 몸을 죄에게 내주어 불의의 무기가 되게 말라'는 것이다. 눈이나 입이나 손이나 발이나 아무 지체든지 죄를 짓는데 사용하지 말라는 뜻이다. 여기 "내주지 말라"(μηδὲ παριστάνετε)는 말은 현재 명령형시제로 '계속해서 내주지 말라'는 뜻이다. 만일 지체의 일부분이라도 죄를 짓는데 이용했다면 그 지체를 빼버리고 끊어내라고 예수님은 말씀하신다(마 5:27-32).

바울은 적극적으로 "오직 너희 자신을 죽은 자 가운데서 다시 살아난 자 같이 하나님께 드리며 너희 지체를 의의 무기로 하나님께 드리라"고 말한다 (12:1; 벧전 2:24; 4:2). 바울은 '너희 자신을 죽은 자 가운데서 다시 사신 예수님께서 자신을 하나님께 드리듯 하나님께 드리며 너희 지체, 곧 성도의 몸을 하나님께 드려 옳게 사용되어지는 병기가 되게 하라'는 것이다(고후 6:7; 엡 6:10-20; 살전 5:8; 딤후 2:3). 본문에 하나님께 "드리라"(παραστήσατε)는 말은 부정(단순)과거 명령형으로 '분명하게 드리라'는 뜻이다. 우리는 우리의 지체를 하나님께 드려야 한다. 우리는 결코 은혜를 더하게 하려고 죄에 거(居)할 수는 없는 일이다(1-2절).

롬 6:14. 죄가 너희를 주장하지 못하리니 이는 너희가 법 아래에 있지 아니하고 은혜 아래에 있음이라.

성도가 죄를 지을 수는 있으나 죄가 성도를 주장하지는 못한다(7:4, 6; 8:2; 갈 5:18). 그 이유는 성도가 "너희가 법 아래에 있지 아니하고 은혜 아래에 있기" 때문이다. 성도가 율법 아래에 있는 동안 죄로부터 탈출하지도 못하고 구원을 받지 못한다. 율법의 행위로는 의롭다 함을 얻을 육체가 없다(갈 2:16).

그러나 성도는 은혜 아래에 있기 때문에 죄가 성도를 계속해서 주장하지 못한다(8:1). 우리가 은혜 아래 있다는 말은 우리가 예수님과 연합되었다는 것을 뜻한다. 문맥은 우리가 세례로 그리스도와 연합되었음을 말해왔다(3-9

절). 우리는 예수님과 연합된 자들로서 은혜 아래 있는 성도들이다. 그런고로 죄가 우리를 주장하지 못한다. 죄가 우리를 주장하지 못하는 고로 성도가 계속해서 죄 속에 거할 수는 없는 일이다(1-2절). 바울은 지금까지 의롭다 함을 받은 성도가 죄에 거할 수 없음을 말해왔다. 성도는 거룩하게 살아야 한다.

2. 은혜 아래 있다는 이유로 죄를 짓는 것은 잘 못이다 6:15-7:6
바울은 앞부분(1-14절)에서는 성도가 은혜를 더하게 하려고 죄를 짓는 것은 잘 못이라고 말했고, 이제 이 부분에서는 성도가 은혜아래에 있다는 이유로 죄를 짓는 것은 잘 못된 일이라고 말한다(6:15-7:6).

롬 6:15. 그런즉 어찌하리요 우리가 법 아래에 있지 아니하고 은혜 아래에 있으니 죄를 지으리요 그럴 수 없느니라.
"그런즉"(οὖν) 곧 '죄가 우리를 주장하지 못하리니 이는 우리가 법아래 있지 아니하고 은혜 아래 있은즉'(앞 절) "어찌 하겠는가?"라는 질문이다. 바울은 다시 한 번 더 구체적으로 "우리가 법 아래에 있지 아니하고 은혜 아래에 있으니 죄를 지으리요'라고 반문한다(고전 9:21). 이 반문을 재구성하면 "우리가 법아래 있지 않으니 범죄한들 정죄 받을 것이 없고, 은혜 아래 있으니 범죄한들 용서받을 터이니 죄를 지어도 좋지 않으냐는 것이다"(이상근). 바울은 단연코 "그럴 수 없느니라"(μὴ γένοιτο)고 강하게 부정한다(2절: 3:4 참조). 참으로 그럴 수 없는 일이다. 은혜 아래 있으면 더욱 죄를 멀리 해야 한다.

롬 6:16. 너희 자신을 종으로 내주어 누구에게 순종하든지 그 순종함을 받는 자의 종이 되는 줄을 너희가 알지 못하느냐 혹은 죄의 종으로 사망에 이르고 혹은 순종의 종으로 의에 이르느니라.
바울 사도가 앞 절 하반 절에서 "그럴 수 없느니라"고 말했는데, 그 이유는 누구든지 죄를 지으면 죄의 종이 되어 사망에 이르게 되기 때문이라고 말한다.

바울은 "너희 자신을 종으로 내주어 누구에게 순종하든지 그 순종함을 받는 자의 종이 되는 줄을 너희가 알지 못하느냐"고 상식에 호소한다(마 6:24; 요 8:34; 벧후 2:19). 바울은 '우리 자신들을 종들(δούλους), 곧 노예들로 바치면 바로 그 주인의 노예들이 되는 것을 알지 못하느냐'고 따진다. 뻔한 일이라는 말이다. 바울은 그러면서 "혹은 죄의 종으로 사망에 이르고 혹은 순종의 종으로 의에 이른다"고 말해준다. '죄의 노예가 되면 사망(영적사망과 육적사망을 모두 포함한다)에 이르게 되고 혹은 순종의 노예가 되면 의에 이르게 된다'고 말한다. 본문에 "순종의 종"이 된다는 말은 문맥에 의하여 '교훈의 본에 순종하는 것'을 지칭하고(17절) 혹은 '하나님께 순종하는 것'을 가리킨다 (22절). 우리가 성경의 교훈에 순종하면 의에 이르게 되고 또 하나님께 순종하면 의에 이르게 된다는 뜻이다. 여기 "의에 이르느니라"는 말은 "사망에 이른다"는 말과 대구를 이루는 것이므로 '구원(영생)에 이른다'는 뜻으로 보아야 한다. 이렇게 죄를 지으면 사망에 이르게 되니 바울은 죄를 지을 수가 없다는 논리를 펴고 있다.

롬 6:17-18. 하나님께 감사하리로다 너희가 본래 죄의 종이더니 너희에게 전하여 준 바 교훈의 본을 마음으로 순종하여 죄로부터 해방되어 의에게 종이 되었느니라.

바울은 로마 교인들이 현재의 형편만큼이라도 된 것을 생각하고 하나님께 감사한다고 말한다. 하나님께서 로마 교인들을 현재만큼이라도 되게 하셨으니 하나님께 감사한다는 것이다. 우리는 범사에 감사해야 한다(살전 5:18).

　　로마 교인들은 과거에 "본래 죄의 종이었다." '죄에게 끌려 다니는 노예였다.' 그러던 로마 교인들이 "너희(로마교인들)에게 전하여 준 바 교훈의 본을 마음으로 순종하여 죄로부터 해방되어 의에게 종이 되었다"는 것이다(요 8:32; 고전 7:22; 갈 5:1; 벧전 2:16). 전도자들이 전하여 준바(바울이 전한 것이 아니다. 이유는 바울이 로마 교회를 세우지도 않았고 아직까지 한 번도 로마를 방문한 적이 없었다) "교훈의 본"20) 곧 '복음' 혹은 '기독교의 진리'를 성심으로 순종하여 죄로부터 해방되어 그리스도에게 종이 되었다. 본문에 "순종하여"란 말은 믿음과 똑 같은 뜻을 가진 낱말이다(히 3:18-19; 4:2, 6). 우리는 복음에 순종하여 죄로부터 해방하여 그리스도의 종(노예)이 되어야 한다(롬 1:1; 빌 1:1; 딛 1:1; 약 1:1). 복음을 믿을(순종할) 때 하나님은 우리로 하여금 의(그리스도, 하나님-22절)에게 종이 되게 해주신다.

롬 6:19. 너희 육신이 연약하므로 내가 사람의 예대로 말하노니 전에 너희가 너희 지체를 부정과 불법에 내주어 불법에 이른 것 같이 이제는 너희 지체를 의에게 종으로 내주어 거룩함에 이르라.

바울은 본 절에서 로마 교인들에게 예전과는 달리 이제 거룩한 삶을 살라고 부탁한다. 바울은 로마 교인들의 "육신이 연약하므로 내가 사람의 예대로 말한다"고 한다. 여기 "육신(σαρκὸς)21)이 연약하다"는 말은 로마 교인들의 '인간성이 아직도 온전히 거룩함에 이르지 못하여(하반 절) 어둡다'는 뜻이다. 다시 말해 로마 교인들이 죄에서 온전히 빠져나와서 거룩함에 이르지 못하여 영적으로 아둔하고 도덕적으로도 온전하지 못하며 지적으로도 무지한 면이 있다는 뜻이다. 사람이 예수님을 믿었다고 해서 금방 인간성이 정화되는 것은 아니다. 오랜 세월이 걸린다. 로마 교인들은 세상 지식은 있었을지라도 바울의 신령한 말을 잘 이해할 수는 없었다. 그래서 바울은 로마 교인들에게 신령한 진리를 말할 때 "사람의 예대로 말해볼 것이라"고 말한다. 곧 '사람 사회에서 통하는 예(例-통념)대로 말을 해볼 것이라'고 말한다(롬 3:5; 고전

---

20) "교훈의 본"이란 말에 대하여 여러 해석이 시도되었다. 1)기독교의 복음 중에서 윤리적인 부분이라는 설, 이 학설은 받기가 어렵다. 이유는 윤리가 사람을 죄로부터 해방시켜 그리스도에게 종이 되게 하는 것은 아니기 때문이다. 2)초보자들에게 가르치는 기독교의 몇 가지 기본진리라는 학설, 그러나 이 학설은 문맥에서 찾아볼 수 없다. 3)바울만이 특히 강조하는 기독교의 교리라는 학설, 이 학설 역시 받기가 어렵다. 바울이 이 편지를 쓸 때까지 로마 교인들에게 가르친 것이 없기 때문이다. 4)전도자들이 전한 복음 자체라는 학설, 이 학설이 바른 학설로 보인다(박윤선, 이상근, Denny, Harrison, Lenski, Hendriksen, Zahn).

21) "육신"이란 말은 육체를 지칭하는 것이 아니라 우리의 부패한 인간성을 가리킨다. 따라서 "육신이 연약하다"는 말은 로마 교인들의 부패한 인간성이 아직 죄로부터 빠져나오지 못한 상태를 지칭한다. 로마 교인들은 예수님을 믿고 있었지만 아직도 옛 자아를 온전히 벗지 못하였기에 육신이 연약하다고 할 수 있었다.

9:8; 갈 3:15).

바울은 로마 교인들이 알아들을 수 있는 말로 해보겠는데 그것은 다름 아니라 "전에 너희가 너희 지체를 부정과 불법에 내주어 불법에 이른 것같이 이제는 너희 지체를 의에게 종으로 내주어 거룩함에 이르라"고 말하겠다고 한다. 로마 교인들은 예전에는 그들의 지체를 부정과 불법에 내주어 불법에 이른 삶을 살고 있었다. 여기 "부정"($\dot{\alpha}\kappa\alpha\theta\alpha\rho\sigma\acute{\iota}\alpha$)이란 '도덕적으로 더러운 행위'를 지칭하고(1:24 이하), "불법"($\dot{\alpha}\nu o\mu\acute{\iota}\alpha$)은 율법을 어긴 행위를 가리킨다(2:12 이하). 그러니까 "지체를 부정과 불법에 내주어 불법에 이르렀다"는 말은 '더욱 큰 불법에 이른 것'을 지칭한다(R.S.V. Bruce). 바울은 로마 교인들의 과거의 불법적인 삶을 어떻게 알았을까. 그것은 불신 시절에는 누구든지 그런 삶을 살았기 때문이다.

바울은 로마 교인들의 과거의 삶에 대해서 말하고는 "이제는 너희 지체를 의에게 종으로 내주어 거룩함에 이르라"고 권면한다. 이제는 '몸과 마음 인격을 의(하나님, 그리스도)에게 종으로 드려 점점 더 죄를 떠나 거룩함으로 나아가라'고 한다. 우리는 세상에서 100% 거룩해질 수는 없으나 온전함을 향해 나아가야 한다.

롬 6:20. 너희가 죄의 종이 되었을 때에는 의에 대하여 자유로웠느니라. 바울은 본 절과 다음 절(21절)에서 로마 교인들이 과거 죄의 노예가 되었을 때의 삶을 말해준다(19절; 요 8:34). 그때에는 첫째, "의에 대하여 자유로웠다"고 말한다. 곧 '의로운 삶과는 무관한 삶을 살았다'는 뜻이다. 하나님과 원수 관계의 삶을 살았고 하나님 보시기에 의로운 삶과는 전혀 관련이 없는 삶을 살았다는 뜻이다. 죄와 의와는 양립할 수가 없다. 한 사람이 두 주인을 섬길 수 없다(마 6:24).

롬 6:21. 너희가 그 때에 무슨 열매를 얻었느냐 이제는 너희가 그 일을 부끄러워하나니 이는 그 마지막이 사망임이라.

둘째, 로마 교인들은 성령님의 열매를 맺지 못하고 살았다는 것이다. 바울은 로마 교인들을 향하여 "너희가 그 때에 무슨 열매를 얻었느냐"고 반문한다 (7:5). 죄의 노예로 끌려 다니며 살 때에 무슨 성령의 열매를 맺었느냐는 질문이다. 대답은 아주 뻔하다. 아무 좋은 열매를 맺지 못했고 그저 수많은 죄만 지었다고 대답하게 되었다고 말할 수밖에 없게 되었다.

바울은 이제 로마 교인들이 과거를 생각하면서 과거의 죄악된 삶을 부끄러워한다고 말한다. 과거에 했던 말들, 과거에 행했던 행동들을 생각하면 오직 부끄러울 것밖에 없게 되었다고 말한다. 이유는 "그 마지막이 사망"이기 때문이라고 한다(1:32). 죄의 결과는 영적 사망이고 삶의 파괴이며 육적인 사망이기 때문에 그저 부끄러움   뿐이라는 것이다.

롬 6:22. 그러나 이제는 너희가 죄로부터 해방되고 하나님께 종이 되어 거룩함에 이르는 열매를 맺었으니 그 마지막은 영생이라.

바울은 앞의 두 절(20-21절)과는 완전히 다른 현재의 삶을 묘사하고 있다. 첫째, "이제는 너희가 죄로부터 해방되었다"고 말한다(18절; 요 8:32). 예수님과 연합되었기에(3-6절) 죄로부터 해방되었고, 복음을 순종하였기에(16절) 죄로부터 해방되었다는 말이다. 둘째, "하나님께 종이 되었다"고 말한다. 과거에는 죄의 노예였던 사람들이 이제는 그리스도와 연합되어 하나님의 노예가 되었다. 셋째, "거룩함에 이르는 열매를 맺었다"고 말한다. "거룩함에 이르는 열매"(fruit unto holiness)란 말은 '성화를 향해 가는 열매'란 뜻으로 로마 교인들은 그 성화로 가는 열매를 가지고 있다(ἔχετε)는 것이다. 바울은 그들이 점점 성화되어 가고 있음을 암시한다. 그 성화의 "마지막은 영생이라"고 말한다. 결국 '성화의 끝은 영생이라'는 말이다. 성화의 끝은 개인 성도가 죽을 때 이루어지는 것이고 또 예수님께서 재림하실 때 이루어진다.

롬 6:23. 죄의 삯은 사망이요 하나님의 은사는 그리스도 예수 우리 주 안에 있는 영생이니라.

본 절은 15-22절의 결론이다. 바울은 본 절에서 "죄의 삯은 사망이라"고 결론짓는다(5:12; 창 2:17; 약 1:15). '부정과 불법은 영적 죽음과 육적 죽음을 가져온다'는 말이다. "삯"(ὀψώνια)이란 말은 '대가'(代價)라는 뜻이다.22) 사람이 죄의 노예가 되어 죄에 충성함으로 사망이라는 대가를 받는다는 것이다. 그러나 영생은 우리가 마땅히 받아야 할 대가가 아니라 "하나님의 은사"라는 것이다. "은사"(χάρισμα)란 '하나님께서 거저 주시는 선물'을 뜻한다. 영생은 하나님께서 "그리스도 예수 우리 주를 통하여" 주시는 선물이다(2:7; 5:17, 21; 벧전 1:4). 그리스도께서 우리의 죄를 씻어주시고 또 그리스도께서 의(義)를 주심으로 거저 주시는 선물이다. "영생이란 새로운 종류의 삶이다. 죄인은 이 새로운 종류의 삶을 분에 넘치는 호의라고 깨닫는다. 이런 종류의 삶, 이런 양질(良質)의 존재는 한 사람, 예수 그리스도 안에서 발견된다"(A. Berkeley Mickelsen).

---

22) "삯"이란 말은 성경에서 군인들에게 지급되는 급료를 뜻하고(눅 3:14; 고전 9:7), 또 때로는 "삯"이란 말이 일반적인 급료를 뜻하기도 했다(고후 11:8).

제 7 장
율법과 성도의 관계 및 율법의 역할

롬 7:1. 형제들아 내가 법 아는 자들에게 말하노니 너희는 그 법이 사람이 살 동안만 그를 주관하는 줄 알지 못하느냐.

이 부분(1-6절)은 6:15-7:6까지 이어지는, 한 단락으로 성도가 은혜아래에 있다는 이유로 죄를 짓는 것은 잘 못된 일임을 계속해서 말한다. 다시 말해 율법으로부터 자유로워졌다고 해서 죄를 지어서는 안 되고 그리스도를 힘입어 열매를 맺어야 한다고 권장하고 있다.

"형제들아"라는 애칭은 1:13이후에 여기 처음 사용하는 애칭(8:12; 10:1; 11:25; 12:1; 15:30; 16:17)으로 유대인과 이방인 신자 모두를 부르는 칭호이다. 바울은 "형제들아"라고 애칭으로 부르면서 "내가 법 아는 자들에게 말하노니 너희는 그 법이 사람이 살 동안만 그를 주관하는 줄 알지 못하느냐"고 묻는다. 바울은 "내가 법(세상의 일반법을 지칭한다)을 좀 아는 사람들에게 말한다"(N.E.B.)고 한다. 세상의 일반법도 "사람이 살 동안만 그를 주관한다"는 것이다. 즉 사람이 죽으면 법은 그를 주관하지 못하고 끝난다는 뜻이다. 아무리 잘 못을 저지르고 죽어도 그 사람이 죽은 후에는 그 사람이 행한 일로 더 이상 문제를 삼을 수는 없다는 뜻이다. 사람이 죽으면 법과의 관계는 끝나는 것이다.

한 가지 주의할 것은 바울 사도가 "법 아는 자들에게 말한다"고 할 때 "법"이라는 낱말 앞에 관사가 없을지라도 모세의 율법을 지칭할 수도 있다는 것이다. 로마 교회 안에 있는 유대인뿐 아니라 이방인까지도 모세의 율법을 꽤 알고 있었을 터이니 바울은 율법을 지칭했을 것이다. 율법도 마찬가지로 사람이 죽으면 그 율법과의 관계에서 자유롭게 되는 것은 사실이다.

롬 7:2. 남편 있는 여인이 그 남편 생전에는 법으로 그에게 매인 바 되나 만일 그 남편이 죽으면 남편의 법에서 벗어나느니라.

본 절과 다음 절은 바울이 앞 절(1절)에서 말한바 사람이 죽으면 법과의 관계가 끝난다는 것을 말하기 위해 예화로 든 것이다. 바울은 이 부분에서 부부관계를 예로 들어 남편이 죽으면 부인은 남편으로부터 자유로워진다고 말한다.

바울은 "남편 있는 여인이 그 남편 생전에는 법으로 그에게 매인 바 된다"고 말한다(고전 7:39). "남편 있는(ὕπανδρος) 여인"이란 말은 '남편 아래에 매어있는 여인'이란 뜻이다. 남편에게 매어있는 여인, 곧 결혼한 여인은 그 남편이 살아있는 동안에는 법으로 매어있다는 것이다. 그렇지만 그 남편이 사망하는 경우 "남편의 법에서 벗어난다." "남편의 법"이란 말은 '아내를 남편에게 묶어두는 법' 혹은 '남편을 아내의 주인으로 만드는 법'을 지칭한다 (F.F. Bruce). 그리고 "벗어나느니라"(κατήργηται)는 말은 현재완료 수동태로 이미 그 법에서 완전히 벗어졌다는 뜻이다. 남편이 죽자 아내는 곧 남편에게 묶여있던 데서 풀어졌다는 뜻이다.

롬 7:3. 그러므로 만일 그 남편 생전에 다른 남자에게 가면 음녀라 그러나 만일 남편이 죽으면 그 법에서 자유롭게 되나니 다른 남자에게 갈지라도 음녀가 되지 아니하느니라.

바울은 여자가 "만일 그 남편 생전에 다른 남자에게 가면 음녀라"고 규정한다 (마 5:32). 남편이 죽지도 않았는데 다른 남자와 혼인관계를 맺으면 음녀이다. "음녀"란 말은 '간음죄를 지은 여인'을 지칭한다. 바울은 "그러나 만일 남편이 죽으면 그 법에서 자유롭게 되나니 다른 남자에게 갈지라도 음녀가 되지 아니한다"고 말한다. '남편이 사망하는 경우 여인은 남편의 법, 곧 아내를 남편에게 묶어 놓는 법에서 자유롭게 되어 다른 남자에게 갈지라도 간음죄를 지은 여자가 되지 않는다'는 것이다. 동양 사상에서 여자는 한번 결혼한 후에는 남편이 죽어도 다른 남자와 결혼하지 않는 것을 미덕으로 여기고 있으나 하나님의 법은 다르다. 얼마든지 다른 남자와 결혼할 수가 있다.

롬 7:4. 그러므로 내 형제들아 너희도 그리스도의 몸으로 말미암아 율법에 대하여 죽임을 당하였으니 이는 다른 이 곧 죽은 자 가운데서 살아나신 이에게 가서 우리가 하나님을 위하여 열매를 맺게 하려 함이라.

바울은 남편이 죽은 후 여자가 남편의 법으로부터 자유로워진다는 것을 설명한(2-3절) 후 그 원리를 신자와 율법관계에 적용한다. 바울은 "내 형제들아 너희도 그리스도의 몸으로 말미암아 율법에 대하여 죽임을 당하였다"고 말한다(8:2; 갈 2:19; 5:18; 엡 2:15; 골 2:14). '로마 교인들도 그리스도의 십자가 죽음으로 말미암아 율법과의 관계가 무관해졌다'는 뜻이다. 혹자는 여기 죽은 것이 "율법"이라고 말하나 "너희" 곧 '로마교인들'(오늘날 성도들)이다. 로마 교인들(오늘날 우리들)이 그리스도의 십자가에서 그리스도와 함께 죽었다는 것이다. "신자는 그리스도와 함께 죽었으므로 율법과의 관계가 끊어지고 자유로워져서 그리스도와 연합할 수 있게 되었다"(F.F. Bruce).

바울은 성도가 그리스도의 십자가에서 죽게 되어 두 가지 결과를 맺게 되었다고 말한다. 하나는 "다른 이 곧 죽은 자 가운데서 살아나신 이에게 가게" 되었다고 말한다. 율법으로부터 자유로워진 성도는 '다른 이, 곧 죽은 자 가운데서 다시 살아나신 그리스도에게 가서 연합하게 되었다'는 것이다. 그리고 또 하나는 "우리가 하나님을 위하여 열매를 맺게 되었다"고 말한다(갈 5:22). 여기 "열매"란 성화의 열매(6:22), 곧 성령의 열매를 지칭한다. 예수님께서 승천하셔서 성령을 보내주셔서 성령님께서 각 성도에게 임하여 성령의 많은 열매를 맺게 하신다(갈 5:22-23). 그리스도와 연합한 우리는 수없이 많은 열매를 맺게 되었다. 우리는 우리 노력으로 열매를 맺는 것이 아니라 성령님께서 역사하셔서 성령님이 열매를 맺으신다. 성령님께만 순종하면 성령님께서 다 하신다.

롬 7:5. 우리가 육신에 있을 때에는 율법으로 말미암는 죄의 정욕이 우리 지체 중에 역사하여 우리로 사망을 위하여 열매를 맺게 하였더니.

바울은 본 절에서 성도가 중생하기 전, 곧 죄의 지배를 받던 시절의 삶을 진술한다. 다시 말해 '회심 전의 삶'을 진술한다. 그런데 혹자는 "우리가 육신에 있을 때"를 갈 2:20; 빌 1:22 등의 성구를 예로 들어 '회심 후의 삶을 가리킬 수도 있다'고 주장한다. 회심 후에도 회심 전의 상태 곧 죄의 지배를 받는다는 것이다. 그러나 바울은 본 절에서는 회심 전, 죄가 지배하는 때를 말하고 다음 절(6절)에서는 "이제는"(νυνί)이란 말로 시작하여 회심 후의 경험을 진술하고 있는 것을 보면 본 절의 "육신에 있을 때"라는 말은 분명 중생하기 전, 곧 회심 전의 경험을 말하는 것으로 보아야 한다.

바울은 죄가 지배하고 있던 회심 전에는 "율법으로 말미암는 죄의 정욕이 우리 지체 중에 역사하여 우리로 사망을 위하여 열매를 맺게 하였다"고 말한다 (6:13, 21; 갈 5:19; 약 1:15). 여기 "율법으로 말미암는 죄의 정욕"이란 말에 대해 혹자는 '율법이 우리 안에서 죄악된 정욕을 일으키게 하니 율법 자체가 파괴적이라'고 해석했으나 합당하지 않은 해석이다. 이유는 하나님께서 주신 율법은 죄를 일으키는 장본인이 아니다. 바울은 7절에서 "율법이 죄냐 그럴 수 없다"고 분명히 선을 그어놓았다. 하나님께서 율법을 주신 목적은 우리로 하여금 죄가 무엇인지를 알게 하려고 하신 것이다(7절 하반 절). 그런고로 "율법으로 말미암는 죄의 정욕"이란 말을 해석할 때 율법이 죄의 원인이 되어 죄악의 정욕을 일으킨다고 해석해서는 안 된다. 바울은 8절에서 "죄가 기회를 타서 계명으로 말미암아 내 속에서 온갖 탐심을 이루었다"고 말한다. "죄"가 원인이 되었고 계명(율법이란 말과 동의어이다)은 수단이 된 것을 알 수 있다. 그런고로 본 절의 "율법으로 말미암는"이란 말은 '율법을 수단으로 하여,' '율법을 미끼로 하여,' '율법을 중간 다리로 하여'라는 뜻이다. 그러니까 "율법으로 말미암는 죄의 정욕"이란 말은 '율법을 미끼로 하여' 혹은 '율법이 중간 다리가 되어' "죄의 정욕이 우리 지체 중에 역사하였다"고 말해야 한다. 여기 "죄의 정욕"(τὰ παθήματα τῶν ἁμαρτιῶν)이란 말을 직역하

면 '죄들의 정욕들'이라고 번역된다. '죄들의 정욕들'은 '죄들이라고 하는
정욕들'이라고 풀어쓸 수 있는데(죄들과 정욕들은 동격이다)23) 정욕들은
모두 죄들이라는 뜻이다. 인생의 정욕들, 곧 욕심들은 모두 죄들이다. 자기에
게 필요한 만큼의 것 이상으로 가지려고 하는 모든 욕심들은 죄라는 뜻이다.
예수님은 우리의 모든 정욕들, 곧 죄들을 대속하시기 위해서 십자가에서
죽으셨다.

바울은 "죄의 정욕이 우리 지체 중에 역사하여 우리로 사망을 위하여
열매를 맺게 하였다"고 말한다. 죄악된 정욕이 "우리 지체 중에 역사한다"는
말은 '우리의 몸 안에서 활동한다'는 뜻이다. 수많은 정욕들은 사람의 마음과
생각을 사로잡아 사람으로 하여금 사망으로 치닫도록 많은 열매를 맺는다는
것이다. 본 절에서 말하는 "사망"은 '영적인 사망과 육적인 사망'을 지칭한다.

**롬 7:6. 이제는 우리가 얽매였던 것에 대하여 죽었으므로 율법에서 벗어났으니
이러므로 우리가 영의 새로운 것으로 섬길 것이요 율법 조문의 묵은 것으로
아니할지니라.**
바울은 중생 전의 이야기(앞 절)를 마치고 "이제는" 중생 후의 삶을 진술한다.
바울은 이제는 "우리가 얽매였던 것에 대하여 죽었다"고 말한다. 여기 "우리가
얽매였던 것에 대하여 죽었다"는 말은 '우리를 얽매였던 율법과 우리가 관련
이 끊어졌다'는 뜻이다. 예수 그리스도께서 십자가에서 죽으실 때 우리가
함께 못 박혔으므로 우리의 죄가 예수님에게 전가되어 우리는 이제 우리의
죄와 관련이 끊어졌으므로 우리를 정죄하던 율법과의 관련이 끊어졌다는
뜻이다(4절에서도 자세히 진술되어 있다).

그런고로 "우리가 영의 새로운 것으로 섬길 것이요 율법 조문의 묵은

---

23) 본문의 "죄의 정욕"이 무엇을 지칭하느냐 하는 것을 두고 다른 주장들이 있다. 혹자는
'죄악의 성격을 갖는 정욕'이라고 본다. 그렇다면 죄악의 성격을 갖지 않는 정욕도 있다는
것을 암시하게 되니 정확한 해석으로 받기 어렵다. 또 혹자는 '죄로 나아가고자 하는 욕구'라고
해석하기도 한다. 그러나 이 해석은 욕구 중에는 죄로 나아가지 않는 욕구가 있음을 암시하고
있어서 애매한 느낌을 준다.

것으로 아니한다"고 말한다(2:29; 고후 3:6). '우리가 성령이라는 새로운 것으로 섬길 것이요 율법 조문이라고 하는 묵은 것으로 섬길 것이 아니라'고 말한다.24) 성령은 새로운 것이고25) 율법 조문은 옛 것이라는 뜻이다(고후 5:17; 엡 4:22-24; 골 3:9-10). 바울은 그리스도를 만나기 전에 율법 조문에 완전히 매달려 하나님을 섬겼으나(빌 3:5-6) 이제 그리스도를 만난 후에는 새로운 분이신 성령님의 지배와 인도를 따라서 하나님을 섬긴다는 뜻이다. 바울의 경험은 바로 우리의 경험이 되었다. 이제 우리는 율법을 흠 없이 지켜 구원을 받으려는 생활로부터 성령님의 지배와 인도를 따라서 하나님을 섬겨야 한다.

C. 율법이 하는 일은 무엇인가   7:7-25

바울 사도는 앞에서 은혜 아래 있다는 이유로 죄를 짓는 것은 잘 못이라고 말한(6:15-7:6) 후 이제는 율법이 무슨 일을 하는지를 말한다. 먼저 율법은 사람을 구원하지 못한다고 말하고(7-13절), 다음으로 율법은 성도 안에서 성도로 하여금 파국을 경험하게 한다는 것을 말한다(14-25절).

1. 율법은 사람을 구원하지 못한다   7:7-13

바울은 이 부분에서 율법은 죄가 아니고 반대로 거룩하고 의로우며 선하고 신령하다고 말하지만 사람을 구원하지는 못한다고 말한다. 율법은 사람으로 하여금 무엇이 죄인가를 알려주고 또 죄로 하여금 죄로 들어나도록 만들어

---

24) 혹자는 여기 "영의 새로운 것"이라는 말을 해석함에 있어 "영"은 '성령'을 지칭함이 아니고 '인간의 영'(human spirit)을 지칭한다고 주장한다. 인간의 영이 하나님의 영으로 조명을 받아 죽었던 영이 이제는 활기 있게 된 것을 지칭한다고 주장한다. 그러나 여기 영의 새로운 것이란 말과 율법 조문의 묵은 것이란 말이 대조되어 나타나는 것을 고려할 때 인간의 영이라고 보기 보다는 성령으로 해석하는 것이 바람직하다.

25) 혹자는 "새로운 것"(newness)이란 말을 두고 '성령이 효험케 하신 그것,' 혹은 '성령께서 새롭게 하신 그것'이라고 주장한다. 그렇다면 "성령의 새로운 것"이란 말과 대조되어 있는 "(율법 조문)의 묵은 것"이란 말을 어떻게 해석할 것인가. '율법 조문이 낡게 하신 것'이라고 해석해야 하는가. 그런고로 "영의 새로운 것"이란 말과 "율법조문의 묵은 것"이란 말은 각각 '성령은 시간적으로 새롭게 임한 것이고, 율법 조문은 성령님이 오시기 전에 임한 것'이라고 해석하는 것이 바를 것으로 보인다.

줄뿐이라고 말한다.

이 부분의 경험이 누구의 경험이냐를 놓고 서로 다른 주장들이 있다. 혹자는 유대인들의 경험으로 보기도 하며, 혹은 회개한 그리스도인들의 경험으로 보기도 하나 바울 자신의 경험으로 보는 것이 옳다. 이유는 이 부분의 말씀 속에 1인칭 단수 주격이나 소유격, 혹은 여격, 목적격이 많이 나오기 때문이다.

이 부분의 경험은 바울 자신의 과거의 경험을 말하고 있는 부분이다. 이유는 바울은 이 부분의 경험을 말할 때 과거 동사를 사용하고 있는 것을 보면 바울의 과거 경험으로 보는 것이 옳다. 그와 반면에 14-25절의 경험은 바울이 로마서를 쓸 때의 경험으로 보인다. 이유는 현재 시제로 표현되었기 때문이다.

롬 7:7. 그런즉 우리가 무슨 말을 하리요 율법이 죄냐 그럴 수 없느니라 율법으로 말미암지 않고는 내가 죄를 알지 못하였으니 곧 율법이 탐내지 말라 하지 아니하였더라면 내가 탐심을 알지 못하였으리라.

바울은 본 절에서 율법 자체는 죄가 아니고, 죄가 무엇인지를 가르쳐주는 역할을 할뿐이라고 말한다. 바울은 앞(5절; 5:20; 6:14)에서 율법이 마치 사람으로 하여금 죄를 짓게 만드는 역할을 하는 것처럼 말한 것을 차단하기 위하여 "그런즉 우리가 무슨 말을 하리요 율법이 죄냐 그럴 수 없느니라"고 말한다. 곧 '그렇다면 우리가 어떻게 말해야 하는가. 율법이 죄인가. 절대로 그렇게 말할 수 없다'고 단호하게 진술한다. 강하게 부정하는 말은 신앙의 세계에서 때로 필요한 말이다(3:4, 6; 6:2, 15; 11:1).

바울은 율법이 죄가 아니라고 주장하면서 율법이 무슨 일을 하는가를 말해준다. 즉 "율법으로 말미암지 않고는 내가 죄를 알지 못하였으니 곧 율법이 탐내지 말라 하지 아니하였더라면 내가 탐심을 알지 못하였으리라"고 율법의 역할을 말해준다(3:20). 여기 "알지 못하였으니"(οὐκ ἔγνων)란 말은 부정과거 시제로 '참으로 알지 못하였다'는 뜻이고, 문장 끝에 나오는 "알지 못하였으리라"(οὐκ ᾔδειν)란 말은 과거완료 시제로 바울이 로마서를 쓰던 당시보다 훨씬 전에도 알지 못하였고 또 바울이 탐내지 말라는 계명을 받기까지도 알지 못했을 것이라는 말이다. 바울은 과거에 율법을 알기 전에는 죄가 무엇인지를 알지 못했다고 말한다. 율법이 탐내지 말라(10번째 계명; 13:9; 출 20:17; 신 5:21; 행 20:33)고 하지 않았더라면 바울 자신은 탐심이라는 것이 죄인 줄 알지 못했을 것이라는 것이다. 탐심(욕심)은 필요 이상을 가지려는 마음인데 그것이 죄인 줄 모르는 사람들이 얼마나 많은가. 부인을 하나 이상 가지고 있는 사람들이 얼마나 많은가. 그리고 재산을 필요 이상 가지고 있는 사람들이 얼마나 많은가. 그러나 그들은 그것이 죄인 줄 알지 못한다. 율법은 우리가 어떤 처지에 있는가를 잘 알려준다. 다시 말해 어떤 범죄를 하고 있는가를 알려준다. 오늘 이 사회에 죄를 짓고도 죄의식도 없는 사람들이 점점 더 늘어나고 있다. 그들은 율법을 배울 필요가 있는 사람들이다.

롬 7:8. 그러나 죄가 기회를 타서 계명으로 말미암아 내 속에서 온갖 탐심을 이루었나니 이는 율법이 없으면 죄가 죽은 것임이라.

바울이 문장 초두에 "그러나"(δέ)라고 쓴 것은 앞 절과의 대조를 위해서이다. 바울은 앞 절에서 율법의 좋은 역할을 말했다. 즉 율법은 죄가 무엇인지를 깨닫게 해준다고 했는데, 본 절에 와서는 율법이 주최가 되어 무슨 좋은 일을 하는 것이 아니라 죄가 주최가 되어 나쁜 결과를 맺을 때 율법이 죄에게 이용당하게 된 것을 말하기 때문에 앞 절과의 분명한 대조를 보이기 위해 "그러나"라고 썼다.

바울은 "죄가 기회를 타서 계명으로 말미암아 내 속에서 온갖 탐심을 이루었다"고 말한다(4:15; 5:20). 죄가 주어이다. "죄가 기회를 타서 계명으로 말미암아" 바울 속에서 온갖 탐심을 이루었다는 것이다. "죄가 기회를 탔다"는 말은 '죄가 기지로 사용했다'는 말이다. 여기 "기회"(ἀφορμὴ)란 말은 '군사 활동을 위한 기지'를 뜻하는 말이다. 죄가 계명(율법)을 하나의 기지로 사용했다는 뜻이다. 죄가 계명을 하나의 이용 발판으로 사용했다는 말이다.

바울은 죄가 계명을 기지(발판)로 사용하여 바울 속에서 "온갖 탐심을 이루었다"고 말한다. '모든 종류의 탐심을 일어나게 했다'는 뜻이다. 계명은 거룩하고 의로우며 선하지만 우리 속에 있는 탐심과 마주치면 우리의 탐심이 발작하여 온갖 종류의 탐심을 일으킨다는 것이다. 율법의 이러한 역할이 바로 죄를 알게 하는 역할이다. 율법 자체가 죄를 더 많게 한다든지 아니면 더 강한 죄를 일으키는 것이 아니라 우리의 깊은 속에 있는 죄를 길어 올리는 역할을 하는 것이다. 율법은 우리 속에 잠자고 있는 죄가 얼마나 크고 얼마나 더러운 것인가를 알려주는 역할을 한다. 작대기로 구정물 통을 한번 휘저으면 밑에 있는 더러운 찌꺼기들이 위로 떠오른다. 얼마나 더러운지 알 수 없다. 이 때 막대기가 더러운 것을 만들어낸 것이 아니다. 더러운 것들은 구정물 통 밑에 있었다.

바울은 죄가 계명을 이용하지 않으면 온갖 탐심을 이루지 못하는 이유를 문장 마지막에 말한다. 곧 "이는 율법이 없으면 죄가 죽은 것이기" 때문이라고 한다(고전 15:56). '율법(계명)이 없으면 죄가 활동하지 않기 때문이라'는 것이다. 이는 바울 개인의 경험이고 인류의 경험이다. "율법이 죄를 자극하여 일으키지 않으면 죄는 동면 상태에 있었다. 그러나 내가 죄를 의식하게 되었을 때 죄는 불쑥 일어나서 나를 때려 눕혔다"(F. F. Bruce). 우리는 율법을 깊이 받은 만큼 죄가 살아나서 내가 죄인인줄 알게 된다. 그래서 바울은 자기가 죄인의 괴수라고 고백했다. 우리는 율법을 깨닫기 전이나 깨달은 후에나 똑 같이 죄인이었다. 그러나 율법을 깨달은 후 율법은 나의 심중 깊은 곳의 죄를 길어 올려서 드러내었다. 그래서 우리는 우리 자신들이 죄인의 괴수임을 알게 되었다. 그래서 우리는 지금도 여전히 그리스도의 십자가의 피를 의지하고 있다. 할렐루야!

롬 7:9. 전에 율법을 깨닫지 못했을 때에는 내가 살았더니 계명이 이르매 죄는 살아나고 나는 죽었도다.

바울은 앞 절(8절)에서 죄가 율법을 시발점으로 하여 드러났다는 사실을 말했는데 본 절에서는 율법을 깨달은 전후의 삶을 비교하고 있다. 율법을 깨달았다는 것, 곧 계명이 각자에게 이른다는 것은 한 사람에게 엄청난 변화를 준다는 것이다. 바울은 "전에 율법을 깨닫지 못했을 때에는 내가 살았었다"고 말한다. 여기 "율법을 깨닫는다"는 말은 "계명이 이른다"는 말과 똑같은 뜻임을 알 수 있다. 바울이 언제 율법을 깨달았는지는 정확하게 알 수는 없다. 유대인들은 6세부터 회당에서 율법을 배우기 시작하여 12세가 되면 율법을 엄격하게 준수해야 하는 고로 아마도 율법을 엄격하게 지키기 시작하던 때에 깨달았다고 보는 것이 바른 견해일 것이다. 바울은 그 이전에는 "내가 살았다"고 말한다. 다시 말해 율법의 속박 없이 그저 천진난만하게 부담 없이 살았다.

그러나 계명(율법과 동의어로 쓰였다)을 받아서 계명의 아들이 된 후에는 "죄는 살아나고 나(바울)는 죽었다"고 말한다. 계명을 깨달은 후에는 '죄가 드러나서 온통 죄로 충만한 것처럼 되었고 바울 자신은 죄에 억눌린 사람, 죄의식 때문에 견딜 수 없는 사람, 마치 죽은 사람 같이 되었다'는 것이다. 계명이 이르러 죄를 깨닫고 난 후에는 바울은 죄의식 때문에 세상에 사는 것 같은 기쁨도 없고 부담감으로 가득차서 죽은 사람이 되었다. 그러기에 그는 십자가를 더욱 의지하게 되었고 다른 사람들에게 십자가만 자랑하는 전도자가 되었다(고전 2:2).

롬 7:10. 생명에 이르게 할 그 계명이 내게 대하여 도리어 사망에 이르게 하는 것이 되었도다.

바울은 앞 절(9절) 하반 절 말씀을 이어 계속해서 말한다. 즉 "생명에 이르게 할(레 18:5; 겔 20:11, 13, 21) 그 계명이 내게 대하여 도리어 사망에 이르게 하는 것이 되었도다"고 말한다. 곧 계명이 "사망에 이르게 하는 것이 되었다"고 말한다. 바울에게 율법의 뜻이 알려지자 그 율법은 바울을 '죽이는 것 같은 느낌을 주었다'는 말이다. 율법은 죄의식을 일으켜서 사람을 죽이려는 위세로 온다는 말이다. 바울은 영적으로 심히 눌리는 삶(마치 죽은 것 같은 삶)을 살기 시작했다는 뜻이다.

롬 7:11. 죄가 기회를 타서 계명으로 말미암아 나를 속이고 그것으로 나를 죽였는지라.

바울은 9절 하반 절부터 계속해서 계명을 깨달은 후의 비참 상을 묘사한다. "죄가 기회를 타서 계명으로 말미암아"란 말에 대해서는 8절 주석을 참조하라. 바울은 계명을 받아서 계명을 깨달은 후에 죄가 "나를 속이고 그것으로 나를 죽였다"고 말한다. 죄가 "나를 속였다"는 말은 인류의 시조가 뱀에게 속듯(창 3:13; 고후 11:3; 딤전 2:14), '죄가 바울을 속여서 죄의식을 갖게 했다'는 뜻이다. 그리고 "그것으로 나를 죽였다"고 말한다. '죄가 그것을 이용하여 바울을 사망에 이르게 했다'는 것이다. 여기 "그것으로"란 말은 '계명을 이용하여'란 뜻으로 죄가 계명을 이용하여 바울을 영적인 죽음에 이르게 했다는 뜻이다. 그러니까 죄는 율법을 이용하여 바울을 속여서 죄를 짓게 하였고 또 영적인 죽음을 가지게 했다. 사람이 계명을 배워 깨달은 후에 사람 속 깊이 있던 죄는 더욱 분명하게 드러나서 사람을 속여 죄를 짓게 하고 또 사람을 영적으로 죽게 만든다는 뜻이다. 그래서 결국은 사람으로 하여금 그리스도의 십자가로 나아가게 만든다.

롬 7:12. 이로 보건대 율법은 거룩하고 계명도 거룩하고 의로우며 선하도다.

지금까지 율법에 대해 말한 바울은 이제 율법의 속성을 진술한다. 바울은 율법은 결코 죄가 아니라고 말한다(7절). 본문 초두의 "이로 보건대"(ὥστε)란 말은 '그러므로' 혹은 '결론적으로'란 뜻이다. 본문의 율법과 계명은 동의어로 쓰였는데 구분하자면 율법은 계명 전체를 뜻하는 말이고 계명은 하나하나를 지칭하는 말이다. 바울은 "율법은 거룩하고 계명도 거룩하고 의로우며 선하다"고 말한다(시 19:8; 119:38, 137; 딤전 1:8). 율법이 "거룩하다"는 말은 하나님께서 주셨으니 하나님이 거룩하신 것처럼 거룩하다는 뜻이고, 율법이 "의롭다"는 말은 하나님께서 율법을 주셨으니 일점일획도 흠 잡힐 것이 없이 정확하다는 것을 지칭한다. 그리고 율법이 "선하다"는 말은 하나님께서 인생의 복지(福祉)를 위해 주셨다는 점에서 선하다. 다시 말해 율법은 인류를 위한 하나님의 선하심을 드러내는 점에서 선하다고 말한다. 바울은 율법 자체는 결코 사람을 속이고 죽이는 것이 아니라고 말한다(8절, 11절).

롬 7:13. 그런즉 선한 것이 내게 사망이 되었느냐 그럴 수 없느니라 오직 죄가 죄로 드러나기 위하여 선한 그것으로 말미암아 나를 죽게 만들었으니 이는 계명으로 말미암아 죄로 심히 죄 되게 하려 함이라.

바울은 바로 앞 절(12절)에서 율법은 "선하다"고 말했고, 또 11절에서는 죄가 계명을 이용하여 바울을 "죽였다"고 말했는데 그렇다면 "선한 것이 내게 사망이 되었느냐"고 질문한다. '선한 율법이 바울을 영적으로 죽게 만들었느냐'는 질문이다(11절 주해를 참조하라). 바울은 결코 "그럴 수 없느니라"고 대답한다. 바울은 오직 "죄가 죄로 드러나기 위하여 선한 그것으로 말미암아 나를 죽게 만들었다"고 말한다. '죄가 확실하게 드러나게 하기 위하여 선한 율법으로 말미암아 바울을 영적으로 죽게 만들었다'는 것이다. 다시 말해 죄가 선한 율법을 이용하여 바울 속에 있는 죄가 더욱 드러나게 만들었다는 말이다. 구정물 통 밑의 더러운 찌꺼기는 구정물 통을 휘저은 작대기로 인하여 더러움이 온통 위로 올라오는데, 그 때 작대기는 하나의 도구만 되었을 뿐 작대기 자체가 더러움을 만들어낸 것은 아니다. 위에 떠오른 더러운 찌꺼기는 원래 그 구정물 통 밑에 있었다. 찌꺼기는 작대기의 역할을 통하여 더욱 찌꺼기로 돋보이게 했다. 선한 율법은 죄가 죄로 드러나도록 역할을 한 것뿐이다. 그래서 죄는 바울을 죄인으로 드러나게 해서 바울을 영적으로 "죽게 만들었다." 죄인으로 드러나게 되니 바울은 답답하기 그지없고, 사는 것 답지 않으며, 영적으로 더욱 어두워지고, 죽을 지경에 이르게 되었고 하나님으로부터 멀어지게 했다.

바울은 다시 한 번 상반 절에 말한 것을 반복한다. 곧 "이는 계명으로 말미암아 죄로 심히 죄 되게 하려 함이라." '죄는 계명을 이용하여 죄로

하여금 더욱 심히 죄로 드러나게 만든다'는 말이다. 계명이 이르지 않았더라면 잠잠하게 살았을 바울은 계명을 깨달은 후에 죄가 더욱 본색을 드러냄으로 더욱 죄인처럼 느끼게 된 것이다.

　　2. 율법은 성도 안에서 성도로 하여금 파국을 경험하게 한다　7:14-25

　　바울은 앞에서 율법은 사람을 구원하지 못하며 사람의 속에 있는 죄로 하여금 죄로 들어나도록 만들어 줄뿐이라고 말한(7-13절) 다음, 이제 이 부분에서는 율법은 성도 안에서 파국을 경험하게 한다고 말한다.

　　그런데 이 부분(14-25절)의 말씀이 바울의 현재 경험이냐 아니면 바울의 불신 시절의 경험이냐를 두고 날카로운 대립이 있어 왔다. 초대교회로부터 중세를 거쳐 현대에 이르기까지 이 부분을 바울의 불신 시절의 경험이나 혹은 불신자의 경험이라고 주장하는 학자들이 많이 있었다. 특히 미국의 19세기 부흥사 찰스 피니(Charles Finny)나 화란의 개혁주의 신학자 헬만 리델보스(Herman Ridderbos)까지도 이 부분의 경험이 바울의 경험이 아니라고 주장했다. 그렇게 주장하는 학자들은 이 부분의 경험이 거듭난 사람의 경험이 아니고 불신자의 경험이라는 것이다.　그러나 이 부분 말씀에 1인칭 단수가 나오고 또 현재시제로 묘사된 것을 보면 바울 자신의 현재 경험을 써 놓은 것이 확실하다(Augustine. Jerome, Luther, Calvin, Melanchthon, Beza, Nygren, Grosheide, Delitzsch, Hodge, Barnes, Hendriksen, Murray, F. F. Bruce, Mickelsen, Kroll, 박윤선). 이유는 본문에 율법이 신령한 줄 안다는 말(14절, 16절), 죄를 미워한다는 말(15절), 선을 행하기를 원한다는 말(19절, 21절), 속사람이 하나님의 법을 즐거워한다는 말(22절), 자기 속에 두 가지 세력이 있다는 말(23절), 자기는 죄 아래 팔려 자기가 미워하는 일을 행한다는 말(18-24절), 인간 파국을 드러내는 말(24절), 자기가 받은 구원을 인하여 하나님께 감사하고 있다는 말(25절) 등을 살필 때 신앙심이 깊은 바울의 체험을 써 놓은 것임이 분명하다. 이런 경험은 성자들이 가지는 경험이라고 보아야 한다(고전 15:9; 엡 3:8; 딤전 1:15). 그런고로 불신자의 경험이라거나 혹은 신앙심이 약한 사람의 경험이라고 주장하는 것은 잘못된 관찰이라고 볼 수 있다.

이 부분(14-25절) 말씀은 세 구분될 수 있다. 첫째는 14-17절까지, 14절의 "알거니와"라는 말로 시작해서 바울이 죄에 끌려 다니는 경험을 진술하고, 둘째는 18-20절까지, 18절의 "아노니"라는 말로 시작해서 선을 행하려는 소원은 바울에게 있으나 선을 행하는 것은 없다는 것을 진술하며, 셋째는 21-25절까지, 21절의 "깨달았노니"라는 말로 시작하여 바울 안에 선과 악이 공존하고 있음을 진술한다.

롬 7:14. 우리가 율법은 신령한 줄 알거니와 나는 육신에 속하여 죄 아래에 팔렸도다.

본 절 초두에는 "그래서"라는 접속사(γάρ)[26]가 있어서 본 절이 앞 절(13절)의 내용을 설명하고 있음을 알 수 있다. 바울은 앞에서 율법(계명)은 선한 것으로서 나의 죄를 들추어내었다고 말한다. 그래서 바울은 본 절에서 율법은 신령하다고 주장한다.

바울은 "우리," 곧 '바울과 로마교인들'이 "율법은 신령한 줄 안다"고 말한다. 이유는 '하나님께서 율법을 주셨기에 신령하다'는 것이다(12절; 고전 10:3-4; 벧후1:20-21). 그러나 바울의 마음은 신령하지 못하고 육신적이라고 말한다. 곧 "육신에 속하여 있다"고 말한다. '현재 육신에 속하여 있다'는 말이다. 바울이 "육신에 속했다"는 말은 '죄의 성향을 지녔다,' '죄의 성품을 지녔다,' '신령하지 않다'는 뜻이다. 바울이 율법의 벽에 부딪혀 죄의 성품이 강한 것을 느꼈다는 뜻이다.

바울이 육신적이라고 말하는 이유는 바울이 이미 "죄 아래에 팔렸기" 때문이라는 것이다(왕상 21:20, 25; 왕하 17:17; 요 8:34). 여기 "팔렸다"(πε-

---

26) 성경해석가들은 이 접속사를 주로 이유를 나타내는 접속사로만 해석하려고 하나 때로는 문맥에 따라서 "그래서," "그러면," "그런즉," 혹은 "다른 말로 말하면"이라는 뜻이 있음을 알 수 있다. 본문에서는 문맥에 따라서 "그래서"라고 해석하는 것이 타당할 것으로 보인다.

πραμένος)는 말은 현재완료 시제로 '이미 과거에 죄 아래 팔려서 지금도 팔린 채 있다'는 뜻이다. 죄 아래 팔렸기에 그리고 지금도 죄 아래 있기에 바울은 자기가 육신적인 사람이라고 고백하게 되었다. 바울이 "죄 아래에 팔렸다"는 말은 '죄의 지배하에 들어가게 되었다'는 뜻이다. 다시 말해 죄의 종이 되었다는 말이다. 바울은 율법의 위력을 느껴서 이 말을 한 것이지 결코 바울이 구원받지 못했기 때문에 이런 말을 한 것은 아니다. 바울은 율법 앞에서 자신의 무력을 느껴 인간적으로 신음하게 되었다. 하나님은 때로 우리로 하여금 그런 고백을 하도록 하신다. 우리는 우리의 육(肉)속에 아직 죄가 남아 있음을 알아야 한다. 우리는 완전 성화가 되지 못하였다. 이유는 그리스도의 구원의 위대하심을 알게 하시려는 섭리일 것으로 보인다. 우리가 그리스도의 도움이 아니면 우리는 죄의 세력 앞에서 우리의 무력을 절감할 수밖에 없는 사람들이다. 그런고로 우리는 그리스도의 구원을 찬양해야 한다.

롬 7:15. 내가 행하는 것을 내가 알지 못하노니 곧 내가 원하는 것은 행하지 아니하고 도리어 미워하는 것을 행함이라.

바울은 자기가 신령하지 못하고 육신적이기 때문에(앞 절) 본 절에 와서 "내가 행하는 것을 내가 알지 못한다"고 말한다. 다시 말해 바울은 자신의 행위를 도무지 이해할 수 없다고 말한다. 바울은 "내가 원하는 것은 행하지 아니하고 도리어 미워하는 것을 행한다"고 말한다(갈 5:17). 자신이 행하기를 소원하는 선(善)은 행하지 아니하고 행하기를 미워하는 죄악을 행한다는 것이다. 율법이 바울의 마음에서 도사리고 있던 죄를 길어낸 결과 바울은 죄의 물결 속에서 헤엄치면서 자기가 원하지 않는 행동을 하는데 대해 실망감을 감추지 못하고 있다. 불신자는 이런 체험을 결코 하지 못한다. 중생한 자로서 율법을 깨달은 자라야 이런 체험을 할 수 있다.

롬 7:16. 만일 내가 원하지 아니하는 그것을 행하면 내가 이로써 율법이

선한 것을 시인하노니.
바울은 앞 절에서 선을 행하기를 원하지만 선을 행하지 못하는 자신을 도무지 이해할 수 없는 사람으로 알았는데(15절) 그는 본 절에서 선을 행하기를 소원하면서도 자신이 "원하지 아니하는 그것을 행하고" 있음을 알았다. 그래서 그는 "이로써 율법이 선한 것을 시인한다"고 말한다. 곧 그는 '율법이야말로 지극히 도덕적으로 선한 것임을 시인하게 되었다'는 것이다. 바꾸어 말해 율법이 원하는 도덕적인 선을 바울이 아주 쉽게 행할 수 있다면 율법은 지극히 선한 것은 아니라는 논리이다. 그러나 율법이 말하는 도덕적인 선을 행하기를 심히 소원해도 행할 수 없으니 율법이야 말로 지극히 선한 것임을 알게 된 것이다. 율법은 하나님께서 내신 것으로서 도덕적으로 지극히 선한 것이다.

롬 7:17. 이제는 그것을 행하는 자가 내가 아니요 내 속에 거하는 죄니라.
바울은 "그러나(δὲ) 이제는 그것을 행하는 자가 내가 아니요 내 속에 거하는 죄니라"고 단정 짓는다. 바울은 앞 절에서 "내가 원하지 아니하는 그것을 행한다"고 말했는데 바울은 자신이 원하지 아니하는 것을 행하는 자가 바울 자신이 아니고 바울 속에 거하고 있는 죄라고 말한다. 바울은 자신이 그렇게 엉뚱하게 행한 것이 아니라 바울의 죄 많은 본성이 행했다고 말한다. 우리 속에는 항상 부패성이 있어서 문제를 일으키고 있다. 사람들을 향한 악심(惡心), 이성을 향한 음란, 물질을 향한 탐심, 사실을 왜곡하려는 거짓심리 등은 인생의 밑바닥 깊이에 깔려 있어서 율법을 깨달은 정도만큼 활동하여 사람을 더럽힌다. 우리는 이런 것들이 수면위로 떠오를 때 그리스도께 죄를 자백하여 사함을 받아야 한다(요일 1:9). 그러나 이런 것들은 단숨에 없어지지 않고 우리 속에 남아서 우리가 원하지 않는 방향으로 우리를 끌고 간다. 그런고로 끊임없이 성령 충만을 구하여 성령의 지배를 받으며 살아야 한다.

롬 7:18. 내 속 곧 내 육신에 선한 것이 거하지 아니하는 줄을 아노니 원함은 내게 있으나 선을 행하는 것은 없노라.

바울은 본 절부터 20절까지 선을 행하려는 소원은 자신에게 있으나 선을 행하는 것은 없다는 것을 진술한다. 본 절 초두에는 이유접속사(γὰρ)가 있어 본 절은 앞 절(17절)을 설명하고 있다. 바울은 앞에서 죄를 행하는 자가 자신이 아니고 자신 안에 거하는 죄라고 했는데 그 이유는 바울 안에 선한 것이 거하지 않기 때문이라고 한다.

바울은 본 절에서 먼저 "내 속 곧 내 육신에 선한 것이 거하지 아니하는 줄을 안다"고 말한다(창 6:5; 8:21). 바울은 자기 속에 "선한 것이 거하지 아니하는 줄을 안다"고 고백한다. 그는 이미 중생한 사람이요, 또 위대한 사도였지만 그는 율법의 벽에 부딪혀서 자기의 심령 속에 선을 행함이 없다고 고백한다. 그는 말하기를 "원함은 내게 있으나 선을 행하는 것은 없다"고 말한다. 선을 행할 마음은 있지만 실제로 선을 행하지 못하고 있다고 고백한다. 얼굴도 모르는 로마 교인들에게 바울은 자신의 정체를 폭로하고 있다. 자신의 정체를 폭로하는 사람마다 크게 쓰임을 받은 것을 알고 우리는 숨기는 자들이 되지 말고 폭로하는 사람들이 되어야 한다. 참회록을 쓴 어거스틴 (Augustine)은 중세 시대에 교회에 큰 영향을 끼쳤다.

롬 7:19. 내가 원하는 바 선은 행하지 아니하고 도리어 원하지 아니하는바 악을 행하는도다.

바울은 본 절 초두에 연결사(γὰρ)를 두어 본 절을 앞 절과 연결 짓고 있다. 바울은 앞 절에서도 "원함은 내게 있으나 선을 행하는 것은 없다"고 말했는데 본 절에서도 역시 "원하는 바 선은 행하지 아니하고 도리어 원하지 아니하는 바 악을 행한다"고 진술한다. 바울의 부패성은 바울을 주장하여 원하는 바 선은 행하지 못하게 하고 도리어 원하지도 않는 악을 행하게 만들고 있다는 것이다(15절).

롬 7:20. 만일 내가 원하지 아니하는 그것을 하면 이를 행하는 자는 내가 아니요 내 속에 거하는 죄니라.

바울은 자신의 부패성이 큰 문제라고 말한다. 바울 자신이 원하지 아니하는 그것을 행하면 그 악을 행하는 자가 바울이 아니고 바울 속에 거하는 죄(부패성)라고 말한다. 본 절은 16절의 상반 절과 17절을 반복하고 있다.

롬 7:21. 그러므로 내가 한 법을 깨달았노니 곧 선을 행하기 원하는 나에게 악이 함께 있는 것이로다.

바울은 본 절부터 시작하여 25절까지 바울 안에 선과 악이 공존하고 있음을 진술한다. 보통 사람 같으면 자신의 죄를 숨겼을 것이지만 바울은 자신 안에 선과 악이 공존하고 있음을 만천하(滿天下)에 드러내고 있다. 바울은 앞에서 자신 안에 "선을 행하는 것은 없다는 것"(18-20절)을 말하고는 그 결론으로 "그러므로 내가 한 법을 깨달았다"고 말한다. 즉 '내가 한 가지 법칙, 한 가지 철칙, 한 가지 원리를 깨달았다'고 말한다. 그 법칙은 다름 아니라 "선을 행하기 원하는 나에게 악이 함께 있는 것이라"는 것이다. '선과 악이 공존하고 있다는 것을 깨달았다'는 말이다. 바울은 자기 마음으로는 선을 행하려는 마음이 있었다. 그러나 선을 행하지 못하게 하는 악이 함께 있는 것을 알게 되었다. 우리 속에는 우리가 거역할 수 없는 악이 공존하고 있다. 성령님의 힘이 아니고는 도저히 제어할 수가 없다.

그런데 혹자는 여기 "한 법"(τὸν νόμον)이란 말을 해석함에 있어 '모세의 율법'이라고 해석하나 문맥에 맞지 않는다. 혹자의 주장대로 '모세의 법'이라고 해석하면 모세의 법이 "선을 행하기 원하는 나에게 악이 함께 있는 것"이라는 말이 되어 문맥에 맞지 않는다.27)

롬 7:22. 내 속사람으로는 하나님의 법을 즐거워하되.

본 절과 다음 절(23절)은 21절의 바울의 논리를 설명하는 구절들이다. 다시

---

27) 혹자는 여기 "한 법"이란 말을 '모세의 율법'이라고 주장하기 위하여 21절의 문장을 고쳤다. 즉 "그러므로 이것이 모세의 율법에 대한 나의 경험이다. 내가 선을 행하기 원하나 실행할 수 있는 것은 악뿐이다"고 고쳤다. 이 문장은 그의 해석을 변호하기 위한 하나의 변형일 뿐이다.

말해 선과 악이 공존한다는 21절의 내용을 설명하는 구절들로서 본 절은
선이 있다는 것이고 다음 절(23절)은 악이 함께 있다는 취지의 말씀이다.
본 절 초두에는 접속사(γὰρ)가 있어서 본 절이 앞 절과 연관되어 있음을
보여주고 있다. 바울은 "내 속사람으로는 하나님의 법을 즐거워한다"고 말한
다(시 1:2). 여기 "속사람"(τὸν ἔσω ἄνθρωπον)이란 말은 '성령과 말씀에 의하
여 중생한 새 사람'을 지칭한다(고후 4:16; 엡 3:16; 골 3:9, 10, Gifford, Murray,
Lightfoot, Bruce, Hendriksen, Hodge, Alfred Martin, 박윤선). 다른 말로 표현
하여 '새로운 본성, 거룩한 성향, 새롭게 된 마음의 성품'(Barnes)을 지칭한다.
이 새사람은 성령과 말씀에 의하여 매일 새로워진다고 성경은 말씀한다(고후
4:16; 엡 3:16; 4:24; 6:6; 골 3:10).

그러나 혹자는 여기 "속사람"을 해석함에 있어 '중생한 사람'이 아니라
'겉 사람에 대조되는 내적인 사람,' 다시 말해 '영혼과 인격의 주체요, 도덕적
및 이성적 자아'를 지칭한다고 해석한다. 그러나 단순히 내적인 사람, 영혼과
인격의 주체요 도덕적 및 이성적 자아(自我)가 "하나님의 법을 즐거워할
수 있는가" 하는 문제가 생긴다. 다른 말로 해서 중생하지 않은 사람도 하나님
의 법(모세의 율법)을 즐거워할 수 있다는 논리가 된다. 그런고로 여기 "속사
람"이란 말은 '중생한 사람,' 다시 말해 '거듭난 새 사람'이라고 해석해야
한다. 본 절의 "속사람"은 25절의 "마음"이란 말과 똑 같은 뜻이다.

바울은 자기의 중생한 사람이 "하나님의 법을 즐거워한다"고 말한다.
즉 '하나님께서 주신 모세의 율법과 십계명, 그리고 하나님의 법이 말하는
선 자체를 즐거워한다'는 뜻이다. 속사람은 죄를 미워하고 선을 좋아한다.
성경은 성도가 하나님의 법을 즐거워한다고 말한다(시 119:97, 113, 119,
127, 159, 163, 167; 마 22:37-40). 물론 하나님의 법을 즐거워함으로써 구원
받는 것은 아니다. 성도는 이미 그리스도를 믿어 구원받았음으로 하나님께서
내신 법을 사랑하게 된다.

롬 7:23. 내 지체 속에서 한 다른 법이 내 마음의 법과 싸워 내 지체 속에

있는 죄의 법으로 나를 사로잡는 것을 보는도다.

바울은 앞 절(22절)에서는 속사람이 역사하고 있음을 말하고는 본 절에서는 대조적으로(δε-but) 죄악의 세력이 역사하고 있다고 말한다. 바울은 "내 지체 속에서 한 다른 법이 내 마음의 법과 싸운다"고 말한다. 여기 "내 지체"란 말은 '바울의 신체의 부분들'(눈, 귀, 입, 입술, 혀, 손, 발, 영혼 등)을 지칭하는 말이다. 이 지체(6:13, 19; 7:5, 23) 속에서 "한 다른 법이 내(바울) 마음의 법과 싸운다"고 말한다. "다른 법"이란 '죄의 세력 혹은 죄의 법,' '죄의 강한 영향력'을 뜻한다. 바울이나 우리들 속에는 죄악의 세력이 우리의 "마음의 법과 싸운다."

"마음의 법"이 무엇인가에 대해서는 여러 가지 학설이 있다. 몇 가지의 학설을 소개하면: 1) 하나님의 법이라는 학설로서 하나님의 법은 마음을 규제하는 법이며, 또 마음이 섬기는 법이라는 주장. 2) 사람 안에 있는 도덕적인 감각이라는 학설. 3) 하나님의 법이 우리 마음을 통하여 역사하는 것이라는 주장. 4) 성령께서 하나님의 법을 기뻐하며 준행하게끔 우리의 마음속에서 역사하는 것이라는 설. 5) 하나님을 위해 살려고 하는 의지를 선한 양심 안에서 일으키는 거룩한 원리라는 설. 7) "마음의 법"이란 '속사람(새로워진 마음)의 소원과 목적들'이라는 주장(Barnes). 8) '중생할 때 형성된 속사람 혹은 새로운 피조물'이라는 설(WM. S. Plummer).[28] 위의 7번과 8번의 학설도 문맥에 비추어 설득력이 있기는 하나, 좀 더 설득력 있는 정의를 한다면 "마음의 법"이란 '선을 원하는 속사람의 의지,' '선을 행하려는 새 사람의 성향'이라고 정의함이 가장 옳을 것이다. 22절과 관련지어 정의한다면 "마음의 법"이란 22절 전체를 받는 말로 보아 '속사람이 하나님의 법을 즐거워하는 경향'이라고 말할 수 있다. 로마서에서 바울은 "법"이란 말을 자주 사용했는데 "법"이란 뜻은 '세력,' '힘,' '원리,' '경향' 등을 뜻한다(21절, 22절, 23절, 25절; 8:2). 바울은 자기의 지체 속에서 "다른 법이 내 마음의 법과 싸운다"는

---

28) WM. S. Plummer, *Commentary on Romans* (Grand Rapids: Kregel Publications, 1971), p. 357.

표현을 쓰고 있다. 다시 말해 '죄의 세력이 바울의 새 사람의 의지와 싸운다'는 말이다.

여기 "싸운다"(ἀντιστρατευόμενον)는 말은 분사형으로 우리 속에 있는 죄의 세력과 우리의 거듭난 새 사람의 의지가 한 생애 동안 싸움을 한다는 말이다. 우리는 이 싸움이 금방 끝나리라고 기대해서는 안 된다. 우리는 일생 동안 죄와 싸우되 피 흘리기까지 싸워야 한다(히 12:4).

그리고 바울은 "내 지체 속에 있는 죄의 법으로 나를 사로잡는 것을 본다"고 진술한다. 바울은 자기의 지체 속에서 죄의 세력이 속사람과 계속해서 싸워서 "죄의 법으로 나(바울)를 사로잡는 것을 본다"고 말한다. 여기 "사로잡는다"(αἰχμαλωτίζοντά)는 말은 '포로로 데려가다'라는 뜻으로 바울 안에 있는 죄의 세력은 바울의 속사람을 죄의 세력에게로 사로잡아가고 있는 것을 영안으로 본다는 것이다. 바울의 새 사람이 승리하는 것이 아니라 죄가 승리한다는 말이다. 바로 여기에 바울의 비명이 있고 우리의 비명이 있다. "오호라 나는 곤고한 사람이로다."

롬 7:24. 오호라 나는 곤고한 사람이로다 이 사망의 몸에서 누가 나를 건져내랴.

바울은 앞 절(23절)에서 바울 안에 있는 죄의 세력이 바울의 새 사람을 전쟁포로로 데려가듯 사망의 몸으로 만드는 것을 경험하고는 그는 "오호라 나는 곤고한 사람이로다"라고 외친다. 여기 "곤고한 사람"(ταλαίπωρος ἐγὼ ἄνθρωπος)이란 말은 '비참한 사람'(wretched man)이라는 뜻이다. 바울은 자신 안의 죄의 세력이 자신을 사로잡는 것을 실감하고 너무 심한 영적인 고통을 느껴 비명을 지른다. 바울은 원하는바 선은 행하지 못하고 원하지 않는 악을 행하는 자신을 발견하고 자기가 비참한 인간임을 알고 부르짖는다. 이런 부르짖음이야말로 오랜 신앙인의 특징이라고 할 수 있다. 결코 불신 시대에나 혹은 초신 자 시대에는 알 수없는 깊은 경험이다. 우리도 역시 이 부르짖음을 외치고 있는 것 아닌가.

그러면서 바울은 "이 사망의 몸에서 누가 나를 건져내랴"고 호소한다. 바울은 현재 죄의 세력에 의하여 꼼짝 못하게 된 자신을 "사망의 몸"이라고 말한다. 바울은 죄악에 사로잡힌 자신을 누가 건져 낼 것이냐고 호소한다. 큰 구렁이에 감긴 인간이 스스로는 빠져나올 수 없음을 알고 주위를 향하여 누가 나를 건져 낼 것인가 하고 외치는 것과 같은 것이다.

롬 7:25. 우리 주 예수 그리스도로 말미암아 하나님께 감사하리로다 그런즉 내 자신이 마음으로는 하나님의 법을 육신으로는 죄의 법을 섬기노라.
바울은 앞(23-24절)에서 죄의 포로로 잡혀있는 자신을 보면서 "이 사망의 몸에서 누가 나를 건져내랴"고 부르짖었으나 이제 본 절에서는 "우리 주 예수 그리스도"의 구원하심을 바라보며 하나님께 감사한다. 예수 그리스도야말로 우리의 구주(Savior)이시다. 바울은 본 절에서 하나님께서 그리스도의 대속을 통하여 자기를 죄로부터 구원받고 하나님께 감사한다(마 9:2; 고전 15:57). 예수님은 본 절에서처럼 우리를 죄로부터 구원하시기에 능하시지만 또한 우리가 어떤 처지에 있든지 우리를 구원하시기에 능하시다. 예수님은 우리의 육신도 구원하시고(8:23), 또 모든 환난으로부터 구원하시기에 능하시다. 예수님은 모든 방면에 있어서 우리의 구주이시다.

바울은 이제 지금까지 말해온 부분(14-24절)을 위해 결론짓는다. 곧 "그런즉 내 자신이 마음으로는 하나님의 법을 육신으로는 죄의 법을 섬기노라"고 말한다. '자기 자신의 속사람으로는 하나님의 법을 따르고 자기 자신의 부패성은 죄의 세력을 따른다'고 말한다. 우리가 예수 그리스도로 말미암아 구원을 받은 후에도 여전히 우리에게는 부패성이 있어서 죄를 따를 수 있다는 것을 알고 끊임없이 하나님의 법을 따르는 삶을 살아야 한다.

혹자는 본 절 상반 절의 내용("우리 주 예수 그리스도로 말미암아 하나님께 감사하리로다")이 바로 이 자리에 있어서는 안 된다고 주장한다. 그러나 이 자리에 있어야 하는 이유는 우리가 예수 그리스도로 말미암아 구원을 체험한 후에도 계속해서 죄와의 전투가 있다는 것을 보여주기 위해서는 이 자리에

있어야 하는 것이다. 아마도 바울은 그 진리를 보여주기 위해서 이 자리에
그 문장을 썼을 것으로 보인다.

제 8 장
성령을 통한 승리

D. 성령을 통한 승리   8:1-39

바울은 앞에서 율법은 사람을 구원하지 못하며(7:7-13), 사람을 파국으로 몰아넣는다고 말한(7:14-25) 다음 이제 본 장에서는 성령을 통한 승리를 말한다. 바울은 7장에서는 성령을 언급하지 않았으나 본 장에서는 성령을 계속 언급한다. 예수 그리스도께서는 성령으로 성도 안에 계셔서 내주 하는 죄의 세력으로부터 성도들을 구원하신다. 그리고 그리스도께서는 성도 안에 성령으로 계셔서 율법의 요구를 이루시고 또 종말에 성도들을 부활시키신다. 성령은 또한 성도들의 고난 중에 함께 하셔서 고난을 이기게 하신다.

1. 성삼위의 역사로 말미암아 죄로부터 구원을 얻음   8:1-4

바울은 앞에서 성도들이 율법으로는 구원을 받을 수 없었던 것을 말한(7:14-25) 다음 이제는 성삼위의 역사로 말미암아 죄로부터 구원을 받는다고 말하며(1-2절), 율법의 요구를 이룰 수 있다고 주장한다(3-4절).

롬 8:1. 그러므로 이제 그리스도 예수 안에 있는 자에게는 결코 정죄함이 없나니.

"그러므로"(ἄρα), 곧 '우리 주 예수 그리스도로 말미암아 성도들은 율법의 저주로부터 구원을 받았으므로'(앞 절 상반 절)[29] 바울은 "이제 그리스도

---

29) 여기 "그러므로"란 말이 바로 앞 절(7:25)과만 관련을 짓는 것이냐, 아니면 훨씬 앞 선 내용과도 연관되느냐 하는 문제가 있다. 혹자는 바로 앞 절(7:25)과는 전혀 관련이 없다고 말하기도 하나 그렇게 볼 수는 없다. 다시 말해 바로 앞 절을 제쳐놓고 훨씬 앞 선 말들(3:1이하,

예수 안에 있는 자에게는 결코 정죄함이 없다"고 말한다. 다시 말해 '이제는 그리스도 예수 안에 있는 성도에게는 정죄(단죄)가 없다'는 뜻이다. 여기 "그리스도 예수 안에 있는 자"란 말은 '그리스도 예수와 연합한 자'를 뜻하는 것으로 성령으로 말미암아(6:3-4) '그리스도 예수 안으로 들어간 자'를 지칭한다. 그리스도와 연합한 자는 모든 죄가 그리스도에게 전가되고 또 그리스도의 의가 전가되는 고로 유죄 판결이 없다. 다시 말해 단죄가 없다는 말이다. 간혹 잘 믿는 성도들도 예수님 재림 시에 심판이 있어 성도들이 세상에서 바로 살지 못한 것에 대해 정죄 심판을 받을 것으로 생각하기도 하나 성도들의 죄는 벌써 예수님에게 전가되었음을 믿어야 한다. 우리가 세상에서 살면서 혹시 범죄 하는 경우 그 죄를 자복하면 예수님의 피로 깨끗하게 씻어주신다(요일 1:9).

롬 8:2. 이는 그리스도 예수 안에 있는 생명의 성령의 법이 죄와 사망의 법에서 너를 해방하였음이라.

바울은 "그리스도 예수 안에 있는 자에게는 결코 정죄함이 없는"(앞 절) 이유(γὰρ)를 본 절에서 말한다. 이유는 "생명의 성령의 법이 죄와 사망의 법에서 너를 해방하였기" 때문이다(6:18, 22; 요 8:36; 고전 15:45; 고후 3:6; 갈 2:19; 5:1). 여기 "생명의 성령의 법"(ὁ νόμος τοῦ πνεύματος τῆς ζωῆς)이란 '생명을 주는 성령의 법'이란 뜻이다. 그러니까 생명을 주시는 성령님의 권세가 죄의 권세로부터 우리를 해방시켜주셨다는 뜻이다. 여기 "생명의"란 말이 멀리 있는 "법"이란 낱말을 수식한다고 하기 보다는, 더 가까이 있는 "성령"을 수식하는 것으로 보는 것이 옳다. 성령은 생명을 시작하신 분이며 동시에 계속해서 생명을 공급하시는 분이시다. 그리고 본문에 "법"이란 말은 '원리,' '힘,' '권세'란 뜻으로 "생명의 성령의 법"이란 말은 '생명을 주시는

혹은 6:1이하, 혹은 7:14이하)과만 연관이 있다고 말할 수는 없다. 로마서는 이신칭의를 말하는 글임으로 "그러므로"란 말이 훨씬 앞선 문장과도 연관이 있는 것은 사실이나 바로 앞 선 절과 제일 가깝게 연관이 있다고 보아야 할 것이다.

성령님의 권세'라는 뜻이다.

그런데 바울은 생명을 주시는 성령님의 힘은 "죄와 사망의 법에서 너를 해방하였다"고 말한다(7:24-25). "죄와 사망의 법"이란 7:23에 나오는 '내 지체 속에 있는 죄의 법'이란 말과 똑 같은 뜻이다(문맥에 의하여). 바울은 성령의 권세가 자기 자신과 우리 모두를 우리의 지체들 속에 있는 죄의 권세로 부터 해방시켜주었다고 말한다.

여기 "해방하였다"(ἠλευθέρωσέν)는 말은 부정(단순)과거 시제로 그리스도의 십자가에서 우리를 단번에 해방했다는 뜻이다. 우리는 예수님의 십자가 대속의 공로로 단번에 죄의 권세로부터 해방을 받았다. 그런데 본 절 처음에 나오는 "그리스도 예수 안에 있는"(ἐν Χριστῷ Ἰησου)이란 말이 어느 말을 수식하느냐 하는 것을 두고 주장이 갈린다. 혹자는 "생명"이란 말을 수식한다고 주장하기도 하고 또 혹자는 "생명의 성령의 법"이란 말을 수식한다고 주장하기도 하나 뒤에 나오는 "너를 해방하였음이라"를 수식하는 것으로 보는 것이 옳을 것이다(Meyer, Vincent, Hendriksen). 이유는 우리가 그리스도 안에서 죄의 권세로부터 해방 받았다는 본 절의 말씀이 3-4절의 주장 곧 하나님께서 아들을 보내셔서 율법을 완성하여 우리가 해방될 수 있게 하셨다는 말씀과 서로 잘 어울리기 때문이다. 성령님의 권세가 우리를 우리의 죄로부터 해방시켜 주신 것을 인하여 우리는 놀라운 감사와 찬양을 드려야 한다.

롬 8:3. 율법이 육신으로 말미암아 연약하여 할 수 없는 그것을 하나님은 하시나니 곧 죄로 말미암아 자기 아들을 죄 있는 육신의 모양으로 보내어 육신에 죄를 정하사.

본 절 초두에는 "왜냐하면"(γὰρ)이란 이유접속사가 있다. 본 절이 앞 절 내용의 이유를 진술하고 있다. 즉 신자가 죄로부터 해방된(2절) 이유는 하나님께서 아들을 보내셔서 율법을 이루셨기 때문이다(3-4절).

바울은 본 절과 다음 절(4절) 두 절에서 율법이 할 수 없는 일을 하나님께서 하셔서 성도들을 죄와 사망의 법에서 해방하셨다고 말한다. 바울은 먼저

"율법이 육신으로 말미암아 연약하여 할 수 없는 그것을 하나님은 하신다"고 말한다(3:20; 행 13:39; 히 7:18-19; 10:1, 2, 10, 14). '율법이 거룩하고 의로우며 선하지만(7:12) 부패한 인간 본성 때문에 연약하여져서 율법의 요구를 이룰 수 없다'고 말한다. 7:14-25을 보면 인간은 율법을 받고 그 율법을 이루는 것이 아니라 오히려 율법이 죄를 더욱 드러내어 인간으로 하여금 죄의 권세 때문에 신음하기에 이르게 했다고 말한다. 이렇게 율법은 인간의 부패성(죄성) 때문에 율법의 요구를 이룰 수 없게 되었다(7:8-11; 행 13:39; 갈 3:21; 히 7:18; 9:12-14; 10:4). 그러나 바울은 율법이 의를 이루지 못한 것을 "하나님은 하신다"고 말한다. '하나님은 율법의 요구를 이루신다'는 뜻이다. 사실 하나님은 율법이 요구하는 것을 100% 이루신다. 하나님은 아들을 보내셔서 율법이 요구하는 것을 완전히 이루셨다.

그러면 하나님은 어떻게 하여 율법의 요구를 이루셨는가? 먼저 하나님은 "죄로 말미암아 자기 아들을 죄 있는 육신의 모양으로 보내어 육신에 죄를 정하사" 율법의 요구를 이루셨다는 것이다(갈 3:13; 고후 5:21). 여기 "죄로 말미암아"(περὶ ἁμαρτίας)란 말의 해석은 두 가지로 갈린다. 하나는 '속죄제를 위하여'라는 뜻으로 해석해야 한다는 주장이 있다(Calvin, Gifford, Hodge, Murray, Bruce, W. H. Griffith Thomas, 이상근). 이 학자들은 자신들의 해석의 정당함을 증명하기 위하여 여러 성구들을 들고 있다(레 4:35; 5:6-9; 6:25, 30; 7:37; 시 40:6; 갈 1:4; 히 10:6, 8, 10: 13:11). 또 한 가지 다른 해석은 바로 앞의 해석, 즉 '속죄제를 위하여'라는 뜻을 반대하지는 않으면서 문맥으로 보아 우리 성경처럼 '우리들의 죄 때문에'라고 해석하는 학자들이 있다(Barrett, Black, Cranfield, Hendriksen, Lenski, 김선운, 박윤선). 다시 말해 우리들의 죄 때문에 하나님은 예수님을 "죄 있는 육신의 모양으로 보내셨다"는 것이다. 이 둘째 해석이 문맥에 더 맞는 것으로 보인다. 이유는 첫째, 로마서의 어느 곳에도 '속죄제물'이라는 말이 쓰인 곳이 없다. 둘째, 우리들의 죄를 위하여 하나님께서 예수님의 "육신에 죄를 정했다"는 말이 더 문맥에 맞지 않은가. 다시 말해 우리들의 죄를 예수님에게 뒤집어 씌웠다는 말이 더 문맥에 맞지 않은가.

하나님은 우리들의 죄 때문에 "자기 아들을 죄 있는 육신의 모양으로 보내셨다." 여기 "자기 아들"이란 말은 '영원하신 자기 아들'이란 뜻으로 '독생자'를 지칭하는 말이다. 하나님은 인류를 지극히 사랑하셔서 자기 아들을 보내셨다(창 3:15; 행 4:12; 고전 2:7; 히 9:11-15). 우리를 구원하시기 위해서는 자기 아들이 아니면 안 되었기 때문이다.

하나님은 아들을 보내시되 "죄 있는 육신의 모양으로 보내셨다." 이 말은 하나님께서 아들 그리스도를 이 땅에 보내실 때 '죄 있는 육신의 모양을 입혀 보내신 것'을 지칭한다. 하나님은 아들을 보내실 때 그냥 신성을 가지신 분으로만 보내신 것이 아니라, 인성을 갖추셔서 보내셨다. 하나님은 자기 아들 곧 영원한 아들, 신성을 가지신 아들을 이 땅에 보내실 때 죄 있는 육신의 모양을 입혀 보내신 것이다. 예수님은 신성과 인성을 가지신 분이시다. 빌 2:6-7에는 "그(예수님)는 근본 하나님의 본체시나 하나님과 동등 됨을 취할 것으로 여기지 아니하시고 오히려 자기를 비워 종의 형체를 가지사 사람들과 같이 되셨다." 예수님은 온전하신 인성을 받으셨으나 죄는 없으셨다(히 4:15). 예수님은 사람과 똑같이 죄를 가지신 분이 아니라 모양에 있어서만 똑 같으셨다.

다음으로 하나님은 예수님의 "육신에 죄를 정하셨다." 여기 "정하사" (κατέκρινεν)란 말은 부정(단순)과거 시제로 하나님께서 '단번에 예수님에게 우리의 죄를 지우신 것'을 뜻한다. 우리의 모든 죄는 예수님에게 지워졌음을 믿어야 한다. 하나님은 우리의 죄 때문에 예수님을 보내시되 그 육신에 죄를 지우셨다. 다시 말해 죄를 뒤집어 씌우셨다. 죄 없으신 몸에 죄를 지우셨으니 얼마나 고통이 심하셨을까 하는 것은 인간이 다 측량할 수가 없다. 이유는 인간은 죄가 있어서 죄 때문에 당하는 고통을 다 알지 못한다. 그러나 예수님은 죄가 없으신 분이시기에 인류의 죄를 지시고 그 죄의 무게와 고통을 다 아셨다. 우리는 우리의 죄를 대신 지신 예수님을 바라보아야 한다.

롬 8:4. 육신을 따르지 않고 그 영을 따라 행하는 우리에게 율법의 요구가 이루어지게 하려 하심이니라.

바울은 하나님께서 예수님을 보내셔서 우리의 죄 때문에 육신에 죄를 정하셔서 대속의 죽음을 죽게 하신(앞 절) 목적을 본 절에서 다룬다. 하나님의 목적은 "육신을 따르지 않고 그 영을 따라 행하는 우리에게 율법의 요구가 이루어지게 하려 하신다." "육신을 따르지 않는다"는 말은 우리의 부패성을 따르지 않는다는 말이다. 육신의 부패성을 따라 사는 사람에게는 율법의 요구가 이루어지지 않는다. 그리고 "그 영을 따라 행하는 우리"란 말은 '성령을 따라 사는 우리'란 뜻이다. 우리가 성령의 소원을 따라 살 때 율법의 요구가 이루어진다. 여기 "영"(πνεῦμα)이란 말은 '성령'을 지칭하는 말이다(9절 참조). "영"이란 말은 때로는 우리의 영혼을 의미하기도 하고 또 때로는 거듭난 영혼을 의미하기도 하나 여기서는 성령을 지칭하는 것으로 보아야 한다.

본문에 "율법의 요구"(레 19:18b; 신 6:5; 미 6:8; 마 22:35-40)란 말은 '율법이 요구하는 것'이란 뜻으로 구체적으로 '사랑의 계명'을 뜻한다(13:9). 누구든지 그리스도의 대속의 은총을 받고 성령을 따라 살면(여기 "행하는"-περιπατοῦσιν-이란 말은 현재형 시제로 계속해서 성령을 좇아 사는 것을 지칭한다) 사랑의 계명을 이룰 수 있다. 다시 말해 성결의 삶을 살 수 있다는 것이다. 우리는 하나님의 대속의 은혜에 대하여 감사해서 계속 성령의 충만을 구하여 무수한 열매를 맺어야 한다.

2. 육신의 길과 영의 길은 사뭇 다르다   8:5-13

바울은 앞에서 우리가 성삼위의 역사로 말미암아 죄로부터 구원을 받고 율법의 요구를 이룰 수 있다고 밝힌(1-4절) 다음, 이제 이 부분에서는 육신을 좇는 길과 영을 좇는 길이 다름을 말한다. 그리고 바울은 성도들에게 영을 좇아 살 것을 권고한다. 먼저 바울은 서론을 말하고(5-6절), 다음으로는 육신을 좇는 길을 말하고(7-8절), 영을 좇는 길에 대해 말한다(9-11절). 마지막으로 바울은 성령을 좇아 살 것을 권고한다(12-13절).

롬 8:5. 육신을 따르는 자는 육신의 일을, 영을 따르는 자는 영의 일을 생각하나니.

본 절 초두에는 이유를 말하는 접속사(γὰρ)가 있다. 앞 절 하반 절에 "그 영을 따라 행하는 우리에게 율법의 요구가 이루어진다"고 했는데 그 이유가 본 절에서 진술되고 있다. 그 이유는 "영을 따르는 자는 영의 일을 생각하기" 때문이라는 것이다. 즉 성령을 따라 사는 자는 성령이 원하시는 일을 생각하고 추구하기 때문에 앞 절 하반 절에 말한 대로 율법의 요구가 이루어진다는 것이다.

바울은 먼저 "육신을 따르는 자는 육신의 일을" 생각한다고 말한다(요 3:6; 고전 2:14; 갈 5:17). "육신"이란 '우리 몸의 부패성 혹은 죄성'(罪性)을 지칭하는 말로(7:5), "육신을 따른다"는 말은 '우리 몸의 부패성을 따라 사는 것'을 가리킨다. 우리 몸의 부패성을 따라 사는 사람들은 "육신의 일"을 생각한다. "육신의 일"이란 '육신이 좋아하는 일' 혹은 '육신이 원하는 일'을 말하는데 육신의 부패성을 따라 사는 사람들은 육신이 원하는 일만을 생각하며 전심으로 추구한다. 그들은 오직 한 방향으로만 생각이 기울어진다. 바울은 본문의 "육신의 일"이란 말을 골 3:2에서 "땅의 것"이라고 바꾸어 말한다. 그리고 바울은 땅의 것이 무엇인지를 구체적으로 설명한다. 곧 "음란과 부정과 사욕과 악한 정욕과 탐심(5절), 분함과 노여움과 악의와 비방과 부끄러운 말(8절), 거짓말"(9절)이라고 말한다. 신자는 육신이 원하는 것, 다시 말해 땅의 것을 생각하지도 말고 추구하지도 말아야 한다. 그런 것들을 추구하지 않기 위하여 하나님께 기도하면 육신의 일을 생각하지도 않게 되고 또 추구하지 않을 수 있게 된다.

그리고 다음으로 바울은 "영을 따르는 자는 영의 일을 생각한다"고 말한다 (갈 5:22, 25). '성령을 따라 사는 사람들은 성령께서 원하시는 일을 생각하며 추구한다'는 말이다. "영의 일"이 무엇인가를 바울은 골 3:1에서 "위엣 것"이라고 말한다. 바울은 위엣 것이 무엇인지 골3:12-15까지 말한다. 곧 위엣 것이란 "긍휼과 자비와 겸손과 온유와 오래 참음(12절), 용서(13절), 이 모든

것 위에 사랑을 더하는 것(14절), 그리스도의 평강이 마음을 주장하게 하는
것, 감사하는 자가 되는 것"이다(15절).

롬 8:6. 육신의 생각은 사망이요 영의 생각은 생명과 평안이니라.
바울은 앞 절에서 우리 속에 있는 부패성을 따르는 자들은 육신이 좋아하는
일을 생각하고 또 한편으로 성령을 따라 사는 성도는 성령님이 원하시는
일을 생각한다고 했는데(5절) 본 절에서는 그 어떤 한 방향으로 기울어진
결과를 진술한다. 곧 "육신의 생각은 사망이요 영의 생각은 생명과 평안이라"
는 것이다(13절; 6:21; 갈 5:19; 6:8). 다시 말해 '육신이 좋아하는 일을 추구하
는 사람은 사망하게 되고 또 성령이 원하시는 일을 생각하고 추구하는 사람은
생명을 얻게 되고 평안을 얻게 된다'고 말한다. "사망"이란 '영적 죽음,'
'불행,' '비참,' '절망' 등을 뜻하고, '생명'이란 '영적인 생명'이란 뜻으로
'하나님과 항상 교제하는 삶,' '그리스도 안에서의 기쁨이 넘치는 삶,' '하나님
을 향한 감사로 충만한 삶' 등을 지칭한다. 그리고 "평안"이란 '하나님께서
죄를 사하셨다는 확신에서 오는 기쁜 마음,' '하나님께서 함께 하신다는
확신에서 오는 안정된 마음,' '하나님께서 그리스도 안에서 계속해서 은혜를
공급해주신다는 확신에서 오는 만족감' 등을 뜻한다(시 4:8; 37:37; 119:165;
사 26:3; 눅 1:79; 2:14; 요 14:27; 롬 5:1; 14:17; 15:13, 33; 빌 4:7). 우리는
성령님이 원하시는 삶을 영위하여 생명이 넘치는 삶, 또 심령에 느껴지는
평안의 삶을 살아야 한다.

**롬 8:7. 육신의 생각은 하나님과 원수가 되나니 이는 하나님의 법에 굴복하지
아니할 뿐 아니라 할 수도 없음이라.**
바울은 본 절과 다음 절(8절)에서 육신(부패성)이 좋아하는 일을 추구하는
사람의 비참에 대해 언급한다. 본 절 초두에는 이유를 말하는 접속사(διότι)가
있어 본 절이 앞 절 상반 절의 이유가 된다고 말한다. 즉 "육신의 생각이
사망이라"(7a)고 말하는 이유는 "육신의 생각은 하나님과 원수가 되기" 때문

이라는 것이다(약 4:4). 하나님의 원수가 되고도 사망하지 않는 사람이 있는가. 하나님과 원수가 되면서도 비참하지 않은 사람이 세상에 어디 있는가. 다 사망하고 다 불행하고 다 비참하고 다 절망하게 된다.

이렇게 사망하게 되는 이유는 그들이 "하나님의 법에 굴복하지 아니할 뿐 아니라 할 수도 없기" 때문이다(고전 2:14). 하나님의 원수(멀어진 사람)가 된 사람들은 하나님의 법에 스스로 굴복하지 아니할 뿐 아니라 또 아무리 힘써도 굴복할 수도 없기 때문이다. 집 나간 자식이 집으로 돌아오기 전에 어떻게 부모의 뜻에 굴복할 수 있겠는가. 전혀 불가능한 것이다. 집에 들어온 후에야 복종할 수 있다. 우리는 하나님과 거리를 둔 삶을 살아서는 안 된다.

롬 8:8. 육신에 있는 자들은 하나님을 기쁘시게 할 수 없느니라.
바울은 앞 절에서 "육신의 생각은 하나님과 원수가 된다"고 말했는데(7절), 본 절에서는 "육신에 있는 자들은 하나님을 기쁘시게 할 수 없다"고 말한다. 원수가 되었기에 기쁘게 할 수 없다는 것이다. 하나님과 원수가 되고도 기쁘게 할 수 있다는 것은 어불성설이다. 집을 나간 자식이 어떻게 부모를 기쁘시게 할 수 있는가. 집으로 돌아온 후에야 부모를 기쁘시게 할 수 있는 것이다.

본 문의 "육신에 있는 자들"이란 말은 앞 절의 "육신의 생각"과 동의어로 사용되었고, 또 5절의 "육신을 따르는 자"와도 동의어로 사용되었는데 "육신에 있는 자들"이란 말은 '육적인 욕심 안에서 안주하는 자들'이란 뜻임으로 어의(語義)에 있어 더 강한 느낌을 준다. "육신에 있는 자들"은 "범죄의 생활에 가책이 없으며, 반성도 없으며, 오히려 만족하는 자"(이상근)라고 볼 수 있다. 죄라고 하는 집 속에서 안연히 사는 사람들은 그 집에서 나오기 전에는 도저히 하나님을 기쁘시게 할 수 없는 것은 당연한 일이다.

롬 8:9. 만일 너희 속에 하나님의 영이 거하시면 너희가 육신에 있지 아니하고 영에 있나니 누구든지 그리스도의 영이 없으면 그리스도의 사람이 아니라.
바울은 본 절부터 11절까지 성령님을 모신 사람의 3가지 복을 언급한다.

그 복들 중에 첫째는 "만일 너희 속에 하나님의 영이 거하시면 너희가 육신에 있지 아니하고 영에 있다"는 것이다. 여기 "만일"(εἴπερ)이란 말은 어떤 가정을 말하는 뜻으로 보기보다는 차라리 '...이니까,' '...이기 때문에'라는 뜻으로 보아야 한다. 이유는 로마의 성도들 안에는 분명히 성령께서 거하고 계시기 때문이다(1:6, 8; 15:14).[30] 그런고로 본문의 뜻은 '너희 로마 성도들 안에 하나님의 영이 거하시니까 성도들이 육신에 있지 아니하고 영에 있다'는 뜻이다. "너희 속에 하나님의 영이 거한다"(고전 3:16; 6:19)는 말은 '성령께서 성도들 속에 계속해서 거주하신다'는 말이다. 성도들이 예수님을 믿을 때에 성령의 세례를 받아[31] 성령을 모시게 되어 성령께서 계속해서 성도들 안에 거주하시게 되어 결국 "너희(로마교인들)가 육신에 있지 아니하고 영에 있게 되었다." "육신에 있지 아니하다"는 말은 '부패성 안에 거하지 아니하게 되었다'는 뜻이다. 다시 말해 '죄 중에 살지 않게 되었다'는 뜻이다. 그리고 "영에 있나니"란 말은 '성령 안에 있다'는 말로 성령과 연합되어 있다는 뜻이다.

바울은 성도의 심령 속에 하나님의 영이 거하고 계시다는 것을 확실히 말하기 위하여 "누구든지 그리스도의 영이 없으면 그리스도의 사람이 아니라"고 못 박아 말한다. '누구든지 그리스도의 영, 다시 말해 하나님의 영,

---

30) 여기 "만일"이란 말의 번역을 두고 헨드릭슨(William Hendriksen)은 "'...을 보아,' '...때문에,' '진실로 때문에,' '만일...이 진실이라면'으로 번역될 수 있다"고 주장한다. 그리고 그는 "만일 너희 속에 하나님의 영이 거하시면"이란 번역은 마치 바울이 이들의 마음속에 성령이 거하심을 확신하지 못했던 것처럼 들리므로 정확한 것이 못된다. 1:6, 8; 15:14에서 바울이 그들에 대하여 말하고 있는 바를 보면, 그와 같은 과소평가는 부정되어야 한다"고 말하고 있다. *로마서* (상) 헨드릭슨 성경주석, p. 343.

31) 성도의 마음속에 하나님의 영이 거하시게 된 경위는 예수님을 믿을 때에 성령께서 성도의 심령 속에 내주하심으로 되는 것이다(고전 12:3). 예수님을 믿게 된 데는 제일 먼저 전도자의 말씀 전도가 있다. 말씀 전도가 있을 때 성령님께서 역사하신다. 그리고 그 말씀을 듣는 사람에게 믿을 마음이 생긴다. 그 때 성령께서 사람의 마음속에 임하신다. 그러니까 성령님께서 성도의 마음속에 임하시는 데는 말씀 전도, 성령의 역사, 사람 측의 믿음이 합하여 이루어진다. 롬 6:3-4의 세례는 물세례를 지칭하지만 이 때 동시에 성령의 세례, 곧 사람이 성령 안으로 들어가는 일이 발생한다. 사람이 성령 안으로 들어가는 것이 성령의 세례이다. 다시 말해 말씀을 듣는 사람이 최초로 성령을 모시는 것을 성령의 세례라고 부른다. 만약 성령 세례가 없는 사람에게 물세례를 준다면 그 세례는 효과가 없는 세례로 보아야 한다.

혹은 성령이 없으면 그리스도의 사람이 아니라'는 것이다. 본 절의 "하나님의 영," "그리스도의 영"(요 3:34; 갈 4:6; 빌 1:19; 벧전 1:11), 또 다음 절의 "그리스도"라는 말은 똑 같은 뜻으로 사용되었다. 우리 속에 하나님의 영이 계시다는 말이나, 그리스도의 영이 계시다는 말이나, 그리스도께서 계시다는 말은 똑 같은 말이다.

롬 8:10. 또 그리스도께서 너희 안에 계시면 몸은 죄로 말미암아 죽은 것이나 영은 의로 말미암아 살아 있는 것이니라.

그 복들 중에 둘째는 "그리스도께서 너희 안에 계시면 몸은 죄로 말미암아 죽은 것이나 영은 의로 말미암아 살아 있는 것이다." "그리스도께서 너희 안에 계시면"이란 말은 '성령이 너희 안에 계시면'이란 뜻이다(앞 절 주해를 참조). 성령님이 성도 안에 계시면 육신은 죄 때문에 앞으로 죽는다고 하더라도[32] 성도의 "영은 의로 말미암아 살아 있는 것이라"는 말이다. 그런데 여기 "영"이 무엇이냐에 대해 두 가지 학설이 있다. 하나는 '성령'이라는 학설이고, 또 하나는 '사람의 영'이라는 학설이다. 여기 "영"($\tau\grave{o}$ $\pi\nu\epsilon\hat{\upsilon}\mu\alpha$)을 '성령'으로 보는 학자들의 주장을 들어보면 바울은 지금까지 본 절 앞뒤로 "성령"이란 말을 사용했는데 이곳의 "영"이란 말만 우리들의 '영혼'으로 본다는 것이 문맥에 맞지 않는다고 주장한다. 본 절 앞(1-9절)에서 바울은 8회에 걸쳐서 "영"이란 말을 사용했는데 모두 '성령'이란 뜻이고, 또 11절에 나오는 "영"도 '성령'이라는 뜻이니, 본 절의 "영"도 필시 '성령'을 뜻하는 것임이 확실하다고 말한다. 그러나 여기 "영"이란 말은 '성령'이 아니라, '사람의 영'이라고 해석 해야 할 이유는 바로 10절 안에서의 문맥 때문이다. 앞 뒤 문맥도 중요하나 바로 그 문장 안에서의 문맥은 더 중요하다. 바로 본 절("몸은 죄로 말미암아 죽은 것이나 영은 의로 말미암아 살아 있다")의 문맥을 살피면 "몸"과 "영"이

---

32) "몸은 죄로 말미암아 죽은 것"이란 말을 두고 혹자는 '몸이 성령 세례로 말미암아 그리스 도와 함께 죽은 것'으로 해석하기도 하나 본 절의 문맥(특히 11절의 "너희 죽을 몸도 살리시리라" 는 말을 참조할 것)으로 보아 아담의 범죄로 말미암아 우리의 육체가 죽게 되어 있는 것으로 보는 것이 옳다.

대조를 이루고 있고, 또 "죄"와 "의"가 대조되어 있으며, "죽은 것이나"와
"살아 있는 것이니라"가 대조되어 있다. "몸"과 "영"이 대조를 이루는 것을
감안하면 "영"은 분명이 '중생한 사람의 영'임에 틀림없다(Barnes, Bengel,
Hodge, Lenski, Meyer, Philippi, Vincent, 김선운, 이상근). 만약 "영"을 '성령'
이라고 해석하면 10절 안의 모든 대조는 무너지고 만다. 그런고로 본 절의
"영"은 우리의 중생한 영혼으로 해석해야 옳다.

바울은 우리의 중생한 영혼이 "의로 말미암아 살아 있느니라"고 말한다.
"의로 말미암아"란 말의 해석을 두고 역시 의견이 갈린다. 1) '도덕적인 의(義)
로 말미암아'라고 보는 학설이다. 다시 말해 거룩한 생활이라고 주장한다.
그러나 이 학설은 받기가 어렵다. 이유는 우리의 중생한 영혼이 도덕적인
의로 말미암아 살아 있다는 말은 신학적으로 오류이다. 도덕적인 의는 우리의
생명을 풍성하게 할 수는 있으나 생명의 원인이 될 수는 없다. 2) '그리스도를
믿음으로 의롭다 하심을 얻었으므로 말미암아'라고 해석하는 학자들이 있다
(Ridderbos, Meyer, Hendriksen, 박윤선). 이 학설이 문맥에 맞는다. 여기 "의"
란 말은 본문 초두에 있는 "그리스도"를 지칭한다. 그리스도는 우리의 의이시
다(고전 1:30). 그런고로 "의로 말미암아"란 말은 '그리스도 때문에,' 혹은
'그리스도의 십자가 피 때문에'란 뜻이다. 우리는 그리스도의 십자가를 믿음
으로 말미암아 살아있는 것이다. 다시 말해 그리스도를 믿음으로 구원을
받은 것이다.

**롬 8:11. 예수를 죽은 자 가운데서 살리신 이의 영이 너희 안에 거하시면
그리스도 예수를 죽은 자 가운데서 살리신 이가 너희 안에 거하시는 그의
영으로 말미암아 너희 죽을 몸도 살리시리라.**
그 복들 중 셋째는 "너희 죽을 몸도 살리신다"는 것이다. 성령님을 모신
자는 '앞으로 부활하게 된다'는 말이다. 본 절 초두의 "예수를 죽은 자 가운데
서 살리신 이의 영이 너희 안에 거하시면"이란 말은 9절 초두의 "너희 속에
하나님의 영이 거하시면"이란 말과, 또 10절 초두의 "그리스도께서 너희

안에 계시면"이란 말과 똑같은 뜻을 가진 구절들이다. 다시 말해 세 구절들이 다 똑 같은 뜻을 가지고 있다.

바울은 "예수를 죽은 자 가운데서 살리신 이(행 2:24)의 영," 곧 '성부의 영'(성령)이 우리 안에 내주하시면 "그리스도 예수를 죽은 자 가운데서 살리신 이가 너희 안에 거하시는 그의 영으로 말미암아 너희 죽을 몸도 살리시리라"고 말한다(6:4, 5; 고전 6:14; 고후 4:14; 엡 2:5). 여기 "그리스도 예수를 죽은 자 가운데서 살리신 이"는 '하나님'을 지칭하는 말이다. 성경은 하나님께서 예수님을 살리셨다고 말씀하기도 하고(롬 6:4; 갈 1:1; 엡 1:20), 또 예수님께서 성령으로 부활하셨다고 말씀하기도 하며(롬 1:4; 벧전 3:18), 또 스스로의 권능으로 부활하셨다고 말씀하기도 한다(요 10:17-18).

바울은 하나님께서 "너희 안에 거하시는 그의 영으로 말미암아 너희 죽을 몸도 살리시리라"고 말한다. 하나님은 우리 안에 내주하시는 성령에 의하여 우리의 죽을 몸을 다시 살리신다. 여기 "죽을 몸도"라고 말한 것은 지금 우리의 죽을 몸도 예수님 재림 시에 부활할 것이라는 뜻이다. 우리는 이 죽을 몸까지도 다시 사는 것을 희망하면서 주님의 일에 더욱 힘을 써야 할 것이다.

롬 8:12. 그러므로 형제들아 우리가 빚진 자로되 육신에게 져서 육신대로 살 것이 아니니라.

"그러므로"(ἄρα οὖν), 즉 '성령님을 모신 사람들이 3가지 큰 복(9-11절)을 받았음으로' 바울은 "형제들아 우리가 빚진 자로되 육신에게 져서 육신대로 살 것이 아니라"고 말한다(6:7, 14). 바울은 여기서 "형제들아"라는 애칭으로 부르면서 특별한 권면을 준다(7:4; 10:1; 11:25; 12:1). 바울은 먼저 "우리가 빚진 자'라고 말한다. 이 말은 문맥에 의하여 '성령에게 빚을 졌다'는 뜻이다. 우리는 성령 안에서 살게 되어 빚을 지었고(9절), 영혼이 살게 되어 빚을 지었으며(10절), 또 육체도 부활하게 되어 큰 빚을 지었다(11절). 이런 복들을 받았으니 엄청나게 큰 빚을 진 사람들이 아닌가. 물론 우리는 성령에게만 빛을 진 사람들은 아니다. 성부 하나님께 빛을 지었고 성자 예수님의 십자가 대속의 사랑의 빚을 진 사람들이다. 그러나 문맥을 살필 때 이 부분에서는 우리가 빚을 진 것은 성령에게 진 것으로 보아야 한다. 우리는 오늘도 내일도 그리고 오고 오는 모든 날에 성령에게 빚진 자로 살아야 한다.

그래서 바울은 이렇게 큰 빚을 성령에게 졌으니 "육신에게 져서 육신대로 살 것이 아니라"고 말한다. 성령에게 빚진 자들이 마치 육신(우리의 부패성)에게 빚이나 진 사람들처럼 육신(부패성)의 표준대로 살 것이 아니라는 것이다. 우리는 성령으로부터 큰 은혜를 받은 자들이니 성령을 따라 살아야 한다. 우리는 성령에게 무한한 빚을 진 자들이다. 성령님이여! 우리로 하여금 성령의 인도대로 살도록 무한히 도우소서.

롬 8:13. 너희가 육신대로 살면 반드시 죽을 것이로되 영으로써 몸의 행실을 죽이면 살리니.

본 절 초두에는 이유접속사(γὰρ)가 있어 본 절이 앞에서 말씀한바 "육신대로 살 것이 아니니라"는 말씀에 대한 이유를 진술한다. 바울은 앞 절에서 육신대로 살지 말라고 말하고, 본 절에 와서는 훨씬 강한 표현을 동원하여 "너희가 육신대로 살면 반드시 죽을 것이라"고 말한다(6절; 갈 6:8). 육신(부패성)을 따라 살면 반드시 영적으로 죽고 또 육신적으로도 결국 죽는다고 말한다.

그런고로 바울은 "영으로써 몸의 행실을 죽이면 살 것이라"고 말한다(엡 4:22; 골 3:5). 육신의 표준을 따라 살지 말고 "영으로써 몸의 행실을 죽여야 한다." 여기 "영으로써"란 말은 '성령으로써'란 뜻으로 '성령의 힘을 입어서'라는 뜻이다. 그리고 '몸의 행실'이란 '몸으로 짓는 모든 죄들'을 지칭한다(행 19:18; 골 3:5-9). 성령의 힘을 빌려 몸으로 짓는 모든 죄를 죽여야 한다. "죽인다"(θανατοῦτε)는 말은 현재 능동태로 '계속해서 죽인다'는 뜻이다. 우리는 몸으로 짓는 모든 죄들을 계속해서 죽여야 한다.

그러면 "죄를 죽인다"는 말은 무엇을 뜻하는 것인가. 첫째, '성령을 힘입어 모든 죄들을 자복하여 죄를 없이함을 받는 것'을 뜻한다(요일 1:9). 성령을 힘입지 않으면 죄를 자백할 수 없다. 성령께서 죄를 깨닫게 해주시고 또 성령님께서 힘을 주셔야 "죄를 자백할" 수가 있다(요일 1:9). 우리가 죄를 자백할 때에 하나님은 "우리의 모든 불의에서 깨끗하게 하신다"(요일 1:9). 예수님께서 우리로 하여금 범죄하게 만드는 우리의 눈을 뽑아버리고 또 손발을 찍어버리라는 말씀을 하셨는데 그것은 실지로 우리의 지체를 훼손하라는 말씀이 아니고 아주 심각하게 죄를 자백해서 죄를 끊으라는 말씀으로 보아야 한다. 우리는 성령을 힘입어 죄를 자백하여 몸으로 짓는 모든 죄들을 없이해야 한다. 죄를 죽이는 문제에 관해서 필자의 주해 골 3:5-6을 참조할 것. 둘째, "죄를 죽인다"는 말은 '육욕을 따르지 않고 성령을 따르는 것'을 지칭한다(갈 5:16-17). 우리 몸 안에는 육욕이 있고 성령님의 소원이 있다. 우리는 성령님의 소원을 따라가고 육욕을 따르지 않을 때 몸으로 짓는 모든 죄들을 피할 수가 있다. 우리는 계속해서 성령의 충만을 구하여 성령을 따라 살아야 한다.

그리고 바울은 영으로써 몸이 짓는 죄들을 죽이면 큰 보상이 있다고 말한다. 즉 "살리라"(ζήσεσθε)고 말한다. "살리라"는 말은 미래시제로 '앞으로 영생하리라'(갈 6:8), '앞으로 영적으로 복을 받으리라'는 뜻인데, 또 현재에도 '영원한 삶을 산다'는 뜻이다. 이유는 이 말이 "육신대로 살면 반드시 죽을 것"이란 말의 반대말이기 때문이다. 육신의 소욕을 따라 살면 현재에도 반드시 영적으로 어두운 삶을 사는 것처럼 영으로써 몸이 짓는 모든 죄들을 없이하며 또 피하여 살면 바로 그것이 현재적으로 누리는 영생인 것이다. 우리는 지금도 죄들을 피해 삶으로써 영생을 살아야 한다.

3. 성령님의 인도와 증거 8:14-17

바울은 앞에서 육신의 길과 성령의 길은 사뭇 다르다고 말한(5-13절) 다음, 이 부분에서는 성령님께서 우리를 인도하시고 또 우리가 하나님의 아들이라고 증거 하여주신다고 말한다(14-15절). 그리고 바울은 성령님께서 하나님의 자녀들은 하나님의 상속자가 된 것을 증언하신다고 말하고(16절)

상속자들은 이 땅에서 그리스도와 함께 고난을 받아야 한다고 말한다(17절).

롬 8:14. 무릇 하나님의 영으로 인도함을 받는 사람은 곧 하나님의 아들이라.
바울은 본 절과 다음 절(15절)에 걸쳐 성령을 받은 사람들의 복에 대해 언급한다. 본 절은 성령을 받은 사람들이 하나님의 아들이라는 것이고, 다음 절은 성령을 받은 사람들은 하나님을 아빠 아버지로 부르짖어 기도할 수 있게 된다고 말한다.

본 절 초두에는 이유를 말해주는 접속사(γὰρ)가 있어서 본 절이 앞 절의 이유를 말하고 있음을 보여준다. 곧 우리가 성령의 인도를 따라 우리가 짓는 모든 죄를 죽여야 하는(앞 절) 이유는 우리가 성령의 인도를 받는 하나님의 자녀들이기 때문이다(본 절). 우리는 "하나님의 영" 곧 '성령'의 인도함을 받는 하나님의 아들들이기 때문에 성령의 인도를 따라서 죄를 죽이며 살아야 한다.

"하나님의 영으로 인도함을 받는'다는 말은 '성령께서 성도들 마음속에서 끊임없이 지속적으로 생각을 지배해서 죄를 지을 마음을 멀리하게 하고 또 삶 중에서 바른 길로 인도받는 것'을 지칭한다(갈 5:18). 그리고 "인도한다"고 말할 때 그것은 마구 끌고 가는 것을 지칭하지 않고 '힘을 주며 격려하고 활기 있게 해주는 것'을 뜻한다.'

바울은 하나님의 영으로 인도함을 받는 사람만이 "하나님의 아들이라"고 말한다(출 4:22-23; 호 11:1; 마 5:9, 45; 눅 6:35; 20:36; 롬 8:19; 고후 6:18; 갈 3:26; 4:6-7). 하나님의 아들은 아버지로부터 생명을 얻고 영생을 보장받은 자들이다. 그리고 이 땅에 사는 동안 계속해서 보호를 받고 많은 열매를 맺게 된다(갈 5:22-23).

롬 8:15. 너희는 다시 무서워하는 종의 영을 받지 아니하고 양자의 영을 받았으므로 우리가 아빠 아버지라고 부르짖느니라.
바울은 앞 절에서는 성령으로 인도함을 받는 자는 누구든지 하나님의 아들이

라고 말하고는, 본 절에서는 성령님이 내주하는 사람들은 누구든지 하나님을
아빠 아버지라고 부르짖는 입장에 서게 된다고 말한다.33) 이야말로 놀라운
복이 아닐 수 없다.

　바울은 로마 교인들을 향하여 먼저 "너희는 다시 무서워하는 종의 영을
받지 아니했다"고 말한다(고전 2:12; 히 2:15). 여기 "종의 영"이란 '종으로
만드는 영,' '종이 되게 하는 영'으로 양자가 되게 하는 영과 대조를 이룬다.
"무서워하는"이란 말은 종의 특징으로 종은 무서워하는 것이 특징이다. 종은
일생 무서움 속에서 산다. 로마 교인들은 일생 무서움으로 살게 하는 영,
혹은 두려움을 일으키는 영을 받지 아니했다고 말하여 바울은 교인들로 하여
금 감사에 넘치게 만들고 있다. 바울은 로마 교인들이 예수님을 믿기 전에는
종의 영을 가지고 살았다고 말하여 그들이 율법 아래에 있었던 것을 상기시킨
다. 바울은 로마 교인들이 옛날에는 율법 아래에 있어서 항상 두려움으로
살았는데 이제는 "다시 무서워하는 종의 영을 받지 아니하게 되었다"고 말한
다. 여기서 주의할 것은 율법자체가 두려움의 대상이라는 것이 아니라, 율법이
죄를 드러내고 정죄하기 때문에 무서운 것이며 또 율법이 정죄하면 그 죄의
값이 사망이기 때문에 두려운 것이다. 그런고로 그리스도께서 오시기 전에는
사람들이 율법 아래에 있어서 두려움으로 지내는 수밖에 없었다.

　바울은 로마 교인들이 "양자의 영을 받았으므로 우리가 아빠 아버지라고
부르짖느니라"고 말한다(딤후 1:7; 요일 4:18). "양자"(υἱοθεσία)란 말은 '아들
의 위치에 둔다'는 뜻이다. "양자의 영"이란 '아들의 위치에 두는 영'이란
뜻이니 성령은 성령을 받은 자로 하여금 아들의 위치에 두게 한다는 뜻이다(사
56:5; 갈 4:5-6). A.D. 1세기 경 "양자"는 아버지가 그의 이름을 대대토록
남기고 그의 재산을 상속하기 위하여 의도적으로 선택한 아들이었다. 그는
친 아들보다 조금도 열등한 위치에 있지 않았고 아버지의 사랑을 더 완전하게
누렸다(F. F. Bruce). 바울은 교인들이 양자의 영을 받았으므로 하나님을

---

33) 바울은 갈 3:23-4:7에서 우리들이 율법 아래에 갇혔던 옛 생활과 하나님께서 양자 되게
하는 영을 우리에게 보내셔서 아버지라고 부르짖는 아들들의 자유를 대조하고 있다(F. F. Bruce).

"아빠 아버지라 부르짖느니라"고 말한다(막 14:36). "아빠"란 말은 아람어인데 어린 아이들이 사용하는 말이다. 그리고 "아버지"란 말은 헬라어로 바울이 로마 교인들을 위해서 "아빠"라는 말을 헬라어로 해석한 것으로 보인다.

그런데 여기 "부르짖다"라는 말은 감격에 겨워 큰 소리로 부르짖는 것을 지칭하는 말이다. 우리는 어린 아이처럼 하나님을 향하여 부르짖어 기도해야 한다. 양자가 되게 하는 성령을 받지 않았으면 모르나 양자의 영을 받은 사람으로서 어찌 하나님을 향하여 어린 아이처럼 "아빠"라고 부르짖지 않을 수 있을 것인가. 우리는 한없이 부르짖어야 한다.

롬 8:16. 성령이 친히 우리의 영과 더불어 우리가 하나님의 자녀인 것을 증언하시나니.

바울은 앞의 두 절에서 성령을 받은 자들의 복에 대해 언급했고(14-15절) 이제 본 절에서는 성령님께서 우리가 하나님의 자녀라는 것을 증거 하신다고 말한다. 곧 "성령이 친히 우리의 영과 더불어 우리가 하나님의 자녀인 것을 증언하신다"는 것이다(고후 1:22; 5:5; 엡 1:13; 4:30). 여기 "우리 영과 더불어" 라는 말은 '우리의 중생한 영혼과 더불어'라는 뜻이다. 중생하지 않은 영혼은 "우리가 하나님의 자녀인 것을 증언하"지 못한다. 중생하지 않은 세상 사람들은 아무도 자기들이 하나님의 자녀라고 증언하지 못하고 있다.

성령은 친히 우리 영과 더불어 우리의 복된 형편을 증언하고 있다. 다시 말해 성령은 친히 우리 영에게 우리가 하나님의 자녀임을 확신하게 하신다. 성령께서 우리가 하나님의 자녀라고 증언하시는 방법에 대해서 성경해석가들마다 여러 가지를 말했는데 성령께서 어느 때에 특별히 우리를 감동하셔서서 우리가 하나님의 자녀이고(본 절) 하나님은 우리의 아버지이심을 알려주시는가(15절). 때로는 성령님께서 하나님의 말씀을 우리 마음에 떠오르게 하여 우리가 하나님의 자녀인 것을 감사하게 하시고, 또 때로는 성령님께서 우리로 하여금 그리스도의 십자가를 바라보게 하셔서 하나님께서 우리를 이토록 사랑하시는 것을 알게 하신다. 아무튼 성령님은 사람들에게 각기 다른 방법으로 알게 하실 것이다.

롬 8:17. 자녀이면 또한 상속자 곧 하나님의 상속자요 그리스도와 함께 한 상속자니 우리가 그와 함께 영광을 받기 위하여 고난도 함께 받아야 할 것이니라.

바울은 성령님께서 우리가 하나님의 "자녀"라고 증언하시고 "또한 상속자"라는 것을 증언하신다고 말한다(갈 4:7). "상속자"라는 말은 '기업을 이을 사람'이란 뜻이다. 우리가 하나님의 자녀이면 마땅히 기업을 이을 사람이라는 것이다.

바울은 우리가 상속자라고 하면, 첫째, 우리는 "하나님의 상속자"라고 한다(행 26:18; 갈 4:7). '하나님의 나라를 이어받는 상속자'라는 것이다. 둘째, 우리는 "그리스도와 함께 한 상속자"라는 것이다. 우리는 틀림없이 하나님의 나라를 상속받을 자라는 뜻이다. 이유는 그리스도는 이미 상속을 받으셨는데 그리스도와 연합되어 있는 우리도 앞으로 반드시 하나님의 나라를 상속받는 사람들이 된다는 것이다. 셋째, 우리는 앞으로 "그와 함께 영광을 받는다"는 것이다. '예수님과 함께 하나님께서 주시는 영광, 하나님 나라의 영광을 받는다'는 말이다. 예수님께서 영광을 받으시는 것처럼 우리도 그 하나님의 나라의 영광을 받을 것이다. 할렐루야!

바울은 성도가 내세에 받을 영광을 말한 다음 이제 우리가 현세에서 받아야 할 고난에 대해 언급한다. "우리가 그와 함께 영광을 받기 위하여 고난도 함께 받아야 할 것이니라"(행 14:22; 빌 1:29; 딤후 2:11-12). 바울은 우리가 반드시 "고난도 함께 받아야 할 것이라"고 말한다(고후 4:10, 16). 예수님과 함께 고난을 받아야 한다는 말이다. 바울은 예수님과 연합된 사람들은 고난을 기뻐해야 한다고 말했고(골 1:24a), 고난을 하나라도 더 받아야 한다고 말했으며(골 1:24b), 사람들에게 복음을 전하고 또 복음을 가지고 사람을 완전하게 하는데 최선을 다해야 한다고 말했고(골 1:25-28), 우리 속에서 역사하시는 이의 역사를 따라 힘을 다하여 수고한다고 말했다(골

1:29). 성도는 하나님 나라 확장을 위하여 그리스도로부터 힘을 얻어 그 힘을 다하여 수고해야 한다. 성도들은 하나님의 나라 확장을 위해서 고난을 받을 뿐 아니라 하나님의 뜻대로 살기 위해서 세상에서 각종 불이익을 당할 각오를 해야 한다. 가정에서 혹은 학교에서 혹은 직장에서 바로 살기 위해서 핍박을 받고 억울함을 당할 각오를 하고 또 실제로 고생을 해야 한다.

4. 피조물과 성도들이 다 같이 기다리는 구원의 완성 8:18-25

바울은 앞에서 성령님께서 성도들을 인도하시고 또 성도가 하나님의 아들이라고 증거 하시며(14-15절), 그리고 자녀들이 하나님의 상속자가 되었다고 증언 하신다고 말하고(16절) 또 바울은 상속자들이 이 땅에서 그리스도와 함께 고난을 받아야 한다고 말한(17절) 다음, 이 부분에서는 피조물과 성도들이 다 같이 구원의 완성을 기다린다고 말한다(18-25절). 바울은 먼저 성도가 이 땅에서 받는 고난은 장래에 받을 영광과 비교하면 너무 가볍고 일시적이라고 말한다(18절). 바울은 모든 피조물(18-22절)과 성도들(23-25절)이 다 같이 고난 중에 그리스도의 재림 때에 이루어질 영화를 위해 탄식하면서 대망한다고 말한다.

롬 8:18. 생각하건대 현재의 고난은 장차 우리에게 나타날 영광과 비교할 수 없느니라.

바울은 앞에서 우리가 그리스도와 공동상속자로서 함께 영광을 받기 위하여 고난도 함께 받아야 한다고 말했는데(17절), 그 이유(ga;r)를 본 절에서 언급하고 있다. 다시 말해 고난을 받아야 하는 이유는 현재 우리가 당하고 있는 고난은 장차 우리에게 나타날 영광에 비하면 아무 것도 아니고 영광은 너무 엄청나게 크기 때문이라는 것이다.

사도는 본 절에서 두 가지를 비교하고 있다. 바울은 두 가지를 비교하면서 먼저 자신의 확신을 발표한다. 바울은 "생각하건대"(λογίζομαι)라고 말한다 (2:3; 3:28; 4:3). "생각하건대"라는 말은 '확신하건대'라는 뜻으로 앞으로 성도가 그리스도와 함께 받을 영광은 비교도 할 수 없이, 형언할 길 없이 클 것을 확신한다는 뜻이다. 그는 앞날만 생각하면 감격한다.

바울은 "현재의 고난은 장차 우리에게 나타날 영광과 비교할 수 없다"고 말한다(고후 4:17; 벧전 1:6-7; 4:13). 사도는 분명히 현재 우리가 고난을 당하고 있다고 말한다. 그가 당한 고난은 특이했다. 그가 당한 고난을 써놓은 목록은 우리가 다 상상할 수 없이 많았고 또 고난의 정도도 대단했다(고후 11:23b-33). 우리는 이 땅에서 그리스도를 따라 바로 살기 위해서 고난을 당하고 또 하나님 나라 확장위해서 고난을 당하며 또한 각종 육체적인 고난도 당한다. 그러나 그 고난도 앞으로 우리에게 나타날 영광(19절, 23절)과 비교하면 아무 것도 아니라고 말한다. 바울은 로마 교인들이 당하는 고난을 생각하며 그들을 위로하기를 원했다. 그래서 그들이 앞으로 큰 영광을 받을 것을 말해주고 있다. 이런 위로들이 그 당시의 교인들에게는 큰 위로가 되지만 오늘날의 교인들에게는 큰 위로로 다가오지 않는다. 너무 감정이 메말라버렸고 강퍅해지고 말았다. 우리는 호세아가 말한 대로 우리의 심령의 밭을 갈아엎어야 한다(호 10:12).

롬 8:19. 피조물이 고대하는 바는 하나님의 아들들이 나타나는 것이니.
바울은 앞 절에서 우리가 앞으로 그리스도와 함께 영광에 참여할 것을 말하고는 본 절에서는 우리가 영광을 받을 때를 피조물도 학수고대하고 있다고 말한다(벧후 3:13). 문장의 처음에 나타나는 "피조물"(κτίσις)이란 말은 '비이성적 피조물'(생물과 무생물)을 지칭하는 말이다. 사도가 말한 "피조물" 속에는 천사들이 포함 될 수가 없다. 이유는 천사들은 "허무한 데 굴복하는 피조물이 아니기" 때문이다(20절). 그리고 피조물 속에는 사탄과 귀신들은 포함되지 않는다(John Murray). 이유는 그들은 하나님의 아들들이 나타나기를 학수고대하지 않기 때문이다. 그리고 또 그 피조물 속에는 하나님의 자녀들은 포함되지 않는다. 이유는 23절에 하나님의 아들들은 따로 언급되어 있기 때문이다. 그리고 피조물 속에는 불신자들도 포함된다고 보기 어렵다. 이유는 불신자들은 하나님의 아들들의 구원을 열망하지 않기 때문이다. 그런데 이 비이성적인 피조물들은 하나님의 아들들의 구원을 학수고대하고 있다. 이들이 이렇게 고대하고 있다는 말은 바울 사도가 채용한 시적 표현이라고 볼 수 있다(시 96:12; 98:8; 사 55:12; 겔 31:15). 그리고 "고대하는바"(ἀποκαραδοκία)라는 말은 '학수고대함,' '간절히 바람,' '머리를 처들고 고대함'이란 뜻이다. 피조물들은 우리의 온전한 구원을 학수고대하고 있다. 우리는 세상에서 고난을 당하고 있지만 그 날을 생각하며 참고 기다려야 한다.

바울은 비이성적인 피조물들이 간절히 고대하는 것은 "하나님의 아들들이 나타나는 것이라"고 말한다(요일 3:2). 그러면 여기 "하나님의 아들들"이 누구인가. 그것은 '하나님의 자녀,' '하나님의 상속자'(17절), '그리스도와 함께한 상속자,' '우리'(18절)들이다. 우리들은 예수님께서 재림하시는 날 온전한 구원을 받을 자들이요 그리스도와 함께 영광에 참여할 자들이다. 세상에서 고난을 당하며 살던 우리 성도들은 예수님 재림 때에 온전한 몸으로 변화를 받아 완전하게 될 것이며 예수님과 함께 이 땅으로 다시 올 것이다(고전 15:42-57). 지금도 비이성적 피조물들(생물과 무생물들)은 하나님의 아들들이 온전한 구원에 도달하는 것을 간절히 바라고 있다.

롬 8:20. 피조물이 허무한 데 굴복하는 것은 자기 뜻이 아니요 오직 굴복하게 하시는 이로 말미암음이라.

바울은 앞에서 비이성적 피조물(생물과 무생물)이 학수고대하는 바는 성도들이 온전한 구원에 이르는 것이라고 했는데(19절), 이제 이 부분(20-21절)에서는 비이성적 피조물도 하나님의 자녀들의 영광의 자유에 참여하는 것을 바란다고 말한다.

바울은 앞 절에 등장한 피조물이란 말을 받아 본 절에서 다시 진술하고 있다. 곧 하나님의 아들들의 온전한 구원을 고대하고 있는 "피조물이 허무한 데 굴복하는 것은 자기 뜻이 아니요 오직 굴복하게 하시는 이로 말미암음이라"고 말한다(22절; 창 3:19). 사도는 지금 비이성적 피조물이 "허무한 데 굴복하

고 있다"고 말한다. "허무한 데"란 말은 "썩어짐"(21절), "탄식함"(22절), "고
통을 겪는 것"(22절) 등을 지칭한다. 피조물들이 썩어지고 있고 또 탄식하며
그리고 고통을 겪는 것은 "자기 뜻이 아니라"는 것이다. 즉 자기가 원해서
그렇게 된 것은 아니라는 뜻이다. 피조물이 당하는 불행과 저주는 "굴복하게
하시는 이로 말미암음이라"는 것이다. 곧 '굴복하게 하시는 하나님으로 말미
암아' 그런 일이 생겼다는 뜻이다. 혹자는 여기 "굴복하게 하시는 이"를 '아담'
으로 보기도 하고, 또 혹자는 '마귀'로 보기도 하나 '하나님'으로 보는 것이
옳다. 이유는 인간의 죄 값으로 피조물에까지 저주를 내리신 분은 하나님이시
기 때문이다.

**롬 8:21. 그 바라는 것은 피조물도 썩어짐의 종노릇 한 데서 해방되어 하나님의
자녀들의 영광의 자유에 이르는 것이라.**
본 절 초두의 "바라는 것은"이란 말은 헬라어 성경에는 20절 끝에 기록되어
있다(οὐχ ἑκοῦσα ἀλλὰ διὰ τὸν ὑποτάξαντα, ἐφ᾽ ἑλπίδι). "바라는 것은"이란
말은 "소망을 근거로 하여" 혹은 "소망에 근거를 두고"라는 뜻이다. "소망을
두고서" 혹은 "소망을 근거로 하여"라고 말하고 있는데 무엇을 소망한다는
말인가. 그것은 바로 본 절 내용을 소망한다는 것이다. 다시 말해 본 절 내용을
"소망하고서 피조물도 허무한 데 굴복하였다"(앞 절)는 것이다. 본 절 내용은
본 절에 기록된 대로 "피조물도 썩어짐의 종노릇 한 데서 해방되어 하나님의
자녀들의 영광의 자유에 이르는 것이니라"는 말이다. 그러니까 본 절 내용을
"소망하는 중에 피조물들이 허무한 데 굴복했다"라고 연결된다.
　　본 절 초두의 헬라어 "호티"(ὅτι)라는 단어는 "왜냐하면"(because)이라고
번역하기 보다는 다음에 오는 말을 앞의 말과 연결시켜주는 접속사(that)로(...
라는 것) 번역하는 것이 타당하다. 그러니까 20절과 본 절을 모두 연결해서
번역하면 "피조물도 썩어짐의 종노릇 한 데서 해방되어 하나님의 자녀들의
영광의 자유에 이르는 것을 소망하고(21절), 피조물이 허무한데 굴복했다"(20
절)고 번역된다.

본문의 "썩어짐"('죽어서 부패함')은 죄 때문에 '썩는 것'을 뜻하는데 '허무함'이라는 뜻이다(20절). 그리고 "종노릇 한다"는 말은 '허무한 데 굴복하는 것'을 뜻하는 말인데, 피조물조차도 썩어짐의 종노릇 한데서 해방되기를 소망한다는 뜻이다. 피조물은 썩어짐의 종노릇 한데서 해방되기만을 소망하는 것이 아니라 "하나님의 자녀들의 영광의 자유에 이를 것을 소망한다." 여기 "하나님의 자녀들의 영광"이란 장차 '하나님의 자녀들에게 나타날 영광'(18절), '천국의 영생과 하나님의 자녀들이 누릴 후사'를 뜻한다. 여기 "영광의 자유"란 말을 '영광스러운 자유'라고 해석하면 영광이란 말의 정체를 훼손하는 해석이라고 할 수 있다. 영광이란 낱말은 중요한 낱말로서 '영생'(구원)이란 뜻으로 해석해야 할 것이다. 그러니까 "영광의 자유"란 말은 '영생의 자유' 혹은 '구원의 자유'란 말로 해석하는 것이 바를 것이다. 여기 "자유"란 말은 '영원한 자유,' '끝없는 자유'를 말한다. 피조물의 소망은 자기들만의 해방이라든가 혹은 자기들만의 영광의 자유에 이르는 것이 아니라 어디까지나 성도들의 영광의 자유에 동참하는 것을 소망하고 있다는 것을 알 수 있다.

롬 8:22. 피조물이 다 이제까지 함께 탄식하며 함께 고통을 겪고 있는 것을 우리가 아느니라.

바울은 피조물(비이성적 피조물) 모두의 형편을 진술한다. "피조물이 다 이제까지 함께 탄식한다"고 말한다(렘 12:11). 만물은 다 함께 무의식중에라도 종말의 소망을 바라보고 탄식한다(고후 5:2, 4). 시인은 자연(自然)이 노래한다고 말하나 바울은 만물이 인류의 타락부터 그리스도의 재림의 날까지 탄식한다고 말한다. 피조물도 탄식하고(19-22절), 신자들도 탄식하며(23-25절), 성령도 탄식하신다(26-27절). 그리고 바울은 "함께 고통을 겪고 있다"고 말한다. 인류가 범죄 했음으로 피조물들은 성도들이 영생의 자유를 얻기까지는 깊은 탄식과 고통을 겪는다는 것이다. 인간이 범죄하여 자연에 끼친 영향이 한두 가지가 아니다. 가뭄과 홍수, 폭풍우와 토네이도, 산불과 화산폭발, 병충해, 해일 등 수많은 좋지 않은 영향을 끼치고 있다. 그리고 바울은 "우리가 안다"고 말한다. 피조물의 탄식과 고통을 우리가 모르는 것이 아니라 "안다"는 것이다. 여기 "우리"란 말은 바울뿐 아니라 로마 교인들을 포함하는 말이고, 또 오늘 우리들까지 포함하는 말이다. 이유는 우리도 성경 말씀을 받았기 때문이다. 불신자들은 모르나 성도들은 세상에 살면서 세상의 탄식과 고통을 알고 살아 간다. "바울은 모든 인류와 피조물 전체가 다가올 기쁨을 내다보며 이런 산고에 동참하고 있는 것으로 본 것이다"(F.F. Bruce).

롬 8:23. 그뿐 아니라 또한 우리 곧 성령의 처음 익은 열매를 받은 우리까지도 속으로 탄식하여 양자 될 것 곧 우리 몸의 속량을 기다리느니라.
바울은 피조물만 아니라 우리 성도들 역시 마음 속 깊이 탄식한다고 말한다. 본문에 "그뿐 아니라"라는 말은 앞 절의 "피조물" 뿐 아니라 또 우리까지를 포함하는 말이다. 사도는 "우리 곧 성령의 처음 익은 열매를 받은 우리까지도 속으로 탄식한다"고 말한다. 여기 "우리 곧 성령의 처음 익은 열매를 받은 우리"란 말은 '우리 성도들은 성령의 처음 열매를 받은 사람들'이란 뜻이다(고후 5:5; 엡 1:14). 바울은 자신과 로마 교인들과 또 이 편지를 받아 읽는 모든 크리스천들을 포함하여 성령의 처음 열매를 받은 사람들이라고 말한다. 성령님께서 우리 안에 지금 내주하시는 것은 앞으로 주님 재림하신 후에 우리가 받을 성령의 "제 1회 분할금(first installment)"에 해당한다는 뜻이다 (F.F. Bruce). 우리는 앞으로 영원한 영광의 기업을 받을 것인데 그 중에 우리가 받은 성령은 "첫 열매"(ἀπαρχη)에 해당한다. 바울은 고전 1:22; 5:5; 엡 1:14등에서는 우리가 받은 성령의 내주를 '보증,' '담보'라고 말하고 있다. 우리는 앞으로 무한한 은혜를 받을 것이다. 우리가 그렇게 엄청난 은혜를 받을 것을 하나님께서 틀림없이 주신다는 보증으로 성령을 주셨다. 우리는 보증금 형식으로 성령을 받은 것이다. 우리는 이 세상에서는 보증으로 받은 성령님 이상 더 받지는 못한다(이 말은 다른 은혜를 더 받지 못한다는 뜻은 아니고 온전한 구원을 못 받는다는 뜻이다). 다음 열매는 다음 세상에 가서 받는다. 우리는 하나님께서 주신 성령님의 지배와 인도를 따라서 살아야 한다. 그러다가 주님께서 재림하신 후에는 풍성하게 받을 것이다.

바울은 성령을 받은 우리까지도 "속으로 탄식하여 양자 될 것 곧 우리 몸의 속량을 기다린다"고 말한다(고후 5:2, 4). 우리가 성령을 받아 성령님께서 우리 안에 내주하고 계시지만 그래도 우리는 속으로 탄식(신음)하고 있다는 것이다. 여기 "탄식한다"는 말은 고후 5:2에 "우리가 여기 있어 탄식하며 하늘로부터 오는 우리 처소로 덧입기를 간절히 사모한다"고 진술하고 있다. 사도는 성도가 "양자 될 것 곧 우리 몸의 속량을 기다린다"고 말한다(눅 20:36). "양자 될 것"이란 말은 '양자로 완전히 드러나는 것'을 지칭한다. 우리는 이미 하나님의 양자가 되어 양자의 특권을 누리고 있다. 그러나 아직 우리는 부활의 몸을 입지 않은 사람들로서 양자로 완전히 드러나지는 않았다. 우리는 속으로 신음하며 그 자유의 날을 기다리고 있다. 사도는 "양자 될 것"과 "우리 몸의 속량"을 동격으로 놓고 있다. 우리는 벌써 그리스도의 피로써 몸의 속량을 받았다(눅 21:28; 엡 4:30). 그러나 우리는 그리스도의 재림을 기다려 부활의 몸을 입어야 한다(고후 4:7-5:10). 우리는 그 때까지 속으로 탄식(신음)하며 살아야 한다. 그러나 우리의 탄식은 좌절과 절망과 불평 때문에 탄식하는 것이 아니라 앞으로 전개될 자유에의 동경 때문에 신음하는 것이요 완전 해방에의 소망 때문에 신음하는 것이다. 우리는 그 날을 간절히 사모하며 살아야 하고 온전한 구원을 소망하며 안타깝게 기도하는 중에 살아야 한다.

롬 8:24. 우리가 소망으로 구원을 얻었으매 보이는 소망이 소망이 아니니 보는 것을 누가 바라리요.
본 절 초두에는 이유접속사(γὰρ)가 있어 본 절이 앞 절의 내용의 이유를 진술하고 있음을 알 수 있다. 바울은 앞에서 우리 몸의 온전한 구원을 기다린다고 했는데 그 이유는 "우리가 소망으로 구원을 얻었기" 때문이라고 말한다.

바울은 "우리가 소망으로 구원을 얻었다"(τῇ ἐλπίδι ἐσώθημεν)고 말한다.34) 우리가 "소망으로 구원을 얻었다"는 말은 '소망 안에서(in hope) 구원을

얻었다,' '소망을 근거로 하여 구원을 얻었다,' '소망을 반석으로 하여 구원을
얻었다'는 뜻이다. 우리의 구원은 소망을 근거로 하여 성립되었다는 뜻이다.
그리고 바울은 여기 "구원을 얻었다"(ἐσώθημεν)는 말은 부정(단순)과거 수동
태로 벌써 단번에 구원을 얻었다는 것을 지칭한다. 벌써 중생한 몸이 되었다는
뜻이다. 우리가 거듭나고 양자가 되었지만 그러나 아직도 양자로 완전히
드러나지 않았고 앞으로 부활을 기다려야 한다. 앞으로의 부활은 아직 이루어
지지 않은 것으로 우리의 소망의 대상이 되어 있다.

　　바울은 "보이는 소망이 소망이 아니니 보는 것을 누가 바랄 것이냐"고
말한다(고후 5:7; 히 11:1). "보이는 소망이 소망이 아니다." 보이는 것은
이미 존재하는 것이니 소망일 수 없다. 소망이란 미래의 것으로서 보이지
않는 것이 특징이다. 우리의 온전한 구원은 하나님의 손에 있다. 그래서 그것
은 보이지 않는다. 만약에 소망이 우리 손에 잡힌 것이라면 이미 그것은
소망이 아니다.

　　바울은 "이는(γὰρ) 보는 것을 누가 바라리요"라고 말한다. '보는 것을
바라는 자는 없다'는 뜻이요, '보는 것을 바란다는 것은 모순된 말이라'는
뜻이다. 우리의 구원의 완성은 보이지 않는 것이다. 그것은 하나님의 수중에
있는 실체이다. 우리는 그것을 바라면서 살아야 한다.

롬 8:25. 만일 우리가 보지 못하는 것을 바라면 참음으로 기다릴지니라.

바울은 앞 절에서 소망 안에서 구원을 얻었다고 말하고 본 절에서는 미래의
구원을 바라면서 사는 자가 가져야 할 태도를 말하고 있다. 바울은 "만일
우리가 보지 못하는 것을 바라면 참음으로 기다려야 한다"고 말한다. 여기
"만일 우리가 보지 못하는 것을 바라면"이란 말은 하나의 가정(假定)이 아니라
실제를 말하는 구절이다. 우리가 실제로 보지 못하는 미래의 구원의 완성을

---

34) 여기 "소망으로"란 말은 헬라어에서 3격으로 기록된 고로 '소망 안에서'라고 번역하는
것이 옳다(Godet). 이 말이 2격이라면 '소망으로'라고 번역할 수 있으나 3격으로 되어있는 고로
'소망을 근거로 하여,' '소망의 기초위에서,' '소망을 기반으로 하여'라는 뜻이다. 우리의 구원은
소망의 근거 위에 성립되었다.

바란다면 "참음으로 기다려야 한다"는 것이다. '인내를 가지고 기다려야 한다'는 뜻이다. 미래의 완전한 구원을 기다린다면 현세에서 많은 환난과 핍박을 참아야 한다. 참지 못하는 성도는 기다리지 못하고 여러 가지로 범죄 하기 마련이다.

5. 성령님의 간구   8:26-27

바울은 앞에서 모든 피조물(18-22절)과 성도들(23-25절)이 다 같이 고난 중에 그리스도의 재림 때에 이루어질 영화를 위해 탄식하면서 대망한다고 말한(18-25절) 다음, 이 부분에서는 성령님께서 성도들을 위해서 친히 간구하신다는 것을 말한다(26-27절).

롬 8:26. 이와 같이 성령도 우리의 연약함을 도우시나니 우리는 마땅히 기도할 바를 알지 못하나 오직 성령이 말할 수 없는 탄식으로 우리를 위하여 친히 간구하시느니라.

바울은 앞 절(25절)에서 성도들이 세상에서 사는 동안 인내하면서 구원의 완성을 기다려야 한다고 말하고는 이제 본 절에서는 성령님께서 우리를 친히 도우신다고 말한다. 문장 초두의 "이와 같이"(in like manner)란 말은 23절의 "우리가 속으로 탄식하는 것처럼"이란 뜻이다. 우리가 속으로 탄식하는 것처럼 "성령도...탄식으로 우리를 위하여 간구하신다."

바울은 우리가 속으로 탄식하는 것처럼 "성령도 우리의 연약함을 도우신다"고 말한다. 여기 우리의 "연약함"(τῇ ἀσθενείᾳ)이란 말은 '우리의 죄 때문에 영적으로 무능하게 된 것'을 뜻하는 말로, 문맥으로 보면 바로 뒤따라 나오는 말 "마땅히 기도할 바를 알지 못하는 것"을 지칭하는 말이다(마 20:22; 약 4:3). 성령님은 우리의 연약함, 곧 우리가 마땅히 기도할 바를 알지 못하는 것을 도우신다. 우리는 때로 마땅히 기도할 바를 알지 못하여 허덕이고 헤맨다. 다시 말해 무엇을 기도해야 할지도 잘 모르기도 하고 혹은 무엇을 기도할지는 알더라도 힘 있게 기도하지 못하는 때가 많다. 그리고 "우리는 기도로써 선을 행함보다 혹시는 가증스러운 일을 많이 한다'(박윤선). 바울은 성령님께서 우리를 도우시는 방법을 말함에 있어 "오직 성령이 말할 수 없는 탄식으로 우리를 위하여 친히 간구하신다"고 말한다(슥 12:10; 엡 6:18). 성령께서 '인간의 말로써는 표현할 수 없는 탄식(우리의 탄식을 대신하신 탄식-중보의 탄식)으로 우리를 위해서 친히 간구하신다'는 것이다. 성령님은 우리의 구원의 완성, 우리의 온전한 속량을 위하여 사람은 가히 표현할 수 없는 탄식으로 친히 간구하신다. 성령님은 우리의 마음을 주장하셔서 기도하게도 하시지만 친히 기도하시는 일도 있다. 하나님 우편에서는 예수님께서 우리를 위하여 기도하시고(히 7:25) 성령님께서는 우리의 마음속에서 우리의 구원의 완성을 위해 기도하신다. 그 기도야 말로 하나님의 뜻을 헤아려 하는 기도이고(다음 절) 하나님의 심장을 흔드는 기도이다. 우리를 위한 성령님의 탄식의 기도는 우리에게 엄청난 위로이며 격려가 아닐 수 없다.

롬 8:27. 마음을 살피시는 이가 성령의 생각을 아시나니 이는 성령이 하나님의 뜻대로 성도를 위하여 간구하심이니라.

바울은 본 절에서 성령님께서 하나님의 뜻을 따라 중보사역을 정확하게 수행하신다고 진술한다. 사도는 "마음을 살피시는 이가 성령의 생각을 아신다"고 말한다(대상 28:9; 시 7:9; 잠 17:3; 렘 11:20; 17:10; 20:12; 행 1:24; 살전 2:4; 계 2:23). 여기 "마음(인간의 중심)을 살피시는 이"는 하나님이시다(삼상 16:7; 왕상 8:39; 시 7:9; 17:3; 44:21; 139:1-2, 23; 렘 11:20; 17:10; 행 1:24; 15:8). 그리고 "살피신다"는 말은 '샅샅이 아신다'는 뜻이다. 인간의 마음을 샅샅이 아시는 하나님은 또 사람의 마음에서 역사하시는 "성령의 생각을 아신다." 다시 말해 하나님은 우리 속에서 역사하시는 성령님의 생각, 성령님의 의도를 훤히 아신다. 하나님께서 성령의 생각을 잘 아시는 이유는[35] "성령

---

35) 본 절 상반 절과 하반 절 중간에 있는 "이는"이란 말은 '앞에 말한 것을 덧붙여 설명하는 관계사'(that)로 해석할 수도 있고(Meyer, William Sandy, J. A. 에머튼 and C. E. B. 크랜필드, Shedd, R.S.V.의 각주), 또는 이유를 나타내는 이유접속사(because)로도 해석할 수도 있다(Alford, Godet, Gifford, Kasemann, Hodge, Murray, AV). 큰 차이는 없으나 문맥으로 보아 "이는"으로

이 하나님의 뜻대로 성도를 위하여 간구하시기" 때문이다.[36] 성령은 결코
하나님의 뜻을 거슬러서 다른 것을 간구하시지 않으신다. 반드시 하나님의
뜻에 따라 성도를 위하여 간구하신다(요일 5:14). 성령께서 성도들의 속량과
자유를 위하여 기도하시기 때문에 하나님은 성령님의 생각을 훤히 아신다.
성부와 성자와 성령은 일체이시다. 그런고로 성부는 성령의 생각을 아시고
또 성령은 성부의 뜻을 따라 구하신다. 성령님께서 하나님의 뜻대로 우리를
위해 간구하신다는 것은 참으로 놀라운 소식이 아닐 수 없다.

6. 하나님을 사랑하는 사람들을 위한 하나님의 예정 8:28-30

바울 사도는 앞에서 우리를 위한 성령님의 탄식을 말한 다음 이제 우리를
위한 하나님의 미리 정하신 것들에 대해 언급한다. 이 부분은 엡 1:3-14과
더불어 예정론의 주요 성구로 꼽힌다.

**롬 8:28. 우리가 알거니와 하나님을 사랑하는 자 곧 그의 뜻대로 부르심을
입은 자들에게는 모든 것이 합력하여 선을 이루느니라.**

본 절은 "8:1-27의 일종의 요약이다"(Hendriksen). 바울은 본 절에서 성도는
그리스도 재림 시에 일어날 영화에 대한 확신을 가지고 산다고 말한다.

해석하는 것이 더 나을 것 같다.

36) 혹자는 본 절의 "성령의 생각"이 무엇이냐를 해석함에 있어 8:6("영의 생각")의 말씀을
들어 해석한다. 즉 본 절의 "성령의 생각"은 8:6의 해석과 똑같이 '성도가 성령이 원하시는
일을 생각하고 성령이 원하는 대로 추구하는 것'을 지칭한다고 말한다. 그러니까 본 절의 "성령
의 생각"이란 다름 아니라 '우리가 성령이 원하시는 것을 생각하고 또 성령이 기뻐하시는
것을 추구하는 것'이라고 말한다. 우리의 마음, 곧 우리의 영혼이 정말로 하나님의 영에게
지배되어 성령에 따라 생각하고 기도하는 가를 가리킨다고 주장한다. 그러나 본 절의 "성령의
생각"이란 말은 '성령의 의도,' '성령의 소원,' '성령의 원함'이라고 해석하는 것이 옳다. 이유는
하반 절에 "성령이 하나님의 뜻대로 성도를 위하여 간구하신다"고 말씀하기 때문이다. 하나님께
서 성령의 생각을 훤히 아시는 이유는 성령께서 하나님의 뜻을 정확하게 아셔서 그대로 간구하
시기 때문이다. 성령은 하나님의 뜻대로 성도를 위하여 간구하시는 것 밖에는 다른 것을 생각
하시지 않으신다. 그런고로 하나님은 성도의 마음속에서 역사하시는 성령의 생각을 정확하게
아신다. 본 절의 "성령의 생각"이란 말은 '우리가 성령의 생각을 따른다'는 뜻이 아니라 '성령
자신의 의도,' '성령 자신의 소원'을 지칭하는 것으로 보아야 한다는 말이다. 우리가 본문의
"성령의 생각"을 해석함에 있어 8:6의 해석을 따르지 않는 이유는 하반 절과의 문맥 때문이다.

사도는 "우리가 알거니와"라고 말한다(3:19; 7:14; 8:22; 고전 8:1, 4; 13:9; 고후 5:1; 딤전 1:8). '믿는 우리가 확신하거니와'라는 뜻이다. 사도는 확신에서 살았고 우리도 역시 확신에서 살아간다. 사도는 "하나님을 사랑하는 자 곧 그의 뜻대로 부르심을 입은 자들에게는" 모든 것이 항상 영적인 유익으로 마감한다고 말한다. 여기 "하나님을 사랑하는 자"와 "그(하나님)의 뜻대로 부르심을 입은 자들"은 똑같이 신자들을 지칭하는 말이다(9:11, 23-24; 딤후 1:9). 성도는 '하나님을 사랑하는' 사람들이다(사람 측에서 하나님을 대하는 태도를 말한다). 마음과 목숨과 뜻과 힘을 다하여 사랑하는 사람들이다. 예수 님은 마 22:37에서 말씀하시기를 "네 마음을 다하고 목숨을 다하고 뜻을 다하여 주 너의 하나님을 사랑하라" 하신다. 우리는 우리를 만드신 하나님을 항상 나를 희생해서 사랑해야 한다.

우리는 또 "그(하나님)의 뜻대로 부르심을 입은 자들"이다(하나님 측에서 우리를 배려하신 것이다). 이 부르심은 하나님의 효과적인 부르심을 지칭하는 말이다.[37] 부르심 중에는 효과적인 부르심이 아닌 것도 있다. 거저 집회에 불려 나온 사람들이 있고, 교회에 불려나온 사람들이 있다. 그들은 성경에서 가라지들이라고 명명되기도 한다(마 13:25-27, 29-30, 36, 38-40).

하나님의 뜻에 따라 부름 받은 사람들은 결국 "모든 것이 합력하여 선을 이루게 되어 있다." 영역본(英譯本)들에 따라 약간의 차이가 있다. R.V.-"하나 님을 사랑하는 자들에게 하나님께서 모든 것을 그들에게 선이 되게 하신다." R.S.V.-"모든 것에 있어서 하나님께서는 그를 사랑하는 자들에게 선을 이룬다 는 것을 우리는 안다." N.E.B.-"그가 하나님 자신의 방식으로 하나님 자신의 백성을 위하여 간구하신다. 그리고 우리가 아는 대로 그는 모든 일에 있어서 하나님을 사랑하는 자들에게 선을 이루도록 협력하신다." "모든 것"은 문자 그대로 '모든 것'을 지칭한다. 이 "모든 것" 속에는 37절의 "모든 일"도

---

37) 유효적 부르심이란 "성령의 역사로서 우리의 죄와 불행을 깨닫게 해주고 우리의 마음을 밝혀 그리스도를 알게 하며 우리의 의지를 소생시킴으로써 설득하여 우리로 예수 그리스도, 즉 우리에게 복음 안에서 값없이 제시되신 예수 그리스도를 받아들일 수 있게 하시는 역사"를 말한다(F. F. Bruce).

첨가되어야 한다("모든 것"이란 말은 이 문장의 주어이다. 그러나 "하나님"을
주어로 삼을 수도 있을 것이다). 어거스틴은 "죄까지도 성도의 구원에 유익하
다"고 말했다. "협력하여"란 말은 '모든 것이 잘 맞아떨어져'라는 뜻이다.
선도 악도, 행도 불행도, 순풍도 역풍도, 순탄함도 고난도, 성공도 실패도
모든 것이 조화되어 영적인 유익으로 끝난다는 것이다(출 20:6; 신 7:9; 느
1:5; 시 37:17, 37-40; 97:10; 116:1-8; 사 56:6-7; 고전 2:9; 8:3; 약 1:12; 2:5).
성도에게는 불행이 없다. 요셉은 불행하지 않았으며 다니엘도 불행하지 않았
다. 성도는 그리스도의 재림 시에 더욱 행복하게 될 것이다. 우리는 세상에
사는 동안 양자될 것을 바라며 그리고 우리 몸의 속량을 위하여 탄식하며
살고 있으며 또 성령께서도 말할 수 없는 탄식으로 우리를 위해 기도하시니
결국에 가서는 모든 것이 합력하여 선을 이룬다.

**롬 8:29. 하나님이 미리 아신 자들을 또한 그 아들의 형상을 본받게 하기
위하여 미리 정하셨으니 이는 그로 많은 형제 중에서 맏아들이 되게 하려
하심이니라.**

본 절과 다음 절(30절)은 하나님께서 사람을 구원하시는 구원의 순서를 나열
하고 있다. 이 부분이 성경에서 말하는 구원의 순서를 다 포함하고 있는
것은 아니다. 사도는 앞에서 성도의 미래에 영화가 있으리라는 것을 말했는데
그런 미래를 가질 성도의 과거는 어떤가를 말씀하고 있다. 즉 구원의 서정은
어떤지를 더듬어 올라가고 있다.

　　바울은 "하나님이 미리 아신 자들을 또한 그 아들의 형상을 본받게 하기
위하여 미리 정하셨다"고 말한다. 바울은 하나님의 "미리 아신 것"을 말한다
(11:2; 출 33:12, 17; 시 1:6; 렘 1:5; 마 7:23; 딤후 2:19; 벧전 1:2). "미리
아신 것"(예지)이란 말은 하나님께서 사람을 미리 아셔서 택하신 것을 뜻하는
것이 아니라 '미리 사랑하심'을 지칭한다(시 1:6; 호 13:5; 암 3:2; 마 7:23
참조). 하나님은 우리를 사랑하셔서 택하셨다. 사람을 미리 아셔서 선택하는
것은 은혜가 아니다. 다시 말해 어떤 사람이 믿을 사람일지 아닐지 그리고

선을 행할지 혹은 아닐지를 잘 아서서 선택하는 것은 은혜에 속하지 아니하고 인간의 공로에 의존한 것이다. 개혁주의에서는 전적으로 하나님께서 우리를 미리 사랑하셔서 택하셨다고 믿고 있다(엡 1:5, 11).

바울은 "또한 그 아들의 형상을 본받게 하기 위하여 미리 정하셨다"고 말한다(요 17:22; 고후 3:18; 빌 3:21; 요일 3:2). '그 아들, 즉 예수의 형상을 본받게 하기 위해 미리 정하셨다'는 뜻이다. 바울은 본 절에서 예지는 예정을 포함하고 있다는 것을 드러내고 있다. 다시 말해 사랑하셔서 예정하셨다는 것을 드러내고 있다. 여기 "그 아들의 형상"이란 말은 '예수님의 형상'을 가리키는 말인데 하나님께서 우리를 만세 전에 사랑하셔서 선택하신 것은 아들의 형상을 "본받게" 하기 위함이었다. 우리가 지금 아들을 영접하고 또 아들을 본받고 있는지 살펴야 할 것이다. 우리는 예수님의 재림 시에만 아들의 형상을 본받는 것이 아니라 바로 지금도 아들의 형상을 본받아야 하는 것이다(롬 12:1; 엡 4:32-5:2; 빌 3:10; 골 3:10).

하나님께서 미리 정하신 목적은 "그로 많은 형제 중에서 맏아들이 되게 하려 하시기" 위해서라고 한다(골 1:15, 18; 히 1:6; 계 1:5). 예수님께서 부활하신 후 신자들을 향하여 "형제"들이라고 하셨는데(요 20:17) 예수님은 최초의 부활 자가 되셨고 신자들은 그 후에 따라오는 부활 자가 된다는 뜻이다. 우리는 예수님 재림 시에 부활하여 예수님 다음이 될 것이다.

롬 8:30. 또 미리 정하신 그들을 또한 부르시고 부르신 그들을 또한 의롭다 하시고 의롭다 하신 그들을 또한 영화롭게 하셨느니라.

바울은 본 절에서 구원의 3가지 순서를 더하고 있다. 그 중에 하나는 하나님께서 "미리 정하신 그들을 또한 부르신다"는 말씀이다(1:6; 9:24; 엡 4:4; 히 9:15; 벧전 2:9). 여기 "부르심"은 유효한 부르심을 지칭하는 말이다. 부르심 중에는 유효하지 않은 부르심도 있다. 출애굽한 이스라엘 대중 속에는 잡족(雜族)이 있었다(출 12:38; 렘 25:24). 신약 시대의 교회 안에는 가라지들이 있다(마 13:25-27, 29-30). 부르심을 입은 사람들은 복음을 듣고 그리스도와 연합하게 되고 동시에 중생하게 된다.

바울은 하나님께서 "부르신 그들을 또한 의롭다 하신다"고 말한다(고전 6:11). '유효한 부르심을 받은 사람들은 의롭다 하심을 받는다'는 것이다. "의롭다 하신다"는 말은 1:17; 3:24-25에 주해되었다.

그리고 바울은 "의롭다 하신 그들을 또한 영화롭게 하셨다"고 말한다(요 17:22; 엡 2:6). 하나님께서 의롭다고 칭하신 사람들을 예수님 재림 시에 "영화롭게 하신다"는 것이다. 신자들은 그리스도 재림의 날에 영광에 참여하게 될 것이다(롬 6:17). 그리스도인이 영화되는 것은 최고의 영예이다(롬 8:11, 23; 고전 15:43-53; 빌 3:21; 골 1:27; 요일 3:2). 바울은 신자들의 영화의 날이 미래에 속해있을지라도 이미 지나간 일로 취급하여 과거 동사로 기록하였다. 미래에 일어날 일을 과거 동사로 표현하는 것은 영화라는 것이 너무 확실한 사실이기 때문이다. 만세 전에 하나님의 사랑하심을 입은 사람들은 반드시 선택을 받고 또 역사상에 온 후에 부르심을 받는다. 그리고 의롭다 하심을 받고 살다가 주님의 재림 때에 영광에 참여하게 된다. 혹자들은 개혁주의 교리에 지루함을 느껴서 예정된 사람도 도중에 탈락할 수 있다고 주장한다. 물론 그렇게 말하는 듯이 보이는 성경구절도 있다. 그러나 그런 성경구절은 성도로 하여금 경성하게 하려는 구절로 보아야 한다. 우리는 하나님께서 한번 계획하신 것이면 반드시 이루신다는 것을 확신해야 한다.

7. 성도의 궁극적인 승리 8:31-39

바울은 앞에서 하나님의 구원 계획에 대하여 말하고는(28-30절) 이제 이 부분(31-39절)에서는 성도의 궁극적인 승리에 대하여 언급한다. 바울은 먼저 우리의 구원이 확실하다고 말한다. 바울은 먼저 이 부분의 서론을 말하고 (31절) 다음으로는 구원이 확실함을 논증한다(32-39절). 바울은 32절부터 39절까지에서 구원의 확실함을 논증함에 있어 31절의 양식(pattern)을 따른다. 다시 말해 "만일 하나님이 우리를 위하시면"(상반 절)과 "누가 우리를 대적하리요"(하반 절)라는 패턴(pattern)을 따라 논증한다.

<구원의 확실성 논증하는 대구(對句) 패턴>

"만일 하나님이 우리를 위하시면"(31a)	"누가 우리를 대적하리요"(31b)
"자기 아들을 아끼지 아니하시고 우리 모든 사람을 위하여 내주신 이가"(32a)	"어찌 그 아들과 함께 모든 것을 우리에게 주시지 아니하겠느냐"(32b)
"누가 능히 하나님께서 택하신 자들을"(33a)	"고발하리요"(33b)
의롭다 하신 이는 하나님이시니(33c)	"누가 정죄하리요"(34a)
"죽으실 뿐 아니라 다시 살아나신 이는 그리스도 예수시니 그는 하나님 우편에 계신 자요 우리를 위하여 간구하시는 자시니라"(34b)	"누가 우리를 그리스도의 사랑에서 끊으리요 환난이나 곤고나 박해나 기근이나 적신이나 위험이나 칼이랴(35절). 그러나 이 모든 일에 우리를 사랑하시는 이로 말미암아 우리가 넉넉히 이기느니라(37절). 내가 확신하노니 사망이나 생명이나 천사들이나 권세자들이나 현재 일이나 장래 일이나 능력이나(38절) 높음이나 깊음이나 다른 어떤 피조물이라도 우리를 우리 주 그리스도 예수 안에 있는 하나님의 사랑에서 끊을 수 없으리라"(39절)

롬 8:31. 그런즉 이 일에 대하여 우리가 무슨 말 하리요 만일 하나님이 우리를 위하시면 누가 우리를 대적하리요.

바울은 "그런즉 이 일에 대하여 우리가 무슨 말 할 것이냐"고 말한다. 여기 "그런즉"(οὖν)이란 말은 '그렇다면'이란 뜻으로, 이 부분(31-39절)이 지금까지 말한 내용(8:18-30)의 결론임을 밝히는 말이다. 바울은 "이 일에 대하여 우리가 무슨 말 할 것이냐"고 말한다. "이 일에 대하여"란 말은 '18절 이하에 말한 것에 대하여'라는 뜻으로 바울은 18절 이하에 구원의 완성, 즉 성도의 영화에 대하여 말했는데 이제 이 부분에서는 그 놀라운 은총을 생각하면서 무엇을 더 말할 필요가 있겠느냐고 말한다. 만족한다는 뜻이다. 성도의 구원의 완성을 위해서 성령님께서 기도해주시고 또 하나님께서 성도의 구원의 완성을 예정하셨는데 더 무엇을 소원할 것이 있겠느냐는 말이다. 사도는 이제

이 이상 더 소원할 것이 없다고 하면서도 32-39절에서 더 엄청난 "완벽한
대답을 제시하고 있다"(윌렴 헨드릭슨).

그리고 바울은 이어서 "만일 하나님이 우리를 위하시면 누가 우리를 대적
하리요"라고 말한다(민 14:9; 시 118:6). 바울의 이 말은 이 부분(32-39절)의
서론에 해당하는 말이다. 이 부분 전체는 "하나님이 우리를 위하시면"(31a)이
란 내용과 "누가 우리를 대적할 것이냐"(32b)란 내용으로 구성되어 있다.
루터(Luther)는 말하기를 "만일 하나님이 우리를 위하시면 누가 우리를 대적
하리요. 만일 하나님이 우리를 대적하시면 누가 우리를 위하리요"라고 했다.

**롬 8:32. 자기 아들을 아끼지 아니하시고 우리 모든 사람을 위하여 내주신
이가 어찌 그 아들과 함께 모든 것을 우리에게 주시지 아니하겠느냐.**
바울은 앞 절 말씀 즉 "만일 하나님이 우리를 위하시면 누가 우리를 대적하리
요"라는 말씀에 이어, 첫 번째로 아들을 주신 하나님은 다른 것도 얼마든지
거저 주신다고 말씀한다. 바울은 하나님이 어떤 분인가를 설명하기 위하여
"자기 아들을 아끼지 아니하시고 우리 모든 사람을 위하여 내주신 이"라고
말한다(5절, 6절, 10절; 4:25). 바울은 이 말을 쓰기 전에 아마도 창 22:12을
연상했을 것이다. 창 22:12에 아들 이삭을 모리아 산에서 제물로 드리는
아브라함에게 하나님의 사자가 나타나 말하기를 "그 아이에게 네 손을 대지
말라 그에게 아무 일도 하지 말라 네가 네 아들 네 독자까지도 내게 아끼지
아니하였으니 내가 이제야 네가 하나님을 경외하는 줄을 아노라"고 말했다.
바울이 창세기의 말씀을 연상했으면서도 하나님께서 예수님을 죽이시는 사랑
과는 현격한 차이를 느꼈을 것으로 보인다. 아브라함은 이삭을 죽이려 했지만
결국 이삭이 죽지 아니했는데 하나님은 예수님을 십자가에 내어 주셔서 죽게
하셨다. 하나님은 독생자 예수를 아끼지 아니하셨다(요 3:16; 롬 5:18).

그런 엄청난 일을 하신 하나님께서 "어찌 그 아들과 함께 모든 것을
우리에게 주시지 아니하겠느냐"는 것이다. 여기 질문의 문장은 강한 긍정을
말하는 문장이다. 하나님은 그 아들과 함께 모든 것을 우리에게 거저(값없이)

주신다. 조심할 것은 "그 아들과 함께" 주신다는 것이다. 오늘날 많은 성도들은 "모든 것을 받으려고 구할 때" 아들에게는 관심이 없다는 것이다. 소위 기복신앙이라는 것이 만연해 있는 것이 문제이다. 중요한 것은 아들이다. 아들의 통치를 구하고 또 아들의 의를 구할 때 다른 것은 따라온다고 성경은 말씀한다 (마 6:33). 아들을 확실하게 받은 성도들은 이 땅에서 필요한 것도 받을 뿐 아니라 천국의 상속자가 된다. 우리는 여기 "모든 것"이란 말을 해석할 때 '영적인 모든 것'만을 의미하는 것으로 해석할 것이 아니라 '육신에 필요한 모든 것'까지를 망라하는 것으로 보아야 한다.

롬 8:33a. 누가 능히 하나님께서 택하신 자들을 고발하리요.

바울은 구원의 확실함을 두 번째로 말한다. 즉 "누가 능히 하나님께서 택하신 자들을 고발하리요"라고 말한다. 바울은 먼저 하나님의 택함을 말하고(고전 1:27; 엡 1:4; 골 3:12; 딤후 2:10; 딛 1:1) 다음으로 누가 그들을 고발할 것이냐고 말한다. 본문의 "택하신 자들"이란 말은 '하나님께서 선택하신 사람들'을 지칭하는 말인데 28절의 "하나님의 뜻대로 부르심을 입은 자들," 29절의 "미리 아신 자들," 30절의 "미리 정하신 그들"을 지칭하는 말이다. 하나님은 한번 선택하신 백성을 버리시는 일 없이 최종 영화의 단계에까지 들어가게 하신다(30절). 그리고 본문에 "고발하리요"(ἐγκαλέσει)라는 말은 '법정에 고발한다'는 말인데 궁극적으로 하나님께 고발한다는 뜻이다. 성도들을 하나님께 고발할 사람이나, 고발할 사탄이나 고발할 율법이 없는 이유는 성도들은 하나님의 선택을 받아 예수 그리스도의 속죄를 받았기 때문이다. 예수님께서 우리들의 잘 못한 것을 다 지시고 십자가에 죽으셔서 죄를 다 해결해주셨으니 우리가 고발당할만한 것이 남아 있지 아니하다. 하나님은 당신이 선택하신 사람들의 죄를 예수 그리스도 안에서 다 해결하셨으니 고발을 받으실만한 사건들이 없게 된 것이다.

롬 8:33b-34a. 의롭다 하신 이는 하나님이시니 누가 정죄하리요.

바울은 구원의 확실함을 세 번째로 말한다. 바울은 33절 상반 절에서 "누가 능히 하나님께서 택하신 자들을 고발하리요"라고 말하고는, 이제 33절 하반 절과 34절 상반 절에서는 "의롭다 하신 이는 하나님이시 누가 정죄하리요"라고 말한다(사 50:8-9; 슥 3:1이하; 계 12:10-11). 하나님께서 성도들을 의롭다고 선언하셨는데 누가 감히 그들을 정죄할 수 있겠느냐고 말한다. 어림도 없다는 뜻이다.

하나님은 사람들이 독생자 예수 그리스도께서 십자가에서 흘리신 보혈을 믿는 것을 근거하여 의롭다고 선언하신다. 하나님은 죄인들이 아무리 큰 죄를 지었어도 십자가 밑에서 그리스도의 보혈을 믿는 것만 보시고 그들을 의롭다고 선언하신다.

하나님께서 의롭다고 선언하신 사람을 아무도 정죄할 수 없다. 감히 누가 정죄(단죄)할 것인가(욥 34:29). "정죄하리요"란 말은 "의롭다고 선언하다"라는 말의 반대말이다. 세상에서 우리를 죄인이라고 책잡을 사람이 없고 우리를 정죄할 율법이 없고 정죄할 피조물이 없다. 사탄도 우리를 하나님 앞에 책잡지 못한다. 예수님 재림 시까지 우리를 책잡을 피조물이 없음을 알아야 한다. 누가 우리를 비난하고 우리를 욕한다 해도 하나님은 그것을 근거삼아서 우리를 책잡지 아니하신다. 우리는 정죄로부터 영원히 자유로워졌다.

롬 8:34b-35. 죽으실 뿐 아니라 다시 살아나신 이는 그리스도 예수시니 그는 하나님 우편에 계신 자요 우리를 위하여 간구하시는 자시니라. 누가 우리를 그리스도의 사랑에서 끊으리요 환난이나 곤고나 박해나 기근이나 적신이나 위험이나 칼이랴.

바울은 구원의 확실함을 네 번째로 말한다. "만일 하나님이 우리를 위하시면"(31a)에 해당하는 말씀은 34절 하반 절이고, "누가 우리를 대적하리요"(31b)에 해당하는 말은 35-39절 말씀이다. 하나님은 우리를 위하셨다. 곧 "죽으실 뿐 아니라 다시 살아나신 이는 그리스도 예수시니 그는 하나님 우편에 계신 자요 우리를 위하여 간구하신다." 예수님은 우리를 위하여 "죽으셨다." 대속의 죽음을 죽으신 것이다. 우리의 죄를 대신 지시고 십자가에서 죽으셨다. 그리고 예수님은 죽으셨을 뿐 아니라 우리의 죄를 다 처분하셨다는 것을 보여주시기 위하여 "살아나셨다"(고전 15:20, 23). "살아나셨다"는 말은 '다시 일어남을 입으셨다'는 뜻이다. 예수님께서 죽으셨고 또 "뿐만 아니라" 다시 살아나셨다는 말씀을 붙여놓은 것은 예수님의 죽으심과 부활은 반드시 함께 말해야 하는 사항이라는 것을 보여준다. 죽음 따로 부활 따로 말해서는 안 된다. 그리고 바울은 예수님께서 우리를 위하여 "하나님 우편에 계셔서(시 110:1; 막 12:35-37; 16:19; 행 2:25; 골 3:1; 히 1:3; 8:1; 12:1; 벧전 3:22) 우리를 위하여 간구하신다"고 말한다(사 53:12; 롬 4:25; 히 7:25; 9:24; 요일 2:1). 예수님께서 "하나님 우편에 계시다"는 말은 '가장 높이 되셨다는 말이고 (행 1:9이하) 가장 영예롭게 되셨다는 말이며 거기에서 우주를 통치하신다'는 말이다. 또 바울이 예수님께서 하나님 우편에서 "우리를 위하여 간구하신다" 는 말은 '예수님께서 우리의 구원을 위하여 변호하시고 구원의 최종적인 완성을 위하여 간구하신다'는 뜻이다(히 7:25). 성령님은 우리 안에서 우리의 구원을 위하여 간구하시고(26-27절) 예수님은 하나님 우편에서 우리의 온전한 구원을 위하여 간구하신다. 이렇게 예수님께서 하나님 우편에 계셔서 우리를 위하여 간구하시니 우리의 구원은 너무도 확실하다. 조금도 의심할 바가 아니다.

바울은 그리스도께서 하나님 우편에서 우리를 위하여 기도하시니 "누가 우리를 그리스도의 사랑에서 끊으리요 환난이나 곤고나 박해나 기근이나 적신이나 위험이나 칼이랴"고 말한다. "누가 우리를 그리스도의 사랑에서 끊으리요"라는 말은 '아무도 우리를 그리스도의 구원의 사랑에서 끊을 자가 없다'는 뜻이다. 바울이 "누가"라고 말한 말 속에는 일곱 가지, 곧 "환난이나 곤고나 박해나 기근이나 적신이나 위험이나 칼이랴"는 말을 포함하고 있다. 일곱 가지 중에서 그 어느 것 하나라도 우리를 그리스도의 구원의 사랑에서 끊지 못한다는 뜻이다. "환난"(θλῖψις)은 '외부로부터 닥쳐오는 고통'을 지칭하고(마 24:9; 고후 2:4) "곤고"(στενοχωρία)는 '외부로부터 오는 환난 때문에 다하는 내적인 고통,' 즉 '마음의 고통'을 말한다(고후 6:4; 12:10). 그리고 "박해"(διωγμὸς)란 말은 '세상의 그 어떤 세력으로부터 압제를 당하고 폭행을 당하는 것'을 지칭한다(마 13:21; 막 4:17; 10:30). "기근"(λιμὸς)은 '먹을 것이 없어서 굶주리는 것'을 지칭하고 "적신"(γυμνότης)이란 '입을 것이 없어 헐벗음'을 말한다. "위험"(κίνδυνος)이란 '생명이 위협받는 것'을 가리키고(고후 11:26), "칼"(μάχαιρα)이란 말은 '사형'을 지칭하는 말이다. 바울 사도가 말한 일곱 가지는 18절에서 말하는 "현재의 고난"을 구체적으로 말한 것이다. 바울은 이 보다 더 많은 고난을 고후 11:23-28에서 열거하고 있다. 바울은 이런 어려움이 있어도 우리가 그리스도의 구원의 사랑에서 끊어지지 않는다고 말한다. 이유는 그리스도께서 하나님 우편에서 우리를 위하여 간구하시기 때문이라고 한다(34b).

롬 8:36. 기록된바 우리가 종일 주를 위하여 죽임을 당하게 되며 도살당할 양 같이 여김을 받았나이다 함과 같으니라.

바울 사도가 앞(35절)에서 말한바 그가 당하는 많은 고난은 다른 고난이 아니라 주님을 위하여 당하는 고난이라고 말한다. 바울은 구약 성경 시편 44:22의 말씀, 즉 "우리가 종일 주를 위하여 죽임을 당하게 되며 도살당할 양 같이 여김을 받았나이다"라는 말씀을 인용하여 신약 성도인 자신도 고난을 당한다고 말한다(고전 15:30-31; 고후 4:11). 경건한 구약 성도가 환난에 처하여 종일('하루 온 종일'을 의미하며 또한 '매일'을 의미한다) 주님을 위하여 죽임을 당하게 되며 도살당할 양 같이 여김을 받았던 것처럼, 바울 자신도 역시 주님을 위하여 여러 가지 환난을 당한다고 말한다. 성도가 "종일" 주님을 위하여 고난을 당한다는 말은 하루 종일 죽는다는 뜻이 아니라 하루 종일 핍박을 받고 압제를 받는다는 뜻이다. 본문에 "도살당할 양"이란 '구약의 제사에서 제물이 될 양'을 지칭하는 말인데, 구약 성도는 자기가 그렇게 죽임을 당할 양같이 끌려가고 있다고 말하고, 바울도 역시 매일 도살당할 양같이 고난을 경험하고 있다고 말한다. 성도가 세상에서 환난을 당한다는 것, 그것은 피할 수 없는 것이다.

롬 8:37. 그러나 이 모든 일에 우리를 사랑하시는 이로 말미암아 우리가 넉넉히 이기느니라.

바울은 구약 성도나 신약 성도나 똑같이 주님을 위하여 환난을 당하지만 "그러나 이 모든 일에 우리를 사랑하시는 이로 말미암아 우리가 넉넉히 이긴다"고 말한다(고전 15:57; 고후 2:14; 요일 4:4; 5:4-5; 계 12:11). 여기 "이 모든 일"이란 35-36절에서 말한 많은 환난을 지칭한다. 바울은 그 많은 환난 중에도 "우리를 사랑하시는 이," '예수 그리스도'(34-35절)의 간구(34절)로 말미암아 우리가 넉넉히 이긴다고 말한다. 여기 "사랑하시는"(ἀγαπήσαν-τος)이란 말은 부정(단순)과거 시제로 예수 그리스도께서 십자가에서 주신 '참 사랑'을 지칭하는 말로 "우리를 사랑하시는 이로 말미암아"란 말은 '우리를 사랑하신 그리스도의 간구로 말미암아'(34절)라는 뜻이다. 그리고 "넉넉히 이긴다"는 말은 '이기고도 남는다'는 뜻이다. 우리가 한 생애를 살아갈 때 우리 역시 우리를 사랑하시는 그리스도의 간구와 능력으로 말미암아 넉넉히 이길 것을 알아야 한다.

롬 8:38-39. 내가 확신하노니 사망이나 생명이나 천사들이나 권세자들이나 현재 일이나 장래 일이나 능력이나 높음이나 깊음이나 다른 어떤 피조물이라도 우리를 우리 주 그리스도 예수 안에 있는 하나님의 사랑에서 끊을 수 없으리라.

본 절 초두의 이유접속사(γὰρ)는 이 부분(38-39절)이 앞 절(37절)의 이유를 진술하고 있음을 알 수 있다. 바울은 앞에서 우리가 모든 환난 중에도 그리스도로 말미암아 넉넉히 이길 수 있는(37절) 이유는 이 부분(38-39절)에서 말하는 모든 환난들이 우리를 그리스도 안에 있는 하나님의 사랑에서 끊을 수 없기 때문이라고 말한다.

바울은 "확신"에서 산 사람이었다. 바울은 "내가 확신하노니"라고 말한다.

여기 "확신한다"(πέπεισμαι)는 말은 완료형 시제로 이미 과거에도 확신했고 또 그 확신이 지금까지 계속되고 있음을 말한다. 그 확신의 내용은 바로 뒤따라오는 10가지 환난38)이 바울과 로마 교인들과 우리들을 "우리 주 그리스도 예수 안에 있는 하나님의 사랑에서 끊을 수 없으리라"는 것이다. 바울은 "사망이나 생명이나 천사들이나 권세자들이나 현재 일이나 장래 일이나 능력이나 높음이나 깊음이나 다른 어떤 피조물이" 우리를 그리스도의 구원의 사랑에서 끊어버리려는 세력으로 보았다. "사망"이란 '죽임을 당하는 것'(35-36절)을 지칭한다. 죽임을 당하는 일조차 하나님과 성도 사이를 끊을 수 없다는 확신이 바울의 마음속에 자리 잡고 있었다(고후 5:8; 빌 1:21-23). "생명"이란 우리가 그냥 살아있는 사실을 말함이 아니라 이 "생명"의 고통이나 위험이 "우리를 우리 주 그리스도 예수 안에 있는 하나님의 사랑에서 끊을 수 없으리라"고 하였으니 우리가 세상에 사는 중에 생겨지는 현재의 '모든 고난과 고통, 유혹 그리고 혼란'(C.E.B. 크랜필드)을 지칭한다고 할 수 있다.

그리고 "천사들"은 '악한 천사들'을 지칭한다(엡 6:12; 골 2:15). 혹자는 여기 "천사들"을 선한 천사들이라고 주장하기도 하나 선한 천사들이 우리를 우리 주 그리스도 예수 안에 있는 하나님의 사랑에서 끊어버리는 세력(39b)이라고 말하기는 어렵다. "권세자들"은 우리를 그리스도의 사랑에서 끊을 수 있는 '악한 권세자들'을 가리킨다(고전 15:24; 엡 1:21; 6:12; 골 1:16; 2:15; 벧전 3:22). 아마도 세상의 정권 잡은 자들을 지칭할 수도 있다(눅 12:11).

---

38) 38-39절에서 말하는 열 가지 환난은 모두 성도들을 "그리스도 예수 안에 있는 하나님의 사랑에서 끊을 수 있는"(39b) 세력으로 보아야 한다. 이는 마치 35절의 일곱 가지 환난이 성도를 "그리스도의 사랑에서 끊어버리는"(35a) 환난으로 보아야 하는 것과 같다. 그런데 혹자들은 38-39절에서 말하는 환난들이 짝을 이루고 있다("사망이나 생명," "천사들이나 권세자들," "현재 일이나 장래 일," "높음이나 깊음")는 것을 들어 "사망"은 악한 것이고 "생명"은 선한 것이며 또 "천사들"은 선한 천사들이고 "권세자들"은 악한 권세자들이라고 해석하는 것은 무리가 있다. 이 환난들이 비록 짝을 이루고 있다고 할지라도(사실은 완전히 짝을 이루고 있는 것도 아니다. "능력"이란 말이 어느 것과 짝을 이루고 있다고 할 수 있을 것인가) 이 모든 것들은 성도들을 그리스도의 사랑에서 끊는 세력으로 보아야 하는 것이다. 그러니까 모든 항목들은 성도에게 위협적인 것들임에 틀림없다.

그들도 우리를 그리스도의 사랑에서 끊을 수 없다는 것이 바울의 확신이다.

　　"현재 일"이나 "장래 일"은 시간에 있어서 수평적인 것을 지칭하는데 현재의 어떤 일이든, 또 미래의 어떤 일이든 그것들은 성도들을 그리스도의 사랑에서 끊을 수 없다. 그리고 "능력"도 성도들을 그리스도의 사랑에서 끊을 수 없다. "능력"은 천사들의 무리에 속해 있는 것들이다(엡 1:21; 3:10; 6:12; 골 1:16; 2:15; 벧전 3:22). 혹자는 여기 "능력"이란 말이 '능력들'이란 뜻이니 '놀라운 역사들'(mighty works)이나 '기적들'을 지칭한다고 보나 문맥으로 보아 합당하지 않은 해석인 듯하다. 이유는 우리가 아무리 큰 이적을 보고 체험한다 해도 그것 때문에 위협을 받아 그리스도에게서 끊어질 염려는 없는 것이고 오히려 믿음이 강화될 것이다. "높음"과 "깊음"은 수평적인 것들로서 하늘 위에 있는 것들이나 바다 속의 것들이나 혹은 땅 속의 그 어떤 것들도 성도를 그리스도의 사랑에서 끊을 수 없다(시 139:8). "다른 어떤 피조물"이란 말은 앞에서 말한 모든 항목들 이외에 더 첨가할 수 있는 것들을 총칭하는 말이다. 그 어떤 것도 우리를 그리스도의 사랑에서 끊을 수 없다는 것이다. 우리는 지구 공간이나 우주 공간에 그 어떤 것들도 우리를 그리스도의 구원의 사랑에서 끊을 수 없음을 알아야 한다.

제 9 장
하나님의 예정

III. 하나님의 계획에 담겨진 이스라엘과 이방인들 9:1-11:36

바울은 바로 앞 장(8장) 마지막 절(39절)까지 그리스도를 믿는 하나님의 자녀들에게 임할 영광을 말해왔다. 그렇다면 바울은 그리스도를 믿는 하나님의 자녀들을 향하여 이 땅에서 하나님의 자녀답게 살라고 권고했어야 하지 않았을까. 다시 말해 8:39 뒤에 바로 12:1로 넘어가야 하지 않았을까 하는 생각을 가지게 한다. 그런데 웬일로 9장-11장이 중간에 끼어 글의 흐름을 방해하고 있는 것일까. 여기에는 다른 사람들은 알 수 없는 바울만의 큰 이유가 있었다. 바울에게는 큰 근심이면서도 오래도록 그치지 않는 고통이 있었는데 그는 이 고통을 쓰지 않고는 그의 글을 계속할 수가 없었다. 바울은 이방인의 사도로서 그의 사역은 성령님이 함께 하셨기에 대성하였다. 그러나 그는 그것으로 만족할 수는 없었다. 그는 자기의 동족 유대인을 생각하지 않을 수 없었다. 그는 유대인을 위하는 일이라면 그리스도로부터 저주를 받아 끊어질지라도 원했다. 그는 동족이 그리스도를 거부하여 그냥 망하는 것을 원하지 않았다. 그의 심중에는 그치지 않는 고통이 있었다. 게다가 이방 땅에 있는 로마 교회에 편지하려고 할 때 유대인을 생각하지 않을 수 없었다. 유대인이 복음을 거부했지만(9장) 그러나 아주 영원히 복음을 외면하고 살 것은 아니라는 것을 쓰기를 원했다. 그는 하나님의 계획을 쓰기를 원했다. 지금은 유대인이 그러하다고 할지라도(10장) 인류의 종말에 유대인이 구원에 동참하리라는 글을 쓰기를 원했다(11장). 바울은 하나님의 이런 계획을 쓰고서야 12:1로 넘어갈 수가 있었다.

A. 이스라엘을 위한 바울의 근심 9:1-5

바울은 이스라엘을 위한 침통한 근심을 말하지 않을 수 없었다. 이방인의
사도로서 수많은 이방인들이 그리스도를 영접하여 믿을 때 그는 로마에 있는
유대인들을 생각하지 않을 수 없었다. 그는 유대인의 구원을 위하는 일이라면
저주를 받아 그리스도로부터 끊어질지라도 원하는 바라고 말한다. 그러나
바울의 동족을 생각하는 마음은 민족주의에 속한 것이 아니었다. 그는 하나님
의 백성을 생각한 것이었다.

**롬 9:1-2. 내가 그리스도 안에서 참말을 하고 거짓말을 아니하노라 나에게
큰 근심이 있는 것과 마음에 그치지 않는 고통이 있는 것을 내 양심이 성령
안에서 나와 더불어 증거하노니.**
바울은 큰 근심이면서도 동시에 그치지 않는 고통을 말하기에 앞서 "내가
그리스도 안에서 참말을 하고 거짓말을 아니하노라"고 말한다. 즉 '내가 그리
스도를 믿는 중에 참말을 하고 거짓말을 아니한다'는 것이다. 다시 말해
'내가 그리스도와 교제하는 중에 참말을 하고 거짓말을 아니한다'(고후 11:31;
갈 1:20)는 말이다. 우리가 그리스도를 믿는다면 항상 참말을 하고 거짓말을
하지 아니해야 한다.

바울은 "나에게 큰 근심이 있는 것과 마음에 그치지 않는 고통이 있다"고
말한다(10:1). 그는 유대인이 복음을 거부한 사실을 생각할 때 "큰 근심"이
그의 심령을 채웠으며 또한 그 근심은 "그치지 않는 고통" 자체라고 말한다.
그는 이방인의 사도로서 유대인에 대한 사랑이 없는 사람은 아니었다.

바울은 그의 심령 속에 큰 근심과 고통이 있는 것을 "내 양심이 성령
안에서 나와 더불어 증거한다"고 말한다(1:9; 고후 1:23; 11:31; 12:19; 갈
1:20; 빌 1:8; 딤전 2:7). '바울의 양심이 성령님의 인도와 조명 아래서 바울
사도와 더불어 증거한다'는 것이다. 성령님의 인도와 감화가 없는 양심은
어두워진 양심일 수밖에 없다. 여기 "양심"이란 말에 대해서는 2:15주해를
참조하시라.

롬 9:3. 나의 형제 곧 골육의 친척을 위하여 내 자신이 저주를 받아 그리스도에 게서 끊어질지라도 원하는 바로라.

본 절 초두에는 "왜냐하면"이라는 이유접속사(γὰρ)가 있어 본 절이 1-2절에서 바울이 말한바 마음속에 그치지 않는 고통이 있었던 이유를 진술한다. 그 이유는 다름 아니라 유대 민족의 구원을 위하여 심각하게 소원하는 것이 있었던 것 때문이라고 말한다. 뒤집어 말하면 바울 사도가 유대민족의 구원을 너무너무 소원해왔기 때문에 계속해서 고통을 당했다는 것이다.

바울은 "나의 형제 곧 골육의 친척"을 깊이 사랑하고 있었다. 바울이 말하는 형제는 이방인 형제를 말하는 것이 아니라 피와 살을 나눈 유대인들을 지칭하는 말이었다(행 22:3). 그는 그들을 극진히 사랑하여 "내 자신이 저주를 받아 그리스도에게서 끊어질지라도 원하는 바로라"고 말한다(출 32:32). 바울 은 그리스도로부터 끊어져 자신이 저주를 받는다 할지라도 그들의 회복을 소원한다는 것이다(창 44:33; 출 32:32; 삼하 18:33 참조). 바울은 앞 장 끝에서 (39절) 세상의 어떤 세력도 우리를 그리스도의 사랑에서 끊을 수 없다고 했는데, 본 절에서는 "내 자신이 저주를 받아 그리스도에게서 끊어질지라도 원한다"고 말하여 모순되는 듯이 보이는 말을 하였다(고후 13:7). 바울의 의중은 다름 아니라 자신이 영원한 저주를 받아 그리스도로부터 끊어질지라 도 참으로 이스라엘의 회복을 소원하고 소원한다는 것이다. 그 이상 소원할 수 없는 정도로 소원한다는 뜻이다. 여기 "원하는 바로라"(ηὐχόμην)는 말은 미완료시제(영어의 과거진행형에 해당)로 '계속해서 원하고 있다'는 뜻이다. 그는 이방인의 사도가 된 후 계속해서 유대인의 구원을 소원하고 있었다. 유대인의 구원을 계속해서 소원하는 동안 그는 계속해서 그치지 않는 고통을 당했다.

롬 9:4. 그들은 이스라엘 사람이라 그들에게는 양자됨과 영광과 언약들과 율법을 세우신 것과 예배와 약속들이 있고.

바울이 이스라엘의 회복을 소원한 이유는 그들이 동족이기 때문만은 아니었

다. 바울은 본 절에서 유대인이 받은 은총을 여러 가지로 나열한다. 첫째,
"그들은 이스라엘 사람이라"는 것이었다(신 7:6). "이스라엘"이란 말은 '하나
님의 선민'이란 뜻으로 사용되었다. 야곱은 얍복강 가에서 천사와 씨름하여
이 이름을 얻었다. 둘째, 그들은 "양자"였다(출 4:22; 신 14:1; 렘 31:9). 이스라
엘은 집단적으로 하나님의 '아들'이라 불렸고(출 4:22-23; 신 14:1; 사 1:2;
렘 31:9; 호 11:1; 말 1:6), 장자로 불렸으며(출 4:22), 하나님의 소유였고(출
19:5), 하나님의 백성이라 불렸다(사 43:20). 이스라엘이 구약 시대에 하나님
의 양자가 되었던 것은 신약시대에 그리스도로 말미암아 개인적으로 하나님
의 양자가 될 것에 대한 예표였다. 셋째, 그들에게는 하나님의 "영광"이
임했다(삼상 4:21; 왕상 8:11; 시 63:2; 78:61). "영광"이 임했다는 말은 하나님
께서 이스라엘에게 나타나셨던 사실을 말한다. 하나님은 이스라엘의 광야에
서 구름 속에 나타나셨고(출 16:10), 여호와의 영광이 시내산에 나타났으며
(출 24:16), 모세의 성막에 나타나셨고(출 40:34), 솔로몬의 성전에 나타나셨
다(왕상 8:10-11). 하나님께서 나타나셨다는 것은 놀라운 일이 아닐 수 없다.
오늘 성령 하나님께서는 우리 속에 계신다. 엄청난 일이 아닐 수 없다. 넷째,
그들은 "언약들"을 가지고 있다(행 3:25; 히 8:8-10). 하나님은 아브라함과
언약을 체결하셨고(창 15:18; 17:4이하), 모세 시대에 이스라엘과 언약을
체결하셨으며(출 24:8; 34:10; 신 29:1이하), 여호수아 시대에 이스라엘과
언약을 체결하셨고(수 8:30이하; 24:25), 다윗과 언약을 맺으셨다(삼하 23:5;
시 89:28). 그리고 이스라엘과 유다 집에 '새 언약'을 세우셨다(렘 31:31).
하나님께서 이스라엘과 언약을 맺으신 것은 복을 주신다는 뜻이었다. 우리는
지금 하나님께서 새롭게 세우신 신약 아래에서 살고 있다. 다섯째, 하나님은
이스라엘 집에 "율법을 세우셨다"(시 147:19). 여기 율법은 모세를 통해
법을 주신 것을 뜻한다(출 20:1이하; 신 26:18-19). 여섯째, 그들에게는 "예배"
가 있었다(히 9:1). 하나님은 레위기 책에 예배 규칙들을 많이 주셨다. 이스라
엘 민족은 성전에서 각종 예배를 드렸는데 예배를 드리면서 제물을 드렸다.
성전에서 드려진 제물은 그리스도를 상징했다. 일곱째, 이스라엘 민족은

"약속들"이 있었다(3:2; 행 13:32; 엡 2:12). 하나님은 아브라함에게 "내가 너와 네 후손의 하나님이 되리라"고 약속해 주셨다(창 17:7). 그 약속들은 이삭, 야곱, 그리고 이스라엘 민족에게 반복되었다. 그 약속들의 초점은 오시는 메시야였다(고후 1:20; 갈 3:16). 하나님께서 구약에 약속하신 모든 것들이 신약에서 성취되었다.

롬 9:5. 조상들도 그들의 것이요 육신으로 하면 그리스도가 그들에게서 나셨으니 그는 만물 위에 계셔서 세세에 찬양을 받으실 하나님이시니라. 아멘.

바울은 본 절에서 유대인이 신분으로 보아서 우월함을 말한다. 첫째, "조상들도 그들의 것이요"라고 말한다(11:28; 신 10:15). "조상들"이란 아브라함, 이삭, 야곱, 그리고 그 열두 아들들을 지칭한다. 이들이 사람들로부터 존경을 받은 이유는 그들이 하나님의 큰 은총을 받았기 때문이었다. 둘째, "육신으로 하면 그리스도가 그들에게서 나셨다"(ἐξ ὧν ὁ Χριστὸς τὸ κατὰ σάρκα, 1:3; 눅 3:23). '그리스도의 인성만 따져보면 유대인에게서 나셨다'는 말이다(1:3). 그런데 "그는 만물 위에 계셔서 세세에 찬양을 받으실 하나님이시다"(ὁ ὢν ἐπὶ πάντων θεὸς εὐλογητὸς εἰς τοὺς αἰῶνας, 렘 23:6; 요 1:1; 행 20:28; 히 1:8; 요일 5:20).[39] 예수님이야 말로 "만물 위에 계신 분"이며 또 "세세에 찬양을 받으실 하나님이시다." 예수님은 만물을 초월해 계시는 초월적 존재이시고, 또 만물을 지배하시는 분이시며 만물을 창조하신 하나님이시고(요 1:1-3; 골 1:16-17) 또 성경 여러 곳에서 말하는 것처럼 '세세에 찬양을 받으실 하나님 자신이시다'(요 1:2; 막 16:19; 행 7:55이하; 엡 1:20-22;

---

39) 이 구절의 해석은 구두점을 어디에 찍느냐에 따라서 달라진다. 이 구절을 앞에 나오는 그리스도와 동격으로 놓으면 우리 성경과 같이 되어 그리스도는 하나님이시라는 말씀이 되고, 또 이스라엘에게 수많은 복을 주신 하나님을 찬양하는 것으로 보면 "하나님은 영원토록 만물 위에 찬양을 받으실지어다"로 해석된다. 이 둘 중에 전자의 것이 더 타당한 것으로 보인다. 이유는 "육신으로는"이란 말에 대조를 이루는 구절이 필요한 것을 감안하면 예수님은 하나님이시라는 말로 해석하는 것이 옳다.

빌 2:6; 골 1:15; 3:1; 히 1:3; 8:1; 12:2; 벧전 3:22; 계 3:21). 이런 분이 유대인에게
서 나셨는데 유대인들이 예수님을 거부한 것을 생각할 때에 바울의 마음은
안타까움을 금할 길이 없었다.

B. 하나님의 주권적 예정   9:6-29

바울은 앞에서 이스라엘을 위한 침통한 근심을 말하고는(1-5절), 이제
이 부분(6-29절)에서는 하나님의 주권적 예정에 대해 언급한다. 이스라엘이
바울 당시 예수님을 거부한데는 하나님의 만세전의 예정이 있었다고 말한다.
그 예정이 역사상에 나타난 것인데 그 예정이 정당하다고 말한다. 아브라함에
게는 많은 아들이 있었으나 그 아들들 중에 이삭만이 하나님의 약속이 계승될
혈통이었다. 이삭에게도 두 아들이 있었으나 둘째 야곱이 약속의 씨였다.
하나님은 이 두 사람이 태어나기 전에 이미 하나는 택하시고 하나는 택하시지
않으셨다. 하나님은 자기의 거룩한 뜻에 따라 긍휼을 베푸시고 자비를 베푸신
다. 하나님의 긍휼 베푸심은 전적으로 하나님의 주권에 달려 있다. 바울은
하나님께서 하시는 일에 대해 힐문할 수 없다고 잘라 말한다. 이 부분은
예정론의 근거가 되는 구절로서 잘 못 해석하는 수가 허다하다.

1. 하나님은 아브라함의 다른 아들들보다 이삭을 택하셨다   9:6-9
**롬 9:6. 그러나 하나님의 말씀이 폐하여진 것 같지 않도다 이스라엘에게서
난 그들이 다 이스라엘이 아니요.**
바울은 문장 초두에 "그러나"(δέ)라고 말한다. 이스라엘 민족이 그리스도를
거부함으로 바울에게 큰 근심이 있고 그 근심이 계속되고 있었던 것(4-5절)은
사실이지만 그럼에도 불구하고 "하나님의 말씀이 폐하여진 것으로 보지는
않는다"는 것이다(3:8; 민 23:19). 다시 말해 '하나님의 말씀이 무효화되었다든
지 무실해졌다든지 하는 것은 아니라'는 것이다. 본문의 "하나님의 말씀"은
십계명이나 구약의 도덕법 같은 말씀을 지칭하는 것이 아니라 '그리스도를
주시겠다는 하나님의 말씀(약속)'을 지칭하는 말이다. 바울 당시 유대인들이

예수 그리스도를 믿지 않는 것을 보고 혹시 어떤 사람들은 구주(救主)를 주시겠다는 하나님의 말씀(약속)이 폐하여진(무효화 된) 것이 아니냐 하는 의구심이 들 정도였기에 바울은 하나님의 말씀이 폐하여진 것이 아니라고 말했다. 이사야 53장에 고난의 그리스도가 오실 것이 예언되어 있는데 실제로 고난의 그리스도가 오시지 않았는가. 결코 하나님의 말씀은 폐하여지지 않았다. 무효화되지 않았다.

그리고 여기 "...것 같지 않도다"(οὐχ οἷον)라는 말은 '그렇지 않다,' '보이는 대로의 것은 아니다,' '보이는 대로 그런 것은 아니다'라는 뜻이다. 그러니까 '하나님의 말씀(약속)이 폐하여진(무효화 된) 것 같이 보이지만 그러나 실제로 그런 것은 아니라'는 뜻이다. 하나님의 말씀(하나님의 약속)은 이스라엘 민족 전체 속에서 이루어지는 것이 아니라 택함을 받은 사람들 속에서 이루어지고 있다는 것이다. 바울은 "이스라엘에게서 난 그들이 다 이스라엘이 아니라"고 말한다(2:28-29; 4:12, 16; 요 8:39; 갈 6:16). 곧 이스라엘 민족에게서 난 사람들이 다 진짜 택함 받은 이스라엘이 아니라는 말이다. 다시 말해 육적인 이스라엘이 모두 다 영적인 이스라엘이 아니라는 뜻이다. 믿는 자만 참 이스라엘 사람이라는 뜻이다(창 15:6; 17:1-2, 9; 신 30:2-3, 9-10; 왕상 8:47-50; 렘 18:5-10). 오늘도 교회에 출석하는 사람이 다 신자가 아닌 것처럼 육신적으로 이스라엘 혈통을 타고 났다고 해서 다 하나님으로부터 선택받은 이스라엘은 아니라는 뜻이다.

롬 9:7-8. 또한 아브라함의 씨가 다 그의 자녀가 아니라 오직 이삭으로부터 난 자라야 네 씨라 불리리라 하셨으니 곧 육신의 자녀가 하나님의 자녀가 아니요 오직 약속의 자녀가 씨로 여기심을 받느니라.

바울은 "또한 아브라함의 씨가 다 그의 자녀가 아니라"고 말한다(갈 4:23). 즉 '아브라함이 낳은 이스마엘과 이삭 두 자녀가 다 아브라함의 자녀가 아니라'는 것이다. 다시 말해 이스마엘은 하나님의 약속의 자녀가 아니라는 뜻이다. 아브라함에게는 도합 8명의 아들이 있었는데(창 25:2) 그 아들들이 다 하나님의 약속으로 낳은 아들들이 아님은 말할 것도 없다. 바울이 본 절에서 말하고자 하는 것은 하갈이 낳은 이스마엘은 하나님의 약속으로 얻은 아들이 아니니 아브라함의 자녀가 아니라는 것이다.

바울이 "아브라함의 씨가 다 그의 자녀가 아니라"고 말한 것은 "오직 이삭으로부터 난 자라야 네 씨라 불리리라"는 구약 말씀 때문이었다(창 21:12; 히 11:18). 하나님은 친히 아브라함에게 "오직 이삭으로부터 난 자라야 네 씨라 불리리라"고 말씀하셨다. 이스마엘이나 이삭 두 아들은 모두 아브라함이 낳은 아들이었지만 단 한 가지 하나님의 약속으로 얻었느냐 아니냐의 차이에 있었다(요 1:13 참조). 그만큼 하나님의 약속은 중요했다.

바울은 7절의 말씀을 8절에서 해설한다. "곧 육신의 자녀가 하나님의 자녀가 아니요 오직 약속의 자녀가 씨로 여기심을 받느니라"고 해설한다(갈 4:28). '육신 관계로 얻은 자녀들은 하나님의 자녀들이라고 할 수 없고, 오직 하나님의 약속으로 얻은 자녀들이라야 하나님의 씨로 여기심을 받는다'는 것이다. 이스마엘은 아브라함이 하갈과 육신관계를 맺어 얻은 아들이었던 고로 하나님의 자녀로 불릴 수 없었고, 하나님의 약속으로 얻은 이삭이 하나님의 자녀로 여겨진다는 말씀이다. 여기 "씨"와 "자녀"란 낱말은 동의어로 사용되고 있다. 하나님의 약속으로 자녀를 얻었느냐 혹은 육신관계로 자녀를 얻었느냐 하는 것은 하늘과 땅 차이만큼이나 차이가 난다. 신약시대에 사람이 하나님께서 보내시겠다고 약속하신 그리스도를 영접하느냐 혹은 영접하지 않느냐 하는 것, 다시 말해 믿느냐 믿지 않느냐 하는 것은 참으로 하늘과 땅 차이만큼이나 중요한 것이다(갈 3:9, 29 참조).

롬 9:9. 약속의 말씀은 이것이니 명년 이 때에 내가 이르리니 사라에게 아들이 있으리라 하심이라.

본 절 초두에는 접속사(γὰρ)가 있어 앞 절의 "약속"(ἐπαγγελίας)을 좀 더 구체적으로 설명하고 있다. 하나님께서 아브라함에게 약속하신 말씀의 내용은 "명년 이 때에 내가 이르리니 사라에게 아들이 있으리라"는 말씀이다(창

18:10, 14). 하나님은 창 18:10에서 아브라함에게 "내년 이맘때 내가 반드시 네게로 돌아오리니 네 아내 사라에게 아들이 있으리라"고 하셨다. 하나님은 '정한 때, 곧 내년 이 때쯤 내(하나님 자신)가 틀림없이 아브라함의 아내 사라, 곧 90세였던 여자(창 17:17), 경수가 끊어져서 자식 낳을 소망이 없었던 여자(창 18:11), 따라서 잉태하지 못했던 여자(창 11:30)를 권고하여 아들이 있게 하시리라'고 하셨다. 하나님의 이 충격적인 약속 때문에 사라가 장막 뒤에서 듣고 웃었다(창 18:12). 그런데 인간적으로 보아 전혀 불가능했던 일이 1년 후에 이루어졌다. 하나님의 일방적인 약속이 이루어진 것이다. 하나님의 약속은 반드시 이루어진다.

2. 하나님은 에서보다 야곱을 택하시다   9:10-13

바울은 앞에서 참 이스라엘인이냐 아니냐 하는 것은 하나님의 약속에 의해 아들을 얻었느냐 아니냐에 달려있다고 말했는데(6-9절), 이제 이 부분에서는 하나님께서 택하셨느냐 아니냐 하는 것에 의하여 갈린다고 말씀한다(10-13절).

롬 9:10. 그뿐 아니라 또한 리브가가 우리 조상 이삭 한 사람으로 말미암아 임신하였는데.

바울이 참 이스라엘이냐 아니냐 하는 것을 결정하는 데는 앞(6-9절)에서 말한 대로 하나님의 약속에 의해서 아들을 얻었느냐 혹은 아니냐 하는 것으로만 결정해서는 안 된다고 말한다. 다시 말해 이삭과 이스마엘의 한 경우만 고려해서는 안 되고 다른 것도 더 고려해야 한다고 주장한다. 그래서 바울은 "그뿐 아니라" 다른 방면으로 더 세밀하게 검토하지 않으면 안 된다고 말한다. 혹시 사람들이 이삭의 어머니는 유대인이었고 이스마엘의 어머니는 애굽인이었기에 언약의 계보가 이삭으로 내려간 것 아닌가하고 생각할 가능성이 있다는 것이다(윌럼 헨드릭슨).

그래서 바울은 이 부분(10-13절)에서 아버지도 같고(이삭) 어머니도 같고

(리브가) 잉태된 시간도 같고 출생한 시간만 약간 차이가 생긴 쌍둥이(에서와 야곱)의 경우를 들어 참 이스라엘과 거짓 이스라엘이 생겨진 이유를 설명한다. 즉 모든 것이 동일한 두 사람(야곱과 에서)의 차이는 다른 데서 찾을 수가 없다는 것이다. 다시 말해 인간적인 차이는 없다는 뜻이다. 그런데도 한 사람은 택함을 받고 또 한 사람은 택함 받지 못하는 차이가 생긴 것은 하나님으로 말미암은 것이라는 것을 설명하기 위해 바울은 "또한 리브가가 우리 조상 이삭 한 사람으로 말미암아 임신하였다"고 말한다(창 25:21). 부인 리브가와 남편 이삭 한 사람이 그 아들들의 차이를 만들어낸 것은 아니라는 뜻이다. 부모는 자식들의 차이를 만들어낼 수 없었다.

롬 9:11-12. 그 자식들이 아직 나지도 아니하고 무슨 선이나 악을 행하지 아니한 때에 택하심을 따라 되는 하나님의 뜻이 행위로 말미암지 않고 오직 부르시는 이로 말미암아 서게 하려 하사 리브가에게 이르시되 큰 자가 어린 자를 섬기리라 하셨나니.

바울은 두 아들(야곱과 에서)에게 차이가 생겨진 것은 순전히 하나님으로 말미암은 것이라고 말한다. 하나님께서 한 사람은 택하시고 또 한 사람은 택하지 않으신 사실에서 차이가 생겼다는 것이다. 두 사람의 장래가 결정된 것은 "그 자식들이 아직 나지도 아니하고 무슨 선이나 악을 행하지 아니한 때"라고 말한다(창 25:21-26). '그 자식들이 세상에 아직 출생하지도 않고 또 무슨 선악간의 행위를 가지기 전에' 이미 결정되었다는 것이다. 두 사람의 노력 여하는 전혀 고려되지도 않았고 두 사람의 공로도 참작되지 않았다는 뜻이다. 그러니까 두 사람의 장래가 결정되는 데는 부모의 의사도 참작되지 않았고 또 본인(야곱과 에서)들의 의사나 공로도 전혀 개입하지 않았고 다만 "택하심을 따라 되는 하나님의 뜻이 행위로 말미암지 않고 오직 부르시는 이로 말미암아 서게 하려 하사 리브가에게 이르시되 큰 자가 어린 자를 섬기리라"고 하신 하나님에 의해 결정되었다는 것이다(4:17; 8:28). 여기 "택하심을 따라 되는 하나님의 뜻이...서게 하려 하사"란 말은 '하나님의 택하신 여부로 사람이 구원 받기도 하고 혹은 구원 받지 못하게도 되는 하나님의 선하신 뜻이...성립되게 하려 하셨다'는 뜻이다. 하나님의 주권적인 선택은 중요하다. 하나님은 그의 뜻에 따라 사람을 선택하신다. 선택이 먼저가 아니라 뜻이 먼저이다. 뜻에 의해 선택하신다. 두 사건은 동시에 이루어진다. 구원은 바로 하나님의 뜻에 의한 선택에 달려 있다. 하나님은 그의 택하신 뜻이 성립되게 하시려고 "리브가에게 이르시되 큰 자가 어린 자를 섬기리라"고 예언하셨다(창 25:23). "큰 자," 즉 '에서'가 "어린 자," 즉 '야곱'을 "섬기리라"고 예언하셨다. "섬기리라"는 말은 '속박 받을 것이라,' '지배를 받으리라'는 예언이다. 하나님의 이 예언은 훗날 에서의 후손 에돔 족속이 야곱의 후손 이스라엘(유다포함)에게 지배를 받고 속박을 받으리라는 예언의 말씀이다(삼하 8:14; 왕상 22:47; 왕하 14:7 참조). 혹자는 이 말씀이 야곱과 에서의 개인에게 해당하는 말씀이 아니라, 그들의 후손에게만 해당하는 말씀이라고 주장하나 개인들에게도 해당하는 말씀으로 보아야 한다. 이유는 에서가 포기한 장자의 명분을 야곱이 대신 취했을 뿐 아니라(창 25:29-34), 에서에게 돌아가야 할 축복을 야곱이 받았기 때문이다(창 27:1-29).

롬 9:13. 기록된바 내가 야곱은 사랑하고 에서는 미워하였다 하심과 같으니라.

바울은 자신의 주장을 더욱 확실하게 하기 위하여 말 1:2-3을 인용한다. 하나님은 "내가 야곱은 사랑하고 에서는 미워하였다"고 하셨다(말 1:2-3, 참조-신 21: 15; 잠 13:24; 마 10:37; 눅 14:26; 요 12:26). 이 말씀에 대한 학자들의 주장은 참으로 복잡하나 문맥을 따라 해석해야 한다. 곧 '내가 야곱은 택하고 에서는 택하지 않았다'는 말씀으로 보아야 한다. 이 말씀은 개인들(말 1:2-3에 "에서는 야곱의 형이 아니냐 그러나 내가 야곱을 사랑하였고 에서는 미워하였으며'라고 말씀한다)에게도 말씀하신 것이고 두 사람의 후손들에게도 말씀하신 것으로 보아야 한다.

3. 하나님은 이스라엘에게 긍휼을, 바로에게는 강퍅한 마음을 주셨다   9:14-18

롬 9:14. 그런즉 우리가 무슨 말을 하리요 하나님께 불의가 있느냐 그럴 수 없느니라.

바울은 앞(6-13절)에서 이스마엘(이삭의 형)과 에서(야곱의 형)가 택함 받지 못한 사실을 말하고는 이제 본 절에서는 "그런즉 우리가 무슨 말을 하리요 하나님께 불의가 있느냐"고 가상적인 질문을 한다(신 32:4; 대하 19:7; 욥 3:8; 34:10; 시 92:15). 즉 '그렇다면 우리가 무슨 말을 할 것인가(3:5; 4:1; 6:1; 7:7; 8:31; 9:14, 30). 하나님께서 야곱은 택하시고 에서는 택하지 않으신 사실에서(앞 절) 하나님의 그릇 행하심(고후 12:13; 히 1:9; 8:12)이나, 불공평 하심(눅 13:27; 요 7:18; 롬 1:29; 살후 2:12; 딤후 2:19; 요일 5:17)이 있느냐고 가상적인 질문을 던진다(두 번째 가상질문은 19절에 있다). 이 가상적인 질문에 대하여 바울은 "그럴 수 없느니라"고 강하게 부인한다. 바울은 다음 절부터 (15-18절) 그가 부인하는 이유를 설명한다. 하나님께 불의가 있다는 것은 말도 되지 않는다는 뜻이다.

롬 9:15. 모세에게 이르시되 내가 긍휼히 여길 자를 긍휼히 여기고 불쌍히 여길 자를 불쌍히 여기리라 하셨으니.

본 절 초두에는 이유를 말하는 접속사(γὰρ)가 있다. 이는 본 절이 앞 절에서 말한바 하나님께 불의가 있을 수 없다는 말에 대한 이유를 진술하고 있다. 하나님께 불의가 있을 수 없는 이유는 하나님께서 "모세에게 이르시되 내가 긍휼히 여길 자를 긍휼히 여기고 불쌍히 여길 자를 불쌍히 여기리라 하셨기" 때문이라는 것이다(출 33:19).[40] 하나님께서 죄인들 중에서 사람을 구원하시기 위해서 선택하시는 것은 전적으로 그의 긍휼에 속한다는 뜻이다.

혹자는 여기 두 낱말("긍휼히 여김," "불쌍히 여김")의 뜻에 차이가 있다고

---

40) Lenski는 여기 이유접속사는 이유를 나타내는 접속사로 해석할 것이 아니라 단순히 앞에 말한 것을 확인하기 위해 쓴 것으로 보아야 한다고 말한다. 그런고로 이유접속사는 "그렇다"는 뜻을 나타낸다고 주장한다. *로마서* (하), 김진홍역, 백합출판사, p. 110. 그러나 이 이유접속사는 문맥으로 보아 이유를 말하는 것으로 해석하는 것이 더 옳은 것 같다.

말하며 여러 가지로 해석한다(Sandy, Meyer, 이상근). 그러나 혹자는 이 두 낱말의 뜻에 차이가 없다고 말한다(Lenski, Murray). 두 낱말 사이에는 근본적인 차이가 없이 동의어로 사용된 것으로 보아야 한다. "긍휼히 여김"(ἐλεέω)이란 말(마 9:27; 15:22; 17:15; 18:33; 20:30-31; 롬 11:30-31; 12:8; 고전 7:25; 고후 4:1; 딤전 1:13)과 "불쌍히 여김"(οἰκτείρω)이란 말(출 33:19)과 또 "불쌍히 여김"이란 말의 변형인 "인자하심"이란 말(눅 6:35), 또 "자비하심"이란 말(눅 6:36)이 서로 같은 것을 뜻하고 있으며, 실제로 개역개정판 성경에서 "긍휼히 여기다"(ἐλεέω)는 말을 어떤 장절에서는 "긍휼히 여기다"(롬 11:30-31; 12:8; 고후 4:1; 딤전 1:13)로 번역했고 또 때로는 "불쌍히 여기다"(마 9:27; 15:27; 17:15; 18:33; 20:30-31)로 번역했으며 또 때로는 "자비하심"(고전 7:25)으로 번역했다. 그리고 본 절에서도 역시 차이 없이 사용되었음을 알 수 있다. 하나님은 사람을 선택하는 일에 있어서 전적으로 그의 긍휼히 여김에서 이루신다. 하나님께서 사람을 택하시는 일에 있어서 사람을 보시지 않으시고 전적으로 그의 긍휼히 여김으로만 하신다는 것이다. 우리가 선택받은 것은 우리의 어떤 장점에 있었던 것이 아니고 전적으로 그의 긍휼에 의해 된 것이다.

롬 9:16. 그런즉 원하는 자로 말미암음도 아니요 달음박질하는 자로 말미암음도 아니요 오직 긍휼히 여기시는 하나님으로 말미암음이니라.

바울은 하나님께서 우리를 긍휼히 여기심이 우리의 소원이나 우리의 노력으로 되는 것이 아니고 전적으로 긍휼히 여기시는 하나님에게 달려있다고 말한다. 문장 앞에 나오는 "그런즉"(ἄρα οὖν)이란 말은 바울이 바로 앞 절에 말한 것에 대해 결론을 내리기 위해 사용한 말이다. 즉 하나님께서 모세에게 이르신 말씀 "내가 긍휼히 여길 자를 긍휼히 여기고 불쌍히 여길 자를 불쌍히 여기리라"는 말씀에 대해 바울 사도가 결론적으로 말하기를 원하여 쓴 말이다. 바울의 결론은 "원하는 자로 말미암음도 아니요 달음박질하는 자로 말미암음도 아니라"는 것이다. '사람이 원한다고 해서 하나님의 긍휼을 얻는 것도 아니고 또 사람이 노력한다고 해서 긍휼이 여김을 입는 것은 아니라는 것이다. 본문에 "달음박질 한다"는 말은 "정력적인 인간의 활동"을 가리킨다(갈 2:2; 빌 2:16; F. F. Bruce). 우리 인간이 이 땅에 태어나 노력할 것들이 있기는 하지만 하나님께서 우리를 선택해 주시고 안 하시는 문제는 전적으로 "긍휼히 여기시는 하나님으로 말미암음이라"는 것이다. 하나님의 선택에 우리의 소원이나 노력은 들어갈 틈이 없다. 그것만은 전적으로 하나님에게 달려 있는 것이다. 구원도 전적으로 하나님께 달려 있는 줄 알고 이미 구원에 참여하게 된 우리는 하나님께 말할 수없는 감사와 찬양을 드려야 한다.

롬 9:17. 성경이 바로에게 이르시되 내가 이 일을 위하여 너를 세웠으니 곧 너로 말미암아 내 능력을 보이고 내 이름이 온 땅에 전파되게 하려 함이라 하셨으니.

바로는 앞의 두 절(15-16절)에서 하나님께서 사람을 긍휼히 여기서서 택하신 일에 대하여 언급하고, 본 절에서는 하나님께서 사람을 택하시지 않아 완악하게 하신 일에 대해 언급한다. 바울 사도는 고사(古事)를 인용하기 위하여 "성경이 바로에게 이르시되"라고 말한다(갈 3:8, 22 참조). "성경이 바로에게 이르시되"라는 말은 '하나님께서 바로에게 이르시되'라는 뜻이다. 이 말씀은 하나님께서 모세를 통하여 바로에게 하나님의 말씀을 이르셨다는 말이다. 본문에 "이르시되"라는 말은 현재형으로 계속해서 말씀하신다는 뜻이다. 성경은 지금도 우리들에게 말씀하고 계신다. 하나님은 모세를 통하여 바로에게 여섯 번째 재앙을 내리신 다음 일곱 번째 재앙을 내리시기 전에 본문의 말씀을 하셨다. 하나님은 모세를 통하여 "내가 이 일을 위하여 너를 세웠다"고 말씀하신다. 여기 "이 일"이란 바로 뒤따라오는 말씀 "내 능력"과 "내 이름이 온 땅에 전파되게 하는 것"을 지칭한다. 즉 '하나님께서 하나님의 능력과 또 하나님의 이름을 온 땅에 전파되게 하시려고 바로를 죽이지 않고 세상에 남겨두셨다'는 뜻이다(출 9:16; 신 6:22; 7:18-19; 11:3; 34:11; 수 9:9; 삼상 4:8; 시 135:9). 혹자는 여기 "세웠으니"란 말을 해석함에 있어 바로를 왕으로 세워주신 것을 지칭한다고 말하나 출 9:15-16을 보면 '세상에 남겨두신 것'을 지칭하는 것으로 보아야 한다(Hendriksen). 하나님은 바로를 통하여 하나님의 능력을 보이시고 또 하나님의 이름이 온 세상에 전파되게 하시려고 바로를 없애지 않으시고 남겨두셨다. 하나님은 뜻이 있어 사람을 세상에 남겨두기도 하시고 또 데려가기도 하신다(삼상 2:6-7 참조).

롬 9:18. 그런즉 하나님께서 하고자 하시는 자를 긍휼히 여기시고 하고자 하시는 자를 완악하게하시느니라.
바울은 앞 절에서 구약의 고사를 인용한 다음 본 절에서 결론을 말한다. "그런즉 하나님께서 하고자 하시는 자를 긍휼히 여기시고 하고자 하시는 자를 완악하게 하신다"고 결론을 말한다. 하나님은 그의 주권을 가지시고 원하는 사람을 긍휼히 여기시고 또 원하는 사람을 완악하게 하신다는 것이다. 하나님께서 원하시는 사람을 완악하게 만드신다는 말은 죄를 가지고 있는 사람에게 그 죄를 막지 않으시고 그냥 죄대로 허락하신다는 뜻이다. 롬 1:24에 "하나님께서 그들을 마음의 정욕대로 더러움에 내버려 두사 그들의 몸을 서로 욕되게 하셨다"고 말씀한다. 이렇게 하나님께서 죄를 막지 않으시고 그냥 허락하시는 것을, 완악하게 하신다는 표현으로 바꾸어 말할 수 있다. 하나님께서 택하시지 않은 사람은 역사상에 태어나 완악하게 행동한다. 하나님은 그들이 가지고 있는 죄를 막지 않으시고 그냥 허락하셔서 그 죄를 짓게 놓아두신다(1:24). 하나님께서 우리의 죄를 막아주시고 또 더 한층 나아가 은혜를 베풀어주시는 것은 큰 은총이다. 이렇게 되는 이유는 우리가 하나님의 택함을 받았기 때문이다.

4. 하나님의 선택은 정당하다 9:19-29
바울은 앞(14-18절)에서 하나님께서 이스라엘에게 긍휼을 베푸시고 바로에게는 강퍅한 마음을 허락하셨다는 것을 말한 다음, 이제 이 부분(19-29절)에서는 하나님께서 한편으로는 선택하시고 또 한편으로는 유기하신 일은 정당

하다고 변호한다. 하나님은 창조주로서 귀한 그릇과 천한 그릇을 만들 권리가
있다고 바울은 말한다. 귀한 그릇은 유대인뿐 아니라 이방인 중에서도 있다고
말한다.

**롬 9:19. 혹 네가 내게 말하기를 그러면 하나님이 어찌하여 허물하시느냐
누가 그 뜻을 대적하느냐 하리니.**
바울은 14절의 가상 질문에 이어 본 절에서 두 번째로 가상질문을 내놓는다.
즉 바울이 바로 앞 절(18절)에서 "하나님께서 하고자 하시는 자를 완악하게
하신다"고 말한데 대하여 두 가지 가상질문(하나는 "그러면 하나님이 어찌하
여 허물하시느냐"는 질문이고, 또 하나는 "이는 누가 그 뜻을 대적하였느냐"는
질문이다)이 있을 것이라고 말한다.

　　바울은 "네가 내게 말하기를," 즉 '네가 내게 말할 것이라,' '네가 내게
분명히 질문할 것이라'는 말이다. 바울은 분명히 질문자가 있을 것을 예상해서
'네가 내게 질문할 것이라'고 말한다. 두 가지의 가상질문 중에 첫째 질문은
"그러면 하나님이 어찌하여 허물하시느냐"는 질문이다. 하나님께서 사람을
강퍅하도록 허락하셨다면 그 사람이 강퍅한 가운데서 행한 일에 대하여 하나
님께서 어찌하여 허물을 찾아 꾸중하시고 책임을 묻느냐는 질문이다. 하나님
께서 사람을 유기하고 완악한 인간이 되게 했다면 사람에게서 허물을 찾을
것이 없다는 것이다. 하나님께서 그렇게 하시면 안 된다는 반항이다. 그런데
헬라어 원문에는 "아직도"(ἔτι)라는 말이 있다(우리 개역개정판에는 번역되
지 않았다). 하나님께서 사람을 강퍅하게 만들어놓고 아직도 사람에게 허물을
찾느냐는 질문이다.

　　두 개의 가상질문 중에 두 번째 질문 앞에는 "이는"(γὰρ)이라는 접속사가
있다. 두 번째 질문은 바로 앞에 나온 질문의 이유를 진술하고 있다. 즉 "누가
그 뜻을 대적하였기 때문이냐?"는 것이다(대하 20:6; 욥 9:12; 23:13; 단 4:35).
아무도 하나님의 뜻을 대적한 적이 없다는 것이다. 하나님께서 사람을 완악하
게 만들어 놓았기에 그렇게 사람이 완악하고 강퍅하게 행동했으니 그것은

다 하나님의 책임이지 사람 측에서 하나님의 뜻을 대적한 것은 아니라는 말이다. 존 머리(John Murray)는 "그들은 하나님의 뜻에 의해 그런 상태에 놓여있는 것이 아닌가? 이 문제는 어느 누구도 하나님의 뜻을 좌절시킬 수 없다는 사상에 의해 더욱 그럴 듯하게 들려온다"고 말한다.[41] 즉 하나님으로부터 유기 당한 자, 곧 완악한 사람도 하나님의 뜻에 의해 그렇게 완악하고 강퍅하게 행동하게 되었으니 논리적으로 인간의 허물은 존재할 수 없는 일이고 인간은 결코 하나님의 뜻을 거역한 적이 없다는 뜻이다. 인간에게는 참으로 책임이 없는 것인가. 바울은 그에 대한 해답을 다음에 말한다.

롬 9:20. 이 사람아 네가 누구이기에 감히 하나님께 반문하느냐 지음을 받은 물건이 지은 자에게 어찌 나를 이같이 만들었느냐 말하겠느냐.

바울은 바로 앞 절에서 "하나님이 어찌하여 허물하시느냐 누가 그 뜻을 대적하느냐"고 반항심을 가지고 질문한 사람에게 바울은 "이 사람아 네가 누구이기에 감히 하나님께 반문하느냐"고 꾸짖는다. 여기 "이 사람아"라는 호칭은 아주 '버릇없고 건방지고 염치없고 무례한 사람아'라는 뜻을 가진 호칭으로, 바로 앞 절(19절)에서 질문한 사람을 포함하여 하나님을 향하여 반항심을 가지고 무례하게 질문하는 모든 사람을 포함한다. 사람은 감히 하나님을 향하여 반항하는 질문을 할 수 없는데 그 따위 반항심을 가지고 질문한다는 말이다. 그래서 바울은 "지음을 받은 물건이 지은 자에게 어찌 나를 이같이 만들었느냐"고 대들면 되느냐고 꾸짖는다(사 29:16; 45:9; 64:8). '지음을 받은 인간이 인간을 지으신 창조주에게 어찌하여 나를 이따위 인생으로 만들었느냐'고 말할 것이냐는 뜻이다. 간혹 어떤 아이들은 자기의 어머니를 향하여 "왜 나를 낳았어. 낳지 말지"라고 대든다. 참으로 무례한 반항이다. 이런 반항은 사람에게도 통하지 않는 반항이고 또 더욱이 하나님에게는 전혀 통하지 않는 반항이다.

---

41) 존 머리, *로마서 (하)* II, 권혁봉역, 서울: 생명의 말씀사간, 1976, 125.

혹자는 본 절의 "지음을 받은 물건이 지은 자에게 어찌 나를 이같이 만들었느냐"고 반항하는 대목에서 "지은 자"가 하나님이 아니라 사람이라고 주장한다. 다시 말해 사람을 만드신 것은 이미 존재하는 재료로 만들었으니 하나님께서 만드신 것이 아니라고 주장한다. 그러나 20절의 문맥을 살필 때 하나님께서 지으신 것이라고 말하는데 있어 아무런 거리낌이 없다. 이유는 본 절에 "네가 누구이기에 감히 하나님께 반문하느냐"는 말에서 하나님께서 사람을 만드신 것을 드러내고 있다.

롬 9:21. 토기장이가 진흙 한 덩어리로 하나는 귀히 쓸 그릇을, 하나는 천히 쓸 그릇을 만들 권한이 없느냐.

하나님께서 한 사람은 멸망의 구덩이에서 구원하시고 또 한 사람은 그냥 죄 중에 두신 것에 대해 인간이 하나님께 반문할 수 없음을 말한 바울은 본 절에서 인간사(人間事)에서 예를 들고 있다. "혹은 토기장이가 진흙 한 덩어리로 하나는 귀히 쓸 그릇을, 하나는 천히 쓸 그릇을 만들 권한이 있다"는 것이다(욥 10:9; 잠 16:4; 사 29:16; 45:9; 64:8; 렘 18:6; 딤후 2:20). 토기장이도 귀히 쓸 그릇을 만들고 또 하나는 천히 쓸 그릇을 만들 권한이 있듯이 하나님에게는 절대적인 권리가 있으시다는 뜻이다. 하나님의 권리를 다 말하자면 한량이 없다.

롬 9:22. 만일 하나님이 그의 진노를 보이시고 그의 능력을 알게 하고자 하사 멸하기로 준비된 진노의 그릇을 오래 참으심으로 관용하시고.

바울은 본 절에서는 하나님의 진노를 받아야 할 대상들에 대해서 오래오래 참으신 사실을 언급하고, 다음 절(23절)에서는 긍휼을 받아야 할 대상자들에 대해서는 하나님의 영광의 풍성함을 알게 하셨으니 우리가 무슨 말을 할 것이냐고 말한다. 하나님께서 하시는 일에 대해서 우리로서는 할 말이 없다는 뜻이다. 혹자는 여기 22절에 기록된 진노의 그릇과 23절에 기록된 긍휼의 그릇이 동일한 것으로 말하기도 하나 잘 못 관찰한 것으로 보인다. 다시 말해 바울 사도가 22절에 말씀한바 하나님께서 진노를 부으셔야 할 대상자들에게 긍휼을 부어야 할 대상자들(23절)로 바꾸셨다고 주장한다. 동일한 대상이라는 것이다. 잘못 관찰한 것이다. 바울은 이 두 절에서 서로 다른 대상들을 언급하고 있다.

바울은 "그러나[42] 만일 하나님이 그의 진노를 보이시고 그의 능력을 알게 하고자 하사 멸하기로 준비된 진노의 그릇을 오래 참으심으로 관용하셨다"고 말한다. 바울의 요점은 하나님께서 진노의 대상자들에 대해서 오래오래 참아주셨다는 말이다(창 6:3b; 18:26-32; 출 34:6; 왕상 21:29; 느 9:17b; 시 86:15; 145:8-9; 사 5:1-4; 겔 18:23, 32; 33:11; 눅 13:6-9; 롬 2:4; 계 2:21). 바울 사도는 하나님께서 진노를 퍼부을 대상자들을 향하여 "그의 진노를 보이시고 그의 능력을 알게 하고자 하셨을지라도" 그냥 오래오래 참아주셨다고 말한다(살전 5:9). 본문의 "...하사"(θέλων)란 말은 현재분사로서 두 가지 해석이 가능한데 하나는 '...하셨기 때문에,' 혹은 '...하셨을지라도'라고 해석할 수가 있다. 그런데 본문의 문맥을 살펴보면 "만일 하나님이 그의 진노를 보이시고 그의 능력을 알게 하고자 하사"란 말이 바로 뒤따라오는 말 곧 "진노의 그릇을 오래 참으시고"라는 말과 대조되기 때문에 '...하셨을지라도'라고 해석해야 옳을 것이다(2:4 참조). 하나님은 진노의 대상자들을 향하여 그의 진로를 보여주시고 또한 그의 무한한 능력을 알게 하셨을지라도, "멸하기로 준비된 진노의 그릇을 오래 참으심으로 관용하셨다." 여기 "멸하기로 준비된"(κατηρτισμένα εἰς ἀπώλειαν)이란 말은 '멸하기에 마땅한,' '멸하기에 적합한,' '멸하기에 마땅하게 된'이란 뜻으로 멸망하기에 마땅하게 된

---

42) 본 절 초두에는 "그러나"(δέ)라는 말이 있다(개역개정판 성경에는 번역되지 않았다). 대부분의 성경 해석 가들은 해석하지 않고 지나갔고, 혹자는 여기 "그러나"라는 말은 약한 뜻을 가진 "그러나"라고 해석한다. 이유는 앞 절(21절)과 본 절 사이에 근본적인 차이가 없기 때문이라고 말한다. 그러나 여기 "그러나"(δέ)라는 말의 뜻을 우리가 약화시킬 이유가 없다. 이유는 앞 절(21절)과 본 절 사이에는 현저한 차이점이 있는 것이 사실이기 때문이다. 그 차이점이란 앞 절(21절)은 하나님께서 인간을 만드실 때 하나는 귀히 쓸 그릇으로, 또 하나는 천히 쓸 그릇으로 만드신 것을 언급한 것에 반해, 본 절은 역사상에 태어난 대상들(진노의 대상들과 긍휼의 대상들)에 대해 언급하고 있는 고로 "그러나"라는 말을 사용한 것으로 보아야 할 것이다.

데는 인간의 책임이 있는 것은 사실이다(벧전 2:8; 유 1:4). 그런데 여기 "진노의 그릇을 오래 참으심으로 관용하시고"라는 말은 "진노의 그릇을 많은 관용으로 오래 참으셨다"고 번역하는 것이 옳다. 이유는 22-23절 문장에는 "오래 참았다"(ἤνεγκεν)는 주동사 하나밖에 없다. 그리고 다른 동사들은 모두 부정법이나 분사들이다. 그러니까 "하나님이 그의 진노를 보이시고 그의 능력을 알게 하고자 하셨을지라도 멸하기에 마땅한 진노의 그릇을 많이 관용하시면서 오래 참으셨다"는 것이다. 여기 "오래 참으셨다"(ἤνεγκεν)는 말은 부정(단순)과거 시제로 하나님께서 '참으로 오래 참으셨다,' '지극히 오래 참으셨다'는 뜻이다. 하나님은 에서(9:13), 애굽의 바로(9:17-18), 가룟 유다(눅 22:22; 요 13:18; 17:12; 행 1:15-20, 25) 같은 사람을 금방 없애시지 않고 많이 관용하시는 중에 오래오래 참으셨다. 결코 이 말을 뒤집어서 '오래오래 참으시는 중에 관용하셨다'는 뜻으로 해석하면 아주 잘못된 해석이 되어버린다. 그렇게 되면 하나님께서 에서나 바로, 또는 가룟 유다 같은 사람들을 결국에는 용납하셨다는 뜻이 된다. 오래 참으시기는 하셨으나 용납하시지는 않으셨다는 것이 성경의 증언이다. 하나님께서 이런 사람들도 오래오래 참아주시는 것을 누가 감히 반문할 것인가. 아무도 무어라 할 말이 없다.

롬 9:23. 또한 영광 받기로 예비하신바 긍휼의 그릇에 대하여 그 영광의 풍성함을 알게 하고자 하셨을지라도 무슨 말 하리요.
바울은 앞 절(22절)과 전혀 반대되는, 긍휼의 대상자들을 향해서 하나님께서 그 영광의 풍성함을 알게 하고자 하셨을지라도 우리들이 무슨 말을 할 수 있겠느냐고 말한다(8:28-30). 전혀 할 말이 없다는 것이다. 바울은 문장 초두에 "또한"(καὶ)[43]이란 말을 써서 앞 절(22절)과는 다른 사람들을 본 절에 다루고 있음을 말하고 있다. 바울은 하나님께서 "영광 받기로 예비하신바 긍휼의 그릇"들이 있음을 말한다. 바울은 앞 절(22절)에서 진노의 그릇에 대해서는

---

43) "또한"(καὶ)이란 말이 없는 사본들이 있으나(B 37, 39) 있는 것이 바른 사본이다.

"준비된"이란 말을 써서 인간의 책임이 있음을 말한 반면, 본 절의 긍휼의
그릇들에 대해서는 순전히 하나님께서 영광받기로 예비하셨다는 것을 드러내
고 있다. 하나님은 "긍휼의 그릇에 대하여 그 영광의 풍성함을 알게 하고자
하셔서"(καὶ ἵνα γνωρίσῃ τὸν πλοῦτον τῆς δόξης αὐτοῦ ἐπὶ σκεύη ἐλέους
ἃ προητοίμασεν εἰς δόξαν) 오래오래 참으셨다(이 주동사는 22절에 있다).
"영광의 풍성함"(τὸν πλοῦτον τῆς δόξης)이란 '하나님의 속성으로서의 영광
스러움이 풍성하다'는 뜻이다(2:4; 시 85:10; 롬 11:13; 엡 1:6-8; 2:4-5, 7;
3:8; 골 1:27).

**롬 9:24. 이 그릇은 우리니 곧 유대인 중에서 뿐 아니라 이방인 중에서도
부르신 자니라.**

바울은 앞 절의 "긍휼의 그릇"(긍휼을 베푸실 대상자들)이란 말을 받아 그
긍휼의 "그릇은 우리"라고 말한다. 즉 "유대인 중에서 뿐 아니라 이방인
중에서도 부르신 자"가 긍휼의 대상자들이라고 말한다(3:29). 유대인과 이방
인 구별 없이 하나님께서 "부르신 자"가 긍휼의 그릇들이라고 말한다. 여기
"부르신 자"란 말은 하나님께서 성령을 통하여 사람들의 마음속에 복음을
깨닫게 하셔서 하나님 앞으로 부르신 자를 지칭한다(1:7; 8:28). 하나님께서
이처럼 민족을 차별하시지 않고 선택하시고 복음을 듣게 하여 부르시는데(롬
1:5, 13-16; 2:10-11; 3:22-24, 30; 4:11-12; 8:32; 10:4, 9, 12; 11:32; 16:26;
갈 3:9, 29; 엡 2;14-18) 우리로서 무슨 할 말이 있겠느냐는 것이다. 사실
아무 할 말이 없다고 말해야 한다.

**롬 9:25. 호세아의 글에도 이르기를 내가 내 백성 아닌 자를 내 백성이라,
사랑하지 아니한 자를 사랑한 자라 부르리라.**

바울은 앞 절에서 하나님의 긍휼의 대상자들이 유대인들 중에도 있고 이방인
들 중에도 있다고 말하고는(24절) 이제 본 절에서는 유대인들이나 이방인들
중에서 하나님의 긍휼의 대상자들이 있을 것이 이미 호세아 글에 예언되어

있다고 말한다. 바울은 호세아가 "내가 내 백성 아닌 자를 내 백성이라, 사랑하지 아니한 자를 사랑한 자라 부르리라"고 말한 것을 인용한다(호 2:23; 벧전 2:10). 바울은 호 2:23를 인용하면서 앞의 말씀과 뒤의 말씀의 순서를 뒤바꾸어 인용하였다("긍휼히 여김을 받지 못하였던 자를 긍휼히 여기며 내 백성 아니었던 자에게 향하여 이르기를 너는 내 백성이라 하리니"). 그러나 바울은 글의 뜻에는 차이가 없이 자유롭게 인용하였다.

호세아는 주전 8세기에 북 이스라엘에서 예언을 하면서 나라가 영적으로 도덕적으로 기가 막힌 현실을 만난다. 그는 하나님의 명령을 받아 고멜이라는 여자와 결혼을 한다. 고멜은 자기의 남편 호세아에게 충실하지 않았다. 호세아는 첫 아이 이스르엘을 자기의 아들로 인정하였다. 그러나 둘째와 셋째 아이는 자기의 아이가 아니라는 것을 알았다(호 2:4). 그래서 호세아는 둘째 아이 이름을 "로루하마"('긍휼히 여김을 받지 못하는 자'라는 뜻)라고 지었고, 또 셋째 아이의 이름은 "로암미"('내 백성이 아니라'는 뜻)라고 지었다. 여기 둘째와 셋째 아이는 이스라엘을 상징하는 아이들이다. 그러나 호세아는 고멜을 버릴 수가 없었다. 그는 고멜의 행락지로 찾아가서 고멜을 다시 사가지고 긍휼을 베풀어서 옛 지위를 회복시켜 준다. 그래서 "나의 사랑하지 않는 자"가 "나의 사랑하는 자"로 되었고, "내 백성이 아닌 자"가 다시 "내 백성"이 되었다. 하나님은 하나님 앞에 패역했던 이스라엘을 다시금 회복시켜 주셨다. 이 사건은 패역한 이스라엘만 아니라 패역한 이방인들도 하나님의 백성이 된다는 메시지를 담고 있었다. 그래서 바울은 유대인이나 이방인이나 가리지 않고 하나님의 택함을 받아, 하나님의 백성이 되고 또 하나님의 사랑하는 자가 될 것을 호세아가 말한 것을 가지고 자기 시대에 적용하고 있다.

롬 9:26. 너희는 내 백성이 아니라 한 그 곳에서 그들이 살아 계신 하나님의 아들이라 일컬음을 받으리라 함과 같으니라.
바울은 앞 절에 이어 호 1:10 하반 절을 인용하여 유대인들이나 이방인들 중에서 하나님의 긍휼의 대상자들이 있으리라고 말한다. 호 1:10은 "너희는 내 백성이 아니라 한 그 곳에서 그들에게 이르기를 너희는 살아 계신 하나님의 아들들이라 할 것이라"는 말씀이다. 호세아는 고멜을 찾아가 그녀의 옛 지위를 회복시켜 주었는데 바로 이것은 하나님께서 이스라엘을 회복시켜 주실 것을 상징한다. 그런데 바울은 이스라엘 사람들만 아니라 이방인들 중에도 하나님의 백성이 있을 것을 예언하는 메시지로 받아 그의 시대에 적용한다(벧전 1:14, 18; 2:9-10; 4:6). 바울은 과거 이스라엘의 회복 사건을 가지고 유대인들 중에나 이방인들 중에 하나님의 백성들이 있을 것이라고 말한다. 하나님의 백성은 어디에나 있다는 것이다. 유대인들 중에서 뿐 아니라 이방인들 중에도 있다. 오늘날도 세계 도처에 하나님의 백성이 흩어져 있다.

롬 9:27. 또 이사야가 이스라엘에 관하여 외치되 이스라엘 자손들의 수가 비록 바다의 모래 같을지라도 남은 자만 구원을 받으리니.

바울은 또 이사야 선지자의 예언("이스라엘이여 네 백성이 바다의 모래 같을지라도 남은 자만 돌아오리니"-사 10:22 상반 절)을 인용하여 바울 당시에도 하나님의 긍휼의 대상자들(하나님께 돌아올 사람들)이 있다고 주장한다. 이사야는 당시의 이스라엘의 많은 사람들이 앗수르에 포로 되어 가서 심판을 받아(앗수르 사람들이 심판관이 되는 셈임) 많이 없어지고 "남은 자만"[44] 돌아올 것이라고 말한다(11:5). 이들이 돌아와서 능하신 하나님을 의지할 것이라고 말한다(사 10:20-21). 이사야 당시에 수없이 많았던 이스라엘 사람들이 앗수르에 잡혀가서 심판을 받아 겨우 조금만 남아서 귀환하지만 바울은 바로 그 조금 남은 사람들이 돌아와서 하나님을 의지하게 된 것처럼 바울 당시에도 유대인들이나 이방인들이 하나님께로 돌아와서 하나님을 의지할 사람들이 있다고 말한다. 이사야의 예언은 이스라엘에 관한 것이었는데 바울은 그 예언을 인용하여 유대인들에게만 적용시킨 것이 아니라 이방 세계

---

44) "남은 자"란 하나님의 은혜로 선택을 받았기에 세상에서 바알(사탄)에게 굴복하지 않고 하나님을 경외하는 자들을 말한다. 그들이 바알에게 무릎을 꿇지 아니한 것은 그들의 신앙심이 두터워서가 아니라 하나님의 은혜로 택함을 입었기 때문이다. 다시 말해 하나님에 의해 지키심을 받았기에 그들은 세상에서 사탄에게 무릎을 꿇지 않게 되고 세속에 물들지 않게 된다.

어디에서도 하나님께 돌아올 사람들이 있다고 말한다. 바울은 이방에서 전도하여 얻은 교인들이 그런 사람이라고 말한다. 오늘 우리 역시 이 부패한 시대에 조금 남은 사람들이다. 주님을 더욱 바라보아야 할 것이다. 부패하고 사악한 시대가 우리를 삼키려고 한다.

롬 9:28. 주께서 땅 위에서 그 말씀을 이루고 속히 시행하시리라 하셨느니라.
바울은 연이어 사 10:23("이미 작정된 파멸을 주 만군의 여호와께서 온 세계 중에 끝까지 행하시리라")을 자유롭게 인용하여 하나님께서 이사야의 예언을 속히 이루실 것이라고 말한다. 바울은 이사야의 예언의 말씀이 이미 이루어졌고 또 바울 당대에도 이루어지고 있다고 말한다. 곧 "주께서 땅 위에서 그 말씀을 이루고 속히 시행하시리라"(λόγον γὰρ συντελῶν καὶ συντέμνων ποιήσει κύριος ἐπὶ τῆς γῆς)고 말한다(사 28:22). 혹자는 본 구절이 원문의 일부를 누락시켰기에 뜻을 알 수 없게 만들었다고 주장하나, 바로 본 구절 자체가 주요한 사본들(P46 a* AB424**)에 기록된 문장인고로 아주 믿을만한 문장으로 보아야 한다. 그러니까 여기에 더 무엇을 추가한 70인 역(Septuagint)과 또 70인 역에 근거하여 번역한 영국의 King James Version의 번역(For he will finish the work, and cut [it] short in righteousness: because a short work will the Lord make upon the earth)이 덜 권위 있는 문장으로 보아야 할 것이다.

바울은 본 절 초두에 이유접속사 "이는"(γὰρ)이란 말을 기록하여 본 절이 앞 절 말씀의 설명이라는 것을 말해주고 있다. 그리고 본문에 "주께서"란 말은 '하나님께서'란 뜻이다. 또 "땅 위에서"란 말은 이사야의 예언이 이루어지는 '온 세상 위에서'라는 뜻이다. 그런데 혹자는 하나님께서 인류종말에 이사야의 예언을 이루실 것이라고 해석한다(물론 그런 뜻을 배제할 수는 없다). 그러나 바울은 이사야의 예언이 바울 당대에도 이루어지고 있다고 말하는 것을 보면 인류의 종말에 가서만 이루어질 것으로 주장하는 것은 문맥을 잘 못 짚은 것으로 보인다. 본문에 "그 말씀을 이루고"라는 말은

'27절에 기록된 이사야의 말씀을 하나님께서 이루실 것이라'는 뜻이다. 그러나 혹자는 "그 말씀"이란 말 속에 호세아의 예언(25-26절)까지 포함하나 내용상으로는 그렇다 할지라도 이사야의 예언의 말씀만 포함하는 것으로 보아야 옳을 것이다. 이유는 본 절의 말씀은 앞 절(27절)의 말씀과 함께 이사야서에서 인용하였기 때문이다. 그런고로 호세아서까지 포함하는 것으로 보기는 무리가 있다.

그리고 "속히 시행하시리라"(συντελῶν καὶ συντέμνων)는 말은 '하나님께서 완성하시고(συντελῶν) 속히 시행하신다(συντέμνων)'는 뜻이다. 이 두 낱말은 주격 분사로서 "그 말씀"이란 말을 수식하지 않는다. 이유는 "그 말씀"(λόγον)이란 말은 목적격이고 두 분사들은 주격 분사들이기 때문이다. 그런고로 이 두 개의 분사들은 문장 중에 주격인 "하나님"(κύριος)과 연관을 지어야 한다. 그러니까 하나님께서 이사야의 예언의 말씀을 성취하실(ποιήσει) 때 반드시 완성하실 것이고(συντελῶν) 또 속히 하실 것이라(συντέμνων)는 뜻이다. 하나님은 이사야의 예언의 말씀을 이루실 때 이스라엘 민족을 속히 파멸하시고 심판하시며 또 속히 여호와께로 돌아오게 하실 것이다(사 10:20-21). 하나님은 예언을 성취하시는 분이시되 완성하시는 분이시고 또 속히 이루시는 분이시다.

롬 9:29. 또한 이사야가 미리 말한바 만일 만군의 주께서 우리에게 씨를 남겨 두지 아니하셨더라면 우리가 소돔과 같이 되고 고모라와 같았으리로다 함과 같으니라.
바울은 연이어 이사야가 예언한 말씀45)("만군의 여호와께서 우리를 위하여 생존자를 조금 남겨 두지 아니하셨더라면 우리가 소돔 같고 고모라 같았으리로다"-사 1:9)이 바울 당대에 또 이루어지고 있다고 말한다(애 3:22). 즉 이사야

---

45) 이사야가 사 1:9의 말씀을 예언한 때는 유다와 예루살렘이 앗수르의 침략을 받아서 위기에 처했을 때였다. 만약 하나님께서 조금 남겨두시지 않았더라면 유다는 소돔과 고모라와 같이 되었을 것이다.

가 말한바 "만군의 주께서 우리에게 씨를 남겨 두셨다"는 예언처럼 바울 당시에도 하나님께서 "씨"(27절의 "남은 자"라는 뜻과 동일하다)를 남겨두셨기에 예수님을 믿는 사람들이 있다고 말한다. 하나님은 이사야 선지자를 통하여 훗날에 될 일을 미리 말씀해 놓으셨다. "만군의 주께서 우리에게 씨"를 남겨놓으셨다는 것이다. 즉 '하나님의 백성'(예수님을 믿을 사람들)을 남겨놓으셨다는 말이다. 만약 "만군의 주" 즉 '별들을 만드신 엄청나게 위대하신 하나님'께서 "씨"(예수님을 믿을 사람들)를 남겨두시지 않았다면 소돔과 고모라에 사람이 완전히 없어졌던 것처럼 바울 당대에도 하나님의 긍휼의 대상자들이 하나도 남지 않았을 것이라는 말이다(사 13:19; 렘 50:40). 하나님은 어느 시대에나 나무의 그루터기를 남겨놓으신다. 바울은 호세아 선지자와 또 이사야 선지자를 통하여 예언된바 "하나님의 백성"(25절), "하나님의 아들"(26절), "남은 자"(27절), "씨"가 남아 있다는 사실을 다행으로 여기고 로마교회에 편지한다. 로마교회의 유대인 교인들이나 이방인 교인들이 바로 하나님께서 남겨놓으신 사람들이고 씨들이라고 말한다. 오늘 우리는 패역한 세대에서 겨우 조금 "남은 자들"이며 "씨들"이다. 우리는 그리스도를 전파하고 그리스도를 높여야 하는 사람들이다.

C. 이스라엘은 거부하고 이방인은 받아드리다 9:30-10:21
바울은 앞에서 하나님의 예정에 대하여 언급한(9:6-29) 다음 이 부분에서는 이스라엘이 놓친 구원을 이방인들이 얻은 사실(9:30-33), 이스라엘이 하나님의 의(義)에 대해 무지한 것(10:1-3), 율법으로 얻는 의와 믿음으로 얻는 의(10:4-15), 그리고 이스라엘이 복음을 거부한 사실을 언급한다(10:16-21).

1. 이스라엘이 놓친 의(義)를 이방인들이 얻다 9:30-33
지금까지 하나님의 예정에 대하여 말한 사도는 이제 이스라엘이 놓친 구원을 이방인들이 얻었다고 말한다. 다시 말해 이스라엘이 율법을 지켜서 의를 얻어 보려고 많이 애썼으나 결국 의에 이르지 못하고 이방인들이 믿음으로 말미암는 의를 얻게 되었다. 이스라엘이 의를 얻지 못한 원인은 간단했다. 그들은 믿음을 의지하지 않고 율법을 지킴으로 의에 이르려고 했기 때문이다. 그들은 쉬운 길을 버리고 어려운 길을 택하여 노력하다가 결국은 실패하고 만 것이다.

롬 9:30. 그런즉 우리가 무슨 말을 하리요 의를 따르지 아니한 이방인들이 의를 얻었으니 곧 믿음에서 난 의요.

바울은 6-29절까지 말해온 것에 대한 결론을 말하려고 "그런즉 우리가 무슨 말을 하리요"라고 말한다(3:5; 4:1; 6:1; 7:7; 8:31; 9:14). 무슨 글을 쓰던지 총정리를 하는 것은 중요하다. 바울은 본 절부터 33절까지 지금까지 말한 것(6-29절)에 대한 결론을 말하려고 한다. 바울의 결론은 간단하다. 첫째(둘째는 다음 절에 있음), "의를 따르지 아니한 이방인들이 의(義)를 얻었다"는 것이다(4:11; 10:20). '그 동안 모세의 율법을 몰라서 율법으로 말미암는 의를 따르지 않던(시도하지도 않던) 이방인들이 의(구원)를 얻었다'는 뜻이다. 여기 "따르다"(διώκοντα)란 말은 '사냥꾼이 짐승을 따르는 것같이 각박하게 따르는 것'을 뜻한다. 이방인들은 율법을 지켜서 의(구원)를 얻어 보려는 시도를 전혀 하지 않았다. 그러나 율법 없이 살던 이방인들(1:18-32; 행 14:16; 17:30; 엡 2:1-3)은 "믿음에서 난 의"를 얻게 되었다(1:17). 즉 '그리스도를 믿음으로 의'(구원)를 얻게 되었다.

롬 9:31. 의의 법을 따라간 이스라엘은 율법에 이르지 못하였으니.

둘째, "(그러나δέ) 의의 법을 따라간 이스라엘은 율법에 이르지 못하였다"는 것이다(10:2; 11:7; 갈 5:4). 이스라엘은 '의의 법을 따라갔으나 결국 율법을 완전히 지키지 못했다.' 여기 "의의 법"이란 말에 대하여 많은 해석이 시도되었으나 바로 뒤따라오는 낱말, 즉 구약의 '율법'이라고 해석해야 한다. 좀 더 구체적으로 해석하자면 "의의 법"이란 '의롭게 하는 법,' '의롭게 만들어주는 법,' '의를 가르치는 법'이라고 해석할 수 있다. 구약의 "율법"은 '사람을 의롭게 만들어주는 법'이다. 본문의 "따라간"(διώκων)이란 말은 현재분사로 '계속해서 따라가고 있는'이란 뜻이다. 유대인들은 지금도 율법을 따라가고 있다. 그러나 그 의의 법을 100% 잘 따라갈 수가 없어서 이스라엘 사람들은 결국 "율법에 이르지 못했다." 여기 "율법에 이르지 못했다"는 말은 '율법이 목표하는 바에 이르지 못했다,' '율법이 제시하는 목표에 도달하지 못했다'는 뜻이다. 결국 이스라엘은 율법이 제시하는 목표에 도달하지 못하여 구원에 이르지 못했다.

롬 9:32. 어찌 그러하냐 이는 그들이 믿음을 의지하지 않고 행위를 의지함이라 부딪칠 돌에 부딪쳤느니라.

바울은 이스라엘이 율법이 제시하는 목표, 곧 의(구원)에 이르지 못한(31절) 이유를 본 절에서 설명한다. 바울은 "어찌 그러하냐"고 묻는다. '어찌 의에 이르지 못했느냐,' '어찌 구원에 이르지 못했느냐'는 질문이다. 이유 (ὅτι-because)는 "그들이 믿음을 의지하지 않고(οὐκ ἐκ πίστεως) 행위를 의지했기(ὡς ἐξ ἔργων)" 때문이라고 말한다. 즉 '이스라엘 사람들이 그리스도를 믿는 믿음에 의지하지 않고 율법을 지켜서 의를 얻으려 했기' 때문이라고 말한다. 이스라엘 사람들은 그리스도를 거부한 사람들이다. 그들은 율법을 지켜서 구원을 얻어 보려고 애쓰지만 결국 실패하고 만 것이다.

　　바울은 이스라엘 사람들은 결국 "부딪칠 돌에 부딪쳤다"고 말한다(눅 2:34; 고전 1:23). 여기 본 절의 "부딪힐 돌"(τῷ λίθῳ τοῦ προσκόμματος)이란 말은 '부딪쳐 걸려 넘어지게 하는 돌'이라는 뜻인데 다음 절에 "걸림돌" (λίθον προσκόμματος)이란 말로 다시 나온다. 헬라어로는 동일한 낱말이다. 그런데 "걸림돌"(본 절에서는 "부딪칠 돌")이란 말이 다음 절에서 '예수 그리스도'라고 묘사되어 있다. 그런고로 본 절의 "부딪칠 돌"은 예수 그리스도이시다(눅 20:17-18). 이스라엘 사람들은 예수 그리스도에게 "부딪쳤다". "부딪쳤다"(προσέκοψαν)는 말은 부정(단순)과거 시제로 이미 철저하게 부딪쳐버린 사실을 지칭한다(고전 1:23). 그들은 점점 부딪치는 것이 아니라 아주 완전히 부딪쳐버렸다는 것이다. 그래서 그들은 넘어졌다는 것이다. 그들이 그리스도를 의지하지 않았기에 결국 그리스도에게 걸려 넘어지고 말았다.

롬 9:33. 기록된 바 보라 내가 걸림돌과 거치는 바위를 시온에 두노니 그를 믿는 자는 부끄러움을 당하지 아니하리라 함과 같으니라.

바울은 앞 절(32절) 하반 절의 "부딪칠 돌"(그리스도)이란 말을 본 절에서 다시 설명하기 위하여 구약 성경 이사야 28:16과 이사야 8:14을 혼합하여 인용하되 70인 역(Septuagint)에서 자유롭게 인용했다(시 118:22; 사 8:14; 28:16; 마 21:42; 벧전 2:6-8 참조). 바울은 앞 절에서 "부딪칠 돌"이신 예수 그리스도를 믿지 않으면 믿지 않는 그 사람이 부딪칠 돌에 부딪쳐 실패한다고 했는데, 본 절에서는 하나님께서 시온에 두신 "걸림돌과 거치는 바위"(두 말은 똑 같이 예수 그리스도를 지칭하는 말이다) 되시는 예수 그리스도를 "믿는 자는 부끄러움을 당하지 아니하리라"고 말한다(10:11). 다시 말해 '믿는 자는 실패하지 않을 것이라'는 말이다. 즉 '믿는 자는 반드시 구원을 받을 것이라'는 뜻이다. 예수님은 믿는 자에게 보배롭고 요긴한 돌이 되셔서 반드시 구원하시고 승리를 주신다.

주의할 것은 예수님은 한 돌로서 모든 인류와 관계가 있음을 알 수가 있다. 지구 위를 통과하는 사람들로서 돌과 관계가 없는 사람은 없다. 믿지 않는 사람들은 그 돌에 부딪쳐서 걸려 넘어지고 망하지만, 그리스도를 믿는 사람들은 그 돌 때문에 실패하지 않게 되니 얼마나 복된지 알 수 없다. 오늘 우리는 그리스도를 믿음으로 모든 환난으로부터 구원함을 받고 승리하며 천국 시민이 되어야 한다.

제 10 장
하나님의 의(義)를 거부해서는 안 된다

　　2. 이스라엘은 하나님의 의에 대하여 무식했다　10:1-3

　　바울은 앞에서 이스라엘이 놓친 의(義)를 이방인들이 얻은 사실(9:30-33)을 말하고는, 이제 이 부분(10:1-3)에서는 하나님의 의에 대하여 무식한 이스라엘을 위하여 기도한다. 이스라엘은 하나님의 의가 되시는 그리스도를 거부하고 행위로써 의를 얻으려고 애쓰고 있다고 말한다.

롬 10:1. 형제들아 내 마음에 원하는 바와 하나님께 구하는 바는 이스라엘을 위함이니 곧 그들로 구원을 받게 함이라.

바울은 문장 초두에 "형제들아"라는 애칭을 사용하여 새로운 분위기로 메시지를 전하려고 한다(1:13; 7:1). 바울은 자기 "마음에 원하는 바"가 있고 또 "하나님께 구하는 바"가 있다고 말한다. 우리도 민족의 구원을 위하여 마음에 뜨겁게 원하는 바가 있어야 한다. 그리고 우리도 사회의 복음화와 민족의 복음화를 위하여 뜨겁게 하나님께 구하여야 한다. 바울의 소원과 간구는 "이스라엘을 위함이라"고 말한다. 이스라엘의 성공이나 복지를 위함이 아니라 이스라엘의 구원을 위하여 하나님께 구한다는 것이다. "곧 그들로 구원을 받게 함이라"고 말한다. 바울은 이스라엘 속에 아직도 남은 자가 있음을 알고 있었다(9:23, 27). 우리는 그리스도를 전파하여 동족으로 하여금 구원을 받도록 기도해야 한다.

롬 10:2. 내가 증언하노니 그들이 하나님께 열심히 있으나 올바른 지식을

따른 것이 아니니라.

바울은 확실하게 증언하는 것이 있다고 말한다. 그것은 이스라엘 사람들이 "하나님께 열심히 있으나 올바른 지식을 따른 것이 아니라"고 말한다(행 21:20; 22:3; 갈 1:14; 4:17). 바울은 이스라엘 사람들이 하나님의 뜻대로 살고자 하는 열심이나 율법을 실행하는 일에 열심을 투자하고 있음을 인정하고 있다(빌 3:6). 그러나 그들은 "올바른 지식을 따른 것이 아니라"고 말한다. 여기 "올바른 지식"(ἐπίγνωσιν)이란 말의 뜻은 '경험적인 지식,' '완전한 지식'을 지칭한다(엡 1:17; 4:13; 빌 1:9; 골 1:9-10; 2:2; 3:10; 몬 1:6).[46] 구체적으로 말해서 "지식"이란 말은 '예수 그리스도를 믿어야 의(구원)에 이른다는 앎'을 지칭한다. 이스라엘 사람들은 하나님께서 보여주신 구원의 방법을 모르고 있었다. 그들은 엉뚱하게 믿고 있었다. 우리는 하나님의 선하시고 기뻐하시고 온전하신 뜻이 무엇인지 분별해야 한다(12:2).

롬 10:3. 하나님의 의를 모르고 자기 의를 세우려고 힘써 하나님의 의에 복종하지 아니하였느니라.

바울은 이스라엘 사람들이 올바른 지식이 없었다는 것(앞 절)을 본 절에서 구체적으로 설명한다. 그들은 첫째, "하나님의 의를 모르고" 있었다(1:17; 9:30). 즉 '하나님께서 주신 의(義)되신 예수님을 모르고 있었다'는 뜻이다(고전 1:30). 좀 더 구체적으로 말하면 하나님께서 우리에게 주신 독생자가 우리를 위해 죽으셨다는 사실(3:24; 5:8, 17-18; 8:3-4, 32; 마 20:28; 막 10:45; 고후 5:21; 갈 3:13; 딤전 2:5-6)을 믿는 것이 의(義)(롬 1:17; 4:3-5, 16, 23-25; 5:1)인 줄 몰랐다는 것이다. 둘째, "자기 의를 세우려고 힘썼다"(빌 3:9). 곧 '자기의 힘으로 의를 이루려고 힘썼다'는 뜻이다. 율법을 지켜서 의를 이루어 보려고 애썼다는 말이다(행 21:31). 셋째, "하나님의 의에 복종하지 아니하였

---

46) 유대인들은 구약성경(토라)을 알고 있었고 또 구전 율법(미쉬나)도 알고 있었으며 구전율법의 주석서(게마라)도 알고 있었고, 탈무드도 알고 있었다. 그들은 이런 지식들은 가지고 있었으나 그리스도를 경험적으로 아는 지식이 없었다.

다.” 즉 ‘하나님의 의되신 예수 그리스도에게 복종하지 않았다’는 뜻이다. 다시 말해 하나님께서 우리에게 주신 그리스도께서 우리의 대속 주(主)라는 사실을 믿지 않았다는 말이다. 이스라엘은 거꾸로 행동했다. 믿으면 되었을 것을 믿지는 않고 자기들이 행하여 의로워지려고 노력했다. 오늘날 유교인들이나 불교인들은 거꾸로 행하는 사람들이다. 그리스도를 믿어 의로움에 이르러야 할 것이다.

3. 율법으로 얻는 의와 믿음으로 얻는 의(義) 10:4-15

바울은 앞부분(1-3절)에서 하나님께서 주신 의(義)에 대하여 무식한 이스라엘을 위하여 기도한다고 말하고는 이제 이 부분에서는(4-15절) 모든 믿는 사람들에게 의를 주시기 위하여 예수님께서·율법을 다 지키셨다는 것을 말하고(4절), 또 바울은 율법으로 의를 얻는 모세의 방법을 소개하며(5절), 믿음으로 의를 얻는 방법을 길게 말한다(6-10절). 그리고 바울은 믿음으로 의에 이른 사람들의 행복에 대하여 말하고(11-13절), 복음 전파의 중요성을 역설한다(14-15절).

롬 10:4. 그리스도는 모든 믿는 자에게 의를 이루기 위하여 율법의 마침이 되시니라.

본 절 초두에는 이유를 나타내는 접속사(γὰρ)가 있어 본 절이 앞 절 내용을 설명하고 있음을 말한다. 바울은 앞 절(3절)에서 유대인들이 완악한 마음으로 하나님께서 주시는 의(그리스도)를 거부했다는 것을 말했는데, 본 절에서는 그리스도께서 믿는 자들에게 의를 이루시기 위해서 율법의 마침이 되신 것을 설명한다. 바울은 그리스도께서 “모든 믿는 자에게 의를 이루기 위하여 율법의 마침이 되신다”고 소개한다(마 5:17; 갈 3:24). ‘그리스도께서는 믿는 자 한 사람도 빼지 않고 의롭게 만들어주시기 위해서 율법을 완성하셨다’는 것이다. 먼저 여기 “율법”(νόμου)이 무엇이냐를 두고 혹자는 이 낱말에 관사가 없는 점을 착안하여 일반법이라고 주장하기도 하나, 바울이 로마서에서 율법을 일반법이라는 뜻으로 말한 적이 없음을 감안할 때 여기 "율법"은 분명히 구약의 '모세의 율법'을 지칭하는 것으로 보아야 한다. 그리고 또 다음 절(5절)에도 역시 "모세"가 등장하는 것을 볼 때 의심 없이 구약 율법을 지칭한다.

그리고 다음으로 "마침"(τέλος)이란 뜻이 무엇이냐를 두고 크게 두 가지로 갈린다. 하나는 여기 "마침"(end)이란 말에 '목적'(goal)이라는 뜻이 있는 고로 "율법의 마침"이란 말을 '율법의 목표'라고 해석하여 예수님께서 율법의 목표라고 해석한다. 그러나 이 해석은 예수님께서 율법의 목표인 사랑을 위해서 죽으신 사실을 부각시키지 않아 본 절의 문맥과 덜 어울린다. 그리고 또 하나는 "마침"(end)이란 말에 '완성'이란 뜻이 있는 고로 예수님은 십자가에 죽으셔서 율법을 완성하신 분이라고 해석한다(Black, Calvin, Erasmus, Godet, Lenski, Meyer, Murray Harrison). 이 해석이 더 문맥에 합한 해석이다. 예수님은 구약의 율법을 완성하신 분으로 우리는 율법을 완전히 이루신 분을 믿을 때에 우리도 역시 율법을 완전히 이루는 효과를 가지게 되어 의롭다 함을 얻는 것이다. 다시 말해 예수 그리스도께서 율법을 최종적으로 완성하셨기 때문에 이제는 율법을 통하여 의에 이르려고 할 것이 아니라 그리스도를 믿음으로 의(구원)를 얻고 천국의 유업을 얻기를 소원해야 한다는 말이다. 우리는 율법을 완성하신 예수님을 믿으면 율법을 다 지킨 효과를 가져서 의를 얻는 것을 알고 예수님만 믿어야 한다. 유대인들은 불행하게도 하나님이 제공하신 의를 알지 못했고 또 순종하지도 않았다(3절).

롬 10:5. 모세가 기록하되 율법으로 말미암는 의를 행하는 사람은 그 의로 살리라 하였거니와.

본 절 초두에는 접속사(γὰρ)가 있어 앞 절과 연관이 있음을 말한다. 앞 절(4절)은 그리스도께서 우리의 의를 위하여 십자가에서 율법을 완성하신 것을 말한 데 비해, 본 절은 모세가 말하는바 의를 얻어 영생하는 방법을 가르치고 있다. 모세가 기록한바 의를 얻어 영생하는 방법은 율법을 지킴으로 의(영생)를 얻는다는 것이다. 곧 "율법으로 말미암는 의를 행하는 사람은 그 의로 살리라"는 것이다(레 18:5; 느 9:29; 겔 20:11, 13, 21; 롬 7:10; 갈 3:12). 모세가 말한 말씀의 뜻은 '율법을 지킴으로 의를 얻는 사람은 그 얻은 의로 말미암아 영생할 것이라'는 뜻이다. 이 말씀은 오늘도 여전히 효력이 있는 말씀이다. 그러나 혹자는 이 말씀이 그리스도의 십자가 후에 효력을 상실했다고 주장한다. 이유는 "행하는"(ποιήσας)이란 말이 부정(단순)과거 분사로 '이미 행한'이란 뜻이 되어 벌써 과거에 된 일이기 때문에 지금은 이 말씀의 효력이 상실되었다고 주장한다. 다시 말해 구약 시대에는 율법을 지켜서 구원을 받을 수 있었지만 신약시대에는 이 말씀의 효력을 잃었다는 것이다. 그러나 부정(단순)과거 시상은 어떤 정함이 없는 동작을 뜻하는 시상으로 과거를 나타내는 시상이 아니다(물론 직설법에서는 과거를 뜻하는 것은 사실이다). 특히 부정(단순)과거 시상은 동사 자체의 뜻을 강조하는 시상으로 "행하는"(ποιήσας)이라는 말은 '참으로 행하는'이라는 뜻을 가지고 있다. 그리고 여기 "행하는"(ποιήσας)이라는 말은 부정(단순)과거 분사로서 "살리라"(영생하리라)는 말보다 앞 선 동작을 보여주는 말이지 과거를 뜻하는 동사는 아니다. 그런고로 모세의 율법을 행함으로 의를 얻는다는 말씀은 과거에만 효력이 있었던 말씀이 아니라 영원히 효력을 발휘하는 말씀으로 보아야 한다. 그렇다면 참으로 율법을 행함으로써 영생을 얻는 사람들이 있는 것인가. 지금까지 인류 역사에는 단 한 사람도 없었다. 구약 시대에도 없었고 신약시대의 지금까지도 없었고 앞으로도 없을 것이다. 약 2:10에 "누구든지 온 율법을 지키다가 그 하나를 범하면 모두 범한 자가 된다"고 말한다. 하나라도 범하면 모두 범하는 꼴이 되니 아무도 율법을 지켜서 구원을 얻을 수는 없다. 구약 시대의 성도들이나 신약시대의 성도들 모두는 그리스도의 피를 믿음으로 구원에 이른다.

롬 10:6-7. (그러나) 믿음으로 말미암는 의는 이같이 말하되 네 마음에 누가 하늘에 올라가겠느냐 하지 말라 하니 올라가겠느냐 함은 그리스도를 모셔 내리려는 것이요 혹은 누가 무저갱에 내려가겠느냐 하지 말라 하니 내려가겠

느냐 함은 그리스도를 죽은 자 가운데서 모셔 올리려는 것이라.
6절 초두에는 "그러나"(δὲ)라는 접속사가 있어서 본 절은 바로 앞 절(5절)과 예리하게 대조되는 사상을 진술하고 있다. 바울은 본 절부터 13절까지 아주 쉬운 방법으로 의를 얻을 수 있다고 말한다. 의를 얻기 위하여 하늘에 올라가는 수고를 할 필요도 없고 무저갱에 내려가는 수고도 할 필요가 없이 예수 그리스도를 마음으로 믿고, 입으로 시인하면 된다고 말한다.

바울은 본 절과 다음 절(7절)을 구약 신 30:11-13에서 인용해서 의(義)를 얻는 길이 아주 쉽다는 것을 말한다. 신 30:11-13은 "내가 오늘 네게 명령한 이 명령은 네게 어려운 것도 아니요 먼 것도 아니라 하늘에 있는 것이 아니니 네가 이르기를 누가 우리를 위하여 하늘에 올라가 그의 명령을 우리에게로 가지고 와서 우리에게 들려 행하게 하랴 할 것이 아니요 이것이 바다 밖에 있는 것이 아니니 네가 이르기를 누가 우리를 위하여 바다를 건너가서 그의 명령을 우리에게로 가지고 와서 우리에게 들려 행하게 하랴 할 것도 아니라"는 말씀이다. 이 부분의 말씀은 원래 모세가 전해준 하나님의 말씀으로 첫째, 지키기 어려운 것이 아니라는 것(11절), 둘째, 그 율법은 무슨 오묘 속에 숨겨진 것이 아니라 분명하게 계시되었다는 것, 즉 인간이 타락하여 지킬 수 없는 것이지 분명히 인간들에게 나타나 있다는 것, 인간들이 실행하기 어려운 것이 아니라는 것(12-13절)을 말한다. 바울은 신 30:11-13절을 자기의 주장을 펴기 위하여 약간 변경해서 인용한다.

바울은 앞 절(5절)의 "율법으로 말미암는 의"와 대조적으로 본 절에서는 "믿음으로 말미암는 의"(9:30)라는 말씀을 한다. 바울은 "믿음으로 말미암는 의"라는 말을 의인화(擬人化)하고 있다. 그리스도를 믿음으로 얻는 의가 혹시 말을 할 수 있다면 이런 말을 할 것이라는 뜻이다. 곧 "네 마음에 누가 하늘에 올라가겠느냐 하지 말라"는 말을 할 것이라는 것이다. 즉 '네 마음에 누가 하늘에 올라가겠느냐 하는 따위의 말은 하지 말라'는 것이다. 그런 말을 하지 말라는 말은 생각도 하지 말라는 말이다. 믿음으로 의를 얻는 것은 그렇게 어려운 것이 아니라는 뜻이다. 그러면서 바울은 이렇게 덧붙인다.

"올라가겠느냐 함은 그리스도를 모셔 내리려는 것이라"는 말을 덧붙인다. 올라가겠다고 누가 말을 한다면 그것은 그리스도를 모셔 내리려는 어려운 시도를 하는 셈이라고 말한다. 그리스도를 믿어서 의에 이르는 것은 그렇게까지 어려운 일은 아니라고 말한다. 우리는 꿈에라도 하늘에 올라가서라도 예수 그리스도를 모셔 와야 한다는 생각을 하지 말아야 한다.

그리고 그리스도를 믿음으로 얻는 의가 말을 또 한다면 이런 말을 할 것이라고 말한다. 곧 "누가 무저갱에 내려가겠느냐 하지 말라"는 말을 할 것이라고 말한다. 즉 네 마음에 '누가 살아있는 사람이 도무지 갈 수 없는 무저갱(죽은 사람이 가는 곳)에 내려가겠느냐고 하는 따위의 말은 하지 말라'고 말할 것이라고 한다. 바울은 이 말씀에 대해 이렇게 반박한다. 곧 '내려가겠느냐 함은 그리스도를 죽은 자 가운데서 모셔 올리려는 것'과 같다는 것이다. 그리스도를 믿어 의에 이르는 일은 아주 쉬운 일인데 왜 무저갱에까지 가서 그리스도를 모셔 와서 믿으려는 시도를 할 게 무어냐는 것이다. 바울은 신명기에서 참으로 자신의 논리, 즉 그리스도를 믿음으로 의롭다 함을 얻는 것은 아주 쉽다는 논리를 끌어내서 우리에게 가르쳐 주었다.

롬 10:8. 그러면 무엇을 말하느냐 말씀이 네게 가까워 네 입에 있으며 네 마음에 있다 하였으니 곧 우리가 전파하는 믿음의 말씀이라.

바울은 앞(6-7절)에서 믿음으로 의를 얻는 것이 아주 쉽다는 것을 진술했는데, 이제 본 절에서 또 다른 말로 진술하려고 한다. 바울은 믿음으로 의를 얻는 것이 아주 쉽다는 것을 진술하기 위해서 "그러면 무엇을 말하느냐"(ἀλλὰ τί λέγει-"그러면 그것이 무엇을 말하느냐"고 번역되어야 함)고 질문한다. '그러면 그것("믿음으로 말미암는 의"-6절)이 무엇을 말하느냐'는 것이다. 다시 말해 믿음으로 의를 얻는다는 것이 앞(6-7절)에서는 어려운 것이 아니라고 바울이 말했는데, 본 절에서는 무엇을 말하느냐는 뜻이다.

바울은 믿음으로 의를 얻는 것이 아주 쉽다는 것을 표현하기 위해서 "말씀이 네게 가까워 네 입에 있으며 네 마음에 있다"고 말한다(신 30:14).

바울은 이 말씀을 신 30:14에서 인용한다. 그 구절을 보면 "오직 그 말씀이 네게 매우 가까워서 네 입에 있으며 네 마음에 있은즉 네가 이를 행할 수 있느니라"는 말씀이다. 바울은 본 절에서 "말씀이 네게 아주 가까이 있다"고 말한다. 어느 정도 가까이 있는가 하면 첫째, "우리의 입에 있다"고 말하며, 또 둘째, "우리의 마음에 있다"고 말한다. 우리의 입이나 마음보다 더 가까이 있는 것은 없다. 말씀이 우리에게 가까이 있는 이유는 매일 읽고 또 묵상하기 때문이다. 그리고 바울은 그 말씀은 바로 바울 사도가 "전파하는 믿음의 말씀이라"고 한다. "믿음의 말씀"이란 '믿음을 주는 말씀,' '믿음을 일으키는 말씀'을 지칭하는데 바울은 그 말씀을 매일 전파하고 있다고 말한다. 오늘 우리도 그 말씀을 심히 가깝게 가지고 있다. 매일 읽고 있으며 또 묵상하며 또 연구하고 있다. 우리는 그 말씀을 믿어서 의를 얻는다. 이 만큼 의를 얻는 일은 쉬운 일이다.

롬 10:9. (이는) 네가 만일 네 입으로 예수를 주로 시인하며 또 하나님께서 그를 죽은 자 가운데서 살리신 것을 네 마음에 믿으면 구원을 받으리라. 본 절 초두에 있는 연결접속사(ὅτι)는 본 절이 앞 절과 밀접하게 관련되어 있음을 말한다. 즉 본 절은 앞 절의 "우리가 전파하는 믿음의 말씀이라"는 말을 설명하고 있다. 다시 말해 앞 절의 "믿음의 말씀"이 어떤 효과를 발휘하느냐 하는 것을 본 절이 말하고 있다. 그 말씀은 믿음을 발휘한다는 것이다.

바울은 앞 절에서 우리 각자의 입과 마음에 말씀(믿음을 일으키는 말씀)이 있다고 했는데(8절) 본 절에서는 그 말씀이 역사한 결과 "네가 만일 네 입으로 예수를 주로 시인하며 또 하나님께서 그를 죽은 자 가운데서 살리신 것을 네 마음에 믿으면 구원을 받으리라"고 말한다(마 10:32; 눅 12:18; 행 8:37). 복음을 우리 입으로 읽고 묵상하고 또 그 복음이 우리 마음속 깊숙이 들어가면 그 복음의 말씀이 우리의 입으로 예수님을 주님으로 시인하게 하고 또 마음으로 믿게 해서 구원을 받게 한다는 것이다. 말씀이 그렇게 역사할 때 우리는 거역하지 말고 실제로 "예수님을 주님이라"고 많은 사람들 앞에서 공적으로

고백하고 또 하나님께서 예수님을 죽은 자 가운데서 살리신 것을 마음으로
믿어서(롬 6:9; 고전 15:20; 엡 1:20; 골 3:1-4; 히 2:9; 계 1:17-18) 구원을
받아야 한다는 말이다. 우리가 복음의 말씀을 가까이 할 때 성령님께서 역사하
셔서 주님께 대한 고백이 나온다. 성령님의 역사가 없이는 주님께 대한 고백이
나오지 않는다.

베드로는 예수님을 주님으로 고백했고 또 제자들도 예수님을 주님으로
고백했다(마 16:16). 우리도 세례 받을 때 진정으로 예수님을 주님으로
고백하고 또 마음으로 믿으며, 그리고 많은 사람들 앞에서 공개적으로
예수님을 주님으로 고백하고 마음으로 하나님께서 예수님을 죽은 자 가운
데서 살리신 것을 믿으면 구원을 받는다(행 2:36; 고전 8:5-6; 빌 2:11).
우리에게는 입도 중요하고 마음도 중요하다. 마음의 신앙과 입을 통한
밖으로의 고백이 중요하다.

**롬 10:10. 사람이 마음으로 믿어 의에 이르고 입으로 시인하여 구원에 이르느
니라.**
본 절 초두에는 이유를 나타내는 접속사(γὰρ)가 있어서 본 절이 앞 절과
밀접하게 관련되어 있음을 보이고 있다. 바울은 본 절에 와서 "마음"의 신앙을
앞세우고 "입"으로의 시인을 뒤에 두고 있다. 이것이 정상적인 순서이다.
그런데 앞 절(9절)에서는 8절의 영향 때문에 "입"을 앞세우고 "마음"을 뒤에
놓았다. 8절에 보면 바울은 모세의 글, 신 30:14을 인용하여 입을 앞세우고
마음을 뒤에 두고 있다. 그러나 본 절에 와서는 마음을 앞세우고 입을 뒤에
놓고 있다.

바울은 "사람이 마음으로 믿어 의에 이르고 입으로 시인하여 구원에 이른
다"고 말한다. 마음으로 반드시 믿어야 하고 입으로의 시인도 중요하다고
말한다. 그리고 바울은 본 절에서 "의"에 이르는 것과 "구원"에 이르는 것을
동의어로 말하고 있다. 그러니까 "의"(義)에 이르는 것과 "구원"에 이르는
것은 동일한 것이다.

롬 10:11. (이는) 성경에 이르되 누구든지 그를 믿는 자는 부끄러움을 당하지 아니하리라 하니.

바울은 앞 절에서 "사람이 마음으로 믿어 의에 이르고 입으로 시인하여 구원에 이른다"는 말을 했는데 본 절에서는 구약 성경을 가지고 확인하고 있다. 바울은 사 28:16("그것을 믿는 이는 다급하게 되지 아니하리로다")의 말씀을 인용하여 예수님을 믿는 사람은 부끄러움을 당하지 않는다는 것, 즉 구원을 받는다는 것을 역설하고 있다(9:33; 사 49:23; 렘 17:7). 바울은 사 28:16을 인용할 때 "누구든지"라는 말을 첨부하여 본 절에서 '누구든지 그를 믿기만 하면 부끄러움을 당하지 않고 구원에 이른다'고 말한다. 마음으로 확실히 믿고 입으로 분명히 예수님을 구주로 고백하면 분명히 구원을 받는다는 말이다.

롬 10:12. (이는) 유대인이나 헬라인이나 차별이 없음이라 한 분이신 주께서 모든 사람의 주가 되사 그를 부르는 모든 사람에게 부요하시도다.

본 절 초두에는 이유를 말하는 접속사(γάρ)가 있어서 본 절이 앞 절에서 말한 "누구든지 그를 믿는 자는 부끄러움을 당하지 아니하리라"는 말씀을 설명한다. 바울은 누구든지 "유대인이나 헬라인이나 차별이 없다"고 말한다 (1:16; 2:11; 3:22, 29-30; 4:9-12; 5:18-19; 9:24; 10:12; 행 15:9; 갈 3:28; 5:6; 6:15; 엡 2:14-18; 골 3:11). 여기 "유대인이나 헬라인이나"라는 말은 '유대인이나 이방인이나'라는 뜻이다. 세상에는 여러 민족이 있지만 구약 시대에는 크게 나누어 유대인과 이방인으로 구분되고 있었다. 그러나 바울은 신약 시대에 와서는 주님을 믿는 일에 있어서만은 "차별이 없다"고 말한다. 다시 말해 주님을 믿는 일에 있어서는 아무 차별이 없다는 것이다. 이유는 "한 분이신 주께서 모든 사람의 주가 되사 그를 부르는 모든 사람에게 부요하시기" 때문이다(3:29; 행 10:36; 엡 1:7; 딤전 2:4, 5, 7). '예수님께서 유대인과 이방인의 담을 허서서 모든 사람들의 주님이 되셔서 예수님을 부르는 모든 사람들에게 부요함을 주신다'는 것이다. 예수님은 중간에 막힌 담을 허셨다(엡

2:14-18). 그리고 모든 사람들의 주님이 되셨다. 그리고 예수님을 찾는 사람들, 예수님께 기도하는 사람들에게 한없이 부요하시다. 여기 부요하시다는 말은 구원해 주신다는 뜻이다. 주님은 그의 이름을 부르는 모든 사람과 그에게 기도하는 모든 사람들에게 한량없이 풍성하게 주신다. 무한이 인자하시고 무한히 긍휼을 허락하신다(롬 2:4; 9:23; 엡 2:7). 우리는 그리스도의 이름을 부르고 기도하여 각종 부요 속에서 살아야 한다.

롬 10:13. (이는) 누구든지 주의 이름을 부르는 자는 구원을 받으리라.
바울은 본 절 초두에 "이는"(γὰρ)이라는 접속사를 두어 본 절이 앞 절과 연관이 있음을 말하고 있다. 바울은 앞 절에서 "그(예수)를 부르는 모든 사람에게 부요하시다"라고 말한 것을 더욱 확증하기 위하여 구약 성경 욜 2:32("누구든지 여호와의 이름을 부르는 자는 구원을 얻으리니")의 말씀을 인용해서 본 절에서 해설하고 있다. 바울은 본 절에서 "누구든지 주(그리스도)의 이름을 부르는 자는 구원을 받으리라"고 말한다(욜 2:32; 행 2:21; 행 9:14). 바울은 요엘서의 "여호와"라는 말을 본 절에서 "주"(그리스도)라고 바꾸었다. 예수님께서 하나님이시라는 뜻이다. 누구든지 그리스도의 이름을 부르는 자는 구원을 받는다는 것이다. 다시 말해 의롭다 함을 받는다는 뜻이다. 어떤 이들은 그리스도 밖에서 풍성함을 찾으려고 한다. 그래서 사람을 만나서 "그 어디 좋은 소식 없소"라고 말한다. 많은 사람들은 그리스도 안에 구원이 있고 모든 풍성함이 있는 줄을 모르고 갈함 속에 살아가고 있다.

롬 10:14-15a. 그런즉 그들이 믿지 아니하는 이를 어찌 부르리요 듣지도 못한 이를 어찌 믿으리요 전파하는 자가 없이 어찌 들으리요 보내심을 받지 아니하였으면 어찌 전파하리요.
바울이 이 부분의 제일 앞에 "그런즉"(οὖν)이라는 말을 쓴 것은 바로 앞 절(13절)과 연결하여 그의 논리를 전진시키기 위해 쓴 것이다. 바울은 12절까지의 말을 13절에서 결론으로 말한 다음 이제 14절 처음에 "그런즉"이라는 말을 두어 그의 논리를 전진시키고 있다.

바울은 이 부분(14-15절)에서 복음이 전파되어 유대들이 듣고 믿어 구원을 얻기까지의 경로를 거꾸로(역순) 말하고 있다. 이렇게 거꾸로 말한 이유는 이 부분을 13절의 "주의 이름을 부르는 자는 구원을 받으리라"는 말씀과 연결하기 위해서일 것이다. 다시 말해 13절의 "주의 이름을 부르는"이란 말과 연결하기 위해서 14절 처음에 "믿지 아니하는 이를 어찌 부르리요"라는 말을 쓰고 있다. 그러나 어떤 성경 해석가는 바울이 이렇게 거꾸로 쓴 이유는 복음 전파자로 부르신 그리스도를 제일 부각시키기 위함이라고 말한다. 바울은 복음 전파자를 보내신 그리스도를 제일 부각시키기 위해서 제일 마지막에 썼다고 말한다(헬라어는 무슨 말을 강조하기 위해서는 제일 앞에 쓰거나 아니면 제일 뒤에 쓴다). 참고가 되는 견해이다.

이제 이 부분의 순서를 바른 순서로 정리해보면 '보내심을 받아야 전파할 수 있고 전파하는 자가 있어야 듣게 되고 들어야 믿게 되며 믿으면 반드시 그리스도의 이름을 부르게 된다(기도하게 된다)'고 연결된다.

그러면 바울이 왜 이렇게 복음 전도의 순서를 여기에 나열했는가를 두고 몇 가지 견해가 있다. 1) 혹자는 사도직의 권위를 알리기 위해서였을 것이라고 말한다. 그러나 다른 이유가 이 부분에서 더 강하게 부각되어 있는 고로 이 견해를 받기는 어려운 듯하다. 2) 혹자는 사도가 이방인들에게 선교하는 것을 정당화하기 위해 썼을 것이라고 한다. 그러나 다른 이유가 더 강하게 부각되는 것을 고려할 때 이 견해는 설득력이 약한 듯하다. 3) 또 혹자는 복음 전도가 필수 불가결이라는 것을 보여주기 위해서 썼다고 주장한다(Stott, 이순한). 이 주장은 틀린 주장은 아니다. 그러나 이 주장보다는 4) 믿음으로 의롭게 되는 노력을 태만하게 한 유대인을 경책하기 위해 썼을 것이라고 말한다(Chrysostom, S & H). 이 견해가 문맥으로 보아 제일 바른 것으로 보인다(16-21절). 바울 사도 당시 복음 전도가 온전했고 다 갖추어 있었으나 유대인들이 거부했다는 것을 드러내기 위해 이 글을 썼을 것이다. 그 당시 바울은 모든 점이 갖추어 있었다고 말한다. 복음을 전파하기 위해서 부름 받은 사도도 있었고 또 실제로 복음을 전파했으며 또 듣게 했고 믿을만한 환경을 만들어주었는데도 유대인들은 믿지 않았다(16-21절). 유대인들은 그들의 입에 그리고 그들의 마음에 있는 말씀이 곧 예수 그리스도를 지칭한다는 사실을 알지 못했다. 그래서 그리스도로부터 보냄을 받은 사도들과 복음 전파자들의 복음 전도를 거부하게 되었다.

바울은 "그들이 믿지 아니하는 이를 어찌 부르리요"라고 말한다. 여기 "그들"이란 말은 '유대인들 뿐 아니라 일반적으로 누구든지'를 지칭하는 말이다(12-13절 참조). '누구든지 믿지 아니하는 대상자를 어찌 부를 수 있느냐'는 말이다. 믿지 아니하는 예수님에게 어찌 기도할 수 있느냐는 뜻이다. 그리고 바울은 "듣지도 못한 이를 어찌 믿으리요"라고 질문한다. 이 문장의 주어는 문맥을 살필 때 "유대인들"이다(9:32; 10:2-3). 그러나 유대인들에게만 한정되는 것은 아니고 누구든지 예수님에 대해 들어보지도 못하면 믿을 수 없다는 뜻이다. 그리고 바울은 "전파하는 자가 없이 어찌 들으리요"라고 질문한다(딛 1:3). 여기 "전파하는 자"라는 말은 '복음을 전파하는 사도만 아니라 복음 전파자 모두'를 지칭한다. 우리는 복음을 전해주는 사람을 통해서 복음을 받았다. 바울은 또 "보내심을 받지 아니하였으면 어찌 전파하리요"라고 질문한다. '주님으로부터 보내심을 받지 아니하였으면 어찌 전파할 수 있느냐'는 질문이다. 진정한 전파자들은 모두 주님으로부터 보냄을 받은 자들이다. 그만큼 복음 전파자의 신분은 당당하다. 그러나 여기 "보내심을 받다"(ἀποσ-ταλῶσιν)는 말에서부터 '사도'란 말이 나왔다고 해서 이 말이 사도나 혹은 그 시대의 동역자들만을 가리킨다고 해석하는 것은 무리가 있는 해석이다. 사도 시대 이후에도 계속해서 주님으로부터 보냄을 받는 사람들이 있는데 그들은 누구로부터 보냄을 받았다고 해석할 것인가.

롬. 10:15b. 기록된바 아름답도다 좋은 소식을 전하는 자들의 발이여 함과 같으니라.

바울은 주님으로부터 보냄을 받아 복음을 전하는 자들의 발들이 얼마나 아름답고 귀한지를 구약 성경 이사야 52:7에서부터 인용하여 본 절에 썼다. 사 52:7은 "좋은 소식을 전하며 평화를 공포하며 복된 좋은 소식을 가져오며 구원을 공포하며 시온을 향하여 이르기를 네 하나님이 통치하신다 하는 자의 산을 넘는 발이 어찌 그리 아름다운가"라고 기록하고 있다(나 1:15). 구약 성경에서 말하는 "좋은 소식"이란 '이스라엘이 바벨론의 억압으로부터 해방되어 고국으로 돌아간다는 소식'을 지칭하는 말이었다. 그런데 그 소식을 가지고 산을 넘어 고국 유다로 가는 사람들의 발들은 참으로 귀하다는 뜻이었는데 사도는 그것을 복음 전하는 자들의 발들이 아름다운 것으로 말하고 있다. 이스라엘이 해방되어 고국으로 돌아간다는 소식이 아름다웠던 것처럼 예수 그리스도의 복음은 역시 죄와 죽음으로부터의 해방을 말하는 소식이니 말할 수 없이 아름답고 또 귀하다는 것이다. 오늘날 복음 전하는 자들의 발은 참으로 귀한 발들이요 환영을 받을 발들이다. 그러나 세상은 그들을 알아주지 않는다. 그런고로 그들의 발들이 귀하고 아름답다는 말은 하나님 보시기에 그런 것이고 또 실제로 그 소식을 듣고 죄와 사망으로부터 해방 받을 사람들 보기에 아름다운 것이다.

4. 이스라엘이 복음을 거부하다   10:16-21

바울은 누구든지 주의 이름을 부르는 자는 구원을 받을 수 있고(13절) 또 복음 전파자까지 다 구비된 곳에서(14-15절) 복음을 순종하지 않고 믿지 않는 개탄스러운 일들이 있을 것을 말한다.

롬 10:16. 그러나 그들이 다 복음을 순종하지 아니하였도다 이사야가 이르되 주여 우리가 전한 것을 누가 믿었나이까 하였으니.
유대인들이야 말로 믿을만한 환경이 주어졌지만(14-15절) "그러나 그들이 다 복음을 순종하지 아니하였다"(3:3; 히 4:2). "복음을 순종하지 아니했다"는 말은 '복음을 영접하지 아니한 것,' '복음을 받아드리지 아니한 것'을 지칭한다. 바울은 '거의 대부분의 유대인들이 복음을 영접하지 아니 할 것'을 구약 성경 이사야 53:1이 예언했다고 말한다. 사 53:1에 "우리가 전한 것을 누가 믿었느냐 여호와의 팔이 누구에게 나타났느냐"고 기록되어 있다. 유대인들은 하나님께서 이사야를 통하여 미리 말씀하신대로 예수님을 영접하지 않았고 믿지 않았다(요 12:38; 롬 9:27; 10:21; 고전 10:5).

롬 10:17. 그러므로 믿음은 들음에서 나며 들음은 그리스도의 말씀으로 말미암았느니라.

바울은 앞부분(14-16절)에서 말한 것을 결론적으로 말하기를 원하여 "그러므로 믿음은 들음에서 나며 들음은 그리스도의 말씀으로 말미암았느니라"고 말한다. 바울은 "믿음은 들음에서 난다"고 말한다. 바울은 앞 절(16절)에서 이사야의 예언의 말씀, 곧 "주여, 우리가 전한 것을 누가 믿었나이까"라고 인용했는데 그 말씀의 뜻은 '우리가 전한 것을 누가 들어서 믿었나이까'라는 뜻이다. 본문은 이사야의 예언으로부터 "믿음은 들음에서 난다"고 결론적으로 말하고 있다. 그리고 바울은 "들음은 그리스도의 말씀으로 말미암았느니라"고 말한다(롬 1:9; 15:19; 16:25; 고전 9:12; 고후 4:4; 갈 1:12; 빌 1:27; 살후 1:8). '우리가 귀로 아무것이나 들어서 믿는 것이 아니라 그리스도의 말씀을 들을 때 믿음을 얻게 되는 것이라'는 말이다. 예수님은 성도들에게 복음을 들어야 한다고 많이 말씀하신다(마 11:15; 13:9, 43; 막 4:9, 23; 눅 8:8; 14:35; 계 2:7, 11, 17, 29; 3:6, 13, 22; 13:9). 우리는 계속해서 들어서 믿음에 부요한 자들이 되어야 한다.

롬 10:18. 그러나 내가 말하노니 그들이 듣지 아니하였느냐 그렇지 아니하니 그 소리가 온 땅에 퍼졌고 그 말씀이 땅 끝까지 이르렀도다 하였느니라.

바울은 16절에서 이사야 53:1의 말씀을 소개했는데 이사야가 말하기를 "주여 우리가 전한 것을 누가 믿었나이까"라고 말하면서 마치 아무도 듣지 아니한 것처럼 말했는데 "그러나 내(바울)가 말하노니 그들(유대인들)이 듣지 아니하였느냐"고 반문한다. 바울은 유대인들이 듣지 않아서 못 믿은 것이 아니라고

말한다. 사도는 시 19:4로부터 인용한다. 곧 "그렇지 아니하니 그 소리가
온 땅에 퍼졌고 그 말씀이 땅 끝까지 이르렀도다"라고 말한다(시 19:4; 마
24:14; 28:19; 막 16:15; 골 1:5-6, 23). 복음은 앞으로 온 세상에 전파될 것을
보여주는 예언이다. 이렇게 전파될 복음이니 바울 당시의 유대인들이 듣지
못할 이유가 없었다(롬 15:22-24; 빌 1:12-13; 골 1:6). 그러나 그들은 믿지
않았다.

**롬 10:19. 그러나 내가 말하노니 이스라엘이 알지 못하였느냐 먼저 모세가
이르되 내가 백성 아닌 자로써 너희를 시기하게 하며 미련한 백성으로써
너희를 노엽게 하리라 하였고.**
바울은 앞 절에서 "그러나 내가 말하노니 그들이 듣지 아니하였느냐"라고
질문했는데 본 절에서는 "그러나 내가 말하노니 이스라엘이 알지 못하였느
냐"고 질문한다. '이스라엘이 무엇인가를 알았다'는 것이다. 그러면 바울은
이스라엘이 무엇을 알았다는 것인가. 1) 혹자는 이스라엘이 하나님의 의를
알았다고 말한다. 이 견해는 이 로마서의 주제인고로 그럴듯하기는 하나
문맥에는 맞지 않는다. 2) 혹자는 유대인들은 자기 자신들이 하나님으로부터
거절될 것을 알았다고 말한다. 그러나 이 견해 역시 문맥에서 찾을 수가
없다. 3) 혹자는 유대인들이 아브라함에게 이루어진 그 약속이 본질에 있어서
우주적으로 전파될 것을 알았다고 말한다. 핵심을 말하는 대답은 아닌 듯하다.
4) 이스라엘이 알았던 것은 그리스도의 복음이었다(Chrysostom, Calvin, Beza,
Philliphi, Sandy, Lenski, William Hendriksen, Hofmann, S & H, C.E.B.
Cranfield). 이 견해가 바른 것으로 보인다. 이유는 18절에 보면 이스라엘이
들은 것은 복음이었기 때문이다. 그리고 또 본 절 하반 절이 답을 말하고
있다. 곧 "먼저 모세가 이르되 내가 백성 아닌 자로써 너희를 시기하게 하며
미련한 백성으로써 너희를 노엽게 하리라"고 하였다(11:11; 신 32:21; 딛
3:3). '구약 성경 중에 제일 먼저 모세가 예언하기를 하나님이 자기 백성이
아닌 이방인을 가지고 자기 백성 이스라엘 민족을 시기하게 만들며 또 미련한

백성인 이방인을 가지고 이스라엘 민족을 노엽게 만들 것이라'고 예언하였다. 다시 말해 하나님께서 이방인들로 하여금 복음을 영접하여 구원에 동참하게 하여 이스라엘 백성들로 하여금 이방인들을 보고 시기하도록 만드시며, 이스라엘 사람들이 보기에 미련하기 짝이 없는 이방인들로 하여금 그리스도의 복음을 받아드려 구원받아 이스라엘 사람들로 하여금 시기가 나고 질투가 나게 하시겠다고 하신다. 복음을 배신한 이스라엘은 이런 식으로 하나님의 벌을 받게 하시겠다는 것이다. 모세는 이스라엘이 훗날 하나님을 배신할 것을 예언했는데 그것이 구약 성경 신명기 32장에 수록되었다. 바울이 그 중에 신 32:21에서 인용했다. 이스라엘은 복음을 알았으나 결국 깊이 알지 못하여 배신하고 말았다(2-3절 참조). 그래서 결국 이스라엘 사람들은 이방인들 중에 예수 그리스도를 영접하여 구원에 동참하는 사람들을 부러워하며 살게 되었다.

롬 10:20. 이사야는 매우 담대하여 내가 나를 찾지 아니한 자들에게 찾은바 되고 내게 묻지 아니한 자들에게 나타났노라 말하였고.

바울은 본 절에서도 그리스도의 복음이 이방으로 넘어간 사실을 말한다. 바울은 이사야 65:1의 상반 절에서 인용하여 이사야가 당시의 이스라엘 사람들에게 아주 담대하게 말한 것을 지적한다. 이사야는 당대의 이스라엘 사람들에게 "내(하나님)가 나를 찾지 아니한 자들에게 찾은바 되고 내게 묻지 아니한 자들에게 나타났노라"고 말했다(9:30; 사 65:1). '그리스도의 복음이 이방으로 넘어가서 이방 사람들이 복음을 믿음으로 하나님을 찾게 되었고 또 하나님께서는 하나님께 기도하지 않던 이방인들에게 나타나셨다'는 것이다. 하나님은 그를 배신한 이스라엘의 담을 넘으서서 이방으로 가서서 이방인들에게 복을 주셨다. 우리는 하나님을 찾아야 하고 또 하나님을 만나는 사람들이 되어야 한다.

롬 10:21. (그러나) 이스라엘에 대하여 이르되 순종하지 아니하고 거슬러

말하는 백성에게 내가 종일 내 손을 벌렸노라 하였느니라.

바울은 이스라엘이 계속해서 그리스도의 복음을 거부한 것을 말해 왔지만 (16-20절) 그래도 하나님은 이스라엘을 아주 버리지 않으시고 돌아올 것을 기대하신다는 말씀을 한다(3:30; 4:12; 5:18-19; 7:4; 9:27; 10:1, 11-13). 바울은 본 절을 사 65:2에서 인용한다. 바울은 이스라엘 민족을 묘사하여 이르기를 "순종하지 아니하고 거슬러 말하는 백성"이라고 표현한다. 그들은 그리스도의 복음을 순종하지 않았다. 마음이 교만했고 자기 의를 세우려고 노력했다. 그리고 그들은 "거슬러 말했다." '하나님을 대적했다'는 말이다. 여기 "순종하지 아니하고"(ἀπειθοῦντα)란 말과 "거슬러 말하는"(ἀντιλέγοντα)이란 말은 둘 다 현재분사 시제로 이스라엘 민족이 그리스도의 복음에 계속해서 순종하지 아니하고 거슬러 말했다는 뜻이다. 이스라엘 민족은 마음으로 그리스도를 불신하는 민족이었고 입으로 거슬러 말하는 민족이었다. 그들은 그리스도를 향하여 모든 점에서 거슬러 말했다. 심지어는 귀신들렸다고까지 했다.

그랬음에도 불구하고 하나님은 이스라엘 민족을 향하여 "종일" 손을 내밀어 주셨다. 하나님께서는 '시종일관,' '계속해서' 이스라엘을 향하여 관심을 표명하셨다. 하나님은 불순종하고 거슬러 말하는 이스라엘 사람들을 실증내시지 않고 계속해서 사랑의 손길을 내 미셨다. 탕자가 아들을 기다리듯 하나님은 이스라엘을 생각하시면서 돌아오기를 계속해서 기다리셨다. 바울도 하나님의 마음을 본받아 계속해서 기도하고 있었다(1절). 우리도 우리 민족이 주님께 돌아오기를 계속해서 기다리면서 손을 벌리고 있어야 한다. 기도해야 한다는 말이다.

제 11 장
이스라엘은 분명히 회개할 것이다

D. 하나님은 그의 백성을 버리시지 않으실 것이다   11:1-36

바울은 하나님이 그 미리 아신 자기 백성을 버리지 않으셨다고 말한다(2절 상반 절). 바울은 본 장에서 줄곧 하나님께서 미리 사랑하신 백성을 버리지 않으셨다고 말한다. 바울은 자신이 로마서를 쓰던 당시까지도 은혜로 택하심을 따라 남은 백성이 있다고 말하고(1-10절), 이스라엘 사람들이 대부분 그리스도를 버렸지만 그것은 당분간 지속되는 현상이라고 말한다(11-24절). 그리고 바울은 이방인 신자들이 이스라엘에 대하여 오해하지 않도록 하나님의 비밀을 말한다. 곧 대다수의 이스라엘인들이 불신앙으로 나아가지만 앞으로 모든 이스라엘 사람들이 구원에 이를 것이라고 말한다(25-32절). 그리고 바울은 본 장 마지막에서 9-11장의 결론을 맺는다(33-36절). 바울은 이 부분에서 하나님이 행하시는 일들의 신비함과 그의 긍휼과 지혜를 찬양하지 않을 수 없어서 경이에 찬 필치로 찬양한다.

1. 남은 백성이 아직도 있다   11:1-10

바울은 하나님께서 자기 백성을 버리실 이유가 없다고 말한다. 버리시지 않으실 확실한 근거는 자기도 이스라엘 사람이라는 것을 든다. 그리고 또 하나의 근거는 구약 성경에서 발견한다. 하나님께서 엘리야에게 7,000인을 남겨두셨다고 말씀하신 것처럼 이제도 남은 자가 있다고 확신한다.

롬 11:1. 그러므로 내가 말하노니 하나님이 자기 백성을 버리셨느냐 그럴

수 없느니라 나도 이스라엘인이요 아브라함의 씨에서 난 자요 베냐민 지파라.
바울은 앞의 여러 구절들(2:17-25; 9:30-32; 10:3, 16-20)에서 이스라엘이
하나님께 순종하지 않았고 또 바로 앞 절(21절)에서도 이스라엘이 순종하지
아니하고 또 거슬러 말한 민족이라고 말했기에 본 절에 와서 "그러므로
내가 말하노니 하나님이 자기 백성을 버리셨느냐"고 질문해본다(삼상
12:22; 렘 31:37). 이스라엘 백성을 괘념하지 않으시고 버리신 것은 아니냐고
질문해본다.

그러나 바울은 자신의 질문에 대하여 강하게 부정한다. "그럴 수 없느니
라"고 강하게 부정한다. 결코 하나님께서 버리시지 않으셨다는 것이다(3:4
주해 참조할 것, 삼상 12:22; 시 94:14). 하나님께서 버리지 않으셨다는 확신은
본 절부터 10절까지 크게 두 가지로 말한다. 첫째(둘째는 2절 이하에 나온다),
"나도 이스라엘인인데" 구원을 받았다는 논리이다(고후 11:22; 빌 3:5). 하나
님께서 이스라엘을 완전히 버리셨다면 바울을 버리셨어야 하는데 버리시지
않고 구원하셨으니 이스라엘을 버리지 않으셨다는 것이다. 바울은 자신이
이스라엘인이라고 말하면서 "아브라함의 씨에서 난 자요 베냐민 지파라"라고
말한다(고후 11:22; 빌 3:5). 바울은 아브라함과 이삭과 야곱의 직계 후손이었
고 또 야곱의 열둘째 아들 베냐민의 직계 후손이었다. 하나님께서 사랑하던
조상들의 직계 후손을 버리시지 않으셔서 사도가 되게 하셨다. 오늘 우리도
하나님께서 버리시지 않으셨다는 확신 속에서 그리스도를 통한 하나님의
사랑을 전해야 한다.

**롬 11:2-3. 하나님이 그 미리 아신 자기 백성을 버리지 아니 하셨나니 너희가
성경이 엘리야를 가리켜 말한 것을 알지 못하느냐 그가 이스라엘을 하나님께
고발하되 주여 그들이 주의 선지자들을 죽였으며 주의 제단들을 헐어버렸고
나만 남았는데 내 목숨도 찾나이다 하니.**
바울은 하나님께서 영원 전에 "미리 아신 자기 백성," 곧 '미리 사랑하신
자기 백성'을 버리지 않으셨다고 말한다(8:29). 여기 "미리 아신"(προέγνω)이

란 말은 '미리 사랑하신'이란 뜻이다(8:29). 바울은 하나님께서 영원 전에 미리 사랑하신 자기 백성을 버리지 않으신 증거를 이제 두 번째로 댄다(첫 번째는 1절에 있음). 바로 "성경이 엘리야를 가리켜 말한 것"이 하나님께서 그 미리 사랑하시는 백성을 버리지 않으신 사건이라는 것이다. 다시 말해 성경(왕상 19:1-18)에 엘리야를 가리켜 말한 사건이 나오는데 바로 그 사건이 하나님께서 만세 전에 택한 사람들을 버리지 않으신 것을 보여주는 사건이라고 말한다. 바울은 로마 교인들에게 "너희가 성경이 엘리야를 가리켜 말한 것을 알지 못하느냐"고 질문한다(6:3, 16; 7:1; 고전 3:16; 5:6; 6:2-3, 9, 15-16). '로마서를 받아 읽는 교인들이 엘리야 사건을 알아야 한다'는 것이다. 그 사실을 알아야 힘을 얻을 수 있다는 뜻이다.

엘리야는 생명의 위협을 당하여 "이스라엘을 하나님께 고발했다." 고발한 내용은 "주여 그들이 주의 선지자들을 죽였으며 주의 제단들을 헐어버렸고 나만 남았는데 내 목숨도 찾나이다"라는 말이다(왕상 19:10, 14). 열왕기상 19:1-18에 보면 엘리야는 선지자로서 생명의 위협을 느껴 호렙산의 한 동굴 속에 들어가 그 난리를 피하려고 했다. 그 때 하나님은 엘리야를 향하여 "네가 어찌하여 여기 있느냐"고 물으신다(왕상 19:9). 하나님의 질문에 대하여 엘리야는 "내가 만군의 하나님 여호와께 열심이 유별하오니 이는 이스라엘 자손이 주의 언약을 버리고 주의 제단을 헐며 칼로 주의 선지자들을 죽였음이오며 오직 나만 남았거늘 그들이 내 생명을 찾아 빼앗으려 하나이다"(왕상 19:10)라고 대답한다. 하나님은 엘리야의 고발에 대하여 세미한 음성으로 대답해주신다(다음 절). 하나님은 우리의 음성에 대답해주시는 신이시다.

롬 11:4. 그에게 하신 대답이 무엇이냐 내가 나를 위하여 바알에게 무릎을 꿇지 아니한 사람 칠천 명을 남겨 두었다 하셨으니.

하나님은 엘리야에게 "내가 나를 위하여 바알에게 무릎을 꿇지 아니한 사람 칠천 명을 남겨 두었다"고 대답하신다(왕상 19:18). 여기 "내(하나님)가 나(하나님)를 위하여"란 말은 '하나님 자신을 위하여,' '하나님께서 그들로부터 경배를 받으시기 위하여,' '하나님께서 그들과 교제하시기 위하여'란 뜻이다. 결코 사람 측의 열심이나 혹은 사람 측의 의로운 행위 때문에 남겨두신 것은 아니었다. 하나님을 위하여 남겨두셨다. 하나님의 은혜와 사랑을 찬양하도록 하기 위하여 남겨두신 것이다. 하나님은 엘리야 시대에 하나님을 위하여 바알에게 무릎을 꿇지 아니한 사람 7,000명을 남겨두셨다. 바울은 성경을 읽으면서 바울 당대에도 바알에게 무릎을 꿇지 아니한 사람을 남겨 두신 것을 확신해서 로마 교인들에게 전했다.

하나님께서 엘리야 시대에 7,000명을 남겨두셨던 것처럼 훨씬 전(前) 노아 시대에도 소수가 구원을 받았고(창 6:1-8:19), 소돔과 고모라에도 남은 자를 두셨으며(창 19:29), 이사야 시대에도 남은 자가 있었다(사 10:22). 하나님은 오늘도 역시 바알(우상)에게 무릎을 꿇지 아니한 사람을 남겨두셨다. 사탄에게 무릎을 꿇지 아니한 사람, 세속에게 무릎을 꿇지 아니한 사람, 권력에게 무릎을 꿇지 않은 사람, 죄악에 정복당하지 않은 사람을 남겨 두셨다. 우리는 결코 우리의 열심 때문에 남은 것이 아니라 하나님을 위하여 남겨진 사람들이다. 우리는 하나님의 영광을 위하여 살아야 한다.

롬 11:5. 그런즉 이와 같이 지금도 은혜로 택하심을 따라 남은 자가 있느니라.
바울은 엘리야 시대를 조명하면서 결론을 얻는다. "그런즉 이와 같이 지금도 은혜로 택하심을 따라 남은 자가 있느니라"고 말한다(9:27). '그런고로 엘리야 시대와 같이 지금도 하나님의 은혜로 선택을 받아 바알에게 무릎을 꿇지 아니한 사람들이 있다'고 말한다. 하나님은 지금도 만세 전에 은혜로 택하셔서 남겨 두신 사람들이 있다. 다시 말해 하나님께서 은혜로 택하셨기에 그들이 세상에 사는 중에 사탄에 무릎을 꿇지 않게 되었고 또 세속에 물들지 않게 되었다.

롬 11:6. 만일 은혜로 된 것이면 행위로 말미암지 않음이니 그렇지 않으면 은혜가 은혜 되지 못하느니라.

바울은 바울 당시에도 "은혜로 택하심을 따라 남은 자가 있다"(앞 절)고 말하고는 "만일 은혜로 된 것이면 행위로 말미암지 않다"고 말한다(4:4, 5; 갈 5:4). '하나님의 은혜로 택함을 받아 구원을 받은 것이라고 하면 행위로 말미암지 않았다'는 것이다. 즉 '인간의 능력, 인간의 노력, 인간의 선행 같은 것으로 남은 자가 되는 것은 아니라'고 말한다. 구원을 받은 자가 바알에게 무릎을 꿇지 아니한 것은 사람의 노력이나 능력, 혹은 사람의 열심에 의하여 된 것이 아니라 하나님의 은혜로 택함을 받았기에 하나님께서 지켜주셔서 그렇게 된 것이라는 뜻이다. 아무튼 구원을 받는 것은 행위로 이루어지는 것은 아니다.

만약에 "그렇지 않으면 은혜가 은혜 되지 못한다"고 바울은 말한다. '은혜로 구원을 받지 않고 행위로 구원을 받는다면 은혜로 구원을 받는다는 말이 은혜 되지 못한다'는 뜻이다. 은혜는 시종 은혜여야 하지 행위가 들어가면 은혜 되지 못하는 법이다. 인간의 선행이나 열심을 가지고 남은 자가 된다면 그것은 은혜에 의한 구원은 아니다. 우리는 순전히 하나님의 만세 전의 은혜의 선택과 하나님의 보호하심으로 구원에 참여하게 되었다.

롬 11:7. 그런즉 어떠하냐 이스라엘이 구하는 그것을 얻지 못하고 오직 택하심을 입은 자가 얻었고 그 남은 자들은 우둔하여졌느니라.
바울은 1-6절까지 구원이란 하나님의 은혜의 선택에 달린 것이지 결코 사람 측의 노력에 달린 것은 아니라고 말하고는 이제 본 절에 와서 더 무엇을 말하기 위하여 "그런즉 어떠하냐"고 말한다. 즉 '그렇다면 무슨 말이 더 계속되어야 하느냐,' '그렇다면 어떤 말을 더 계속해야 하느냐'는 뜻이다. 바울이 계속하고자 하는 말은 "이스라엘이 구하는 그것을 얻지 못하고 오직 택하심을 입은 자가 얻었고 그 남은 자들은 우둔하여졌다"는 말을 더 해야 한다고 말한다(9:31; 10:3). 여기 "구하는 그것"(ὃ ἐπιζητεῖ)이란 말은 현재 시제로 '그들이 계속해서 구하고 있는 의(구원)'란 뜻이다. 이스라엘 사람들은 계속해서 율법을 행해서 의를 얻기를 소원하고 있었다. 바울은 '이스라엘이 구하는 의(구원)를 얻지 못하고 누구든지 하나님의 은혜로 택하심을 받은 자들이 의(구원)를 얻었고 나머지 사람들은 완악하여졌다'고 말한다. 바울은 9:31에서 "의의 법을 따라간 이스라엘은 율법에 이르지 못하였다"고 말한다. 즉 '이스라엘은 율법이 제시하는 목표에 도달하지 못하여 구원에 이르지 못했다'고 말한다. 그러나 바울은 "오직 택하심을 입은 자가 얻었다"고 말한다. 곧 '유대인 가운데서 하나님의 선택을 받은 사람들이 의(구원)를 얻었다'고 말한다. 그리고 나머지 이스라엘 사람들은 "우둔하여졌다"고 말한다. 여기 "우둔하여졌다"(ἐπωρώθησαν)는 말은 부정(단순)과거 수동태로 '참으로 우둔하여졌다,' '진짜 완악하여졌다,' '완전하게 무감각해졌다,' '아주 놀라울 정도로 불감증에 걸렸다'는 뜻이다. 이스라엘 사람들은 형식적으로 하나님께 경배하고 있었지만 실지 마음은 불감증에 걸린 사람들이 되었다는 것이다. 마치 불화살을 맞은 사람들 같이 되었다는 뜻이다. 오늘도 누구든지 전적으로 은혜에 의지하지 않으면 마음이 완악하게 될 수밖에 없다.

롬 11:8. 기록된바 하나님이 오늘까지 그들에게 혼미한 심령과 보지 못할 눈과 듣지 못할 귀를 주셨다 함과 같으니라.

바울은 본 절과 다음 절들(9-10절)에서 구약의 두 선지자(모세와 다윗)를 인용하여 이스라엘 사람들 중에 우둔하여진 사람들의 형편을 묘사한다. 본 절에는 먼저 모세의 글을 인용한다(신 29:4 "그러나 깨닫는 마음과 보는 눈과 듣는 귀는 오늘 여호와께서 너희에게 주지 아니하셨느니라"). 사 29:10 참조. 모세의 글이나 바울의 글에 우둔하여진 사람들의 부위의 순서가 똑 같다. 먼저 "혼미한 심령"(사 29:10), 다음은 "보지 못할 눈"(신 29:4; 사 6:9; 렘 5:21; 겔 12:2; 마 13:14; 요 12:40; 행 28:26-27), 마지막은 "듣지 못할 귀"(신 29:4; 사 6:9; 렘 5:21; 겔 12:2; 마 13:14; 행 28:26-27)의 순서이다. 하나님은 이스라엘 사람들 중에 우둔하여진 사람들에게 '마비된 심령을 주셨고 보지 못할 눈을 주셨으며 또 듣지 못할 귀를 주셨다.' 그렇다면 이스라엘 사람들의 불화살 맞은 심령의 책임은 하나님에게 있다고 해야 하지 않는가라는 의문이 생긴다. 그러나 책임은 이스라엘 사람들의 불신(9:32)과 불순종(10:16)에 있었다. 그들은 죄를 짓고 회개하지 않아서 결국은 영적인 무감각, 도덕적인 무감각 속에서 살게 되었다. 오늘도 그리스도를 거부하고 죄로부터 돌아서지 않고 있는 사람들이 헤아릴 길 없이 많다.

롬 11:9-10. 또 다윗이 이르되 그들의 밥상이 올무와 덫과 거치는 것과 보응이 되게 하시옵고 그들의 눈은 흐려 보지 못하고 그들의 등은 항상 굽게 하옵소서 하였느니라.

바울은 시 69:22-23을 인용하되, 구약 히브리어를 헬라어로 번역한 70인역("저희 밥상이 저희 앞의 올무와 보응과 거치는 것이 되게 하옵소서. 저희 눈은 흐려 보지 못하게 하시고 저희 등은 항상 굽게 하옵소서")으로부터 본 절에 인용하여 이스라엘의 완악해진 형편을 묘사한다.

본문에 "다윗이 이르되"라고 말한 것은 시편 69편이 다윗이 썼기 때문에 "다윗이 이르되"라고 썼다. 다윗은 자신을 배신한 자들에 의하여 어려움에 빠졌을 때 하나님께 시 69편처럼 구해주시기를 간구했는데, 시 69편은 동시에 메시야의 고난을 예언하는 글이기도 하다. 다윗은 그의 원수가 저주받기를 위하여 기도했다.[47]

다윗은 "그들의 밥상이 올무와 덫과 거치는 것과 보응이 되게 해주십사"고 기도한다. 다시 말해 "그들의 밥상"이 "올무와 덫과 거치는 것과 보응"으로 바꾸어지기를 위해 기도한 것이다. 여기 "그들의 밥상"은 '그들의 행복과 즐거움과 기쁨'을 상징한다. '그들의 행복과 즐거움과 기쁨'이란 다름 아니라 이 부분의 문맥을 살필 때(7-8절) '그들이 받아야 할 구원'을 지칭하는 말이다. 그런데 유대인들은 그들이 받아야 할 구원(그리스도를 통한 구원)을 기쁨으로 받아드리지 아니하고 거절했기에 그들은 비참하게 되어야 한다는 것이다.

---

47) 박윤선목사는 "이 말씀을 기록한 다윗의 처지는, 일반인이 아닌 하나님의 대언자(代言者)의 처지였다. 이것은, 그가 하나님의 선고하실 저주를 대언함이다"고 말한다. *로마서*, 성경주석, 서울: 영음사, 2003, p. 305.

그들은 올무와 덫과 거치는 것에 걸려 넘어지게 되어야 한다는 말이다. 여기 "올무"(동물 잡는 그물로서 발 같은 것을 넘어뜨림)와 "덫"(함정을 덮는 그물로서 함정에 들어간 동물을 꼼짝 못하게 잡음)과 "거치는 것"(말 그대로 거쳐 부딪혀서 넘어지는 것)이란 말은 동의어로 볼 수 있다.

그리고 다윗은 유대인들은 "보응," 곧 '징계'를 받게 되어야 한다고 말한다. 그들에게 임해야 하는 보응은 바로 앞 절들(7b-8절)에 기록된 비참한 것들이다. 다윗은 그의 원수들로 하여금 불행하게 되게 해주십사고 기도했는데 바울은 사도 당대에 다윗의 기도가 응답되었다는 뜻으로 다윗의 글을 인용한다.48)

다윗은 또 "그들의 눈은 흐려 보지 못하기를" 기도했다. 다윗은 8절에 기록된바와 같이 유대인들의 영적인 안목이 어두워지기를 위해 기도했다. 하나님을 대적하는 사람들에게는 이런 형벌이 따라야 한다는 것이다. 그리고 다윗은 "그들의 등은 항상 굽게 하옵소서"라고 기도했다. "등이 항상 굽기"를 바란 기도는 '율법의 노예가 되기를 바란 기도'이다. "등을 항상 굽게 하옵소서"라는 기도에 대하여 크랜필드(C. E. B. Cranfield)의 해석을 참고하면 좋을 것이다. '가혹한 종노릇으로 허리를 굽게 하옵소서,' '무거운 짐을 지우거나 겁을 주어 허리를 굽게 하옵소서,' '슬픔으로 인해 허리를 굽게 하옵소서,' '똑바로 서지 못할 정도로 약하게 만드소서,' '시력이 나쁘거나 눈이 멀어서 더듬기 위해 허리를 굽게 하옵소서'라고 기도한 것이다. 그리스도를 거부하는 사람들은 영적으로 어두워지고 또 율법에게 일생 노예가 되어 등이 굽은 채 살게 된다는 뜻이다. 다윗은 하나님의 대언자로서(그 대적들이 하나님의 원수인고로) 그 대적들이 비참하게 되기를 위해 기도했다. 하나님의 대적들,

---

48) F. F. Bruce는 말하기를 "시편 69편은 초대교회에서 그리스도의 사역, 특별히 그리스도의 수난에 대한 증거로 널리 알려져 있었다. 요 15:25에 시 69:4이 언급되어 있고, 요 2:17에 시 69:9이 언급되어 있으며, 롬 15:3에 시 69:9이 언급되어 있고, 마 27:48에 시 69:21이 언급되어 있다. 만일 이 시편의 화자(speaker)가 그리스도라면 그러한 호소를 자아내게 하는 자들은 그의 원수들로 해석된다(행 1:20의 가룟 유다에게 시 69:25이 적용되었음)"고 말한다. *The Epistle of Paul to the Romans*, 권성수역, p. 238.

곧 복음을 거부하는 사람들은 하나님의 심판을 면할 수 없게 비참하게 된다는 것이다.

2. 이스라엘의 그리스도 거부는 일시적인 현상이다   11:11-24

바울은 당시에 아직도 구원 받은 사람들이 있음을 말하고(1-10절) 이제 이 부분(11-24절)에서는 이스라엘이 그리스도를 거부하는 것은 영원히 계속되는 것은 아니고 일시적인 현상이라고 말한다.

롬 11:11. 그러므로 내가 말하노니 그들이 넘어지기까지 실족하였느냐 그럴 수 없느니라 그들이 넘어짐으로 구원이 이방인에게 이르러 이스라엘로 시기나게 함이니라.

바울은 1절에서 "그러므로 내가 말하노니 하나님이 자기 백성을 버리셨느냐 그럴 수 없느니라"고 자문자답했는데, 이제 본 절에서는 "그러므로 내가 말하노니 그들이 넘어지기까지 실족하였느냐 그럴 수 없느니라"고 자문자답한다. 결국 똑 같은 자문자답(自問自答)이다. 문장초두의 "그러므로"(οὖν)란 말은 '그렇다면,' '그런즉'이란 뜻이다. 바울은 7절 하반 절에서 "우둔하여졌다"는 말로부터 시작하여 8-10절에서 이스라엘이 버림을 받아 비참하게 되고 율법의 종노릇하는 단계로 추락했다는 말을 했는데 "그렇다면 내가 말하노니 그들이 넘어지기까지 실족하였느냐"고 반문한다. 즉 '그렇다면 이스라엘이 아주 넘어지는 정도로 실족했느냐'는 반문이다. "넘어지다"(πέσωσιν)는 말은 '멸망하다,' '아주 타락하다'는 뜻으로 이스라엘이 아주 타락해서 소망이 없게 된 것이냐는 질문이다. 그리고 "실족하다"(ἔπταισαν)는 말은 '발을 헛디디다'는 뜻으로 그리스도를 거부한 사실을 지칭하는 말이다(10:21). 다시 말해 '실수는 실수지만 회개만 하면 바로 될 수도 있는 정도의 실수'를 지칭한다. 그러니까 바울은 '이스라엘이 복음을 거부하여 아주 소망 없이 타락한 정도로 실수를 했느냐'고 질문한 것이다. 이런 자문(自問)에 대해 바울은 "그럴 수 없느니라"고 말한다. '절대로 그렇지 않다'는 뜻이다. 바울은 이하 계속해서(11b-24절) '절대로 그렇지 않다'는 말을 이어간다.

바울은 '절대로 그렇지 않다'는 말을 하기 시작한다. 곧 "그들이 넘어짐으로 구원이 이방인에게 이르러 이스라엘로 시기 나게 했다"고 말한다(10:19; 행 13:46; 18:6; 22:18, 21; 28:24, 28). 이 문장 초두에 있는 "오히려"(ἀλλα)란 말은 "그들이 넘어지기까지 실족하였느냐"(상반 절)는 말에 대하여 반론을 말하기 위해 써놓은 접속사이다. 즉 넘어지기까지 실족하지 않았다는 말을 하기 위해서 기록한 말이다. 바울은 "그들이 넘어짐으로 구원이 이방인에게 이르렀다"고 말한다. 여기 "넘어짐으로"(τῷ αὐτῶν παραπτώματι)란 말은 '실족함으로'란 뜻이다. 즉 "넘어짐"(παράπτωμα)이란 말은 '실족,' '범죄 행위'란 뜻으로 상반 절에 나온 "넘어짐"('멸망,' '타락')이란 말과는 다른 뜻이다. 이스라엘이 예수님을 거부하는 범죄 행위를 하였기에 복음이 이방으로 넘어가서 구원이 이방인에게 이르렀다는 것이다. 예루살렘 교회에서 박해가 일어나서 성도들이 사방에 흩어져 복음을 전했기에 복음은 사마리아와 땅 끝까지 전해지게 되었다(행 8:1; 13:46; 14:1; 18:6; 19:8-9; 28:28). 바울은 이렇게 구원이 이스라엘로부터 이방에 이르러 이방 사람들(엡 2:12)이 구원을 얻게 되니 "이스라엘로 시기 나게 할 것이라"고 말한다. 여기 "이스라엘로 시기 나게 하다"(εἰς τὸ παραζηλῶσαι αὐτούς)는 말은 '이스라엘로 하여금 부러워하게 한다'라는 뜻이다. 이스라엘 사람들은 예수님을 믿는 이방인들이 많아지는 것을 보고 초대교회 때에 시기한 일도 있었다(행 5:17; 13:45; 17:5). 이스라엘 사람들은 앞으로 이방인들이 예수 그리스도로 말미암아 구원 받는 것을 보고 부러워하는 마음이 생겨서 예수님을 영접하게 된다는 것이다. 하나님은 이스라엘이 예수님을 거부했다고 해서 아주 버리시지 않고 복음을 이방에 들어가게 하시고 이스라엘 사람들로 하여금 시기 하는 마음을 주셔서 결국은 이스라엘도 그리스도를 영접하게 만드신다는 것이다. 앞으로 역사상 이스라엘은 예수님을 영접하는 때가 올 것이다.

롬 11:12. 그들의 넘어짐이 세상의 풍성함이 되며 그들의 실패가 이방인의

풍성함이 되거든 하물며 그들의 충만함이리요.

바울은 이스라엘이 예수님을 거절한 사건으로 이방인들에게 큰 회심을 이끌어내었다면 이스라엘도 예수님을 영접해서 영적인 큰 부흥에 이를 것이라고 말한다. 본 절 초두의 "만일"(εἰ)이란 말은 가정을 말하는 "만일"이 아니라 역사적 사실을 강조하는 "만일"이다. 그러니까 이 문장은 "만일 그들의 넘어짐이 세상의 풍성함이 되며 그들의 실패가 이방인의 풍성함이 되었다면 하물며 그들의 충만함이리요"라는 뜻이다. 바울은 "그들의 넘어짐이 세상의 풍성함이 되며 그들의 실패가 이방인의 풍성함이 되었다"고 말한다. 히브리식 반복법을 사용하여 뜻을 강조하고 있다. 여기 "넘어짐"과 "실패"란 말이 동의어이고 "세상"('하나님을 떠난 세상')과 "이방인"이란 말이 동의어로 사용되었다. "그들의 넘어짐"(τὸ παράπτωμα αὐτῶν)이란 말은 '그들의 실족함'(예수님 거부)이란 뜻이다. 곧 11절에서 바울은 이스라엘이 실족하기는 했으나 아주 멸망하지는 않았다고 말했다. 바울은 이스라엘의 교만으로 말미암아 예수님을 거부한 것이 "세상의 풍성함이 되었다"고 말한다. '불신 세상의 큰 회심을 일으켜 영적으로 풍성함이 되었다'는 말이다. 바울은 다시 한번 이 말을 반복한다. 즉 "그들의 실패가 이방인의 풍성함이 되었다"고 말한다. 바울은 이스라엘 사람들이 예수님을 거부한 일을 "실패"(τὸ ἥττημα)라고 묘사한다. "실패"란 말에 대하여 혹자는 '숫자가 적어진 것'을 뜻한다고 말한다. 즉 유대인들 중에 예수님을 믿는 사람들이 적어진 것을 말한다고 주장하나 문맥으로 보아 유대인들이 예수님을 영접하기를 거부한 것으로 보는 것이 바를 것이다. 바울은 그 동안 계속해서 이스라엘 사람들이 예수님을 거부한 것을 말해왔다. 그런고로 본 문장의 "실패"도 역시 실족(즉 예수님 거부)으로 해석해야 할 것으로 보인다. 인생의 최고의 실패는 사업의 실패가 아니라 예수님을 거역하는 것이다. 예수님을 영접하지 않고 거절하는 것은 모든 실패를 뜻한다.

　　바울은 다음으로 "그들의 충만함이리요"라고 말한다. "그들의 충만함"이란 말은 '이스라엘의 대규모적 회심'을 지칭한다. 혹자는 여기 "충만함"(τὸ πλήρωμα)이란 낱말의 뜻 때문에 '이스라엘 백성의 전체가 믿는 것'을 뜻한다

고 말한다. 즉 유대인들의 모두가 회개하는 것을 지칭한다고 말한다. 그러나
"그들의 충만함"이란 말은 문맥으로 보아 '이스라엘 사람들의 큰 회심, 영적인
대대적인 회복'을 뜻한다고 보아야 한다. 브루스(F.F. Bruce)는 "여기 유대인
의 충만함(τὸ πλήρωμα)은 이방인의 충만함(25절)과 동일한 의미로 이해되어
져야 한다. 이방 세계의 대규모적 회심 다음에는 이스라엘의 대규모적 회심이
따라 올 것이다(26절 참조)"라고 말한다. 그런고로 바울이 말한 문장의 뜻은
'그들의 예수님 거절이 세상의 구원이 되며 그들의 예수님 거부가 이방인의
구원이 되었다면 이스라엘 사람들의 대규모의 영적인 회심은 더욱 그렇지
않겠느냐'는 뜻이다. 즉 이방인의 구원도 큰 사건이라면 유대인들의 대규모의
큰 회심(충만함)은 이방인들에게 더욱 큰 축복을 가져올 것이라는 뜻이다.

**롬 11:13-14. 내가 이방인인 너희에게 말하노라 내가 이방인의 사도인 만큼
내 직분을 영광스럽게 여기노니 이는 혹 내 골육을 아무쪼록 시기하게 하여
그들 중에서 얼마를 구원하려 함이라.**
바울은 자신이 이방인을 위한 사도로서 유대인의 구원을 위하여 힘쓰고 있다
고 말한다. 바울은 로마 교인들에게 편지하면서 "내가 이방인인 너희에게
말하노라 내가 이방인의 사도인 만큼 내 직분을 영광스럽게 여긴다"고 말한다
(15:16; 행 9:15; 13:2; 22:21; 갈 1:16; 2:2, 7-9; 엡 3:8; 딤전 2:7; 딤후 1:11).
    바울은 "내가 이방인인 너희에게 말하노라"고 말한다. 바울이 "이방인인
너희에게 말하노라"는 말을 두고, 혹자는 이방인이 소수라고 말하기도 하나
대다수라고 말하는 것이 더 바를 것으로 보인다. 이유는 "내가 이방인의
사도'라고 말하는 것을 보면 이방인이 다수를 차지하고 있음을 알 수 있다(총
론 참조).
    그리고 바울은 "내가 이방인의 사도인 만큼 내 직분을 영광스럽게 여긴다"
고 말한다. 바울은 자신이 이방인의 사도로 부름 받은 줄을 알았다(행 18:6;
22:21; 롬 1:5; 15:15-16; 갈 2:2, 8; 엡 3:1, 8; 딤전 2:7; 딤후 4:17). 그리고
그는 자기가 하나님으로부터 사도의 직분을 받은 줄을 알았다(행 9:15; 롬

1:5; 15:16; 갈 1:16; 2:9). 그렇기 때문에 그는 이방인을 위한 사도직을 "영광스럽게 여겼다." "내 직분을 영광스럽게 여긴다"(δοξάζω)는 말의 뜻에 대해여는 크게 두 가지 다른 견해가 있다. 하나는 '자기의 직분을 자랑하여 높이 평가한다'는 뜻으로 해석한다. 사도는 자기가 스스로 이방인의 사도로 지원한 것이 아니라 하나님께서 불러 주셨다는 점에서 영광스럽게 여긴다는 것이다. 그리고 또 하나의 다른 해석으로 "내 직분을 영광스럽게 여긴다"는 말은 '사도가 직분을 충실하게 수행하는 것'을 지칭한다고 보는 것이다. 즉 '사도가 힘을 다하여 이방인에게 전도하여 이방인들을 회개하게 하는 것'을 뜻한다고 말한다(Godet, Tholuck, Sandy와 Headlam, Hendriksen, Barrett, 박윤선). 이 학설이 보다 나은 것으로 보인다. 이유는 문맥 때문이다. 14절에 보면 사도는 그의 직분을 가지고 이스라엘을 시기하게 하여 그들 중에서 얼마를 구원하려는 열망을 보이고 있다. 그런고로 그는 하나님으로부터 받은 그의 사도직이 귀한 직분이고 중요한 직분으로 알고 최선을 다하여 이방 전도에 힘을 써서 이스라엘 사람들을 구원하려 하고 있다. 사도는 이방 전도에 승리하여 이스라엘을 시기 나게 하기 위해 총력을 기울이고 있다. 사도는 그의 직분에 무게를 느끼고 중요성을 느끼고 직분 수행에 최선을 다하였다. 이것이 바로 "내 직분을 영광스럽게 여긴다"는 말의 뜻이다. 우리 역시 우리의 직분 수행에 최선을 다해야 할 것이다.

바울은 "이는 혹 내 골육을 아무쪼록 시기하게 하여 그들 중에서 얼마를 구원하려 함이라"고 말한다(고전 7:16; 9:22; 딤전 4:16; 약 5:20). 본 절 초두의 "이는"이라고 번역된 말은 본 절이 앞 절을 설명하고 있음을 보여주고 있다. 바울은 "내 골육을 아무쪼록 시기하게 하기를" 소원했다. 여기 "내 골육"(μου τὴν σάρκα)이란 말은 '바울의 동족 유대인'을 지칭한다(9:3, 7). 바울은 로마서를 받아서 읽을 사람들의 대부분이 이방인인 것을 알고 "내 골육"이라는 말을 써서 동족 유대인들을 향한 소망을 기록하고 있다. 바울은 동족 이스라엘 사람들로 하여금 이방사람들을 "아무쪼록 시기하게 하겠다"고 말한다. '어떤 방법으로든지 이방 사람들이 구원에 동참하는 것을 보고 부러워하게 만들겠다'는 말이다. 여기 "시기하다"(παραζηλώσω)는 말은 악의가 담긴 시기(창 4:5-8; 창 37:5; 마 27:18; 행 5:17; 고후 12:20)가 아니라 '거룩한 시기'(출 20:5; 약 4:5)를 지칭하는 말이다. 다시 말해 '부러워하는 것'을 뜻한다. 이방 사람들이 그리스도를 영접하고 영 육간에 복되게 사는 것을 보고 유대인들이 부러워하는 것을 말한다.

바울의 소원은 "그들 중에서 얼마를 구원하는" 것이다. '동족 중에서 얼마를 구원하는 것'이라는 뜻이다. 바울 사도는 당대에 이스라엘 사람들은 많이 구원하지 못할 줄을 알았다. 하나님의 섭리에 의해서 훗날에야 이스라엘이 회개할 것을 알았다. 바울은 바울 당대에 유대인 중에서 얼마를 구원하기를 노력했다(고전 9:22; 고후 3:15-16). 바울은 그의 소원이 당대에 얼마 정도가 회개하는 것이 아니라 마지막 때에 유대인들의 대부분이 회개하는 것이다(12절, 26절). 오늘 우리의 소원이 무엇인가. 민족의 대부분이 회개하고 주님께로 돌아오는 것이다.

롬 11:15. 그들을 버리는 것이 세상의 화목이 되거든 그 받아들이는 것이 죽은 자 가운데서 살아나는 것이 아니면 무엇이리요.
본 절 초두에는 이유 접속사(γὰρ)가 있어 본 절이 앞 절이 말하는 내용의 이유를 제공하고 있음을 알 수 있다. 즉 바울은 앞 절에서 이방인들을 구원해서 이스라엘 사람들로 하여금 부러워하게 하여 이스라엘 사람들을 구원하고자 했다고 했는데(앞 절), 본 절에서는 그 이유를 말하고 있다. 그 이유는 다름 아니라 "그들(유대인들)을 버리는 것이 세상의 화목이 되었다면 그 받아드리는 것이 죽은 자 가운데서 살아나는 것이기" 때문이라는 것이다.

바울은 "그들(유대인들)을 버리는 것이 세상의 화목이 되었다"고 말한다. 즉 '유대인들이 예수님을 거부하니 하나님이 유대인들을 버려서 복음이 이방으로 넘어가서 이방인들이 예수님을 믿어 하나님과 화목되었다'는 뜻이다. "그들을 버리는 것"이란 말을 두고 혹자는 '유대인이 복음을 버리는 것'이라고 해석하나 '하나님께서 유대인들을 버리는 것'으로 해석하는 것이 문맥에 맞는다. 이유는 여기 "그들을 버리는 것"이란 말은 바로 뒤에 나오는 말 "그 받아드리는 것"('하나님께서 유대인들을 영접하시는 것')과 명백하게 대조를 이루고 있음으로 "그들(유대인)을 버리는 것"이란 말은 하나님께서 유대인들을 버리는 것으로 보아야 한다(마 10:14; 행 13:50-52; 18:6-8). 유대인들이 예수님을 버리니 하나님은 아낌없이 그들을 버리셨다.

바울은 하나님께서 유대인들을 버리시는 것이 "세상의 화목이 되었다"고 말한다. 하나님께서 유대인들을 버리신 다음 복음은 이방으로 넘어가서 이방인들이 하나님과 화목하게 되었다는 말이다. 그들은 하나님과 화목하여 하나님의 총애 속으로 들어오게 되었다. 그래서 그들은 하나님으로부터 온갖 은총을 받고 또 그들 측에서는 하나님께 찬양과 영광을 돌리며 살게 되었다. 이방인들은 소위 "부요함"(12절) 속에서 살게 되었다. 바울은 이방인들의 행복에 대하여 11절에서는 "구원"이라는 말로 표현했고, 12절에서는 "부요함"이란 말로 묘사했으며, 본 절에서는 하나님과의 "화목"이란 말로 표현하고 있다. 지금 우리는 그리스도의 피 때문에 하나님과 화목한 중에 무수한 은총을 받으며 살고 있다. 우리는 하나님께 무한한 영광을 돌려야 한다.

바울 사도는 하나님께서 유대인들을 버리시고 대신 이방인들이 하나님과 화목하여 은총을 받는 것을 말하고는 이제 "그 받아들이는 것이 죽은 자 가운데서 살아나는 것이 아니면 무엇이냐"고 말한다. 여기 "그 받아드리는 것"이란 말은 '하나님께서 인류 종말에 유대인들을 영접하시는 것'을 지칭한다. 인류 종말에 유대인들이 크게 회심할 것을 지칭한다(26절).

바울은 하나님께서 유대인들을 영접하는 것이 "죽은 자 가운데서 살아나는 것이 아니면 무엇이냐"고 말한다. 하나님께서 유대인들을 인류 종말에 영접해주시는 것이 "죽은 자 가운데서 사는 것"이란 말이 무슨 뜻인가를 두고 여러 견해가 있다. 1) '유대인의 회개로 말미암은 이방 세계의 영적인 부흥'을 가리킨다는 해석. 2) '온 인류의 회개'를 지칭한다는 해석. 3) '최후의 날에 영적으로 죽은 유대인들이 영적으로 부활할 것'이라는 해석 (Chrysostom, Anselm, De Wette, Tholuck, Meyer, Zahn, Kroll). 3번 해석이 가장 문맥에 맞는 해석이라고 할 수 있다. 이유는 바울이 본 절에서 직접적으로 "부활"이란 낱말을 사용하지 않은 점을 감안할 때 영적인 부활을 지칭하는 것이 확실하며, 또한 바로 본 절의 문맥을 살필 때 이 영적인 부활은 이방 세계의 영적인 부활이 아니라 바로 유대인의 영적인 부활이라고 할 수 있다. 아마도 앞으로 회교권이 회개한 다음 유대인들이 회개하여 영적인 부요를 누릴 것으로 보인다.

롬 11:16. 제사하는 처음 익은 곡식 가루가 거룩한즉 떡덩이도 그러하고 뿌리가 거룩한즉 가지도 그러하니라.

본 절도 역시 앞 절과 마찬가지로 말일에 유대인들이 주님 앞으로 돌아올 것을 말한다. 문장을 살펴보면 "제사하는 처음 익은 곡식 가루"와 "뿌리"가 동의어로 쓰였고 "떡 덩이"와 "가지"가 동의어로 쓰였다. 그리고 바울은 "제사하는 처음 익은 곡식 가루"와 "뿌리"가 거룩하기 때문에 "떡 덩이"와 "가지"도 거룩하다고 말한다(레 23:10; 민 15:18-21).

그러면 "제사하는 처음 익은 곡식 가루"가 무엇을 지칭하느냐 하는 것이다. 이 문장은 바울 사도가 민 15:17-21의 거제49)에서 가져온 말씀이다. 하나님은 구약 시대에 이스라엘 백성에게 타작마당에서 갓 들어온, 처음으로 빻은 곡식가루 떡을 바치도록 명령하셨는데 이렇게 떡을 바침으로 떡을 굽는 전체의 행위를 거룩하게 여기셨다. 본문의 "제사하는 처음 익은 곡식 가루"(ἡ ἀπαρχὴ)란 말은 "그 처음 부분"이란 말로 '처음 열매,' '제사의 처음 행위,' '처음 부분'이란 뜻이다. 다시 말해 '큰 떡 덩이로부터 떼어낸 작은 떡 덩이'를 가리킨다. 그 '반죽된 떡 덩이의 처음 부분'을 하나님께 드리면 하나님께서 나머지 모두를 거룩한 것으로 간주해 주셨다.

그러면 "제사하는 처음 익은 곡식 가루"(ἡ ἀπαρχὴ)가 구체적으로 누구를 지칭하느냐 하는 것이다. 1) 혹자는 아브라함을 지칭한다 하고, 2) 또 혹자는

---

49) 일반적인 의미에 있어서의 [거제]란, 제사를 올림을 말하는데, 구약에 있어서의 거제는, 제물(예물)을 높이 들었다가 다시 내려놓는 제사였다.

바울과 같이 예수님을 메시야와 주님으로 믿은 유대인을 지칭한다고 하며 (F.F. Bruce), 3) 또 혹자는 구약의 족장들(아브라함, 이삭, 야곱)을 의미한다고 말한다(Meyer, Gifford, Murray, Hodge, Hendriksen, 박윤선, 이상근). 마지막 해석이 가장 타당할 것으로 보인다. 둘째 해석도 무시할 수 없으나 둘째 해석에서 말하는, 메시야를 믿은 유대인들을 처음 열매 혹은 뿌리로 보기보다는 차라리 "떡 덩이" 혹은 "가지"로 보는 것이 더 타당할 것이다. 이유는 이들은 족장들이 거룩했기에 거룩한 무리들 속에 들어간 것이기 때문이다.

바울은 제사하는 처음 떡 덩이가 "거룩한즉 떡덩이도 그러하다"고 말한다. 여기 "거룩하다"는 말은 윤리적으로 죄를 떠나 있는 상태를 말하는 것이 아니라 '존재적으로 구별되어 있다'는 뜻으로 보아야 한다. 아브라함이나 이삭, 또 야곱과 같은 족장들이 윤리적으로 거룩한 것은 아니었다. 그들이 하나님을 믿었기에 세상 다른 사람들과는 구별된 사람들이 된 것이었다. 또 실제로 "제사하는 처음 익은 곡식 가루"가 거룩하다는 말은 하나님께 바쳐졌기에 거룩한 것이지 가루 자체가 거룩할 수는 없는 일이다.

바울은 "떡 덩이"도 거룩하고 또 "가지"도 거룩하다고 말했는데 이 말은 이스라엘의 자손들이 훗날 이스라엘의 족장들처럼 하나님을 믿을 것을 예언한 말씀이다. 훗날 이스라엘의 대대적인 회심이 있을 것을 말하고 있다.

롬 11:17-18. 또한 가지 얼마가 꺾이었는데 돌 감람나무인 네가 그들 중에 접붙임이 되어 참감람나무 뿌리의 진액을 함께 받는 자가 되었은즉 그 가지들을 향하여 자랑하지 말라 자랑할지라도 네가 뿌리를 보전하는 것이 아니요 뿌리가 너를 보전하는 것이니라.

바울은 가루와 뿌리 비유(16절)로부터 감람나무 비유로 옮겨간다(17-24절). 바울은 이 부분(17-18절)에서 로마교회에 있는 이방인 교인들을 향하여 그리스도를 믿지 않고 있는 유대인들을 향하여 자랑하지 말라고 경고한다.

바울은 "또한 가지 얼마가 꺾이었다"고 말한다(렘 11:16). 바울이 "또한"(δέ)이라고 말한 것은 앞 절(16절)에서 "처음 익은 곡식 가루가 거룩한즉

떡 덩이도 거룩하다"는 말을 했는데 이제 본 절부터는 감람나무의 뿌리에
돌 감람나무의 가지가 접붙여지는 말씀을 하려고 "또한"이라고 말한다.

"가지 얼마가 꺾이었다"는 말은 '참 감람나무에 붙어 있던 가지들 중
얼마(여기 "얼마"란 말은 적은 수를 말함이 아니라 '불특정의 수'를 말한다)가
그리스도를 불신앙하는 불신 때문에 꺾이어졌다'는 뜻이다. 다시 말해 유대인
들이 그리스도를 믿지 않아서 원뿌리인 조상들로부터 떨어져 나갔다는 뜻이
다. 여기 "꺾이었다"(ἐξεκλάσθησαν)는 말은 부정(단순)과거 시제로 '이미
한 때에 꺾인 것'을 지칭하는 말이다. 유대인들은 그리스도를 거부하는 때
그들은 원 둥치(믿음의 조상)로부터 잘려져 나갔다(15절 참조).

그런데 바울은 "돌 감람나무인 네가 그들 중에 접붙임이 되어 참 감람나무
뿌리의 진액을 함께 받는 자가 되었다"고 말한다(행 2:39; 엡 2:12-13). '돌
감람나무50)에 해당하는 네(일차적으로 로마교인들 중에 이방인 교인들을
지칭함)가 그 참 감람나무 원 둥치에 붙어있는 신자들과 함께51) 뿌리에 접붙
임이 되어 참 감람나무 뿌리의 진액을 함께 받는 자가 되었다'고 말한다.
바울은 여기서 일반 농사법에 어긋나는 접붙임을 말하고 있다. 일반 농사법에
서는 나쁜 가지를 잘라내고 어디서 좋은 가지를 가져다가 좋은 둥치에 접을
붙인다. 그런데 바울은 좋은 둥치에 나쁜 가지를 접붙였다고 말한다. 완전히
정반대의 접붙임을 말한다. 그래서 혹자는 바울이 농사법을 몰라서 이런

---

50) 브루스(F. F. Bruce)는 "돌 감람나무는 기름이 적은, 나쁜 열매를 맺는다. 그런가하면
참 감람나무는 정상적으로 좋은 기름을 낸다. 참 감람나무는 이스라엘이고(롬 11:16), 돌 감람나
무는 이방 세계이다. 그런데 참 감람나무가 약해져서 소출이 적어지기 시작했다. 그러므로
낡은 가지들을 잘라 버리고 돌 감람나무에서 가지를 잘라다가 접붙였다. 돌 감람나무로부터
떼어내 접붙임을 받은 가지들은 이방 신자들 전체를 가리킨다. 그들은 이제 하나님의 백성으로
통합된 자들이다. 잘라버린 낡은 가지들은 복음을 받아들이기를 거부한 유대인들이다. 새 가지
는 원 둥치의 수액을 받아 돌 감람나무가 맺을 수 없는 열매들을 맺을 수 있게 된다. 그런고로
이방신자들은 유대인들을 얕잡아 보는 유혹에 빠져서는 안 된다. 이방신자들은 이스라엘에게
빚을 진자들이다"라고 말한다. 로마서, 권성수 역, p. 241.
51) 17절의 "그들 중에"란 말은 '원 둥치(믿음의 조상)에 붙어있는 신자들 중에'란 뜻이다.
그렇게 해석해야 하는 이유는 원 둥치(믿음의 조상)에 붙어 있는 신자들이 있는 것이 사실이고
(유대인들이 다 잘려 나간 것은 아니다) 또 17절 하반 절에 "참 감람나무 뿌리의 진액을 함께
받는 자가 되었은즉"이란 말을 볼 때 더욱 분명해진다. "함께 받는 자"란 말은 유대인 신자들과
이방인 신자들이 원 둥치의 진액을 함께 받는다는 말이다.

예를 들었다고 말한다. 그러나 성령의 감동으로 성경을 기록한 사도가 잘 못된 비유를 들었다고 말해서는 안 된다. 다시 말해 비유를 들 때 하나님의 뜻에 어긋나는 비유를 들었다고 생각해서는 안 된다. 바울이 의도하는 바는 비록 나쁜 가지를 가져다가 좋은 둥치에 접을 붙여도 나쁜 가지가 좋은 둥치에서 좋은 진액을 빨아먹고 좋게 변하여 좋은 열매를 맺는다는 것을 말하기를 원한 것이다. 이방인들은 나쁜 가지였다. 그러나 좋은 감람나무에 접붙임이 되어 좋은 감람나무가 되었다. 이방인들은 하나님을 무한히 찬양할 뿐이다.

그런고로 바울은 이방인 신자들을 향하여 "그 가지들을 향하여 자랑하지 말라"고 경고한다(고전 10:12). 곧 '불신앙 때문에 원 둥치인 조상들로부터 잘려진 유대인 불신자들을 향하여 자랑하지 말라'고 경고한다. 바울은 오늘 우리들에게도 불신 유대인들을 업신여기거나 무시하거나 혹은 그들을 향하여 자랑하지 말라고 경고한다. 이유는 "자랑할지라도 네가 뿌리를 보전하는 것이 아니요 뿌리가 너를 보전하는 것이기" 때문이라는 것이다. '혹시 우리가 바울의 말을 어기고 기어코 자랑하더라도 우리가 믿음의 조상 들(뿌리)을 보전하는 것이 아니고 뿌리(믿음의 조상들)가 우리를 보전하는 것이기 때문이라'고 한다. 우리가 믿음의 조상에게 은혜를 입고 있는 것이지 우리가 믿음의 조상에게 은혜를 입히고 있는 것은 아니니까 그리스도를 거부하여 잘려져 나간 유대인들(가지들)을 향하여 자랑하지 않아야 한다는 말이다. 여기 "보전한다"는 말은 '생명을 주고 열매 맺게 한다'는 뜻이다. 생명을 주고 또 열매를 맺게 하는 것은 뿌리가 하는 일이지 가지가 하는 일은 아니다.

롬 11:19. 그러면 네 말이 가지들이 꺾인 것은 나로 접붙임을 받게 하려 함이라 하리니.

혹자는 본 절의 "그러면"이란 말을 '그런데'(대조의 뜻을 가지고 있음)라는 뜻으로 해석해야 한다고 주장하나 '그렇다면'이란 뜻으로 해석하는 것이 더 바를 것으로 보인다. 이유는 바울은 앞부분에서 유대인들이 그들의 조상으로부터 떨어져나가고 오히려 이방인들이 유대인 신자들과 함께 믿음의 조상

들에게 접붙임이 되어 복을 받게 되었으니 이방인 신자들은 불신 유대들을
향하여 교만하지 말라고 했는데(17-18절) '그렇다면' "네(이방인) 말이 가지
들이 꺾인 것은 나로 접붙임을 받게 하려 함이라" 말할 것이다. 다시 말해
'이방인 신자들의 말에 유대인 불신자들이 꺾이어져 나간 것은 이방인들이
유대인 신자들과 함께 믿음의 조상들에게 접붙임을 받게 하려 함이라"고
말할 것이다. 유대인들이 믿음의 조상과 관계가 아주 끊어지게 된 섭리는
이방인들이 유대인 신자들과 함께 믿음의 조상들과 접붙여져서 복을 받게
되는 것이었다. 바울은 이방인 신자들의 이 말이 틀린 말은 아니라고 말한다
(다음 절). 오늘 우리가 유대인 신자들과 함께 믿음의 조상들에게 접붙임이
되기 위하여 수많은 유대인들이 믿음의 조상으로부터 꺾이어져 나간 것을
알아야 할 것이다.

**롬 11:20. 옳도다 그들은 믿지 아니하므로 꺾이고 너는 믿으므로 섰느니라
높은 마음을 품지 말고 도리어 두려워하라.**
바울은 이방인 신자들이 앞 절에서 하는 말, 곧 "가지들이 꺾인 것은 나로
접붙임을 받게 하려 함이라"는 말이 "옳다"고 말한다. 그리고 바울은 다시
한번 그 사실이 맞는다고 말한다. 즉 "그들은 믿지 아니하므로 꺾이고 너는
믿으므로 섰느니라"(5:2)고 말한다. '유대인들은 불신 때문에 믿음의 조상들
로부터 꺾여 나가고 이방인들은 그리스도를 믿기 때문에 서 있게 되었다'는
뜻이다. 그런데 여기 "꺾이고"(ἐξεκλάσθησαν)란 말은 부정(단순)과거 시제로
'과거에 꺾여 졌다'는 뜻이다. 그리고 "섰느니라"(ἕστηκας)는 말은 현재완료
시제로 '과거에 서 있기 시작해서 지금도 여전히 서 있다'는 뜻으로 이방인들
이 예수님을 믿기 시작해서 지금도 믿고 있다는 뜻이다. 로마 교인들은 바울이
편지하는 순간에도 믿음으로 그리스도 안에 서 있었다.
    바울은 이방인들이 믿음으로 서 있다는 것을 인정한 다음 "높은 마음을
품지 말고 도리어 두려워하라"고 권고한다(12:16; 잠 28:14; 사 66:2; 빌 2:12).
"높은 마음을 품는다"는 말은 자기가 남보다 위에 있다는 생각을 말한다(빌

2:3). 이방인 신자들이 유대인 불신자보다 더 낫다는 생각을 뜻한다. 바울은 이방인 신자들을 향하여 유대인 불신자들보다 자신들이 더 낫다고 생각하지 말라고 권고한다(롬 12:3, 16; 딤전 6:17). 우리는 남보다 우리 자신들이 더 낫다는 교만 심리를 버려야 한다. 그리고 바울은 이방인 신자들을 향하여 "두려워하라"고 권면한다. '하나님을 두려워하라'는 권면이다(잠 28:14; 사 57:15; 66:2 빌 2:12). 엄위하신 하나님 앞에서 두려워하는 마음이 없어졌다면 벌써 마음이 높아진 것이다. 그러니까 본문의 "높은 마음"과 "두려워하는" 마음은 서로 반대되는 마음으로 높은 마음은 불신의 마음이고 두려워하는 마음은 믿는 성도의 마음이다. 우리는 항상 하나님을 두려워하는 마음을 가져야 한다.

롬 11:21. 하나님이 원 가지들도 아끼지 아니하셨은즉 너도 아끼지 아니하시리라.

본 절 초두에는 이유를 나타내는 접속사(γὰρ)가 있어 본 절은 바로 앞 절에 말한 내용의 이유를 제공하고 있다. 즉 바울은 앞에서 "두려워하라"고 권고했는데(20절) "왜냐하면 하나님이 원 가지들도 아끼지 아니하셨은즉 너도 아끼지 아니하시기" 때문이라는 것이다. 하나님은 불신하는 "원 가지들," 즉 '원래의 가지에 해당하는 유대인들'도 아끼지 않으시고 잘라 버리셨으니 이방인 신자들도 하나님을 두려워하지 않고 불신앙으로 기울어진다면 아끼지 아니하시고 잘라버리신다는 뜻이다. 우리는 참으로 하나님을 두려워해야 한다. 세상에서 조금 무엇이 되었을 때 특히 조심해야 한다. 만일 우리가 하나님을 두려워하지 않는다면 유대인들을 잘라버리신 하나님께서 여지없이 잘라버리실 것이다. 우리는 그리스도를 믿는 믿음으로 일관해야 한다.

롬 11:22. 그러므로 하나님의 인자하심과 준엄하심을 보라 (이는) 넘어지는 자들에게는 준엄하심이 있으니 너희가 만일 하나님의 인자하심에 머물러 있으면 그 인자가 너희에게 있으리라 그렇지 않으면 너도 찍히는바 되리라.

바울은 "그러므로"(οὖν)란 말로 문장을 시작한다. 바울은 앞에서 그리스도를 믿지 않으면 꺾이고 믿으면 서게 된다는 말씀을 한(19-21절) 다음 이제 본 절에서는 그 결론을 말하려 한다. 바울은 앞 절들의 결론으로 "하나님의 인자하심과 준엄하심을 보라"고 부탁한다. '하나님의 두 가지 성품, 즉 하나님 의 인자하심과 준엄하신 성품을 알라'고 말한다. 우리도 하나님의 사랑의 성품이 누구에게 임하는지를 알아야 하고 또 하나님의 엄위하신 성품이 누구 에게 임하는지를 알아서 처신해야 한다.

"하나님의 인자하심과 준엄하심"(상반 절)을 잘 알고 조심해서 처신해야 하는 이유는 "넘어지는 자들에게는 준엄하심이 있으니 너희가 만일 하나님의 인자하심에 머물러 있으면 그 인자가 너희에게 있기" 때문이다. 바울은 "넘어 지는 자들에게는 준엄하심이 있다"고 말한다. 여기 "넘어지는"(πεσόντας)이 란 말은 부정(단순)과거 분사로 넘어지는 동작을 강조하여 말한 것으로 '분명 히 넘어지는'이라는 뜻이다. 확실히 넘어지는 사람들, 믿지 않는 사람들에게 는 하나님의 "준엄하심이 있다"는 것이다. "준엄하심"이란 말은 '하나님의 진노하심' 혹은 '보응하심'이란 뜻이다. '넘어진 유대인들에게와 그리고 누구 든지 불신하는 사람에게는 하나님의 진노가 있다'는 뜻이다. 다시 말해 하나님 의 형벌이 있다는 말이다.

바울은 하나님의 준엄하심이 누구에게 임하는가를 말한 다음 이제 "너희 가 만일 하나님의 인자하심에 머물러 있으면 그 인자가 너희에게 있으리라"고 말한다(고전 15:2; 히 3:6, 14). 즉 '이방인들이 하나님의 사랑 안에 있기를 즐거서 계속해서 하나님의 사랑 안에 머물러 있으면 하나님의 사랑이 이방인 들에게 계속해서 머물러 있으리라'고 말한다. 우리는 하나님의 사랑을 끊임없 이 사모하고 은혜를 구해야 한다. 은혜를 받은 다음 금방 그 사랑과 은혜를 잊어버리고 딴 전을 피우면 안 된다.

바울은 경고하여 이르기를 "그렇지 않으면 너도 찍히는바 되리라"고 말한 다(요 15:2). 다시 말해 '이방인들도 역시 별수 없이 잘려 나갈 것이라'는 말이다(21절). 본문의 "찍히는바 되리라"(ἐκκοπήσῃ)는 말은 미래 수동형으로 이방인들도 역시 하나님의 사랑 안에 머물러 있지 아니하면 찍히게 될 것이란 말이다. 우리는 항상 겸손하게 하나님의 사랑을 기대하며 그 사랑을 사모하면서 살아야 한다.

롬 11:23. 그들도 믿지 아니하는 데 머무르지 아니하면 접붙임을 받으리니 이는 그들을 (다시-πάλιν) 접붙이실 능력이 하나님께 있음이라.
본문 초두에는 "그러나"(δε)라는 접속사가 있어 본 절이 앞 절과 대조적인 문장임을 보여준다. 곧 앞(20-22절)에서는 유대인들이 불신앙으로 뿌리로부터 잘려나갔다고 했는데 이제 본 절에서는 전혀 대조적으로 "그들도 믿지 아니하는 데 머무르지 아니하면 접붙임을 받으리라"고 말한다(고후 3:16). 다시 말해 유대인들도 "믿지 아니하는데," 곧 '불신앙에' 머무르지 아니하면 믿음의 조상들에게 접붙임을 받을 것이라는 말이다. 그러니까 유대인들도 믿음으로 믿음의 조상들에게 다시 접붙임을 받으리라는 뜻이다.

바울은 유대인들이 접붙임을 받을 이유는 "그들을 다시 접붙이실 능력이 하나님께 있기" 때문이라고 말한다. '유대인들이 믿으면 다시 그들의 믿음의 조상들에게 접붙이실 능력이 하나님께 있기' 때문이라는 말이다. 하나님은 저들을 믿음의 조상들에게 접붙이심을 능력이 있으시다(겔 37:1-10). 누구든지 믿기만 하면 믿음의 조상에게 접붙여진다(요 3:16; 5:25; 6:47, 51, 53-58; 8:24; 행 16:31).

롬 11:24. (이는) 네가 원 돌 감람나무에서 찍힘을 받고 본성을 거슬러 좋은 감람나무에 접붙임을 받았으니 원 가지인 이 사람들이야 얼마나 더 자기 감람나무에 접붙이심을 받으랴.
본 절은 앞 절(23절)과 더불어 유대인들이 믿기만 하면 믿음의 조상들에게 접붙임을 받는 것은 하나님의 능력에 의하여 아주 당연한 일이라고 말한다. 본 절을 한 마디로 말해보면 이방인들은 본성을 거슬러 믿음에 의해 믿음의 조상들에게 접붙임을 받았는데(돌 감람나무 가지들이 좋은 감람나무에 접붙임을 받았으니 말이다), 유대인들은 믿기만 하면 자기의 조상들에게 접붙임을 받는 것은 아주 당연하고 합리적인 일이라는 말이다.

바울은 이방인 신자들을 향하여 "네가 원 돌 감람나무에서 찍힘을 받고 본성을 거슬러 좋은 감람나무에 접붙임을 받았다"라고 말한다. 즉 '이방인들이 원 돌 감람나무로부터 하나님의 능력에 의하여 꺾이어져서 자연법을 거슬러 좋은 감람나무에 접붙임을 받았다'는 것이다. 본문의 "본성을 거슬러"라는 말은 '자연법을 거슬러'라는 말이다. 즉 돌 감람나무끼리 하면 본성을 거스르지 않았다고 할 수 있는데, 서로 완전히 다른 나무끼리 접이 붙여졌으니 "본성을 거스른 것이다."(두 종류의 감람나무는 서로 본성이 다르다. 하나는 이러하고 또 하나는 저러하다). 다시 말해 이방인들이 엉뚱하게도 믿음의 조상들에게 가서 접붙임을 받았으니 본성을 거스른 것이다.

바울은 이렇게 이방인들이 본성을 거슬러 믿음의 조상들에게 접붙임을 받게 되었는데 하물며 "원 가지인 이 사람들이야 얼마나 더 자기 감람나무에 접붙이심을 받을 것이냐"고 말한다. 유대민족의 원래의 가지에 해당하는 유대인들이야 얼마나 더 자기의 감람나무 뿌리에 접붙임을 받을 것이냐는 뜻이다. 구원에 동참하게 되는 것이 자연스럽고 이치에 합당할 것이란 말이다. 믿기만 하면 믿음의 조상 아브라함, 이삭, 야곱에게 접붙여져서 복을 많이 받을 수 있을 것이란 뜻이다. 이방인들이 본성을 거슬러 접붙임을 받기도 하는데 유대인들은 자기의 조상들에게 접붙여지는 것은 더욱 이치에 맞는 것이고 합당하다는 뜻이다. 다시 말해 이상할 것이 없다는 뜻이다. 그런고로 이방인 신자들은 불신 유대인들을 향하여 교만하지 않아야 한다.

3. 이스라엘이 결국은 회복될 것이다 11:25-32

바울은 이방인 신자들이 이스라엘에 대하여 오해하지 않도록 하나님의 비밀을 말한다. 곧 대다수의 이스라엘인들이 불신앙으로 나아가지만 앞으로 이스라엘 사람들이 구원에 이를 것이라고 한다.

롬 11:25. 형제들아 너희가 스스로 지혜 있다 하면서 이 신비를 너희가 모르기를 내가 원하지 아니하노니 이 신비는 이방인의 충만한 수가 들어오기까지 이스라엘의 더러는 우둔하게 된 것이라.

본 절은 이방인의 충만한 수(택함 받은 사람 모두를 뜻함)가 믿음의 조상들에게 접붙여지기까지 불특정의 이스라엘 사람들은 믿음의 조상들로부터 떨어진 채 있을 것이라고 말한다. 본 절의 "형제들아"란 애칭은 어떤 특별한 메시지를 말하기 위해서 사용된 애칭이다(롬 1:13; 고전 10:1; 12:1; 고후 1:8; 살전 4:13). 바울은 "형제들아"라고 부른 다음 "너희가 스스로 지혜 있다 하면서 이 신비를 너희가 모르기를 내가 원하지 아니 한다"고 말한다 (12:16). 여기 "형제들아"라고 부른 것은 로마교회 안에 있는 이방인 신자들뿐 아니라 유대인 신자들 모두를 상대한 말이다. 물론 로마 교회 안에는 이방인 신자들이 주류를 이루고 있었다. 그런고로 바울은 이방인 신자들을 더욱 마음에 두고 "형제들아"라고 부른 것 같다(28절에 "그들"과 "너희"를 구분하고 있다). 바울은 로마교회 신자들에게 '너희가 스스로 무엇을 안다고 하면서 이 신비(비밀)를 모르기를 원하지 아니한다'고 말한다. "이 신비"란 다름 아니라 "이방인의 충만한 수가 들어오기까지 이스라엘의 더러는 우둔하게 된 것이라"는 말이다.[52] "이방인의 충만한 수가 들어온다"(눅 21:24; 계 7:9)는 말은 '이방인들 중에서 하나님으로부터 택함 받은 사람들이 다 들어온다'는 뜻이다(마 5:20; 7:21; 18:8; 23:13; 막 9:43-47; 눅 13:24). 그 시기가 언제일지는 알 수 없으나 이방인들 중에서 믿음의 조상들에게 접붙여져야 할 사람들이 다 접붙여지기 까지는 "이스라엘의 더러는 우둔하게 되었다"는 것이다(7절; 고후 3:14). '얼마인지 그 숫자를 알 수 없는 이스라엘 사람들이 강퍅하고 완악하게 되었다'는 뜻이다. 믿음의 조상들로부터 떨어져 나가서 불신앙의 상태로 살게 될 것이란 말이다. 바울은 "이

---

52) "신비"란 하나님께서 감추어두셨다가 나타내 보이신 것을 지칭하는 말이다(고전 2:7, 10; 4:1; 13:2; 14:2; 15:51; 엡 1:9; 3:4). 만일 하나님께서 계속해서 숨겨두신 것이 있다면 우리는 그것을 신비라고 말하지 못할 것이다.

신비"(이방인의 충만한 수가 들어오기까지 이스라엘의 더러는 우둔하게
된 것)를 아마도 주님으로부터 받았을 것이다. 바울이 이 신비를 말하는
이유는 바울의 편지를 받는 신자들로 하여금 교만하지 않게 하려고 한
것이었다(특히 이방인 신자들로 하여금 자만하지 않게 하기 위함이었다
-Calvin). 하나님은 스스로 지혜 있다 하는 사람들을 물리치신다(롬 12:16;
고전 1:19, 27; 3:20-23).

**롬 11:26-27. 그리하여 온 이스라엘이 구원을 받으리라 기록된바 구원자
가 시온에서 오사 야곱에게서 경건하지 않은 것을 돌이키시겠고 내가
그들의 죄를 없이 할 때에 그들에게 이루어질 내 언약이 이것이라 함과
같으니라.**
이 부분(26-27절)은 "이방인의 충만한 수"(25절), 곧 '이방인들 중에서 만세
전에 하나님으로부터 택함을 받은 자들의 총수'가 구원에 참여할 때에 이스라
엘 사람들 중에 택함 받은 총수가 구원을 받을 것이라고 말한다.

본 절 초두의 "그리하여"(καὶ οὕτως-and so)란 말은 '시간적으로 연이어
서'란 뜻이라기보다는 '그렇게 하여'(방법)란 뜻으로 보아야 할 것이다. 다시
말해 '이방인들 중에 택함 받은 자들이 모두 구원에 동참하기까지 이스라엘
사람들 중 어떤 사람들이 완악하게 되는 등 여건이 준비되어'라는 뜻이다.
"그리하여"라는 말에 대하여 헨드릭슨(Hendriksen)은 "그런 놀라운 방법으
로"라는 의미라고 하였다.

바울은 "그리하여," 곧 '이방인의 충만한 수가 들어오기까지 이스라엘
의 더러는 완악하게 되어' "온 이스라엘이 구원을 받으리라"고 말한다.
여기 "온 이스라엘"이란 말에 대한 해석은 다양하여, 1) 혹자는 인류의
종말에 가서 이스라엘 사람들이 민족적으로 구원을 받을 것이라고 말한다.
그러나 이스라엘 사람들 전체가 구원받는다는 학설은 받을 수 없다. 이유는
구원은 하나님의 선택에 근거한 구원이니 선택을 받지 않은 유대인이
모두 구원을 받는다는 것은 있을 수가 없다(8:29-30). 2) 혹자는 이방인,

유대인 할 것 없이 영적인 이스라엘의 총수를 지칭한다고 말한다. 그러나 이 학설은 문맥에 맞지 않는다. 문맥은 분명히 여기 "온 이스라엘"이란 말이 바로 앞 절의 "더러"라는 말과 대조되는 고로 "온 이스라엘"은 이방인을 포함하지 않는 이스라엘만을 지칭하는 것으로 보아야 한다. 그리고 본 절에 인용된 구약 성경 말씀을 보아도 유대인들을 지칭하는 것으로 보아야 한다("야곱"이란 말). 그리고 28절에 "그들"과 "너희"가 서로 대조되어 있는 것을 감안하면 "온 이스라엘"은 이방인을 제외한 이스라엘을 지칭하는 것으로 보아야 한다. 3) 그런고로 여기 "온 이스라엘"은 '이스라엘 사람들 중 선택을 받은 사람들 총수'로 보아야 한다(Tholuck, Gifford, Hodge, Shedd, Bruce, Murray, Hendriksen, 박윤선). 그리고 본문에 "구원을 받으리라"는 말은 신약 시대에 '예수 그리스도를 믿고 신약 교회 안으로 들어오리라'는 말이다.

바울은 이스라엘의 택함 받은 자 모두가 구원에 동참할 것이라는 예언의 말씀 두 개를 구약에서 인용한다. 하나는 "구원자가 시온에서 오사 야곱에게서 경건하지 않은 것을 돌이키시리라"는 말씀을 인용한다(70인경의 사 59:20에서 인용했음-70인경은 "시온에서"라는 말 대신 "시온을 위하여"로 되어 있다). "구원자가 시온에서 오사"란 말은 '구원하시는 그리스도께서 시온으로부터 오사'란 뜻이다. 그런데 여기 "구원자"(ὁ ῥυόμενος)란 말은 현재분사로 '계속해서 구원하시는 자'라는 뜻이다. 그리스도는 계속해서 구원하시는 분이시다. 그리고 또 "시온에서"(ἐκ Σιών)란 말은 '시온으로부터'란 뜻이다. 70인경을 보면 "시온을 위하여"로 되어 있지만 바울은 "시온에서"라고 썼다. 이것은 바울의 실수도 아니고 무식도 아니라 바울은 성령의 감동에 의하여 구약을 인용할 때 그의 주장하는 바에 맞도록 적절하게 인용했다. 그러면 "시온에서"란 무엇을 뜻하는가. 그것은 땅위에 있는 시온산, 혹은 예루살렘을 뜻하는 말이 아니라 그리스도께서 우주를 주장하시는 하늘의 도성을 의미한다. 예수님은 앞으로 인류의 종말에 하늘에서 이스라엘을 구원하러 오실 것이다.

바울은 예수님께서 인류의 종말에 오서서 무슨 일을 하실 것인가를 이렇게 기록한다. 곧 "야곱에게서 경건하지 않은 것을 돌이키실 것이다." 예수님은 종말에 오서서 '이스라엘에게서 경건하지 않은 것, 즉 이스라엘의 완악함을 회개케 하여 그리스도를 믿게 만들어주실 것이다. 완악함이야말로 이스라엘의 가장 악독한 죄이며 우리 인류의 악독한 죄이다. 예수님은 이스라엘 사람들이 자신들의 의를 세우기 위하여 그리스도를 거부한 악독한 죄를 돌이키게 하여 그리스도를 주님으로 믿게 하실 것이다.

바울은 또 하나의 구약을 인용한다. "또(καὶ) 내가 그들의 죄를 없이 할 때에(70인경의 이사야 27:9로부터 인용) 그들에게 이루어질 내 언약이 이것이라(70인경 이사야 59:21로부터 인용)"는 말씀이다(렘 31:31; 히 8:8; 10:16). 바울은 구원자가 "야곱에게서 경건하지 않은 것을 돌이키신다고"(26절)말하고 이제 본 절에서는 "또" 하나님께서 구원자 예수 그리스도를 통하여 "그들의 죄를 없이 할 것이라"고 말한다. "그들의 죄를 없이 한다"는 말은 '택함 받은 이스라엘 사람들의 죄를 끝나게 하고 소멸해주신다'는 뜻이다. 그리스도께서 이스라엘에게 찾아오서서 외적(外敵)으로부터 혹은 그 어떤 환난으로부터 구원해주시는 일을 하시는 것이 아니라 그들의 죄를 없이해주시는 일을 하신다. 그것이 바로 참 구원이다.

바울은 하나님께서 그리스도를 통하여 온 이스라엘(물론 택함 받은 자만)을 구원하시는 것이 바로 하나님께서 그들과 세우신 언약의 내용이라고 말한다. "그들에게 이루어질 내(하나님의) 언약"은 다름 아니라 바로 "이것," 즉 "내가 그들의 죄를 없이 하는 것"이라고 말한다. 하나님은 이스라엘과 세우신 언약을 반드시 어느 날 이루실 것이다(렘 31:31).

그러면 26절과 27절의 사건이 언제 이루어질 것이냐를 두고 의견이 갈린다. 1) 이스라엘의 회복이 인류의 종말에 이루어지는 것이 아니라 어느 때든지 이루어질 것이라고 말하기도 하고, 혹은 2) 인류의 종말에 이루어질 것으로 보는 견해도 있다. 그런데 25-27절의 말씀이 이스라엘이 완악해서 구원이 이방으로 넘어가서 이방인의 충만한 수가 들어오고 또 온 이스라엘(물론 택함 받은 자만)의 회복을 말하는 것으로 보아 인류의 종말에 가서 될 일로 보는 것이 옳을 것이다.

롬 11:28. 복음으로 하면 그들이 너희로 말미암아 원수 된 자요 택하심으로 하면 조상들로 말미암아 사랑을 입은 자라.
바울은 본 절에서도 역시 이스라엘이 필경 구원을 받을 것이라고 말한다. 이방인들의 눈으로 얼핏 보기에는 유대인들이 하나님의 원수가 되어 영영 버림받은 사람들처럼 보이지만 결국은 사랑을 입은 자들로서 필경 구원을 받을 것이라고 바울은 말한다. 바울은 "복음으로 하면 그들이 너희로 말미암아 원수 된 자요 택하심으로 하면 조상들로 말미암아 사랑을 입은 자라"고 말한다. "복음으로 하면 그들이 너희로 말미암아 원수 된 자"란 말은 '복음이라는 관점에서 관찰하면,' '복음의 진행과정이라는 관점에서 살펴보면' '유대인들이 너희 이방인들로 하여금 복음을 받게 하기 위하여 하나님으로부터 원수로 취급되었다'는 뜻이다. 유대인의 넘어짐으로 구원이 이방인에게 이르렀다(11절).

　　바울은 유대인들이 "그러나(δὲ) 택하심으로 하면 조상들로 말미암아 사랑을 입은 자라"고 말한다. 바울은 상반 절에서 유대인들이 복음이 진행하는 과정에서 이방인들의 유익을 위해 한시적으로 하나님의 원수가 되었지만 "그러나 택하심으로 하면 조상들로 말미암아 사랑을 입은 자라"고 말한다(신 7:8; 9:5; 10:15). 여기 "택하심으로 하면"이란 말은 '택하심이란 관점에서 보면,' '변함이 없는 택하심이란 입장에서 보면'이란 뜻이다. 하나님의 선택은 변하지 않는다. 하나님께서 아브라함을 택하시고 또 이삭을 택하시고 또 야곱을 택하신 것 때문에 후손들은 "사랑을 입었다"는 것이다. 하나님은 이스라엘의 조상들과 언약을 맺으셨음으로 후손들은 아직도 하나님의 사랑을 입을 자들이라는 말이다. 그러니까 이스라엘은 복음의 진행관점에서 보면 하나님의 원수들이지만, 택하심이라는 관점에서 보면 그 조상들 때문에 하나님의 사랑을 입을 자들이라는 것이다. 그런고로 필경은 유대인들이 언제인가 구원을 받을 것이다.

롬 11:29. 하나님의 은사와 부르심에는 후회하심이 없느니라.

본 절 초두에는 이유를 말하는 접속사(γὰρ)가 있어 본 절이 앞 절 내용의 이유를 진술한다. "은사와 부르심"이란 말은 '하나님께서 유대인들에게 주신 은사(9:4-5)와 유대인들을 부르신 것(선택을 뜻한다, 8:29-30)'을 지칭한다. 혹자는 은사는 유대인에게 주어진 은사로 해석하고, 부르심은 이방인들을 부르신 것으로 해석하나 문맥에 의하여 두 가지 모두 유대인에게 주어진 것으로 보아야 한다. 이유는 바로 앞 절 하반 절에서 바울은 하나님께서 유대인들을 사랑하신 것을 말씀하고 있기 때문이다. 바울은 하나님께서 유대인들을 사랑하신 사랑이 두 가지로 나타났다고 말한다. 하나는 "은사들"을 주신 것으로 나타났고 또 다른 하나는 "부르심"으로 나타났다고 말한다. 본문의 "은사"는 "은사들"이란 복수로서 9:4-5에 나타나 있다. 하나님은 유대인들에게 여러 은사들을 주셨다. 9:4-5에 "그들은 이스라엘 사람이라 그들에게는 양자됨과 영광과 언약들과 율법을 세우신 것과 예배와 약속들이 있고 조상들도 그들의 것이요 육신으로 하면 그리스도가 그들에게서 나셨으니 그는 만물 위에 계셔서 세세에 찬양을 받으실 하나님이시니라"고 말한다. 그리고 "부르심"이란 말은 하나님께서 유대인들의 조상들을 택해주신 것을 지칭한다.

하나님은 은사들을 주시고 또 부르신 다음에는 절대로 후회하시지 않으신다(민 23:19). 하나님은 사람이 아니심으로 하나님께서 행하신 일에 대하여 후회하시지 않으신다. 하나님은 유대인들의 조상들을 택하신 다음 절대로 후회하시지 않으시고 그 후손들을 사랑하신다. 후회하심이 없다는 말은 하나님은 변함이 없으시고 진실하시다는 뜻이다. 그런고로 하나님은 유대인들의 후손들을 필경 구원하신다.

롬 11:30-31. 너희가 전에는 하나님께 순종하지 아니하더니 이스라엘이 순종

하지 아니함으로 이제 긍휼을 입었는지라 이와 같이 이 사람들이 순종하지 아니하니 이는 너희에게 베푸시는 긍휼로 이제 그들도 긍휼을 얻게 하려 하심이라.

바울은 이 부분(30-31절)에서도 역시 이스라엘이 결국은 하나님의 긍휼을 입어 구원에 이를 것이라고 말한다. 바울 사도는 이 부분에서 전에(예수님께서 성육신하시기 전) 이방인이 하나님을 믿지 아니한 것을 말하고, 다음 이스라엘이 그리스도의 복음을 거부함으로 지금 이방인들이 하나님의 긍휼을 얻었다고 말한다. 그리고 사도는 지금 이스라엘이 그리스도의 복음을 거부함으로 이방인들에게 하나님의 긍휼이 임하여 구원에 이르게 되었는데, 이방인들이 구원에 참여한 것을 보고 이스라엘이 시기심이 나서 이스라엘도 그리스도를 믿게 되어 긍휼을 입어 구원에 이르게 하신다고 말한다.

바울은 이방인들을 향하여 "너희가 전에는 하나님께 순종하지 아니했었다"고 말한다(엡 2:2; 골 3:7). 곧 '이방인들이 예수님께서 이 땅에 오시기 전에 하나님을 믿지 아니 했었다'는 말이다(1:18). 바울 사도가 이 말을 하는 이유는 지금 긍휼을 얻은 때에 마음을 높이지 말고 하나님께 감사하며 찬양하도록 유도하기 위한 것으로 보인다. 그리고 바울은 이방인들이 하나님을 믿지 아니하던 때에 예수님이 오셨는데 "이스라엘이 순종하지 아니함으로 이제 긍휼을 입었다"는 것이다. '이스라엘이 그리스도를 거부함으로 말미암아 지금 이방인들이 긍휼을 입어 구원을 받았다'는 말이다. 이런 일은 인간이 한 일이 아니고 하나님께서 하신 일이다. 하나님께서 이방인들로 하여금 예수님을 영접할 마음을 주셔서 믿게 하신 것이다.

그런데 30절은 31절을 말하기 위해 써 놓은 예비 절이다. 이제 바울은 30절을 근거해서 "이와 같이 이 사람들도 순종하지 아니했으니 이는 너희에게 베푸시는 긍휼로 이제 그들도 긍휼을 얻게 하려 하심이라"고 말한다. 곧 30절에 말한바 '이방인들이 그리스도께서 이 땅에 오시기 전에는 하나님을 믿지 않았었는데 이스라엘이 그리스도를 거부한 까닭에 이방인들이 하나님의 긍휼을 힘입어 그리스도를 영접하여 구원을 받은 바와 같이'(30절)

"이와 같이 이 사람들도"(καὶ οὗτοι), 즉 '유대인들도' "순종하지 아니했다"(ἠπείθησαν)는 것이다. 이방인들의 처음의 불순종이나 바울 당시의 유대인들의 불순종이나 똑 같은 상황이라는 말이다. 여기 "순종하지 아니했다"(ἠπείθησαν)는 말은 부정(단순)과거 시제로 '참으로 불순종했다,' '분명히 그리스도를 거부했다'는 뜻으로 이방인들이 그리스도께서 오시기 전에 불순종한 것이나 유대인들이 바울 사도 당시 그리스도를 거부한 상황이 똑같다는 말이다.

이렇게 바울 당시의 유대인들이 그리스도를 거부한 사건의 이유는 무엇인가. 그것은 "이는(ἵνα-목적을 말하는 접속사) 너희에게 베푸시는 긍휼로 이제 그들도 긍휼을 얻게 하려 하시기" 위해서라고 한다. 다시 말해 '이방인들에게 베푸시던 똑같은 긍휼로써 이제 앞으로(이방인의 충만한 수가 들어올 때) 유대인들도 긍휼을 얻어 구원을 얻게 하려 하실 것이라'는 말이다.

하나님은 양쪽(유대인과 이방인)을 모두 불순종한 가운데 두지 않으신다. 이방인들이 불순종했을 때 유대인들은 하나님을 믿었었고, 또 그리스도께서 오신 후로는 유대인들이 불순종했기에 이방인들로 하여금 그리스도를 믿게 하셨다. 이제 앞으로 이방인의 충만한 수(택함 받은 자들이 그리스도를 영접한 후)가 그리스도를 믿게 되는 때에 택함 받은 유대인들이 대량으로 그리스도를 영접할 것이다.

롬 11:32. (이는) 하나님이 모든 사람을 순종하지 아니하는 가운데 가두어 두심은 모든 사람에게 긍휼을 베풀려 하심이로다.
본 절은 30-31절의 결론이다. 즉 하나님이 "모든 사람" 곧 '이방인이나 유대인'을 순종하지 아니하는 가운데 두신 목적이 있다는 말이다(3:9; 갈 3:22; 딤전 2:4; 벧후 3:9; 요일 2:2). 그 목적은 "모든 사람"(하나님께서 택하신 사람들)에게 긍휼을 베풀어 구원하시려는 의도라는 것이다. 여기 "순종하지 아니하는 가운데 가두어 두신다"는 말에 대하여 하나님께서 친히 모든 사람들을 순종하지 아니하는 가운데 가두어 두신다는 말이 아니라

사람들이 불순종하는 것을 그냥 허락하신다는 뜻이다(1:24-25; 창 3:1-6;
마 24:24; 고후 11:3; 벧전 5:8; 계 12:9). 하나님은 그들에게 긍휼을 베푸시기
위하여 그냥 죄를 짓는 중에 놓아두신다는 것이다. 하나님께서 긍휼을 베푸
시기 전에는 모든 인류는 아무 소망이 없다. "전 인류의 죄악에도 하나님의
목적이 있었다(1:18-3:20). 유대인의 불신에도 목적이 있었다(11:11-31). 과
연 인간의 범죄와 불신까지 포함하여 모든 것이 합력하여 선을 이룬 것이다
(8:28)"(이상근).

   4. 9-11장의 결론 11:33-36
   바울은 이 부분에서 하나님이 행하시는 일들의 신비함과 그의 긍휼과
지혜를 찬양하지 않을 수 없어 경이에 찬 필치로 찬양한다.

**롬 11:33. 깊도다 하나님의 지혜와 지식의 풍성함이여, 그의 판단은 헤아리지
못할 것이며 그의 길은 찾지 못할 것이로다.**
바울은 이방인과 유대인을 위한 하나님의 구원 계획을 보고 "깊도다 하나님
의 지혜와 지식의 풍성함이여"(Ὢ βάθος πλούτου καὶ σοφίας καὶ
γνώσεως θεου)라고 말한다. 이 구절에 대한 번역은 두 가지로 갈린다.
1) "하나님의 지혜와 지식의 풍성함의 깊음이여"라고 번역하기도 하고,
2) "아 하나님의 풍성함과 지혜와 지식의 깊음이여"라고 번역하기도 한다.
둘째 번 번역이 원문에 더 충실한 번역이다. 이유는 이 문장 중에 주격은
단 하나("깊음"이란 말)밖에 없고 다른 낱말들(지혜와 지식 및 풍성함)은
모두 소유격으로 되어 있다. 그러니까 좀 더 풀어쓰면 '아 하나님의 풍성함
의 깊음이여, 지혜의 깊음이여, 지식의 깊음이여'라고 된다. 하나님은 세
분야(풍성함, 지혜, 지식)에서 "깊으시다"는 것이다. 하나님이 "깊으시다"
는 말은 우리가 다 알 수 없다는 표현이다. 다시 말해 다 측량할 수 없다는
뜻이다. 바울은 9장으로부터 말해온바 하나님의 이스라엘을 위한 구원
계획을 설파하고 "아 깊도다"라고 말한다. 오늘 우리 역시 하나님을 다

알지 못한다. 하나님의 깊으심을 약간이라도 접촉한 성도라야 신앙심이 깊은 성도가 되는 법이다.

먼저 우리는 하나님의 "풍성함"을 다 측량할 수가 없다(풍성함의 깊이를 다 알 수 없다는 말이다). 하나님은 재산도 풍성하시고(빌 4:18), 사랑도 풍성하시다(2:4; 10:12; 엡 1:7; 2:4, 7; 3:8; 딛 3:6). 아무튼 하나님의 풍성함은 무궁하다. 그래서 우리가 구할 때 하나님은 후하게 주신다(약 1:5; 롬 8:32).

그리고 우리는 하나님의 "지혜"를 다 측량할 수가 없다(지혜의 깊이). 여기 "지혜"가 무엇이냐에 대하여 학자들의 정의를 보면 "목적을 향해서 방법을 선택하시는 하나님의 지능"이다(Philippi). "모든 것을 가장 최선의 방법으로 통치하시는 것"이다(Meyer). "하나님의 마음에 있는 목적"이다(Shedd). "지혜는 영원한 것에 대한 것이고 지식은 감각적 사물에 대한 것"이다(Augustine). "최상의 목표를 달성하기 위한 최선의 방법을 선택할 수 있는 능력"이다(Hendriksen). 우리는 하나님의 계획과 목적을 달성하시는 하나님의 지혜를 다 측량할 수가 없다(시 104:24; 잠 3:19; 전 7:13-14). 다시 말해 하나님의 통치의 지혜를 다 알 수가 없다는 말이다. 이방인이 하나님을 불순종할 때 이스라엘로 하여금 하나님을 믿게 하셨고 또 유대인이 예수님을 거절할 때 이방인에게 그리스도의 복음이 영접되게 하셨으며 또 이방인이 예수님을 믿는 것을 유대인으로 알게 하여 시기 나게 함으로 유대인도 믿게 하시는 놀라운 지혜를 우리는 다 알 수가 없다. 그 지혜의 깊이를 다 측량할 수가 없다(시 136:5; 전 7:23-25).

또 하나님의 "지식"을 우리가 다 알 수가 없다. "지식"이 무엇이냐를 두고 학자들은 "장래에 대한 것이니, 인간은 아직 알지 못하나 하나님께서는 미리 아신다"고 말한다(리돈). "하나님의 전지하심과 이해하심이 지식"이다(Murray). "사물, 사람, 생각 등의 본질에 대한 하나님의 통찰, 곧 그의 전지하심"이다(Hendriksen). 성경은 하나님의 지식은 무한하다고 말한다(삼상 2:3; 욥 11:6).

그리고 바울은 하나님의 "판단들은 헤아리지 못할 것이라"고 말한다(시 36:6). 여기 "판단"이란 말은 '하나님의 결심, 혹은 결정'이다(Hodge, Murray, 14:13; 고전 2:2; 7:37; 11:13; 고후 2:1; 딛 3:2). "현재의 문맥 속에서는 이 말은 특히 하나님의 구원 계획과 그의 계획의 실행 속에서 들어난 판단들이 다"(Hendriksen). 유대인과 이방인을 위한 하나님의 구원 계획에 대한 판단들은 우리가 다 측량할 수가 없다. 하나님께서 판단하신다는 말은 하나님의 지혜와 지식을 실행하시는 것을 지칭한다. 하나님의 지혜와 지식을 실행하실 때 우리는 하나님의 그 놀라운 결정을 다 알 수가 없다. 우리는 하나님께서 하시는 일에 대하여 불만하고 불평할 수가 없다.

그리고 바울은 하나님의 "길은 찾지 못할 것이라"고 말한다(욥 11:7; 시 92:5). 여기 "길들"(ὁδοι)이란 말은 '방법들'이란 말이다. 하나님께서 지식을 실행하시고 그의 지혜를 실행하실 때 우리는 하나님께서 쓰시는 방법들을 다 알 수가 없다(3:17; 마 21:32; 눅 1:76; 행 18:25-26; 히 3:10). 다시 말해 하나님께서 쓰시는 원리와 섭리, 그리고 그 방법들은 일일이 찾아 나설 수가 없다. 그런고로 바울도 찬양하고 또 로마서를 받는 성도들도 찬양해야 한다는 것이다.

롬 11:34. (이는) 누가 주의 마음을 알았느냐 누가 그의 모사가 되었느냐. 문장의 초두에 있는 "이는"(γὰρ)이란 말은 본 절이 앞 절(33절)을 설명하고 있다는 것을 보여준다. 바울은 70인경 이사야 40:13에서 인용하여 앞 절의 내용을 설명하고 있다(고전 2:16). "누가 주의 마음을 알았느냐"는 것이다(욥 15:8; 사 40:13; 렘 23:18; 고전 2:16). 즉 '아무도 주의 마음을 알지 못한다'는 말이다. "주의 마음"이란 '주님의 지적 능력,' 문맥과 관련해서 '하나님의 지혜와 지식'을 지칭한다. 우리는 하나님의 지혜와 지식을 다 알지 못한다. 우리는 하나님께서 알려주신 한에 있어서 아는 것뿐이고 다른 면에 대해서는 다 알지 못한다.

그리고 바울은 "누가 그의 모사가 되었느냐"고 말한다(욥 36:22). '아무도 하나님의 모사가 될 수 없다'는 표현이다. 이 말은 '우리가 주님의 모사가 될 수 없다'는 말이다. 바로 상반 절에 말한 내용과 똑같은 내용이다. "모사"(counselor)란 말은 '조언자,' '의논 상대자'란 뜻으로 인간은 아무도 하나님을 지도하고 조언할 사람이 없다. 우리는 오히려 하나님의 지도를 받아야 한다.

롬 11:35. (혹은) 누가 주께 먼저 드려서 갚으심을 받겠느냐.

바울은 이제 구약 히브리 원전 욥기 41:11에서 인용한다. 아마도 히브리 원전을 기억했다가 여기에 쓴 것으로 보인다(고전 3:19). 바울은 이제 세 번째 질문을 한다(첫째와 둘째 질문은 34절에 있다). '누가 하나님께 빚지게 하겠느냐'는 말이다(욥 35:7; 41:11). 절대 불가능하다는 것이다. 누가 하나님에게 "풍성함," "지혜," "지식"(33절)을 드리며 또 "판단력"을 드리고 또 "길들"(방법들)을 드려서 그것들을 다시 받겠느냐는 것이다. 하나님께서 인간에게 베푸시는 은혜는 하나님께서 우리에게 진 빚을 갚는 것이 아니라 하나님의 무한한 사랑으로 주시는 것이다. 우리가 하나님께 빚을 주지 못하는 이유는 다음 절이 밝히듯이 하나님께서 혼자 다 하시기 때문이다(36절). 우리는 하나님에게서 모든 것을 받았다. 받은 것 중에 일부를 드리는 것뿐이다. 우리는 찬양할 것밖에 없다.

롬 11:36. 이는 만물이 주에게서 나오고 주로 말미암고 주에게로 돌아감이라 그에게 영광이 세세에 있을지어다. 아멘.

본 절 초두의 "이는"(ὅτι)이란 말은 본 절이 앞 절(35절) 내용의 이유를 제공하고 있다. 다시 말해 바로 앞 절에서 바울은 "누가 주께 먼저 드려서 갚으심을 받겠느냐"고 말하여 전혀 불가능한 일이라는 것을 암시했는데 그 불가능한 이유를 본 절에서 제시하고 있다. 즉 모든 것들이 "주에게서 나오고 주로 말미암고 주에게로 돌아가니까" 아무도 주님께 무엇을 드려서 갚음을 받는 사람은 없다는 것이다(고전 8:6; 골 1:16). 그러니까 "이는"(ὅτι)이란 말은 본 절을 바로 앞 절(35절)과 연관 지을 뿐 아니라 33-35절과 연관을 짓는 말이다. 본 절이야 말로 25절 이하로부터 35절까지의 교리부분과도 연관을 짓는 구절이라고 할 수 있다.

바울은 "만물이 주에게서 나오고 주로 말미암고 주에게로 돌아간다"고 말한다. 여기 "만물"(τὰ πάντα)이란 말은 '모든 것'이란 뜻으로 '피조물 전체'를 지칭한다. 피조물 전체는 "주에게서" 곧 '하나님에게서' 나온다. 다시 말해 모든 것들은 하나님께서 창조하셨다는 뜻이다. 바울은 하나님께서 만물을 창조하셨다고 말한 다음 "주로 말미암는다"고 말한다. 여기 "주로 말미암고"란 말은 창조와 심판 사이의 중간 단계를 모두 하나님께서 주관하신다는 뜻이다. 그러니까 "주로 말미암고"란 말은 하나님께서 만물을 유지하신다는 말이다. 하나님은 창조하신 만물을 통치하시고 양육하시고 지탱하신다. 심판하시기 전까지의 모든 과정을 하나님께서 다 주관하신다. 하나님은 놀라운 통치주이시다. 그리고 바울은 만물이 "주에게로 돌아간다"고 말한다. "주에게로 돌아간다"는 말은 하나님께서 만물을 심판하시고 종결하신다는 뜻이다. 창조된 만물은 하나님의 주관 아래에 있다가 필경 그리스도의 재림으로 종결을 짓는다. 그리스도의 재림을 맞이하여 하나님께서 끝을 내신다. 사람이 그 때를 싫어하든지 좋아하든지 하나님은 최종 판결하신다.

바울은 마지막으로 만물을 창조하시고 유지하시며 또 종결하실 삼위 하나님에게 "영광"이 돌아가야 한다고 말한다(갈 1:5; 딤전 1:17; 딤후 4:18; 히 13:21; 벧전 5:11; 벧후 3:18; 유 1:25; 계 1:6). 특히 바울은 25절 이하 35절까지의 교리 부분 마지막을 당하여 구원에 대해 언급한고로 구원을 설계하시고 구원을 이루시며 또한 심판하실 삼위 하나님에게 영광을 돌리고 있다. 하나님은 헨드릭슨은(Hendriksen) "우리의 구원을 계획하셨을 뿐 아니라 이루셨으므로 모든 영광은 오직 그에게만 돌아가야 한다"고 말한다.

그리고 바울은 이 교리부분을 마치면서 "아멘"으로 끝마친다. "아멘"(ἀμήν)이란 말은 '진실로 그러하다,' '확실히 그러하다'라는 뜻으로 소망과 확신을 표현하는 말이다. 바울은 자기가 교리를 마치면서 로마 교인들에게 자신의 확신을 나타내고 있다. 우리는 말로만 아니라 마음으로도 확신 속에서 움직여야 한다. 헨드릭슨(William Hendriksen)은 "바울은 여기서 엄숙한 확인과 열정적인 인격적 동의의 말인 *아멘*을 첨가함으로써 찬송과 감사의 이 작은 기쁨의 노래를 마치며, 그렇게 함으로써 동시에 9-11장을 끝맺고 있다"고 말한다.53)

---

53) 윌렴 헨드릭슨, *로마서* (하), 황영철 옮김, 서울: 아가페출판사, 1984, p. 130.

제 12 장
은혜받은 성도는 여러 가지 의무를 다해야 한다

IV. 기독교인의 생활 방식은 달라야 한다   12:1-15:13

　　기독교의 교리를 말한(1:1-11:36) 바울은 이제 기독교인의 생활방식은 달라야 한다고 말한다(12:1-15:13). 몸을 드려야 한다고 말하고(12:1-21), 세상 국가 안에서의 그리스도인의 처신 법을 말하며(13:1-14), 기독교인의 자유를 어떻게 누릴지를 말하고(14:1-12), 또 기독교인의 자유를 누리면서도 이웃을 배려하라고 말한다(14:13-23).

　　A. 산제물이 되어야 한다   12:1-2

　　바울은 먼저 그리스도인은 하나님께서 기뻐하시는 뜻을 분별하여 그 뜻대로 자신을 온전히 하나님께 드려야 한다고 말한다(1-2절). 그것이야 말로 기독교인들이 하나님께 드려야 하는 영적인 예배이다. 이 부분(1-2절)은 이하 실천 편(12:1-15:13)의 서론이다.

롬 12:1. 그러므로 형제들아 내가 하나님의 모든 자비하심으로 너희를 권하노니 너희 몸을 하나님이 기뻐하시는 거룩한 산 제물로 드리라 이는 너희가 드릴 영적 예배니라.

바울은 "그러므로"[54] 즉 '지금까지 기독교의 가르침을 다 들었으므로' 이제는 자신들을 하나님께 제물로 드리라고 말한다. 바울은 이런 무게 있는 말씀을

---

54) 바울 사도의 "그러므로"는 바로 앞에 말씀한바 11:36절을 받는 결론임과 동시에 11:32-36을 받는 결론으로 보아야 한다. 그렇다면 여기 "그러므로"라는 말은 바울이 앞에서 말한 전체의 교리, 곧 죄인이 의롭다함을 받았다는 말 전체를 받는 결론으로 보아야 한다. 이유는 11:32-36은 그 앞에 있는 교리의 결론이기 때문이다. 정리하자면 여기 "그러므로"는 11:36의 결론이고 또 11:32-36의 결론이며 앞에서 말한 교리 전체의 결론으로 보아야 할 것이다.

하기 위해 "형제들아"라는 애칭으로 부른(1:13; 7:1, 4; 8:12; 10:1; 11:25) 다음 "내가 하나님의 모든 자비하심으로 너희를 권한다"고 말한다(고후 10:1). 곧 '내 자신이 하나님의 모든 자비하심(고후 1:3; 빌 2:1)을 받아 구원을 얻었고, 또 너희 로마 교인들도 하나님의 모든 자비하심을 받아서 구원을 받았으므로 너희에게 어떻게 살아야 할지에 대해 권한다'는 뜻이다. 피차 하나님의 자비하심을 받지 않았다면 몰라도 하나님의 자비와 사랑과 은혜를 받은 이상 바울도 가만히 있을 수 없고 또 로마 교인들도 세상 사람들처럼 살 수 없으니 바울이 권면한다는 것이다. 바울은 명령으로 말하는 것이 아니라 하나님의 자비 때문에 권고한다고 말한다. 우리도 하나님의 모든 자비하심 때문에 다른 사람들에게 권고하고 또 다른 사람들로부터 권고를 받아야 할 것이다.

바울의 권고 내용은 "너희 몸을 하나님이 기뻐하시는 거룩한 산 제물로 드리라"는 것이다(벧전 2:5). 여기 "너희 몸"이란 말은 '너희 인격 전체'를 지칭하는 말이다(6:13, 16, 19; 시 50:13-14; 고전 6:13, 20). 혹자는 "몸"이란 말을 2절의 "마음"과 반대말이라고만 말한다. 즉 "몸"이란 말을 '육체'를 뜻하는 것으로 말하나, 우리의 마음을 빼놓고 그냥 육체만 드린다고 해서 하나님께서 기뻐하실까. 우리는 우리의 인격 전체를 "하나님이 기뻐하시는 거룩한 산 제물로 드려야" 한다(히 10:20). 여기 "제물"이란 낱말에 "하나님이 기뻐하시는"이란 말, "거룩한"이란 말, "산"(ζῶσαν)이란 말이 붙어 있는 것을 주의해야 한다. 우리가 우리의 인격 전체를 드릴 때 세 가지 형용사("산," "거룩한," "하나님이 기뻐하시는")가 모두 필요하다. 그러나 사실은 거룩한 제물, 산 제물을 드리는 것을 하나님께서 기뻐하신다는 뜻이다. 쉽게 말해 거룩하게 사는 것, 기독교인답게 사는 것을 하나님께서 기뻐하신다.

우리는 우리의 인격 전체를 "하나님이 기뻐하시는"(εὐάρεστον τῷ θεῳ) 제물로 드려야 한다. 기뻐하시는 제물이 되기 위해서는 "거룩한" 제물이 되어야 하고 또한 "산 제물"이 되어야 한다. 우리는 우리의 인격 전체를 "거룩한" 제물로 드려야 한다. "거룩하다"(ἁγίαν)는 말은 '죄를 떨어버린 것,' '흠이 없는 것'(6:4-7, 13-14, 22)을 뜻한다. 우리는 항상 죄를 자복하는

중에 우리의 생각과 말과 삶이 세상 사람들과는 구별되어야 한다(빌 2:15;
딤전 6:14; 벧후 3:14). 그것은 그렇게 힘든 일은 아니다. 이유는 우리의 죄를
자복하면 그리스도께서 그의 피로써 씻어주시기 때문이다(요일 1:9). 그리고
우리는 우리의 인격 전체를 "산" 제물로 드려야 한다. 여기 "산"(ζῶσαν)이란
말은 현재분사 시제로 '살아있는'이란 뜻이다. 혹자는 1) "산 제물로 드리라"
는 말을 구약 시대의 성전제사 때에 짐승을 죽여서 제물로 바치는 제사와
대조를 이루는, '살아있는 너희를 드리라'는 뜻으로 해석한다. 그러나 이
해석은 문맥으로 보아 받기가 어렵다. 이유는 우리가 순교한다고 해도 하나님
께서 기뻐하시는 제물이 될 수 있다는 것을 감안할 때 꼭 살아 있어서 드리는
것만이 하나님께서 기뻐하신다고 볼 수 없다. 2) 또 혹자는 '성전 뜰이나
교회 건물에서 드리는 예배가 아니라 오히려 일상생활의 장에서 드려야 하는
예배'라고 해석한다. 그러나 이 해석도 받기가 어렵다. 이유는 "산" 예배란
예배당 안에서 드리든지 혹은 예배당 밖의 생활 속에서 드리든지 어디서든지
"산" 예배를 드려야 한다는 것을 감안하면 꼭 예배당 밖의 일상생활의 장에서
드리는 예배라고 한정하는 것은 바람직하지 않다. 그런고로, 3) 우리가 성령으
로 새 생명을 얻은 자로서 "계속적인 헌신"(Murray)을 해야 한다는 말로
해석하는 것이 바를 것이다.55) 헨드릭슨(Hendriksen)은 산 제물이란 "신자
속에 있는 새 생명으로부터 시작된 제사여야 한다"고 말했고, 박윤선목사는
"산제사는 죄로 죽었던 자가 성령으로 거듭나서 하나님을 향하여 바로 삶을
가리킨다(9:1-3)"고 하였다. 예수님은 사데 교회를 향하여 "네가 살았다 하는
이름은 가졌으나 죽은 자로다"(계 3:1)라고 말씀하셨다. 그 교회는 믿음을
잃어버렸다. 그래서 믿음의 활동이 없었다. 그러니까 "산 제물"이란 '성령의
지배와 인도를 따라 기독교인의 삶을 영위하는 삶'이라고 정의할 수 있다.

---

55) 크랜필드(C.E.B. Cranfield)는 "바울은 이 단어를 심오한 신학적 의도를 가지고 사용하였
다. 즉 이 형용사는 그리스도인들이 자신을 하나님에게 자유롭게 바치는 것은 그들이 '새 생
명'(6:4) 속에서 사는 것을 의미한다는 것을 밝히고자 의도된 것이다. 로마서에서 '살다'와
'생명'은 매우 자주 언급되었는데, 그 중에서도 우리는 특히 1:17; 5:17; 6:10-11, 13, 22; 8:6,
10, 13 등을 예시할 수 있다"고 말한다.

우리는 항상 성령의 충만을 구하여 성령님의 지배와 인도를 따라 살아야 한다(엡 5:18-6:9). 하나님은 그 생활을 기뻐하신다.

그리고 "드린다"(παραστῆσαι)는 말은 부정(단순)과거 부정사로 '참으로 드려라,' '진실로 드려라'는 뜻으로 확실하게 드리라는 말이다(6:13, 19; 14:7-8). 우리는 우리의 인격 전체를 완전히 하나님께 드려야 한다.

바울 사도는 성도가 자기의 인격 전체를 하나님이 기뻐하시는 거룩한 산 제물로 드리는 것이 "너희가 드릴 영적 예배라"고 말한다. 여기 "영적"(λογικὴν)이란 말은 '합리적인,' '영적인'이라는 뜻이다. "영적"(λογικὴν)이란 낱말에 두 가지 뜻이 있으므로 어떤 번역판은 "영적 예배"로 번역했고 (A.R.V., R.S.V., N.I.V., 한글 개역판, 개역개정판), 혹은 어떤 번역판은 "합리적인 예배" 혹은 "마땅한 예배"로 번역했다(K.J.V.). 사실은 "영적"이라고 번역해도 틀린 것은 아니다. 이유는 이 낱말이 벧전 2:2에 분명히 '신령한'이라고 번역되어 있으니 여기서도 "영적"이라고 번역해도 옳은 번역으로 보인다. 그러나 문맥을 살필 때 '합리적'이나 혹은 '마땅한'으로 번역하는 것이 더 바람직하다. 이유는 하나님의 엄청난 은혜를 받아 구원받은 성도들은 마땅히 전 인격을 하나님께 드리는 것이 합리적이고 마땅하기 때문이다. 우리가 우리의 몸을 산 제물로, 거룩한 제물로, 하나님께 드리는 것이 하나님께 마땅하다.

롬 12:2. (또) 너희는 이 세대를 본받지 말고 오직 마음을 새롭게 함으로 변화를 받아 하나님의 선하시고 기뻐하시고 온전하신 뜻이 무엇인지 분별하도록 하라.

문장 초두의 "또"(καὶ)란 말은 바로 앞 절 하반 절에 있는 "이는 너희가 드릴 합당한 예배니라"란 말과 대등절임을 보여주고 있다. 곧 "또"란 말은 본 절이 앞 절을 설명하는 절임을 보여주고 있다. 바울은 우리의 전 인격을 하나님께 제물로 드리려면 첫째, "이 세대를 본받지 말고 오직 마음을 새롭게 함으로 변화를 받아야" 한다고 말한다(벧전 1:14; 요일 2:15). 여기 "이 세대"란 말은 "오는 세대"와 대조되는 '현재의 악한 시대'(고1:29-31; 후 4:4; 갈 1:4; 엡 2:2)를 지칭한다. 여기 "이 세대"를 좀 더 규명한다면 예수님께서 재림하시기 전 시대를 뜻한다. 우리는 이 세대를 "본받지 말아야 한다." "본받지 말고"(μὴ συσχηματίζεσθε)란 말은 '시대의 유행을 따르지 말고'란 뜻이다. 다시 말해 '사탄이 주장하고 악의 세력이 주장하는 시대의 유행을 따르지 말고'란 뜻이다. 성도들은 자기가 살고 있는 악한 시대의 흐름을 따라 흔들려서는 안 된다. 오히려 "오직 마음을 새롭게 함으로 변화를 받아야" 한다(엡 1:18; 4:23; 골 1:21-22; 3:10). 여기 "마음을 새롭게 함으로"(τῇ ἀνακαινώσει τοῦ νοὸς)란 말을 직역하면 '마음이 새로움이라는 점에서' 혹은 '마음이 새로움이라는 점에 있어서'라고 번역할 수 있다. 우리는 마음의 새로움이라는 점에 있어서 변화해야 한다는 뜻이다. "마음"이란 인격의 중심을 지칭하는 것이니 인격의 새로움이라는 점에 있어서 변화가 있어야 한다는 뜻이다. 우리의 마음 즉 인격의 중심인 마음이 변화되어야 우리의 몸, 우리의 인격을 하나님이 기뻐하시고 거룩한, 산제사로 드릴 수 있는 것이다(1절). 우리의 마음은 끊임없이 새로워져야 한다.

바울은 "마음을 새롭게 함으로 변화를 받으라"(μεταμορφοῦσθε τῇ ἀνακαινώσει τοῦ νοὸς)고 말한다. 곧 마음의 새로움이라는 점에서 '변화를 받으라'(μεταμορφοῦσθε)는 것이다. 다른 점은 모르지만 마음, 즉 인격의 중심은 새롭게 변화되어야 한다는 뜻이다(마 17:2; 막 9:2; 고후 3:18). 그러니까 마음이 새로워졌으면 벌써 변화를 받은 것이다. 물론 변화는 오랜 세월이 걸린다. 평생 변화되어도 완전히 100% 변화되는 것은 아니지만 그래도 계속해서 마음이 성화되어 가야 한다. 우리는 성령의 지배와 인도를 구하여 성화되어 가야 한다.

바울 사도는 우리의 마음이 점점 새로워져서 "하나님의 선하시고 기뻐하시고 온전하신 뜻이 무엇인지 분별하도록 하라"고 권면한다(엡 5:10, 17; 살전 4:3). 마음이 새로워지지 않으면 하나님의 뜻을 분별할 수 없다. 그런고로 바울은 마음이 새롭게 변화되어야 하는 목적이 무엇인가를 말한다. 즉 "하나님의 선하시고 기뻐하시고 온전하신 뜻이 무엇인지 분별하도록 하는 것"이 목적이라고 한다. 바울은 "뜻"이란 낱말 앞에 세 가지 형용사를 붙여 놓았다 ("뜻"이란 낱말과 세 낱말을 동의어로 볼 수도 있으나 그 의미에 있어서 형용사와 마찬가지다). 하나님의 뜻은 "선하시고 기뻐하시고 온전하시다"는 것이다. 하나님의 뜻이 "선하시다"는 말은 하나님의 뜻에는 '악이 전혀 개입되어 있지 않다'는 말이다. 하나님 자신이 선하시니(마 19:17) 하나님의 뜻도 악이 없고 선하시다는 것이다. 또 하나님의 "기뻐하시는 뜻"이란 말은 하나님께서 '기뻐하실 수 있는 뜻'이란 말이다. 하나님께서 기뻐하시는 뜻이 아니면 우리는 공연히 헛일을 하는 것으로 알아야 한다. 우리는 범사에 하나님께서 기뻐하시는 뜻을 분별하여 실행해야 할 것이다. 그리고 "온전하시다"는 말은 '완전하여 흠이 없다'는 뜻이다(엡 5:10, 17; 빌 4:8; 살전 4:8). 우리는 완전하여 흠이 없는 하나님의 뜻을 분별할 수 있어야 한다. 그래서 그 뜻을 추구할 때 우리 역시 더 완전에 가까이 갈 수 있는 것이다. 우리는 우리의 마음이 새로워질수록 더욱 하나님의 뜻을 잘 분별할 수 있은즉 매일 성령의 충만을 구하여야 한다. 여기 "뜻"이란 말은 '성경에 기록된 말씀의 뜻'을 지칭하고 또 '성령님께서 우리의 구원과 성화를 위하여 활동하시고 역사하심'을 지칭한다. 우리는 우리의 마음이 새로워져서 성경에 기록된 하나님의 뜻을 분별해야 하고 또 성령님께서 활동하시는 내용을 알아야 한다.

우리는 우리의 몸을 하나님께서 제물로 드리려면(1절) 하나님의 뜻을 분별해야 한다. 다시 말해 하나님의 뜻을 알아야 한다. 하나님의 뜻이 무엇인지 알아야 그 뜻대로 살 수 있는 것이다. 하나님의 뜻을 모르면 방황하게 되고 희생 제물이 되지 못한다.

B. 겸손하게 하나님의 은사를 사용해야 한다 12:3-8
바울은 우리 몸에 많은 지체가 있고 또 각 지체의 임무가 다른 것처럼 교회에서도 각 지체마다 다른 임무가 있다고 말하고, 각 직분 자들은 자기의 본분을 지키고 그 이상의 생각을 품지 말아야 한다고 말한다.

롬 12:3. 내게 주신 은혜로 말미암아 너희 각 사람에게 말하노니 마땅히 생각할 그 이상의 생각을 품지 말고 오직 하나님께서 각 사람에게 나누어 주신 믿음의 분량대로 지혜롭게 생각하라.

바울은 본 절에서 하나님께서 각 자에게 주신 믿음의 분량 이상을 넘보지 말고 믿음의 분량대로 겸손하게 처신하라고 말한다. 바울은 문장 초두에서 "내게 주신 은혜로 말미암아" 너희 각 사람에게 말한다고 이야기한다(1:5; 15:15; 고전 3:10; 15:10; 갈 2:9; 엡 3:2, 7-8). 하나님께서 바울에게 주신 "은혜"가 무엇인가. 다시 말해 바울이 받은 은혜가 무엇인가. 하나님께서 바울에게 주신 "은혜"는 '사도직'을 지칭한다(Tholuck, F. F. Bruce, Stuart, Godet, Meyer, Shedd, William Hendriksen, 이상근). 바울이 자기가 받은 사도직을 은혜라고 말하는 이유가 성경에 기록되어 있다(1:5; 16:20; 고전 15:9-10; 갈 1:1). 바울이 받은 은혜가 '사도직'이라고 할 수 있는 이유 또 하나는 바울이 각자에게 권고하는 내용으로 보아 알 수 있다(6-8절). 일반적인 은혜를 받은 사람들은 특수한 은혜를 받은 사람들에게(6-8절) 권고하기가 쉽지 않을 것이다. 그러나 바울은 사도직을 받았기에 로마 교회 안에 있는 각 직분 자들에게 사도로서 권고하고 있다. 오늘 우리 직분 자들도 사도가 주는 권고를 들어야 한다.

바울은 "너희 각 사람에게 말한다"고 이야기한다(마 5:22, 28, 32, 34, 39, 44). 여기 "각 사람"은 로마 교회 안에서 신앙생활을 하고 있는 일반 교인들을 포함하여(5절) 모든 직분 자들을 지칭하는 말이다(6-8절). 바울은 사도의 직분을 받은 자로서 각 사람에게 부탁하고 있다.

바울은 사도로서 "마땅히 생각할 그 이상의 생각을 품지 말라"고 말한다(11:20; 잠 25:27; 전 7:16). 여기 "생각을 품지 말라"(μὴ ὑπερφρονεῖν)는 말은 '분에 넘치는 생각을 품지 말라,' '부풀은 생각을 하지 말라'는 말이다. 직분 자들은 자기의 재능을 가지고 봉사하는 사람이 아니라 하나님께서 성령을 통하여 주신 은사를 가지고 봉사하는 사람들인 고로 받은 은사를 넘어서서 분에 넘치는 생각을 하지 않아야 한다는 것이다. 우리는 우리가 받은 이상으로 자신을 과대평가하는 것도 죄이며 또한 받고서도 자신을 과소평가하면 것도 죄인 줄 알아야 한다. 사도는 "오직 하나님께서 각 사람에게 나누어 주신 믿음의 분량대로 지혜롭게 생각하라"고 권한다(고전 12:7, 11; 엡 4:7). '오직 하나님께서 각 직분 자에게 주신 믿음의 분량대로 곧 직분을 감당할 수 있는 영적 능력대로 지혜롭게 처신하라'는 말이다. 여기 "믿음의 분량"이란 구원 받기에 필요한 믿음을 말하는 것이 아니라 각자가 봉사하기에 필요한 영적 능력이 다름을 지칭하는 말이다. 영적 능력에 어떤 분량이 있는 것이 아니라 영적 능력이 각자를 위해서 달리 부어졌다는 말이다. 우리 각자에게는 달리 영적 은사가 부어졌다. 어떤 사람은 예언의 은사(6절), 어떤 사람은 섬기는 은사를 받았다(7절). 하나님은 믿는 사람 모두에게 각각 다른 영적 능력, 곧 영적 은사를 주셨다. 우리는 우리가 받은 은사를 가지고 봉사해야 한다.

바울은 우리가 받은 은사대로 "지혜롭게 생각하라"(εἰς τὸ σωφρονεῖν)고 권고한다. 이 말은 '건전한 마음을 가지라,' '겸손한 생각을 가지라'는 뜻이다. 우리는 자신에 대한 정당한 평가를 가져야 한다. 우리는 우리가 받은 영적인 은사를 가지고 죽도록 충성할 뿐 그 이상 다른 생각을 하지 않아야 한다.

롬 12:4-5. 우리가 한 몸에 많은 지체를 가졌으나 모든 지체가 같은 기능을 가진 것이 아니니 이와 같이 우리 많은 사람이 그리스도 안에서 한 몸이 되어 서로 지체가 되었느니라.

바울은 본 절에서 우리가 그리스도 안에서 한 몸(교회)이 되어 서로 지체가 되었다고 말한다. 사도는 "우리가 한 몸에 많은 지체를 가졌으나 모든 지체가 같은 기능을 가진 것이 아니라"고 말한다(고전 12:12; 엡 4:16). '우리 각자가 한 몸에 많은 지체들(손, 발, 눈, 코, 입, 다리 등)을 가졌으나 모든 지체가 똑같은 기능을 가진 것이 아니라 다른 기능을 가지고 있다'고 말한다(고전 12:16-17). 우리 몸의 지체들이 다른 기능을 가지고 있는 것은 모두 알고 있는 것이다. 그래서 바울은 몸의 지체들을 가지고 교회의 지체들이 다른 기능을 가지고 있다고 말한다.

바울은 "이와 같이 우리 많은 사람이 그리스도 안에서 한 몸이 되어 서로 지체가 되었다"고 말한다(고전 10:17; 12:20, 27; 엡 1:23; 4:25). 즉 '한 몸(신체)에 많은 지체가 있으나 서로 기능이 다르듯이, 우리 많은 성도가 그리스도 안에서 한 몸(한 교회)이 되었으나 서로 다른 기능을 가진 지체가 되었다'는 것이다. "그리스도 안에서 한 몸이 되었다"는 말은 '그리스도 안에서 한 교회가 되었다'는 뜻이다. 성도는 한 사람 한 사람이 그리스도와 연합되고 또 모든 신자가 그리스도 안에서 한 몸(한 교회)이 되었다. 바울 사도는 성도가 그리스도 안에서 한 몸이 되었을지라도 "서로 지체가 되었다"고 말한다. 우리 신체의 각 지체가 다른 역할을 가지고 있으면서도 몸 전체의 목적을 따라서 움직이듯이 교회 안의 성도들도 서로 지체가 되어 함께 그리스도의 명령에 따라 움직이며 다른 지체들의 유익을 도모하고 있다. 우리는 엉뚱한 생각을 품어서는 안 된다. 우리는 서로 지체가 되었음을 알아야 한다. 이런 인식이 없음으로 분쟁이 쉬지 않는다.

롬 12:6. (그러나) 우리에게 주신 은혜대로 받은 은사가 각각 다르니 혹 예언이면 믿음의 분수대로.
문장 초두에 나와 있는 "그러나"(δὲ-우리 개역개정판에는 번역되지 않았음)라는 말은 본 절이 앞 절과 대조를 이루고 있음을 보여주고 있다. 앞 절에서는 우리가 그리스도 안에서 일체임을 강조한 반면, 본 절에서는 개인들이 각각 다른 은사를 받은 것을 강조하고 있다.

바울은 "우리에게 주신 은혜대로 받은 은사가 각각 다르다"고 말한다(3절). '하나님께서 우리에게 주신바, 교회를 섬길 수 있도록 주신 은혜대로 우리가 받아가지고 있는 은사(섬기는 은사, 가르치는 은사, 위로하는 은사, 구제하는 은사 등)가 다르다'고 말한다. 본문의 은혜는 구원받는데 필요한 은혜가 아니라 봉사하는데 필요한 은혜로서 이 은혜도 하나님께서 거저 주셨으므로 은혜란 말로 표현했다(롬 1:5; 고전 15:10; 고후 8:1; 엡 3:2; 히 4:16). 우리는 하나님께서 구원을 위하여 필요한 은혜도 주시고 또 교회에서 봉사할 수 있는 은혜도 주셨음을 알고 전적으로 하나님께 감사를 드려야 할 것이다.

바울은 "받은 은사가 각각 다르다"고 말한다(고전 12:4; 벧전 4:10, 11). 여기 "받은"(ἔχοντες)이란 말은 현재분사로 받은 은사를 지금 가지고 있다는 뜻이다. 다시 말해 로마 교인들이 은사를 이미 받아서 지금 가지고 있다고 말한다. "은사"란 다름 아니라 '교회를 섬김에 필요한 능력'을 지칭한다. 성경에는 대략 20가지의 은사들이 기록되어 있다. 그런데 각자가 받은 은사가 "다르다"는 것이다. 어떤 사람은 이 은사, 또 다른 사람은 다른 은사를 받았다는 뜻이다. 우리는 서로 다른 은사들을 받았다. 자기가 어떤 은사를 받고 그 은사만이 최고인 줄 알고 교만하면 안 된다. 방언의 은사를 받고 교만하면 죄를 짓는 것이다.

바울 사도는 "혹 예언이면 믿음의 분수대로" 하라고 말한다(행 11:27; 고전 12:10, 28; 13:2; 14:1, 6, 29, 31). 다시 말해 '예언하는 은사를 받아서 예언을 하는 사람은 각자를 위해서 달리 부어진 영적 능력대로' 하라는 말이다. 여기 "예언"(προφητεία)이란 말은 구약 시대의 예언(구약 시대는 오래 동안 있었음)과 달리 신약 시대에 잠시 있었던 은사이다(고전 12:28-30; 엡 2:20; 3:5; 4:11). 이 은사는 사도 다음으로 중요한 은사였는데(고전 12:28; 엡 2:20; 3:5; 4:11) 무엇을 하는 은사이냐를 두고 의견이 갈린다. 1) 어떤 학자들은 "예언"이란 단순히 기존 하나님의 말씀을 근거하여 깊고 넓게 정확하게 해석하는 은사라고 말한다. 2) 또 어떤 학자들은 예언이란 미래사를 미리 말하기도 하고 동시에 하나님의 말씀을 가지고 경고하고 권면하며 교훈하는 은사라고 말한다(고전 14:3). 3) 그러나 예언56)이란 하나님께서 말씀하

---

56) "예언"(προφητεία)이란 말은 원래 '대언'이란 뜻으로 헬라문명에서는 주피터신의 말을 백성들에게 대언한다는 뜻이었다. 그 낱말이 신약에 들어와 하나님의 말씀을 사람들 앞에서 대언한다는 뜻으로 쓰였다. 그러니까 신약 시대에 성경이 기록되기 전까지 잠시 예언자들이 있어서 하나님의 말씀을 백성들에게 대언해 주었다. 이들은 아직 신약성경이 기록되기 전인 고로 그 어떤 기존의 말씀을 근거하고 그 말씀을 해석하는 직분이 아니라 하나님의 말씀을 직접 받아 백성들 앞에서 하나님의 말씀을 전해주었던 자들이었다. 그러다가 하나님의 말씀이 기록된 후로는 그 은사가 주어지지 않은 것으로 보이고 대신 가르치는 은사(목사, 교사)가 주어졌다(박희천목사의 논문에서).

시는 것을 받아 사람들에게 전해주는 은사이다. 당시에 기존 하나님의 말씀이 없었기 때문에 선지자는 하나님으로부터 직접 받아서 백성들에게 전했고(고전 12:10; 14:29) 사도들에 의해서 하나님의 말씀이 기록된 후로는 예언의 은사가 사라졌다고 보아야 한다(박희천목사의 논문에서).

바울은 예언하는 은사를 받은 예언자는 "믿음의 분수대로" 해야 한다고 말한다. "믿음의 분수대로"란 말은 3절에 있는 대로 "믿음의 분량대로"란 말과 같은 뜻이다. 곧 '봉사하기에 필요한 영적 능력대로,' '자기가 받은 믿음의 비례대로'란 뜻이다. 다시 말해 '믿음의 한계 안에서 도가 지나치지 않게 해야 한다'는 뜻이다. 예언자는 자기가 받은 믿음과 대치되는(혹은 배치되는) 예언을 해서는 안 된다. 우리는 무슨 일을 하든지 믿음과 배치되는 일을 해서는 안 된다.

사도가 로마교회에 보내는 편지에서 여러 은사를 말하는 중에 예언의 은사에 대해서는 언급했으나 사도의 은사에 대해서는 언급하지 않은 이유는 로마 교회에 사도직이 없었기 때문이다(Murray).

롬 12:7. 혹 섬기는 일이면 섬기는 일로, 혹 가르치는 자면 가르치는 일로.
본 절의 "섬기는 일"이란 구제하는 일(행 6:1-3; 11:29; 24:17-18; 고전 16:1, 15; 고후 8:1, 4; 9:1, 12-13; 엡 4:12), 음식 대접하는 일(눅 10:40), 집사의 일(딤전 3:8-13), 복음을 전달하는 사도직(행 1:17, 25; 20:24; 롬 11:13; 고후 4:1; 5:18; 딤전 1:12)등을 지칭한다. 오늘날 섬기는 일 곧 집사의 일은 너무도 중요하다. 그러나 대부분의 남자 집사들은 장로가 되기 전에 잠시 섬기는 일로 생각하고 이 집사 직이 얼마나 중요한 직분인 줄 모른다. 그리고 여자 집사들은 자기들은 힘없는 직분을 맡고 있다고 생각한다. 그러나 집사의 직분이야 말로 교회를 섬기라고 하나님께서 주신 하나의 은사라는 것을 알아야 한다. 집사의 직분은 특별한 재능이다. 그래서 바울은 "섬기는 일로"라는 말을 덧붙인다. 섬기는 일에 총집중하라는 말이다. 공연히 이것저것 기웃거리지 말아야 한다는 뜻이다.

그리고 바울은 "혹 가르치는 자면 가르치는 일로" 충성을 다하라고 권한다
(행 13:1; 갈 6:6; 엡 4:11; 딤전 5:17). 즉 '가르치는 은사를 받은 자는 가르치는
일로' 최선을 다하라는 말이다. 여기 "가르치는 자"란 말은 하나님의 말씀을
가지고 성도들에게 교훈하는 사람을 지칭하는데 말씀을 연구하고 기도하여
열심히 가르쳐야 한다. 공연히 이일저일 건드리지 말라는 것이다. "가르치는
일로" 최선을 다해야 한다. 진실하게 성경을 연구하고 진실하게 성경을 가르
쳐야 한다(벧후 1:20-21; 3:16). 무엇보다 성령의 조명을 받아(고전 2:13) 깨달
은 말씀을 가르쳐야 한다.

**롬 12:8. 혹 위로하는 자면 위로하는 일로, 구제하는 자는 성실함으로, 다스리
는 자는 부지런함으로, 긍휼을 베푸는 자는 즐거움으로 할 것이니라.**
본 절에 4가지의 은사가 기록되었다. 첫째, "위로하는 자면 위로하는 일로"
충성을 다하라고 말한다(행 15:32; 고전 14:3). "위로하는 자"란 말은 '남을
위로하는 자'라는 뜻이다. 은혜를 받아서 교인이 된 자들 중에서도 시험에
빠진 자들이 있는 고로 위로하는 자가 필요하다(마 2:18; 5:4; 눅 3:18; 행
2:40; 11:23; 고후 1:4, 6). 이 은사는 말씀을 가르치는 은사와 달리 또 하나의
다른 은사이다. 말씀을 가르치는 것도 사람들에게 위로가 되지만, 그러나
위로하는 방면에 은사를 받은 사람들이 있다는 것이다. 말씀을 전적으로
연구하지 않고도 단 한 말씀으로도 어려움에 빠진 교우들을 위로할 수 있다(고
후 1:3-4). 그런데 바울은 "위로하는 일로"라고 말한다. "위로하는 일로" 충성
을 다하고 또 만족하라는 뜻이다. 다른 은사를 바라보고 탐내거나 시기하지
말고 오직 남을 위로하는 일에 전심을 다하라는 것이다.

둘째, "구제하는 자는 성실함으로" 하라고 말한다(마 6:1-3). "구제"란
말은 '사재(私財)를 가지고 구제하는 것'도 의미하고(눅 3:11; 엡 4:28), 또
'교회의 물질을 가지고 구제하는 것'도 의미한다(행 4:35). 바울은 구제하는
사람들은 "성실함으로" 하라고 말한다. "성실함"이란 말은 '진실함'과 '깨끗
함'을 뜻한다. 우리는 무슨 일을 하든지 질실해야 하고 깨끗해야 하지만

특히 물질을 다루는 일에 있어서는 진실해야 하고 깨끗하게 해야 한다. 다른 야망을 품어서는 안 된다. 구제를 한 다음에 다른 대가를 바라는 심정으로 해서는 안 된다. 우리는 구제한 다음에 상대방으로부터 무엇을 바라는 사람들이 되어서는 안 된다. 하나님 나라에 가서 하나님께서 갚아주시리라는 마음으로 해야 한다.

셋째, "다스리는 자는 부지런함으로" 하라고 한다(행 20:28; 딤전 5:17; 히 13:7, 24; 벧전 5:2). "다스리는 자"(ὁ προϊστάμενος)란 말은 '통치하는 자,' '지도하는 자'라는 뜻이다. 여기 "다스리는 자"는 '교회를 다스리는 자'(고전 12:28; 살전 5:12; 딤전 3:4-5, 12)와 또 '교회에서 말씀을 가르치며 동시에 교회를 치리하는 자'(딤전 5:17)를 지칭한다. 교회에서 시무장로서 혹은 교무장로서 성도들을 다스리는 자들은 "부지런함으로" 해야 한다는 것이다. 교회를 다스리는 시무장로와 목사는 부지런히(롬 12:11) 교인들을 돌보아야 한다.

넷째, "긍휼을 베푸는 자는 즐거움으로 할 것이니라"고 말한다. "긍휼을 베푸는 자"란 말은 '병든 자들과 환난을 당한 자들에게 자비를 베푸는 사람'을 말한다. 자비를 베푸는 사람은 "즐거움으로" 해야 한다고 말한다(고후 9:7). 개인적으로나 혹은 교회적으로 병든 자와 환난을 당한 자들에게 자비를 베풀 때 억지로 하지 말고 오히려 즐거운 마음으로 해야 한다. 즐거운 마음으로 그리고 즐거운 마음이 얼굴에 나타나서 자비를 베풀 때 상대방도 즐거워질 수 있을 것이다.

C. 신령한 삶을 위한 지침들   12:9-21

바울은 앞에서 지체들의 여러 직능을 말했고(3-8절), 이제는 그 지체들 간에 일상의 삶에서 그리스도의 사랑을 나타내라고 말한다. 성도들은 형제와 자매의 입장에서 마땅히 사랑해야 하고 또 형제와 자매가 아닌 원수까지도 사랑해야 한다는 것이다.

롬 12:9. 사랑에는 거짓이 없나니 악을 미워하고 선에 속하라.

바울은 이 부분(9-21절)에서 사랑할 것을 주문하면서 먼저 "사랑에는 거짓이 없다"고 단정한다(딤전 1:5; 벧전 1:22). 즉 '하나님의 사랑에는 거짓이 없다'는 말이다(요일 4:8, 16). 하나님의 사랑에는 거짓이 없는 법이니 하나님의 사랑을 받아서 사람을 사랑하는 사랑에도 역시 거짓이 없어야 한다는 뜻이다(고후 6:6; 딤전 1:5; 벧전 1:22). 다시 말해 사랑하는 일에는 외식이라는 것이 있어서는 안 된다는 말이다. 사랑은 연극하듯 해서는 안 된다. 성도는 거짓 사랑을 배격해야 한다. 천국에는 거짓 사랑이 없다(계 14:4-5). 위선이 없는 사랑이야 말로 참 사랑이라고 할 수 있다(엡 4:25; 요일 2:21).

바울은 성도의 사랑에도 거짓이 있어서는 안 되는 고로 "악을 미워하고 선에 속하라"고 말한다(시 34:14; 36:4; 97:10; 암 5:15). 사랑하는 중에 외식을 할 수는 없는 일이다. 악을 그냥 품은 채 사랑해서는 안 되고 악을 버리고 사랑해야 한다. 악을 버리지 않고는 선(善)에 속할 수가 없다. 우리는 악을 버리는 일에 있어서 우리의 지체를 끊듯 뼈를 깎는, 죄의 자복이 있어야 한다. 우리는 악을 미워하기 위해서 계속해서 성령의 충만을 구해야 한다. 그래서 악 편에 서지 않고 선을 추구해야 한다. 성령 충만한 사람이 아니면 선(善)편에 설수도 없고 또 선을 추구할 수도 없는 일이다.

롬 12:10. 형제를 사랑하며 서로 우애하고 존경하기를 서로 먼저 하며.
바울은 앞 절에서 거짓 없는 사랑을 말한(9절) 다음 본 절에서는 한 교회 안에 있는 성도들을 사랑하라고 권면한다. 바울은 "형제를 사랑하며 서로 우애하고 존경하기를 서로 먼저 하라"(τῇ φιλαδελφίᾳ εἰς ἀλλήλους φιλόστοργοι, τῇ τιμῇ ἀλλήλους προηγούμενοι)고 말한다. 이 구절을 다시 번역하면 "형제애에 있어서는 서로 우애하고, 존경함에 있어서는 먼저 하라"고 번역할 수 있다. 그러니까 '형제애라는 차원에서는 서로 실행하라는 것이고(히 13:1; 벧전 1:22; 2:17; 3:8; 벧후 1:7), 또 존경함에 있어서는 먼저 실행하라'(빌 2:3; 벧전 5:5)는 말이라고 할 수 있다. 그러니까 본 절에는 두 가지를 교훈하고 있다. 하나는 형제애에 관해서 교훈하고,

또 존경하는 문제에 있어서는 먼저 하라는 것을 교훈하고 있다. 교회 성도들 간의 사랑은 친 형제를 사랑하듯 하라는 것이다. 형제 사랑이란 다름 아니라 9절에 말한 아가페 사랑을 형제에게 적용시키는 것이다. 아가페 사랑을 형제에게 쏟을 때 형제우애라고 말할 수 있다. 그러니까 아가페의 사랑을 받은 자들이 형제를 향하여 사랑하려고 할 때 그 사랑을 형제애라고 칭한다.

그런데 바울은 형제애라는 차원에서는 "서로 우애하라"(εἰς ἀλλήλους φιλόστοργοι)고 말한다. 여기 "우애하라"는 말은 아주 가까운 가족이나 친척 간에 사랑하듯 교우 간에 그렇게 사랑하라는 말이다. 교우는 그리스도의 피로써 맺은 형제이다. 그런고로 가족처럼 사랑하라는 것이다(갈 6:10). 우리는 그리스도의 사랑을 받은 형제자매들로서 친절한 가족관계에서 사랑해야 한다. 우리는 이해타산이 없는 사랑, 희생적 사랑을 해야 한다. 혹은 돈 문제가 걸리고 혹은 다른 이해관계가 걸렸다고 해도 그것을 넘어 가족처럼 아끼고 사랑해야 한다. 그렇게 사랑할 때 하나님께서 갚아주신다. 이런 순수한 사랑을 우리는 서로 해야 한다. 그렇지 않으면 식어질 수가 있다. 일방통행이면 아무래도 식어질 가능성이 많이 있는 것이다.

바울은 다음으로 "존경하기를 서로 먼저 하라"고 말한다. 곧 '존경함에 있어서는 먼저 하라'는 말이다. "존경"이란 '상대방의 가치를 인정한다'는 뜻이다. 상대방은 하나님의 형상대로 지음을 받았고 또 십자가의 피로 구원을 받았으므로 존경해야 하는 것이다. 로마 교인들은 모두 그리스도를 믿어 하나님의 자녀들이 되었으니 상대방을 알아주는 일에 있어서 먼저 해야 한다는 것이다. 하나님의 자녀야 말로 귀한 신분이다. 그것도 모르고 매일 싸우는 사람들이 있다.

"먼저 하라"(προηγούμενοι)는 말은 '앞서서 가라,' '인도하라'는 뜻이다. 이웃을 존경하는데 있어서는 뒤처지지 말고 앞장서라는 말이다(빌 2:3; 벧전 2:17). 우리는 소위 말하는 자존심 같은 것을 내세우지 말고 존경하기를 먼저 해야 한다.

롬 12:11. 부지런하여 게으르지 말고 열심을 품고 주를 섬기라.

바울은 앞 절(10절)에서 형제 사랑의 방법을 제시했고 본 절에서는 주님을 섬기는 방법을 제시한다. 주님을 섬김에 있어서는 "부지런하여 게으르지 말고 열심을 품고" 하라고 권면한다. 이 구절 전체(τῇ σπουδῇ μὴ ὀκνηροί, τῷ πνεύματι ζέοντες, τῷ κυρίῳ δουλεύοντες)를 다시 번역하면 "열심이라는 차원에 있어서는(Stuart, Philippi, Shedd) 게으르지 말아야 하고, 심령은 불타는 마음이 되어 주를 섬기라"고 할 수 있다. "열심이라는 차원에 있어서는 게으르지 말아야" 한다는 말은 '우리의 신앙의 활동이라는 점에 있어서 게을러서는 안 된다'는 말이다(고전 9:23; 딤후 4:7; 계 2:10). 우리는 팔짱 끼고 있을 것이 아니라 주님을 섬기는 일에 있어서 하나라도 더 고생을 해야 한다 (골 1:24b).

그리고 "심령은 불타는 마음이 되어야 한다"(τῷ πνεύματι ζέοντες)는 말은 '우리의 중생한 영혼이 불타는 마음이 되어야 한다'는 뜻이다. 혹자는 여기 "심령"이란 말을 두고 '성령'으로 해석하나 문맥을 살필 때 우리의 '거듭난 영혼'으로 해석해야 한다. 이유는 성령이 불탄다는 말은 아무래도 이상하게 보인다. 그런고로 "심령"(τῷ πνεύματι)이란 말은 '중생한 영'을 지칭하는 말이다. 중생한 영혼이 불타는 마음이 되어야 한다. 다시 말해 중생한 영혼이 성령의 역사로 불타야 한다. 우리는 우리의 거듭난 영이 불이 타듯 열심을 다해야 한다. 주님을 섬기는 일이라면 타는 듯이 열심을 내야 한다. 그러지 않고 차디찬 마음이 되었다면 그것은 벌써 사탄의 꾐에 빠진 것으로 알아야 한다.

바울은 "주를 섬기라"(τῷ κυρίῳ δουλεύοντες)고 말한다. 이 말을 다시 번역한다면 '주님께 섬김을 다 하라'고 할 수 있다. 로마 교인들은 '주님께 종의 책임을 다해야 한다'는 말이다(엡 6:6-7; 딤전 6:2). 그런데 혹자는 여기 "주"(τῷ κυρίῳ)라는 말이 옳지 않고 "때를"(τῷ καιρῷ)이란 말이 옳다고 말한다. 그렇게 주장하는 사람들은 이 문장의 뜻이 "때를 아끼라"는 뜻이라고 말한다. 그러나 "주"(τῷ κυρίῳ)라는 말이 보다 더 권위 있는 사본에 있으므로

"주를 섬기라"는 말이 옳고 또 문맥을 살펴보아도 "주를 섬기라"는 말이
옳은 것으로 보인다. 우리는 게으르지 말고 심령에 성령의 불을 품고 주님께
종노릇을 해야 할 것이다.

롬 12:12. 소망 중에 즐거워하며 환난 중에 참으며 기도에 항상 힘쓰며.
바울은 본 절에서 세 가지를 말한다. 첫째, "소망 중에 즐거워하라"고 말한다
(5:3-5; 8:24-25; 15:13; 눅 10:20; 빌 3:1; 4:4; 살전 5:16; 히 3:6; 벧전 4:13).
'종말의 소망을 바라고 즐거워하라'는 말이다. 성도가 바라는 소망은 확실하
다. 성도는 주님을 바라고 천국을 바라며 구원의 완성을 바라본다(고후
4:17-18; 5:1이하). 그리고 이 땅에 있는 동안에도 앞으로 더욱 심령이 새로워
질 것을 바라며 산다. 그러므로 즐거워할 수가 있다. 내심 기뻐할 수가 있다는
말이다. 우리는 세상에서 피상적인 즐거움을 바라고 살자가 아니다. 그것은
순식간에 지나간다.

그리고 바울은 로마 교인들을 향하여 "환난 중에 참으라"고 말한다(눅
21:19; 딤전 6:11; 히 10:36; 12:1; 약 1:4; 5:7; 벧전 2:19-20). 성도의 소망은
확실하기 때문에 환난 중에도 참을 수가 있다고 말한다. 성도는 이 세상에서
수많은 환난을 계속해서 만난(5:3; 고후 1:4, 8; 2:4; 6:4; 7:4; 엡 3:13; 살전
3:7; 딤후 3:12) 뒤에 영광의 세계에 들어가게 되어 있는 고로(행 14:22) 기뻐하
라는 것이다. 우리는 또 주님 나라의 확장을 위해 환난을 만나도 기뻐해야
하는 것이다(골 1:24). 우리가 환난 중에도 기뻐할 수 있는 것은 앞으로의
소망 때문이지만 또 다른 한편 기도에 항상 힘쓰기 때문이다.

바울은 로마 교인들을 향하여 "기도에 항상 힘쓰라"(τῇ προσευχῇ προσ-
καρτεροῦντες)고 권면한다(눅 18:1; 행 2:42; 12:5; 엡 6:18; 골 4:2; 살전
1:17). '기도를 힘써 계속하라'는 말이다. 그러니까 기도는 힘써야 하며 또한
계속해야 한다. 기도를 계속해서 힘쓰지 아니하면 환난을 이길 수가 없다.
바울은 성도들에게 쉬지 말고 기도하라고 권고한다(살전 5:17). 우리는 기도를
힘쓰고 또 계속해서 주님을 더욱 의지해야 한다. 그러면 세상에 두려울 것도

없고 또 부러울 아무 것도 없다. 우리는 기도의 사람이 되어야 한다. 성도는
하루 최소 한 시간 정도는 기도해야 한다. 그리고 전도자는 목회하는 동안
두 시간은 해야 열매를 맺을 수 있다.

롬 12:13. 성도들의 쓸 것을 공급하며 손 대접하기를 힘쓰라.
바울은 로마교회의 교우들에게 두 가지를 부탁한다. 하나는 "성도들의 쓸
것을 공급하라"는 것이고(고전 16:1; 고후 9:1, 12; 히 6:10; 13:16; 요일 3:17),
또 하나는 "손 대접하기를 힘쓰라"는 것이다(딤전 3:2; 딛 1:8; 히 13:2; 벧전
4:9). "성도들의 쓸 것을 공급하라"(ταῖς χρείαις τῶν ἁγίων κοινωνοῦντες)
는 말은 '성도들의 필요들을 위하여 나누어주라'는 뜻이다. 다른 말로 '성도들
의 궁핍들을 위하여 나누어주라'는 뜻이다. 교인들 중에서 환난과 핍박으로
가난해진 성도들에게 나누어주어야 한다는 말이다. 이런 일을 전담하기 위해
서 초대 교회에서는 '구제하는 은사를 가진 자'가 있었다(8절).
　　다음으로 바울은 "손 대접하기를 힘쓰라"고 말한다. "손 대접하기를 힘쓰
라"(τὴν φιλοξενίαν διώκοντες)는 말은 '여기저기 다니면서 복음을 전하는
전도자들과 또 핍박을 피하여 고향을 떠나 떠도는 성도들 대접을 힘쓰라'는
말이다. 성도들은 고향 떠나 떠도는 성도들을 내 형제처럼 알고(10절) 대접하
기를 힘써야 한다는 것이다(마 25:35; 딤전 5:10; 딛 1:8; 벧전 4:9; 히 13:2).

롬 12:14. 너희를 박해하는 자를 축복하라 축복하고 저주하지 말라.
바울은 성도들에게 성도들을 "박해하는 자"를 향하여 취할 태도를 교훈한다.
"박해"란 말은 예수님의 복음 때문에 다른 사람들로부터 괴롭힘 당하는 것을
뜻한다(마 5:10; 딤후 벧전 3:14-15; 4:14, 16). 바울은 성도들에게 박해를
가하는 자들을 향하여 "축복하라 축복하고 저주하지 말라"고 말한다(마 5:14,
44; 눅 6:28; 23:34; 행 6:60; 28:19; 고전 4:12-13; 벧전 2:23; 3:9). "축복하라"는
말은 '축복 기도해주라,' '복을 빌어주라'는 말이다(마 5:43-48; 눅 2:34; 행
3:26). '그들에게 하나님의 복이 임하도록 기도해 주라'는 말이다. 성도들을

박해하는 원수들을 향하여 이 이상의 사랑은 없을 것이다. 그리고 "저주하지 말라"고 한다. 여기 "저주"란 말은 "축복"이란 말의 반대어로 '잘 못되게 비는 행위'를 뜻한다. 성도들은 원수를 향하여 축복은 하되 축복의 반대에 해당하는 악을 빌어 불행하게 만드는 일은 하지 말라는 것이다. 우리 성도들은 우리를 박해하는 사람들을 향하여 축복함으로써 우리 심령에는 계속해서 평강이 있게 해야 하고, 원수들에 대해서는 사랑을 베풀어야 하며 또 원수 갚는 일은 전적으로 하나님께 맡겨야 할 것이다.

롬 12:15. 즐거워하는 자들과 함께 즐거워하고 우는 자들과 함께 울라.
바울은 다른 성도와의 관계를 어떻게 할 것을 교훈한다. 한 마디로 죄를 짓는 일(고후 6:14-15) 이외에는 모든 방면에서 함께 하라고 권한다. 다른 성도들의 즐거움도 마치 내 즐거움인양 즐거워하고 또 다른 성도들의 슬픔이 내 슬픔인양 함께 울라는 것이다(고전 12:26). 우리는 본래 다른 사람과 이렇게 서로 간에 교제하기가 힘든 성품을 가지고 있었으나(시기, 질투, 악의, 이기심 등 때문에) 우리가 그리스도로 말미암아 엄청난 은혜를 받았으니 이런 생활이 가능한 것이다. 우리는 특히 생의 여러 가지 재난을 만나서 우는 사람들을 동정하여 함께 울어야 한다.

롬 12:16. 서로 마음을 같이하며 높은 데 마음을 두지 말고 도리어 낮은 데 처하며 스스로 지혜 있는 체 하지 말라.
바울은 앞 절(15절)에서 교우들끼리 동고동락하라고 부탁하고는 본 절에서는 "서로 마음을 같이하라"고 말한다(15:5-6; 고전 1:10; 빌 2:2; 3:16; 4:2; 고후 13:11; 벧전 3:8). 서로 마음을 같이하라는 말씀은 예수님을 생각하라는 말씀과 같다. 이 구절에 대한 해석은 수없이 많이 시도되었다. 그러나 현실적으로 그리스도를 생각하지 않으면 서로 마음을 같이하는 일은 불가능하다. 혹자는 감정과 취미와 소원을 같이 하면 마음이 같아진다고 해석했는데 이것도 역시 현실적으로 불가능한 이야기이다. 그런고로 교우들이 모두 예수님을 생각하고 사모할 때 마음이 같아지는 것이다. 우리는 예수님의 피가 우리를 구원하신 것을 생각하고 피를 바라보아야 한다. 이 말씀에 대한 해석은 필자의 옥중서신 주해 빌 2:2을 참조할 것. 우리는 예수님만 생각해야 한다. 우리는 우리의 출세와 명예를 깊이 생각할 것이 아니고 모든 것을 후하게 주시는 예수님만을 생각해야 한다. 그리하여 서로 일치를 이루어야 한다.

바울은 서로 마음을 같이하라고 권고하고는 같이 하는 방법을 세 가지로 말하고 있다. 첫째, "높은데 마음을 두지 말라"고 말한다(3절; 11:20; 시 131:1-2; 렘 45:5). "높은 데"(τὰ ὑψηλὰ)란 말은 '높은 것들'을 지칭하는 말인데 '교만'이란 뜻이다. 그러니까 "높은데 마음을 두지 말라"는 말은 '교만하지 말라'는 권고이다(마 11:29). 자기 자신이 무엇이나 된 줄로 알고 우쭐하게 생각하지 말라는 말이다. 둘째, "도리어 낮은 데 처하라"고 말한다. 곧 '겸비한 마음을 가지라'는 뜻이다. N.E.B.는 이 구절을 번역하기를 '비천한 사람들과 어울리라'고 번역했다. 우리는 마음도 낮게 가지고 또 처신도 낮게 해야 한다. 낮은 자세를 취할 때 그리스도의 은혜가 넘친다(마 5:3). 우리는 매일 낮은 마음이 되기 위해서 최소 한번 이상 하나님께 겸손을 주시기를 위해 기도하는 것이 필요하다. 셋째, "스스로 지혜 있는 체 하지 말라"고 말한다 (11:25; 잠 3:7; 26:12; 사 55:21). '스스로 지혜가 있다고 망상하지 말라'는 말이다(잠 26:12). 하나님의 말씀을 붙들지 않고 자신을 믿는 수가 있는데 우리는 하나님 없이 자신의 지략(智略)을 믿지 않아야 한다. 우리는 하나님께서 심판자이신 줄로 알고 자신을 부인하고 하나님만 의지해야 한다.

롬 12:17. 아무에게도 악을 악으로 갚지 말고 모든 사람 앞에서 선한 일을 도모하라.

바울은 앞 절(16절)에서 서로 마음을 같이하라고 말한 다음, 본 절에서는 누구로부터 악하게 취급받았을 때 악하게 대하지 말고 도리어 선하게 대하라고 말한다. 본 절에 있는 두 가지 낱말, 곧 "아무에게도"란 말과 "모든 사람"은 동의어로 사용되었다. 이 낱말들 속에는 모든 사람들이 포함되어 있다.

바울은 먼저 소극적인 측면에서 "아무에게도 악을 악으로 갚지 말라"고 부탁한다(잠 20:22; 마 5:39, 44; 고전 13:5; 살전 5:15; 벧전 3:9). '악하게 취급받았을 때 다시 내측에서 악하게 대하지 말라'는 말이다. 우리는 여러 종류의 악한 일을 당했을 때 복수하지 않아야 한다. 그리고 바울은 "모든 사람 앞에서 선한 일을 도모하라"고 말한다(14:16; 고후 8:21). "모든 사람"이 란 '신자나 불신자나 모든 사람'을 지칭한다. 우리는 모든 사람을 대하여 선하게 대할 것을 "도모하라"는 것이다. 여기 "도모하라"(προνοούμενοι)는 말은 '미리 생각해두라'는 뜻이다. 즉 '미리미리 계획하라'는 뜻이다. 우리는 모든 사람의 행복을 미리 염두에 두고 있어야 한다.

롬 12:18. 할 수 있거든 너희로서는 모든 사람과 더불어 화목하라.
바울은 바로 앞 절(17절)을 한마디로 정리한다. 그런데 하나 단서가 붙어있다. 즉 "할 수 있거든"이란 말을 첨가한다. '화목할 수 없는 사람이 있다'는 말이다. 내 편이 아니라 상대편이 원하지 않으면 화목할 수 없는 경우가 있고 또 화목할 수 없는 사람들이 있음을 말한다. 화목할 수 없는 경우는 교회를 파괴하고 그리스도를 저주하며 혹은 진리를 거스르는 사람과는 화목할 수가 없다. 다시 말해 화목을 깨뜨리는 사람들과는 화목할 수가 없는 것은 지당한 것이다. 예수님은 "거룩한 것을 개에게 주지 말라"고 하셨다(마 7:6). 거룩한 것(진리)을 찢어버리는 개와 같은 사람과는 화목할 수가 없다. 그렇지만 않다 면 "너희로서는 모든 사람과 더불어 화목하라"는 것이다(14:19; 막 9:50; 히 12:14). "모든 사람"이란 '우리 측에게 악을 행한 모든 사람'을 지칭한다. 17절의 "아무에게도"란 말과 똑 같은 말이다. 우리는 그런 사람들과 더불어 화목해야 한다. 진리를 거스르지 않는 사람으로서 우리에게 해를 끼친 모든 사람과 화목해야 한다. 그러나 진리를 거스르는 사람과는 화목할 수가 없다.

롬 12:19. 내 사랑하는 자들아 너희가 친히 원수를 갚지 말고 하나님의 진노하 심에 맡기라 기록되었으되 원수 갚는 것이 내게 있으니 내가 갚으리라고

주께서 말씀하시니라.

본 절부터 마지막 21절까지는 원수를 대하는 방법, 곧 원수를 취급하는 법을 말한다. 본 절은 원수를 하나님께 맡기라는 말을 하고, 다음 절(20절)에서는 원수를 사랑하라는 말을 하며, 끝 절(21절)에서는 원수를 친히 갚지 말고 원수에게 선을 행하여 악을 이기라고 말한다.

바울은 "내 사랑하는 자들아"라고 말한다. "사랑하는 자들아"(ἀγαπητοί)라는 말은 '사랑을 입은 자들아'라는 뜻으로 로마 교인들이 하나님의 사랑하심을 입은 자들이란 뜻이다. 그들은 하나님으로부터 부름을 받고 그리스도를 영접하여 구원에 동참한 사람들이다. 바울이 이렇게 애칭으로 부른 이유는 깊은, 특별한 진리를 말하기 위해서이다(고전 10:14; 15:58; 빌 4:1).

바울은 "너희가 친히 원수를 갚지 말라"고 명령한다(17절; 레 19:18; 잠 24:29). 여기 "갚지 말라"(μὴ ἐκδικοῦντες)는 명령은 분사로 되어 있는 명령형으로 보통 명령형과 똑 같이 강한 명령이다. 성도들은 화목할 수 있는 사람들하고 최대한 화목에 힘쓸 일이지 원수를 친히 갚아서는 안 된다. 원수를 친히 갚지 않는 것은 힘이 없어서가 아니라 힘이 있으신 하나님께서 갚도록 하기 위해서이다. 우리는 친히 원수 갚다가 마음에 상처를 받고 살아서는 안 되고 또 원수와 등져 있는 중에 기도에 방해를 받아서는 안 된다(막 11:25).

바울 사도는 우리가 친히 원수를 갚아서는 안 된다고 말한 다음 원수 갚는 일을 "하나님의 진노하심에 맡기라"고 부탁한다. "하나님의 진노하심에 맡기라"(δότε τόπον τῇ ὀργῇ)는 말은 '하나님의 진노에 자리를 드리라'는 뜻이다. 다시 말해 하나님의 진노의 심판에 자리를 내 드리라는 말이다. 그런데 여기 "맡기라"(δότε)는 말은 부정(단순)과거로서 '참으로 맡기라,' '진짜 맡기라,' '분명하게 맡기라'는 뜻이다. 우리는 내가 할 일(원수를 사랑하는 것)은 내가 하고, 하나님께서 하실 일(원수 갚는 일)은 하나님께 맡겨야 한다. 하나님의 심판권을 내가 침해해서는 안 된다.

바울은 자기의 말씀의 근거를 구약 성경에서 끌어온다. 곧 "원수 갚는 것이 내게 있으니 내가 갚으리라"라는 구약 성경 말씀을 인용한다(히 10:30).

그는 신명기 32:35에서 인용하여 본 절에 사용했다. 맛소라 사본에는 "보수는 내 것이라....갚으리라"로 되어 있고, 70인 경(LXX)에는 "보수의 날에 내가 갚으리라"로 되어 있다. 원수 갚는 일이 하나님께 있다는 말씀은 우리에게 엄청난 위로를 준다(마 12:18; 요 5:29; 9:39; 살후 1:5; 히 9:27; 벧전 4:7; 계 14:7; 18:20). 우리가 갚는다고 하면 온전히 갚지도 못하고 또 갚는다고 해도 갚는 도중에 우리 자신이 상처도 받고 또 그것 때문에 시간도 없애고 또 그것 때문에 사람과 등져서 기도도 할 수 없게 되니 말이다. 우리는 하나님께 맡기면 되니 그저 하나님께 감사할 것밖에 없다. 그런데 바울은 구약 성경 신명기에서 인용한 말씀이 옛날 말씀이 아니라 지금 주님께서 하시는 말씀으로 알았다. "주께서 말씀하시니라"(λέγει κύριος-saith the Lord)고 말한다. 여기 "말씀하시다"(λέγει)란 말은 현재형 시제로 주님께서 주전 1,450년에도 말씀하시고 또 바울 당시에도 그렇게 말씀하신다는 뜻이다. 그리고 지금도 여전히 주님은 말씀하시기를 "원수 갚는 것이 내게 있으니 내가 갚으리라"고 말씀하신다. 우리의 모든 원수를 주님께서 갚도록 내 맡겨야 한다.

롬 12:20. (그러나) 네 원수가 주리거든 먹이고 목마르거든 마시게 하라 그리함으로 네가 숯불을 그 머리에 쌓아 놓으리라.

바울은 원수 갚는 문제를 전적으로 하나님께 맡기고 우리가 해야 할 일을 지시한다. 곧 "네 원수가 주리거든 먹이고 목마르거든 마시게 하라 그리함으로 네가 숯불을 그 머리에 쌓아 놓으리라"고 말한다(17절; 출 23:4-5; 잠 25:21-22; 마 5:44). 바울은 잠 25:21-22에서 인용하였는데 22절 하반 절("여호와께서는 네게 상을 주시리라")을 삭제하고 인용했다. 삭제한 이유에 대해 우리는 알 수 없고, 바울 사도의 필요에 따라 한 것이다. 바울은 '원수가 먹지 못하는 형편에 처하게 되면 먹여주고, 또 원수가 목마른 환경에 처하게 되면 마시게 해주라. 그렇게 하면 네가 숯불을 그 머리맡에 쌓아놓는 효과를 발휘하게 될 것이라'고 말한다. 원수가 어려움을 당했을 때 사랑으로 돌보아주면 그 원수의 마음을 녹이게 될 것이라는 말이다. "숯불을 그 머리에 쌓아놓으리라"는 말은 '숯불을 그 머리맡에 쌓아놓는' 효과를 발휘한다는 뜻이다. 그런데 여기 "숯불을 그 머리에 쌓아놓는다"는 말을 두고 몇 가지 다른 해석이 있다. 첫째, 혹자는 우리가 친히 원수를 갚지 않고 하나님의 심판권에 보복을 맡겨서 하나님께서 그들에게 벌하게 해주신다는 뜻이라고 한다. 이 해석은 문맥과 잘 부합하지 않는 약점이 있다. 이유는 상반 절의 내용과 맞지 않는다. 상반 절의 내용과 맞아야 한다. 둘째, 혹자는 우리가 원수의 곤경을 맞이하여 친절을 베풀면 숯불을 그 머리에 쌓아 놓는 효과가 있는데 그 효과는 두 가지 방향으로 나타날 수 있다는 것이다. 하나는 좋은 방향으로서 원수가 회개하는 것이고, 또 하나는 그 원수가 회개하지 않는 경우 더 악하게 되는 효과가 있게 된다고 말한다. 셋째, 원수가 곤경을 만났을 때 우리가 친절을 베풀면 그 원수들이 감동을 받아서 회개하기에 이른다는 것이다(Augustine, Jerome, Ambrose, Erasmus, Luther, Olshousen, Philippi, Hodge, Alford, Shedd, Murray, Hendriksen, Mickelsen, 박윤선). 이 견해가 가장 바른 견해로 보인다. 이유는 다음 절(21절)도 역시 "선으로 악을 이기라"고 말했기 때문이다. 그러면 여기 "숯불" 자체가 실제적으로 무엇이냐 하는 것이다. 이것은 우리가 원수에게 사랑을 베푼 결과로 생겨진 '원수의 마음에 생겨진 숯불,' '미안함을 느끼게 하는 뜨거운 마음'이라고 해석할 수가 있다. 우리는 원수 갚는 것을 하나님께 맡기고 원수의 머리에 숯불을 가져다가 놓아야 한다. 다시 말해 곤경에 처했을 때 사랑을 베풀어야 한다.

롬 12:21. 악에게 지지 말고 선으로 악을 이기라.

바울은 14절 이하 지금까지의 말에 대해 최종적으로 결론을 말한다. "악에게 지지 말고 선으로 악을 이기라"고 말한다. 먼저 소극적으로 "악에게 지지 말라"고 말하고 또 적극적으로 "선으로 악을 이기라"고 말한다. 여기 "악"이란 우리가 우리 손으로 '원수를 갚으려는 악한 생각'을 지칭한다. 우리는 우리 속에 일어나는 악한 생각, 곧 원수를 갚아보려는 악에게 지지 말아야 한다. 그리고 바울은 "선," 곧 '원수를 사랑하는 사랑'으로 내 속에서 원수를 갚아보려는 악한 생각을 이기라고 부탁한다. 그렇게 할 때 원수도 갚아지는 것이다. 내 속에서 원수를 갚아보려는 악한 생각을 이길 때 원수도 갚아지는 것이다.

참으로 이상한 일이다. 내 속에 있는 악한 생각에게 지지 말고 오히려 원수에게 사랑을 베풂으로써 내 속에서 일어나는 악한 생각을 소멸시키고 이기면 원수는 자연적으로 그냥 내 앞에서 패배하고 만다. 그러나 보통은 사람들이 마음속에 일어나는 악한 생각을 그냥 키워서 원수를 갚으려고 백방으로 노력한다. 때로는 비방하고 때로는 실제로 해를 끼치고 때로는 생명을 죽인다. 그렇게 하면 불행밖에 남는 것이 없다. 바울은 참으로 어려운 생활을 우리에게 주문한다. 그러나 그것이 바로 우리가 취해야 할 최선의 삶이다.

제 13 장

위정자와 이웃에 대한 성도의 의무와 재림 준비 명령

D. 시민으로서의 의무 13:1-7

바울은 앞 장(12장)에서 개인들이 취해야 할 윤리들을 다루었다. 그런데 이 부분에서는 기독교인 개인이나 혹은 교회적으로나 정권에 어떤 태도를 취해야 하는가를 말한다. 바울은 성도들이 하나님이 세우신 위에 있는 권세들에게 복종할 것을 명령한다. 이 원리야말로 신본주의(神本主義)의 윤리이다. 이유는 하나님 자신이 모든 권세의 기원이기 때문이다. 지상에서 권력을 행사하는 자들은 하나님의 위임을 받고 행사하는 것이다. 정부만 아니라 모든 제도(교회, 가정, 산업, 농업, 학교 등)가 다 하나님께서 세워주신 제도이다(벧전 2:13-14). 그러므로 그들에게 복종하지 않는 것은 하나님께 불복하는 것이다. 인간의 정부와 모든 제도는 하나님이 세우신 것이다. 하나님께서 범죄를 막고 정의를 실현하시기 위하여 정부를 세우신다. 그러므로 모든 기독교인들은 법을 지키고 세금을 내고 정부의 권세 자들을 존경해야 한다. 그것이 하나님을 섬기는 일이기 때문이다. 성도는 하늘에 속한 사람들이지만 육신을 입고 지상에 살고 있는 한 하나님께서 우리의 육신을 위해서 세우신 지상 정부의 권세에 복종해야 한다.

만일 국가의 권세 잡은 자들이 하나님 위에 군림하고 하나님의 법에 어긋나는 일을 명령하면 어떻게 할 것인가를 두고 역사상에 많이 논의되어 왔다. 그런 때는 "아니요"라고 말할 수 있어야 한다. 베드로는 "사람보다 하나님을 순종하는 것이 마땅하다"고 말했다(행 5:29). 칼빈(John Calvin)은 말하기를 "우리 국가를 폭군에게서 건져내는 일처럼 아름다운 일은 없다"고 말했다.

롬 13:1. 각 사람은 위에 있는 권세들에게 복종하라 (이유는) 권세는 하나님으로부터 나지 않음이 없나니 모든 권세는 다 하나님께서 정하신 바라.

바울은 본 절에서 권세자들에게 복종하라고 말하고, 다음 절(2절)에서는 권세를 거스르지 말라고 말한다. 바울은 "각 사람은 위에 있는 권세들에게 복종하라"고 말한다(딛 3:1; 벧전 2:13). 여기 "각 사람"(πᾶσα ψυχη)이란 말은 '각각의 영혼'(2:9; 행 3:23; 27:37)이란 뜻으로 모든 사람들은 마음으로(진심으로) 권세자들에게[57) 복종해야 된다는 것을 암시한다. 그리고 본문의 "위에 있는 권세자들"은 누구를 지칭하는 말인가. 이에 대해 혹자는 천사들까지 포함하는 것으로 말하기도 하나 문맥에 맞지 않는 해석이다. 어떻게 천사가 세금을 받는가(6-7절). 국사(國事)를 맡은 권세 자들이 하나님의 명령을 실현하려고 할 때 성도들은 진심된 마음으로 복종해야 한다. 예수님은 "가이사의 것은 가이사에게, 하나님의 것은 하나님께 바치라"고 부탁하신다(마 22:21). 다시 말해 권세자들이 "가이사의 것"(국민으로서 마땅히 해야 할 의무)을 요구할 때 성도들은 마땅히 복종해야 한다는 말씀이다. 그러나 만약 권세자들이 "하나님의 것"(하나님께만 드려야 되는 경배)을 원할 때는 거절해야 한다. 뿐만 아니라 성경말씀에 어긋나는 일을 명령할 때도 역시 거절해야 한다.

성도가 권세들에게 복종해야 할 이유는 "권세는 하나님으로부터 나지 않음이 없나니 모든 권세는 다 하나님께서 정하신 것"이기 때문이라고 말한다 (잠 8:15-16; 단 2:21; 4:32; 요 19:11). 권세는 다 하나님으로부터 난다는 말이고 또 모든 권세는 다 하나님께서 정하셔서 세우신다는 뜻이다(단 2:21; 4:25; 사 10:5-10). 두 문장은 같은 뜻인데 앞 문장은 소극적으로 권세는 다 하나님으로부터 나지 않음이 없다는 것이고, 둘째 문장은 좀 더 적극적으로 표현하여 모든 권세는 다 하나님께서 정하시는 것이라고 말한다. 선한 권세자들이나 악한 권세자들이나 다 하나님으로부터 난다. 때로는 하나님께서 악한 왕을 세우시기도 한다. 이유는 성도들이 하나님의 말씀대로 살지 않고 영적으

---

57) 복수로 되어 있는 이유는 각계각층의 권세자들을 지칭하기 때문이다. 즉 선한 권세와 악한 권세, 높은 권세, 낮은 권세를 망라하기 때문에 복수로 되었다.

로 타락하였을 때 성도들을 징치하시기 위하여 하나님께서 악한 정부를 세우신다. 하나님은 성도들로 하여금 그 악한 정부 때문에 고생하면서 하나님을 더욱 가까이 하고 또 부르짖게 하신다. 그러면 하나님께서 그 기도 소리를 들으시고 선한 정부와 선한 정치지도자들을 주신다(출 2:23).

롬 13:2. 그러므로 권세를 거스르는 자는 하나님의 명을 거스름이니 거스르는 자들은 심판을 자취하리라.

바울은 본 절에서 지상의 권세를 거스르는 것이 어떤 의미인가를 말하고 또 거스르는 자는 심판을 자취할 것이라고 말한다. 여기 "그러므로"란 말은 바로 앞 절에서 말한바 '모든 권세는 하나님으로부터 왔고 또 하나님께서 정하셨으므로'란 뜻이다. 바울은 먼저 "권세를 거스르는 자는 하나님의 명을 거스름이라"고 말한다. 권세가 하나님으로부터 났고 또 하나님께서 정하신 것이므로 권세에 불복하는 것은 바로 하나님의 명령을 거스름이라는 것이다. 성도는 공연히 권세를 거슬러서는 안 된다. 오늘 세상 사람들 중에는 걸핏하면 반정부 시위를 하는 사람들이 있다. 정부가 특별히 하나님의 말씀을 거부하지도 않았는데 자기들 집단의 요구에 맞지 않는다고 걸핏하면 반정부 시위를 하면서 정권퇴진 운동을 한다. 그것은 하나님의 권세를 거스르는 일이고 하나님의 명령을 거스르는 것인 줄 알아야 한다. 바울은 권세를 "거스르는 자들은 심판을 자취하리라"고 말한다(딛 3:1). 심판을 자취한다는 말은 현세에서 그 정권으로부터 벌을 받는다는 말이다(4절). 만약에 그 정권이 약하여 징벌을 하지 못하던가 아니면 그 정권이 붕괴되었을 경우에는 하나님께서 직접 불복한 사람들을 징치하신다(1-2절). 그런 현상은 세상에서 많이 볼 수 있는 현실이다. 우리는 하나님의 명령을 거역하여 징벌을 받아서는 안 된다.

조심할 것은 여기 "심판을 자취하리라"는 말은 지옥 불에 들어가는 심판을 의미하는 것은 아니다. 그러나 그런 불복을 회개하지 아니하고 계속하는 사람들은 나중에 영원한 심판을 받는 것은 성경의 사상으로 볼 때 당연하다(2:5-6).

롬 13:3. (이는) 다스리는 자들은 선한 일에 대하여 두려움이 되지 않고 악한 일에 대하여 되나니 네가 권세를 두려워하지 아니하려느냐 선을 행하라 그리하면 그에게 칭찬을 받으리라.

바울은 로마 교인들을 향하여 정부의 최고 책임자나 혹은 권력자들에게 복종하는 삶을 삶으로써 공포심 없이 지내고 또 인정받으라고 권면한다. 바울은 본 절 초두에 "이는"이라는 접속사를 사용하여 본 절이 앞 절들(1-2절)과 연관이 있음을 말하고 있다. 다시 말해 권세들에게 복종하라는 말을 계속하고 있음을 알 수 있다.

바울은 "다스리는 자들은 선한 일에 대하여 두려움이 되지 않고 악한 일에 대하여 된다"고 말한다. "다스리는 자들" 곧 '국가의 통치자들'은 "선한 일" 즉 '복종하는 사람'에게 두려운 존재가 되지 않고, "악한 일" 즉 '불복종하는 사람'에게 두려운 존재가 된다는 뜻이다. 본문에 나오는 "선한 일"이란 말은 추상명사로 표현되어 있지만 실제로는 문맥에서 '복종하는 일'이라든지 '복종하는 사람'을 지칭하고, "악한 일"이란 말도 추상명사로 표현되어 있지만 실제로는 '불복종하는 일'이라든지 '불복종하는 사람'을 지칭한다. 그러니까 다스리는 자들은 똑 같은 자들인데 시민들이 어떠냐에 따라 두려움의 대상이 되기도 하고 혹은 되지 않기도 한다는 말이다. 바울은 이렇게 원론적인 이야기를 해놓고 로마 교인들에게 "네가 권세를 두려워하지 아니하려느냐"고 질문한다. 여기 바울의 질문은 대답을 기대하는 질문이 아니라 강조하기 위하여 질문형식을 빌어서 말한 것이다. 바울의 질문의 요지는 "권세" 즉 '통치자들이 하나님으로부터 물려받은 권세'를 두려워하지 아니하기를 소원하느냐는 질문이다. 그렇다면 "선을 행하라"는 것이다(벧전 2:14; 3:13). 다시 말해 문맥을 따라 살펴보면 '복종하라'는 뜻이다. "그리하면 그에게 칭찬을 받으리라"고 말한다. 여기 "그리하면"이란 말은 "선을 행하면"이란 뜻이다. 곧 '복종하면'이란 뜻이다. 복종하면 "그에게 칭찬을 받으리라"는 것이다.

'권세 자들에게 인정을 받으리라'는 말이다. 벧전 3:13에 "너희가 열심으로 선을 행하면 누가 너희를 해(害) 하리요"라고 말한다. 그러니까 "칭찬을 받으리라"는 말은 '무슨 큰 칭찬을 받는다는 말이 아니라 해함을 받지 아니하고 인정을 받는다'는 말이다. 성도는 세상에서 무슨 큰 칭찬을 기대할 수가 없다. 오직 하나님으로부터 칭찬을 기대하고 상급을 기대하면서 살아야 한다.

각 나라 정권은 상선 벌악을 철저히 시행해야 한다. 법에 불복하는 사람을 벌하고 법을 순종하는 사람을 인정해야 한다. 시민은 정부의 시책에 협조하고 순종해야 한다. 정부가 하나님의 명령을 어기지 않는 한 말이다.

롬 13:4. (이는) 그가 하나님의 사역자가 되어 네게 선을 베푸는 자니라. 그러나 네가 악을 행하거든 두려워하라 그가 공연히 칼을 가지지 아니하였으니 곧 하나님의 사역자가 되어 악을 행하는 자에게 진노하심을 따라 보응하는 자니라.

바울은 본 절에서 정부의 권위를 두 가지로 말하고 있다. 곧 선을 베푸는 권위와 불복하는 자들을 징벌하는 권위를 말하고 있다. 바울은 본 절 초두에 "이는"(γὰρ)이라는 말을 사용하여 본 절이 앞의 내용(1-3절)과 연결되어 있음을 보여주고 있다.

바울은 "그가 하나님의 사역자가 되어 네게 선을 베푸는 자라"고 말한다. 여기 "그가"란 말은 단수로서 1절의 "권세 자들," 그리고 2절의 "다스리는 자들"을 지칭하는 말인데 단수로 쓴 이유는 권세 자들을 총칭하기 위해서이다. 정부의 권세 자들 전체는 "하나님의 사역자"(θεοῦ διάκονός)들이라고 말한다. '하나님의 종' 혹은 '하나님의 심부름꾼'이란 말이다. 그들은 하나님으로부터 세움을 받았으니(1절) 하나님의 종들이요 심부름꾼들이다. 그들은 하나님께서 시키시는 일만을 해야 한다. 그런데 정부에서 일하는 사람들 중에는 무슨 큰 벼슬이나 하는 것처럼 백성들 위에 군림하려고 한다. 참으로 잘 못된 사람들이다. 그들은 하나님의 사역자가 되어 "네(로마교인들)게 선을 베푸는 자"여야 한다. 여기 "네게"라고 단수로 쓴 것(3절 참조)은 전체를 지칭하는 말이다. 그리고 "선"이란 '국민들의 육신방면의 복리와 육신의 안전을 위한 일들을 도모하는 것'을 지칭한다. 정부는 항상 국민들의 복지와 안전을 도모해야 한다. 그것을 벗어나서는 안 된다.

그리고 바울은 정부의 시책에 반항하고 불복하는 사람들에게는 정부의 권세 자들이 두려움의 존재가 된다고 말한다. 곧 "그러나 네가 악을 행하거든 두려워하라"는 것이다. 다시 말해 '그러나 네(국민들)가 악을 행하거든 권세 자들의 처벌을 두려워하라'는 말이다. 바울은 권세 자들이 "칼"을 가지고 있다고 말한다. 즉 "그가 공연히 칼을 가지지 아니하였다"고 말한다. '하나님의 사역자들이 이유 없이, 쓸데없이 칼을 가지고 있는 것은 아니라'는 말이다. 이유가 있어서 칼을 가지고 있다는 뜻이다. 여기 "칼"은 징벌을 상징하는 말로서 처벌 권을 뜻하는 것이며 정부는 최대한 사형 권까지 가지고 있다는 말이다(Murray). 본문의 "가지다"(φορει)란 말은 현재 시제로 권세 자들이 정권이 서 있는 동안 계속해서 처벌 권을 행사해야 한다는 뜻이다. 나라의 올바른 시책에 대하여 불복하는 자들을 처벌하지 않는 것도 직무태만이다.

바울은 하나님의 종들이 어떤 일을 하는 자들인지 구체적으로 다시 한 번 설명한다. 권세 자들은 "하나님의 사역자가 되어 악을 행하는 자에게 진노하심을 따라 보응하는 자라"고 말한다. 여기 "진노하심을 따라 보응하는 자"라는 말은 '하나님의 진노하심을 대행하여 징벌하는 자'란 뜻이다. 2절에 보면 "권세를 거스르는 자는 하나님의 명을 거스름이니 거스르는 자들은 심판을 자취하리라"고 말했는데 하나님의 명을 거스르면 하나님의 진노의 대상이 되는데 그 때 하나님을 대리하여 권세 자들이 보응을 해야 한다는 말이다. 만일 정권이 이 일을 잘 하지 못하면 하나님께서 정권을 바꾸시는 것을 볼 수 있다.

그러면 국민이 문제가 아니라 정권 자체가 독재화하고 폭력화할 때 우리는 그 정권을 어떻게 보아야 할 것인가. 그래도 역시 하나님의 사역자(종)라고 할 수 있는가. 그 정권을 하나님께서 무너뜨리시지 않는 한 하나님의 사역자들이라고 해야 한다. 하나님께서 뜻이 있어서 그 정권을 연장하신다는 것이다.

그 학정 밑에서 국민들이 고생하는 중에 하나님께서 그 국민들을 연단하시고 새롭게 하시려고 그렇게 하시는 때가 있다. 하나님께서 하시는 일을 우리가 다 알 수가 없다.

롬 13:5. 그러므로 복종하지 아니할 수 없으니 진노 때문에 할 것이 아니라 양심을 따라 할 것이라.

바울은 이제 본 절에서 4절("하나님의 사역자가 되어 악을 행하는 자에게 진노하심을 따라 보응하는 일")의 결론을 쓰려고 "그러므로"라고 말한다. 물론 4절만의 결론은 아니다. 1절부터 4절까지 말한 것을 위한 결론을 쓰려고 "그러므로"라고 말한 것이다. 그러나 직접적으로 4절의 결론을 말하려는 것이다. 바울은 "복종하지 아니할 수 없다"(ἀνάγκη ὑποτάσσεσθαι)고 말한다(전 8:2). '마땅히 복종해야 한다'는 뜻이니 하나님의 명령 때문에(1절), 그리고 권세 자들이 칼을 가지고 있기 때문에(4절) 복종해야 한다는 뜻이다.

바울은 국민들이 두 가지 이유로 정부시책에 복종해야 한다고 말한다. 하나는 하나님의 진노를 받지 않기 위해서라도 복종해야 하고 또 하나는 특히 신자의 경우 "양심을 따라 할 것이라"고 말한다(벧전 2:19). 신자가 양심을 따라 복종해야 하는 이유는 그 정부가 하나님으로부터 왔기 때문이다(1절). 신자들은 양심적으로 정권에 복종해야 한다. 하나님을 생각해서 복종하는 것이다.

롬 13:6. (이는) 너희가 조세를 바치는 것도 이로 말미암음이라 (곧) 그들이 하나님의 일꾼이 되어 바로 이 일에 항상 힘쓰느니라.

바울은 본 절에서 국민이 정부의 시책에 복종하는 하나의 실례로 세금 바치는 문제를 거론한다. 바울은 본 절 초두에 "이는"(γὰρ)이란 말을 썼는데 본 절이 바로 앞 절과 연락이 있다는 뜻이다. 바울은 바로 앞 절에서 국민들이 두 가지 이유로 권세 자들에게 복종해야 한다고 했다. 하나는 하나님의 진노를 받지 않기 위해서, 그리고 또 양심 때문에 복종해야 한다고 했다. 바울은

"너희가 조세를 바치는 것도 이로 말미암음이라"고 말한다. 여기 "조세"(fó-ροuς)란 말은 '국가가 거두어들이는 포괄적인 세금'을 지칭한다. 그리고 "이로 말미암음이라"는 말은 바로 앞 절에 나온 두 가지 이유를 지칭하는 말이다.

그리고 바울은 "곧 그들이 하나님의 일꾼이 되어 바로 이 일에 항상 힘쓰느니라"라고 말한다. 첫 낱말 "곧"(γὰρ)이란 말은 본문이 바로 앞에 나온 말을 다시 설명하는 말이다. 바울은 그 권세 자들이 "하나님의 일꾼," 즉 '하나님의 종들'이 되어 바로 "이 일," 즉 '하나님의 종들이 하는 일로서 한 가지 예를 들면 세금을 내는 일과 세금을 수금하는 일에 관계된 일'을 지칭한다. 바울은 위정자들이 국정에 "항상 힘쓰느니라"고 말하고 있다. 위정 자들은 항상 국정수행에 힘써야 한다는 것을 암시하고 있고 또 위정자들이 바울이 편지를 쓰는 순간도 여전히 국가의 일에 힘쓰고 있으니 로마의 교인들 은 복종하라는 뜻이다.

롬 13:7. 모든 자에게 줄 것을 주되 조세를 받을 자에게 조세를 바치고 관세를 받을 자에게 관세를 바치고 두려워할 자를 두려워하며 존경할 자를 존경하라. 바울은 본 절에서 로마 교인들에게 국가에 의무를 다하라고 말한다. "모든 자에게 줄 것을 주라"고 말한다(마 22:21; 막 12:17; 눅 20:35). 여기 "주되" (ἀπόδοτε)란 말은 부정(단순)과거 명령형으로 '분명히 주라,' '참으로 주라'는 뜻으로 국민들은 위정자들(국가)에 대한 모든 책임을 다하라는 말이다. 바울 은 로마 교인들에게 국민의 책임을 다하되 네 가지 책임을 말한다. 첫째 "조세를 받을 자에게 조세를 바치라"고 말한다. 여기 "조세"란 6절에서 말한바 '국가가 거두어들이는 포괄적인 세금'을 말한 듯하다. 둘째, "관세를 받을 자에게 관세를 바치라"고 말한다. 여기 "관세"(τέλος)란 '물건을 구매할 때 내는 세금'을 지칭하는 것으로 보인다(마 17:25). 조세는 사람에게 붙는 세금 이고 관세는 물건에 붙는 세금이다(Vincent). 이 두 세금의 차이를 오늘 온전히 정확하게 구별 짓기는 어려울 것으로 보인다. 셋째, "두려워할 자를 두려워하 라"고 말한다. 곧 '두려움을 받을 자를 두려워하라'는 말인데 그 대상이 아주

최고의 직위에 있는 자(황제를 뜻할 것임)를 두려워하라는 말일 것이다. 넷째, "존경할 자를 존경하라"고 말한다. "존경할 자"란 말은 '존경을 받을 자'란 뜻인데 최고의 직위에 있는 사람 다음의 사람들을 말할 것이다. 국민들은 나라의 최고 지위에 있는 사람을 두려워하고 또 높은 관직에 있는 사람들을 존경해야 한다. 이유는 그들이 하나님으로부터 권세를 위임받았기 때문이다.

E. 이웃 사랑의 의무 13:8-10
시민으로서의 의무를 다하라고 말한(1-7절) 바울은 이제 이웃을 사랑하라고 말한다. 이웃 사랑은 율법을 완성하는 것이라고 말한다.

롬 13:8. 피차 사랑의 빚 외에는 아무에게든지 아무 빚도 지지 말라 (이는) 남을 사랑하는 자는 율법을 다 이루었느니라.
바울은 "피차 사랑의 빚 외에는 아무에게든지 아무 빚도 지지 말라"고 권면한다. '서로 사랑의 빚만 지라'는 말이다. "피차 사랑의 빚"이란 '서로 사랑해야 할 빚'을 지칭한다. 서로 사랑의 빚을 갚으라는 말이다. 성도는 하나님으로부터 받은 무한한 사랑을 받았으니 서로 사랑하는 것으로 나타내야 한다는 것이다. 성도는 서로 사랑의 빚 이외에 다른 빚은 지지 말아야 한다. 서로 돈 빚, 물질적인 빚을 지지 말아야 한다. 오직 서로 간에 사랑의 빚만 져야 한다는 것이다. 우리는 하나님으로부터 무한한 사랑을 받았으니 서로 사랑해야 할 것이고 또한 이웃으로부터 적은 사랑을 받았어도 거기에 보답해야 한다. 그럴 때 사랑이 더욱 증진된다.
그런데 한 가지 조심할 것은 여기 "서로"란 말은 좁은 범위의 서로가 아니라 원수에게까지 뻗어나가는 "서로"이다. 다시 말해 "아무에게도 아무 빚도 지지 말라"는 말에서 "아무에게도"란 말은 '인종을 초월하고 계급을 초월하고 빈부를 초월하고 또 모든 것을 초월하여 누구에게나'를 지칭하는 말이다. 즉 모든 인류를 포함하는 말이다. 바울은 또 "남"을 사랑하라고 말한다. 우리는 나 이외에 남을 사랑해야 한다. 그런데 남을 사랑할 때 "서로"의 형식을 취해야 한다.

바울은 "아무 빚도 지지 말라"고 말한다. 사랑의 빚 이외에는 다른 '아무 빚도 지지 말라'는 부탁이다. '사랑의 빚만 지라'는 말이다. 물론 사도가 다른 사람들에게 잠시 돈을 빌려 쓴다든지 혹은 집을 빌려 산다든지 하는 일을 전혀 금한 말이 아니다. 빌려 쓰고 얼른 갚는 것까지 금하는 말이 아니다. "아무 빚도 지지 말라"는 말은 사랑의 빚을 심히 강조하는 말이다. 우리는 하나님으로부터 사랑을 받았으니 이웃을 무제한 사랑해야 한다는 것이다.

바울은 이렇게 "남을 사랑하는 자는 율법을 다 이루었다"고 말한다(10절; 갈 5:14; 골 3:14; 딤전 1:5; 약 2:8). 여기 "남을 사랑하는 자"(ὁ ἀγαπῶν)란 말은 현재분사 시제로 '남을 계속해서 사랑하는 것'을 지칭한다. 남을 계속해서 사랑하는 자는 "율법을 다 이루었다"는 것이다. 여기 "율법"이란 말은 9절에 나오는 말씀을 근거하여 '십계명'을 뜻한다. 다음 절에 기록한 것을 보면 '십계명의 후반부'를 말한다. 우리는 다른 사람을 사랑해야 한다. 그러면 율법을 온전히 이루는 자들이 되는 것이다. 우리는 이웃에게 영원한 사랑의 부채를 지고 있음을 알고 계속해서 사랑해야 할 것이다.

바울은 남을 사랑하는 자는 "율법을 다 이루었다"고 말한다. '율법의 요구를 충족시켰다,' '율법의 요청을 완료했다'는 말이다. 율법은 네 이웃을 네 몸같이 사랑하라고 요구하는데 남을 사랑하는 사람은 그 요구를 완료했다는 것이다. 예수님은 십자가에서 죽으셔서 구약의 율법의 요구를 모두 완전히 이루셨다. 우리는 그 사랑을 받아서 남을 사랑할 때 이웃을 사랑하라는 십계명을 완수하는 것이다. 십계명의 후반부를 이루는 것이란 말이다.

롬 13:9. 간음하지 말라, 살인하지 말라, 도둑질하지 말라, 탐내지 말라 한 것과 그 외에 다른 계명이 있을지라도 네 이웃을 네 자신과 같이 사랑하라 하신 그 말씀 가운데 다 들었느니라.

바울은 여기 기록된 계명, "간음하지 말라(출 20:13; 신 5:17; 마 19:18), 살인하지 말라, 도둑질하지 말라, 탐내지 말라"는 계명 이외에 다른 계명(부모 공경하

라. 거짓 증거 하지 말라. 또 모세의 다른 계명들)이 있을지라도 이웃(우리의
손이 닿는 사람들)을 사랑하라는 계명 속에 다 들어 있다고 말한다. 본 절에
기록한 계명은 7, 6, 8, 10 계명인데(출 20:13-17; 신 5:17-21), 그 어떤 계명이
있을지라도 이웃을 사랑하면 다 지킨 것이 된다는 말이다(갈 5:14). 바울은
그 어떤 계명이 더 있다 하더라도 "네 이웃을 네 자신과 같이 사랑하라 하신
그 말씀 가운데 다 들었다"고 말한다(레 19:18; 마 22:39; 막 12:31; 갈 5:14;
약 2:8). 다시 말해 "네 이웃을 네 자신과 같이 사랑하라 하신 그 말씀" 속에
다 포함되어 있다는 말이다. 이웃 사랑이 가장 중요한 계명이다. 이웃을 사랑
하는 계명은 최고의 계명으로서(약 2:8) 그 계명 안에 다른 계명들은 포함되어
있다. 사람은 이웃 사랑이 없어서 간음하게 되고 사랑이 없어서 살인(시기심
포함)하게 되고 사랑이 없어서 도둑질하게 되고 사랑이 없어서 탐낸다. 사랑하
면 이 모든 일들을 하지 않는다. 오늘 사랑이 없어 간음하고 살인하며 도둑질하
고 탐낸다. 우리는 사랑의 사람들이 되어야 한다.

롬 13:10. 사랑은 이웃에게 악을 행하지 아니하나니 그러므로 사랑은 율법의 완성이니라.

바울은 "사랑(ἡ ἀγάπη)은 이웃에게 악을 행하지 아니한다"고 말하며 그런
이유에서 "사랑은 율법의 완성이라"고 말한다. 고전 13:4-7에 보면 사랑은
이웃에게 해를 끼치지 아니한다고 말한다. "사랑은 오래 참고 사랑은 온유하
며 시기하지 아니하며 사랑은 자랑하지 아니하며 교만하지 아니하며 무례히
행하지 아니하며 자기의 유익을 구하지 아니하며 성내지 아니하며 악한 것을
생각하지 아니하며 불의를 기뻐하지 아니하며 진리와 함께 기뻐하고 모든
것을 참으려 모든 것을 견디느니라"고 말한다.

바울은 "그러므로 사랑은 율법의 완성이니라"고 말한다(8절; 마 22:40).
사랑한다면 이웃에게 악을 행할 이유가 없는 것인데 그러므로 사랑한다면
율법의 요구를 완수하는 것이란 말이다. 율법의 요구를 충족시켜 주는 것이란
말이다. 사랑은 사랑에 관한 소극적 요구들을 충족시켜 주는 것이고 다른

사랑관련 계명의 요구를 완성시켜 주고 있다는 것이다. 우리는 이웃을 사랑하여 율법의 요구를 충족시키고 완성하면서 살아야 할 것이다.

F. 그리스도의 재림을 준비하는 삶을 살아야 한다   13:11-14

사랑의 빚만 지라고 말한(8-10절) 바울은 이제 자다가 깰 때가 되었다고 말하고 깬 사람으로 살라고 권면한다(11-14절). 사랑의 빚만 지라고 하는 말은 이웃 관계인 반면 자다가 깰 때가 되었다고 하는 말은 자신의 신앙생활을 돌아보라는 말이다. 인류는 그리스도의 초림 때부터 종말이니(히 1:2) 그 어느 시대든지 자다가 깰 때가 된 것으로 알고 어두움의 일을 벗고 그리스도로 옷 입고 살아야 한다는 것이다.

롬 13:11. 또한 너희가 이 시기를 알거니와 자다가 깰 때가 벌써 되었으니 이는 이제 우리의 구원이 처음 믿을 때보다 가까웠음이라.

바울은 "또한"(καὶ τοῦτο)이라고 말하면서 이 단원을 시작한다. 혹자는 여기 "또한"으로 시작하는 문단(11-14절)이 바로 앞 절의 "피차 사랑의 빚 외에는 아무에게도 아무 빚도 지지 말라"(8절)는 구절과만 연관을 짓는다. 다시 말해 "또한"이란 말을 바로 앞에 나온 "피차 사랑하라"는 구절과만 연관을 짓는다. 그러나 여기 "또한"이란 말은 그 보다도 12장의 문단들(기독교의 생활방식은 다르다. 겸손하게 하나님의 은사를 사용하라. 지체들 간에 사랑하라)과 또 13장의 문단들(시민으로서 의무를 다하라. 이웃을 사랑하라)과 동등한 문단을 시작하는 "또한"으로 보는 것이 더 타당할 것으로 보인다(Cranfield). 그 만큼 이 문단은 중요하여 다른 문단들과 동등한 문단으로 보아야 할 것이다.

바울은 로마 교인들에게 "너희가 이 시기를 안다"고 말한다. '그리스도를 주님으로 영접하여 교인이 된 사람은 이 시기가 어떤 시기인지 분명히 안다'는 뜻이다. 여기 "이 시기"(τὸν καιρόν)란 말은 '이 특정한 때,' '뜻이 있는 때,' '위험한 시기'라는 뜻인데 '그리스도의 재림 전(前) 시기'를 지칭한다(행 2:17). 그리고 "알거니와"(εἰδότες)란 말은 '알고 있는 바와 같이'란 뜻으로 로마 교인들이 그 시기의 특징을 잘 알고 있다는 뜻이다. 우리도 이 시기를 잘 알아야 한다. 말세 중에도 종말에 해당하는 시기로 알아야 하고 깨어 기도해야 한다.

바울은 구체적으로 이 시기에 무엇을 해야 할지를 말한다. 곧 "자다가 깰 때가 벌써 되었다"고 말한다(고전 15:34; 엡 5:14; 살전 5:-6). '자다가, 곧 13절에 기록된 대로 방탕하다가, 술 취하다가, 음란하다가, 호색하다가, 다투다가, 시기하다가, 그리고 14절에 기록된 대로 정욕을 위하여 육신의 일을 도모하다가 깰 때가 벌써 되었다'는 말이다. 그리고 "깰 때가 벌써 되었다"는 말은 '12절에 있는 대로 어둠의 일을 벗을 때가 벌써 되었다, 13절에 있는 대로 낮에와 같이 단정히 행할 때가 벌써 되었다, 14절에 있는 대로 주 예수 그리스도로 옷 입을 때가 벌써 되었다'는 뜻이다. 여기 "때"(ὥρα) 란 말은 바로 앞에 말한 "시기"(καιρός)와는 의미가 다르다. "때"란 '순간의 때,' '순간의 시간,' '아주 급한 때'를 지칭하는 말로 이제는 피할 수 없는 시간이 되었다는 뜻이다. 우리는 벌써 잠에서 깰 때가 된 줄 알고 깨어 기도해야 할 것이다.

바울이 로마의 성도들에게 깰 때가 되었다고 말하는 이유는 "이는 이제 우리의 구원이 처음 믿을 때보다 가까웠기" 때문이라는 것이다. 즉 '바울과 로마 교인들이 처음 예수님을 믿을 때보다는 구원의 완성이 가까웠다'는 뜻이다(8:23; 벧전 1:5). 바울이 처음 다메섹 도상에서 예수님을 만났을 때보다, 그리고 로마 교인들이 처음 예수님을 영접하고 세례 받을 때보다 이제 구원의 완성의 날이 더 가까워졌기 때문에 깨야 한다는 뜻이다. 예수님의 재림의 날이 가까워지니(히 9:28; 벧전 1:5) 성도들의 구원의 완성의 날도 가까워지니까 영적인 잠에서 깨야 한다는 것이다.

롬 13:12. 밤이 깊고 낮이 가까웠으니 그러므로 우리가 어둠의 일을 벗고 빛의 갑옷을 입자.
바울은 "밤이 깊고 낮이 가까웠다"고 말한다. 여기 "밤"이란 '현세의 어두운 죄악시대'를 지칭하는 말이고 "낮"이란 말은 '예수님의 재림으로 시작되는 밝은 시대'를 지칭한다. 현세의 어두운 죄악이 지배하는 시대나 혹은 예수님의 재림으로 시작되는 밝은 시대를 말할 때 "밤"과 "낮"으로 말하는 것 이상 더 분명한 말은 없을 것이다. 여기 "깊다"(προέκοψεν)는 말은 '많이 진행되었다'는 뜻이다. 지금 죄악의 시대가 많이 진전되었다는 뜻이다. 우리는 지금 죄악이 만연한 시대를 살고 있다. 그러나 죄악이 극심할수록 예수님의 재림이 가까우니 감사할 뿐이다(고전 15:50-53; 살전 4:16-17).

바울은 이렇게 죄악의 밤은 깊고 낮이 가까웠으니 바울은 "그러므로 우리가 어둠의 일을 벗고 빛의 갑옷을 입자"고 권고한다(엡 5:11; 6:13; 골 3:8; 살전 5:8). '어두움의 일, 곧 다음 절(13절)에서 말하는바 방탕한 생활, 술 취함, 음란함, 호색함, 다툼의 삶, 시기하는 삶을 버리고 빛의 갑옷, 곧 14절에서 말하는바 그리스도로 옷을 입자'는 것이다. 바울은 그의 다른 서신에서 "빛의 갑옷"에 비교되는 말을 했다. 엡 6:11에서 "마귀의 간계를 능히 대적하기 위하여 하나님의 전신 갑주를 입으라"고 권한다. 그리고 엡 6:14-17에서 갑옷을 입는 것이 무엇인지 설명하고 있다. "서서 진리로 너희 허리띠를 띠고 의의 호심경을 붙이고 평안의 복음이 준비한 것으로 신을 신고 모든 것 위에 믿음의 방패를 가지고 이로써 능히 악한 자의 모든 불화살을 소멸하고 구원의 투구와 성령의 검 곧 하나님의 말씀을 가지라"고 말한다. 우리는 벗을 옷을 벗고 빛의 갑옷으로 갈아입어야 한다. 바울은 그의 서신에서 빛의 갑옷에 대해 말한다(살전 5:8; 엡 6:13-17).

바울은 그의 서신에서 빛과 어두움을 많이 대조하고 있다(고후 6:14; 엡 5:8; 골 1:12-13; 살전 5:4-5). 우리가 죄악의 삶을 청산하고 의의 삶을 살기 위하여 성령의 지배와 인도를 받아야 한다. 그렇지 않고 우리의 힘으로는 불가능하다. 그런고로 성령 충만을 많이 구해야 한다.

롬 13:13. 낮에와 같이 단정히 행하고 방탕하거나 술 취하지 말며 음란하거나 호색하지 말며 다투거나 시기하지 말고.

바울은 "낮에와 같이 단정히 행하자"고 권한다(빌 4:8; 살전 4:12; 벧전 2:12). 곧 '아직 죄악이 관영한 어두운 시대에 살고 있지만 신자는 밝은 낮에 사는 것처럼 단정하게 행하자'는 뜻이다. "단정히"(εὐσχημόνως)란 말은 '아름답게,' '보기 좋게,' '보기에 상쾌하게'라는 뜻이다. 단정하게 산다는 것은 바로 다음에 따라오는 어두운 삶과는 반대되는 삶을 지칭한다. 신자는 죄악이 판을 치는 어두운 시대에 살면서도 마치 밝은 광명의 세계에서 사는 사람처럼 죄악의 옷을 벗고 그리스도로 옷 입고 살아야 한다는 것이다. 우리가 하나님 보시기에 단정한 삶을 살기 위해서는 성령의 충만을 받아야 한다.

바울은 단정한 삶과는 반대되는 어두운 삶을 살지 말라고 말한다. 사도는 여섯 가지 어두운 삶을 소개하고 있다. 물론 죄악의 종류는 이 보다 훨씬 더 많으나(갈 5:19-21) 바울은 가장 기본적인 죄악들을 열거한 것이다. "방탕하거나 술 취하지 말며 음란하거나 호색하지 말며 다투거나 시기하지 말라"고 말한다. 이 여섯 가지 조목은 둘씩 짝을 지을 수 있다. "방탕하거나 술 취하지 말며"(잠 23:20; 눅 21:34; 벧전 4:3), "음란하거나 호색하지 말며"(고전 6:9; 엡 5:5), "다투거나 시기하지 말라"(약 3:14)는 것이다. 둘씩 짝을 짓는다고 해도 이 모든 죄악들은 사탄으로부터 온 것은 사실이다. "방탕"(κώμοις)이란 '문란하게 행하는 것'을 지칭한다. 좀 더 구체적으로 말하면 '진탕 먹고 향락을 즐기는 것'을 말한다. 이 말은 "술 취함"(μέθαις)과 연관이 있다. "술 취함"이란 '술 취하는 것'을 지칭한다. 술에 취하면 사람이 정신이 흐려지고 탈선하게 된다. 이 두 가지는 서로 성격이 가까운 죄들이다. 사람이 방탕하기 때문에 술 취하게 되고 또 술 취하게 되니 더욱 방탕하게 된다는 것이다. 오늘 우리나라는 술통에 빠졌다고 야단들이다. 가히 망국적이라고 말할 수 있다. 우리는 술 마시는 것을 합리화 할 것이 아니라 단연코 끊어야 한다. 바울은 방탕과 술 취하는 것을 기본 악(惡)으로 말하고 있으니 우리는 끊어야 한다.

다음 "음란"(κοίταις)이란 '무절제한 성행위'를 뜻하고 "호색"(ἀσελγεί-αις)은 '색을 탐하는 것'을 지칭한다. 다시 말해 호색하는 마음은 말(언어)에서도 나타나고 또 행동으로도 나타난다. 색을 좋아하는 마음은 성 추행으로 나타난다. 오늘날 성추행은 공공연히 세계 곳곳에 나타나고 있다.

다음 "쟁투"(ἔριδι)란 말은 "싸움"이란 뜻이다. 싸움은 시기심으로부터 온다. "시기"(ζήλω)란 '남이 잘 되는 것을 싫어하는 마음'이다. 시기심은 인간이 있어옴으로부터 계속되었다. 시기심이 성장하게 되면 쟁투하게 되어 사람을 죽이기까지 한다(창 4:8이하). 성도는 다른 사람이 잘 되는 것을 하나님의 은혜로 알고 하나님을 찬양해야 한다. 우리는 성령 충만을 구하여 모든 죄로부터 자유 함을 얻아야 한다.

롬 13:14. 오직 주 예수 그리스도로 옷 입고 정욕을 위하여 육신의 일을 도모하지 말라.

바울은 앞 절(13절) 하반 절의 어두운 삶과 반대되는 삶을 소개하려고 "오직"(ἀλλὰ), 곧 '그러나'라는 접속사를 사용한다. 바울은 앞 절의 더러운 삶과는 달리 "주 예수 그리스도로 옷 입으라"(ἐνδύσασθε τὸν κύριον Ἰησοῦν Χριστὸν)고 권한다(갈 3:27; 엡 4:24; 골 3:10). "주 예수 그리스도로 옷 입으라"는 말은 직역하면 "주 예수 그리스도를 입으라"고 번역되는데 '주 예수 그리스도 안에 계속해서 거하라'는 뜻이다. 로마 교인들은 예수님을 믿을 때 이미 그리스도와 연합되었지만(요 15:3; 엡 5:26) 또 계속해서 그리스도 안에 거해야 한다는 뜻이다(요 15:4-7). 우리가 그리스도 안에 계속해서 거하는 방법은 성령으로 지배를 받는 것이며(엡 5:18) 또 그리스도의 말씀으로 충만을 받는 것이다(골 3:16). 이 방법 이외에는 다른 방법으로는 불가능한 것으로 보아야 한다.

우리가 그리스도로 옷 입어야 한다는 말은 다른 말로도 표현할 수가 있는데 그것은 "빛의 갑옷을 입자"(13:12)는 말, "새 사람을 입으라"(엡 4:24; 골 3:10)는 말, "하나님의 갑옷을 입으라"(엡 6:11)는 말로 표현할 수가 있다.

바울은 앞에서 적극적으로 그리스도인의 삶을 표현하고는 이제는 소극적으로 표현한다. 즉 "정욕을 위하여 육신의 일을 도모하지 말라"고 말한다(갈 5:16; 벧전 2:11). 여기 "정욕"이란 '지독한 욕심'이란 뜻인데 12절에 나와 있는 "어두움의 일들"의 밑바닥에 깔려 있는 욕심을 말한다. "정욕을 위하여 육신의 일을 도모하지 말라"는 말은 '지독한 욕심을 만족시키기 위해서 육신의 일, 곧 방탕, 술 취함, 음란, 호색, 다툼, 시기 등의 일을 생각하지도 말고 계획하지 말라'는 말이다. 본문에 "도모하지 말라"(μὴ ποιεῖσθε)는 말은 부정(단순)과거 시제로 '단연코 도모하지 말라,' '절대로 도모하지 말라'는 뜻이다. 우리가 정욕을 만족시키기 위하여 죄악의 일들을 도모하지 않기 위해서는 성령의 충만을 구하는 수밖에 다른 것으로는 될 수 없다. 우리는 매일 성령 충만을 구해서 육신의 일을 계획하지 않아야 한다.

제 14 장
성도는 서로 비판하지 말고 사랑을 베풀어라

G. 성도는 서로 비판하지 말고 사랑을 베풀어라   14:1-15:13

바울은 앞장(13장)에서 사회적인 윤리를 말한 다음 이제 이 부분(14:1-15:13)에서는 교회 안에 서로 다른 성향의 성도들을 향하여 비판하지 말라고 말하고(14:1-12) 또 사랑으로 대하고(14:13-23) 용납하라고 말한다(15:1-13). 교회 안에는 대체적으로 두 부류의 신자가 있기 마련인데 믿음이 좋은 신자는 믿음이 약한 신자를 비판하지 말고 믿음이 약한 신자는 믿음이 좋은 신자들을 비판하지 말라고 권하고(14:1-12), 오히려 사랑으로 대하라고 말한다(14:13-23). 그리고 바울은 서로 덕을 세우라고 권한다(15:1-13). 이런 두 부류가 교회 안에 있었던 것은 비단 로마 교회만의 문제가 아니라 고린도교회에도 있었고(고전 8:1-13), 골로새 교회에도 있었으며(골 2:16-17), 갈라디아 교회에도 있었다(갈 4:10-11). 뿐만 아니라 현대의 모든 교회에도 있다. 이렇게 모든 교회에 두 부류의 신자가 있는 이유는 아마도 서로 비판하지 않는 것을 연습해야 하고(14:1-12), 또 서로 사랑해야 하며(14:13-23), 용납하는 연습을 해야 하기 때문에 존재하는 것으로 보인다(5:1-13). 이 차이를 극복하지 못하고 넘어지는 사람은 믿음이 약한 자이다. 그런고로 성령의 충만을 구하여 성령으로 살면서 극복해야 한다.

1. 서로 비판하지 말라   14:1-12

믿음이 있어 모든 음식을 꺼리지 않고 자유롭게 먹을 수 있는 성도는 신앙적인 차원에서 음식을 가려먹는 성도들을 비판해서는 안 된다. 그리고

믿음이 약하여 채소만 먹는 자(건강상 이유가 아니라 신앙적인 이유로)는
믿음이 있어서 아무 것이나 자유롭게 먹는 성도들을 비판해서는 안 된다.
또 모든 날을 같게 여기거나 혹은 반대로 어느 날이 특별히 중요하다고 마음에
작정하고 지키는 사람들은 서로를 비판하지 말아야 한다. 이유는 다른 성도들
을 위하여 그리스도께서 십자가에서 죽으셨기 때문이다.

롬 14:1. 믿음이 연약한 자를 너희가 받되 그의 의견을 비판하지 말라.
바울은 자신을 믿음이 강한 자로 묘사하면서(15:1, "믿음이 강한 우리는")
교회 안에 극소수로 존재하거나 혹은 새로 교회에 입교하는 "믿음이 연약한
자를 너희가 받으라"고 권면한다(15:1, 7; 고전 8:9, 11; 9:22). 여기 "믿음이
연약한 자"(τὸν ἀσθενοῦντα τῇ πίστει)란 말은 '믿음에 있어서 약한 자'라는
말로서58) 채소만 먹는 사람들(2절)과 또 어떤 특정한 날을 다른 날보다 낮게
여기는 사람들(5절)을 지칭한다. 믿음이 약한 자들은 로마교회에서 극히 적은
수였던 것으로 보인다. 이유는 바울이 믿음이 강한 자들을 향하여 먼저 권고했
을 것으로 보이기 때문이다. 여기 믿음이 약한 사람들은 주로 유대인들이었을
것이다. 그렇다고 이들이 주님을 믿는 믿음이 아주 약하다고 하기 보다는
이런 특수한 문제에 있어서 아직도 좀 폐쇄적이었으니 믿음이 약한 자들로
불려졌다.

---

58) 믿음이 약한 자가 누구인가에 대해서는 여러 학설이 있어왔다. 1) 에비온파에서 개종한
사람들로서 그들은 성례 식 때에도 누룩 없는 떡을 사용했으며 물을 사용했다는 학설. 2) 엣세네
파로부터 개종한 사람들로서 육식을 먹지 않고 안식일을 준수하는 사람들이라는 학설(Ritschl.
Meyer, Lightfoot). 3) 유대인들 중에 예수님을 믿는 자들로서 구약 율법(레 11장)을 따라 음식을
가려 먹고(주로 채식주의자·건강상 이유가 아니고 신앙의 이유로) 또 날을 구별하는 율법주의적
인 신자들이라는 학설 등이 있다(Origen, Chrysostom, Theodoret, Jerome, Luther, Calvin, Gifford,
Hodge). 아마도 이 학설들 중에서 둘째와 셋째 학설에 해답이 있을 것으로 보인다. 엣세네
파로부터 개종한 신자들이나 혹은 유대인들 중에서 예수님을 믿는 사람들은 예수님께서 교훈해
주신 말씀에 아직도 적응하지 못하고 부정한 음식(짐승이나 물고기 중에서) 있는 줄로 알고
생활하고 있었다(레 11:1-45; 신 14:3-21). 예수님은 말씀하시기를 "무엇이든지 밖에서 사람에게
로 들어가는 것은 능히 사람을 더럽게 하지 못하되 사람 안에서 나오는 것이 사람을 더럽게
하는 것이라"고 하셨는데(막 7:15-16) 아직도 유대교식으로 음식을 구별하고 있는 사람들이
있었다. 육식을 거부하고 채식만 하는 사람들은 오늘날에도 많이 있다.

바울은 믿음이 연약한 자들을 너희가 "받으라"(προσλαμβάνεσθε)고 권한
다. 여기 "받으라"는 말은 '널리 용납하라'는 뜻이다. 다시 말해 그들을 '이상
한 눈초리로 보지 말고 온전한 회원으로 여기라'는 뜻이다. 대다수의 믿음이
강한 교인들은 믿음이 연약한 소수의 사람들을 정상적인 회원으로 여기고
또 외부에서 들어오는, 믿음이 약한 사람들을 기쁨으로 영접하라는 뜻이다.
오늘 오래 믿었다고 하는 사람들 중 어떤 이들은 믿음이 약한 자들을 돌아볼
생각을 하지 않고 자기들끼리만 교제하는 것을 볼 수 있다.

바울은 "그의 의견을 비판하지 말라"고 말한다. 믿음이 약한 자들이 가지
고 있는 의견들(의심하는 내용들)을 비판하지 말라는 뜻이다. 믿음이 약한
자들이 가지고 있는 의견들은 예를 들어 1) 어찌 육식을 할 수 있는 것인가.
2) 어찌 특별한 날을 중히 여기지 않고 똑같이 여기느냐는 의견들일 것이다.
믿음이 약한 자들이 가지고 있는 모든 의심이나 의견들을 비판하지 말아야
한다는 것이다. "비판하지 말라"는 말은 '비판의 대상으로 여기지 말라,'
'그것이 나쁘다고 말하지 말라'는 뜻이다. 우리는 다른 성도가 예수님을 구주
로 믿는 믿음만 가지고 있다면, 그리고 다른 성도가 삼위일체 하나님을 믿는
믿음을 가지고 있기만 한다면 그들을 비판하지 말고 한 회원으로 여기면서
오랜 시간을 두고 가르쳐주어야 할 것이다.

롬 14:2. 어떤 사람은 모든 것을 먹을 만한 믿음이 있고 믿음이 연약한 자는 채소만 먹느니라.

바울은 앞에서 믿음이 강한 자들에게 믿음이 약한 사람들의 의심하는 바를
비판하지 말라고 권했는데 로마 교회 안에는 두 부류의 신자가 있다고 설명한
다. "어떤 사람은 모든 것을 먹을 만한 믿음이 있고 믿음이 연약한 자는
채소만 먹는다"고 말한다(14절; 고전 10:25; 딤전 4:4; 딛 1:15). "모든 것을
먹을 만한 믿음이 있는" 사람들은 예수님의 말씀에 따라 행한 사람들이다.
예수님은 식물이 사람을 더럽게 하는 것이 아니라고 말씀하시고 모든 식물을
깨끗하다고 하셨다(마 15:17-20). 그래서 그들은 구약 레위기 11장에서 금하는

육식 동물까지 먹게 되었다. 성도는 감사한 마음으로 먹을 수 있는 음식이라면 음식을 버릴 이유가 없다. 돼지고기도 먹을 수 있다. 그러나 술과 담배는 감사한 마음으로 먹을 수 없으니 금해야 한다.

바울은 다음으로 "믿음이 연약한 자는 채소만 먹느니라"고 말한다. 바울이 "믿음이 연약한 자들은 채소만 먹는다"고 말한 이유는 믿음으로 모든 것을 먹을 수 있는 자들이 믿음이 약한 자가 의심하고 있는 바를 비판하지 말라는 뜻으로 말한 것이다. 우리는 다른 사람들이 채소만 먹든지 아니면 경건을 이유로 하루 한 끼만 먹든지 혹은 두 끼만 먹든지 그런 것을 비판의 대상으로 삼을 것은 아니다.

롬 14:3. 먹는 자는 먹지 않는 자를 업신여기지 말고 먹지 않는 자는 먹는 자를 비판하지 말라 이는 하나님이 그를 받으셨음이라.
바울은 본 절과 다음 절(4절) 두 절에 걸쳐서 우리 자신과 의견이 다른 사람들을 비판하지 말라고 말한다. 이유는 하나님께서 그 사람들을 영접하시고 인정하시기 때문이라고 한다. 하나님께서 영접하시고 알아주시는 사람들을 비판한다는 것은 있을 수 없는 일이라는 것이다.

바울은 본 절에서 어떤 사람이 먹지 않는다고 해서 업신여기지 말고 또 반대로 어떤 사람이 먹는다고 해서 비판하지 말라고 말한다(골 2:16). 이유는 하나님께서 그들을 영접하여 하나님의 사람이 되었기 때문이라고 한다. 본문에 나오는 "먹는 자"는 '믿음이 강한 자'이고 또 "먹지 않는 자"는 '믿음이 약한 자'이다. 그리고 "업신여긴다"(ἐξουθενείτω)는 말은 '아무 것도 아닌 것으로 내쫓다,' '아무 것도 아닌 것으로 치부하다'라는 뜻이다. 믿음이 있어서 모든 것을 먹을 수 있는 사람은 먹지 않는 사람을 우습게 생각하고 또 우습게 취급하지 말라는 것이다. 그리고 바울은 "먹지 않는 자는 먹는 자를 비판하지 말라"고 말한다. '먹지 않는 사람은 자기가 믿음이 더 좋아서 먹지 않는 것으로 착각해서 무엇이든지 먹는 성도를 불경한 성도로 취급해서 비판할 가능성이 있는 고로 절대로 비판해서는 안 된다'고 말한다. 사실은 자기가 믿음이 약해서 먹지 못하는데도 자기가 경건해서 먹지 않는 줄로 착각하고 다른 사람들을 마구 비판할 가능성이 있다. 우리는 성경 말씀을 철저히 알아서 처신해야 한다.

피차 비판하지 않아야 하는 이유는 "이는 하나님이 그를 받으셨기" 때문이라고 한다. 여기 "받으셨다"(προσελάβετο)는 말은 부정(단순)과거 시제로 '참으로 가까이 받으셨다,' '아주 가까이 받으셨다'는 뜻이다. 하나님께서 무엇이든지 가리지 않고 먹을 수 있는 사람들을 바른 사람들로 인정하셨다는 뜻이다. 그런데 여기 "받으셨다"는 말은 바로 본 절의 문맥으로만 볼 때는 하나님께서 먹는 자를 받으셨다고 해석해야 하지만 그러나 그 적용에 있어서는 먹는 자 만 받으셨다고 해석할 것이 아니라 먹지 않는 자도 받으신 것으로 해석을 넓혀야 한다. 이유는 이 부분 전체의 흐름을 생각할 때 넓게 적용하는 것이 옳다. 그러니까 하나님은 양편을 다 인정하셨다는 뜻으로 해석해야 한다. 우리는 하나님께서 받으시고 인정하신 성도들을 마구 비판하고 흉보는 수가 있는데 참으로 조심하지 않으면 안 된다.

롬 14:4. 남의 하인을 비판하는 너는 누구냐 그가 서 있는 것이나 넘어지는 것이 자기 주인에게 있으매 그가 세움을 받으리니 이는 그를 세우시는 권능이 주께 있음이라.

본 절도 앞 절(3절)과 마찬가지로 "먹지 않는 자는 먹는 자를 비판하지 말라"고 말한다(문법적으로는 그렇다). 이유는 하나님께서 그 사람들을 다 받으셨기 때문이다. 바울은 "남의 하인을 비판하는 너는 누구냐"고 말한다(약 4:12). 이 질문은 대답을 기다리는 질문이 아니라 비판해서는 안 된다는 것을 강조하는 말이다. 남의 하인(먹는 자)을 비판할 수 없는 이유는 "그가 서 있는 것이나 넘어지는 것이 자기 주인에게 있으매 그가 세움을 받을 것이기" 때문이다. 먹는 자가 인정받고 혹은 못 받는 것은 전적으로 그의 주인 되시는 하나님께 있는 것으로서 그가 주님을 믿는 사람이니 반드시 세움을 받을 것이니까 비판해서는 안 된다는 것이다. 상대방이 영접을 받고 인정을 받을 이유는

"그를 세우시는 권능이 주께 있기" 때문이라고 한다(마 4:3; 9:2, 6; 눅 5:4-6; 요 9:39). 여기 "주"란 말은 '예수님'을 뜻한다. 무엇이나 먹을 수 있다고 주장하는 사람을 세우시는 권능이 주님께 있기 때문에 사람이 판단해서는 안 된다는 것이다. 그런데 여기 본 절의 해석을 적용함에 있어서 쌍방에 다 적용하는 것이 옳다. 이유는 이 부분 전체의 글의 흐름 때문이다. 우리가 모든 음식을 먹는 자이든지 혹은 먹지 못하는 자이든지 모두 상대방을 비판하지 말아야 한다. 이유는 하나님께서 상대방을 영접하고 인정하시기 때문이다. 성도들 중에 어떤 분들은 이런 진리를 모르고 사람을 비판하고 몰아붙여서 상대방을 궁지에 몰아넣는다. 그러다가 결국은 큰 징벌을 받는다.

롬 14:5. 어떤 사람은 이 날을 저 날보다 낫게 여기고 어떤 사람은 모든 날을 같게 여기나니 각각 자기 마음으로 확정할지니라.
바울은 신자의 양심상 자유롭게 실행할 수 있는 두 번째(첫 번째 것은 음식문제였다)의 것을 꺼내 각각 자기의 마음으로 정해 놓고 생활하라고 말한다. 이런 문제를 가지고 상대방을 비판하고 외면하는 것은 어리석은 일이라는 것이다. "어떤 사람은 이 날을 저 날보다 낫게 여기고 어떤 사람은 모든 날을 같게 여긴다"고 말한다(갈 4:10; 골 2:16). '사람에 따라 이 날을 저 날보다 더 중요하게 여기고 혹은 모든 날을 똑같이 여긴다'는 말이다. 유대교에서 개종한 성도들 중(다른 종교에서 개종한 사람들도 그들 나름대로 절기를 지켰을 것이다)에 어떤 신자들은 안식일, 월삭, 3대 절기 등을 다른 날보다 아직도 더 중요하게 여기고 있었고, 또 다른 신자들은 모든 날을 똑같이 중요하게 여기고 하나님을 섬기기 위해 필요한 날로 중요하게 여기고 있었는데 바울 사도는 각각 자기의 마음에 확실하게 정해서 실행하라고 말한다. 본문에 "자기 마음으로 확정할지니라"는 말은 '인격의 주체인 마음속에서 완전히 확정되라'는 뜻이다. 여기 "확정할지니라"(πληροφορείσθω)는 말은 현재수동태 명령형으로 '확실하게 납득되다,' 완전히 굳다,' '완전히 확증되다'란 뜻으로 자기 스스로 확정하는 것이 아니라 하나님의 말씀으로 마음을 굳히거나 혹은 성령의 강권에 의하여 마음이 납득되는 것을 지칭한다. 신앙상 자유롭게 실행할 수 있는 문제들은 신자들 각자가 마음으로 정해져서 자유롭게 행할 수 있는 일들이니 서로 비판하지 말고 마음이 확정되어 실행하라고 말한다. 오늘날 이렇게 해도 되고 또 저렇게 해도 되는 일들이 있다. 그런 문제에 관해서는 각자가 원하는 대로 정하여 할 일이니 결코 상대방의 행동을 비판해서는 안 된다는 것이다.

그러나 오늘 한 가지 주의해야 할 점이 있다. 주님께서 부활하신 것을 기념하는 주일에 관해서는 우리가 중요하게 지켜야 한다는 말이다. 주일(主日)에는 우리가 모여서 예배해야 하고 남을 긍휼히 여기는 일에 사용해야 할 것이다(행 20:7; 고전 16:2). 사도 시대부터 해온 관례에 따라 지금도 주일을 지켜야 한다.

롬 14:6. 날을 중히 여기는 자도 주를 위하여 중히 여기고 먹는 자도 주를 위하여 먹으니 이는 하나님께 감사함이요 먹지 않는 자도 주를 위하여 먹지 아니하며 하나님께 감사하느니라.

바울은 성경에 어떤 것을 실행하도록 명령하거나 혹은 금지하는 명령이 없는 문제에 대해서는 각자 어떻게 실행하든지 주님을 위하여 하고 또 주님께 감사할 수 있는 방향으로 하면 된다고 말한다. 그런 것들은 비판의 대상이 아니라고 말한다.

바울은 "날을 중히 여기는 자도 주를 위하여 중히 여기고 먹는 자도 주를 위하여 먹으니 이는 하나님께 감사한다"고 말한다(고전 10:31; 갈 4:10; 딤전 4:3). 그 어느 날이나 어느 절기를 다른 날이나 다른 절기보도 더 중요하게 여기는 사람을 비판할 이유가 없는 것은 날을 중요하게 여기는 것도 주님을 위하여 중하게 여기며 또 먹는 자(믿음이 강한 자-2절, 3절)도 주님을 위하여 먹으면서 하나님께 감사하기 때문에 비판해서는 안 된다고 말한다. 그런데 여기 "날을 중히 여기는 자"라는 말 속에는 "모든 날을 같게 여기는 자"도 포함되어 있음을 알아야 한다. 이유는 여기 6절의 상반 절과 하반 절에는

"먹는 자와 먹지 않는 자" 양편이 다 포함되어 있는데 하반 절에 보면 "모든 날을 같게 여기는 자"(5절)가 빠져 있다. 사실 모든 날을 같게 여기는 사람도 주님을 위하여 같게 여기고 감사할 터이니 "모든 날을 같이 여기는 자"란 말이 6절 상반 절의 "날을 중히 여기는 자" 속에 포함되어 해석해야 한다 (Godet, Gifford, Moule, 김선운). 만일 "모든 날을 같게 여기는 자"를 포함하지 않는다면 그 사람들은 주님을 위하여 그렇게 하는 사람들이 아니고 또 감사하지 않는 사람들이 될 것이다.

그리고 "먹지 않는 자도 주를 위하여 먹지 아니하며 하나님께 감사한다"고 말한다. '고기를 먹지 않는 사람(채소만 먹는 사람들)도 주님을 위하여 먹지 아니하며(믿음이 약한 사람들) 채소를 먹으면서 식탁에서 하나님께 감사하니' 그 사람의 행위에 대하여 비판해서는 안 된다고 말한다. 우리는 조그마한 차이가 있다고 해서 상대방을 비판하고 돌려놓을 이유가 없다. 그리스도의 십자가와 부활을 부인하지 않으며 또한 삼위일체를 부인하지 않으면 문제시할 것 없다.

롬 14:7. (이는) 우리 중에 누구든지 자기를 위하여 사는 자가 없고 (또 누구든지) 자기를 위하여 죽는 자도 없도다.

바울은 본 절과 다음 절(8절) 두 절에서 삶과 죽음의 목적에 대해 언급한다. 본 절에서는 부정적으로 말하고 다음 절(8절)에서는 긍정적으로 말한다. 바울은 본 절 초두에 "이는"(γὰρ)이란 말을 두어 바로 앞 절에 말한 내용을 연이어 본 절에서도 말하려고 한다. 즉 앞 절에서는 날을 중히 여기는 일과 먹고 안 먹는 일에 대해 말했는데 본 절에서는 살고 죽는 중요한 문제를 말하여 교훈하려는 것이다.

바울은 "우리 중에 누구든지 자기를 위하여 사는 자가 없다"고 말한다(고전 6:19-20; 갈 2:20; 살전 5:10; 벧전 4:2). "우리," 곧 '믿는 성도들' 중에 "누구든지(모든 것을 먹을 만한 믿음이 있는 자와 채소만 먹는 자들, 어떤 날을 특별히 중요하게 여기는 자들과 모든 날을 같게 여기는 자들, 그리고 신자라면 그 누구든지 빠짐없이 라는 뜻이다) 자기를 위하여 사는 자가 없다"
는 것이다. "자기를 위하여 사는 자가 없다"는 말은 '자기를 위하여 살아서는
안 된다'는 뜻이고 또 "자기를 위하여 죽는 자도 없다"는 말은 '자기를 위하여
죽어서도 안 된다'는 뜻이다. 신자라면 자기의 취미를 위해 살지 않고 자기가
좋아하는 대로 살지 않으며 자기의 유익을 위해 살지 않아야 하고 자기의
고집대로 살지 아니 해야 한다. 신자는 이기적으로 살아서는 안 된다(마
10:39). 신자는 자기를 부인해야 한다. 자기의 욕심, 자기의 정욕, 자기의
주장을 거절하고 주님을 따라야 한다(마 16:24). 박윤선목사는 "'자기'라는
것은 남들이 다 죽어도 살겠다는 자이다. 이것은 여러 가지로 나타나는데,
곧 자기를 믿음, 자기를 사랑함, 자기를 변명함, 자기표현을 즐김과 자기의
옳지 않은 일에서도 자족함과 같은 것이다. 우리가 자기를 위하다가는 아무
소득이 없을 뿐 아니라, 결국 망하고 만다…. '자기'란 것은 천국 가는 길에
있어서는 지푸라기에 걸려서도 넘어지지만 멸망 길을 가기 위해서는 높은
산이라도 기어 올라간다. 신자는 이와 같은 '자기'를 거부(拒否)해야 한다"고
말한다.59)

   그리고 바울은 "또 누구든지 자기를 위하여 죽는 자도 없다"고 말한다.
'신자라면 누구든지 자기를 위하여 죽어서도 안 되며 주님을 위하여 죽어야
한다'는 말이다(빌 1:23-25). "우리는 전적으로 주님의 것이고 또 우리의 생과
죽음은 우리에게 권리가 없으므로"(Hodge) 우리는 우리 자신들을 위해서
죽어서도 안 된다. 자기의 유익을 위해, 자기의 명예를 위하여, 자기의 정욕을
충족시키기 위하여 죽어서는 안 된다. 우리는 전적으로 주님의 것이니 주님을
위하여 살고 주님을 위하여 죽어야 한다.

**롬 14:8. (이는) 우리가 살아도 주를 위하여 살고 죽어도 주를 위하여 죽나니
그러므로 사나 죽으나 우리가 주의 것이로다.**

---

59) 박윤선, *로마서*, 성경주석, p. 377.

바울은 본 절에서 긍정적으로 삶과 죽음의 목적을 진술한다. 본 절 초두에는 "이는"(γὰρ)이라는 접속사가 있어 본 절이 바로 앞 절의 내용을 다른 형식으로 설명하고 있음을 알 수 있다. "우리가 살아도 주를 위하여 산다"는 말은 '우리가 사는 것도 주님을 위하여 살아야 한다'는 뜻이다. 주님을 믿기 위해 살고 주님의 말씀을 실현하기 위해 살며, 주님을 드러내기 위하여 살고, 주님의 일을 하기 위하여 살며, 주님 나라의 확장을 위하여 산다는 뜻이다.

그리고 "죽어도 주를 위하여 죽는다"는 말은 '주님을 다른 사람들에게 드러내기 위하여 죽고, 주님을 기쁘시게 하기 위해 죽으며, 주님께 영광을 돌리기 위하여 죽는다'는 뜻이다. 우리는 우리를 살려주신 그리스도를 위하여 죽어야 한다. 본문 중간에 "그러므로"란 말은 7절과 8절을 말한 것을 이제 종합하고 결론하기 위하여 쓴 말이다. 바울은 "사나 죽으나 우리가 주의 것이라"고 말한다. '우리가 살아도 그리고 죽어도 우리가 주의 것이라'는 뜻이다. 다시 말해 '하나님께서 우리로 하여금 더 살게 하시더라도 그리고 하나님께서 우리의 생명을 거두어가시더라도 우리는 주님의 것이라'는 뜻이다. 우리는 영원히 죽었던 처지였는데 주님께서 피로 값 주고 사신 것이다. 고전 6:19-20에 "너희 몸은 너희가 하나님께로부터 받은바 너희 가운데 계신 성령의 전인 줄을 알지 못하느냐 너희는 너희 자신의 것이 아니라 값으로 산 것이 되었으니 그런즉 너희 몸으로 하나님께 영광을 돌리라"고 말씀하고 있다. 우리는 주님께서 피로 사셨으니 우리는 우리의 것이 아니라 주님의 것이다. 살아도 주님의 것이고 죽어서 천국에 가도 주님의 것이다. 우리는 주님의 뜻대로 살아야 하고 주님을 드러내기 위해 살아야 하며 아무튼 언제든지 주님의 영광을 위해 살아야 한다.

롬 14:9. (이는) 이를 위하여 그리스도께서 죽었다가 다시 살아나셨으니 곧 죽은 자와 산 자의 주가 되려 하심이라.

바울은 본 절 초두에 "이는"(γὰρ)이란 접속사를 사용하여 본 절이 앞 절을 설명하는 문장임을 보이고 있다. 구절 처음에 "이를 위하여"(εἰς τοῦτο)란 말은 '사나 죽으나 우리가 주의 것이 되게 하기 위하여'(8절)라는 뜻이다. 다시 말해 '믿는 사람들이 사나 죽으나 주님의 것이 되게 하기 위해서'라는 뜻이다. 바울은 신자들이 사나 죽으나 그리스도의 것이 되기 위하여 "그리스도께서 죽었다가 다시 살아나셨다"고 말한다(고후 5:15). 여기 "죽었다"(ἀπέ-θανεν)는 말은 부정(단순)과거 시제로 예수님께서 '단번 죽으심'을 지칭하는 말이고 "다시 살아나셨다"(ἔζησεν)는 말도 역시 부정(단순)과거 시제로 '단번 사신 것'을 지칭하는 말이다. 예수님의 십자가 죽음과 다시 사심은 진행형이 아니고 단번에 이루어진 사건이다. 예수님께서는 우리가 사나 죽으나 주님의 것이 되기 위하여 십자가에 단번에 죽으셨다가 단번에 다시 사셨다.

바울은 예수님께서 단번에 죽으셨다가 단번에 다시 살아나신 목적을 진술한다. "곧 죽은 자와 산 자의 주가 되려 하시기 위해서"(ἴνα καὶ νεκρῶν καὶ ζώντων κυριεύσῃ)이시다(행 10:36). 다시 말해 예수님은 죽은 자들과 산자들의 주가 되시기 위해서 죽었다가 다시 살아나셨다는 말이다. 그리스도께서 십자가에서 죽으셨다가 살아나셔서 우리의 주님이 되신 사실을 인하여 우리는 한없는 감사와 찬양을 드려야 한다. 그런데 혹자는 그리스도는 죽음을 통하여 죽은 자들의 주님이 되시고, 부활을 통하여 산자들의 주님이 되신다고 말하나 틀린 학설이다. 이유는 그리스도는 그의 죽음과 부활을 통하여 죽은 자들의 주님이 되시고 또 그리스도의 죽음과 부활을 통하여 산자들의 주님이 되신다. 이미 죽은 자들도 살아있는 동안 그리스도의 죽음과 부활을 믿었기에 구원을 얻은 것이다.

롬 14:10. 네가 어찌하여 네 형제를 비판하느냐 어찌하여 네 형제를 업신여기느냐 우리가 다 하나님의 심판대 앞에 서리라.

바울은 다시 본 장 초두로 돌아가서(1-2절) "네가 어찌하여 네 형제를 비판하느냐 어찌하여 네 형제를 업신여기느냐"고 질책한다. '네가 어찌하여 네 형제가 너와 다른 의견을 가졌다고 네 형제를 비판하느냐. 네가 어찌하여 네 형제가 너와 다른 의견을 가졌다고 그를 무시하느냐'고 꾸짖는다. 여기 "네가 어찌하여 네 형제를 비판하느냐"는 말은 3절에 의하면 '먹지 않는 자가 먹는 자를 비판하는 경우'에 해당하고 또 "어찌하여 네 형제를 업신여기느냐"는 말은 역시 3절에 의하면 '먹는 자가 먹지 않는 자를 업신여기는 것'에 해당한다. 바울은 고기를 먹지 않는 것이 경건인 줄로 착각하고 고기를 먹는 형제를 비판할 수 있느냐고 책망하며 또 신앙이 있어서 고기를 먹는다고 고기를 먹지 않는 형제를 업신여기느냐고 질책한다. 절대로 그런 일로 판단하거나 업신여겨서는 안 된다고 말한다. 바울은 주님께서 모두를 위해서 죽으셨고 또 다시 사셨으며(8-9절) 주님께서 그들을 영접하시고 인정하시는데(3-4절) 어찌하여 비판하고 업신여기느냐고 꾸짖는다. 신앙이 약한 자들은 자기들의 신앙이 약해서 고기를 못 먹는 것인데(채식이 좋다고 해서 고기를 먹지 못하는 경우는 예외이다) 그것도 모르고 자기들이 경건해서 고기를 안 먹는 줄로 착각하고 고기를 먹는 사람들을 비판할 수가 있다. 이 사회에서 돈이 없는 사람들은 돈이 있는 사람들을 향해서 도둑질하여 부자 된 것으로 비판하는 수가 있고 또 명예가 없는 사람들은 명예를 얻은 사람들을 향하여 명예를 탈취한 것으로 생각하여 비판하는 수가 있다. 아무튼 무엇이 없는 사람들은 없는 대로 있는 사람들을 비판할 수가 있다. 참으로 조심할 일이다. 사람은 아무 것도 가지지 못했어도 교만하여 다른 사람들을 비판한다. 우리는 하나님께 매일 겸손을 구해야 한다. 또 반대로 사람은 신앙이 있으면 있는 대로 신앙이 약한 사람을 업신여기기 쉽다. 돈이 있으면 있음으로써, 학식이 있으면 있음으로써, 명예가 있으면 있음으로써 없는 자들을 업신여길 수 있다. 우리는 항상 겸손을 하나님께 구해야 한다.

만약에 비판하는 일을 계속한다면 그리고 계속해서 업신여긴다면 우리는 다 하나님의 심판대 앞에 서서 심판을 받을 날이 올 것이라고 바울은 말한다. "우리가 다 하나님의 심판대 앞에 서리라"(마 25:31-32; 행 10:42; 17:31; 고후 5:10; 유 1:14-15). 바로 이 문장 앞에는 "이는"(γὰρ)이란 접속사가 있어서 이 하반 절이 바로 앞의 상반 절 내용과 관련이 있다는 뜻이다. 다시 말해 형제를 계속해서 비판하고 업신여기면 결국은 하나님의 심판대 앞에서 심판을 받는 날에 어려운 상황에 처하게 될 것이라는 뜻이다. 바울은 우리가 다 예외 없이(고기를 먹는 자나 먹지 않는 자 모두) "하나님의 심판대 앞에 서리라"고 경고해준다. "하나님의 심판대"(τῷ βήματι τοῦ θεοῦ)란 '하나님의 심판의 보좌'란 뜻이다. 하나님은 그 심판의 보좌를 베푸시고 그리스도로 하여금 심판하게 하신다(2:16; 행 10:42; 17:31). 그리스도께서는 하나님께서 베푸신 심판대에서 심판하실 것이다(마 25:31; 고후 5:10). 베드로 사도는 예수 그리스도께서 심판주가 되신다고 교훈한다(행 10:42; 벧전 4:5). 그리고 본문에 "서리라"(παραστησόμεθα)라는 말은 미래형 시제로 '앞으로 설 것이다,' '참석할 것이다'라는 뜻이다. 인류는 앞으로 하나님의 심판대 앞에 서서 심판을 받아야 할 것이다. 우리는 그리스도의 심판대 앞에 서서심판을 받을 때(고후 5:10) 크게 칭찬을 받으며 상급을 받도록 해야 할 것이다(마 25:23-25).

롬 14:11. (이는) 기록되었으되 주께서 이르시되 내가 살았노니 모든 무릎이 내게 꿇을 것이요 모든 혀가 하나님께 자백하리라 하였느니라.

본 절 처음에 "이는"(γάρ)이란 접속사가 있는 것은 본 절이 앞 절과 밀접한 관련이 있음을 보여준다. 바울은 앞 절 하반 절에서 "우리가 다 하나님의 심판대 앞에 서리라"고 말했는데 그는 그의 주장을 보이기 위하여 70인 경 (LXX)의 이사야 45:23에서 자유롭게 인용한다. 바울은 본 절보다는 빌 2:10-11에 더 자유롭게 인용하여 쓴다. 그러나 "주께서 이르시되 내가 살았노니"란 말은 사 45:23에 기록되어 있지 아니하고 바울이 구약 성경 중에 다른 곳에서 자유롭게 인용한 것으로 보인다. 예를 들어 민 14:28; 신 32:40; 사 49:18; 겔 33:11 등이다.[60] 본 절에 "기록되었으되"라고 쓴 것은 70인 경의 이사야 45:23에 기록되어 있다는 뜻이다. 바울은 구약 성경에서 인용하기를 "주께서 이르시되 내가 살았다"고 말한다. '하나님께서 말씀하시기를 내가

---

60) John Murray, *로마서* II, p. 308.

살아있다'는 뜻이다. "내가 살았다"(ζῶ ἐγώ)는 말은 '그냥 살아있다'는 뜻만
이 아니라 '내가 살아서 우주를 통치한다'는 뜻이다(출 3:14). 하나님께서
"살아 계시다"는 말속에는 하나님께서 모든 일을 주관하시되 심판도 하신다
는 말을 포함하고 있다. 바울은 하나님께서 살아서 모든 것을 심판하시니까
"모든 무릎이 내게 꿇을 것이요 모든 혀가 하나님께 자백하리라"는 것이다(사
45:23; 빌 2:10). 여기 "모든 무릎"이라는 말과 "모든 혀"란 말은 중요한
말로서 한 사람도 예외 없이 산자나 죽은 자나 심판 주 하나님 앞에 무릎을
꿇는다는 것이고(마 17:14; 막 1:40; 10:17; 눅 5:8; 행 9:40) 또 한 사람 예외
없이 모든 혀로써(빌 2:10-11) 하나님께 자기의 죄를 고하리라는 말이다.
우리 신자들은 살아있는 동안 모든 죄를 자백하고(벧전 4:17) 그리스도의
심판대 앞에서 칭찬과 상급을 받아야 할 것이다(고후 5:10).

롬 14:12. 이러므로 우리 각 사람이 자기 일을 하나님께 직고하리라.
본 절 처음의 "이러므로"(ἄρα οὖν)란 말은 본 장 처음부터 바로 앞 절까지의
결론을 말하는 낱말이다. 형제가 형제를 업신여기고 또 형제가 형제를 비판하
는 것을 두고 바울은 우리가 예외 없이 앞으로 재판장 앞에서(10-11절) "우리
각 사람이 자기 일을 하나님께 직고하리라"고 말한다(마 12:36; 갈 6:5; 벧전
4:5). 여기 "우리 각 사람"이란 말은 '바울을 포함한 각 사람'을 지칭하고
"모든 일"(περὶ ἑαυτου)은 '자기에 관하여'라고 번역되어야 하는데, 그 뜻은
'자기가 평생에 행한 모든 일들'(마 12:36; 16:27; 롬 2:6; 고후 5:10; 벧전
1:17; 계 2:23; 22:12)을 지칭한다. 다시 말해 '남을 업신여기고 비판하고
또 자기가 저지른 모든 죄'를 지칭한다. "하나님께 직고한다"(λόγον δώσει
τῷ θεῷ)는 말은 '하나님께 말을 드릴 것이라'는 뜻이다. 심판을 받을 때는
남 이야기는 감히 하지 못하고 자기 일만을 하나님께 직고한다는 것이다.
자기가 잘 못한 일들을 낱낱이 하나님께 고백한다는 말이다. 우리는 우리가
잘 못한 일을 그리스도의 심판대 앞에까지 가지고 나가지 말고 바로 지금
하나님께 직고해야 할 것이다. 그리고 그리스도의 심판대 앞에서는 잘 했다는

말씀과 또 상급을 아울러 받아야 할 것이다.

2. 성도는 사랑을 베풀어야 한다 14:13-23

바울은 14:1-12까지 형제가 형제를 비판하지 말고 또 업신여기지 말라고 권고한 다음 이제 이 부분(13-23절)에서는 적극적으로 사랑을 실천할 것을 권한다. 특히 이 부분에서는 믿음이 강한 자가 믿음이 약한 자를 비판하지 말고 사랑으로 감싸 안으라고 말한다. 신자가 믿음이 있어서 모든 일을 자유롭게 할 수 있다고 하더라도 믿음이 약한 사람을 생각하고 자비를 베풀어야 한다. 믿음이 있으면 믿음이 있는 사람처럼 행동해야 한다.

롬 14:13. 그런즉 우리가 다시는 서로 비판하지 말고 도리어 부딪칠 것이나 거칠 것을 형제 앞에 두지 아니하도록 주의하라.
바울은 1-12절에서 믿음이 강한 성도가 믿음이 약한 성도를 업신여기지 말고 또 믿음이 약한 성도가 믿음이 강한 성도를 비판하지 말라고 말하고는 이제 본 절에서는 결론을 내린다(13-23절). 바울은 본 절부터 시작하여 마지막 23절까지에 걸쳐 음식에 관한 모든 지시를 내린다.

바울은 "우리가 다시는 서로 비판하지 말자"고 권한다. '고기를 먹는 자가 먹지 못하는 사람을 업신여기지 말자는 말이며 또 채소만 먹는 사람들이 고기를 먹는 사람들을 판단하지 말자'는 말이다. 바울은 양편을 향해서 서로 비판하지 말자고 권한다. 사실 그리스도의 십자가와 부활을 믿고 또 삼위일체를 믿는 성도들끼리 서로 약간의 의견의 차이를 극복하지 못하고 비판하는 일은 금해야 한다는 뜻이다.

그리고 바울은 "도리어 부딪칠 것이나 거칠 것을 형제 앞에 두지 아니하도록 주의하라"고 부탁한다(고전 8:9, 13; 10:32). 여기 "부딪칠 것"(발에 부딪히는 돌)과 "거칠 것"(덫)은 낱말의 뜻에 있어서는 차이가 있으나 결국 내용상으로 볼 때 동의어로 사용되었다. 이 두 낱말의 뜻은 '고기를 먹을 수 있는 성도가 신앙의 이유로 고기를 먹을 수 없는(믿음이 약한) 성도 앞에서 고기를 먹는 행위'를 지칭한다. 믿음이 강한 성도가 믿음이 약한 성도 앞에서 고기를 먹는 것을 보면 믿음이 약한 성도가 견디지 못하여 죄를 짓게 되니 믿음이 약한 성도 측으로 보기에는 고기 먹는 행위는 "부딪칠 것"과 "거칠 것"이 되는 셈이다. 그래서 바울은 자기는 제물로 썼던 고기를 얼마든지 먹을 수 있지만 다른 믿음 약한 성도들이 보고 시험을 받으면 안 되니 자기는 영원히 고기를 먹지 않겠다고 선언한다(고전 8:13). 바울만 아니라 누구든지 믿음이 강한 성도들은 믿음 약한 성도 앞에 그런 시험될 일을 하지 않도록 "주의하라" 는 것이다. 여기 "주의하라"(κρίνατε)는 말은 부정(단순)과거 시제로 '마음으로 결심하라,' '참으로 주의하라'는 뜻이다. 우리는 다른 형제들이 시험에 들지 않도록 정신 차려야 한다.

롬 14:14. 내가 주 예수 안에서 알고 확신하노니 무엇이든지 스스로 속된 것이 없으되 다만 속되게 여기는 그 사람에게는 속되니라.

바울은 본 절에서 무슨 음식이든지 속된 것이 없는데 다만 속되다고 생각하는 사람에게는 그 음식이 속되게 보인다고 말한다. 바울은 "내가 주 예수 안에서 알고 확신한다"고 말한다. 여기 "주 예수 안에서"(ἐν κυρίῳ Ἰησοῦ)란 말은 '주 예수를 믿는 믿음 안에서,' '주 예수님을 믿기 때문에,' '주 예수와의 교제 안에서'란 말이다. "안다"(οἶδα)는 말은 '경험하지 않고도 직관적으로 안다'는 뜻이다. 바울은 예수 그리스도를 믿기 때문에 직관적으로 알고 있는 것이 있다고 말한다. 그리고 "확신한다"(πέπεισμαι)는 말은 현재완료 수동태 시제로 '이미 확신되었는데 지금도 여전히 확신되고 있다'는 뜻이다. 바울은 예수 그리스도를 믿는 믿음 때문에 확신을 얻은 것이다. 바울의 확신은 결코 자기의 노력의 결과가 아니라 예수님 때문에 얻어진 확신이었다. 그는 예수님을 믿는 믿음 때문에 직관적으로 그리고 객관적으로 알게 되었으며 또 확신하게 되었다는 것이다.

그러면 그가 알고 확신하는 것은 무엇인가. 그것은 "무엇이든지 스스로 속된 것이 없으되 다만 속되게 여기는 그 사람에게는 속되다"는 것이다.

바울은 두 가지 지식과 두 가지 확신이 있었다. 하나는 "무엇이든지 스스로 속된 것이 없다"는 확신이다(2:20; 행 10:15; 고전 10:25; 딤전 4:4; 딛 1:15). 곧 '무슨 고기든지 그 자체가 속된 것(불결한 것)은 없다'는 뜻이다. 또 하나는 "다만 속되게 여기는 그 사람에게는 속되다"는 것이다(고전 8:7, 10). 아무 고기든지 속된 것이 없지만 "다만"('예외로'라는 뜻이다) 그 고기를 속되게 생각하는 그 사람에게는 그 고기가 속된 것으로 남아있다는 뜻이다. 우리는 예수님의 가르침에 따라 아무 음식도 속된 것이 없음을 알아야 한다(막 7:14-19). 그리고 우리는 마음속으로 아무 음식도 속되다고 생각하지 않아야 한다(막 7:20-23 참조).

롬 14:15. (이는) 만일 음식으로 말미암아 네 형제가 근심하게 되면 이는 네가 사랑으로 행하지 아니함이라 그리스도께서 대신하여 죽으신 형제를 네 음식으로 망하게 하지 말라.

바울은 음식 때문에 형제가 시험에 빠져 근심하게 되지 않게 하라고 부탁한다. 본문의 "만일 음식으로 말미암아 네 형제가 근심하게 되면"이란 말은 '만일 고기를 먹을 수 있는 성도가 고기를 먹지 않고 채소만 먹는 사람 앞에서 고기를 먹음으로 말미암아 그 약한 신앙을 가진 형제가 시험에 들어 근심하게 되면'이란 말이다. 이렇게 행동하는 것은 "네가 사랑으로 행하지 아니하는 것이라"는 것이다. 그런 행동은 사랑 없는 행동이라는 뜻이다. 다시 말해 사랑의 원리를 따라 행동하는 것이 아니라는 말이다. 모든 것을 할 수 있으나 덕을 세우지 않는 행동도 있다.

바울은 믿음이 강하여 고기를 먹을 수 있는 성도를 향하여 "그리스도께서 대신하여 죽으신 형제를 네(13절에서는 2인칭 복수로 말했다) 음식으로 망하게 하지 말라"고 명령한다(고전 8:11). 믿음이 있는 성도가 채소만 먹는 성도 앞에서 제물로 바쳤던 고기를 먹는 것을 보고 믿음이 약한 성도가 시험에 빠져 죄를 짓게 하지 말아야 하는 이유는 그 형제가 "그리스도께서 대신하여 죽으신 형제"이기 때문이라는 것이다. 바울 사도가 여기서 먹는 문제를 말하다가 갑자기 그리스도의 대속의 죽음을 말한 이유는 형제를 지극히 생각해 주는 것이 참으로 중요하다는 것을 각인시키기 위해서다. 우리는 그리스도께서 대신 죽으신 다른 형제들을 시험 들지 말게 해야 하고 죄를 짓지 않게 해야 한다. 고기를 먹을 수 있는 성도는 고기를 먹음으로 믿음이 약한 성도를 망하게 하지(죄를 짓게 하지) 말아야 한다. 우리는 부딪칠 것이나 거칠 것을 형제 앞에 두지 않아야 한다(13절). 바울은 고전 8:13에 "만일 음식이 내 형제로 실족하게 한다면 나는 영원히 고기를 먹지 아니하여 내 형제를 실족하지 않게 하리라"고 말한다.

롬 14:16. 그러므로 너희의 선한 것이 비방을 받지 않게 하라.
본 절 초두의 "그러므로"란 말은 13절 이하에서부터 15절까지 말해 오던 내용을 위하여 결론을 말하는 낱말이다. 바울은 13-15절을 위한 결론으로 "너희의 선한 것이 비방을 받지 않게 하라"고 부탁한다(12:17). 여기 "선한 것"(τὸ ἀγαθόν)이 무엇이냐를 두고 학자들의 견해가 갈린다. 1) "선한 것"은 '하나님의 나라'를 지칭한다는 학설. 문맥에 맞지 않는다. 2) 모든 신자가 그리스도의 십자가 대속의 사랑으로 받은 구원을 지칭한다는 학설. 그러니까 이렇게 좋은 구원이 양편 신자들 간의 대립으로 인해서 사회에서 비방을 받아서는 안 된다고 주장한다. 3) 혹자는 '믿음'이라고 말한다. 문맥에 맞지 않는다. 4) 혹자는 "복음"이라고 주장한다. 역시 문맥에 맞지 않는다. 5) 고기를 얼마든지 먹을 수 있다는 확신에서 고기를 먹는 것은 선한 것이라고 하는 해석(Beza, Grotius, Calvin, Bengel, Gifford, Stuart, Tholuck, Godet, Murray, Caeseman, Sanday, Denny, Headlam, 박윤선, 이상근). 다섯째 번 해석이 이 부분의 문맥에 합당하다. 먹을 수 있다는 확신을 가지고 고기를 먹는 것은 선한 것인데 그렇다고 믿음이 약한 신자들 앞에서 먹음으로 믿음이 약한 신자들이 믿음이 있는 신자들의 고기 먹는 행위를 비방한다는 것이다(3절, 4절, 10절, 13절). 바울은 그런 일이 없도록 하라고 부탁한다. 우리는 우리의 행위가 선하다고 보이더라도 다 덕을 세우는 것이 아님을 알고 조심해야 할 것이다.

롬 14:17. (왜냐하면) 하나님의 나라는 먹는 것과 마시는 것이 아니요 오직 성령 안에 있는 의와 평강과 희락이라.

개역개정판 성경에 빠진바 본 절 초두의 "왜냐하면"($\gamma\acute{\alpha}\rho$)이란 말은 본 절이 앞 절 내용에 대한 이유를 제시하고 있다. 즉 앞 절들(15-16절)에서 바울은 "그리스도께서 대신하여 죽으신 형제를 네 음식으로 망하게 하지 말라"(15절, 16절 내용도 15절 내용과 같다)고 했는데 "왜냐하면 하나님의 나라는 먹는 것과 마시는 것이 아니요 오직 성령 안에 있는 의와 평강과 희락이기" 때문이라는 것이다(고전 8:8). 다시 말해 "하나님의 나라," 곧 '현세의 교회 공동체'[61]에서 중요한 것은 먹는 행동이나 혹은 마시는 행동 등, 무엇을 먹을까 무엇을 마실까 무엇을 입을까 무슨 차를 사서 탈까 어떤 집을 살까 어느 직장에 취직을 할까 하는 일은 본질적인 일이 아니라 오직 성령을 힘입어서 의로운 일(덕을 세우시는 일-19절)을 힘쓰고 화평(19절)을 도모하며 희락을 증진시키는 일이기 때문이다. 헨드릭슨(Hendriksen)은 "하나님 나라의 본질은 먹는 것과 마시는 것이 아니요 오직 성령 안에 있는 의와 평강과 희락이라"고 말한다. 바울은 현세의 교회 공동체에서 본질적이 아닌 일과 본질적인 일을 제시해준다. 고기를 먹는 일이나 포도주를 마시는 일이 성도들이 중요하게 생각하고 추진해야 하는 일이 아니라 성령 안에서 의로운 일을 힘쓰고 화평의 일을 도모하며 기쁨을 증진시키는 일이 중요하다는 것이다.

본문의 "오직"($\dot{\alpha}\lambda\lambda\dot{\alpha}$)이란 말은 바로 앞의 말, 즉 먹고 마시는 문제와 완전히 대조를 이루는 말을 하기 위해 사용했다. 그리고 "성령 안에 있는"($\dot{\epsilon}\nu$ $\pi\nu\epsilon\acute{\upsilon}\mu\alpha\tau\iota$ $\dot{\alpha}\gamma\acute{\iota}\omega$)이란 말은 '성령을 힘입어서,' '성령의 권능에 의해서,' '성령이 주시는 힘을 따라'라는 뜻이다. 성도의 공동체는 성령을 힘입어서 "의와

---

61) "하나님의 나라"를 '현세의 교회 공동체'라고 해석하는 이유는 문맥 때문이다. 먹는 문제, 마시는 문제는 모두 현세에서 진행되는 일이다(마 3:2; 요 3:3이하). 바울은 또 고전 4:20에서도 하나님의 나라를 현세의 교회 공동체로 말하고 있다. 마 6:31에 예수님께서 "무엇을 먹을까 무엇을 마실까 무엇을 입을까 하지 말라"고 하신다.

평강과 희락"을 증진해야 하는 것이다. 혹자는 여기 "의"란 말을 '그리스도를 믿는 자가 하나님으로부터 의롭다고 선언 받는 것'을 지칭한다고 말하나 여기서는 문맥에 의하여 덕을 세우는 것으로 해석해야 한다(19절). 그리고 "평강"이란 말은 '성도 간에 화목'이라고 해석해야 한다. 이유는 교회에서 먹고 마시는 문제로 서로 의견 차이를 내어 불화해서는 안 된다는 차원에서 말했기 때문이다. 그리고 "희락"이란 말은 성도가 가지는 '기쁨'을 말하는데 '성도들 간에 서로 불화가 없이 교제하는 중에 가지는 기쁨'을 지칭한다. 성도 간에 서로 의견이 달라서 충돌하면 기쁨이 사라진다. 그런고로 성도들은 성령을 힘입어 교회 공동체의 기쁨을 증진시켜야 한다. 우리는 성령 충만을 구하여 교회에서 세 가지를 힘써야 한다. 많이 양보하면서 그리고 상대방을 생각하면서 신앙생활을 해야 한다.

롬 14:18. (이는) 이로써 그리스도를 섬기는 자는 하나님을 기쁘시게 하며 사람에게도 칭찬을 받느니라.

바울은 그리스도를 따르면서 성령을 힘입어 의를 힘쓰고 화목을 도모하며 희락을 증진시키는 사람은 하나님을 기쁘시게 하며 사람들에게도 유익을 끼친다고 말한다(고후 8:21). 문장 초두의 "이로써"(ἐν τούτῳ)란 말이 무슨 뜻이냐를 두고 여러 견해가 있다. 1) '성령 안에서'를 뜻한다. 2) '이렇게 하여'라는 뜻으로 17절에서 말하는 진리 전체를 인식하는 것이다. 3) 문법적으로는 단수이지만 앞 절의 '세 가지 덕을 힘씀으로써'라는 뜻으로 해석하는 학자들이 있다(Bengel, Meyer, Godet, Cranfield, 박윤선). 문맥을 따라 세 번째 것이 가장 타당한 것으로 보아야 한다. 즉 '의로운 생활을 힘쓰고 화목을 도모하며 희락을 증진함으로써'란 뜻이다. 크랜필드(C.E.B. Cranfield)는 "여기 사용된 단수형 '이것'['이로써'는 '이 안에서'(in this)라는 의미의 헬라어가 번역된 것이다]은 그 세 가지 일들이 단일한 전체를 형성하는 것으로 이해되었기 때문이다. 그리스도를 섬기는 그리스도인들은 의와 평강과 성령 안에서의 희락이 조화된 가운데 하나님을 기쁘시게 한다'라고 주장한다. 그리고 "그리

스도를 섬기는 자'란 말은 '그리스도께 종노릇하는 자,' '그리스도를 따르는
자'란 뜻이다. 교회 공동체에서 그리스도를 따르며 덕을 세우는 성도는 결국은
"하나님을 기쁘시게 하며 사람에게도 칭찬을 받는다"(εὐάρεστος τῷ θεῷ
καὶ δόκιμος τοῖς ἀνθρώποις)는 것이다. 즉 '하나님을 영화롭게 하며(살전
5:16-18) 또한 다른 사람들(믿음이 약한 사람들과 일반 사람들)에게도 유익을
끼치게 된다'는 말이다. 우리는 교회 안에서 덕을 세워서 하나님을 기쁘시게
하며 하나님으로부터 인정을 받아야 할 것이며 그리고 믿음이 약한 자들에게
유익을 끼쳐야 하겠고 또 일반 불신자들에게까지도 유익을 끼쳐야 할 것이다.
사실 세상 불신자들에게 칭찬을 받는다는 것은 거의 불가능하지만 그들에게
시인을 받고 또 유익을 끼칠 수는 있다.

롬 14:19. 그러므로 우리가 화평의 일과 서로 덕을 세우는 일을 힘쓰나니.
성령의 힘으로 덕을 세우면(17절) 하나님이 기뻐하시고 또 사람에게도 인정을
받게 되는 고로(18절) "우리가 화평의 일과 서로 덕을 세우는 일을 힘쓰자"고
말한다(12:18; 시 34:14). '먹는 것과 마시는 것 등 일상생활의 문제를 가지고
불협화음을 일으키지 말고 화평을 힘쓰고 또 서로 덕을 세우는 일을 힘쓰자'고
권한다. 교회의 화평은 거저 오는 것이 아니라 성도들이 힘써야 하는 것이다
(시 34:14; 히 12:14; 벧전 3:11). 화평을 깨는 사람들에게 하나님은 특별히
징계하신다. 그리고 "서로 덕을 세우는 일"(τὰ τῆς οἰκοδομῆς τῆς εἰς ἀλλή-
λους)이란 말은 서로서로가 상대방을 깎아내리는 것이 아니라 '서로를 세워주
는 일'을 지칭한다(15:2; 고전 14:12; 살전 5:11). 원래 "덕"(οἰκοδομή)이란
말은 '건물' 혹은 '구조물'(마 24:1; 엡 2:21)을 뜻했는데 거기에서 '교회를
세우는 일'이란 말로 응용되었고(엡 4:12) 거기서부터 '덕을 세우는 일'이란
말로 사용되었다. 그리고 "힘쓰나니"(διώκωμεν)란 말은 가정법으로 되어
있어 '힘쓰자,' '노력하자'라는 뜻이다. 화평을 힘쓰고 또 덕을 세우는 일을
그 무엇보다도 힘쓰고 애써야 한다는 말이다. 오늘 현실교회는 완전한 공동체
가 아님을 알고 성도들이 화목을 힘쓰고 또 덕을 세워나가야 한다. 지엽적인

것을 포기하고 화목을 힘쓰며 또 서로서로 상대방을 세워주고 격려하고 사랑이란 재료를 가지고 세워나가야 한다. 우리의 혈관 속에서 분열하기를 좋아하는 피를 빼고 서로서로 가까워져야 한다. 그리고 나를 낮추고 상대방을 사랑으로 감싸야 할 것이다.

롬 14:20. 음식으로 말미암아 하나님의 사업을 무너지게 하지 말라 만물이 다 깨끗하되 거리낌으로 먹는 사람에게는 악한 것이라.

바울 사도는 바로 앞 절(19절) 하반 절에서 "서로 덕을 세우는 일을 힘쓰자"고 말했는데, 이제 본 절에서는 그 반대의 경우를 말한다. 곧 "음식으로 말미암아 하나님의 사업을 무너지게 하지 말라"고 경고한다(15절). 여기 "음식으로 말미암아"란 말은 '음식 때문에,' '음식 문제로 하여'라는 뜻이다(15절 주해 참조). 그리고 "하나님의 사업"(τὸ ἔργον τοῦ θεου)이란 말은 문맥에 의하여 '하나님이 세워주신 믿음의 공동체'를 지칭한다. '믿음이 강한 자가 자기는 괜찮다고 고기를 먹어서 믿음이 약한 사람의 믿음을 무너지게 하는 것이 곧 하나님의 사업을 무너뜨리는 것'이다. 교회 공동체는 나 혼자 신앙 생활하는 곳이 아니니 나로서는 모든 것이 가(可)하다고 해도 다른 사람들에게 덕을 세우는 것인지 잘 살펴야 한다. 우리는 교회 공동체를 허무는 일을 해서는 안 된다. 다시 말해 믿음이 약한 성도들로 하여금 시험을 받게 하고 죄를 짓게 하는 일을 하지 않아야 한다.

바울 사도는 "만물이 다 깨끗하되 거리낌으로 먹는 사람에게는 악한 것이라"고 말한다. 여기 "만물이 다 깨끗하다"는 말은 '모든 음식이 도덕적으로 깨끗하여 버릴 것이 없다'는 뜻이다(14절; 마 15:11; 행 10:15; 딛 1:15). 위생상으로는 부패해서 버릴 것이 있을지라도 음식을 도덕적으로 살필 때 아무 문제가 없다는 뜻이다. 바로 14절의 "무엇이든지 스스로 속된 것이 없다"는 뜻과 같다(14절주해 참조). 바울은 만물이 깨끗하지만 "거리낌으로 먹는 사람에게는 악하다"고 말한다(고전 8:9-12). 신앙이 강한 성도가 고기를 먹는 것을 보고 믿음이 약한 성도가 아직 믿음 준비가 덜 되었는데도 거리끼는 마음을 가지고 그 고기를 먹는 사람에게는 그 고기가 악한 결과를 초래했다는 말이다(23절 참조). 믿음이 약한 자들이 고기를 거리끼는 마음으로, 의심하는 마음으로 먹으면 죄를 짓는 것이니 그것이 바로 악하다는 것이다. 우리는 마음에 어떤 확정함이 없이 의심하면서 음식을 먹어서는 안 된다. 의심하면서 먹는 것은 죄이며 악이라는 것을 알아야 한다.

롬 14:21. 고기도 먹지 아니하고 포도주도 마시지 아니하고 무엇이든지 네 형제로 거리끼게 하는 일을 아니함이 아름다우니라.

바울 사도는 본 절에서 아주 단순한 가르침을 말한다. 형제들로 하여금 거리끼게 하고 의심을 품게 하고 죄를 짓게 하는 일을 하지 아니하는 것이 아름답다는 것이다. 고기를 먹지 못하는 형제가 보는데서 고기를 먹지 아니해야 하고 포도주를 마시지 않는 성도들 앞에서 포도주를 마시지 아니해야 한다는 논리이다(고전 8:13). 그리고 "무엇이든지"(μηδὲ ἐν ᾧ) 하지 않을 것은 하지 아니해야 한다는 것이다. 다시 말해 먹는 것과 마시는 것만 아니라 그 무엇이든지 우리의 일상생활에서 믿음이 약한 형제 앞에서 금할 것은 금해야 한다는 말이다. 우리는 다른 사람들을 실족시켜서는 안 된다. 그것이 바로 하나님의 사업을 무너뜨리는 것이다. 그리스도께서 대신해서 죽으신 형제를 실족하게 해서는 안 된다. 무서운 일이다. 우리는 다른 믿음의 형제들에게 아름다운 일, 선한 일, 유익한 일, 사랑하는 일을 해야 한다.

롬 14:22. 네게 있는 믿음을 하나님 앞에서 스스로 가지고 있으라 자기가 옳다 하는 바로 자기를 정죄하지 아니하는 자는 복이 있도다.

바울은 바로 앞 절(21절)에 이어 본 절에서도 역시 믿음이 강한 자에게 확신을 가지고 있으라고 권하고 있다. 바울은 믿음이 강한 성도에게 말하기를 "네게 있는 믿음을 하나님 앞에서 스스로 가지고 있으라"고 부탁한다. 곧 '네게 있는 믿음, 즉 고기를 먹을 수 있다고 하는 확신을 하나님 앞에서 부끄러움 없이 가지고 있으라'고 말한다. 여기 "믿음"이란 말은 구원받는데 필요한

믿음을 지칭하는 것이 아니라 '고기를 얼마든지 먹을 수 있다고 하는 확신'을
지칭한다. 바울은 믿음이 강한 성도에게 바로 그 확신을 버리지 말고 또
그렇다고 그 확신을 믿음 약한 성도에게 내세우지 말고, 그냥 혼자 가지고
있으라고 말한다.

　　확신을 그냥 계속 가지고 있어야 할 이유는 "자기가 옳다 하는 바로
자기를 정죄하지 아니하는 자는 복이 있기" 때문이라는 것이다(요일 3:21).
'자기가 옳다고 확신하는 그것으로써 자기 스스로가 자기에게 정죄를 초래하
지 않는 자는 복이 있기' 때문이라는 말이다. 고기를 얼마든지 먹어도 된다는
확신을 그냥 조용히 가지고 있지 못하고 믿음이 약한 성도 앞에서 고기를
먹음으로써 자기가 하나님 앞에서 잘 못했다는 생각 때문에 자책하지 않는
사람은 복이 있다는 뜻이다. 고기를 먹는다면 교회 공동체에서 덕을 세우지
못했다고 하는 심한 자책에 시달릴 것이라는 말이다. 여기 "복이 있다"(μα-
κάριος)는 말은 '양심에 가책이 없다,' '양심에 의문이 없다,' '양심이 만족하
고 평안하다'는 뜻이다. 공연히 자기의 확신을 드러내어 고기를 먹는다면
스스로 잘 못했다는 생각에서 양심에 복이 없을 것은 분명한 일이다. 우리는
양심에 가책을 받는, 양심에 찔리는 일들을 하지 않아야 할 것이다. 다른
성도들을 실족시키는 일들을 삼가야 할 것이다.

**롬 14:23. (그러나) 의심하고 먹는 자는 정죄되었나니 이는 믿음을 따라 하지
아니하였기 때문이라 믿음을 따라 하지 아니하는 것은 다 죄니라.**
본 절 초두의 "그러나"(δέ)라는 말은 앞 절과의 대조 때문에 사용한 말이다.
"의심하고 먹는 자는 정죄되었다"는 말은 '믿음이 약한 자가 이럴까 저럴까하
고 마음이 갈린 채 의심하면서 먹는 자는 하나님에 의해서가 아니라 자기
양심에 의해서 이미 정죄를 받은 상태라'는 뜻이다. 확신 없이 먹는 자, 마음이
요동하는 중에 먹는 자는 자기 양심에 의하여 정죄되었다는 것이다. 여기
"정죄되었다"(κατακέκριται)는 말은 현재완료 시제로 이미 의심하는 순간
벌써 정죄되었고 그 정죄가 계속하고 있음을 말하는 것이다.

정죄된 이유는 "믿음을 따라 하지 아니하였기 때문이다." 다시 말해 '확신을 따라 먹지 않았기 때문이다.' 혹자는 여기 "믿음"을 '성도가 구원받는데 필요한 믿음'이라고 해석하나 문맥에 맞지 않는 해석으로 보인다. 이유는 바로 앞 절(22절)의 "믿음"이란 말이 확신을 뜻하고 있으니 문맥에 의하여 본 절의 "믿음"이란 말도 역시 '확신'을 뜻한다고 보아야 한다.

그리고 바울은 결론적으로 "믿음을 따라 하지 아니하는 것은 다 죄라"고 말한다(딛 1:15). '확신을 따라 행동하지 않는 것은 다 죄를 짓는 것이라'이라는 뜻이다.[62] 다시 말해 자기로서는 먹지 않아야 하는데 다른 사람들의 영향을 받아서든지 아니면 자기 혼자 공연히 확신 없이 먹는 자는 자기 양심에 죄를 짓는 것이라는 말이다. 혹자는 여기 "믿음"이란 말을 '예수 그리스도를 믿는 믿음,' '구원 주 예수 그리스도를 믿는 믿음,' '십자가의 속죄의 세력을 믿는 믿음'이라고 해석하나 문맥을 살필 때 합당하지 않은 해석으로 보인다. 캘빈(Calvin)은 여기 "믿음"이란 말을 "말씀의 원리에서 깨달은 마음의 확신"이라고 해석했고, 헨드릭슨은 "자신이 행하고 있는 바가 자신의 기독교적 신앙과 일치한다는 내적 확신, 즉 하나님을 믿는 지식의 신앙에 부합한다는 내적 확신"이라고 해석했다.

그런데 믿음(확신)을 따라 하지 아니하는 것이 "다 죄"가 되는 이유가 무엇인가. 그것은 의심을 가지고 행동하는 것은 양심을 범하는 것이기 때문이다. 양심은 하나님께서 주신 것인데 양심에 거리끼는 행위를 하는 것은 양심에 죄를 짓는 것일 뿐 아니라 양심을 주신 하나님께 죄를 짓는 것이다(Murray). 스토트(John Stott)는 "양심은 무오하지 않지만 그럼에도 불구하고 신성불가침의 것이며, 따라서 양심에 거스르는 것(믿음으로 좇아지 아니하는 행동)

---

62) 위클립 성경주석(The Wycliffe Bible Commentary)은 본 절을 번역할 때 "믿음"이라고 번역하지 않고 아예 "확신"이란 말로 번역했다. 그 번역은 "But the one who is at variance with himself, if he should eat, he feels condemnation and stays in that state because he his eating is not from conviction. And everything which is not from conviction is sin"이라고 되어 있다. 브루스(F.F. Bruce)도 역시 여기 "믿음"이란 말을 '확신'이라는 뜻으로 받아드리고 있다(그의 로마서 p. 279).

은 죄를 짓는 것이다"라고 말한다. 우리가 이렇게 해도 되고 혹은 저렇게 행동해도 되는 일(양심자유문제)에 있어서 마음에 확신을 가지고 하지 않으면 그것이 죄가 되는 줄을 알아야 한다. 성도가 의심을 품고 행동하면 죄가 되는 고로 확신을 가지고 행동해야 한다.

제 15 장
그리스도의 본을 따르라는 권면과 바울의 선교관 설명

3. 성도는 그리스도의 본을 따라 서로를 용납해야 한다   15:1-13
바울은 앞에서 형제가 형제를 비판하지 말라고 권고하고(14:1-12) 또 적극적으로 사랑을 실천할 것을 권한(4:13-23) 다음 이제 이 부분(15:1-13)에서는 결론을 내리는 입장에서 그리스도의 본을 따라 서로를 용납하라고 권한다.

롬 15:1. 믿음이 강한 우리는 마땅히 믿음이 약한 자의 약점을 담당하고 자기를 기쁘게 하지 아니할 것이라.
바울은 "믿음이 강한 우리"가 해야 할 두 가지들을 언급한다. 바울은 자신을 "믿음이 강한" 편으로 놓고 말을 이어간다. 바울이 그렇게 자신을 믿음이 강한 편으로 놓는 이유는 자기가 믿음이 강한 것을 과시하기 위해서가 아니라 믿음이 강한 성도들로 하여금 믿음이 약한 성도를 용납해야 한다고 강하게 권고하기 위해서이다. "믿음이 강한 자"(οἱ δυνατοι-"능력 있는 자"라는 뜻)는 14장에서도 말한바와 같이 '모든 식물은 다 깨끗한 고로 얼마든지 먹을 수 있는 사람'을 지칭한다(갈 6:1). 바울은 믿음이 강한 자로서, 첫째, "마땅히 믿음이 약한 자의 약점을 담당하라"고 권한다(갈 6:1-2). 여기 "믿음이 약한 자"(ἀδυνατοι-"능력 없는 자"라는 뜻)란 말은 '고기를 먹지 못하고 채소만 먹는 성도'를 지칭한다(14:1). 그리고 여기 "약점"(다른 약점들은 믿음이 강한 자들도 가지고 있다)이란 '믿음이 약해서 믿음이 강한 자들이 누릴 수 있는 유익을 누리지 못하는 것'을 지칭하는데 예를 들면 '고기를 먹지 못하는 것'을 말한다. 그러니까 고기를 먹지 못하는 것이 강한 것이 아니라 약점이라는 것이다. 바울은 고기를 먹을 수 있는 믿음이 강한 성도가 고기를 먹지 못하는 성도들의 약점, 곧 고기를 먹지 못하는 약점을 용납하는 심정으로 그들과 함께 있는 동안에 고기를 먹지 않아야 한다고 말한다. 본문에 "담당하고"(ὀφείλομεν....βαστάζειν)란 말은 '짐을 진다'는 뜻이다. 약자들이 지지 못하는 약점을 비판하지 아니하고 함께 져주는 것을 말한다.

둘째, "자기를 기쁘게 하지 아니해야 한다"고 말한다. 고기를 먹을 수 있는 성도가 고기를 먹는 일은 기쁜 일인데 약자를 생각하여 자기를 기쁘게 하지 않아야 한다는 것이다. 즉 고기를 먹지 않아야 한다는 말이다. 바울은 이렇게 믿음이 강한 자에게 권고하고는 3절에서 그리스도의 본을 말한다. 그리스도의 본을 받으라는 말 이외에 더 강한 권고가 어디 있겠는가.

롬 15:2. 우리 각 사람이 이웃을 기쁘게 하되 선을 이루고 덕을 세우도록 할지니라.

바울은 믿음이 강한 성도들에게 계속해서 권하기를 "우리 (믿음이 강한) 각 사람이 이웃을 기쁘게 하라"고 말한다(고전 9:19, 22; 10:24, 33; 13:5; 빌 2:4-5). "이웃을 기쁘게 하라"는 말은 '자신의 강한 점을 접고 약한 자의 입장에 서서 약한 자의 약점을 담당해주어 믿음이 약한 사람을 기쁘게 하라'는 말이다. 다시 말해 강한 자가 고기를 먹지 아니하고 함께 채소를 먹어줌으로써 약한 자를 기쁘게 해주라는 말이다. 그리고 바울은 "이웃을 기쁘게 하되" 진리를 거스르면서 혹은 파렴치한 타협을 해서 이웃을 기쁘게 하라는 말이 아니라 "선을 이루고 덕을 세워서" 이웃을 기쁘게 하라고 부탁한다(14:19). 이 두 가지(선을 이루는 것과 덕을 세우는 것)는 사람을 기쁘게 하는데 필요한 조건들이다. "선을 이룬다"는 것은 이웃에게 '영적인 유익을 준다'는 뜻이다. 따라서 이웃에게 영적인 유익을 끼치지 못하는 것은 선을 이루는 것이 아니다. 세속적인 유익만을 생각하고 세속적인 유익을 도모해 주는 것도 선을 이루는 것이 아니다. 반드시 영적으로 유익이 되어야 한다. 그리고 "덕을 세운다"는 것은 '성도의 공동체를 세우고 이웃을 세운다'는 뜻이다. 존 스토트(John

Stott)는 "우리는 이웃을 넘어지게 하거나(14:13, 20-21), 무너지게 하거나
(14:20), 해를 끼치지(14:15) 말고, 그들에게 덕을 세워야 한다"고 말한다.
우리는 진리에 어긋나는 경우 다른 사람을 기쁘게 할 수는 없다(엡 6:6; 살전
2:4). 그러나 진리에 어긋나지 않는 경우 사람에게 덕을 세워서 이웃을 기쁘게
해주어야 한다. 우리는 다른 사람들을 기쁘게 함으로써 자신의 기쁨을 더해야
한다(고전 9:20-23).

**롬 15:3. (왜냐하면) 그리스도께서도 자기를 기쁘게 하지 아니하셨나니 기록된
바 주를 비방하는 자들의 비방이 내게 미쳤나이다 함과 같으니라.**
바울은 믿음이 강한 자가 자신들을 기쁘게 하지 말고(1절), 이웃을 기쁘게
하라고 말한(2절) 후 이제 그리스도의 본을 따르라고 말한다. "그리스도께서
도 자기를 기쁘게 하지 아니하셨기" 때문에 그 본을 따라야 한다고 말한다(마
26:39; 요 5:30; 6:38). '그리스도께서 자기를 기쁘시게 하려면 얼마든지 기쁘
시게 하실 수 있었다. 그가 자기를 기쁘시게 하려면 하늘 영광을 비우고
이 땅에 강림하시지 않으실 수 있었으며 또한 이 땅에서도 원수들을 다 없이하
고 얼마든지 자신을 기쁘시게 하실 수 있으셨다. 그러나 그는 자신을 기쁘시게
하지 않으시고 갖은 수모와 고난을 다 받으셨다. 그가 공생애를 지내시는
동안 당한 수모와 고난은 우리가 다 측량할 수 없다. 그는 한 번도 자기를
기쁘시게 하지 않으셨다. 우리는 그리스도를 따라 차라리 수모를 당하고
고난을 당해야 한다(고후 8:9; 엡 5:25; 빌 2:5).
　　바울은 그리스도께서 자기를 기쁘게 하지 않으시고 오히려 고난을 받으실
일이 구약 성경에 예언되어 있다고 말한다. 곧 시 69:9에 기록된바 "주를
비방하는 자들의 비방이 내게 미쳤나이다"(70인 역)라고 예언된 것과 같다고
한다. 이 시편은 다윗이 성령의 감화로 지은 시인데 메시야 예언이라고 불린
다. 이 시편의 예언은 '하나님을 비방하는 자들의 비방이 내(그리스도)게
미쳤나이다'라는 내용인데 그리스도의 호소이다. 그리스도는 하나님께로 돌
아갈 계속되는 비방을 그 한 몸에 다 받으셨다. 그는 우리를 구원하시기

위해서 하나님으로부터 받은바 사명을 감당하시기 위해 모든 고난을 당하셨다. 예수님께서 쉬운 길을 택하시려면 얼마든지 고난과 비방을 면할 수 있으셨으나 그리스도께서는 다 당하셨다. 이렇게 그리스도께서 하나님으로부터 사명을 받아 비방을 당하시고 고난을 당하신 것처럼 믿음이 강한 자들도 역시 그리스도를 본받아 자신의 자유를 포기하고 이웃을 기쁘게 해야 할 것이다.

롬 15:4. (이는) 무엇이든지 전에 기록된 바는 우리의 교훈을 위하여 기록된 것이니 우리로 하여금 인내로 또는 성경의 위로로 소망을 가지게 함이니라. 본 절 초두에 있는 "이는"(γὰρ)이란 말은 본 절이 앞 절(3절)의 그리스도 관련 구약 성구(시 69:9)를 인용한 이유를 말하고 있다. 바울은 "무엇이든지 전에 기록된 바는 우리의 교훈을 위하여 기록된 것이라"고 말한다(4:23-24; 고전 9:9-10; 10:6, 11; 딤후 3:16-17). '시편 69:9을 포함하여 무슨 성경이든지 전에 기록한 구약 성경 전체는 우리에게 교훈을 주기 위하여 기록된 것이라'는 뜻이다.

그러면 구약 성경이 우리에게 주는 교훈이 구체적으로 무엇을 뜻하는 것인가. 무슨 교훈을 주는 것인가. 그것은 다름 아니라 "인내로 또는 성경의 위로로 소망을 가지게 하는 것"(ἵνα διὰ τῆς ὑπομονῆς καὶ διὰ τῆς παρακλήσεως τῶν γραφῶν τὴν ἐλπίδα ἔχωμεν)이다. 이 구절을 다시 번역하면 "성경의 인내로 또는 위로로 소망을 가지게 하는 것"이라고 된다. 그러니까 "성경의"(τῶν γραφῶ)라는 말이 "인내"라는 말과 "위로"라는 두 낱말에 걸린다. 문법적으로도 두 낱말에 걸려야 하고 또 실제적으로 두 낱말에 걸리지 않고 "위로"라는 낱말에만 걸리고 "인내"라는 낱말은 "성경의"라는 말과 관련이 없다면 인내는 그저 성경과 관련이 없이 온다는 말이 되어 신학적으로 문제가 된다. 구약 성경은 성도들에게 인내심을 주고 또 위로를 주어 소망을 가지게 해준다. 성경이야 말로 놀라운 책이다. 인내하게 만들어주고 또 위로를 주어 하나님께 대한 소망, 구원에 대한 소망을 가지게 해주니 놀라운 책이 아닐 수 없다. 구약시대의 성도들도 성경에서 주는 인내와 위로로 구원의 소망을 가졌고 또 신약 시대의 성도들도 역시 성경에서 인내와 위로를 얻고 영생을 얻는 줄 알고 산다(요 5:39). 성경을 가진 사람 모두는 인내의 사람이며 위로를 넘치게 받는 사람들이고 결과적으로 영생의 소망을 더욱 생생하게 가지고 사는 사람들이다.

롬 15:5. 이제 인내와 위로의 하나님이 너희로 그리스도 예수를 본받아 서로 뜻이 같게 하여 주사.

바울은 앞 절(4절)에서 구약 성경이 인내와 위로를 주셔서 영원한 소망을 가지게 한다고 말했는데 "이제 인내와 위로의 하나님이 너희로 그리스도 예수를 본받아 서로 뜻이 같게 하여 주시기를 원한다"고 말한다(12:16; 고전 1:10; 빌 3:16).[63] 곧 인내와 위로는 궁극적으로 하나님이 주시는데 그 하나님은 영원한 구원의 소망을 주실 뿐 아니라(4절) 또한 성도들로 하여금 "그리스도 예수를 본받아 서로 뜻이 같게 하여 주신다"는 것이다. 성도들이 그리스도를 통하여 하나님으로부터 인내와 위로를 얻을 때 그리스도를 본받을 수 있는 것이고 또 서로 뜻을 같이 할 수 있다는 뜻이다. 우리는 성경을 보면서 하나님으로부터 인내와 위를 받아야 한다. 그리고 다른 모든 은혜를 받아서 그리스도를 본받아 성도들끼리 뜻을 같이 해야 한다. 우리는 하나님께 교회 공동체 안에서 우리의 뜻이 합할 수 있도록 기원해야 한다. 우리끼리 합할 수 있도록 노력하는 것도 중요하지만 하나님께 기도하지 않으면 아무것도 되는 일이 없다.

롬 15:6. 한마음과 한 입으로 하나님 곧 우리 주 예수 그리스도의 아버지께 영광을 돌리게 하려 하노라.

---

63) "인내와 위로의 하나님"은 또한 "평강의 하나님"(15:33; 빌 4:9; 살전 5:23; 히 13:20)이시고 또 "소망의 하나님"이시며(15:13), "모든 은혜의 하나님"(벧전 5:10)도 되신다. 하나님은 풍성하신 하나님이시다.

바울의 기원은 본 절에서도 계속된다. 바울은 로마 교회 성도들이 "한마음과 한 입으로 하나님 곧 우리 주 예수 그리스도의 아버지께 영광을 돌리게 하려 하노라"고 말한다(행 4:24, 32). 여기 "한마음과 한 입으로"(ὁμοθυμαδὸν ἐν ἑνὶ στόματι)란 말은 '한 마음이 되어 한입으로,' '일치하여 한 입이 되어' '만장일치가 되어 한 입으로'라는 뜻이다. 우선 한 마음이 되는 것이 중요하고 다음 한 입이 되어 하나님께 영광을 돌려야 한다는 말이다. 아무래도 순서로 보아 한 마음이 되는 것이 중요하고 다음 순서는 한 입이 되는 것이 중요하다. 먼저 한 입이 되기는 힘이 들 것이다. "하나님 곧 우리 주 예수 그리스도의 아버지"(τὸν θεὸν καὶ πατέρα τοῦ κυρίου ἡμῶν Ἰησοῦ Χριστου)란 말은 "하나님이시며 또한 우리 주 예수 그리스도의 아버지"라고 번역할 수도 있다. 하나님은 우리 주 예수 그리스도의 아버지시다(고후 1:3; 11:31; 엡 1:3; 골 1:3). 바울은 성도들이 한 마음이 되고 한 입이 되어 주 예수 그리스도의 아버지 하나님께 영광을 돌리기를 소원한다. 비록 믿음이 강한 성도가 있고 또 약한 성도가 있다하더라도 예수 그리스도를 본받아(5절) 일치된 마음과 일치된 입으로 하나님께 찬양을 돌림으로써 영광을 돌려야 한다는 것이다. 우리는 의견이 서로 달라도 우리가 예수 그리스도를 통하여 하나님을 믿는 사람들이라면 사소한 것(음식 먹는 문제 같은 것)을 양보하고 일치하게 하나님께 마음으로 영광을 돌리고 또 입으로 영광을 돌려야 할 것이다.

롬 15:7. 그러므로 그리스도께서 우리(너희)를 받아 하나님께 영광을 돌리심과 같이 너희도 서로 받으라.

바울은 14:1 이하부터 권면한 내용을 총체적으로 여기(본 절)서 결론하기 위하여 "그러므로"라고 말한다. 결론의 내용은 "그리스도께서 우리(너희)를 받아 하나님께 영광을 돌리심과 같이 너희도 서로 받으라"는 것이다. 여기 "받아"(προσελάβετο)란 말은 부정(단순)과거 시제로 동사가 강조되어 있다. 즉 그리스도께서 로마 교인들을 '참으로 받으셨다'는 뜻이다(5:2). 바울은 그리스도께서 "우리(너희)," 곧 '로마교인들'을 영접하여 믿는 자들이 되게 하시고 구원하서서 하나님의 영광이 더하게 하신 것64)과 같이65) "너희,"
즉 '로마교인들'도 서로 용납하라는 말이다(14:1, 3). 고기를 먹을 수 있는
사람이 있고 혹은 고기를 먹지 못하고 채소만 먹는 성도들이 있어도 또 혹은
의견의 차이가 있어도 서로 용납하여 하나님께 영광을 돌리라는 말이다.
성도 간에 서로 다른 점이 있고 의견의 차이가 있는 이유는 그런 차이에도
불구하고 서로 용납하는지 하나님께서 시험하시기 위한 것임을 알아야 한다.
그런데 사람들은 그 차이를 극복하지 못하고 서로 갈라진다. 세 사람 이상이
서로 합하지 못하는 경우가 허다하다. 갈기갈기 갈라진 것은 벌써 하나님의
시험에 실패자가 된 것을 보여주는 것이다. 우리는 서로 용납하는데 있어서
성공 자들이 되어야 한다.

**롬 15:8. (이는) 내가 말하노니 그리스도께서 하나님의 진실하심을 위하여
할례의 추종자가 되셨으니 이는 조상들에게 주신 약속을 견고하게 하시고.**
바울은 앞 절(7절)에서 "그리스도께서 우리(너희)를 받아 하나님께 영광을
돌리신" 일을 말했는데, 이제 본 절과 다음 절(9절)에서는 그리스도께서 어떤
일을 하셨는지를 증언한다. 이제 본 절에서는 "그리스도께서 하나님의 진실하
심을 위하여 할례의 추종자가 되셨다"고 말한다(마 15:24; 요 1:11; 행 3:25-26;
13:46). 즉 유대인의 구원은 예수 그리스도께서 조상들에게 주신 약속을 성취
하셨기 때문에 이루어졌다고 말한다. 다음 절(9절)에서는 본 절에서 말하는바
예수님의 약속 성취가 이방인들에게 긍휼로 임했다고 말한다. 그러니까 예수
님의 구약 성취는 유대인들에게도 긍휼이고 이방인들에게도 긍휼이다.
　　바울은 강조하여 말하려고 문장 초두에 "내가 말하노니"라고 말한다

---

64) 예수 그리스도께서 그의 피로 우리를 씻으시고 우리를 영접하여 하나님께 드린 것은
하나님께 큰 영광이요 영광을 더한 것이다. 그렇게 되게 하시기 위해서 예수님은 공생애 기간
동안 고난을 받으셨고 또 십자가에서 갖은 수모와 고난을 당하셨다.

65) 여기 "같이"란 말은 예수님께서 우리를 받아 하나님의 영광이 되게 하심같이 우리도
그렇게 하라는 뜻이 아니라 예수님께서 우리의 본이 되신다는 뜻이다. 우리는 감히 그리스도와
비교가 되지 않는다. 다만 예수님께서 그렇게 위대한 일을 하셨으니 우리도 서로 용납하지
않을 수 없다는 뜻으로 "같이"란 말을 사용한 것으로 보아야 한다.

(12:1; 15:30). 바울은 본 절부터 시작하여 12절까지 그의 주장을 구약 성경으로 풀이하려고 "내가 말하노니"(λέγω)라고 말한다.

본문에 "그리스도께서 하나님의 진실하심을 위하여 할례의 추종자가 되셨다"(Χριστὸν διάκονον γεγενῆσθαι περιτομῆς ὑπὲρ ἀληθείας θεου)는 말은 '그리스도께서 하나님의 진실하심, 곧 하나님께서 약속하신 구약의 언약이 진실하심을 보여주시기 위하여 할례를 받으셨다'는 뜻이다(3:3; 고후 1:20). 하나님은 진실하신 분이시다. 하나님은 거짓이 없으셔서(민 23:19; 삼상 15:29; 말 3:6; 롬 11:29; 딛 1:2; 히 6:18) 구약에 약속하신 것을 반드시 성취하시는 분이시다. 예수님은 이 땅에 오셔서 하나님께서 진실하게 약속하신 것을 반드시 이루시는 분임을 보여주시기 위해서 할례를 받으셨다. 여기 "할례"(창 12:1-3; 17:1-8)란 말은 단지 남자 아이들이 낳은 지 8일이 되어 받는 할례만을 지칭하는 것이 아니라 하나님께서 구약 시대에 이스라엘의 조상들에게 주신 계약 전체와 동의어로 사용되었다(창 17:9-14, 23-27). 그러니까 할례만 계약이 아니라 구약 전체가 계약인데 바울 사도는 그 중에 할례 하나만을 말한 것뿐이다.

본문에 "할례의 추종자가 되셨다"는 말은 '할례의 종이 되셨다'는 말인데 좀 더 풀어쓰면 '할례만 아니라 구약 전체의 계약을 이루신 종이 되셨다'는 뜻이다. "할례의 추종자가 되셨다"(διάκονον γεγενῆσθαι περιτομῆς)는 말은 '유대민족의 종이 되셨다'는 뜻도 된다(N. E. B). 예수님은 섬기는 자로 오셨다(막 10:45). 예수님은 친히 증언하시기를 "나는 섬기는 자로 너희 중에 있노라"고 하신다(눅 22:27). 본문에 "되셨다"(γεγενῆσθαι)는 말은 현재완료 시제로 과거에 그리스도께서 구약을 이루신 종이 되셨는데 지금도 여전히 종으로 역사하고 계시다는 뜻이다. 예수님은 어느 시대에나 구원주가 되신다.

바울은 예수님께서 구약의 계약(할례)을 이루시는 종이 되신 이유를 말한다. 즉 "이는 조상들에게 주신 약속을 견고하게 하시기" 위해서라고 한다. 곧 '하나님께서 믿음의 조상들과 맺으신 약속들을 확증하시기' 위해서라는 뜻이다. "견고하게 한다"는 말은 '확증한다,' '설립한다,' '성취한다'는 뜻이다. 예수님은 하나님께서 이스라엘의 조상들과 맺으신 약속을 성취하시기 위해서 할례의 수종자(종, 성취하신 자)가 되셨다. 예수님은 하나님께서 이스라엘의 조상들과 맺으신 언약을 성취하시기 위해서 십자가에서 피를 흘려주셨다.

롬 15:9. 이방인들도 그 긍휼하심으로 말미암아 하나님께 영광을 돌리게 하려 하심이라 기록된바 그러므로 내가 열방 중에서 주께 감사하고 주의 이름을 찬송하리로다 함과 같으니라.

바울은 본 절에서 이방인들은 그리스도의 복음을 믿어 하나님의 은혜로 구원을 받아 기뻐서 하나님을 찬송하게 되었다고 말한다. 바울은 앞 절(8절)에서 예수님께서 구약을 성취하셔서 유대인들의 구원을 이루어주셨다고 하셨는데 그 말씀과 바울이 본 절에서 말하는바 이방인들도 긍휼하심으로 말미암아 구원을 이루어주셨다는 말은 똑 같은 내용이다. 예수님께서 구약을 성취하신 일은 유대인에게도 긍휼이고 이방인에게도 한없는 긍휼이 아닐 수 없다.

그런데 주해에 들어가기 전에 본문이 앞 문장의 어떤 말과 연결되느냐를 살필 필요가 있다. 1) 본문의 "이방인들도 그 긍휼하심으로 말미암아 하나님께 영광을 돌리게 하려 하심이라"는 문장이 앞 절(8절)의 "내가 말하노니"에 연결되는 것으로 보는 견해가 있다. 그러니까 "내가 말하노니 (8절이 여기 중간에 있고) 이방인들도 그 긍휼하심으로 말미암아 하나님께 영광을 돌리게 하려 하심이라"(9절)라는 문장으로 보는 견해가 있다. 이 견해도 헬라어를 살필 때 문법적으로 전혀 하자가 없다. 2) 또 다른 견해로서 본문의 "이방인들도 그 긍휼하심으로 말미암아 하나님께 영광을 돌리게 하려 하심이라"는 문장이 앞 절(8절)의 "견고하게 하시고"라는 구절과 연결시켜야 한다는 견해가 있는데 이 견해는 두 말을 병행으로 본다. 이 견해 역시 문법적으로 하자가 없다. 그렇다면 어떤 견해가 맞느냐 하는 문제가 발생하는데 그것은 바울 신학(=성경 신학)이 결정할 문제이다. 만약 첫 번째 견해를 따른다면 예수님께서 유대인 조상들에게 주신 약속을 성취하신 것은 9절이 말하는바 이방인들의 구원에는 전혀 관련이 없어지는 큰 약점이 발생한다. 그런고로 두 번째의 견해를 따라 본 절을 앞 절(8절)의 "견고하게 하시고"라는 구절과 연결시켜야 옳다.

바울 사도는 "이방인들도 그 긍휼하심으로 말미암아 하나님께 영광을 돌리게 하려 하심이라"고 말한다(9:23; 요 10:16). 조금 전에 말씀한 바와 같이 본 문장은 앞 절(8절)의 "조상들에게 주신 약속을 견고하게 하시고"라는 구절과 병행이다. 좀 더 쉽게 말해서 앞 절(8절)의 "견고하게 하시고"(βε-βαιῶσαι-부정법)란 말이 본 절의 "영광을 돌리게 하려 하심"(δοξάσαι-부정법)이란 말과 병행이다. 곧 예수님께서 유대인 조상들에게 주신 구원의 약속을 견고하게 하셨다는 말씀(8절)과 이방인들도 그 긍휼하심으로 말미암아 구원을 얻어 하나님께 영광을 돌린 것(9절)과 병행이라는 것이다.

"이방인들도 긍휼하심으로 말미암아"란 말은 '이방인들도 그리스도께서 십자가에서 구약을 성취하신 긍휼로 말미암아' 구원을 받았다는 것이다. 하나님께서는 이방인들에게 구약을 주시지는 않으셨으나(엡 2:11-12) 그러나 하나님은 만세 전에 벌써 그리스도께서 구약을 성취하셔서 이방인들을 구원하실 것을 예정하시고 은혜와 긍휼로 구원해 주신 것이다. 하나님께서 이방인들을 구원하신 목적은 "하나님께 영광을 돌리게 하려 하심이라"는 것이다. '하나님을 찬양하도록 하시기 위한 것'이다.

바울 사도는 이제 본 절부터 12절까지 이방인의 구원을 예언한 구약의 예언을 인용한다. "기록된바 그러므로 내가 열방 중에서 주께 감사하고 주의 이름을 찬송하리로다 함과 같다"고 말한다(시 18:49). 이 말씀은 구약 성경 70인 역(LXX) 시편 18:49(삼하 22:50)에서 인용한 것이다. 다윗은 사방에 있는 이방을 정복한 후 이방인들 중에서 하나님께 감사하고 찬양했는데 바울은 다윗의 노래를 그리스도에게 적용하여 그리스도께서 이방인들에게 은혜를 주셔서 구원하심으로 그들로 하여금 하나님께 감사하고 주의 이름을 찬양하게 하신 것을 말하고 있다. 우리는 그리스도께서 피 흘리심으로 우리를 구원한 사실에 대해 영원히 감사하고 찬양을 돌려야 할 것이다(계 7:12).

롬 15:10. 또 (다시) 이르되 열방들아 주의 백성과 함께 즐거워하라 하였으며.
바울은 두 번째로 구약 성경 70인 역 시편 32:43(모세의 노래)을 인용한다.
바울은 본 절 초두에 "또 이르되"라고 말한다. 이미 앞 절(9절)에서 "기록된
바 ... 함과 같으니라"고 말했으니 본 절에서는 "또 다시 이르되"라고 말한다.
'또 다시 성경에 말하고 있다'는 뜻이다. 하나님의 은혜로 이방인들에게 구원
이 이를 것이 구약 여기저기에 기록되어 있다는 뜻이다.

　　"열방들아 주의 백성과 함께 즐거워하라"(모세의 노래)는 내용의 노래는
'이방인들이 하나님의 은혜로 구원에 참여하게 될 것이니 주님(하나님)의
백성들과 함께 즐거워하게 되라'는 예언이다(신 32:43). 스스로 즐거워하기보
다는 구원의 은혜에 감격하여 불가항력적으로 즐거워하게 되라는 말이다.
우리는 그리스도의 은혜로 구원에 동참하게 되니 피동적으로 즐거워하게
되어 있다.

**롬 15:11. 또 (다시) 모든 열방들아 주를 찬양하며 모든 백성들아 그를 찬송하
라 하였으며.**
바울은 여기 "또 다시...하였으며"라는 말을 사용하여 구약 성경에서 또 다시
인용한다고 말한다. 바울 사도는 구약 성경 70인 역 시편 117:1의 말씀 "모든
열방들아 주를 찬양하며 모든 백성들아 그를 찬송하라"는 예언의 말씀을
인용한다. 본문에 "모든 열방들아"라는 말과 "모든 백성들아"라는 말은 동의
어로 사용되었다. 그리고 "주"와 "그"도 동의어로 사용되었다. 본문 내용은
모든 사람들(유대인과 이방인들 모두)에게 주님을 찬양할 것을 권고하는
내용이다. 우리는 그리스도의 십자가 공로로 구원받은 사람들로서 영원히
그리스도를 찬양해야 할 것이다.

롬 15:12. 또 (다시) 이사야가 이르되 이새의 뿌리 곧 열방을 다스리기 위하여

일어나시는 이가 있으리니 열방이 그에게 소망을 두리라 하였느니라.

바울은 "또 다시...하였느니라"고 말하여 구약 성경에서 인용한다는 표시를 한다. 바울은 이번에는 이사야가 예언한 말씀을 인용한다(사 11:10-70인 역). 70인 역 이사야 11:10의 내용은 "이새의 뿌리 곧 열방을 다스리기 위하여 일어나시는 이가 있으리니 열방이 그에게 소망을 두리라"는 예언이다(사 11:1, 10; 계 5:5; 22:16). "이새의 뿌리 곧 열방을 다스리기 위하여 일어나시는 이"란 말은 '예수님'을 지칭하는 말인데 예수님은 이새(다윗의 아버지)의 육신적인 자손으로 탄생하실 분이라는 뜻이며66) 예수님은 모든 나라를 통치하시기 위해서 일어나시는 분이란 말이다. 여기 "일어나시는 이"란 말은 '그리스도께서 부활하시고 승천하실 분'이라는 뜻이다. 그리고 이사야는 "열방이 그에게 소망을 두리라"라고 예언한다. 즉 '세상 모든 사람들은 원래 소망이 없었던 사람들(엡 2:12)이었는데 예수님을 믿고 구원의 소망을 가지게 될 것이라'는 예언이다. 지금 세상 사람들은 예수님을 믿고 구원의 소망을 가지게 되었다.

롬 15:13. 소망의 하나님이 모든 기쁨과 평강을 믿음 안에서 너희에게 충만하게 하사 성령의 능력으로 소망이 넘치게 하시기를 원하노라.

바울은 지금까지 말한바 서로 용납하라는 권고를 끝마치면서 그들을 위해 기도한다. 바울은 "소망의 하나님이 모든 기쁨과 평강을 믿음 안에서 너희에게 충만하게 하시기"를 위해 기도한다(12:12; 14:17). 바울은 바로 앞 절에서 열방이 주님에게 소망을 둘 것이라고 말했는데(12절), 하나님은 소망의 원천이시며 또한 소망을 주시는 분이시다. 그런 능력이 있으신 하나님께서 "모든 기쁨과 평강을 믿음 안에서 너희에게 충만하게 하시기"를 기원한다. 풍성한 기쁨과 평강은 믿음 안에 있는 법인데(믿음이 없는 자는 기쁨과 평강이 없다) 바울은 또 그들을 위해 그런 은혜들이 로마 성도들에게 충만하기를 기도한다.

---

66) 예수님은 다윗의 자손이시다(마 1:1, 6, 20; 9:27; 15:22; 막 10:47; 눅 1:27; 2:4).

우리는 믿는 중에도 우리 자신들과 다른 이들의 마음속에 기쁨이 충만하고 평강이 충만하기를 기원해야 한다. "충만하게 하시기"를 기원한다는 말은 기쁨과 평강이 로마 교인들을 지배하시기를 소원한 것이다. "충만"이란 낱말 때문에 분량적으로 생각해서는 안 된다. 여기 "충만"이란 말은 '지배,' '주장' 개념이다. "기쁨"이란 '성령님께서 주시는 기쁨을 뜻하는데 성도 상호간 용납하는 가운데 기쁨이 증진되기도 한다'(14:17). 그리고 "평강"이란 은혜를 충만히 받은 결과로 마음이 안정된 상태를 뜻한다(1:7). 이 두 가지는 로마 교인들에게 반드시 필요한 요소들이다. 그래야 서로 용납하는 삶을 살수 있게 된다. 그리고 바울은 결과적으로 "성령의 능력으로 소망이 넘치게 하시기를 원한다." 소망은 하나님께서 주시는 것인데 성령의 능력 있는 역사로 믿는 자의 마음에 넘치기를 바란다는 말이다. 성령은 우리들에게 소망을 주시는 분이시다. 우리는 성령 충만을 구하여 구원의 소망이 넘치는 삶을 살아야 한다. 바울은 로마 교인들을 위하여 기쁨과 평강이 넘치기를 기도했고 또 게다가 성령의 능력 있는 역사로 말미암아 구원의 소망이 그들을 지배하기를 기도했다. 이런 은혜들이 오늘 우리와 우리 주위 사람들에게 넘치기를 기도해야 할 것이다.

V. 끝맺음 말 15:14-16:27

A. 성숙한 독자들에게 담대하게 편지를 쓰는 이유 15:14-16

바울은 로마교회 성도들에게 믿음이 강한 자나 믿음이 약한 자나 서로 용납하라고 말한(1-13절) 다음 이제는 자신이 로마 교회에 편지하는 이유를 말한다. 바울은 그 동안 로마 교회 성도들이 잘 해왔다고 칭찬한다. 다시 말해 성도들이 도덕적으로 선하고 또 성경적인 지식도 많아서 서로 권면을 잘 해왔다고 말한다. 그런데 이제 이렇게 편지하는 이유는 그들이 알고 있는 것을 생각하게 하려는 것이라고 말한다. 바울은 이방인을 위한 사도로서 그 교회의 성도들을 하나님께서 받을만한 제물들이 되기 원하고 있다.

롬 15:14. 내 형제들아 너희가 스스로 선함이 가득하고 모든 지식이 차서 능히 서로 권하는 자임을 나도 확신하노라.

바울은 이 부분에서 편지하는 이유를 말하면서 먼저 칭찬한다. 사도는 "내 형제들아"(1:13; 7:1, 4; 8:12; 10:1; 11:25; 12:1; 15:30; 16:17)라고 애칭으로 부르면서 칭찬한다. 사도는 "너희가 스스로 선함이 가득하고 모든 지식이 차서 능히 서로 권하는 자임을 나도 확신한다"고 말한다(고전 8:1, 7, 10; 벧후 1:12; 요일 2:21). 사도는 로마 교회의 성도들이 두 가지 방면에서 좋다고 말한다. 하나는 "선함이 가득하다"는 것이고, 또 하나는 "모든 지식이 찼다"는 것이다. "선함이 가득하다"는 말은 '도덕적인 방면에서 놀라울 정도로 훌륭하다'는 뜻이다. 그리고 "모든 지식이 찼다"는 말은 '상대방을 잘 권하기에 부족함이 없는 정도로 복음적 지식(기독교에 대한 지식)이 풍부하다'는 뜻이다.[67] 도덕적으로 흠 잡힐 데가 없고 기독교에 대한 지식이 찼기에 결국은 "능히 서로 권해왔다"고 바울은 칭찬한다. 바울은 로마교회의 성도들이 서로 (믿음이 강한 자와 또 믿음이 약한 사람들 사이에) 잘 권해온 것을 "확신한다"(πέπεισμαι)고 말한다. 여기 "확신한다"(πέπεισμαι)는 말은 현재완료 수동태 시제로 '이미 확신되었고 지금도 그 확신하고 있다'는 뜻이다. 이 말이 수동태인 것은 자기 스스로 확신한 것이 아니라 그 어떤 사건을 통하여 확신되게 된 것을 뜻한다. 우리는 다른 성도들을 칭찬하는 지혜로운 성도들이 되어야 할 것이다.

롬 15:15. 그러나 내가 너희로 다시 생각나게 하려고 하나님께서 내게 주신 은혜로 말미암아 더욱 담대히 대략 너희에게 썼노니.

초두의 "그러나"라는 말은 이미 로마 교인들이 잘 알아서 서로 권고하고 있지만 "그러나" 바울 사도는 또 로마의 성도들(믿음이 강한 자나 혹은 약한 자 모두)로 하여금 다시 "생각나게 하려고 하나님께서 내(사도)게 주신 은혜로

[67] 헨드릭슨(William Hendriksen)은 여기 "지식"이 무엇이냐를 두고 "모든 것에 대한 실제적인 분별"이라고 말했다. 광범위한 정의로서 받아드릴 만한 정의이다.

말미암아 더욱 담대히 대략 너희에게 썼다"고 말한다(1:5; 12:3; 갈 1:15; 엡 3:7-8). 무엇을 "생각나게 하는" 일은 성령께서 하시는 일이다(요 14:26). 바울은 사도의 입장에서 로마의 성도들로 하여금 더욱 생각나게 해서 서로 권하기를 원한다는 것이다. 바울은 자기 개인의 입장에서 편지를 쓰는 것이 아니라 "하나님께서 내게 주신 은혜로 말미암아" 쓴다고 말한다. 하나님은 바울에게 사도가 되게 은혜를 주셨는데 사도는 하나님께서 주신 은혜를 수건으로 싸서 감추어 둘 수는 없는 일이어서 그 은혜 때문에 편지를 쓴다는 뜻이다. 바울은 자기가 사도이기에 "더욱 담대히 대략 너희에게 쓰고 있다"고 말한다. 바울은 자기 개인의 권위로 이렇게 글을 쓰는 것이 아니라 하나님께서 주신 사도직의 은혜 때문에 이렇게 "더욱 담대히" 쓴다고 말한다. 우리는 우리의 직분을 헛되게 할 수 없다. 더욱 담대하게 일을 해야 한다. 그것이 하나님께 대한 보답이다. 그런데 바울은 "대략" 너희에게 썼다고 말한다. 여기 "대략"(ἀπὸ μέρους)이란 말에 대해서 학자들은 해석에 있어서 두 갈래로 갈린다. 1) '다소,' '어느 정도'라고 해석하는 편이 있다(Godet, Gifford, Hodge, Murray, Bruce). 2) '어떤 곳에서는,' '부분적으로'라고 해석하는 편이 있다(Meyer, Stuart, Liddon, Sandy, S & H, Vincent 등). 두 편 다 가능하나 문맥을 살필 때 두 번째 견해를 따라 '어떤 곳에서는'이라고 해석하는 것이 더 적합할 것으로 보인다. 이 문장을 해석하면 '어떤 부분에서는 더욱 담대하게 썼다'고 해석된다. 여기 "썼다"(ἔγραψα)는 말은 부정(단순)과거 시제로, 바울 사도가 과거 시제를 쓴 이유는 사실 바울 사도가 편지를 쓸 때는 과거에 속한 것은 아니지만, 편지를 받는 측으로 보아서는 사도가 편지를 쓴 것은 벌써 과거에 속한 일이기에 여기에 과거 동사를 쓴 것이다(서신적 과거형 -επιστολαρψ αοριστ).

롬 15:16. 이 은혜는 곧 나로 이방인을 위하여 그리스도 예수의 일꾼이 되어 하나님의 복음의 제사장 직분을 하게 하사 이방인을 제물로 드리는 것이 성령 안에서 거룩하게 되어 받으실 만하게 하려 하심이라.

바울은 앞 절(15절)에서 말한 은혜의 역사를 본 절에서 다시 말한다. 사도는
앞 절에서 하나님께서 바울을 사도가 되게 해주신 은혜 때문에 편지를 썼다고
했는데 이제 본 절에서는 하나님께서 사도가 되게 해주신 은혜가 사도로
하여금 일을 하게 하신 일을 말한다.

　　본 절 초두의 "이 은혜는"이란 말은 헬라어에는 없는 말인데 우리말
번역을 위해서 집어넣은 말이다. "이 은혜는"이란 말을 집어넣어야 번역이
부드럽게 된다. 본 절은 앞 절에 말한 "하나님께서 내게 주신 은혜"(τὴν
χάριν τὴν δοθεῖσάν μοι ὑπὸ τοῦ θεου)가 무슨 일을 하는가를 말한다.
이 은혜는 "나로(바울로 하여금) 이방인을 위하여 그리스도 예수의 일꾼이
되어 하나님의 복음의 제사장 직분을 하게 했다"는 것이다(11:13; 갈 2:7-9;
빌 2:17; 딤전 2:7; 딤후 1:11). '하나님께서 바울로 하여금 사도가 되게
하신 은혜는 바울에게 역사하여 주로 이방인을 위하여 일하게 하였고 또
신분으로 말하면 그리스도의 일꾼, 곧 종이 되게 하였으며, 직무로 말하면
하나님(예수님)의 복음을 위한 제사장 직분을 하게 했다'는 뜻이다. 우리는
하나님으로부터 받은 은혜를 따라서 일을 해야 한다. 일반 신도로 일하게
하시든지 혹은 교역자로 일하게 하시든지 하나님의 은혜를 따라야 한다.
하나님의 은혜는 바울에게 역사하여 그리스도의 종이 되게 하셨고 또 복음을
전파하는 제사장 직분을 행하게 하셨다. 여기 "제사장 직분"이란 '제물을
드리는 직분'이다. 레위인 제사장은 희생제물을 제단에 바쳤는데 바울은
복음을 전파하여 그 복음을 영접한 사람들을 하나님께 제물로 바치는 제사장
역할을 하게 되었다.

　　바울은 사도가 되게 하는 은혜를 받았기에 사도가 되었고 사도가 되어
하는 일이 "이방인을 제물로 드리는 것이었다"(사 66:20; 빌 2:17). 곧 바울은
이방인에게 복음을 전파하여 예수님을 영접하게 하여 하나님께 제물로 드린
것이다. 그리고 바울은 그들을 "성령 안에서 거룩하게 되어 받으실 만하게
하려 했다." 바울은 이방인들을 하나님께 흠 없는 제물로 바치기 위해 '성령의
역사로 말미암아 거룩하게 되게 해서 하나님께서 받으실만하게 했다'는 것이

다. 바울은 바울의 역사로만 이방인들이 하나님께 바쳐지는 제물이 되는 것이 아니라 성령님의 역사가 필요함을 말한다. 이방인들은 일단 바울의 복음 전파로 말미암아 그리스도를 믿게 되면 그리스도의 피로 깨끗해지고 또 성령의 끊임없는 역사로 점과 흠이 없는 신자로 되는 것이다.

   B. 바울의 선교 계획   15:17-21
   바울은 앞(14-16절)에서 로마의 성도들에게 편지를 쓰는 이유를 말한 다음 이제는 바울이 앞으로 어떻게 선교할 것인가를 말한다. 바울은 과거에 그리스도께서 자기를 통하여 놀랍게 역사하셔서 예루살렘으로부터 시작하여 일루리곤 변방까지 복음을 전했다고 말한다. 바울은 앞으로 이미 복음이 전파된 곳에는 가지 않기로 힘쓰면서 복음을 계속해서 전한다는 포부를 말한다.

롬 15:17. 그러므로 내가 그리스도 예수 안에서 하나님의 일에 대하여 자랑하는 것이 있거니와.
"그러므로," 곧 '하나님께서 바울에게 사도가 되어 복음을 전하는 은혜를 주셔서 이방인들을 제물로 드리게 해주셨으므로'(15-16절) "내가 그리스도 예수 안에서 하나님의 일에 대하여 자랑하는 것이 있다"고 말한다. 바울은 사도가 되어 이방인들을 제물로 드리는 일을 하게 되었으므로(15-16절) "그리스도 안에서"(ἐν Χριστῷ Ἰησοῦ), 곧 '그리스도를 통하여' 하나님께서 이루어주신 하나님의 일에 관하여 자랑할 것이 있다고 말한다. 바울은 자기의 힘으로 큰 역사를 이룬 것이 아니라 그리스도 예수를 통하여 그런 일이 일어났다고 말한다. 여기 "하나님의 일"이란 '하나님에 관한 일,' 혹은 '하나님을 위한 일'로서 구체적으로 18-19절에 기록되어 있다(히 5:1). 즉 "말과 행위로 표적과 기사의 능력 그리고 성령의 능력"을 지칭한다. 바울은 하나님께서 그리스도를 통하여 이루어주신 하나님의 일에 대해서 자랑스럽게 여기는 것이지 결코 자기 자신을 내세우고 자랑하는 것은 아니었다. 오늘 우리에게도 자랑할 것이 없다. 다만 하나님께서 그리스도를 통하여 행하신 일만이 뿌듯할 뿐이다. 그것은 나를 자랑하는 것이 아니라 바로 하나님을 자랑하는 것이요 하나님을 드러내는 일이다. 바울은 십자가 외에는 자랑할 것이 없다고 단언한다(고전 2:2; 갈 6:14; 빌 3:3). 사실 우리는 그리스도의 십자가를 통한 구원만이 자랑스러울 뿐이고 하나님께서 그리스도를 통하여 하신 일만이 자랑스러울 뿐이다. 우리는 하나님의 일만을 자랑해야 한다.

롬 15:18-19a. (이는) 그리스도께서 이방인들을 순종하게 하기 위하여 나를 통하여 역사하신 것 외에는 내가 감히 말하지 아니하노라 그 일은 말과 행위로 표적과 기사의 능력으로 성령의 능력으로 이루어졌으며.
본 절 초두의 "이는"(γὰρ)이란 접속사는 개역개정판에는 번역되지 않았지만 헬라어 원문에는 있다. "이는"이란 접속사는 바울이 앞에서 말한바 "자랑할 것이 있다"고 말했는데 그 자랑할 것이 무엇인가를 구체적으로 제시하는 말이다. 바울이 "자랑하는 것"(17절)은 다름 아니라 "그리스도께서 이방인들을 순종하게 하기 위하여 나(바울)를 통하여 역사하신 것"을 지칭한다(1:5; 행 21:19; 갈 2:8). '그리스도께서는 이방인들을 그리스도에게 순종하게 하기 위해서 바울을 통하여 역사하신 것'이 있는데 그것 이외에는 "내(바울)가 감히 말하지 아니하노라"고 말한다. 곧 '바울이 감히 말하지(자랑하지) 아니한다'는 것이다. 바울은 그리스도께서 이방인들로 하여금 그리스도를 믿어서 그리스도에게 순종하게 하기 위해서 바울 자신을 통하여 놀랍게 역사하신 것 외에는 바울이 감히 말하지 않고 자랑하지 않는다는 것이다. 바울은 그리스도께서 바울을 통하여 역사하신 것만 말하고 자랑하겠다고 말한다.

그러면 그리스도께서 바울을 통하여 역사하신 것이 무엇인가. "말과 행위로 표적과 기사의 능력으로 성령의 능력으로 이루어진 것"이라고 말한다(행 19:11; 고후 12:12). 여기 "말과 행위로 표적과 기사의 능력으로 성령의 능력으로"(λόγῳ καὶ ἔργῳ, ἐν δυνάμει σημείων καὶ τεράτων, ἐν δυνάμει πνεύματος)란 말은 달리 번역될 수도 있는데 곧 "성령의 능력 안에서 표적들과 기사들의 능력 안에 있는 말과 일로써'라고 번역될 수도 있다. 곧 '그리스도께서 이방인들을 순종하게 하기 위하여 바울을 통하여 역사하신 그 일은 바울의 설교와 사역과 그리고 표적과 기사의 능력이 나타난 것인데 모두 성령의 능력으로 이루어진 것'이란 뜻이다. 성령의 능력이 아니면 바울의 설교도 그리고 그의 사역도 이방인들을 그리스도에게 복종시킬 수가 없었으며 또 성령의 능력이 아니고는 표적들과 기사의 능력도 나타날 수가 없었다(고전 2:4; 살전 1:5-6; 2:13). 여기 "표적들"이란 말은 바울 사도의 손으로 이루어지는 모든 이적들이 하나님을 보여주고 있고 하나님을 드러낸다는 뜻에서 표적이라고 말하고, 또 "기사"란 말은 바울 사도의 손으로 이루어지는 이적들이 참으로 기이하다는 뜻에서 기사(奇事)라고 말하는 것이다. 성령의 능력은 바울 사도의 선교를 모두 주장했다. 그 어느 것 하나라도 성령의 능력이 아니고는 일어날 수 없었다.

롬 15:19b. 그리하여 내가 예루살렘으로부터 두루 행하여 일루리곤까지 그리스도의 복음을 편만하게 전하였노라.

본 문의 "그리하여"(ὥστε)란 말은 '그래서' 혹은 '그럼으로써'(so that)라는 뜻인데 문맥을 따라 18절 하반 절과 19절 상반 절에서 말한바 '성령께서 역사해주서서 복음 전파가 진행되었으므로'라는 뜻이다. 바울은 성령의 능력을 힘입어 설교했고 또 사역했으며(사실은 설교도 사역의 일부이다) 또 표적과 기사가 나타났기에 결국은 "내가 예루살렘으로부터 두루 행하여 일루리곤까지 그리스도의 복음을 편만하게 전하였다"고 말한다.

　　바울은 그의 선교를 "예루살렘으로부터" 시작했다고 말한다. 이해하기 힘든 말인 듯이 보인다. 사실은 다메섹에서 처음으로 "예수는 그리스도라"고 전파하였고(행 9:19-30) 또 아라비안 지방에서 시작했다(갈 1:17-18). 그리고 그가 이방인의 사도로서 선교사역을 시작한 것은 안디옥에서부터였다(행 11:25-26; 13:1이하). 그런데 무슨 이유로 그의 선교사역을 예루살렘으로부터 시작하였다고 하는 것인가. 아마도 1) 그가 예루살렘에서 주님을 전할 기회가 여러 번 있었다는 사실을 염두에 두었을 것이기 때문이기도 하고(행 9:28-29; 15:2; 21:17-19; 22:17-21; 갈 2:1-10), 2) 또 복음이 예루살렘에서 전파되기 시작하였다는 중요한 사실을 말하는 것으로 보이기도 한다(행 1:8).

본문에 "두루 행하여"(καὶ κύκλῳ)란 말은 예루살렘으로부터 시작하여 일루리곤까지 직행했다는 뜻이 아니라 '예루살렘과 일루리곤 사이의 여러 곳을 거치면서' 전도했다는 뜻이다. 바울은 그와 함께 하셨던 성령의 능력을 입어 일루리곤까지 가면서 이곳저곳을 거치는 중에 복음을 전했다.

그런데 바울이 "일루리곤"을 방문했었던 때가 있었느냐 하는 것이 문제이다. 사실 "일루리곤까지"(μέχρι τοῦ Ἰλλυρικου)라고 하면 일루리곤을 포함할 수도 있고 혹은 포함하지 않을 수도 있다는 것이다(Liddon, 롬 5:14; 빌 2:8, 30). 그러나 바울 사도가 "예루살렘으로부터"라고 말할 때 예루살렘을 포함하는 것처럼 일루리곤을 포함하는 것으로 보아야 할 것이다. 바울 사도는 빌립보와 데살로니가 서북편 이태리, 독일, 마게도냐의 접경 도시 일루리곤을 방문하여 복음을 전했다. 그가 행 20:1-2의 삼 개월 간의 여행 중에 마게도냐를 통과할 때 일루리곤 지방을 방문하여(Gifford) 전도한 것이 확실하다. 이유는 그가 말하기를 "일루리곤까지 그리스도의 복음을 편만하게 전하였다"고 했기 때문이다.

그리고 "그리스도의 복음을 편만하게 전하였다"는 말은 '그리스도께서 십자가의 피로써 사람들을 구원하신다는 메시지를 충분하게 전했다'는 뜻이다. 다시 말해 사람들로 하여금 바울 사도의 메시지를 듣고 구원에 이르도록 복음 전하기를 완료했다는 뜻이다. 바울은 3차에 걸쳐 돌아다니며 복음을 철저하게 전했다. 우리는 성령의 능력을 힘입어 복음을 전하되 각 사람이 어찌 할꼬 하고 통회하도록 까지 전해야 할 것이다. 우리는 복음에 철학과 심리학 그리고 세상 학문을 섞어서 전해서는 안 된다. 성령을 힘입어 순수 복음만 전해야 한다.

롬 15:20. 또 내가 그리스도의 이름을 부르는 곳에는 복음을 전하지 않기를

힘썼노니 이는 남의 터 위에 건축하지 아니하려 함이라.

바울은 예루살렘으로부터 일루리곤까지 편만하게 복음을 전했지만 "또 내가 그리스도의 이름을 부르는 곳에는 복음을 전하지 않기를 힘썼다"고 말한다. 여기 "이름을 부르는"(ὠνομάσθη)이란 말은 부정(단순)과거 수동태 시제로 동사 자체를 강조하고 있음으로 '참으로 이름이 불려지는,' '진심으로 이름이 불려지는'이란 뜻이다. 다시 말해 예수님의 이름을 부르지 않으면 견디지 못하고 살맛이 없다는 식으로 간절하게 이름을 부르는 것을 지칭한다. 사람들이 그리스도의 복음을 듣고 은혜를 받아 그리스도의 이름을 부르고 그리스도의 이름을 찬양하는 곳에는 복음을 전하기 않기를 힘썼다는 말이다.

바울의 선교전략은 "남의 터 위에 건축하지 아니하는 것"이었다(고후 10:13, 15-16). '다른 사도나 전도자가 복음의 씨를 뿌려놓은 곳에는 다시 씨를 뿌리지 않는 것'이었다. 다시 말해 다른 이가 그리스도를 전해서 그 지방 사람들이 그리스도의 이름을 진심으로 부르고 있다면 거기에서 다시 그리스도를 전하는 일은 하지 않겠다는 것이다. 바울은 다른 사도들을 존중했고 다른 전도자들의 수고를 존중했다. 그는 자기만이 사도라고 하지 않았고 다른 사도나 전도자를 존중해서 그들의 수고를 알아주었다. 오늘날 이단들은 다른 전도자가 복음의 씨를 뿌려놓은 곳을 찾아다니면서 변질된 복음을 전하고 있지 않은가.

롬 15:21. 기록된 바 주의 소식을 받지 못한 자들이 볼 것이요 듣지 못한 자들이 깨달으리라 함과 같으니라.

바울은 그의 선교전략을 짜는 일에 있어서 구약 성경에서 인용하여 적용한다. 바울은 이사야 52:15(70인경)에서 인용하여 자기의 선교전략을 삼고 있다. "주의 소식을 받지 못한 자들이 볼 것이요 듣지 못한 자들이 깨달으리라"는 말씀이다(사 52:15). 곧 '주님의 소식을 받지 못한 이방인들이 영적으로 주님을 볼 것이요 주님에 관한 소식을 듣지 못한 이방인들이 주님을 깨달으리라'(마 13:15, 23)는 말이다. 바울은 예수 그리스도에 대한 소식을 받지 못한 이방인들로 하여금 주님을 영적으로 보게 하고 또 주님에 관한 소식을 듣지 못한 이방인들로 하여금 영적으로 주님을 깨닫게 한다는 것이다. 이 말씀은 "남의 터 위에 건축하지 아니하는" 전략과 같은 내용이다. 우리는 한 생애의 모든 일들을 계획할 때 성경의 원리를 따라서 짜야 할 것이다. 세상 원리나 기업의 원리를 우리의 일상에 적용하려고 해서는 안 된다.

C. 바울의 여행 계획 15:22-29

바울은 앞에서 자신의 선교전략을 말한(17-21절) 다음 이제는 스페인에게 가서 복음을 전하겠다고 포부를 말한다. 바울은 동쪽 지방에서 복음을 편만하게 전했기 때문에 이제는 서쪽으로 스페인까지 가서 복음을 전하겠다고 말한다. 그는 스페인으로 가는 도중에 오랫동안 소망해왔던 로마 방문의 꿈을 이룰 계획을 세운다. 그는 로마에 가서 그들과 함께 교제를 나누는 중에 기쁨을 얻은 다음 스페인으로 가기를 원한다. 그러나 바울은 로마에 가기 전에 먼저 예루살렘을 방문해야 했다. 이유는 수년 동안 이방 교회를 방문하면서 거둔 구제헌금을 예루살렘의 가난한 성도들에게 전달해야 했기 때문이다. 그는 그 일을 위해 동쪽을 향하여 예루살렘으로 가야했다. 그런 다음 그는 로마에 들르겠다고 말한다. 그가 로마에 갈 때는 그리스도의 복음을 전하면서 큰 복을 전달할 수 있으리라고 확신한다.

롬 15:22. 그러므로 또한 내가 너희에게 가려 하던 것이 여러 번 막혔더니. "그러므로," 즉 '그리스도의 복음을 편만하게 전하는 일에 여념이 없었음으로'(19b) 바울은 "또한 내가 너희에게 가려 하던 것이 여러 번 막혔다"고 말한다(1:13; 살전 2:17-18). 여기 "그러므로"(διο)란 말이 무엇을 지칭하느냐를 두고 모든 학자들은 19-21절에서 말한 이유 때문이라고 말한다. 그러나 그렇게 주장하면서도 견해가 나누인다. 1) 어떤 학자들은 바울이 "그리스도의 이름을 부르는 곳에는 복음을 전하지 않기를 힘쓴"(20절) 이유 때문이라고 주장하고, 2) 다른 학자들은 그런 이유보다는 바울 사도가 로마서를 쓰고 있던 고린도 지방의 복음 전도가 완료되지 않았다는 이유(19절 하반 절) 때문이라고 말하기도 하고, 3) 혹은 어떤 학자들은 위에 말한 두 가지 이유가 다 해당된다고 말한다. 문맥을 살필 때 두 번째 견해, 즉 바울이 인접지역의 복음 전파에 몰두한 나머지 로마에 가는 일이 막혔다고 보는 것이 바를 것이다. 이 견해가 바르다고 보이는 이유는 첫째, 다음 절(23절)에 "이제는 이 지방에 일할 곳이 없다"는 것을 보면 그 동안 바울은 심히 바빠서 로마에 가는 길이 막힌 것으로 보인다. 둘째, "막혔더니"라는 말이 미완료 수동태인 것을 감안하면 바울 자신의 자의로 로마에 안간 것이 아니라 환경 때문에 못간 것이다. 즉 '바울이 로마에 가려는 길이 여러 차례 막힌 것은 선교사역에 전념하다 보니 바빠서 못 갔다'는 말이 설득력이 있을 것으로 보인다. 다시 말해 바쁜 일정을 두고 떠날 수가 없었다는 것이다. 바울은 1:13에서 로마에 가려하던 계획이 여러 번 막혔다는 말을 했었는데 이제 본 절에서 그 이유를 밝히고 있다.

롬 15:23. (그러나) 이제는 이 지방(들)에 일할 곳이 없고 또 여러 해 전부터 언제든지 서바나로 갈 때에 너희에게 가기를 바라고 있었으니.
바울은 앞에서 로마에 가려던 계획이 여러 번 막혔다(22절)고 말했는데 "그러나" 이제 본 절에서는 갈 수 있게 되었다고 말한다. 첫째 이유는 "이제는 이 지방들에 일할 곳이 없다"는 것이다. 바울이 체재하면서 로마서를 쓰고 있던 지방(예루살렘에서 일루리곤까지 이르는 지방)에 일할 곳이 없다는 이유다. 시골까지는 아니더라도 도시를 중심하여 예수 그리스도를 전파할 만큼 전했다는 뜻이다. 바울은 교회를 성장시키는 일은 아직 남아있지만 그리스도를 전파하여 성도들로 하여금 그리스도를 영접하게 하는 일만큼은 완료했다는 것이다. 둘째 이유는 "여러 해 전부터 언제든지 서바나로 갈 때에 너희에게 가기를 바라고 있었다"는 것이다(32절; 1:11; 행 19:21). 바울은 여러 해전부터 스페인(복음이 전파되지 않은 곳)으로 가서 복음을 전하려는 소망을 가지고 있었는데 그 때 지나는 길에 로마에 가기를 바라고 있었다는 것이다. 그런데 이제는 때가 성숙했다고 말한다.

롬 15:24. 이는 지나가는 길에 너희를 보고 먼저 너희와 사귐으로 얼마간 기쁨을 가진 후에 너희가 그리로 보내주기를 바람이라.
바울은 문장 초두의 "이는"이란 접속사를 사용하여, 바로 앞 절(23절)에서 말한바 "서바나로 갈 때에 너희에게 가기를 바라고 있었던" 이유를 설명한다. 이유는 두 가지이다. 첫째 이유는 "지나가는 길에 너희를 보고 먼저 너희와 사귐으로 얼마간 기쁨을 가지기를" 소원한 것이다. 바울은 로마에 체류하기 위해서 가는 것이 아니라 서바나로 가는 길에 잠시 들러서 성도들을 보고 교제하여 얼마간의 기쁨을 가지려는 의도였다. 본문에 "보고"(θεάσασθαι)란 말은 부정(단순)과거 시제로 동사가 강조되었다. 즉 '참으로 보고,' '진심으로 보고'란 뜻이다. 그리고 여기 "보고"란 말은 로마 교인들을 보는 것이 대단히 중요함을 표현한 말이다. 은혜 받은 성도들끼리의 교제는 반드시 기쁨을 산출한다. 은혜 받은 성도들은 처음 만났을지라도 마치 구면 같고 가족 같은 느낌을 받을 뿐 아니라 기쁨에 이르기 마련이다. 그런데 바울은 "얼마간 기쁨을 가지기를" 소원했다. 많은 기쁨을 가지고 싶지만 서바나로 가야 하는 입장이니 절제하는 심정을 표하고 있다. 둘째 이유는 "너희가 그리로 보내주기를 바랐기" 때문이다(행 15:3). 재정적 도움을 기대한다는 말이다. 바울은 자급전도자였지만(고후 11:9; 살전 2:9) 교회 측으로 보아서는 전도자를 교회의 재정으로 파송해주는 것은 마땅한 일이었다(행 15:3; 20:38; 고전 16:6; 고후 1:16). 바울이 이렇게 자신을 서바나로 파송해주기를 요구한 것은 보통 사람으로서는 하기 어려운 처신으로서 아무런 장벽을 두지 않는 처신이다. 전도자는 기도하는 중에 성령의 인도를 받아 탁월한 지도력을 발휘해야 한다.

롬 15:25. 그러나 이제는 내가 성도를 섬기는 일로 예루살렘에 가노니.
바울은 로마를 들러서 서바나로 갈 계획을 세웠었는데(22-24절) "그러나 이제는 성도를 섬기는 일로 예루살렘에 간다"고 말한다(행 19:21; 20:22; 24:17).

곧 그의 계획을 바꾸어 예루살렘에 구제헌금을 전달하러 가겠다는 것이다. 바울은 예루살렘 성도들에게 구제 헌금을 전달하는 것을 "성도를 섬기는 일"이라고 말한다. 바울은 예루살렘 성도들을 끔찍이 생각했다(31절; 고전 16:1; 고후 8:4; 9:1, 12). 그는 예루살렘 성도들을 위하여 헌금을 거두었는데(고전 16:1-4; 고후 8:-9:) 아주 귀하게 생각했다. 이 헌금을 다른 사람들을 통하여 전달하기 보다는 친히 바울도 동행하여 그 헌금을 전달할 것이라고 말한다. 바울의 예루살렘 행(行)은 복음 전도의 입장에서가 아니라 구제 헌금을 전달하는 입장에서 가는 것이었다. 그는 그 곳에 갔다가 로마에 가지 못하고 결국 잡혀서 죄수의 몸으로 로마로 갔다.

롬 15:26. 이는 마게도냐와 아가야 사람들이 예루살렘 성도 중 가난한 자들을 위하여 기쁘게 얼마를 연보 하였음이라.
본 절 초두의 "이는"(γὰρ)이란 이유 접속사는 앞 절에 말한바 "이제는 내가 성도를 섬기는 일로 예루살렘에 가노니"(25절)라는 말에 대한 이유를 설명한다. 즉 예루살렘에 가는 이유(앞 절)는 "마게도냐와 아가야 사람들이 예루살렘 성도 중 가난한 자들을 위하여...연보 하였기" 때문에 그것을 전달하러 간다는 것이다(고전 16:1-2; 고후 8:1; 9:2, 12).[68] 구제헌금 전달도 교회의 사명 중 중요한 부분을 차지하고 있음을 보여주고 있다.

"마게도냐와 아가야 사람들이 예루살렘 성도 중 가난한 자들을 위하여 기쁘게 얼마를 연보했다"는 말은 성경 다른 곳에도 기록되었다(고전 16:1-3; 고후 8:1-4). 마게도냐의 대표교회는 빌립보 교회였고 아가야 교회의 대표교회는 고린도 교회였는데 두 지역의 교인들은 "예루살렘 성도 중 가난한 자들을 위하여 기쁘게 얼마를 연보 하였다." 여기 "예루살렘 성도 중 가난한 자들"이란 말은 그 당시 예루살렘 교회 안에 가난한 자들이 꽤 많이 있었음을 보여주는

---

68) 사실은 예루살렘 교회의 성도들을 위하여 연보한 교인들은 아시아와 갈라디아 교인들도 있었는데(행 20:4; 고전 16:1) 그 이름들이 여기 빠져 있어 의문이 생긴다. 그래서 학자들은 몇 가지 추측을 하고 있는데 단지 추측임으로 여기서 더 추측하면 추측만 늘 뿐일 것 같다.

말이다(갈 2:10). 그리고 "기쁘게 연보했다"는 말은 그들에게 성령의 기쁨이 넘쳤다는 것을 보여준다(고후 8:1-4). 오늘날 많은 성도들은 억지로 헌금을 한다. 성령께서 주시는 기쁨이 없기 때문이거나 아니면 성령의 기쁨이 사라졌기 때문이다. 성령의 기쁨을 회복하는 것이 절대적으로 필요하다. 그리고 이방 교회의 교인들이 "얼마를" 연보하였다는 말은 '억압에 의해서가 아니라 자유롭게' 헌금했다는 뜻이다. 헌금은 항상 은혜 받은 대로 자유롭게 하는 것이 옳다. 세금 매기듯이 헌금액을 정해주면 안 될 일이다.

그리고 "연보"(κοινωνία)라는 말은 '사귐'(고후 6:14), '친교'(갈 2:9), '참여함'(고전 10:16), '교제'(빌 2:1), '연보'(고후 9:13), '나눠주기'(히 13:16)라고 번역되었는데 개역개정판에서 문맥에 따라서 적절하게 번역되었다. 이방 교회들이 모 교회인 예루살렘 교회의 가난한 성도들을 위해서 연보해서 보낸 것은 다음 구절이 지적하는 것처럼 참으로 아름다운 일이었다.

롬 15:27. (이는) 저희가 기뻐서 하였거니와 또한 저희는 그들에게 빚진 자니 만일 이방인들이 그들의 영적인 것을 나눠 가졌으면 육적인 것으로 그들을 섬기는 것이 마땅하니라.
바울은 마게도냐와 아가야 성도들이 "기뻐서" 연보했다고 말한다(갈 1:16; 골 1:20; 살전 2:8 참조). 기쁨으로 연보했다는 말은 헌금자의 자세를 말하는데 이런 마음의 자세는 성령께서 주시는 기쁨이 아니면 불가능하다. 성령께서 기쁨을 주실 때 기쁨으로 헌금하게 되고 또 가난한 자들을 사랑하는 마음이 더욱 불 일듯 일어난다.

바울은 아가야 성도들과 마게도냐 성도들이 기쁨으로 헌금한 것을 칭찬하며 또 그 성도들이 헌금해서 보내는 일은 영적으로 빚진 성도로서 마땅하다고 말한다. 곧 "또한 저희는 그들에게 빚진 자니 만일 이방인들이 그들의 영적인 것을 나눠 가졌으면 육적인 것으로 그들을 섬기는 것이 마땅하다"는 것이다(11:17; 고전 9:11; 갈 6:6). 바울 사도는 이방인들이 예루살렘으로부터 전파된 복음을 받았으니 예루살렘 교회에 빚을 졌다는 것이다. 복음의 빚만큼 큰

빚은 없다. 물질적인 빚이나 다른 빚들도 큰 빚이지만 복음의 빚은 생명을
받은 빚이고 평안을 받은 빚이고 각종 복을 전달받은 빚이다. 이렇게 빚을
졌다면 "육적인 것," 곧 '헌금'으로 예루살렘의 가난한 성도들을 섬기는 것이
마땅하다는 것이다. 여기 "섬기는 것이 마땅하다"는 표현에 주의해야 할
것이다. 구제 헌금을 드리는 것이 섬기는 것이라고 표현한 것을 보면 구제하는
일은 하나님을 섬기는 일이라는 것을 알 수 있다(고후 9:12-13). 우리는 그저
물질을 조금 던져주는 심정이어서는 안 된다. 섬기는 심정으로 물질을 전달해
야 한다. 오늘 교회에서 성도들이 헌금해서 교역자에게 드리는 것은 하나님을
섬기는 일이라는 것이다. 교역자가 복음을 전해주었으면 성도들은 마땅히
교역자에게 생활비를 드려야 한다. 어떤 성도들은 이 진리를 무시하고 교역자
를 마구 생각하고 마구 대하는 수가 있다. 교역자를 물질로 대접하는 것은
하나님을 섬기는 일임을 알아야 한다.

**롬 15:28. 그러므로 내가 이 일을 마치고 이 열매를 그들에게 확증한 후에
너희에게 들렀다가 서바나로 가리라.**
바울은 22절부터 27절까지 말해온 대로 이제는 로마에 갈 수 있게 되었는데
(23-24절) 또 구제 헌금을 가지고 예루살렘에 가야 할 일이 생겼음으로(25-27
절) "그러므로(οὖν) 내가 이 일을 마치고 이 열매를 그들에게 확증한 후에
너희에게 들렀다가 서바나로 가리라"고 말한다. 바울 사도는 먼저 예루살렘에
가서 구제금을 전달한 다음에 로마에 들렀다가 서바나로 갈 것이라고 말한다.
　　바울 사도는 로마에 가기 전에 "내가 이 일을 마치고 이 열매를 그들에게
확증하겠다"고 말한다(빌 4:17). 여기 "내가 이 일(τοῦτο)을 마친다"는 말은
'구제 헌금을 예루살렘으로 가지고 가서 구제헌금을 전달하는 일을 마치겠다'
는 뜻이다. 고후 8:20-21에 보면 사도는 "이것을 조심함은 우리가 맡은 이
거액의 연보에 대하여 아무도 우리를 비방하지 못하게 하려 함이니 이는
우리가 주 앞에서 뿐 아니라 사람 앞에서도 선한 일에 조심하려 함이라"고
말한다. 구제헌금을 그냥 두고 로마에 간다든지 혹은 구제헌금을 다른 사람에

게 맡겨서 전달하게 한다든지 하지 않고 자신이 직접 취급하여 그 일을 마치겠다는 것이다. 그리고 바울은 "이 열매를 그들에게 확증하겠다"고 말한다. 여기 "이 열매"라는 말은 '이방 교인들이 예루살렘으로부터 전해진 복음을 듣고(바울을 통해 듣고) 영적으로 큰 은혜를 받아 예루살렘의 가난한 성도들의 궁핍을 채워주려고 거둔, 사랑이 담긴 구제 헌금'을 지칭하는 말이다. 이 구제 헌금이야 말로 예루살렘 교회가 뿌린 복음의 씨가 만들어낸 헌금임에 틀림없다. 바울은 그 열매를 "그들에게 확증하겠다"고 말한다. 곧 '예루살렘 성도들의 머릿속에 확실하게 박히도록 각인시키겠다'는 뜻이다. 이 헌금이야 말로 사랑의 헌금이요 또 섬기는 뜻으로 드리는 헌금이요 성도간의 교제를 증진시키기 위한 헌금인 고로 바울은 예루살렘 성도들로 하여금 이 사랑의 선물을 확실하게 알도록 한 사람 한 사람에게 전달하겠다는 것이다. 예루살렘에서 시작한 복음이 이렇게 이방인들에게 전달되어 구제 헌금이 걷혔으니 그 열매가 다시 예루살렘 교회의 가난한 성도들에게 전달되는 것은 바울에게 있어서는 큰 기쁨이 아닐 수 없었다. 그래서 예루살렘 성도들이 확실하게 아는 것이 중요하다는 것이다.

　　바울은 그 작업을 한 후에 "너희에게 들렀다가 서바나로 가리라"고 말한다. 즉 '로마에 잠시 들렀다가 서바나로 갈 것이라'고 말한다. 바울은 로마에서는 오래 체재하지 않고 잠시 들르는 것이라고 말한다. 그는 이미 교회가 세워진 곳에는 다시 터를 닦지 않는다는 원칙에 입각해서 오래 있지는 않는다고 말한 것이다(20-21절). 바울은 지금 자기가 머물고 있는 아가야 지방을 중심해서 보면 같은 방향도 아닌, 서로 반대방향인 예루살렘과 로마 양쪽에다 가겠다는 것이고 또 로마를 거쳐 서바나까지 가겠다는 포부를 밝힌다. 그는 복음을 위해 산 사람이었다(행 20:24). 우리도 복음을 위하는 일이라면 멀어도 갈 길을 가야 한다.

롬 15:29. 내가 너희에게 나아갈 때에 그리스도의 충만한 복을 가지고 갈 줄을 아노라.

바울은 앞 절에서 "너희에게 들렀다가"(28절)라고 말했는데, 본 절에서는 "내가 너희에게 나아갈 때에"라고 말한다. 사도가 이렇게 고쳐 말한 이유는 로마 성도들이 바울의 방문이 성의 없는 방문이 아니라 분명한 방문임을 알게 하려는 취지에서 일 것이다. 그런데 바울은 로마 성도들에게 갈 때에 "그리스도의 충만한 복을 가지고 갈 줄을" 확신한다고 말한다(1:11). "그리스도의 충만한 복"(ἐν πληρώματι εὐλογίας Χριστοῦ)이란 '그리스도께서 주시는 모든 신령한 복'을 지칭한다. 예수 그리스도는 바울 사도에게 모든 신령한 은사들을 주셨다. 그래서 그 은사들은 다른 여러 개척지에서도 나타났다. 바울 사도는 그리스도께서 성도들에게 은혜를 전달하는 통로로서 이미 그가 소유하고 있는 터였다. 예수님은 바울을 통하여 여러 개척교회에서 구원의 복을 주셨고 또 평강의 복을 주셨으며 기쁨의 복을 주셨고 소망의 복을 주셨으며 또 치유의 은혜들을 주셨다. 바울은 그런 "복을 가지고 갈 줄을 안다"고 말한다. 이미 가지고 있는 은사들을 가지고 간다는 것이다. 여기 "안다"는 말은 '확신한다'는 뜻이다. 틀림없이 확신한다는 말이다. 우리도 역시 그리스도의 충만한 축복을 전달하는 매개체가 될 수는 없을까. 그리스도의 십자가의 피를 전하여 구원을 전달하고 평강을 전달하며 기쁨을 전달할 수 없을까.

D. 기도부탁 15:30-33

바울은 예루살렘에 갔다가 로마에 갈 계획을 세우면서(22-29절) 로마 교인들에게 기도를 부탁한다. 그는 예루살렘을 방문하는 중 유대인들로부터 당할만한 위험을 예감하고 기도를 부탁했으며 또한 자기의 구제 헌금을 예루살렘 성도들 중 가난한 성도들이 받음직 하게 되도록 기도를 부탁한 것이다. 그는 예루살렘에 갔다가 결국은 잡혀서 로마에 가는 입장이 되고 말았다.

롬 15:30. 형제들아 내가 우리 주 예수 그리스도와 성령의 사랑으로 말미암아 너희를 권하노니 너희 기도에 나와 힘을 같이하여 나를 위하여 하나님께 빌어.

바울은 로마 성도들에게 자기가 로마에 갔다가 구제 헌금을 전달하고 로마에 갈 것이라고 말하면서 기도를 부탁한다. 바울은 먼저 "형제들아"라고 애칭으로 부르면서 기도를 부탁한다(1:13; 7:1, 4; 8:12; 10:1; 11:25; 12:1; 15:14, 30). 어떤 사본(P46과 B사본)에는 "형제들아"란 말이 생략되어 있으나 바울이 심각한 내용을 부탁하는 것으로 보아 "형제들아"라는 말이 있는 것이 옳은 사본일 것으로 보인다.

바울 사도는 "내가 우리 주 예수 그리스도와 성령의 사랑으로 말미암아"(διὰ τοῦ κυρίου ἡμῶν Ἰησοῦ Χριστοῦ καὶ διὰ τῆς ἀγάπης τοῦ πνεύματος) 너희를 권한다고 말한다. 본문에 "우리 주 예수 그리스도"라고 표현된 말은 "우리 주 예수 그리스도로 말미암아"(διὰ τοῦ κυρίου ἡμῶν Ἰησοῦ Χριστοῦ)라고 번역되어야 하는데 언어의 간소화를 위해서 "말미암아"라는 말을 뺐다. "말미암아"(διὰ)란 말이 헬라어에서 2격(소유격)을 지배하면 '...통하여,' '말미암아,' '...에 의하여,' '...을 힘입어서'라는 뜻이고, 4격(목적격)을 지배하는 경우에는 '...때문에'라는 뜻이다. 그런데 본문에서는 이 낱말(δια)이 2격(소유격)을 지배하고 있으므로(διὰ τοῦ κυρίου ἡμῶν Ἰησοῦ Χριστου) '...을 힘입어서,' '...을 의지하여'라는 뜻이다. 그런고로 뜻은 '예수 그리스도를 힘입어,' '예수 그리스도를 의지하여'라는 뜻이다. 바울은 '예수 그리스도를 힘입어,' '예수 그리스도를 의지해서' 로마 성도들에게 기도를 부탁한다는 것이다. 예수 그리스도는 바울에게 힘이 되어 주셨다. 그래서 감히 기도를 부탁한다고 말한다. 그리고 바울은 예수 그리스도가 로마의 성도들에게도 힘이 되어 주실 것으로 알고 기도를 부탁한 것이다. 오늘 우리도 예수 그리스도를 의지하고 다른 성도들에게 기도도 부탁하며 혹은 다른 모든 일들을 추진해야 한다. 그래야 겸손한 마음을 유지할 수 있으며 또한 일도 잘 추진할 수 있다.

그리고 바울은 "성령의 사랑으로 말미암아" 너희를 권한다고 말한다(빌 2:1). "성령의 사랑으로 말미암아"(διὰ τῆς ἀγάπης τοῦ πνεύματος)란 말도 역시 '성령의 사랑을 의지하여,' 혹은 '성령의 사랑을 힘입어서'라는 뜻이다.

바울은 성령님께서 주시는 사랑을 힘입어서 로마의 성도들에게 기도를 부탁하고 있다. 하나님은 성령님을 통하여 한량없는 정도로 바울을 사랑하고 계셨다. 바울은 그 사실을 느끼고 로마의 성도들에게 기도를 부탁한 것이다. 바울은 성령의 사랑을 힘입어 기도를 부탁했는데 또 로마의 성도들에게도 성령의 사랑이 임하여 바울의 기도의 부탁을 이룰 줄 믿은 것이다. 우리는 성령님께서 주시는 사랑을 의지하여 기도도 부탁하고 혹은 다른 모든 일들을 처리해야 한다.

바울은 성자와 성령을 의지하여 "너희를 권한다"고 말한다. 곧 '로마의 성도들에게 권한다'는 말이다. 여기 "권한다"($\pi\alpha\rho\alpha\kappa\alpha\lambda\omega$)는 말은 '간절히 청원한다,' '간절히 부탁한다'는 뜻이다(마 8:5, 31; 18:29; 막 1:40). 바울 사도는 그리스도의 피로 한 형제가 된 로마의 성도들에게 기도해 주기를 간절히 부탁하고 있다.

바울 사도는 "너희 기도에 나와 힘을 같이하여 나를 위하여 하나님께 빌어"($\sigma\upsilon\nu\alpha\gamma\omega\nu\iota\sigma\alpha\sigma\theta\alpha\iota$ $\mu o\iota$ $\acute{\epsilon}\nu$ $\tau\alpha\hat{\iota}\varsigma$ $\pi\rho o\sigma\epsilon\upsilon\chi\alpha\hat{\iota}\varsigma$ $\upsilon\pi\grave{\epsilon}\rho$ $\acute{\epsilon}\mu o\hat{\upsilon}$ $\pi\rho\grave{o}\varsigma$ $\tau\grave{o}\nu$ $\theta\epsilon\acute{o}\nu$) 달라고 말한다(고후 1:11; 골 4:12). 여기 "너희 기도에 나와 힘을 같이하여"($\sigma\upsilon\nu\alpha\gamma\omega\nu\iota\sigma\alpha\sigma\theta\alpha\iota$ $\mu o\iota$ $\acute{\epsilon}\nu$ $\tau\alpha\hat{\iota}\varsigma$ $\pi\rho o\sigma\epsilon\upsilon\chi\alpha\hat{\iota}\varsigma$)란 말은 '너희 기도들에서 나와 함께 투쟁하여'란 뜻이다(마 26:42; 눅 22:44). "기도"란 말이 복수($\acute{\epsilon}\nu$ $\tau\alpha\hat{\iota}\varsigma$ $\pi\rho o\sigma\epsilon\upsilon\chi\alpha\hat{\iota}\varsigma$)인고로 기도를 한번만 하는 것이 아니라 일이 성사될 때까지 쉬지 말고 기도해 달라는 부탁이다. 그리고 본문에 "나와 힘을 같이하여"($\sigma\upsilon\nu\alpha\gamma\omega\nu\iota\sigma\alpha\sigma\theta\alpha\iota$ $\mu o\iota$)란 말은 '나와 함께 투쟁하여,' '나와 함께 힘을 겨루어'란 뜻이다. 바울도 투쟁하는 기도를 할 터이니 로마의 성도들도 바울을 위하여 투쟁하는 기도를 해달라는 것이다. 여기 이 낱말($\sigma\upsilon\nu\alpha\gamma\omega\nu\iota\sigma\alpha\sigma\theta\alpha\iota$)이 부정(단순)과거 시제인고로 동사의 뜻이 강화되어 '진짜 투쟁하다,' '참으로 투쟁하다'라는 뜻이다. 예수님은 겟세마네 동산에서 투쟁의 기도를 하셨다. 우리는 투쟁하듯 기도를 해야 우리의 부패성을 이기고 참 기도를 드릴 수 있다. 여기서 한 가지 주의해야 할 일은 자신은 기도하지 않고 성도들에게만 기도를 부탁한 것이 아니라 자신도 힘을 다하여 기도한다고 말한 점이다.

혹 어떤 성도들은 자기는 기도하지 않고 다른 성도들에게만 이 사람 저 사람에게 기도를 부탁하는 것을 볼 수 있는데 반드시 자신도 기도하면서 부탁해야 하는 것이다.

그리고 바울은 "나를 위하여 하나님께 빌어"(ἐν ταῖς προσευχαῖς ὑπὲρ ἐμοῦ πρὸς τὸν θεόν)라고 말한다. 곧 '나를 위하여 하나님을 향하는 기도들에서'라는 뜻이다. 기도는 하나님을 향하여 우리의 소원을 비는 것이다. 우리는 하나님을 향하여 나아가는 식의 기도를 드려야 한다.

롬 15:31. 나로 유대에서 순종하지 아니하는 자들로부터 건짐을 받게 하고 또 예루살렘에 대하여 내가 섬기는 일을 성도들이 받을 만하게 하고.
바울은 본 절과 다음 절(32절)에서 기도의 제목 세 가지를 말한다. 첫째, "나로 유대에서 순종하지 아니하는 자들로부터 건짐을 받게 해"달라고 부탁한다(살후 3:2). 곧 '나로 하여금 유대에서 순종하지 아니하는 불신자들로부터 건짐을 받도록' 기도해 달라는 말이다. 바울은 자신이 유대교를 떠나 예수님을 전하는 사도가 되었기 때문에 유대인들 중에서 그리스도를 믿지 않는 자들이 바울을 해하려는 것을 잘 알고 있었다(행 20:23; 23:12-13). 어디든지 극우파가 있듯이 유대인들 안에도 극우파가 있어서 예수님을 십자가에 못 박았고 또 바울의 전도여행 때 바울을 대적했다(행 16:19; 17:5, 13). 바울을 해하려는 사람들로부터 구원을 받는 문제는 사람이 조심하므로 되는 것이 아니라 하나님께 기도하므로 된다는 것이다. 바울은 그리스도의 복음을 위하여 죽는 것을 두려워하지 않았지만(행 20:24) 또 한편으로 자신의 사명을 다 하기 전에 죽는 것도 원하지 않았다(빌 1:21-26). 바울은 로마의 성도들을 만나야 한다는 생각이 있었고 또 서바나 전도를 해야 한다는 사명감이 있었다. 우리는 우리의 사명 감당을 위하여 항상 세상의 모든 위험으로부터 건짐을 받도록 기도해야 할 것이다.

둘째(셋째는 다음 절에 있음), "또 예루살렘에 대하여 내가 섬기는 일을 성도들이 받을 만하게 해" 달라고 부탁한다(고후 8:4). '예루살렘을 위한 바울의 섬김, 즉 구제헌금을 드리는 일을 성도들이 기쁘게 그리고 감사하게 받도록' 기도해 달라는 것이다. 예루살렘 성도들 중에 아직 율법에 사로잡혀 바울이 드리는 구제 헌금을 받지 않고 바울을 잡아 가둘 가능성이 있어서 이 기도를 부탁한 것이다. 우리가 무슨 구제헌금을 준다고 해도 상대방이 그 구제헌금을 감사한 마음으로 받도록 기도하는 것이 필요하다.

롬 15:32. 나로 하나님의 뜻을 따라 기쁨으로 너희에게 나아가 너희와 함께 편히 쉬게 하라.

셋째(첫째와 둘째는 앞 절에 있음), 바울은 "나로 하나님의 뜻을 따라 기쁨으로 너희에게 나아가 너희와 함께 편히 쉴"수 있게끔 기도해 달라는 것이다. 바울은 "하나님의 뜻을 따라"라는 말을 사용하고 있다. 하나님의 뜻이 아니면 되는 일이 없다는 뜻이다(행 18:21; 롬 1:10; 고전 1:1; 4:19; 고후 1:1; 8:8; 엡 1:1; 골 1:1; 딤후 1:1; 갈 1:4; 약 4:15). 그래서 오래 믿은 신자들은 "하나님이 기뻐하시면"이라는 말을 많이 사용한다. 인생만사 하나님의 뜻이 있어야 되는 것이다. 우리는 내 마음대로 내 뜻대로 생각해서는 안 된다.

　　바울은 기도를 부탁하는 중에 "기쁨으로 너희에게 나아가"기를 부탁하고 있다(1:10). 슬픈 마음이나, 꺼림한 마음으로나, 억지의 마음이 아니라 기쁜 마음으로 로마 성도들에게 나아가게 되도록 기도를 부탁한다는 것이다. 그리고 바울 사도는 "너희와 함께 편히 쉬게" 되도록 기도를 부탁한다(고전 16:18; 고후 7:13; 딤후 1:16; 몬 1:7, 20). 성도들과 교제하는 중에 마음으로 쉬면서, 바울이 가지고 간 충만한 복을 나누어주도록(29절) 기도를 부탁한 것이다. 아무런 일을 하지 않는 것이 쉬는 것이 아니라 성도들과 교제하며 은혜를 받는 것이 쉬는 것이다.

롬 15:33. 평강의 하나님께서 너희 모든 사람과 함께 계실지어다. 아멘.

바울은 로마의 성도들에게 기도를 부탁한 다음 "평강의 하나님께서 너희 모든 사람과 함께 계실지어다. 아멘"이라고 축도한다(16:20; 고전 1:3; 14:33;

고후 13:11; 빌 4:9; 살전 5:23; 살후 3:16; 히 13:20). 사도는 각 교회에 편지하면
서 "은혜와 평강"을 기원했는데 여기서는 아예 "평강의 하나님께서" 로마의
성도들과 함께 계시기를 기원한다. 똑 같은 기원이다. 다시 말해 "평강의
하나님께서" 함께 계시는 것이나 "하나님의 평강"이 있는 것이나 똑 같은
내용이다.

　　"평강의 하나님"이란 말은 '평강의 근원이신 하나님,' '평강을 주시는
하나님'이란 뜻으로 평강의 하나님이 함께 계실 때 무궁한 평강이 임하게
된다. 사람이 하나님을 믿으면 평강의 하나님께서 함께 하신다(민 6:26; 눅
2:14; 살후 3:16). 바울은 자신의 축도가 그대로 이루어지기를 위해서 "아멘,"
즉 '진실로 그대로 이루어지이다'라는 말로 축도를 끝맺는다. 우리는 우리의
소원을 하나님께 고하고, 그 기도가 그대로 이루어지기를 소원하여 "아멘"으
로 끝을 맺어야 한다.

제 16 장
바울의 개인적인 문안과 송영

E. 편지 전달자 뵈뵈를 추천함   16:1-2

바울은 로마 여행계획을 말하고(15:22-29) 또 예루살렘에 구제헌금을 전달하려는 계획을 말하면서 기도를 부탁한(15:30-33) 후 이제 개인적인 문안을 길게 말한다. 그런데 문안에 앞서(3-23절) 먼저 겐그레아 교회의 자매 뵈뵈를 로마 교회에 추천한다(1-2절).

롬 16:1. 내가 겐그레아 교회의 일꾼으로 있는 우리 자매 뵈뵈를 너희에게 추천하노니.

바울은 "내가 겐그레아 교회의 일꾼으로 있는 우리 자매 뵈뵈를 너희에게 추천한다"고 말한다. "겐그레아"라는 곳은 고린도 동쪽 14,500km 지점에 위치해 있고, 사론만(Saronic Gulf)에 있는 고린도의 두 항구 중의 하나이다(행 18:18). 아마 겐그레아 교회는 고린도 교회의 자매교회였을 것이다(F. F. Bruce). 이곳은 이교의 중심지였으나 바울의 전도에 의하여 복음을 받았다(행 18:18). 본문의 "일꾼"(διάκονος)이란 말은 어떤 영어번역판에는 '여 집사'로 번역했다(R.S.V.). 또 어떤 번역판에는 '겐그레아 교회에서 직분을 맡은 동료 신자'로 번역했다(N.E.B.). "일꾼"(διάκονος)이란 낱말이 '섬기는 자'라는 것은 분명하나 오늘날의 '여 집사'와 동등한 것인지는 확인할 수가 없다. 바울은 이 말(διάκονος)을 빌 1:1과 딤전 3:8에서 다른 직분들과 함께 특별한 의미로 사용하고 있다.

바울은 로마의 성도들에게 보내는 편지를 뵈뵈로 하여금 전달하게 하면서

로마의 성도들에게 추천한다(16장의 진정성 문제는 서론에서 다루었음). 여기
추천한다는 말은 뵈뵈를 잘 대접하라고 추천한 것을 말한다. 오늘 우리도
사람을 추천할 수 있어야 하고 또 다른 사람이 추천한 사람을 잘 받을 수
있어야 할 것이다. 오늘 세상은 너무 신뢰가 떨어졌다. 내가 추천하는 사람을
다른 사람이 잘 받지 않고 다른 사람이 추천하는 사람을 우리가 잘 받지
못하고 있다. 그리스도의 십자가의 피를 믿는 사람들끼리 서로 신뢰를 회복해
야 할 것이다.

**롬 16:2. (이는, ἵνα) 너희는 주 안에서 성도들의 합당한 예절로 그를 영접하고
무엇이든지 그에게 소용되는 바를 도와줄지니 이는 그가 여러 사람과 나의
보호자가 되었음이라.**
바울 사도는 뵈뵈를 추천하되 1) "너희는 주 안에서 성도들의 합당한 예절로
그를 영접하라"고 말한다(빌 2:29; 요삼 1:5-6). '주님 때문에 성도들이 가져야
하는 합당한 예절로 그를 환영해주라'는 것이다. 로마 성도들도 주님을 믿고
뵈뵈도 주님을 믿으니 주님 때문에 환영해야 한다는 부탁이다. 믿는 성도를
환영한다는 것은 바로 예수님을 영접하는 것과 같은 것이다. 그리고 2) "그에
게 소용되는 바를 도와주라"고 부탁한다. '뵈뵈에게 필요한 것을 공급해주라'
는 뜻이다. 먼 길을 여행하는 고로 온갖 것을 다 챙기지 못하고 가니까 필요한
것이 있으면 다 도우라는 뜻이다. 믿는 성도들을 돕는 것은 바로 예수님을
돕는 것과 같다.
　　사도가 이처럼 로마의 성도들이 뵈뵈를 환영하고 도와주라고 하는 이유는
"이는 그가 여러 사람과 나의 보호자가 되었기" 때문이라고 한다. 뵈뵈라는
일꾼이 어떤 일로 여러 사람을 돕고 또 바울을 도왔는지 잘 알려지지는 않았으
나 아마도 바울이 겐그레아 교회에 있을 때(거기서 머리를 깎은 일이 있었음)
여러 가지로 공급하고 도움을 주었을 것으로 보인다. 이렇게 여러 사람과
바울 사도를 돕고 보호한 보호자였다는 것을 말하는 이유는 결코 소홀히
대해서는 안 된다는 강한 부탁을 하기 위함이다. 본문의 "되었음이라"(ἐ-

γενήθη)는 말은 부정(단순)과거 시제로 동사자체가 강조되어 '참으로 되었다,' '진짜 되었다'는 뜻이다. 우리는 사람들의 필요를 채워주는 사람이 되어야 할 것이다. 뵈뵈는 겐그레아 교회의 참 일꾼이었다.

F. 문안   16:3-16

바울은 로마서를 전달하는 뵈뵈를 로마의 성도들에게 추천한(1-2절) 다음 본 절부터 16절까지 26명의 이름(개인적으로 혹은 부부로 혹은 집단적으로 열거했다)을 열거하고 있다. 이렇게 많은 사람을 열거한 것을 보면 로마서가 정중한 편지라는 것을 알 수 있다. 바울은 한 사람 한 사람을 열거할 때마다 할 수만 있다면 그 사람에 대하여 바울의 마음속에 각인된 인상적인 것을 전면에 내세운다. 오늘 목회자들이 배워야 할 좋은 본임에 틀림없다. 26명의 이름을 놓고 혹자는 에베소 사람들이라고 말하면서 로마서가 에베소로 보내진 편지라고 주장하나 이들이 "로마에 거주하는 자들로 밝혀졌다"(F. F. Bruce by J. B. Lightfoot).[69]

롬 16:3. 너희는 그리스도 예수 안에서 나의 동역자들인 브리스가와 아굴라에게 문안하라.

바울은 브리스가와 아굴라 부부에게 문안하라고 말하면서 "그리스도 예수 안에서 나의 동역 자들"(τοὺς συνεργούς μου ἐν Χριστῷ Ἰησοῦ)이라고 말한다. 여기 "그리스도 예수 안에서 나의 동역자들"이란 말은 '그리스도 예수 때문에 바울의 동역 자들'이 된 것을 말한다. 바울은 그들 부부로 하여금 예수님을 믿게 하는데 산파역할을 하였고 또한 피차 예수님 안에서 교제하였으며 예수 그리스도의 복음을 함께 전파였으니 그리스도 때문에 인연을 맺은 것이다. 그리고 바울이 이들 부부를 동역 자들이라고 부른 것은 함께 복음을 전하였기 때문에 된 일이다.

---

69) F F. Bruce, *로마서(The Epistle of Paul to the Romans)*, p. 296.

바울은 여러 사람들에게 문안하는 중에 제일 먼저 "브리스가와 아굴라"에게 문안한다(행 18:2, 18, 26; 딤후 4:19). 그 이유는 이 부부가 바울의 선교사역에 가장 큰 도움이 되었기 때문이다. 이 부부는 글라우디오 황제(A.D. 41-54)의 유대인 추방령이 내려졌을 때 로마를 떠나 고린도에 와서 살면서 바울을 만나 복음을 듣게 되었고(행 18:1-2) 그들은 또 장막지기로 바울과 함께 일하면서 안식일에는 복음 전도에 힘썼다. 바울이 고린도를 떠나 에베소로 갈 때 이들도 동행하여 에베소로 갔다(행 18:18, 26). 이들이 에베소에서 살다가 로마 황제 글라우디오가 죽은 후 다시 옛날에 살던 로마로 돌아간 것으로 보인다.

"브리스가"는 더 친숙한 이름인 "브리스길라"로 불리기도 한다(행 18:2, 18, 26). 바울이 이렇게 부인 이름을 먼저 쓴 이유는 아마도 교회에서 남편보다 부인의 영향력이 더 많았기 때문일 것이다.

롬 16:4. 그들은 내 목숨을 위하여 자기들의 목까지도 내놓았나니 나뿐 아니라 이방인의 모든 교회도 그들에게 감사하느니라.
바울 사도가 아굴라 부부를 귀하게 여겨 제일 먼저 문안한 이유는 바울의 "목숨을 위하여 자기들의 목까지도 내놓았기" 때문이었다. 그들은 바울이 복음을 전파하면서 수없는 위험을 당하는 중(고후 11:23-27)에 자기들의 목까지도 귀하게 여기지 아니하고 내 놓은 모양이고 특별히 에베소에서 바울 사도 때문에 난리가 났을 때 이들 부부가 위험을 무릅 쓰고 바울을 보호한 것으로 보인다(행 18:18-21; 고전 15:32-34; 고후 1:8-9). 아굴라 부부는 바울 사도의 죽음을 내놓은 복음 전파에 적극적으로 협력하여 오히려 자기들의 목숨을 내놓고 바울을 위험에서 구출해주었다. 우리 자신들도 그리스도를 전하기 위하여 목숨을 걸 뿐 아니라 다른 사역자들의 위험에 뛰어들어 도와주어야 할 것이다.

바울 사도는 아굴라 부부의 죽음을 건 헌신을 말하면서 "나뿐 아니라 이방인의 모든 교회도 그들에게 감사한다"고 말한다. 바울 사도는 말할 것도 없고 이방인들의 모든 교회들도 그들 부부에게 감사한다는 것이다. 그러니까 아굴라 부부가 바울 사도의 목숨을 대신하여 구출해준 사실에 대해서 바울 사도가 감사하고 있었고 또 모든 이방인들의 교회들도 다 알아서 감사하고 있다는 것이다. 아마도 로마 교회의 성도들도 어느 정도 알고 있었을 것이므로 바울은 좀 더 구체적으로 그들 부부의 행위에 대해서 말하고 있다. 이방인들의 모든 교회 성도들은 이들 부부의 행위가 어떤 개인 바울을 도왔다는 차원에서가 아니라 복음 전도자를 도왔다는 차원에서 감사를 하고 있었다. 오늘도 전도자를 돕는다는 것은 전도자 개인을 돕는 것이 아니라 복음 전파를 돕는다는 사실을 알고 협력해야 할 것이다. 그러나 교인들 중에 어떤 이들은 복음 전도자를 심히 괴롭히고 복음 전도를 방해하는 사람들이 있지 아니한가. 결국 그리스도의 십자가의 피의 의미를 잘 몰라 엉뚱한 행동을 하고 있는 것이다.

롬 16:5. **또 저의 집에 있는 교회에도 문안하라. 내가 사랑하는 에배네도에게 문안하라 그는 아시아에서 그리스도께 처음 맺은 열매니라.**
바울은 앞(4절)에서 아굴라 부부가 어떤 사람들임을 말했는데 이제 "또 저의 집에 있는 교회에도 문안하라"고 부탁한다(고전 16:19; 골 4:15; 몬 1:2). '또 아굴라 부부의 집에 있는 교회에도 문안하라'는 말이다. 아굴라 부부는 장막지기로 재정의 여유가 있어 그들의 집에서 성도의 모임을 가졌을 것이다. 초대 교회는 이들 부부의 집에서만 아니라 마가의 다락방에서 교회가 탄생한 후(행 1:13) 여기저기 가정집에서 성도들의 모임을 가졌다. 소위 가정 교회들이 있었다(행 12:12; 16:40; 고전 16:19; 몬 1:2; 골 4:15; 롬 16:23).

그리고 바울은 "내가 사랑하는 에배네도에게 문안하라 그는 아시아에서 그리스도께 처음 맺은 열매니라"고 말한다. "내가 사랑하는 에배네도에게 문안하라"는 말은 '바울이 사랑하는 에배네도에게 예수 그리스도로 좇아 은혜와 평강이 있기를 문안하라'는 말이다. 여기 "내가 사랑하는"이란 말은 '주 안에서 사랑하는'이란 뜻으로(8절) 그리스도 때문에 사랑하는 관계가 되었다는 뜻이다. 바울은 그리스도를 떠나서는 아무 것도 생각할 수 없었다. 인간만사를 그리스도 중심으로 사고(思考)하였다. 바울 사도는 그리스도 안에서 에배네도를 끔찍이 사랑하고 있었다.

"에배네도"는 스데바나의 친척이었고(Liddon, Hodge), 또 저스틴이 전하는 바에 의하면 에배네도는 훗날 칼타고의 감독이 되었다고 한다(Liddon, Gifford). 바울은 에배네도에게 문안하면서 에배네도는 "아시아에서 그리스도께 처음 맺은 열매라"고 말한다. 여기 "아시아에서"란 말은 좁은 뜻으로는 에베소를 수도로 하는 관활 지역 일대를 뜻한다(Tholuck, Philippi). 그리고 "그리스도께 처음 맺은 열매"란 말은 바울 사도가 전하는 복음을 듣고 그리스도에게 접붙여져서 처음으로 중생한 사람이라는 뜻이다(고전 16:15). 바울은 에베소에서 복음을 전할 때 수많은 사람들이 그리스도에 대해 듣고 새 생명을 얻었는데 그 중에 에배네도가 제일 먼저 중생하여 신자답게 커 준 것을 생각하고 잊을 수가 없었다. 그래서 바울은 항상 에배네도를 생각하고 있었다. 우리의 사역 중에 최초의 회심 자, 그리고 최초의 사역자가 된 사람에 대해서는 특별히 잊을 수 없다.

롬 16:6. 너희를 위하여 많이 수고한 마리아에게 문안하라.

바울 사도는 아굴라 부부와 에배네도에게 문안해달라고 말한(3-5절) 다음 로마 교회를 위하여 "많이 수고한 마리아에게 문안하라"고 부탁한다. "마리아"라는 이름이 유대인의 이름인지 아니면 로마인의 이름인지 단정하기가 어려운데 리돈(Liddon)과 헨드릭슨(Hendriksen)은 분명히 유대인의 이름이라고 못 박는다. 성경에 "마리아"라는 이름을 가진 여성이 6명이나 되는데(마 1:16; 27:61; 눅 8:2; 10:42; 요 11:1; 19:25; 행 12:12), 본문의 "마리아"는 유대식 이름을 가졌을 뿐 아니라 유대인임에 틀림없는 것으로 보인다. 이렇게 마리아가 유대인인데도 멀리 로마에 가서 여러 국적의 성도들을 위하여 수고를 많이 했다는 것은 귀한 일이다. 그 여인은 그리스도의 피에 젖어 은혜가 넘쳤기에 이렇게 다른 성도들을 위해 수고할 수가 있었다. 누구든지 그리스도

의 사랑에 녹아지지 아니한 사람들은 조금 수고하다가도 시험에 들어 도중에
고만 둔다. 그러나 마리아는 많은 수고를 하였다. 아무튼 "마리아"라는 성도는
바울 사도의 마음속에 많이 수고하는 성도로 각인되었다. 본문에 "수고한"(ἐ-
κοπίασεν)이란 말은 부정(단순)과거 시제로 동사 자체가 강조되어 '참으로
수고한,' '엄청나게 수고한'이란 뜻이다. 마리아는 누가 보아도 수고한 여자로
보였다.

　여기 본 절의 말씀을 보고 혹자들은 16장은 로마에 보내진 편지가 아니라
에베소에 보내진 편지라고 주장한다. 이유는 "마리아"가 로마의 성도들을
위해서 많이 수고한 것을 바울이 어떻게 알겠는가. 마리아가 에베소 교회의
성도이니 많이 수고한 줄 알 것이라고 말한다. 그러나 바울은 여기 저기
여행하는 성도들을 통하여 로마 교회의 마리아가 특별히 많이 수고하는 사람
인 줄 들어 알 수 있었을 터이요 또 아굴라 부부를 통하여 마리아라는 성도에
대해서 들었을 수도 있을 것이다.

**롬 16:7. 내 친척이요 나와 함께 갇혔던 안드로니고와 유니아에게 문안하라
그들은 사도들에게 존중히 여겨지고 또한 나보다 먼저 그리스도 안에 있는
자라.**
바울은 "내 친척이요 나와 함께 갇혔던 안드로니고와 유니아에게 문안하라"
고 부탁한다. 여기 "내 친척"(τοὺς συγγενεῖς μου)이란 말이 가까운 친족을
지칭하는지 아니면 동족을 의미하는지 확언하기 어렵다. 그러나 16장의 문맥
으로 보아 동족이란 뜻으로 보는 것이 더 옳을 것으로 보인다(11절, 16절;
9:3). 그리고 "나와 함께 갇혔던"(συναιχμαλώτους μου)이란 말은 '나의 투옥
동료들'이란 뜻으로 두 사람이 바울과 함께 투옥되었던 일이 있었음을 말한다
(골 4:10 참조).[70] 그렇다면 이들 두 사람이 언제 또 어디서 바울과 함께

---

70) 우리 개역개정판에 "나와 함께 갇혔던"이라고 번역된 것은 틀린 번역은 아니다. 이해를
돕기 위해서 그렇게 번역한 것이다. 그러나 실제로는 "나의 투옥 동료들"이라는 번역이 더
정확한 번역이다.

감옥에 갇혔었는지 문제가 되는데, 바울은 여러 차례 투옥되었던 일이 있었던 고로(고후 6:5; 11:23; 골 4:10) 이런 기회 중 어느 때에 바울과 함께 갇혔을 것으로 보인다.

바울은 이들 두 사람(안드로니고와 유니아)에게 문안하라고 부탁하면서 그들이 어떤 사람임을 덧붙인다. 곧 "그들은 사도들에게 존중히 여겨지고 또한 나보다 먼저 그리스도 안에 있는 자라"고 말한다. 첫째, "그들은 사도들에게 존중히 여겨지는"(οἵτινές εἰσιν ἐπίσημοι ἐν τοῖς ἀποστόλοις) 사람들이라는 것이다. 여기 "사도들에게"(ἐν τοῖς ἀποστόλοις)란 말은 "사도들 중에서," 혹은 "사도들 안에서"라는 뜻이니 두 사람이 넓은 의미에서 사도들속에 들어가는 것으로 보아야 할 것이다(행 14:14; 고전 12:28; 엡 4:11; 살전 2:7). 이들은 넓은 의미의 사도들 중에 속할 뿐 아니라 또 유명한 사도들로 알려진 사람들로 보인다(Alford, Bengel, Godet, S & H, Kasemann, William Hendriksen, 박윤선, 이상근). 그들은 복음 전파에 많은 노력을 기울였고 또 봉사도 많이 한 사도들이었다(혹자는 이 두 사람 중에 "유니아"를 여성으로 보고 안드로니고의 부인일 가능성을 말하나 아무래도 넓은 의미의 사도로서 남성으로 보는 것이 옳을 것이다).

둘째, "나보다 먼저 그리스도 안에 있는 자라"는 것이다(갈 1:22). 그들은 '바울 사도보다 먼저 그리스도를 영접하여 믿기 시작한 사람이라'는 것이다. 아마도 그들은 오순절 때 예수님을 영접하여 그리스도를 따른 자들일 것이다. 바울은 다메섹 도상에서 예수님을 만나 예수님을 영접하였고 두 사람은 그 언제인지 바울 보다 먼저 예수님을 믿기 시작했다. 바울은 믿음의 선배를 알아보는 겸손한 사도였다. 아무튼 후배는 선배를 알아보아야 한다. 오늘 선후배가 어디 있느냐고 하는 사람들이 있다.

롬 16:8. 주안에서 내 사랑하는 암블리아에게 문안하라.

바울은 "또 주안에서 내 사랑하는 암블리아에게 문안하라"고 부탁한다. 여기 "주 안에서"란 말은 2절과 3절에서 말하는 대로 '그리스도를 믿기 때문에'

혹은 '그리스도를 섬기기 때문에' 혹은 '주님과 연합되었기 때문에'라는 뜻이다. 이 낱말은 바울의 기본어로서 계속해서 나온다(9절, 10절, 11절, 12절, 12절, 13절). 그리고 "내 사랑하는"이란 말은 '주님의 피와 주님의 은혜 때문에 사랑하게 된'이란 뜻이다. "암블리아"71)라는 이름은 '암플리아톤'이란 이름의 약자인데 일반적인 노예의 이름이다(C.E.B. Cranfield). 암블리아에 대해서는 더 이상 알려진 바가 없다. 저스틴에 의하면 암블리아는 마게도냐의 감독이었다고 한다(Liddon). 바울 사도는 암블리아에게 "문안해달라"고 부탁한다. 그에게 '주 예수 그리스도의 은혜와 평강을 기원해 달라'는 말이다. 성도의 문안은 세상 사람들의 문안과 다르다. 그리스도의 은혜와 평강을 기원한다는 점에서 천양의 차이가 있다.

롬 16:9. 그리스도 안에서 우리의 동역자인 우르바노와 나의 사랑하는 스다구에게 문안하라.

바울은 두 사람에게 문안을 부탁한다. 하나는 "그리스도 안에서 우리의 동역자인 우르바노"에게 문안해달라는 것이다. 우르바노는 일반적인 노예의 이름이다(C.E.B. Cranfield). "그리스도 안에서"란 말은 '그리스도를 믿었기 때문에, 그리스도와 연합되었기 때문에'란 뜻이다(3절). 그리고 "우리의 동역자"(τὸν συνεργὸν ἡμῶν)란 말은 '그리스도의 복음을 함께 전하는 사람'이란 뜻이다. 바울은 아직 우르바로를 만나지 못한 사람으로 보인다. 이유는 "우리의"라는 말을 쓴 것을 보면 짐작할 수가 있다. 3절에서는 바울이 "나의 동역자들인 브리스가와 아굴라"라고 표현했다. 살뜰하게 아는 사람에 대해서 말할 경우에는 "나의"라고 썼고 아직 면식이 없는 사람에 대해서 말할 때는 "우리의"라도 쓰는 것 같다. "우리바노"라는 사람은 '우르바누스'라는 사람으

71) F. F. Bruce는 말하기를 "암블리아라는 이름은 암블리아투스의 축소형이다(R.V., R.S.V., N.E.B. 등에는 암블리아투스로 되어 있음). 그 당시 로마의 문헌들을 볼 때 이 이름은 흔한 이름이었다. 그것은 황제 가문에도 흔한 이름이었다...고대 로마의 기독교인 묘지에 보면 이런 가문의 기독교인들이 매장되어 있는 것을 볼 수 있다"고 한다. 로마서(The Epistle of Paul to the Romans), p. 300.

로 로마에서 흔한 이름인데(Godet, Murray, Hendriksen, Bruce) 남자들의 이름
으로서 노예의 이름이었다(Hendriksen, Sandy). 바울은 알지 못하는 사람들이
라 할지라도 동역 자들에게는 정중하게 인사를 했다.

바울은 또 한 사람, "나의 사랑하는 스다구에게 문안하라"고 부탁한다.
여기 "나의 사랑하는"이란 말 앞에는 "주 안에서"란 말이 없어도 바울 사도가
주님 밖에서 행동한 일이 없음으로 마땅히 "주 안에서 나의 사랑하는"이란
뜻으로 보아야 한다. 바울은 주님 때문에 사랑하게 된 사람들에게 문안하고
있는 것이다. 이 이름은 '이삭'이란 뜻인데 흔한 이름은 아니었다(Bruce).
"스다구라는 이름은 헬라어에서는 좀처럼 발견되지 않는 이름이지만 황실
노예의 이름으로 비문에 기록된 것을 발견하게 되었다"(C.E.B. Cranfield).
바울은 스다구를 개인적으로 아는 사람으로서 사랑하는 사람이었기에 문안을
부탁한 것이다.

롬 16:10. 그리스도 안에서 인정함을 받은 아벨레에게 문안하라 아리스도불로
의 권속에게 문안하라.

바울은 두 부류의 사람에게 문안해 달라고 부탁한다. 첫째, "그리스도 안에서
인정함을 받은 아벨레에게 문안해 달라"는 것이다. "아벨레"란 이름은 로마의
유대인들 사이에 아주 흔한 이름이었다(Godet, F. F. Bruce). "그리스도 안에서
인정함을 받았다"는 말은 일차적으로 '그리스도로부터 인정을 받았다'는 말
이다. 여기 "인정함을 받은"(τòν δóκιμον)이란 말은 '시험을 통과하여 인정받
은'이란 뜻으로 아벨레는 어떤 어려운 시험을 믿음으로 통과하여 교회 안에서
인정받은 것으로 보인다. 혹은 아벨레가 그리스도의 복음을 전파하기 위하여
많은 시험과 고난을 받는 중에도 굴하지 않고 승리함으로 교회에서 인정받은
것으로 보이기도 한다. 교회에서 인정받은 것은 결국 그리스도로부터 인정받
은 것이고 동시에 그리스도의 복음을 전파하는 전파자들로부터 인정을 받았
다는 것을 뜻한다(7절; 롬 2:29; 고전 4:5; 고후 10:18). 우리는 어떤 시험이라도
성령을 힘입어 통과하여 그리스도로부터 그리고 다른 복음전파자들로부터

인정을 받아야 할 것이다. 바울은 시험을 통과하여 주님으로부터 그리고 복음 전도자들로부터 인정을 받은 "아벨레에게 문안해 달라"고 부탁한다. 우리는 다른 성도들에게 그리스도의 은혜와 평강이 있기를 기원하는 일을 잊지 말아야 할 것이다.

둘째, 바울은 로마 교회의 성도들을 향하여 "아리스도불로의 권속에게 문안하라"고 부탁한다. 여기 "아리스도불로의 권속"(τοὺς ἐκ τῶν Ἀριστοβούλου)이란 말은 '아리스도불로의 권속에게 속하는 자들'이란 뜻이 다. "속하는 자들"이란 말은 '가족으로도 혹은 노예'로도 볼 수 있다. 바울은 그 권속에게 속하는 사람들 중에서 그리스도 예수를 신앙하는 사람들(11절주 해 참조)에게 그리스도의 은혜와 평강이 있기를 기원해 달라는 부탁을 한 것이다. 아리스도불로라는 사람은 누구인지 확실히 알 수가 없다. 라이트푸트 (J. B. Lightfoot)는 그가 헤롯 아그립바 1세의 동생(대 헤롯의 손자로 보는 추측이 강하다)이었는데 로마의 평민으로 살면서 그의 형처럼 클라우디우스 황제와 친밀하게 지냈던 자라고 말한다. 쌘디(Sandy)에 의하면 아리스도불로 의 권속에 속하는 사람들 중에 상당한 수의 유대인들이 있었는데 그들의 많은 수가 신자들이었다고 한다.

롬 16:11. 내 친척 헤로디온에게 문안하라 나깃수의 가족 중 주 안에 있는 자들에게 문안하라.

바울은 본 절에서도 두 부류의 사람들에게 문안해 달라고 부탁한다. 첫째, "내 친척 헤로디온에게 문안하라"고 부탁한다. "내 친척"이란 '유대인 동족'이 란 뜻이다(7절 참조). 아마 이 사람은 바울에게 개인적으로 알려진 '아리스토 불리아니'('아리스도불로의 권속'이라는 라틴어)의 한 가족이었을 것이다 (Bruce). 그런고로 "헤로디온"은 헤롯의 집안이었을 것이다. 존 머리(John Murray)는 말하기를 "헤로디온"은 헤롯 가족 혹은 헤롯 집안의 하나라고 한다. 그러나 혹자는 "헤로디온"이 헤롯과는 아무 관련이 없다고 주장하기도 한다. 바울은 "헤로디온"에게 그리스도의 은혜와 평강이 있기를 로마 성도들을 통하여 기원한다.

둘째, 바울은 "나깃수의 가족 중 주 안에 있는 자들에게 문안하라"고
부탁한다. 바울은 나깃수의 많은 노예들 중에 주님을 믿는 자들에게 그리스도
의 은혜와 평강이 있기를 기원한다. "캘빈을 비롯하여 다른 주석가들은 이
나깃수를 티베리우스 클라우디우스 나르키수스(Tiberius Claudius Narcissus)
라고 하였다. 이 사람은 티베리우스 황제의 종으로 있다가 풀려난 부자로서
클라우디우스 치하에서 권력을 휘둘렀던 자로 A.D. 54년에 네로가 즉위한
직후 네로의 모친 아그리피나(Agrippina)의 명령에 의하여 처형된 자이다.
그의 재산은 몰수되고 그의 노예들은 황제의 소유가 되었고 황제 가문의
다른 그룹과 구별하기 위하여 '나르키시아니'란 명칭이 붙었다"(F. F. Bruce).
바울은 나깃수의 권속에게 속하는 자들(노예나 종들) 중에서 주님을 믿는
자들에게 예수 그리스도의 은혜와 평강이 임하기를 로마 성도들을 통해서
기원했다. 바울은 사회의 낮은 층 곧 종들 중에서 하나님의 부르심을 받은
신자들에게 특별히 관심을 보였다(고전 7:21-22; 엡 6:5; 골 3:11, 22-23; 4:1).
종들에게 문안하여 그리스도로부터 임하는 은혜와 평강이 임하면 결국은
훗날 노예의 신분에서 해방되어 자유의 신분이 되는 것이다. 복음은 사람을
자유인이 되게 만드니 말이다.

**롬 16:12. 주 안에서 수고한 드루배나와 드루보사에게 문안하라 주 안에서
많이 수고하고 사랑하는 버시에게 문안하라.**
바울은 본 절에서도 역시 두 부류의 사람들에게 문안한다. 그런데 바울은
주 안에서 수고한 두 부류 사람을 분류해 놓았다. 첫째, "주 안에서 수고한
드루배나와 드루보사에게 문안하라"고 부탁한다. "주 안에서 수고한"이란
말은 '주님 때문에 수고하는'이란 뜻이다. 여기 "수고한"(κοπιώσας)이란 말
은 현재분사 시제로 '지금도 계속해서 수고하는'이란 뜻이다. 그리고 "드루배
나와 드루보사"는 자매간이거나(Gifford, Sandy, Murray, Hendriksen) 아니면
쌍둥이 일 것이다. 이유는 그 이름의 원형이 같기 때문이다. "드루보사란

이름은 더 자주 발견되는 이름으로 황제의 가문이나 기타 시민의 가문과 관련되어 로마 문헌에서 나타나는데"(Bruce) "여자 노예들로서 교회의 종들이라고 생각된다"(Moule, Gifford). 바울은 주님 때문에 끊임없이 수고하는 두 여인에게 예수 그리스도의 은혜와 평강이 임하기를 기원한다.

둘째, 바울은 "주 안에서 많이 수고하고 사랑하는 버시에게 문안하라"고 부탁한다. "주 안에서 많이 수고하고"란 말은 '주님 때문에 많이 수고한'이란 뜻이다. 여기 "수고하고"(ἐκοπίασεν)란 말은 부정(단순)과거 시제로 이미 과거에 수고한 것을 표현하는 낱말이다(Murray, Hendriksen). 버시는 이제 나이 많아 더 이상 수고할 수 없는 입장이 되었기에 바울은 "많이 수고했다"는 표현을 썼다. 그와 반면에 드루배나와 드루보사는 비교적 수고할 수 있는 여성들로서 지금도 계속해서 수고하는 사람들이기에 "많이"란 말을 아직 붙이지 않은 것 같다.

버시가 과거에 수고하고 이제는 더 수고할 수는 없지만 바울은 "사랑하는 버시"라고 부른다. "버시"가 비록 여성이지만 젊은 여성이 아닌 고로 "사랑하는"이란 말을 붙일 수 있었던 것 같다. 드루배나와 드루보사의 경우 아직도 수고할 수 있는 여인들이기에 "사랑하는"이란 말을 붙이지 않은 것 같이 보인다. 바울은 나이 많아 이제는 더 수고할 수 없는 버시에게 그리스도의 이름으로 문안한다. 우리는 나이 많은 사람을 잊어서는 안 된다. 결코 뒷방으로 밀어 넣어서는 안 된다.

롬 16:13. 주 안에서 택하심을 입은 루포와 그의 어머니에게 문안하라 그의 어머니는 곧 내 어머니니라.

바울은 "주 안에서 택하심을 입은 루포와 그의 어머니에게 문안하라"고 부탁한다(요이 1:1). "주 안에서 택하심을 입은"(τὸν ἐκλεκτὸν ἐν κυρίῳ)이란 말은 '주님을 믿는 중에 탁월하게 된'이란 뜻이다(Meyer, Godet, Gifford, Hodge, Murray). 그러나 혹자는 여기 "주 안에서 택하심을 입은"이란 말을 '하나님께서 만세 전에 구원을 받도록 선택하신 것'을 지칭한다고 주장하나

문맥에 따라 루포가 주님을 믿는 중에 탁월한 성도가 된 것을 지칭하는 것으로
보아야 한다. 이유는 바로 이 문맥에서 만세 전에 하나님께서 선택하신 것을
말하는 것은 어울리지 않는다. 여기 등장하는 다른 사람들도 다 하나님의
선택을 받았는데 유독 루포에게만 그런 말을 붙이는 것은 맞지 않는다. 만일
하나님의 만세 전의 선택을 말했다면 다른 사람들에게도 다 그 형용사를
붙여야 했을 것이다.

　　"루포"란 사람은 아마도 막 15:21에 나오는 구레네 시몬의 아들일 것이다
(Meyer, Godet, S & H, Vincent, Lenski, Murray, Bruce, 이상근, 김선운).[72]
막 15:21에 "알렉산더와 루포의 아버지인 구레네 사람 시몬이 시골로부터
와서 지나가는데 그들이 그를 억지로 같이 가게 하여 예수의 십자가를 지우고"
라고 기록하고 있다. 그러나 혹자는 "루포"란 이름이 당시에 흔한 이름이기에
구레네 시몬의 아들인지는 확인할 수 없다고 말한다.

　　바울은 "루포와 그의 어머니에게 문안하라"고 부탁한다. 아들 루포와
그의 어머니에게 그리스도의 은혜와 평강이 임하기를 기원한다. 그리고 바울
은 루포의 어머니에 대해서 한 마디 토를 단다. 즉 "그의 어머니는 곧 내
어머니라"고 말한다. 루포의 어머니가 바울을 낳았다는 뜻이 아니라 사랑과
친절로 돌보아 주었다는 뜻이다. 언제 루포의 어머니가 바울을 돌보아 주었는
가 하는 것은 확인할 수는 없지만 아마도 두 경우를 생각할 수 있을 것이다.
하나는 루포와 그 어머니가 예루살렘에 살고 있을 때에 독신인 바울에게
친절을 베풀고 사랑을 베풀었을 것으로 보이며(Godet), 또 다른 하나의 가능성
은 다소에 있었던 바울을 바나바가 안디옥에 데리고 와서 안디옥 교회에서

---

72) 렌스키(Lenski)는 "루포는 흔한 이름이긴 해도 이 루포는 구레네 사람 시몬의 두 아들
가운데 하나로 생각하는 것이 안전하다. 그런데 이 시몬은 예수님을 위하여 십자가를 지고
간 사람이다(막 15:21). 마가는 바울이 로마서를 쓴 지 몇 해 후에 자기 복음을 기록했다. 그리고
마가만이 시몬의 이야기를 했는데 그렇게 할 때에 그는 알렉산더와 루포의 아버지라는 것을
삽입했다. 마가는 자기 복음을 로마에서 로마 교인들을 위하여 쓴 듯하다. 그가 시몬의 아들들을
기록한 것은 로마 교인들이 그를 알았고 적어도 루포 만은 자기의 교인들 가운데 한 사람이었기
때문이다. 여기서 바울이 이 루포와 그의 어머니에게 문안한 것을 보니까 그의 아버지는 이미
죽은 것으로 생각된다. 알렉산더도 역시 죽었든지 그렇지 않으면 다른 곳에서 살고 있었음직하
다"고 말한다. *로마서* (하), 성경주석, 김진홍역, p. 375.

함께 교회를 섬겼는데(행 11:25-26) 그 때 그런 인연이 있었을 것이라는 추측
이다. 바로 안디옥 교회의 시몬(그의 별명은 '니게르'였다)이 안디옥 교회
교사들 중 하나로서 루포의 아버지 구레네 시몬과 동일 인물로 확인되었는데,
만일 바울이 시몬과 같은 집에서 살았다면 시몬의 부인이 바울에게 어머니
역할을 했을 것으로 추측할 수 있을 것이다(Dodd, Bruce).

**롬 16:14. 아순그리도와 블레곤과 허메와 바드로바와 허마와 및 그들과 함께
있는 형제들에게 문안하라.**
바울은 본 절에서 여러 사람에게 문안해 달라고 부탁한다. 바울은 개인적인
특징도 말하지 않고 그냥 이름만 들었다. "아순그리도"는 노예 이름이다.
"블레곤"은 노예 이름이 아닌 것 같다. "허메"도 노예 이름이고 "바드로바"도
노예 이름이며 "허마"도 역시 노예 이름으로 아주 흔한 이름이라고 한다.
이들 대부분이 노예라고 추측할 수 있는 것은 이들 이름이 그 당시의 비문에
남아 있기 때문이다. 이 사람들은 어떤 가정에서 모이는 교회의 회원으로
추측할 수 있다. 3절에 나오는 브리스가와 아굴라의 교회와는 다른 교회일
것이다. 이들이 만약 같은 교회에서 섬겼다면 3절에 이들의 이름이 나왔을
것이다.

그리고 바울이 이름도 쓰지 않고 "그들과 함께 있는 형제들"이라고 말한
것은 앞에 기명된 회원들과는 다른 회원들을 지칭한다. 그러니까 앞에 이름이
나온 5명은 그 교회에서 지도적인 위치에 있는 사람들일 것이다. 바울은
이들 다섯 사람과 또 함께 교회를 섬기는 형제들에게도 문안해 달라고 로마의
성도들에게 부탁한다. 바울은 자기가 알고 있는 사람들을 한 사람도 빼지
않고 기억하고 문안한다. 섬세한 사도였다.

**롬 16:15. 빌롤로고와 율리아와 또 네레오와 그의 자매와 올름바와 그들과
함께 있는 모든 성도에게 문안하라.**
바울은 먼저 다섯 사람과 그들과 함께 있는 가정 교회의 모든 성도들에게

문안해 달라고 부탁한다. 다섯 사람을 기록할 때 한 사람에 대해서는 이름을 말하지 않고 그저 "그의 자매"라고만 말한다. "빌롤로고와 율리아"는 아마도 부부 사이일 것이라고 추측되고(Godet, Bruce), "빌롤로고"는 아주 흔한 노예 이름이며, "율리아"는 라틴식의 이름으로 부인 이름이다. "네레오"라는 이름 이 당시 궁중 권속 중에 있었으나(Lightfoot) 본문의 이름과 같은 사람인지는 확인할 수가 없다. 그리고 "올름바"는 누구인지 확인할 길이 없다. 그리고 "그들과 함께 있는 모든 성도"는 바로 앞 절(14절)에서 말한 교회와는 다른 교회의 성도들이다. 바울은 이 모든 성도들을 잊지 않고 문안한다.

롬 16:16. 너희가 거룩하게 입맞춤으로 서로 문안하라 그리스도의 모든 교회가 다 너희에게 문안하느니라.

바울은 본 절에서 한편으로는 로마 성도들 상호간에 행할 일을 부탁하고 또 한편으로는 사도가 체류하고 있는 지역의 교회들이 전하는 문안 인사를 전한다. 바울은 "너희가 거룩하게 입맞춤으로 서로 문안하라"고 말한다(고전 16:20; 고후 13:12; 살전 5:26; 벧전 5:14 참조). "거룩하게 입맞춤으로"(ἐν φιλήματι ἀγίω)란 말은 '거룩한 입맞춤으로'라는 뜻으로 세속적인 입맞춤과 구별된 입맞춤을 지칭한다. 세속적인 입맞춤은 정욕적이고 감정적인 입맞춤 이라고 하면 거룩한 입맞춤은 완전히 구별된 입맞춤으로서 그리스도의 십자 가의 사랑을 성령으로 말미암아 깨달아서 참으로 이웃을 내 몸같이 사랑한다 는 뜻으로 입 맞추는 것을 지칭한다. 구체적으로 말해서 '예배 석에서 기도를 마친 다음 남자는 남자끼리 여자는 여자끼리 입을 맞추면서' 서로 문안(환영 인사)하라는 말이다. 예배 석에서 기도를 마치고 동성끼리 입을 맞추면서 인사하는 것은 고대 교회의 예배의 한 순서였다고 한다(Justin Martyr, Apol., i 65, Calvin). 지금은 악수가 이를 대치하고 있다.

그리고 바울은 본 절에서 또 하나를 말한다. 즉 "그리스도의 모든 교회가 다 너희에게 문안한다"고 말한다. 바울이 개척하고 돌보는 모든 교회가 로마 의 성도들을 향하여 문안한다는 뜻이다. 이 문안은 바울 사도가 모든 교회를 대표하여 전하는 문안이다. 우리도 다른 교회들을 향하여 선한 소원을 보내며 또 사랑을 전달하는 성도들이 되어야 할 것이다. 다른 교회들이 안 되기를 기대하는 것은 불행한 마음임에 틀림없다.

G. 마지막 권면   16:17-20

바울은 3절부터 16절까지 26명의 성도들의 이름을 거론하며 문안한 다음 이제 마지막으로 거짓 스승을 경계하라고 부탁한다(17-20절). 먼저 거짓 스승을 멀리할 것을 말하고(17-18절), 또 순진한 성도들에게 부탁하기를 선한 데 지혜롭고 악한 데 미련하라고 말한다(19절). 그리고 바울은 평강의 하나님께서 거짓 스승들의 마음속에서 역사하던 사탄을 하나님께서 상하게 하시리라는 확신을 발표하고, 또 로마의 성도들을 위하여 축도한다(20절).

롬 16:17. (그러나) 형제들아 내가 너희를 권하노니 너희가 배운 교훈을 거슬러 분쟁을 일으키거나 거치게 하는 자들을 살피고 그들에게서 떠나라.

바울은 본 절과 다음 절(18절)에 걸쳐 거짓 스승들(빌 3:18-19 참조)을 멀리하라고 권한다. 바울은 본 절을 "그러라"라는 말로 시작한다. 본 절이 앞부분(3-16절)과 대조되는 내용이기에 대조의 뜻을 나타내는 낱말을 사용한 것이다. 바울 사도는 "형제들아"라고 애칭으로 부르면서 새로운 내용의 말씀을 한다(1:13; 7:1, 4; 8:12; 10:1; 11:25; 12:1; 15:14, 30).

그리고 바울은 "내가 너희를 권하노니 너희가 배운 교훈(로마 교회의 설립자들과 지도자들로부터 배운 교훈임)을 거슬러 분쟁을 일으키거나 거치게 하는 자들을 살피고 그들에게서 떠나라"고 부탁한다. 바울은 명령하는 것이 아니라 "권한다"고 말한다(바울 자신이 로마 교회를 개척하지 않았으니 사도 권을 쓰지 아니한다). 부드럽게 부탁한다. 권하는 내용은 "너희가 배운 교훈을 거슬러 분쟁을 일으키거나 거치게 하는 자들을 살피고 그들에게서 떠나라"는 것이다. 로마의 성도들은 교회를 창립한 자들과 또 지도자들로부터 복음(그 교훈은 바울의 교훈과도 같았다)을 배웠는데 그들 중에는 "그 교훈을

거슬러 분쟁을 일으키거나 거치게 하는 자들"이 있었다(행 15:1, 5, 24; 딤전
6:3). "그 교훈을 거슬러"(παρὰ τὴν διδαχὴν)란 말은 '그리스도의 복음을
반대하여'란 뜻으로 로마 교회 안에는 예수님의 복음을 반대하는 자들이
있었다. 다시 말해 그들은 "분쟁을 일으키거나 거치는 자들"(τοὺς τὰς διχοσ-
τασίας καὶ τὰ σκάνδαλα)이었다. 즉 '분열을 일으키거나 거쳐서 넘어지게
하는 자들'로서 십자가 복음을 받은 올바른 자들에게 유대교의 옛날 교리를
퍼뜨려 분열을 일으키고 바른 신자들을 넘어지게 하는 자들이었다. 이런
사람들은 교회 밖에 있는 것이 아니라 교회 안에 들어와서 로마 교회의 올바른
성도들에게 유대교의 옛날 교리를 퍼뜨려서 틈바구니가 나게 하고 신앙적으
로 넘어지게 하는 일을 했다. 사람은 한번 그 어떤 것에 빠지면 쉽사리 교정하
지 못하고 옛날 것을 사람들에게 퍼뜨려 사람들의 사상을 망치는 경향이
있다. 유대주의자들은 로마 교회에서 하나의 암적인 존재였다.

바울은 유대주의자들을 "살피고 그들에게서 떠나라"고 권면한다(고전
5:9, 11; 살후 3:6, 14; 딤후 3:5; 딛 3:10; 요이 1:10). 여기 "살피고"(σκοπεῖν)란
말은 '관찰하다,' '주의하다,' '자세하게 살피다'라는 뜻으로 유대주의 이단들
을 자세하게 살피라는 뜻이다. 교회에 다닌다고 아무나 하고 사귀면 안 되고
십자가 복음에 손해를 줄 사람들에 대해서는 자세히 살펴야 하는 것이다.
그리고 바울은 "그들에게서 떠나라"(ἐκκλίνετε ἀπ' αὐτῶν)고 말한다. 유대주
의 이단자들로부터 떠나라는 것이다. 우리는 그런 이단자들이 교회 안에
들어오면 내어 쫓아야 한다(고전 5:11-13; 살후 3:6). 이들은 사탄이 사용하는
종들이니 사귀지 말고 떠나야 한다(20절).

**롬 16:18. (왜냐하면) 이 같은 자들은 우리 주 그리스도를 섬기지 아니하고
다만 자기들의 배만 섬기나니 교활한 말과 아첨하는 말로 순진한 자들의
마음을 미혹하느니라.**
본 절 초두의 "왜냐하면"(개역개정판에는 번역하지 않았음)이란 말은 본 절이
앞 절(17절)과 관련이 있음을 보여주는 말이다. 본 절은 바로 앞 절에 기록한

유대주의 이단자들의 특징을 설명한다. 본문에 "이 같은 자들," 곧 '유대의 율법주의자들'의 특징은 두 가지이다. 첫째, "우리 주 그리스도를 섬기지 아니하고 다만 자기들의 배만 섬긴다"($\tau \hat{\omega} \ \kappa \upsilon \rho \acute{\iota} \omega \ \dot{\eta} \mu \hat{\omega} \nu \ X \rho \iota \sigma \tau \hat{\omega} \ o \dot{\upsilon} \ \delta o \upsilon \lambda \epsilon \acute{\upsilon} o \upsilon$-$\sigma \iota \nu \ \dot{\alpha} \lambda \lambda \grave{\alpha} \ \tau \hat{\eta} \ \dot{\epsilon} \alpha \upsilon \tau \hat{\omega} \nu \ \kappa o \iota \lambda \acute{\iota} \alpha$). 그들의 특징은 '우리 주 예수 그리스도를 섬기지 아니하는 것'이다. '우리 주 예수 그리스도를 섬기지 않는다'는 말은 예수 그리스도의 종노릇을 하지 않는다는 뜻이고 봉사하지 않는다는 뜻이다. 이 특징이 제일 두드러진 특징이다. 그 이단은 오히려 전혀 반대로 "자기들의 배만 섬긴다"는 것이다(빌 3:19). "자기들의 배만 섬긴다"는 말은 비유적인 표현으로 '자기들의 욕심만 채운다,' '자기들의 이기심만 위해 일한다,' '물질만 위해 일한다'는 뜻이다(빌 3:19; 딤전 6:5). 세상에 그리스도를 섬기지 아니하는 사람은 어쩔 수 없이 자기의 이름이나 내기를 원하고 명예나 얻기를 원하며 호의호식만을 탐할 수밖에 없는 것이다. 부패한 인간은 그 수렁에 빠져서 나오지 못하고 있다. 겉보기에는 예수 그리스도를 믿는 것 같지만 내심 자기의 욕심만 채울 뿐이다.

둘째, 유대주의 이단의 두 번째 특징은 "교활한 말과 아첨하는 말로 순진한 자들의 마음을 미혹하는 것"이다(골 2:4; 딤후 3:6; 딛 1:10; 벧후 2:3). 주님을 믿지 않으면 별수 없이 육신 중심하여 살게 될 뿐 아니라 '교활한 말을 가지고 그리고 아첨하는 말을 해서 순진한 사람들, 곧 순진한 성도들의 마음을 미혹한다'는 것이다. 여기 "교활한 말"($\chi \rho \eta \sigma \tau o \lambda o \gamma \acute{\iota} \alpha$)이란 말은 '듣기 좋은 말,' '그럴듯한 말'이란 뜻으로 율법주의 이단자들이 사람을 꾀기 위하여 그럴듯한 말을 해서 사람의 마음을 잡는다는 것이다. 그리고 "아첨하는 말"($\epsilon \dot{\upsilon} \lambda o \gamma \acute{\iota} \alpha$)이란 말은 '좋은 말,' '듣기 좋게 하는 말,' '듣기 좋게 하고 기쁘게 하는 말'이란 뜻으로 율법주의 이단자들은 사람의 마음을 얻으려고 듣기에 좋은 말을 한다. 오늘도 교활한 말과 아첨하는 말은 세상에 꽉 차 있다. 유대의 율법주의자들은 그들의 말로 "순진한 자들의 마음을 미혹한다"($\dot{\epsilon} \xi \alpha \pi \alpha \tau \hat{\omega} \sigma \iota \nu \ \tau \grave{\alpha} \varsigma \ \kappa \alpha \rho \delta \acute{\iota} \alpha \varsigma$ $\tau \hat{\omega} \nu \ \dot{\alpha} \kappa \acute{\alpha} \kappa \omega \nu$)고 바울은 말한다. 여기 "순진한 자들"이란 '단순해서 남의 이야기에 잘 넘어가는 자들,' '지식이 약한 자들'이란 뜻이다. 그리고 "미혹하느니라"($\dot{\epsilon}\xi\alpha\pi\alpha\tau\hat{\omega}\sigma\iota\nu$)는 말은 '완전히 속인다'는 뜻이다(7:11). 유대의 율법주의 이단자들은 그들의 듣기 좋은 말로 단순하고 잘 속는 성도들의 마음을 온전히 속여먹는다는 것이다. 오늘 우리 시대에는 이런 이단들이 더욱 심하게 우리를 향해 달려든다. 시도 때도 없이 성도들이 사는 집 문을 노크하고 들어와서 여러 가지 말로 유혹하여 영혼을 빼앗아 가려고 한다. 그런고로 이단자들에 대해서는 아예 처음부터 문을 열어주어서는 안 된다. 완전히 떠나보내야 한다.

롬 16:19. 너희의 순종함이 모든 사람에게 들리는지라 그러므로 내가 너희로 말미암아 기뻐하노니 너희가 선한 데 지혜롭고 악한 데 미련하기를 원하노라.
바울은 앞부분(17-18절)에서 유대의 율법주의 이단에 대해 말했는데 본 절에서는 로마 교회의 성도들의 순종에 대해 언급한다. 바울은 "너희의 순종함이 모든 사람에게 들리는지라"고 말한다(1:8). 이 말씀은 1:8의 내용과 같다. 1:8에 "너희 믿음이 온 세상에 전파됨이로다"라고 말한다. 순종이나 믿음이나 똑 같은 뜻이다(1:5; 히 4:4-11). 순종하는 것은 믿기 때문에 하는 것이고 믿으면 반드시 순종하기에 이른다. 만약 순종하지 않는다면 그것은 믿지 않기 때문이다. 그리고 "모든 사람들에게"란 말은 '바울 당시의 이곳저곳의 모든 성도들에게'란 뜻으로 바울을 포함하여 로마 성도들의 믿음의 소문(1:8), 순종의 소문을 들은 것을 지칭한다. 그리고 본문에 "들리는지라"($\dot{\alpha}\phi\acute{\iota}\kappa\epsilon\tau\sigma$)는 말은 부정(단순)과거 시제로 '들렸는지라'는 뜻인데 지금도 그 소문이 들리고 있다는 뜻이다. 다시 말해 "들리는지라"는 말은 '분명히 들리고 있다'는 것을 강조하는 시제이다.

바울은 "그러므로 내가 너희로 말미암아 기뻐한다"고 말한다. 로마 교회의 성도들이 그리스도의 복음에 순종하므로 바울 사도가 로마 성도들 때문에 기뻐한다는 말이다. 세상 사람들은 돈 때문에 기뻐하고 명예 때문에 기뻐하지만 바울 사도는 로마 교회의 성도들이 그리스도의 복음에 순종한다는 소문을 듣고 기뻐한다고 말한다. 성도는 다른 성도들이 예수님을 잘 믿는 것을 보고 기뻐한다.

바울은 이렇게 로마 교회의 성도들이 예수님에게 순종한다는 소문을 듣고 기뻐하면서 또 한편으로 "너희가 선한 데 지혜롭고 악한 데 미련하기를 원하노라"고 경계한다(마 10:16; 고전 14:20). "선한 데 지혜롭다"는 말은 '선한 일을 향해서는 지혜로우라'는 뜻이다. 다시 말해 '예수 그리스도의 복음에 순종하는 일에 있어서 지혜로우라'는 뜻이다. 사실 "선한 데"란 말은 세상의 다른 일에도 적용되는 말이지만 이 본문의 문맥을 살필 때 그리스도의 십자가 복음을 듣고 순종하는 일을 지칭함은 분명하다. 성도는 그리스도의 복음을 듣고 믿으며 순종하는 일에 있어서 지혜로워야 하는 것이다. 그리고 바울은 로마의 성도들에게 "악한 데 미련하기를 원하노라"고 말한다. 여기 "악한 데"란 말은 '악한 일을 향해서는'이란 뜻이다. 문맥으로 보아서 17절의 "교훈을 거슬러 분쟁을 일으키거나 거치게 하는 것"을 지칭하고, 또 18절의 "교활한 말과 아첨하는 말로 순진한 자들의 마음을 미혹하는 것"을 지칭한다. 악한 일은 다름 아니라 한마디로 그리스도를 대적하는 일이고 그리스도를 믿는 사람들을 넘어뜨리는 일을 말한다. 바울은 로마의 성도들에게 악한 일을 향해서는 "미련하기를 원한다"고 말한다. "미련하다"(ἀκεραίους)는 말은 '섞이지 않은,' '표리가 없는,' '흠 없는'이란 뜻이다. 그러니까 바울은 로마의 성도들에게 예수님을 대적하거나 예수님을 믿는 사람들을 넘어뜨리는 악한 일을 저지르는 점에 있어서는 아예 알려고도 하지 말고 접근하지도 말고 아주 순전한 사람들이 되라는 것이다. 우리는 한 생애 동안 악한 일을 향해서는 아예 미련해야 할 것이다. 몰라야 할 것이란 뜻이다.

롬 16:20. 평강의 하나님께서 속히 사탄을 너희 발아래에서 상하게 하시리라 우리 주 예수의 은혜가 너희에게 있을지어다.

바울은 본 절에서 두 가지를 말씀한다. 하나는 "평강의 하나님께서 속히 사탄을 너희 발아래에서 상하게 하시리라"는 말씀이다(창 3:15). "평강의 하나님"이란 말은 '평강의 창조자이시며 평강을 주실 수 있으신 하나님'이란 뜻이다(15:33; 고전 14:33; 고후 13:11; 빌 4:9; 살전 5:23; 살후 3:16). "하나님께서 속히 사탄을 너희 발아래에서 상하게 하시리라"(창 3:15)는 말씀은 '하나님께서 로마의 성도들을 분열시키고 거쳐 넘어뜨리는 율법주의자들 속에서 역사하는 사탄의 권세(17절)와 육신 중심으로 살고 교활한 말과 아첨하는 말로 로마 성도들의 순진한 자들의 마음을 미혹하는 율법주의자들의 마음속에서 역사하는 사탄의 권세를 속히 로마 성도들의 발아래에서 실패하게 하실 것이라'는 뜻이다(고전 15:25-26). 이 말씀은 사탄이 아주 없어지게 하신다는 뜻이 아니라 율법주의자들을 통하여 역사하는 사탄의 힘이 속히 패하게 되리라는 말씀이다. 오늘 우리는 우리가 신앙생활을 하고 있는 가정과 교회에서 사탄의 역사를 느낄 때 그 세력을 패하게 해주십사고 하나님께 기도해야 한다. 평강의 하나님은 우리의 기도를 들으시고 속히 패하게 해주신다. 그러나 사탄이 영원히 패하게 되는 것은 예수 그리스도께서 재림하신 후이다(고전 15:25-28). 하나님은 사탄의 세력을 역사상에서 계속해서 패하게 하시다가 결국은 그리스도 재림 시에 온전히 패하게 하신다.

또 하나는 "우리 주 예수의 은혜가 너희에게 있을지어다"라고 축도하는 말씀이다(24절; 15:33; 고전 16:23; 고후 13:14; 갈 6:18; 빌 4:23; 살전 5:28; 살후 3:18; 딤후 4:22; 몬 1:25; 계 22:21). 율법주의자들 속에서 역사하는 사탄의 세력이 속히 상한 후에는 '우리 주 예수의 은혜가 너희에게 있기를 바란다'는 뜻이다. 주님의 은혜가 함께 하는 것 이상 복은 없다.

H. 바울의 친구들이 로마로 보내는 문안   16:21-24

바울은 자기와 함께 있는 사람들로부터 로마의 성도들에게 문안을 띠운다. 우선 21절에 네 명, 22절에는 편지를 대서하는 더디오가 문안하고, 23절에는 또 3명을 추가한다.

롬 16:21. 나의 동역자 디모데와 나의 친척 누기오와 야손과 소시바더가 너희에게 문안하느니라.

바울은 네 사람의 문안을 띠운다. 바울은 "나의 동역자 디모데"가 로마의 성도들에게 문안한다고 말한다(행 16:1; 골 1:1; 빌 2:19; 살전 3:2; 딤전 1:2; 히 13:23). "동역자"(ὁ συνεργός)란 말은 글자대로 풀이하면 '함께 일하는 사람'이란 뜻인데 이 문맥에서는 '함께 복음을 전하는 사람'이란 뜻이다. 디모데는 루스드라 출신으로 바울의 복음 전도를 통해 회개한 사람이다. 바울은 디모데를 복음 전도의 협조자로 택했다(행 16:1-3). 디모데는 바울과 함께 복음 전도에 많은 수고를 했다(빌 2:20-22). 디모데는 바울 서신 중에 고린도후서, 빌립보서, 골로새서, 데살로니가 전,후서, 빌레몬서 등 여섯 책의 공동송신자(바울과 함께)이다. 디모데의 이름은 사도행전에도 나오고(16:1절 이하; 17:14절 이하; 18:5;; 19:22; 20:4), 히브리서에도 등장한다(13:23).

"나의 친척 누기오"는 '바울의 동족(7절, 11절) 누기오'란 사람이다. 학자들은 이 사람을 사도행전 13:1에 나오는 "구레네 누기오"와 같은 사람으로 간주하나 브루스(F. F. Bruce)는 반대한다. 고대 문헌(Const. Apost. 7:46)을 따라 바울 사도가 누기오를 겐그레아의 감독으로 세웠다고 한다(Liddon). 다음, 바울은 "야손"의 안부를 전해준다. "야손"도 역시 유대인으로, 바울이 데살로니가를 처음으로 방문했을 때 묵었던 집 주인일 것으로 보인다(행 17:5-7, 9). 그는 바울을 대신하여 고난을 받았다. 다음, 바울은 "소시바더"의 안부를 전한다. "소시바더"는 부로의 아들 "소바더"일 것으로 보인다(Philippi, Meyer, Gifford, Sandy). 사도행전 20:4에 의하면 그는 바울과 함께 있었다.

롬 16:22. 이 편지를 기록하는 나 더디오도 주 안에서 너희에게 문안하노라. 바울 서신을 대신 기록하고 있는 "더디오도 주 안에서 너희에게 문안한다"고 말한다. 바울의 편지를 대서하는 사람의 이름이 쓰인 것은 이번 경우가 유일하다. 바울은 아마도 더디오의 요청을 허락했을 것이다. 더디오가 바울의 허락이 없이 마음대로 쓰지는 않았을 것으로 생각된다. 결국은 바울 사도가 더디오의 문안을 전해준 셈이다. 더디오도 주님을 믿는 사람이었다. 그는 "주 안에서"
문안했다. '주님을 믿는 믿음을 가지고' 문안한다는 뜻이다. 우리는 만사를
주 안에서 해야 한다.

롬 16:23. 나와 온 교회를 돌보아 주는 가이오도 너희에게 문안하고 이 성의 재무관 에라스도와 형제 구아도도 너희에게 문안하느니라.

바울은 본 절에서 세 사람의 문안 자를 추가한다. 첫째, 바울은 가이오의
문안을 전하면서 "나와 온 교회를 돌보아 주는 가이오도 너희에게 문안한다"
고 말한다(고전 1:14). "나와 온 교회를 돌보아 주는"이란 말은 '바울 사도를
돌보아주고 또 온 교회를 돌보아 주는'이란 말이다. 바울의 식사대접을 담당했
고 또 교회가 그의 집에서 모이고 있어서 교인들을 대접한 것으로 보인다.
가이오는 참으로 큰 봉사 꾼이었다. 가이오는 바울이 세례를 베푼 사람이라는
데는 학자들의 의견이 일치한다(고전 1:14).

바울은 또 "이 성의 재무관 에라스도"의 문안을 전한다(행 19:22; 딤후
4:20). 즉 '고린도 성(城)의 재무관 에라스도'의 문안을 전한다. 여기 "재무
관"(ὁ οἰκονόμος)이란 말은 '청지기'를 뜻하는 말이다(눅 12:42; 고전 4:2;
갈 4:2). 에라스도는 당시 사회의 저명인사로 주님을 신앙하고 있었다. 바울은
이런 사람을 알고 있었다.

바울은 또 "형제 구아도도 너희에게 문안하느니라"고 말한다. 바울은
구아도를 말할 때 "형제"란 말을 붙이고 있다. 여기 "형제"란 말은 '예수님을
믿는 형제'란 뜻일 것이다. 구아도라는 사람에 대해서는 성경 다른 곳에
나타나지 않아서 더 알 수가 없다. 그래도 그는 바울이 문안을 전해줄 정도의
인물이었으며 또 로마의 성도들도 알고 있는 인물이었다. 바울은 한 사람
한 사람의 문안 인사를 다 전하고 있다. 그들은 바울의 서신을 통하여 예수
그리스도의 은혜와 평강을 로마 성도들에게 전한 것이다. 성도의 인사는
그리스도의 은혜와 평강을 전하는 인사라는 점에서 불신자의 인사와는 천양
의 차이가 있다고 할 수 있다.

롬 16:24. (없음).

I. 송영   16:25-27

바울은 로마의 성도들에게 교회 안에 있는 유대의 율법주의 이단자들과 사귀지 말고 떠날 것을 권고하고(17-20절) 또 바울 자신의 친구들의 문안을 전한(21-23절) 다음 이제 마지막으로 복음의 감격에 겨워 송영을 한다(25-27절). 그런데 이 송영 부분에 대하여 혹자들은, 1) 많은 수의 사본이 이 부분을 14장 마지막에 두고 있으므로 오늘의 25-27절은 사본 상 이곳에 두는 것이 합당하지 않고 14장 마지막에 두어야 할 것이라고도 하고, 2) 혹은 어떤 사본들에 이 부분이 생략된 것을 근거로 하여 아예 성경에서 생략되어야 한다고 주장하기도 하며, 3) 그러나 더 권위가 있는 사본들(aBCDE)은 이 부분을 16장 끝에 놓고 있는 고로 마땅히 16장 끝에 놓아야 한다고 주장하는 학자들이 있다(Alford, Meyer, Hort, S & H). 우리는 더 권위가 있는 사본들의 증언을 따라 16장 마지막에 두어야 할 것이다. 4) 한 가지 추가해야 할 말은 브루스(F. F. Bruce)[73]가 주장한대로 "이 송영에는 로마서 서론의 인사말에서 나타난 주요한 주제가 반복되는 것을 알아 볼 수가 있다. 특별히 '선지자들의 글'(본문)에 대한 언급은 '하나님의 선지자들로 말미암아 그의 아들에 관하여 성경에 미리 약속하신 것'(1:2)을 생각나게 하며 '모든 민족이 믿어 순종하게 하시려고'(본문)는 '그 이름을 모든 이방인 중에 믿어 순종하게 함'(5절)의 반복이다. 이렇게 서론의 인사말의 주제가 이곳 결론에 다시 나타나는 것으로 보아 이 송영은 바울 자신의 글이다"고 확언할 수가 있다.

로마서를 끝내려고 하는 바울은 복음을 주서서 우리를 구원하신 하나님께 긴 송영을 드린다. 하나님은 복음을 감추어 놓으셨다가 이제는 복음을 드러내시며 또 복음의 능력을 통하여 우리를 구원하시는 것을 생각하고 바울은 하나님께와 주님께 대하여 감격에 넘쳐 견딜 수 없는 심정으로 감사와 찬송을

---

73) 브루스(F. F. Bruce), 로마서, p. 311.

드린다.

독자들의 참고를 위하여 여기 25-27절의 헬라어 원문을 의역하지 않고 거의 그대로 직역한 것을 여기에 써 놓는다. 직역한 것을 읽고는 뜻을 파악하기가 힘든 고로 한글판 번역자들이 의역을 해 놓았다.

직역:

25절 (너희를 견고하게 하실 수 있는 그에게 나의 복음으로 말미암아 그리고 예수 그리스도를 전파함으로 말미암아 그리고 영세에 감추어졌던 신비의 계시로 말미암아, τῷ δὲ δυναμένῳ ὑμᾶς στηρίξαι κατὰ τὸ εὐαγγέλιόν μου καὶ τὸ κήρυγμα Ἰησοῦ Χριστοῦ, κατὰ ἀποκάλυψιν μυστηρίου χρόνοις αἰωνίοις σεσιγημένου,),

26절(그러나 이제는 나타나신 바 되었으며, 영원하신 하나님의 명령을 좇아 선지자들의 글들에 의해서 믿음의 순종을 위하여 모든 민족들에게 알려진 바 되었으니, φανερωθέντος δὲ νῦν διά τε γραφῶν προφητικῶν κατ᾽ ἐπιταγὴν τοῦ αἰωνίου θεοῦ εἰς ὑπακοὴν πίστεως εἰς πάντα τὰ ἔθνη γνωρισθέντος,),

27절(오직 지혜로우신 하나님께, 예수 그리스도로 말미암아 영광이 세세토록 있을지어다. 아멘. μόνῳ σοφῷ θεῷ, διὰ Ἰησοῦ Χριστοῦ, ᾧ ἡ δόξα εἰς τοὺς αἰῶνας, ἀμήν.).

롬 16:25-26a 나의 복음과 예수 그리스도를 전파함은 영세 전부터 감추어졌다가 이제는 나타내신바 되었으며 영원하신 하나님의 명을 따라 선지자들의 글로 말미암아 모든 민족이 믿어 순종하게 하시려고 알게 하신 바 그 신비의 계시를 따라 된 것이니.

본 절부터 시작하여 27절까지 3절은 한 덩어리의 문장으로 되어 있다. 우리

한글판 번역자들이 의역을 하느라 많이 힘쓴 흔적이 나타나고 있다. 필자는 의역된 개역개정판 글을 따라 주해한다.

바울은 "나의 복음과 예수 그리스도를 전파함은 영세 전부터 감추어졌다가 이제는 나타내신바 되신" 분에 관한 것이라고 말한다. 여기 "나의 복음"이란 '바울이 전하는 복음'이란 뜻으로 '바울이 전파하는 복된 소식,' '바울이 전파하는 복된 소리'라는 뜻이다(2:16; 딤후 2:8). 본문의 "복음"이란 말은 바울이 로마서를 쓰기 시작할 때 1:1-2절에서 중복해 말한바 "복음"을 지칭한다. 그리고 "예수 그리스도를 전파함"이란 "나의 복음"과 동의어로 사용되었는데 '예수 그리스도를 전파하는 설교,' '예수님이 그리스도라고 사람들에게 전파된 메시지'란 뜻이다. 바울은 사람들에게 예수님이야 말로 참 메시야라고 전파했다. 바울은 하나님께서 바울의 복음 전파로 성도들을 믿음으로 견고하게 하실 것(26절 하반 절)으로 알았다.

바울이 전파하는 메시지는 다름 아니라 "영세 전부터 감추어졌다가 이제 나타나신바 되신" 분에 대한 메시지라는 것이다(고전 2:7; 엡 1:9; 3:5, 9; 골 1:26; 딤후 1:10; 딛 1:2, 3; 벧전 1:20). "영세 전부터 감추어졌다가 이제 나타나신바 되신" 분은 다름 아니라 예수 그리스도를 지칭하는 말이다(골 1:26-27). 예수 그리스도께서 영세 전부터 감추어졌었던 고로 그분은 26절에서 "신비"라고 묘사되고 있다. 그는 '창세전부터 하나님과 함께 계신 분이었으나(요 1:1-2; 17:5; 딤후 1:9; 딛 1:2) 신약 시대가 되어 마리아의 몸을 빌려 육신의 몸을 입으시고 이 땅에 나타나신 분'이시다. 그 분은 창세전부터 계신 분으로 이제 세상에 나타나셨으니 세상의 출렁거림과는 관계없이 변함이 없으시다.

바울은 복음이 이 땅에 나타난 것은 "영원하신 하나님의 명을 따라 선지자들의 글로 말미암아" 나타났다고 말한다. '영원하신 하나님의 명령이 구약의 선지들에게 임하여' 이 땅에 나타났다는 것이다. 하나님은 영원하시고 변함이 없으신데 그의 명령에도 아무런 착오가 없으시다. 하나님의 변함없는 명령을 따라 구약의 선지자들은 복음이 이 땅에 임할 것이라고 예언한 대로 복음이 나타나셨다는 것이다. 구약의 많은 선지자들은 그리스도가 이 땅에 나타나실 것을 예언했다. 여러 천 년 전에 예언하기도 하고 혹은 여러 백 년 전에 예언하기도 했다. 예수님은 갑자기 나타나신 분이 아니시다. 그런데 구약의 선지자들만 예언한 것이 아니라 이 복음이 이 땅에 나타날 때에 예수 그리스도 께서 전파하셨고 또 사도들도 함께 전파하여 복음이 나타나게 된 것이다. 사도들도 복음의 현현에 동참했다.

바울은 복음의 현현이 "모든 민족이 믿어 순종하게 하시려고 알게 하신 바 그 신비의 계시를 따라 된 것이라"고 말한다(1:5; 15:18; 행 6:7). 즉 '유대인 만 아니라 세상 모든 민족이 믿어서 그리스도에게 순종하게 하시려고, 모든 민족들에게 알려지신바 그 신비의 계시를 따라 된 것이라'고 한다. 다시 말해 복음의 현현은 유대인이나 이방인이나 차별 없이 믿어 순종하여 구원에 이르게 하려고 모든 민족들에게 알려진바 신비의 계시를 따라 된 것이란 말이다. 여기 "신비의 계시"(ἀποκάλυψιν μυστηρίου)란 '신비가 계시된 것,' '신비가 나타난 것'이란 뜻으로 예수 그리스도가 나타나신 것을 지칭하는 말이다(엡 1:9). 신비가 나타났으니 이제는 신비가 아니다. 이에 대해서는 에베소서나 골로새서에서도 말하고 있다(엡 3:3-9; 골 1:26-27).

롬 16:26b-27. 이 복음으로 너희를 능히 견고하게 하실 (홀로) 지혜로우신 하나님께 예수 그리스도로 말미암아 영광이 세세 무궁하도록 있을지어다. 아멘.

바울은 자신이 전파한 복된 소식으로 말미암아 로마 성도들을 "능히 견고하게 하실 홀로 지혜로우신 하나님께 예수 그리스도로 말미암아 영광이 세세 무궁 하도록 있을지어다"라고 말한다 (엡 3:20; 살전 3:13; 살후 2:17; 3:3; 유 1:24).74) 바울은 하나님께서 복음으로 로마 성도들을 능히 견고하게 하신다고

---

74) 학자들은 예수 "그리스도로 말미암아"란 말 다음에 오는 관계 대명사 "호"(ᾧ)의 선행사가 그리스도냐 혹은 하나님이냐를 두고 심히 어려움을 느낀다. 그래서 혹자는 이 단어를 아예 생략해버리고 주해하기도 한다. 그러나 이를 생략한 사본의 읽기는 참이 아니라고 학자들은 보고 있다. 그렇다면 이 관계 대명사의 선행사가 "예수 그리스도"라고 보는 견해가 있다. 그렇다

말한다. 하나님은 로마 성도들로 하여금 그리고 우리로 하여금 복음, 곧 예수님을 믿어 흔들리지 않고 든든히 서게 하시는 분이시다. 그는 창조주이신고로 우리로 하여금 얼마든지 그리스도를 믿음으로 굳세게 서 있을 수 있게 하신다 (1:11; 4:20; 고전 1:6; 15:58; 고후 1:21).

그리고 그 분은 "홀로 지혜로우신 하나님이시다"(11:33). 사도가 하나님을 "홀로 지혜로우신 하나님"이라고 말한 것은 하나님께서 복음, 곧 예수 그리스도를 통하여 우리를 흔들리지 않는 인격으로 만들어 주시기 때문이다. 15장에서 바울은 때로는 하나님을 인내와 위로의 하나님으로, 소망의 하나님, 평강의 하나님으로 불렀는데 이 부분에서는 지혜로우신 하나님이라고 부른다. 우리는 하나님만 홀로 지혜로우신 줄 알아야 한다. 여기 "홀로"(μόνῳ)란 말(우리 성경에서는 생략했다)은 '유일하게'란 뜻으로 하나님만 유일하게 지혜로우시다는 뜻이다. 하나님께서 지혜의 원천이시고 또 다른 피조물은 하나님의 지혜로우심에 비하면 아무 것도 아니다. 우리는 그저 하나님께서 지혜를 가지게 해주시는 한에서 아는 것뿐이다.

바울은 홀로 지혜로우신 하나님에게 "예수 그리스도로 말미암아 영광이 세세무궁토록 있기"를 소원한다(11:33-36; 갈 1:4-5; 엡 3:20-21; 빌 4:20; 딤전 1:17; 6:16; 벧전 5:11; 유 1:24-25). 바울이 전하는 복음을 통하여 로마 성도와 우리를 믿음으로 튼튼하게 만들어주실 하나님에게 예수님을 통하여 영광이 영원하도록 있기를 소원하는 소원이야 말로 귀한 소원이 아닐 수 없다. 그리스도를 통하지 않는 소원은 바른 소원이 될 수 없다. 이유는 그리스도께서 중보자이시기 때문이다. 우리는 무슨 일을 하든지 그리스도를 통해야 한다. 감사도 그리스도를 통하여 하고 기도도 그리스도를 통하여 하고 본문과

면 바울은 "예수 그리스도께" 영광을 돌리고 있는 셈이다. 그러나 이 학설도 역시 난관에 봉착한다. 이유는 헬라어 원문 문장에서 25절에 "능히 견고하게 하실 하나님께"영광을 돌린다는 란 말과 본 절의 "예수 그리스도께"가 동격인데, 한쪽(25절)은 영광이 하나님께 돌리는 것으로 되고 본 절에서는 영광이 "예수 그리스도께" 돌리는 것이 되니 모순이 아닐 수 없다. 그런고로 이 관계대명사의 선행사를 "하나님"으로 보아야 한다는 결론이다(Alford, Meyer, Vincent, S & H, Lenski, Murray, 김선운).

같이 송영도 그리스도를 통해서 해야 한다. 중보자 그리스도를 통하여 우리의 구원이 이루어졌으니 그리스도를 통하여 하나님께 영원한 송영을 드려야 한다. 우리는 복음에 빚진 자들이다. 그런고로 영원히 그리스도를 통하여 찬송을 드려야 할 것이다.

　　바울은 자신이 하나님께 드리는 송영이 참으로 사실이라는 것을 나타내기 위하여 마지막에 "아멘"으로 끝맺고 있다. 우리 역시 하나님을 향해서 '옳습니다,' '그렇습니다'를 말하고 또 그렇게 아멘의 삶을 살아야 할 것이다.

-로마서 주해 끝-

로마서 주해

2008년 9월 30일 1판 1쇄 발행 (도서출판 목양)
2024년 7월 15일 2판 1쇄 발행

지은이 | 김수홍
발행인 | 박순자
펴낸곳 | 도서출판 언약
주 소 | 수원시 영통구 중부대로 271번길 27-9, 102동 1303호
전 화 | 031-212-9727
E-mail | kidoeuisaram@naver.com
등록번호 | 제374-2014-000006호

  정가 20,000원

ISBN : 979-11-89277-0-0 (94230)(세트)
ISBN : 979-11-89277-06-2 (94230)